Leopold Zunz

Literaturgeschichte der synagogalen Poesie

Leopold Zunz

Literaturgeschichte der synagogalen Poesie

ISBN/EAN: 9783743307070

Hergestellt in Europa, USA, Kanada, Australien, Japan

Cover: Foto ©ninafisch / pixelio.de

Manufactured and distributed by brebook publishing software
(www.brebook.com)

Leopold Zunz

Literaturgeschichte der synagogalen Poesie

Inhalt.

I. KAPITEL.

Literaturgeschichtliche Einleitung.

Wenn das jüdische Mittelalter keine Geschichtschreiber und Geschichtforscher aufzuweisen hat, darf uns das nicht wundern: Eine Nation in partibus verrichtet keine Thaten; ihre Leiden können Chronisten und Dichter, aber nicht Geschichtschreiber hervorbringen. Zur Geschichtforschung mangelte der wissenschaftliche Sinn, ja das Bedürfniss. Israels Geschichte, abgeschlossen mit dem Untergange des jüdischen Staates, durch die Zerstreuung des Volkes erschwert, lag fertig da dem Auge der Gläubigen erkennbar; zu erforschen war nur noch der Geist des überlieferten Wortes, um danach das Leben einzurichten, damit die Hoffnungen aufrecht bleiben und die Erlösung möglich werde. Die ehemalige Freiheit, mit den gesetzlichen Vorschriften und Lehren verwachsen, blieb das Ideal der Gedanken und der Gefühle, und so wurde Gesetzesstudium die Fortsetzung des politischen Lebens, die Uebung im Wissen des Rechten gleichsam ein Unterpfand der endlichen Befreiung. Dieses Studium allein und dessen Vertreter konnten einer historischen Betrachtung fähig und würdig erachtet werden, und sie wurden es. Der Wunsch, Leben und Meinung der Gesetzforscher und Gesetzlehrer — Soferim, Talmudisten, Gaonen, Rabbinen — zu kennen, um dadurch das Verständniss des heiligen Wortes zu fördern, war zu verschiedenen Zeiten rege, ganz besonders dann, wenn jene Männer und Lehren Angriffen blossgestellt wurden. Nächst den Sammlungen der Talmude und Midrasche selber entstanden hieraus seit 10 bis

11 Jahrhunderten verschiedene geschichtliche Werke, namentlich das kleine Seder olam (A. 805), die geonäische Chronik, das Seder der Talmudisten (884), Scherira's Sendschreiben (988), Nissim's beabsichtigtes Buch über die Tradition, Samuel halevi's Einleitung zur Gemara (um 1050), Abraham halevi's Buch der Ueberlieferung (1161), Maimonides Einleitung (1177), das Talmudisten-Lexikon (um 1200), die Einleitung von Menachem Meiri (um 1280), die Nachrichten über französische, deutsche und provenzalische Lehrer bei Ungenannten aus dem 13. und 15. Jahrhundert, bei Isaac de Latas (1372) und Salomo b. Jachiun,[1]) und ein Haupttheil in historischen Schriften aus der zweiten Hälfte des 15. Jahrhunderts, namentlich in den Büchern von Joseph b. Zaddik, Saadia ibn Danan und Abraham Zacut, die freilich mehr politische als literarische Geschichte geben.

Allmählig und theilweise durch äussern Anstoss, als der Büchervorrath zugenommen, die Richtungen mehr auseinandergingen, lenkte man den Blick auf einzelne Thätigkeiten, auf Grammatik, Masora, Mystik, Philosophie. Dort wo Sprachgewandtheit und Dichtkunst blüheten, traten die Meister des Wortes aus der Menge hervor, gepriesen von den Kunstgenossen; ihre Schriften gaben Belege für Lehrbücher, Themata für Lobgesänge, Stoff zu Grabschriften. So werden die Diwane von Mose b. Esra, Jehuda halevi, Mose aus Draa Abraham Bedarschi, Immanuel, Salomo Bonfed, die Werke von Mose b. Esra, Abenesra, Charisi, Schemtob Palquera, Jedaja Penini, die Satiren von Kalonymos, selbst die Sammlung der Grabschriften von Toledo werthvolle Beiträge für die Kenntniss alter jüdischer Dichter und Schriftsteller überhaupt. Diese Aufmerksamkeit auf Männer der Literatur bemerkt man seit etwa einem halben Jahrtausend, nachdem Griechen und Araber, später Spanier, Provenzalen, Italiener ein wissenschaftliches Bewusstsein geweckt. In jüdischen Schriften gedenkt man nunmehr der Autoren und ihrer Werke, auch wenn diese nicht auf Talmud und Exegese beschränkt sind. Mose Riete (1416) besingt die ihm bekannten grossen Männer Israels; lässt er jemanden weg, so gibt er in einer Anmerkung den Grund

[1]) Gedalja Jachia שלשלה 42b. 51b.

an. Zacut gibt schon nach der Zeitfolge von Schriftstellern und Büchern Kunde, wenn auch noch sehr mangelhaft.

Wie trübselig es um die Kenntniss der mittelalterlichen jüdischen Autoren aussieht, wenn dazu ältere Literatur-Arbeit aufzusuchen, ist nach dem bisher Geschilderten einleuchtend. Von Keinem, der zwischen 515 und 1100 gelebt, kennen wir den Todestag, — ausser wenn er erschlagen worden. Aus dem Zeitraume von 1100 bis 1440 dürften — wiederum Märtyrer abgerechnet — kaum von dreissig berühmten Personen[1]) die Sterbetage bekannt sein, wozu den ansehnlichsten Beitrag die Leichensteine liefern: Schriften verzeichnen keinen Todes-, selten einen Geburtstag. Gar misslich steht es mit Synagogal-Dichtern, zumal wenn sie keine Spanier oder bekannte Rabbinen waren. Von den zahlreichen asiatischen, griechischen, italienischen, französischen und deutschen Peitanim wurden die Stücke gebetet, auch wohl erläutert, aber weiter kümmerten sie keinen; man wusste kaum ihre Namen und beachtete die Namenzeichnung nicht. Die spärlichen Data über einige ältere Autoren verdanken wir nicht literarischen Studien, sondern der ritualen Discussion und gelegentlicher Erwähnung. Hiezu gehören beispielsweise ein Gutachten R. Gerschom's, zerstreute Notizen in den Schriften von Raschi, Simcha aus Vitry, R. Tam, Ephraim aus Bonn, Elasar aus Worms; einzelne Bemerkungen der Commentatoren, und zu verschiedenen Piutstücken die Ueberschriften in den handschriftlichen Machsor, — zusammen ein gar dürftiges Material, das weder über die alten Dichter, noch über die Beschaffenheit des ältern Machsor Auskunft gibt: eine Geschichte der Ritus wurde kaum geahnt. Im dreizehnten Jahrhundert ward kalirischer Piut gleich Stammgebeten und Bibel mystisch ausgelegt; später vertraten Sagen die Stelle der Geschichte, und als um das Jahr 1400 nach den Verfassern der Selicha's gefragt wurde, waren die Quellen zu einer befriedigenden Antwort längst versiegt.

Darum kann die Unwissenheit, die zumal in älterer Zeit auf diesen Gebieten sichtbar wird, nicht befremden; auf Angaben in den Handschriften ist wenig Verlass; sie sind reich an Fehlern und Einfällen. So brachte ein Abschreiber heraus,

[1]) Note 1.

dass der Verfasser der Selicha [R. Gerschom's] אשפך שיח Josua geheissen, und sofort führt er in einem Verzeichnisse von Dichtern R. Josua auf. In den Mss. werden die verschiedenen Autoren Namens Salomo miteinander verwechselt, Gabirol mit Babli oder Raschi, Ephraim aus Bonn mit Isaac b. Samuel, die Akeda Gabirol's wird Meschullam, der Ofan אשריך אום Binjamin b. Serach, die Zionide Elasar's aus Worms einem Elasar aus Würzburg beigelegt. Selbst für Stammgebete wurden biblische und talmudische Personen als Verfasser angegeben: Josua sollte עלינו [1]), Salomo ישתבח [2]), Hiskia ה' אלהי ישראל [3]), Simon b. Schetach נשמת [4]), Akiba אבינו מלכנו [5]), Onkelos [6]) die Haftara-Benediction verfasst haben. Schon im geonäischen Zeitalter herrschte über den Ursprung des והוא רחום mythisches Dunkel; ein Commentator [7]) nennt statt der älteren drei Namen die Peitanim Amitai, Schefatja, Josifja als Verfasser; so weit war bereits dieser Männer Lebenskunde verklungen! Derselbe nennt als Urheber von אשר בגלל, אשר הניא und אתנה שבחיה einen Ascher halevi, den ersten Juden, der in Worms gewohnt und dorthin aus Vitry eingewandert war; offenbar war diesem Schreiber schon das Zeitalter der Kreuzzüge zum Mythus geworden. Ueber den Ursprung der Asharot אתה הנחלת wusste man nichts gewisses; man machte den Propheten Elia zum Verfasser.

Aeltere und jüngere Peitana's fielen mehr oder weniger dem Sagengebiet anheim. Jose ward zum Hohenpriester erhoben, oder mit Abitur verwechselt, auch wohl seiner Tekiata beraubt, die man Joseph b. Gorion zuertheilte. Jannai wurde ein Mörder Kalir's; Kalir, wenn nicht selber ein Engel [8]), doch der Engel Schüler. Die über Natronai [9]), Amram, Gabirol,

[1]) Elasar aus Worms in cod. Opp. 1010 F., Isaac aus Corbeil bei Aaron hacohen f. 21c § 8. Rga. der Geonim 1802 N. 43. cod. Münch. 346. Ward später als eine Schutzwehr gegen die Verfolgungen benutzt, s. Eisenmenger Th. 1, S. 87. — [2]) Col bo 5 und 122. Mose Minz Rga. 81. Abudarham 15b vermuthet nur einen Verfasser Namens Salomo. — [3]) Hirz Treves Tefilla-Commentar; man fand sogar die akrostichische Namenzeichnung, vgl. תפלה ed. Amst. 1761 f. 43b. — [4]) H. Treves a. a. O. — [5]) Ritus S. 118. — [6]) Machsor ed. 1568 Th. 1. f. 30b. — [7]) cod. Opp. 1483 Q. — [8]) Mose Tachau כתב תמים S. 85.: מה שאמר מלאך אלהים ר' אליעזר קליר. Vgl. ר' אליעזר הקליר קדוש (cod. München 5 zu Hiob 28, 27), קדושי עליון (Hapardes 43d). [9]) Vgl. טעם זקנים 55.

Elchanan, Meir den Vorbeter, Amnon, Raschi, Amitai, Elasar b. Jehuda, Jehuda b. Schneor verbreiteten Mährchen sind aus dem Maasebuch und Gedalja Jachia bekannt. Einem Zeitalter, das mehr glaubte als wusste und gläubig das Wissen Anderer geringachtete, konnte wenig an Gelehrtengeschichte gelegen sein. Von Simeon b. Isaac heisst es ohne weiteres, dass er der Wunder gewohnt gewesen; bekanntlich führt derselbe auch den Titel „der grosse". Es hatten im 10. und 11. Jahrhundert noch andere Männer in dem romanisch-germanischen Ländergebiete diesen Titel [1]), der ähnlich dem נגיד in Aegypten, dem prinzipano in Apulien, eine von der Regierung anerkannte Würde bedeutet, und vielleicht zu der Ausbildung der Wundergrösse beigetragen haben mochte; wenigstens sind vier oder fünf unter jenen Männern auch als Synagogaldichter bekannt.

Auffallend erscheint eine Art der Verirrung: man machte Christen, sogar Apostel, zu Verfassern jüdischer Gebete, und reicht dieser Glaube bis in das zwölfte Jahrhundert und noch höher hinauf. Schon Raschi [2]) meldet: „Die christlichen Römer haben Schrift und Sprache von einem andern Volke empfangen, Fremde haben ihnen ihre Bücher geschrieben, nämlich Johann, Paulus, Petrus, die Juden waren. Diese haben ihnen das Priester-Latein zurechtgemacht, und zwar, um sie von Israel abzusondern. Nicht weil sie die Thora läugneten, sondern zum Wohle der von den Jüngern Jesu bedrängten Juden, stellten sie sich mit jenen einverstanden, und gaben ihnen die Vorschriften, wie in den Erzählungen von Jesus berichtet wird". Daher nennt das Buch der Frommen [3]) Petrus einen Gerechten, dessen Geboten die Christen gehorchen. Ausführlicher berichtet das hebräische Leben Jesu [4]), wie Simon Kefa oder Petrus, zum Heile Israels, die Apostelrolle übernommen, aber während der sechs Jahre, die er in Rom in einem Thurm zugebracht, sehr viele Piutim angefertigt und allen jüdischen Gemeinden zugeschickt habe. Im zwölften Jahrhundert ward er als Verfasser des alfabetischen Gebetes אתן תהלה [5]) genannt;

[1]) Note 2. — [2]) zu Tr. Aboda 10a bei dem Verfasser des Schreibens (ms.) an Don Chisdai. — [3]) § 191. — [4]) p. 23, vgl. עמק המלך 20d, Eisenm. Th. 1, S. 285. — [5]) כ"ח Th. 3, S. 203.

Spätere legen ihm נשמת [1]) und אהבה רבה [2]) bei. Möglich, dass Sagen der Art sich an Glaubensverfolgungen anknüpfen: man versuchte damit bewaffnete Mönche zu besänftigen; möglich, dass ein alter Peitan Simeon Kefa geheissen, lebte ja noch vor etwa 340 Jahren in Kracau ein Jude Joseph Pandira [3]). Dass der Einheitsgesang einem christlichen Geistlichen, den Einige Michael Basilios nennen, zugeschrieben wurde, stammt aus einem über 600 Jahre alten Widerstande der Rechtgläubigen gegen jene an Saadia und Philosophie sich anlehnende Dichtung [4]). Grössere Unwissenheit verräth die Angabe [5]), dass ein getaufter Jude, Bischof Andreas, zu einem Fasttage einen Pismon geschrieben; es ist dies ohne Zweifel das Gebet אלהי ישעותנו für den 17. Tammus, dessen Strophenanfänge (אנדרישר) dieses Mährchen erzeugt haben. Eine ganz ähnliche Buchstaben-Klauberei entdeckte in Simeons Wochenfest-Keroba den Sabbatai Zebi [6])!

Zu gläubiger Unwissenheit gesellte sich bisweilen absichtliche Täuschung. Gleichwie christliche Liturgien Aposteln, Kirchenvätern, Päpsten untergeschoben wurden, haben jüdische Charlatane es nicht verschmähet, ihre Producte nach gefeierten Namen des Alterthums zu nennen: Karäische und rabbanitische Autoren haben solcher Fälschung sich schuldig gemacht. Man hat Gebete in Umlauf gesetzt, die angeblich von Elia, Elasar b. Arach, Ismael, Nechonja, Simeon b. Jochai, Hamnuna, Kalir, Mose haddarschan, Abenesra, Jacob Tam, Nachmanides verfasst sind; Einige haben sich sogar zu Engeln verstiegen. In alten und neuen Apokryphen sind für solchen Betrug die Vorbilder zu finden.

Selbst als das Mittelalter zu neigen begann, war noch keine Kenntniss der Literatur vorhanden, und wohin das Auge der Gelehrten sich am seltensten verirrte, war die Poesie der Synagoge. Die Gebets-Erläuterer des sechszehnten Jahrhunderts gehen grossentheils in den Fesseln der Buchstaben-Mystik. Im romanischen Machsor wird uns bisweilen, im römischen

[1]) cod. Opp. 1483 Q. — [2]) H. Treves a. a. O. — [3]) cod. Opp. 614 Q. — [4]) Vgl. Mose Tachau a. a. O., Ozar nechmad Th. 3, S. 81 Anm. 4. Wagenseil der erregte Zweifel S. 177. — [5]) טעם וקנים XI. hieraus Landshuth onomasticon S. 46; stammt aus זכר צדיק ms. Cordova. — [6]) כ״ח 9 S. 84.

niemals ein Verfasser angegeben. Zu Anfang jenes Jahrhunderts gab ein italienischer Abschreiber ein Verzeichniss[1]) von 22 Selicha-Dichtern; seine Quelle ist ein Buch, das kaum 100 Jahre älter ist und gänzliche Unwissenheit der Geschichte verräth. Was Joseph hacohen über älteste Peitana's beibringt, fliesst aus dieser trüben Quelle. Der gleichzeitige Herausgeber des deutschen Machsor in Salonichi leistet für die Kunde der Verfasser gar nichts; nur ein weniges die Ausgabe Venedig 1568, worin die Urheber einiger Jozer und Selicha's genannt werden. Bei Gedalja Jachia, der über Kalir nicht mehr als seine Vorgänger weiss, ist von alten Peitanim keine Spur; von einer grossen Anzahl Autoren, die er aufführt, wird nirgend bemerkt, dass sie auch Piut verfasst haben. Das הא שמע hält auch er für eine Arbeit Amnon's; über die spanischen Meister werden die Leser mit dürftigen Nachrichten abgespeist.

Ascher, der Jozer und Klagelieder erläuterte (1585), weiss nichts von den Kreuzzügen; in dem Jozer אלהינו אלהים „scheint ihm“ der Name Binjamin angebracht; den Dichter der Klage אבל אעורר nennt er Menachem haloës b. Meschullam: Verfasser macht er nur von einigen Zioniden namhaft. Die gleichzeitig in Kracau erschienenen Selichot schöpfen aus älteren Glossatoren, geben jedoch nur selten, und nicht immer richtig, den Namen eines Verfassers an.

David Gans (1541—1613), eine rühmliche Ausnahme seiner Heimath und seiner Zeit, weiss — zum Theil aus Joseph hacohen — von dem Kreuzzuge des Jahres 1096, und aus seinem Buche schöpfte — ohne ihn zu nennen — Chajim Lipschütz aus Posen, der den genannten Ascher berichtigt (1615). Eine regelmässige Angabe der Verfasser findet man zuerst in der bei Mose Cohen erschienenen Selichot-Ausgabe, Prag 1609; sie fehlt jedoch bei 6 Nummern[2]), ist bei 4 ungenau[3]), bei 7 unrichtig[4]). Unbedeutendes gewährt Joseph

[1]) Beilage I. — [2]) Nr. 55, 70, 79, 86, 101, 111. — [3]) Nr. 58, 133, 147, 157. — [4]) Nr. 19 בתולת (אורח statt זורח), 27 אל אלה (Isaac halevi statt Joel b. Isaac halevi), 97 אנא זכור (Elasar, während die Selicha anonym ist), 116 אל דמי·אלהים (שלמה קטן statt David b. Meschullam), 121 מלכי מקדם (b. Jacob statt b. Schabtai, vgl. Ritus S. 144), 156 אבותי כי (wo R. Ephraim unerkannt bleibt), 161 אמרר (Chajim statt Menachem).

Jedidja Karmi (1627) in der Vorrede zu seinen poetischen Gebeten.

War die Kunde von der synagogalen Poesie und die Kenntniss der Ritualgeschichte bei den Juden so gering, so durfte man keine grossen Ansprüche an nichtjüdische Gelehrte machen. Buxtorf, mit welchem die Literaturkunde des Jüdischen anhebt, beutete das Wenige, das er aus Machsor und Gebetbuch wusste, zu polemischen Zwecken aus; allein schon die Artikel מחזור und סליחות im Lexicon und in der Bibliotheca verrathen wie wenig er die Beschaffenheit und den Reichthum des Piut gekannt; von den Autoren hatte er gar keine Kenntniss. Bei Rittangel heisst Kalir „Häkler", und bei Hottinger (1658) nimmt die Beschreibung der jüdischen liturgischen Bücher nicht mehr als eine Seite ein. In Bartolocci's ausführlicher Bibliotheca ist die Synagogen-Poesie am schlechtesten bedacht; er beschreibt z. B. das römische Machsor bloss nach Rubriken, von dem Inhalt selber erfährt man keine Silbe. Sein jüdischer Zeitgenosse, David Conforte (1675), der nur die Reihenfolge der Gesetzlehrer gibt, kümmert sich natürlich um Peitanim nicht und kennt kaum Simeon b. Isaac. Erst Schabtai Bass (1680) räumt den Gebetbüchern eine eigene Klasse ein in der bibliographischen Uebersicht: Machsor und Gebetbücher, auch die für den häuslichen Gottesdienst, werden in mehr als hundert Nummern aufgeführt; die Kenntniss von den Piut-Verfassern ist freilich unbedeutend.

Von Vorgängern und der Oppenheimer'schen Sammlung unterstützt, schrieb Wolf, der an Ehrlichkeit und Fleiss fast alle seine Nachfolger überragt, seine Grund legende Bibliotheca, in welcher die den Gottesdienst umfassenden Gebetbücher — Ausgaben und Handschriften — unter acht Rubriken an 21 Orten[1]) verzeichnet sind. Aber wir werden mit äusserlichem Material abgefertigt, der geistige Durst bleibt ungelöscht. Die Urheber des Piut deckt Nacht, die Geschichte und die

[1]) תפלות (t. 2 p. 1452 bis 1467, t. 3 p. 1223 u. f., t. 4 p. 1066 bis 1068), מחזור (t. 2 p. 1334 bis 1349, t. 3 p. 1200 bis 1202, t. 4 p. 1049 u. f.), קרובץ (t. 2 p. 1421 u. f., t. 3 p. 1215, t. 4 p. 1058), יוצרות (t. 2 p. 1307 u. f., t. 3 p. 1190), זולתות (t. 2 p. 1296, vier Reihen), סליחות (t. 2 p. 1383 bis 1386, t. 3 p. 1208, t. 4 p. 1054), קינות (t. 2 p. 1418 bis 1420, t. 3 p. 1214, t. 4 p. 1058), ברכת המזון (t. 2 p. 1271 u. f., t. 3 p. 1179, t. 4 p. 1041 u. f.).

Wissenschaft bleiben begraben unter der Wucht des Vorurtheils. Eben so werden die Schätze und Sammlungen von Rom und Paris registrirt, aber nicht gehoben. Die gelehrten Feinde wissen höchstens aus zerrissenen Lappen Schleudern gegen die Juden anzufertigen. Reimmann[1]) (1731) theilt die wichtige Nachricht mit, die Selichot seien nach den Ländern verschieden, aber alle Ausgaben vokalisirt! Beachtenswerth für die Zusammenstellung der Drucke ist der vollständige Katalog ms. der Oppenheimerschen Bibliothek, welcher um 1740 angefertigt worden. Heilprin, der Verfasser des סדר הדורות (um 1742), leistet in Sachen der synagogalen Poesie nur unbedeutendes: seine Verzeichnisse registriren ohne weitere Bemerkung etwa 20 Stellen, in denen Raschi und Tosafot den Piut anführen. Seit dem von jener Zeit an eingetretenen Verfall der sogenannten rabbinischen Literatur hatte auch die Synagogen-Poesie sechzig Jahre Ferien: man wusste von ihr im Jahre 1799 nicht mehr als man in Wolf's Todesjahr (1739) gewusst. Asulai (1774—1796), der um Dichter, Grammatiker, Aerzte und Philosophen sich kaum kümmert, meldet selbst von Simeon b. Isaac, Isaac Giat, Abenesra nicht, dass sie religiöse Poesie geschrieben; des Mose b. Esra wird gar nicht gedacht. Dass ein Prager Rabbiner Elasar Flekeles (1793) eine gelehrte Abhandlung über Piutcitate schrieb, war in jener Epoche ein Phänomen, hatte auch weiter keine Nachwirkung; ja er selber konnte noch geraume Zeit nachher sich nicht von dem Glauben befreien, dass Kalir ein Mischnalehrer gewesen. Mancher Rabbiner war stolz auf seine Unwissenheit in dieser Materie: der Rabbiner Ghirondi[2]) zu Padua, der neueste Literator, hatte von den alten Peitanim nur geringe Kunde.

Mit dem Anfang des Jahres 1800 trat Wolf Heidenheim (1756—1832) auf. In der Bemühung für Correktheit und Verständniss des Machsor hatte er Vorgänger, keine aber in der Untersuchung über Natur des Piut, in dem Anbau vergessener Stücke und Lesearten, in der Leistung für die Verfasser. Mit ihm beginnt eine Geschichte in jener bis dahin fast unbekannten Region. Gleichzeitig arbeitete de Rossi an dem Verzeichnisse seiner hebräischen Handschriften; die Beschrei-

[1]) Bibliotheca p. 880. — [2]) vgl. seine תולדות S. 262 Nr. 108.

bung seiner reichen Sammlung liturgischer Werke hat unsere Kenntniss von Dichtern der Synagoge nur sehr wenig gefördert, trotz dem Reichthum über welchen zu verfügen war. Sowohl die codices und die, zum öftern nicht erkannten, Ritus[1]) müssen einen zweiten Beschreiber haben, wenn wir mit den Schätzen in Parma bekannt werden wollen. De Rossi macht von den Autoren nur diejenigen namhaft, welche in den Mss. selber angegeben sind; biblische Lesearten und antichristliche Stellen beschäftigen allein seine Aufmerksamkeit. Die gleiche Armuth theilen in seinem Wörterbuche die Artikel Machazor und Tephiloth; einen Artikel „Selichot" hat weder das Wörterbuch noch der Index des Katalogs.

War an diese Arbeit keine besondere Hoffnung zu knüpfen für wissenschaftlichen Neubau, so trieben auch Heidenheim's Pflanzen keine Früchte. Nicht die Juden allein, die Völker überhaupt waren mit dem Neubau von Ideen und Einrichtungen beschäftigt, auf umfassende Thaten zu sehr gespannt, als dass dieses literarische Feld sofortige Pflege hätte erwarten dürfen. Wo deutsche Gelehrsamkeit im J. 1817 noch hielt, zeigt der Artikel „Elieser bakalir" in Yungs Wörterbuch. Ausser einem ein Jahr darauf[2]) erfolgten bescheidenen Ruf, die Geschichte des Ritus und das Alter der Pintim zu erforschen, auf welchen die Zeitgenossen, mehr gegen als für Piut eingenommen, kaum hinhörten, ist in diesem Wissenszweige dreissig Jahre fast Nichts gefördert worden. Erst in Heidenheim's letzten Lebensjahren, nachdem eine allgemeine Geschichte Israels versucht, eine Wissenschaft des Judenthums erstanden, und auf socialem wie auf wissenschaftlichem Gebiete unter den Juden eine fortschreitende Arbeit thätig war, ist der zweite grosse Schritt geschehen. Rapoport's Biographie von Kalir (1829) lud zur Arbeit in dem neu eröffneten Schachte ein. Die Untersuchungen über den Heros des Piut erstreckten sich sofort über Piut, Gebete und die gesammte Dichterarbeit der Synagoge. Die gleichzeitigen Bewegungen für die Verbesserung des Gottesdienstes und die Ausbildung

---

[1]) Mein: Die hebr. Handschriften (1864) S. 9, 13, 14, 16; von mehreren codd. z. B. 161, 378, 383, 903, 1419 u. a. wird der Ritus nicht angegeben. Der cod. 860 heisst spanisch, ist aber provenzalisch; auch cod. 403 ist nicht spanischer Ritus. — [2]) Etwas über rabb. Literatur S. 11 und 26.

der Lehrer und Rabbiner belebte überall wissenschaftliche Forschung; der Kampf zog Dichter und Dichtung in die Arena. Die nächsten Erfolge waren Zunz gottesdienstliche Vorträge (1832) und Delitzsch jüdische Poesie (1836), welche letztere vergeblich zwei Jahre später verläugnet wurde.

Der Aufschwung, dessen die jüdische Literatur, unter Juden wenigstens, seit jener Zeit sich erfreut, ist allen Richtungen, mithin auch der synagogalen Poesie zu Gute gekommen. In verschiedenen seit dem Jahre 1836 erschienenen Abhandlungen und Schriften werden Sprache und Form, Gattung und Charakter, Bedeutung und Schicksale der religiösen Poesie, die Gestalt und die Geschichte der Ritus und einzelner Gebete, die Bibliographie und die Literatur dieser Gebiete behandelt und als ein neu gewonnenes wissenschaftliches Feld dem Lernbegierigen zugänglich zu machen versucht. Allerdings muss die Mithülfe nichtjüdischer Kräfte grossentheils noch erwartet werden. In gelehrten Real-Encyklopädien[1]) herrschte 1855 noch grosse Unwissenheit über jüdische Gebete, die 1860 nicht abgenommen; Zeugniss dessen ist ein Bericht, im Juli gedachten Jahres an die Göttinger gelehrte Gesellschaft über ein Blatt aus einem alten Machsor abgestattet, nicht unwürdig eines deutschen Mönchs aus dem 15. Jahrhundert und Aeusserungen über das Machsor, aus einem Herrnhause 1861 vernommen, die nach A. 1681 klangen. Auch hier heisst der Wahlspruch: vorwärts!

II. KAPITEL.

Vor-Kalirisches.

Zwischen den Gebetstücken des talmudischen Zeitalters und dem kunstmässigen Piut liegt ein Zeitraum von mindestens zwei Jahrhunderten, welchem zum Theil nächst dem weitern Ausbau der Stammgebete die poetischen Zuthaten für Busse- und Festtage angehören, wenngleich einzelnes dieser Gattung jüngern Ursprungs ist. Kurz in der Form, im Inhalt

[1]) Von Herzog; s. den Artikel Gebete vom Pfarrer Pressel.

einfach, öfter in der Weise der Litanien und Responsorien, haben dieselben bisweilen alfabetische Satz-, selten alfabetische Wortfolge, auch die älteren aramäischen Stücke in Prosa und die jüngeren Benedictionen umfassend. Die reimlosen Asharot, Aboda's und Bussgebete, nebst einigen Hoschana's würden dann die Mittelglieder zu Piut und Pismon, überhaupt zu den Werken der Autoren des neunten Jahrhunderts bilden. Schon das Jozer[1]) weist Zusätze verschiedener Art auf: Gegenstände aus der Engellehre, alfabetische Wortfolge, Stellen im Stile des Midrasch, wie אין כערכך[2]) u. s. f., die an den Talmud erinnern; der Passus הכל יודוך bis המאיר לארץ reichend kündigt sich durch das erste Wort, mit welchem die vorausgehende Benediction schliesst, als spätere Zuthat an[3]). Die beiden Lobgesänge, von denen im Morgengebete die Psalmen und sonstigen biblischen Abschnitte eingeschlossen werden, nämlich „Baruch scheamar" und ישתבח[4]) sind zwar alt, wie unter andern die mancherlei abweichenden Rezensionen beweisen, doch schwerlich älter als die Seboräer. Wenn ישתבח schon im Jeruschalmi[5]) genannt sein soll, so übersehe man nicht, dass Jeruschalmi[6]) bei den Alten eine weite Bedeutung hatte. Die Ordnungen von Saadia, Salomo b. Natan, theilweise auch von Rom, haben für den Vorabend des Sabbat ein eigenes Maarib, bestehend aus: 1) אשר כלה מעשיו, dessen Natronai[7]) erwähnt, 2) למען ארבת עמוסים, 3) אמת אמונתך בשביעי mit alfabetischer Wortfolge, 4) תחדש ישועה mit einem Verse כתוב schliessend. Vor dem Schlusse סכת שלום ist abermals ein Vers כדבר שנאמר וישב עמי בנוה u. s. f.

Mit „Nischmat" müssen früh mehrfache Veränderungen vorgenommen sein: die ganze Stelle אלהי הראשונים bis זוקף כפופים

---

[1]) gott. Vortr. S. 369 u. f., Ritus 11, 82, 143. — [2]) vgl. Abot c. 6 u. Berachot 34 b. — [3]) Briefliche Bemerkung Rapoport's vom J. 1859. — [4]) אדון הנפלאות fehlt bei Saadia, statt רבון span. hat Romania אדיר; בורא כל הנשמות nur span. Vgl. Ritus 44. Saadia hat vor der Schluss-Benediction einen Passus גבורה ברכות הודיות מלכות u. s. w. bis ושנותיך לא יתמו לעולמים, von dem Einiges im roman. Machsor. — [5]) Hamanhig 8 b, Aaron hacohen 6 d. — [6]) vgl. Chajes in den neuen בכורי העתים 13 b, die dort aus Tosafot und Tur vermerkte Stelle über Schofar ist Aruch v. ערב, Hapardes 42 b, Rokeach 202 Ende, Aaron hacohen ר"ה §. 18, ריטבא z. St., שבלי 99 f. 44 a, תניא 75 f. 106 a, Abudarham ר"ה 58 b; Semag Geb. 42 zitirt dasselbe als Midrasch. — [7]) Siddur Amram f. 29.

war, obgleich Amram sie hat, nicht in allen griechischen Gemeinden üblich, sie fehlt bei Saadia; bei Maimonides fehlt der Passus פוקח עורים bis נעלמים, in welchem והמפענח ein früheres Zeitalter ausschliesst; das המשיח אלמים haben nur französische und spanische Riten. Dessgleichen fehlt מי ידמה לך u. s. f. in den Ordnungen von Spanien, Fas[1]) und Griechenland, dahingegen haben Amram, Saadia und Spanien den Passus שועת עניים. Die älteren Gebetordnungen kennen das יתברך nicht, das im französischen und deutschen, etwas abweichend im spanischen Ritus, das „Barchu" begleitet, ebensowenig die Neueren das Amram'sche ישתבח שמו, welches zu demselben Behufe der Vorbeter am Sabbat intonirte. Vor dem alfabetischen אל ברוך גדול im Jozer hat Saadia's Siddur ein längeres gleichfalls alfabetisches אל אדיר במרום במעלה מושבו, welches תהלות עוז נשיר לפניו endigt, ferner für Sabbat in dem לאל אשר שבת, das auch Amram hat, einen Passus שבת אל מכל מעשיו beginnend; beide Stücke sind allen Riten fremd. Im romanischen Machsor hat die Keduscha des Jozer eine einleitende Stelle אלהי עולם ה' היושב, die das von den Engeln gesagte auf Israel überträgt, aber den Zusammenhang verdirbt. Den Verfasser des sabbatlichen אל ארון[2]), worin Bechai התקין, die pentat. Tosafot הקטין lasen, nennt Ascher einen פייט.

Sonstige aus dem geonäischen Zeitalter stammende Sabbatstücke sind: 1) Keduscha נעריצך, die Soferim 16, 12 erwähnt und vermuthlich die im deutschen Musaf übliche ist; 2) Keduscha נקדישך[3]) des französischen und spanischen Ritus, nach Maimonides täglich im Gebrauche; 3) Keduscha כתר, die zu Natronai's Zeit auch an Wochentagen, im französischen Ritus nur im Musaf üblich war, und die, der deutsche abgerechnet[4]), alle Ritus haben. Die Verbindung von Krone und Keduscha hat schon Wajikra rabba c. 24. Nur in beiden letzteren Keduscha's kommt anstatt des המקדישים שמך vor: שלש קדושה, denen es die Hechalot[5]) entlehnt, in Akiba's Alfabet[6]) so wie im Tanchuma[7]) wiederholt. In der Keduscha Nr. 3 heissen die

[1]) Ritus S. 53. — [2]) Amram f. 36, gott. Vortr. 380. — [3]) שכל vor שיח haben das französ. Machsor, der Ritus Avignon für den Hochzeitsabbat, Chaskuni ms. (Heidenheim) und Ascher zu האוינו. — [4]) האגור §. 394. — [5]) c. 26, 5 und 6, מס' היכלות c. 6. — [6]) S. 61, 62 (fehlt Hechalot 9, 3). — [7]) קרושה משולשת Abschn. יתרו f. 27 d, dorther auch bei והזהיר ms. f. 26

Engel המשׁני מעלה, eine Construction des מעלה, die auch die grosse Pesikta und die Hechalot kennen, aber nicht der ältere Midrasch, wo zwar כלפי מעלה zu finden, jede sonstige Zusammensetzung **aber** durch למעלה, שלמעלה oder מלמעלן, שלמעלן gebildet **wird.** Daraus entstand במעלה (kl. Hechalot) oder במעל (in הצר המים) oben, so wie aus קבעי מטה unserer Keduscha: בממטה unten. Späterer Midrasch und die Synagogaldichter liefern zahlreiche Beispiele dieser Zusammensetzungen mit מעלה und מטה [1]. 4) על הכל יתגדל nebst אחד אלהינו vor der Lection; die Sätze אב הרחמים הוא ירחם, צור העולמים [2]) und אב הרחמים אדון השלום (röm.) scheinen später hinzugefügt. 5) Das aus vier Benedictionen bestehende צור כל העולמים nach der Haftara, dessen Elemente älter sein dürften. Die dritte Benediction (שמחנו) hat nur der griechische Ritus in der Vollständigkeit, wie Tr. Soferim vorschreibt, woselbst der Schluss dem der Nummer 15 der Tefilla gleicht, während alle Riten מגן דוד schliessen, ohne Zweifel nach Tr. Pesachim 117 b, wo bereits im vierten Jahrhundert ein solcher Schluss üblich war. 6) Das מי שברך für die Anwesenden [3]). 7) תכנת [4]) der Tefilla Musaf. 8) אתה אחד der Tefilla Mincha, das bereits in einem Midrasch erläutert wird [5]), der jedoch jünger als R. Nissim [6]) zu sein **scheint.** 9) Die Litanie אין כאלהינו [7]), in welcher die Abbreviatur אמן [8]) wohl nicht Zufall ist, obgleich auch die Strofe מי כאלהינו [9]) als Anfang aufgeführt ist.

Das Maarib für Sabbat-Ausgang in Saadia's Siddur behandelt ausschliesslich das Thema der Habdala: die erste Nummer hebt an המבדיל בין קדש לחול und schliesst mit Hiob 9, **7, die** zweite אתנו הבדלה schliesst mit Levit. 20, 26, die dritte längere, die bereits Natronai [10]) bekannt war, beginnt

---

und R. Nissim מפתח 41 b; nicht vorhanden in den Parallelstellen Jalk. Exod. 78 a, Midr. Prov. c. 22, Dekalog-Midrasch S. 67. Vgl. הינוה S. 44, Anm. 12. קדוש משולש in Rga. der Gaonen ed. 1802 Nr. 55.

[1]) Beilage II. Nr. 10. — [2]) **Or** sarua תפלה §. 106. — [3]) Ritus S. 8. — [4]) Amram f. 39; vgl. gott. Vorträge 378, Ritus S. 76. — [5]) Midrasch bei **Tos.** Chagiga **3 b,** Tur I 292, Leuchter c. 113 (Ritus S. 206), Agada bei תניא 29 a, Buch Jezira in Hapardes 56 c und ליקוטי 10 b. Vgl. R. Natan bei Aaron hacohen 66 a §. 3, Or sarua Th. 2 §. 89. — [6]) vgl. מגלת סתרים bei Hamanhig 26 b. — [7]) Hapardes 22 c, 57 b, Rokeach 53, Hamanhig 35 a §. 75. — [8]) Hapardes a. a. O. — [9]) Amram f. 19, Aaron hacohen 21 c. — [10]) Hamanhig 33 b.

אמת אמונה אמרה אומה, ganz im Stile des ältern Piut; wahrscheinlich war dieses Maarib im nördlichen Africa üblich. Die Habdala selber, ursprünglich ein einziger Passus, wurde bereits von den Talmudisten und später noch mehr erweitert. Zu den Schöpfungen jener Epoche gehört auch die alfabetische Verkündigung des Neumondes [1]), der Zusatz zu der Benediction ברוך יוצרך u. s. w.; das Gebet אשר הניא für Purim, poetisch in Bau und Darstellung, ist alt, obwohl es zuerst von Raschi [2]) genannt wird; es findet sich gegenwärtig nur im deutschen Gebetbuche. Nicht viel jünger scheint die in doppelter Rezension vorhandene Elegie אז בחטאינו [3]) mit den trauernden zwölf Sternbildern zu sein. Das הנרות für Chanuca hat Tr. Soferim. Das מי שעשה am Sabbat vor einem Neumond nebst dem aus Tefilla-Phrasen gebildeten יחדשהו [4]) ist vermuthlich jünger als der im griechischen Ritus übliche aramäische Segen, und das כך גזרו des römischen Machsor.

Von den Bussgebeten, die nach dem Muster des אלהי נצור oder als eigentliche Techinna, der täglichen Tefilla an verschiedenen Orten hinzugefügt worden, sind zu beachten: 1) מלכנו אלהינו יחד [5]), etwas bereichert in den Ausgaben. 2) Fünf kurze Gebete [6]), von denen die ersten vier רבון כל העולמים anheben, das fünfte יהי רצון שתתן. In das erste ist die Stelle מה אנו bis הכל הבל aus dem Morgengebet aufgenommen, und wird dem Gebete die Kraft des Opfers erfleht; das zweite ist das aus Tr. Berachot bekannte Gebet R. Alexanders; aus dem dritten scheint ein Passus [7]) in das sefardische Tischgebet übergegangen. Das vierte bittet besonders um gutes Auskommen, das fünfte um einen demüthigen Sinn. 3) Das fast nur aus Bibelstellen bestehende לפיכך אני, dessen Schluss dem des vor-

---

[1]) אשר בעגלה (Soferim 19, 9 und 11). — [2]) Hapardes ms. (hieraus הניא 40 f. 51a), Machsor Vitry; vgl. Rokeach 237, Maimoniot מגלה c. 1 und 2 Ende, Ascher halevi Commentar ms. (oben S. 4.), Abr. Klausner 26b, Maharil Purim. — [3]) אשר הניא, אז בחטאינו, Kl. מי יתן ראשי, ויעל משה (röm. Thorafest) haben den Ausdruck קשר מספד, der ausser j. Joma 1, 1. j. Jebamot 16, 4 auch Midr. Thren. 55 c (Jac. Reifmann in המגיד 1859 Nr. 25 Beil.), Tosefta Jebamot 14, Jelamdenu bei Jalkut Numer. 255 d vorkommt, — verwandt mit קשר תוגר (gr. Pesikta 20, תר"א c. 31), קשר קטיגור (Abot Natan c. 2, Tosefta Sota c. 6), welchem שרי תוגר (Kidduschin 70b) entspricht. — [4]) Saadia hat חדשהו עלינו לטובה. — [5]) Hamanhig 18b, vgl. Ritus 67. — [6]) Amram f. 18, vgl. Ritus 59. — [7]) ואל תצריכני u. s. f.

genannten gleicht. 4) Die leise Techinna רחום וחנון der deutschen, römischen und spanischen Gemeinden ist nur ein einziger Satz, in Bibelverse übergehend.

An die erwähnten Stücke schliessen die für Montag und Donnerstag bestimmten an. Aus der Ordnung Amram's [1]), deren Theile in die Ritus von Spanien, Griechenland, Rom übergegangen, sind hervorzuheben: 1) ארך הרחמים שבן מרומים, ein Sündenbekenntniss mit Sätzen die חטאנו anheben, und begleitet von dem חטאנו צורנו; einzelne Stellen finden sich auch in dem והוא רחום (N. 5); 2) אבינו אב הרחמן alfabetisch, mit dem Refrän חטאנו לפניך רחם עלינו, das jedoch im griechischen Ritus nur der Bussewoche angehört. 3) אבינו הרחמן הושיענו gleichfalls alfabetisch, mit Refrän הושיענו למען שמך, hat das römische Machsor; Trümmer daraus, aber abweichend, kennt das sefardische Busseritual. In die Versgruppe אם עונינו ist 4) ein kurzes Stück in Prosa eingeschaltet, anfangend אמנם אלהינו רבו אשמינו, welches wohl aus Amram's Siddur in die Ritus von Griechenland (Kaffa, Kandia) übergegangen. Ueber das 5) והוא רחום, das in 7 Abschnitte vertheilt, aus Bibelstellen zusammengesetzt, vornehmlich die Phrasen אבינו מלכנו · חנון ורחום · הושיענו, הבט ,למען שמך und הביטה wiederholt, und erst gegen den Schluss (שמע ישראל) in ein selbständiges Gebet ausläuft, kannte man bereits um das Jahr 1100 nur Sagen [2]). Ein Fürst, so lautet ein Bericht in aramäischer Sprache, liess drei — ungenannten — Männern, die als Vertriebene aus Jerusalem angekommen, bedeuten, er werde sie, wenn sie Juden seien, wie die Männer im feurigen Ofen auf die Probe stellen. Nach Ablauf der ihnen bewilligten 30tägigen Frist, die sie mit Fasten zubrachten, erzählte ihnen ein frommer Greis, man habe ihm im Traume einen Vers vorgelesen, in welchem zweimal כי, dreimal לא vorkommt. Sofort rief einer von den dreien: „das ist der Vers Jes. 43, 2, und die Verkündigung, dass du in Feuer gehen und gerettet werden wirst.“ Auf Befehl des Fürsten wurde auf der Strasse ein grosses Feuer angezündet, der Greis ging hinein, das Feuer zertheilte sich in drei Rich-

[1]) Ritus 123. — [2]) Vitry §. 211, Hamanhig 19a b, Aaron hacohen 21c; cod. H. b. 61, cod. Mich. 533, cod. Opp. 1010 F. Vgl. Ritus S. 10. Etwas abweichend bei H. Treves, verdorben in מקורי מנהגים §. 9; deutsch bei Margarita, Wagenseil, Bodenschatz u. A.

tungen; die drei Männer gingen dem Greise entgegen und verfassten hierauf das Gebet והוא רחום, jeder einen Theil. Etwas geschichtlicher als diese, zu dem Inhalt des Gebetes nicht passende, Sage lautet eine angeblich aus Rechtsbescheiden der Gaonen stammende Nachricht, der zufolge Verbannte, die Vespasian auf drei Fahrzeugen steuerlos in's Meer getrieben, in Europa angelangt seien, und zwar in Lyon, Arles, Bordeaux. Die Letzteren wurden gut aufgenommen, erhielten Aecker und Weinberge. Als aber ein neuer Fürst kam, ward ihnen alles genommen und sie sonst bedrückt; für die dieserhalb angesetzten Fasttage verfassten nun Joseph, Binjamin und deren Vetter Samuel das erwähnte Gebet, welches übrigens zuerst von R. Isaac b. Jehuda [1]) genannt wird. In Zusammenhang mit demselben scheint 6) ה' אלהי ישראל [2]) zu stehen, das den Ritus von Spanien, Frankreich und Deutschland gehört, und Selichadichtern des eilften Jahrhunderts bekannt war. 7) Die beiden אל ארך אפים hat Amram's Siddur. 8) Die 4 Gebete „Jehi razon", jedes ונאמר אמן endigend, welche die spanische Ordnung am Sabbat bei der Verkündigung des neuen Monats verwendet, haben die romanischen und germanischen Riten an Montag und Donnerstag, mit einem Zusatze אחינו [3]), welcher für die in Noth befindlichen Brüder gebetet wird.

An die genannten Stücke anschliesst eine Reihe von Litanien und Bussgebeten für Fastzeiten, welche, obschon in älteren Formeln wurzelnd, ihre Ausbildung nach dem talmudischen Zeitalter empfangen haben; sie bilden das Busseritual, welches neben den Bibelversen und Versgruppen hauptsächlich in folgenden Gebeten bestand:

1) אבינו מלכנו [4]); 2) eine Versgruppe, beginnend Dan. 9, 7 (לך אדני הצדקה), und schliessend mit Vers 19 ועל עמך, untermischt mit einzelnen Gebeten, deren Theile hie und da durch Ringworte mit einander verknüpft sind. Variationen hiervon sind die alfabetischen 3) לך ה' הצדקה ולנו בשת הפנים באטום אזנינו und 4) לך ה' הצדקה ולנו בשת הפנים כארבנו דם, beides Sündenbekenntnisse. 5) אל מלך יושב, die Introduction der Middoth. 6) Eine Variation von Thren. 5, 1, anfangend [אדון] הביטה וראה

[1]) Hapardes 20b, ליקוטי 14a; vielleicht schon Midr. Pss. bekannt (gott. Vortr. 376 Anm. a). — [2]) Ritus S. 124. — [3]) etwas abweichend in röm. Machsor. [4]) gott. Vortr. 372, Ritus 118 u. ff.

תביטה את אנחותינו, alfabetisch fortgeführt, jeder Satz beginnt תביטה und schliesst ־נו. 7) תביטה וראה כי אבלנו אויבים, dem vorigen ähnlich, mit alfabetischem Anlauf. 8) Die Vidui אשמנו mit alfabetischer Wortfolge; 9) das alfabetische Sündenbekenntniss אשמנו מכל עם, eingeleitet durch כשחטאו ישראל. 10) אלהינו שבשמים, etwa 30 mit diesen Worten beginnende Anrufungen; 11) ein desgleichen alfabetisches [1]); 12) ein alfabetisches אדון הסליחות mit dem Refrän חטאנו לפניך רחם עלינו [2]). 13) אל רחום וחנון שמך, einleitend in die Litanie עשה למען אמתך, dessen erster Theil alfabetisch ist. 14) Anrufungen (עניות), beginnend עננו אבינו עננו, in alfabetischer Folge, nebst nicht alfabetischer Fortsetzung, bei Amram mit 3, im röm. Machsor mit 8 Schlüssen aus der Tefilla, unter denen zwei [3]) von älterer Fassung. 15) an die vorigen anknüpfend: מי שענה oder כשענית, die älteren Gebets-Erhörungen aufzählend, beginnt mit Abraham und endigt bei Mordechai, oder [röm.] Chaschmonai oder [span.] Choni. Amram kennt nur einige Formeln כשענית für Montag; die geschichtlichen Anrufungen sind dort in 16) דעאני לאברהם enthalten, deren Reihe sonst auch mit דעני לעניי ענינן eröffnet wird. Eine Fortsetzung dieses letztern sind: 17) das alfabetische רחמנא אתרצי לן, 18) רחמנא ענינן und 19) רחמנא אדכר לן [4]), 20) אל ארך אפים אתה eine gereimte Introduction der Middot, 21) ein alfabetisches ארך אפים אתה, die Middot einschliessend, und רחום וחנון סלחה endigend. 22) מכניסי רחמים, die Fürbitte der Engel [5]). 23 bis 27) aramäische Techinna's, als: מחי ומסי, הלא אמריה, מרן דבשמיא, פרוקא דמעלמא [6]), אם לחובנא [7]), 28) אדיר ונאור mit dem Refrän von N. 12, für Neujahr (Tripolis), abweichend **in anderen** Riten für Sühnfest. 29) מתרצה ברחמים und 30) שומר ישראל, welches dem vorhergenannten bald vorausgeht bald folgt, aus 3 bis 5 Sätzen bestehend [8]).

Die angegebenen aramäischen Stücke sind Ueberreste des **alt**-babylonischen Ritus, welcher neben den hebräischen Stammgebeten Einzelnes in der Volkssprache hat, insbesondere

---

[1]) Ritus S. 119. — [2]) Amram, auch im Ritus von Spanien, Kaffa. — [3]) שאותך לבדך und עושה השלום. — [4]) N. 17 bei Saadia, einige Sätze hat das röm. Machsor; N. 18 haben Amram, Saadia, römisches Machsor (abweichend); N. 19 ist im röm. und span. **Ritus.** Vgl. syn. Poesie 153. — [5]) N. 21 hat Saadia, N. 22 (syn. Poesie 148, 154) Amram. — [6]) Castilien, Kaffa. — [7]) Tripolis.
[8]) Ritus S. **131.**

was an Segen, Vortrag, Uebertragung der Lection, und im Allgemeinen an Gemeinde- und Familien-Verhältniss anknüpfte. Es gehören dahin die zum Theil im Talmud wurzelnden Zusätze zum Kaddisch, nämlich תתקבל צלותכון [1]) welches die Gemeind espricht, תתכלי חרבא beim Trauerfall [2]), תתבני קרתא für Jerusalem, תשתלח אסותא, יהון שמשין und דכירין לטב [3]). Das letztgenannte ist der Segen über die Versammlung und hat verwandte Ausdrücke mit den beiden יקום פורקן [4]). Ein anderes תשתלח אסותא war im Alterthum und ist noch im griechischen Ritus bei der Beschneidungsfeier gebräuchlich [5]). Aehnlich ist תתפרקון תשתזבון [6]) am Hoschana-Tage. Ausserdem sind noch als aus der Gaonen-Zeit stammendes anzusehen: הא לחמא [7]) die Eröffnung der Hagada der Passah-Abende; die Introduction des מצלאין bei Noth und Krankheit; die Verkündung des neuen Monats הקול כל עמא הבו [8]); vielleicht auch die Eröffnungs- und Schlussworte des Haftara-Uebersetzers (איסב רשו מן כלמן nebst אמיר דאתאמר בנבואה, und על דא יתברך); [9]) endlich die Formeln, womit die Lösung der Gelübde von den Gaonen abgelehnt [10]) als auch womit sie ausgeübt wurde (Kol Nidre).

Zu den für festlichen Anlass und Festtage oder auch nur als lyrischer Erguss des Betenden gedichteten Stücken jener Epoche gehören: a) Benedictionen, meist ברוך אתה ה' אלהינו מלך העולם אשר anhebend, z. B. אשר קדש עובר [11]) (Lösung der Erstgeborenen), אשר קדש ידיד [12]) (Beschneidungsfeier), אשר צג אנו [13]) der Brautnacht, wozu auch die bereits erwähnten אשר בעגולה und אשר כלה zu zählen. b) litanienartige Rahit, die ein Wort oder einen Gedanken in einzelnen verwandten oder gleichbedeutenden Ausdrücken, meist in alfabetischer Wortfolge variiren, z. B. מלך ישר מלך נאמן in 17 Epitheta,

---

[1]) Maimonides. — [2]) Is. Giat הלכות אבל S. 59, Hai das. S. 73 und an R. Nissim (קבוצת חכמים S. 109), Abudarham 16 b. — [3]) sämmtlich im Ritus von Cochin. — [4]) vgl. Ritus 82. — [5]) Amram f. 84, roman. Machsor 442 a, Siddur Kaffa 109 b. Bei ראביה in א"ז und חדושי אנשי שם am Ende יומא aus Jeruschalmi (nämlich j. Sabbat c. 19) angeführt. Vgl. ראבן 70 a, Landshuth im Siddur מקור ברכה S. 210, Maharil 85 a. — [6]) cod. Leyd. hebr. 94 f. 411. Ritus 93. — [7]) Amram f. 54. — [8]) Romania 34, Kaffa 110 b. — [9]) in den Ritus von Frankreich und Fas; על דא ist verkürzt im röm. Machsor ed. 1540 bei Passah- und Wochenfest. — [10]) Rga. ed. Lyk N. 43. מעשה גאונים 448. — [11]) Rapoport: Chananel S. 35. — [12]) Amram f. 84. — [13]) gott. Vorträge 375.

variirt in מלך ישר הוא מלך נאמן הוא mit 14 dessgleichen [1]). Die Epitheta אדיר ברוך גואל oder אהוב ברוך גבור u. s. f. bilden mit bestimmten Redewendungen verbunden mehr als 20 solcher Rahit, die in den verschiedensten Gemeinden, von Frankreich bis Indien widerhallen. Es gehören unter andern dazu אשריכם רונו לו אדיר, ישמחו אהובים, שמחו בשמחת תורת משה, אדירי אל für Thorafest, אדיר הוא am Passah-Abend, אדיר הוא אלהינו Trauungsgesang (roman.), אהללה לאדיר nebst אל אדיר שמך des karäischen Gebetbuches, אהוב יברך החתן und אהוב נרננה Lieder beim Hochzeitmal (Cochin). Aehnlich sind die Segnungen הרבה אהבה (endigend הרבה תורה בישראל) und שערי אורה oder שנת אורה, welche bereits von Abitur variirt und in das Regengebet am 8. Azeret aufgenommen wurden. c) **Responsorien**, durch die in jeder Strophe wiederkehrenden Worte zum alternirenden Vortrag geeignet, z. B. die Litanie אין קדוש כה' [2]) welche Gott, Mose, das Gesetz und Israel preist, und daher die vier Theile jeder Zeile mit diesen Worten endigt. Der Uebergang von solchen Wiederholungen zum Refrän liegt nahe, und in der That sind die am Sühnfest üblichen vierzeiligen Gebete [3]) eben solche Responsorien. d) Stücke im **rhetorischen** oder **psalmodischen** Stile, theils frei theils alfabetisch, der Uebergang aus dem schlichten Gebet zu Psalm, Hymnus und Piut, dergleichen wir bereits in ארך אפים אתה und אשר הניא kennen gelernt. Dazu würden zu zählen seyn: 1) Kiddusch für Passah, welches vor und hinter dem Passus ויתן לנו ה' bis ליציאת מצרים zwei grosse Stellen einschaltet: die erste welche Israel, die zweite welche den Festtag verherrlicht. 2) das alfabetische אתה גאלת für den Abend desselben Festes, im Stile des Kiddusch [4]). 3) אשר בגלל אבות [5]), alfabetisch, für Thorafest, welches in den babylonischen Akademien mit dem Buchstaben פ' bei den Worten ה' ימלך לעולם ועד schloss, und so schliesst noch jetzt die Ordnung von Cochin. Saadia fand das darauf folgende, dass Moses geschrien und die Kleider zerrissen, ungeziemend. 4) die Festverherrlichung (röm.) האיר נגה, alfabetisch und gereimt, eine Art dithyram-

---

[1]) Hechalot c. 16 und 23. — [2]) Ritus 82. — [3]) syn. Poes. 95. — [4]) N. 1 und 2 im Siddur Saadia, vgl. Ritus 54, 57, 58. — [5]) gott. Vortr. 378, Ritus 45, 82, 88. Hamanhig 72 a.

bischen Gesanges beim Ausheben der Thora. 5) אזהרת ראשית[1]) für Wochenfest, alfabetische Auseinandersetzung über die mosaischen Gesetze, die eine Bekanntschaft mit dem babylonischen Talmud, der Pesikta Para und jüngerer Hagada voraussetzt und aus Pumbedita[2]) stammen soll. 6) היה עם פיפיות, welches im Musaf des Neujahrfestes und des Sühntages der Vorbeter spricht, mit einem Verse כתוב endigend; hat im deutschen Machsor gereimte Einschaltungen. 7) ויאתיו כל, alfabetisch, verkündet eine Zukunft allgemeiner Gotteserkenntniss. 8) היום הרת עולם nebst ארשת, welches den Posaunenschall am Neujahrfeste begleitet. 9) הצור תמים[3]), Gebet bei der Leichenbestattung, gewöhnlich צדוק הדין genannt, in den verschiedenen Riten nicht durchaus gleich, aus gereimten Strophen bestehend. 10) Hymnenartige Stellen in den Hechalot, als מלך מפואר המעוטף bis לנצח נצחים סלה (c. 24); das der Keduscha vorausgehende תתהדר תתרומם (c. 7); das mit einer Benediction schliessende מי כמוך אלהי ישראל (c. 25), und das ganze c. 26, das אתה הוא פועל גבורות anhebt, mit Amen endigt und den Hymnus האדרת והאמונה enthält.

Manche Stücke in aramäischer Sprache, die Purim, Passsah, Wochen- und Thorafest angehören, sind unmittelbar aus Midrasch und Targum, d. i. aus den Vorträgen in die Synagogenpoesie übergegangen. Es gehören dahin: 1 bis 4) aus dem ersten und zweiten Esther-Targum[4]) stammende alfabetische Stücke, nämlich אם הוא חד[5]) (5, 14), אמרת אסתר (5, 1) doppelt alfabetisch (הוא שלמה מלכא nebst תקפת, א"ב und תשרק, das. 1, 2), עני המן (7, 10) doppelt alfabetisch. 5) והוה כד אתגלי die Botschaft an Pharao nebst der Erzählung von den Wache haltenden Löwen in römischen und altdeutschen Mss. hinter Exod. 15, 3, endigt לית אנא משדר. 6) והוה כד שלח פרעה endigend ויתוכון למצרים, aus Neardea stammend, wurde ehemals am 7. Pesach im Targum der Lection vorgetragen, ist eine Zugabe (תוספתא), wie alte Ausgaben[6]) ausdrücklich bemerken,

---

[1]) Angeführt Chaskuni (ואתחנן) und pentat. Tosafot 40b, Commentar ms. zu Alenu (cod. Münch. 346), erläutert von Samuel b. Kalonymos. — [2]) cod. H. h. 240 (Dukes relig. Poesie S. 141), H. h. 17. — [3]) Amram 87b, Ritus 77. — [4]) worauf zuerst Jacob Reifmann aufmerksam gemacht ציון Th. 1, S. 196. — [5]) die Buchstaben נדח fehlen; ט lautet נמלך (ed. נרמון). — [6]) Pentateuch Cstpl. 1541 mit der persischen Uebersetzung und ed. Vened.

zu Targ. Exod. 13, 17, von den Alten als Targum des Gesanges ויושע angeführt [1]), in welchem Gesange die Hauptfeier des Tages bestand; der Stoff zu dem daselbst erzählten ist aus Targum und Hagada. 7) תוקפן in erweiterter Rezension als die edirten Targum, die Beschützung der Neugeborenen durch die Engel. 8) איזל משה וקום, alfabetisches Zwiegespräch zwischen Mose und dem Meere, in den erwähnten Ausgaben als Zugabe zu Exod. 14, 21 vermerkt. 9) ארבע כתין über die in der Mechilta und dem palästinischen Talmud [2]) erwähnten vier verschiedenen Meinungen, welche die Israeliten am Rande des Meeres äusserten. 10) ארבע לילון ist j. Targ. Exod. 12, 42, wurde aber am Schlusse durch Exod. 15, 18 ergänzt. 11) דברא oder die Introduction zu den Geboten des Dekalogs. 12) ארכין ה׳ שמיא zu Ende Ex. 19 schildert Mose's Aufsteigen in den Wohnsitz der Engel, 22 Zeilen, alfabetisch. 13) אתר מתקן ראתקניה לך, alfabetisch, Ansprache Gottes an Mose vor seinem Tode, Refrän משה עבדי נאמן ביתי. 14) ארבעה כלילין [3]); von den vier Kronen (Abot c. 4) hat Mose die des Gesetzes erhalten, während j. Targ. Deut. 34, 5 ihm alle vier zuertheilt. Vielleicht darf zu diesen Compositionen noch hinzugefügt werden: 15) וי על רמטא לבנן bis תלה ליה רישיה [4]), der Abschnitt des schönen dramatisch gehaltenen Vortrages der alten Heroen, in welchem Mose über den zerstörten Tempel klagt 16) das Gebet אלהא דעלמא im j. Targum Genes. 35, 1.

Allein erst als kunstmässige Behandlung der Gebetstücke nach festen Formen in den öffentlichen Dienst Eingang fand, wurde die synagogale Poesie ein wichtiges, oft ein herrschendes Element. Indem sie die Litanie in Pismon, die Prosa in Poesie verwandelte, den einzelnen Theilen der Tefilla mannigfaltiges Gewand anlegte, ward, blieb auch die Auswahl frei, die poetische Gestaltung Gesetz. Die Einschaltungen und Responsorien traten vor Jozer und Keroba, vor Hoschana und Pismon zurück, welche sammt Aboda-Bauten und dramatischen Elegien, Israels Geschichte und Heiligthümern ein durch Kunst

---

in 8 bei Bragadin mit dem Jonathanschen Targum. — [1]) Tos. Mez. 70b. Simcha aus Speier (Pentateuch-Commentar ms. כרנר) zitirt eine Stelle daraus, den Anfang ופריק ושיזיב (d. i. Vers 30) nennend. Eine Glosse zu Bechor Schor בא S. 105 nennt es Targum ויושע. — [2]) Taanit 2, 5. — [3]) N. 13 und 14 Cochin; N. 14 auch röm. (Mss.) und roman. — [4]) Midr. Thren. 55 c.

geadeltes durch Gesang verschönertes Ansehen verliehen, und indem sie aus dem gebotenen Dienst eine freie Huldigung machten, dem Juden die Synagoge zu dem erhoben, was einst dem Hellenen olympische Spiele und Tragödien gewesen, zu einer Stätte, wo das Nationale verkörpert und zugleich vergeistigt, als das Kleinod der Gesammtheit wie jedes Einzelnen angeschauet und empfunden wurde.

Die Schöpfer jener Formen sind nicht bekannt, alles Aeltere im Piut ist von ungenannten Verfassern, die innerhalb eines grossen Zeitraumes, etwa bis tief hinein in das achte Jahrhundert, thätig gewesen. Von einzelnen alfabetischen Sachen stieg man zu zusammengesetzten Compositionen, vom Gleichklang zum Reim, von Einschaltungen zur Keroba, vom feierlichen zum Kunststil empor; aus vereinzelten Klagegebeten des 9. Ab bildeten sich zusammenhängende Kunstwerke. Am frühesten erscheint die Selicha angebaut: Stücke wie die beiden אתה מבין[1]), das אל תבוא עמנו und ארון כל פועל, die Saadia anführt, Sündenbekenntnisse wie ארבנו זה, אם תעינו, תעינו מאחריך die Saadia's Siddur enthält, Betrachtungen wie אדם כי[2]), יבוא und אנשי אמנה אבדו — sämmtlich dem Sühnfeste angehörig, müssen zu den ältern dieser Gattung gezählt werden, und die ältesten Selicha's für die Busse- und die Fasttage, alfabetisch und gereimt, sind nicht viel später anzusetzen. Auch das schöne אתן תהלה nebst אוחילה, das an אור עולם erinnert und älter als der Gaon Mose ist[3]), die beiden Aboda's אתה כוננת, von welchen die spanische die ältere, die Hoschana למענך אלהינו und die reimlose אדיר באדירים, die קלוסין am Thorafest[4]) und אתה הנחלת „die Asharot der Akademie" sind wohl noch dem achten Jahrhundert zuzutheilen.

Das Meiste in dem Vorrath des ältern Piut ist in Palästina und Syrien verfasst; wenigstens begegnen wir in der alten kunstmässigen Poesie der Sprache und Hagada dem Targum und Talmud von Palästina; dorther stammen die ältesten Kunstausdrücke, namentlich פומן, טיידי[5]), אלפאביתין, sogar die Benennung der Dichter (פייטן, קרובא) und ihrer Arbeit (פיוט,

---

[1]) Aus אתה מבין תעלומות zitirt אבן העזר 75d. — [2]) syn. Poesie 154, 157 N. 4. — [3]) Tur I, 591. — [4]) Rga. שערי תשובה Nr. 314. — [5]) syn. Poesie 88 u. f., 367 und f., Scherira in קבוצת חכמ' S. 107.

קרובה[1]) und in der That waren die syrischen Gedichte die Vorbilder für den Strofenbau. Als man Keroba's verfasste, und die ältesten scheinen den Fasttagen anzugehören, wurden bisweilen die einzelnen Nummern von den Worten eines Bibelverses eingefasst, der רהיט[2]), d. i. Riegel[3]) oder Balken, griechisch δρομος (דרמיש[4]) d. i. Läufer genannt wurde, welche Ausdrücke später auf die Stücke, überhaupt auf die kurzen Text-Variationen übergingen: Von Babylons Akademien hätten wir andere Benennungen erhalten.

Zu den späteren Schöpfungen scheinen die der Tefilla vorausgehenden Compositionen zu gehören, und vielleicht hat man mit dem Sühnfeste begonnen; ich halte keinen Jozer für älter als Jose oder Kalir. Ohnedies fehlt diesem Theil des Piut jede auf ältern Ursprung hinweisende Benennung.

In den Poesien der älteren Epoche sind ungrammatische Ausdrücke selten, kaum hie und da ein regelwidriger Gebrauch der Präfixa[5]); symbolische Bezeichnungen, deren Quelle der Midrasch, trifft man sparsam und das hagadische Material, das angebaut wird, ist von geringem Umfang. Die altfranzösische Aboda מנחה z. B. spricht von Jacobs Gesetzbeschäftigung, der Bedeutung der hohenpriesterlichen Gewänder, vom Stamm Levi als dem geheiligten Zehnten; das letztere, das aus j. Targ. (Gen. 32, 25), der Elieser-Baraita (c. 37) und Tanchuma (81 a, 68 c) stammt, hat auch in den Aboda's von Jose, Salomo, Meschullam, Is. Giat[6]) Eingang gefunden. Ueberdiess stellt sie die zwölf Stämme den zwölf Sternbildern gleich. Obwohl der Gedanke uralt, auch bei anderen Nationen zu finden, so haben doch erst spätere Hagada und Targum den

---

[1]) Syn. Poesie, S. 60. — [2]) Statt קורות (Taanit 11 a, Chagiga 16 a) lesen Aruch, Kimchi (s. v.) und Raschi (Cant. 1, 17) קורות ורהיטן: רהיטי zusammen hat עץ יעקב und findet man bei Simeon (Neuj. שבתי), im Machsor Vitry §. 202, מנהגים ms. und Meir Rothenb. Rga in 4 N. 242. קורות בית ורהיטיו schreibt Ephraim aus Bonn zum Piut על ישראל אמונתך (Sühntag). — [3]) Raschi a. a. O. erklärt רהיט mit בריח. — [4]) syn. Poesie 69, Anm. b. Diese Benennung auch in Ms. Saraval 60 vom Jahr 1391. Vgl. Steinschneider j. Literatur p. 340, der zuerst דרמיש durch רהיט erläutert. — [5]) z. B. כ' vor dem verb. finit. s. syn. Poesie 381; נשים das. 378, פן das. 380. — [6]) Vgl. auch dessen Keroba אהל צדק (יעד העשירי יהיה קדש).

Gegenstand deutlicher gefasst, dessen sich nachher synagogale Dichter, wie Kalir, Meschullam, Gabirol, Binjamin und einige Mystiker bemächtigt[1]). Es mag auch jenem Zeitalter, unmittelbar oder durch Midrasch und Josippons Quellen, manches aus den Apokryphen zugänglich geworden sein. So weiset die Schilderung des Hohenpriesters auf Sirach hin, die Chanuca-Stücke auf Judit, die Purim-Gedichte auf apokryphisches Esther, die aramäische Illustration חנגית, neben Midrasch[2]), vielleicht auch auf den Gesang der drei Männer; — lehnt ja bereits die hagadische Darstellung der ägyptischen Plagen an dem Buche der Weisheit an.

Die Arbeiten jenes Zeitalters haben noch nicht die schweren Bildungen des eigentlichen Piut, aus dem höchstens in den Hymnen der Hechalot ein Anflug wahrzunehmen. Der gezierte griechische Stil, insonderheit von syrischen und ägyptischen Schriftstellern ausgebildet, und der unter Mönchen und Arabern verbreitete Geschmack an dem hochtrabenden, konnte auf die Schreibart der jüdischen Peitana's nicht ohne Einfluss bleiben. Darum ist auch der Piutstil nicht aus dem Erdboden emporgestiegen, noch weniger ist er das Werk eines Einzelnen; er muss vielmehr mit einem masoretischen, sprachlich exegetischen Studium der heiligen Schrift im Zusammenhange stehen, welches Wortbildung und Sinn der biblischen Sprache zu erkennen bemühet war, um die Gegenstände des Midrasch und der Talmude in ein poetisches Hebräisch zu kleiden. Die die Tefilla erläuternde Elieser-Baraita sammt dem Tractat Soferim und den Klageliedern im Josippon verrathen keine Verwandtschaft mit dem Keroba-Stil und Buch Jezira hat kaum die Anfänge der Lautlehre. Vorbeter, öfter zugleich die Vorleser (קראים), waren auf Masora und Bibelstudium angewiesen, zumal seitdem Ananier (um 780) und Karäer gegen Gesetz und Geschichte, gegen Sitte und Leben mit Worterklärungen anstürmten und die um Halacha's Kämpfenden auf Exegese und Sprachlehre hingelenkt wurden.

Hieraus scheint hervorzugehen, dass jener Stil, der in Saadia's Zeitalter seinen Höhepunkt erreichte, seit den letzten Dezennien des achten Jahrhunderts angebaut worden, demnach

---

[1]) Note 3. — [2]) Schemot rabba c. 9, Pesachim 118a.

kein Werk mit Namen genannter Dichter, zumal der piutischen Gattung, über das Jahr 770 hinaufreicht. Zu diesem Ergebniss führt auch eine Betrachtung allgemeinerer Art, nämlich dass jede Volks-Literatur in den einzelnen Gebieten Zusammenhang fordert, ununterbrochenen Fortgang vom Aufblühen bis zum Hinwelken. Gleichwie bei den Hellenen die epische von der prosaischen Geschichtschreibung, die Gnomiker von den Philosophen, werden bei den Israeliten die Propheten von den Psalmisten abgelöst, und zwar jede Ordnung in lückenloser Aufeinanderfolge. Ebenso ist zusammenhängende Fortentwickelung seit dem Dasein des Pentateuchs bis zum geschriebenen Talmud, und gleicherweise eröffnen und schliessen Midrasch und Targum innerhalb bestimmter von ihnen völlig ausgefüllter Epochen. Je nachdem die Geschichte des Volkes gebietet, verfallen einzelne Gattungen der Production oder gehen in andere über: niemals geschieht ein Sprung aus einer Richtung in die andere, oder zu Gunsten der einen ein Wunder.

Wenden wir dieses Gesetz auf den Piut an, so muss derselbe seitdem er hervorgetreten in natürlicher Reihenfolge bis zu seinem allmäligen Erlöschen geblühet haben. Da nun älterer Midrasch und Gaonen vor dem Jahr 800 nichts von Pismon und Keroba wissen, und alle einfacheren Gebetstücke den ersten nachtalmudischen Jahrhunderten angehören; da ferner des kunstmässigen Piut erst im neunten, mit Namen genannter Dichter kaum im zehnten Jahrhundert gedacht wird: so darf nach dem Gesetze des Zusammenhanges das Emporblühen des kunstmässigen Stils kaum vor 770 angesetzt werden. So würde das peitanische Zeitalter, aus dem des Midrasch emporgewachsen, in der Mitte zwischen älterer und jüngerer Hagada, parallel dem Anbau von Masora und Geheimlehre gehen, bis in den ersten Dezennien des zwölften Jahrhunderts, wo Masora von Grammatik, Midrasch von Exegese, Geheimlehre von Philosophie, gleichzeitig Piut von Poesie abgelöst wurde.

Aus der gesammten ältern peitanischen Epoche sind ausser J o s e b. J o s e keine Namen der Verfasser erhalten; der Gebrauch der akrostichischen Namenzeichnung war damals noch nicht üblich. Die von Jose vorhandenen Compositionen beweisen zwar hierdurch allein noch nicht sein höheres Alter, da die ähnlichen von Kalir und Babli und spätere Jozer und Selicha's gleichfalls der Akrostichen entbehren; indess berechtigt uns der Charakter seiner Poesien und die Stelle die sie bei Saadiá und in den verschiedenen Ritus einnehmen, ihn zu den vor-kalirischen Dichtern zu zählen. Man nennt ihn die Waise[1]), vielleicht aus keinem andern Grunde als dem, dass auch sein Vater Jose geheissen, denn aus seinem Leben ist nichts bekannt; auch die Cohenschaft ist unerwiesen. Palästina oder ein syrischer Ort waren höchst wahrscheinlich seine Heimat. Er hat den Reim noch nicht, aber eine einfache Sprache, edlen Ausdruck, etwas künstlichern in der Aboda אוכיר. In der Tekiata אהללה[2]) sind die Strofenschlüsse מלוכה, וכרון, קול in den Compositionen nicht weiter anzutreffen; nur einmal wird ממלכות (Reiche) und קולך קול verwendet. Das Ganze ist nur da als Begleitung der üblichen 30 Charakterverse, welche darum erst bei dem Buchstaben Samech eintreten, von wo an die Erlösung, für welche alles Vorhergehende der Vorbau ist, begründet wird: der Tefilla-Grund ist bei Jose noch durchsichtig.

Verschiedene seiner Wortbildungen gehören dem jüngern Midrasch[3]) und ältern Piut[4]). In der Aboda begegnet man מקרנים (Gehörnte), נועל (Schuhe ausziehen), דמומים (Verstorbene), den Compositionen mit מעלה und מטה, dem עדינה (Edom) und Parallelen zu den peitanischen Bezeichnungen für Himmel und Erde, Wasser und Gebirge[5]). Er kennt jüngere Hagada[6]), und die Bedeutung des Wortes טבע[7]) ist bei ihm auf dem Wege der Entwickelung.

Die ersten die Jose's gedenken sind Saadia und Hai[8]). Man hat Aboda אתה כוננת (franz.) nach ihm benannt, und unzweifelhaft steht sie mit Aboda אוכיר, mit welcher sie mehr

---

[1]) היתום: H. h. 17. Opp. 1073 F., daher תקיעה יתומית (Tefilla ms. B. Niederhofheim, Opp. l. l.). — [2]) auch angeführt cod. Rossi 541 לך לך (טפשו בני כנען). Fehlerhaft heist es am Ende derselben in cod. Rossi 655: אלו הסדרים של רבינו אביתור בר יוסף. — [3]) כהתרפה (אנוסה), כשח (אפחד), שע, צו, לטרום, ידוד, כאו. — [4]) חֻקְתה חַמָּתי פענח, נמתה (das.) לחק, שָׁגג, תמור. — [5]) Note 4. — [6]) bereits in der Tekiata, wie כליל שמורים beweist, vgl. Omer-Pesikta, Jalkut Reg. §. 241, Targ. Jes. 10. — [7]) Beilage II. N. 8. — [8]) Is. Giat הלכות S. 27. עשרת הדברות 43 d.

als 80 Parallelen[1]) hat, im Zusammenhange, so dass Jose entweder beide oder die seinige, die künstlichere, nach jener ältern ausgearbeitet hat. Seine Aboda ist zehnfach- darin die Abtheilung 'ח achtzehnfach alfabetisch. Dass die ersten Buchstaben in den einzelnen Sätzen der zwei Refrāns von אמנם אשמינו den Zahlenwerth (374) von יוסי בר יוסי haben, mag Zufall sein.

Die poetischen Compositionen Jose's sind mithin:

1. Tekiata אהללה. 2. Aboda אוביר גבורות. 3. (viell.) Aboda אתה כוננת (franz.). 4. אמנם אשמינו. 5. (viell.) אור עולם, Anfang eines verlorenen Jozer[2]). 6. Ein Piut, woraus die Stelle חזה בהעצומות המפענח צפונות[3]) angeführt wird. Zu beachten ist עיני למרי (Tekiata), das auch in der Aboda (עיני למרדו) vorkommt.

Den Uebergang zu Kalir bildet Jannai. Jehuda b. Scheschet und Gerschom, Zeitgenossen, führen beide Jannai und Kalir als alte Dichter an, und nennen Jannai voran. Er habe, heisst es, für jede Ordnung des Jahres Keroba verfasst. Ueberhaupt wird er stets mit Kalir zusammen, und sogar dessen Lehrer[4]) genannt. Wir haben von ihm nur eine Keroba, die entweder dem ersten Passah-Tage[5]), oder dem Sabbath, der am 14. Nisan ist[6]), zugehört. Mit wenigen Abweichungen gleicht ihr Bau dem der kalirischen. Die ersten beiden Nummern sind vier-, die drei folgenden zweizeilig. Der Silluk, gleich Kalirs Silluk Chanuca ובכן anhebend, hat hin und wieder Gleichklang, aber keine Reimzeilen; das vorausgehende אז רוב נסים, dessen Refrān an die gleichnamige Pesikta XV erinnert, ward früher in den Rheinstädten am ersten, das kalirische אומץ am zweiten Abend rezitirt[7]). Jannai's Name ist in der dritten Nummer gezeichnet; die zweite hebt mit den Worten (מתים) an, mit welchem die vorausgehende Nummer der Tefilla schliesst. Die ersten Anlehnungsverse sind in beiden Nummern die auf לילה endigenden Exod. 12, 29, 30. Die vierte Nummer ist nicht alfabetisch, und in der fünften reicht das Alfabet nur bis zum

---

[1]) Beilage III. — [2]) syn. Poesie S. 61. — [3]) Aaron bei Mose Nigrin in מלאכת עבודת הקדש Salonichi 1568, und hieraus in עבודת ישראל f. 7a. — [4]) H. h. 17. Commentar der Hagada in cod. München 69 f. 35: אז רוב נסים יוסד ר' ינאי רבו של ר' אלעזר קליר. — [5]) Rapoport in המגיד 1863 S. 23. — [6]) Ritus S. 9. — [7]) cod. München a. a. O. בלילה הראשונה דפסח אומרים ברישם או רוב נסים ובשניה אומץ.

Buchstaben Jod, — vielleicht an כי אתה הוא anschliessend, welches bis תפארתו in einzelnen Worten dasselbe fortsetzt. Jannai kennt Hagada und Pesikta [1]), gebraucht das כ vor dem Praeteritum und hat Bildungen wie חמורותים, נֶרֶד, טֻכַּם, אִוִּי, נִמְתָּה; המנֻכָּה נִכָּה עשיריה erinnert an Kalirs בָּחַן בעשר (Keroba Neuj.), תכלית בעשרה (Hosch. למען תמים); בתכלית מכה עשירית an Kalirs מכות עשר (Pesach-Keroba).

III. CAPITEL.

Elasar b. Kalir.

Elasar b. Kalir, Verfasser von mehr als 200 piutischen Compositionen, Gesetzgeber auf diesem Felde der Poesie, deren Formen nach ihm kalirisch heissen, ist, wiewohl nicht der erste Peitan, wie ihn Nachmanides [2]) nennt, doch für uns der erste, welcher den gesammten Festgottesdienst ausschmückend die Hagada als wesentlichen Bestandtheil in den Vortrag aufnimmt. Den Stoff entlehnt er der Halacha und der Hagada, älteren und jüngeren Werken und bearbeitet ihn bald erschöpfend nach einer Pesikta, deren Wendungen bisweilen wörtlich [3]) wiedergebend, bald nach zerstreuten Stellen verschiedener Hagada's; aus einer Scheu zwischen abweichenden Aussprüchen zu entscheiden, verbindet er zuweilen Widersprechendes [4]). Er übertrifft, wie bereits die Alten [5]) bemerken, in schöpferischer Wortbildung und Sprachfülle alle anderen

---

[1]) Syn. Poesie S. 126 Anm. c und d; S. 441, Art. ראמים, צורים, צור. — [2]) zu Alfasi, Joma Anf. וכן בדברי הפייט הראשון ר' אלעזר ברבי קליר. — [3]) aus Pes. I s. gott. Vortr. S. 203 N. 9. Pes. V im Silluk des Hüttenfestes, vgl. auch Rapoport in ערך מלין S. 176. Pes. X: פדיון נפשו, תלוי ראש אתה וכור את אשר עשו לך, אין לפניך שבחה Pes. XI .במין מטבע אש ארבע מאות פרסה; mehreres in אורח Purim. Pes. XII: אמרתי אחכמה u. s. w. שבל הפרות u. s. w. vgl. syn. Poesie S. 128 Anm. b und c. Pes. XIII· יכון עולם על רבות עשית וחשבת, ראש וראשון: dorther ist auch מליאתי (9. Ab). Pes. XVI במעלה ומוריד (Tal. תחת). — [4]) Tosafot ר"ה 27a, Meir Rothenb. Rga. 441. Opp. 1073 F. zu ועמך הלואים. H. h. 17 (d. i. Elieser b. Natan) zu Silluk כי אקח und Geschem. — [5]) Opp. 1073 F. zu אופר, H. h. 17 und Nürnb. Machsor zu Tal und Geschem.

Peitana's: ohne das talmudische oder vulgäre Sprachidiom herbeizuziehen, weiss er immer das biblische Wort oder die solchem ähnlich gebildete Wurzel zu finden; jeden Gegenstand, den er erfasst, verfolgt er bis an die äusserste Grenze und die einzelnen Theile der Keroba stehen bei ihm in engem Zusammenhange. Eine bedeutende Anzahl von ihm gebrauchter Worte sind allerdings nur Geschöpfe des Augenblicks, die selbst bei ihm nicht wiederkehren; allein von mehreren im Piutstil üblichen [1]) scheint er der Erfinder; einzelne hat er mit Hagada's jenes Zeitalters gemein, z. B. אֶרֶר mit Hechalot, צחצח mit Deuteron. rabba [2]), ברקים (Engel) [3]) mit Jelamdenu [4]).

Nächst den Talmuden und den älteren Midraschwerken, haben ihm namentlich die Pesikta's vorgearbeitet; er holt sich den Stoff sowohl aus der eigentlichen Pesikta als aus der rabbati, welche letztere namentlich in der Tekiata זכר und אשא רעי, der Keroba des Wochenfestes und den Elegien N. 54 und 55 benutzt ist. Zu seinen übrigen Quellen gehören ausser Jelamdenu [5]) auch Elieser-Baraita [6]), welcher die Anfänge seiner

---

[1]) z. B. ביע, רגויע, הגלים, הדריר, ויל, ולעף, מועים, שיעה, כיל, מרים, ההשיר: die Formationen פורכים, מפריך, עֲנם, נשיון, צחיון, קשיון, רחשון, האנון, מען, צול, u. a. m. עֲרין Silluk Schekalim, Klage אי כה, וימן 9. Ab, und שמי ערין (Geschem und sonst) wurde stehender Ausdruck für Himmel, selbst bei span. Dichtern. — [2]) syn. Poesie S. 423, 432. — [3]) in den Silluk אקרה, נקרא, הנא und ברקים, אל שת in ברקי לכה vgl. (אדירי איומה) ברואי ברק; אלה עשיהם im Silluk מי יהגה und Hymnen אשר אומץ, הנקדש באלפי. — [4]) Jalkut Hiob 925, Daniel 1065, vgl. Iudic. 69. Von der gleichen Bezeichnung bei den Alten s. S. Sachs התחיה S. 12. — [5]) Schekalim אומץ vgl. Tanchuma 35 a [bei Bechai שמות wird auch Pesikta als Quelle genannt]. Silluk Sachor בתלמיד לרב und Silluk Hüttenf. ואותם ישאלו u. s. f. das. 73 b. Sachor זכור איש: כסות ולשון שנה ist Jalkut Numer. 240 b. Neuj. בעשן טפש: אומץ vgl. Tanchuma 10 c והוו נשין מיתות עשר; מעשנות ומקטרות (die Quelle — jetzt Debarim rabba — ist Tanchuma nach Commentar ms. Cod. Münch. 346). Tekiata זכר: שמבראשית תבואת ראשית s. Jalk. Jerem. 264, Gen. 2; ירח בול vgl. Tanchuma 4 b, bereits von Joseph (Kara) angeführt in Commentar ms. Silluk Pesach בין התוחים aus Tanchuma 20 a. Silluk אקרה Ende (צפופים) ist Jelamdenu bei Aruch צף 5. In der Pesach-Keroba אבירים stimmen Anfang und die Ausdrücke נוי ואלהיו und שני בני היצהר mit Bamidbar rabba 214 c, Schemot rabba 130 d, 129 d. — [6]) מדרת עוים (אפנתה Mincha) c. 5; ועות (החיות אשר) und וזעות (Geschem אקשטה), ferner ומטיפות u. s. w. (Silluk Neujahr) c. 4 (ברתת ובזיע ומזיעת פניהם נהר u. s. w.), aber auch Chagiga 13 b und Be-

Keduscha's entlehnt sind, Tana Eliahu[1]), Tr. Soferim[2]), Midrasch der Psalmen[3]) und einzelne zum Theil unbekannte Hagada's oder Baraita's[4]), insonderheit eine über die 24 Priesterordnungen[5]) und eine von dem Buche זרובבל[6]) benutzte Hagada. Vermuthlich waren ihm messianische Schriften wie אותות המשיח und פרק ר' יאשיהו[7]), desgleichen die Ismael und Akiba beigelegten מרכבה und אלפאביתא[8]) ganz oder theilweise bekannt, obwohl er von letzterer nur sparsamen Gebrauch macht.

Sowohl das Alter dieser Quellen als der Bildungsgang der synagogalen Poesie und des Festritus nöthigen uns, als Kalirs Zeitalter frühestens die erste Hälfte des neunten Jahrhunderts anzusetzen, später als den Zeitabschnitt, seit welchem Gebetordnungen und über Gebetsritual Gaonen-Bescheide vorkommen[9]). Bei einem höhern Alter dieser Piut-Gattung wäre der Umschwung in der Poesie auch früher eingetreten, wohl noch vor Saadia, der im peitanischen Kunststil und Sprachenbau den Meister zu überbieten sich bemüht. Es musste eine geraume Zeit, in welcher die Arbeiten Jose's und ungenannter Dichter den Geschmack am Piut verbreitet, den grossartigen Schöpfungen vorausgegangen sein, die Kalir für sämmtliche Festtage in die Synagogen einführte, und erst durch ihn scheint dieser Festgottesdienst Grund und Dauer errungen zu haben, denn seine Compositionen sind für Keroba, Schibata, Hoschana, Elegie das Muster selbst in Einzelheiten geblieben, wie Anzahl und Zuschnitt der Keroba-Theile, namentlich des mit אל נא

---

reschit rabba c. 78 (תאלת מברך גביר Neuj.) c. 32 Ende; ובינות אלם ורע (מלך במשפט לצדקה Neuj.) c. 33 Anf. Vgl. die folgende Anmerkung.

[1]) Die Stelle צדקה in מלך במשפט (s. Heidenheim's Commentar) ist das. Sutta c. 1 (Jalkut Genes. 23d). Vgl. Tanchuma bei Bechai כד הקמח v. צדקה, Leuchter c. 202. — [2]) נר חנוכה nach Soferim 20, 3. — [3]) Silluk Azeret וראשי משוררים יחסוה שמינית היא רביעית והיא שמינית, vgl. Midr. Ps. 8 (ואדום היא השמינית) und Raschi Zachar. 5, 11. — [4]) z. B. im Silluk Pesach vier Plagen, die in Tanchuma, Schemot rabba, Wajoscha, Jalkut Exod. 56b, Pesikta, Tana Eliahu nicht vorkommen; in Silluk Schekalim die Grösse der Meere und die Cyklenberechnung; im Silluk des 9. Ab der Kampf mit Liwjatan; die Trauertage des Kalenderjahres in der Klage N. 17 (ארלי). — [5]) Note 5. — [6]) S. 56: מנחם בן עמיאל יבא bis ארבל, העל עדת קרח, S. 57 ויחיו מתי bis הקרהי, והדר יבקע מגערתו. Vgl. Kalir בימים ההם: תעלה ;הוא חדש ניסן . . . מנחם בן עמיאל פתאום יבוא בבקעת ארבל — יכריז בו בן שאלתיאל; והר הזיתים יבקע מגערתו; דגלי אסף; עדת קרח

[7]) Note 6. — [8]) Note 7. — [9]) Ritus S. 16, 18 ff.

eröffnenden[1]), die Einfassung der kleinen Keroba's mit Bibelversen, die Variation der Klagelieder in den Elegien, die Verwendung der hagiographischen Bibelstellen in der Illustration des Dekalogs, die Reihenfolge der Intonationen ובכן in der Sühnfest-Keroba beweisen. Die meisten späteren Keroba- und Elegiendichter, namentlich Saadia, Simeon b. Isaac, Tobelem, Binjamin b. Samuel, Jochanan hacohen, Meschullam b. Kalonymos, gehen in Kalirs Fussstapfen; im Bau der Thau- und Regengebete folgen ihm Gabirol und Abenesra, der zweizeiligen Hoschana Joseph Abitur.

Die Hoschana's und wenige Jozer abgerechnet hat Kalir nur Keroba's gedichtet und zwar für den Fasttag des 9. Ab die Elegien einschliessend, ferner für die ausgezeichneten Sabbate, Chanuca, Purim und die Hauptfeste. Für die zweiten Festtage, also auch für Thorafest, hat er nichts verfasst, eben so wenig für den grossen Sabbat: Diese beiden kennt auch die Pesikta nicht. Seine Pesach- und Hüttenfest-Keroba's sind für den ersten Tag, wie theils die Lection, an welche sie anschliessen, theils der Inhalt beweist, auch wird dies von alten Autoritäten bestätigt. Zu den verlorenen Stücken gehören wahrscheinlich Keroba's für den Hoschana-Tag und den siebenten Tag Pesach, dessen Gesang (Exod. 15) zu bearbeiten schwerlich Kalir unterlassen hat. Samuel Schullam, der letzteres gesehen haben will, hat sich vermuthlich geirrt und Kalir mit dem jüngern Elasar b. Jacob verwechselt. Aber ein provenzalisches oder catalonisches Machsor ms. hat für diesen Tag einen Silluk, der Ueberschrift zufolge, von R. Elasar Kalir, der wie folgt anhebt:

אז כני עד הוללה כל במאמרות עשרה
בספר וספר וספור עשרה
גמרתם בששה בפנות דברים עשרה
דבקה זוג ראשון והביאם בגנות עשרה
הארכה אף לטבעיסים
והשטפם כשבלת בסוף הוות עשרה etc.

Nach den Worten רוממו שורה תהלוך בשרים עשרה folgt eine

[1]) syn. Poesie S. 66.

Schilderung was למצרים und was לישראל geschehen; der Schlusssatz beginnt הם נוראותיך מספרים und endigt לאל נערץ בסוד קדושים.

Asien, Africa und das arabische Spanien blieben Kalir's Arbeiten fremd: daher dürfen wir unsern Peitan nicht im Bereich der Gaonen-Sitze, überhaupt nicht in den persisch-arabischen Ländern suchen. Hiermit stimmt der Inhalt seiner Compositionen überein, der überall christliche Völker voraussetzt. Seine Bekanntschaft mit palästinischem Talmud, palästinischem Midrasch[1]), palästinischen Orten[2]) weist auf Palästina oder Syrien hin. Die Rezension der Tefilla[3]), die Lectionen der Festtage, die Abwesenheit von Keroba's der Zusatztage, die Berechnung der Stundentheile[4]), nicht minder der Gebrauch gewisser Wörter, als ביתהר[5]) (st. ביתר), צלע האלף[6]) für Jerusalem — das auch bei Meborach b. Natan vorkommt —, מדרש[7]) Gedicht, ביר Sohn[8]), נם und נמת, בעקב[9]) zuletzt — eben so in der palästinischen Hagada[10]), dem jerusalemschen Targum[11]), alten Dichtern[12]) — צרדה Mittelfinger[13]), כלה[14]), scheinen sogar auf palästinische Heimat hinzudeuten, dem selbst der Name קליר oder קיליר[15]) entsprechen würde. Eine Stadt ספר[16]) wird uns zwischen Antiochien und Hama ge-

---

[1]) Tosafot Pesachim 109a, Chagiga 13a. — [2]) vgl. Note 5; Rapoport, Kalir Anm. 7. — [3]) Rapoport das. Anm. 33 und Nachtrag, כ"ח 6 S. 21. — [4]) vgl. Silluk Schekalim עונת mit j. Berachot 1. — [5]) Kl. איכ בעת, Midr. Cant. 19b, j. Taanit 4, 5. Saadia Elegie אבוי לירח, Nissim מפתח 22b. Sogar eine syrische Handschrift der babyl. Gemara (Mittheilung von Ab. Firkowitsch). — [6]) in אביה מלך, ויכון עולם, בימים ההם. — [7]) הנה מדרשים parallel mit שיר חדש (Schibata Hachodesch), daher von Arnheim (Jozerot S. 178.) „Dichtungen" übersetzt. Denselben Sinn hat das Wort im Tod Mose's S. 122: ומהו המדרש שדרש יהושע, worauf ein poetischer Vortrag beginnt. Vgl. syr. מדרשא religiöse Hymne. — [8]) j. Targ. Exod. 2, 2. 1, 17, Simeon Duran מגן אבות c. 3 f. 40b. Rapoport, Kalir Anm. 9 und 14. — [9]) Tal אאגרה. — [10]) Wajikra rabba c. 12 עקבין (bei Aruch; ed. f. 178c. liest בתראי). Schemot rabba 135b Zeile 3; vgl. בעקבות Mischna Sota Ende. — [11]) Genes. 3, 15, Numer. 11, 26, in beiden Stellen בסוף עקב. — [12]) Jose Aboda Buchst. 'א, franz. Aboda, אתה מבין סרעפי Buchst. 'נ. — [13]) Silluk Schekalim. Vgl. alte Tosafot zu Joma 19b., Tos. Menachot 35b., Aruch s. v., Tosefta Joma und Tanchuma 24b. — [14]) st. עוכלא (Silluk Schekalim), s. המבשר 1862 S. 82. — [15]) קלורית in Pesikta, קלורא (Michälis Lex. syr. S. 801) der Kuchen, den Syrer und Juden den Knaben zu essen gaben, wenn sie die Schule zu besuchen anfingen (zur Gesch. 167), im Aruch und von R. Tam zur Deutung von קליר angewandt. קיליר zeichnet Kalir dreimal. — [16]) ספר אליהו S. 67.

nannt; allein auch dieser Name birgt vielleicht ein Räthsel, das wir so wenig als einzelne Ausdrücke seines Piut zu lösen im Stande sind.

„Kalirisch [1])“, sowohl Kalir's als seiner Nachfolger Arbeiten bezeichnend, ward im Machsor als Ueberschrift von Piutstücken gebraucht; Kalir selber allmählig ein Gegenstand des Studiums [2]) und den Späteren ein Geheimniss, beinahe ein Mythus. Nicht bloss himmlisches Feuer umgab den Keduscha schreibenden Peitan [3]), er stieg selber in den Himmel und lauschte den Engeln den alfabetischen Piut ab [4]). Man hielt ihn für einen Mischnalehrer, bald für Elasar b. Simeon, bald für Elasar b. Arach [5]); doch wurde beides auch bezweifelt. Schon vor dem Jahr 1100 suchte man die Benennung קלירי zu deuten, siebzig Jahre später erzählte man sich in der Lombardei, dass er von einem eifersüchtigen Peitan getödtet worden: auch die Angabe, dass er einen Bruder Namens Jehuda [6]) gehabt, stammt aus dem zwölften Jahrhundert. Bereits im dreizehnten Jahrhundert wird zwar wieder in Zweifel gezogen, dass Kalir ein Tanait [7]) sei, aber doch die Zahlen-Kabbala zur Erklärung des Baues kalirischen Piuts verwandt, und im funfzehnten ihm ein Buch untergeschoben. Bei den Spaniern gerieth er völlig in Vergessenheit. [8]) Ein Herausgeber vom J. 1560 [9]) sagt zuerst, dass Kalir A. 968 gelebt; nach Joseph Steinhart [10]) gehört er in Saadia's Zeit. Neuere Forschung hatte anfänglich ihm die Epoche zwischen 800 und 1000, später das Jahr 970 zugewiesen. Merkwürdig ist die Jahrzahl 955 (A. 1023) in der Elegie איכה תפארתי (roman.); ein Beweis, dass in jenem Jahre bereits ein Schreiber geändert hat.

---

[1]) רהוט קלירי (Para אצילי in H. b. 240), יוצר קלירי (Wochenf. אלפים הקדימני in Opp. 1568 Q. C.), פזמון קלירי (היום יפנה השמש ms. Luzz.), קנה קלירית (הסתר in cod. Rossi 159), קדושה קלירית (אחננך במפי ms. Luzz.), סדר קלירי (Aboda אתה כוננתה in Machsor ms.), תקיעתא קלירית (אנסיכה in cod. München 346), קדושתא כעין קלירית (Hüttenf. Tag 2, s. Asulai Rga. Th. 2 N. 38 f. 50a, vgl. Machsor Vitry bei כ"ח 6 S. 31). — [2]) מעמיק בקלירי sagt der Commentar ms. zu Tal. — [3]) שבלי 11. Vitry §. 325. — [4]) Hirz Treves zum Jozer, angeführt in מנחה חדשה Kracau 1576 f. 84, מעבר יבוק f. 165a. — [5]) R. Tam bei Isaac א"ז Th. 2 §. 338, Sal. Aderet Rga. 469. Jos. ibn Schoaib דרשות p. 73. — [6]) vgl. Schibata und Keroba Sachor. — [7]) Ms. bei Frankel's Zeitschrift 1846 S. 191. — [8]) s. עין יעקב Schekalim c. 6 §. 41. — [9]) Machsor Sabionetta f. 162b. — [10]) Rga. N. 13.

Kalir's Dichtungen, durch den Charakter des Festes bestimmt und abhängig vom Midrasch, bewegen sich innerhalb fest gezogener Kreise, die dem Fluge der Phantasie wenig Raum lassen; dennoch wusste der Dichter aus bleibenden Grundideen und wiederkehrenden Bildern sich einen Vorrath beweglicher Elemente zu bewahren. Wie er das Allgemeine zur Ausschmückung des Besondern verwendet, das ist die Kunst des Peitan und zugleich die Erklärung zu den nicht sehr zahlreichen Parallelstellen, die daher, wofern sie nicht in der Composition für denselben Festtag vorkommen, meist jenen allgemeinen Themata zugehören, wie etwa dem Verdienst der Väter, der göttlichen Liebe, dem Hass der Tyrannen, der sichern Erlösung, den Engelhymnen u. a. m. Ein ziemlicher Theil dieser Parallelen besteht in der Verwendung von Bibelstellen. Wir beschränken uns auf folgende:

בְּאִבּוֹ (Purim אמל), בְּאִבְּבִם (Schibata Hachodesch, אז מלפני), אִבִּים (Geschem, Anf.), אִבֵּי (Tal אלים), כְּאִבֵּי הנחל (nach Cant. 6 11. Hüttenf. אקחה Schibata Sachor Tal אלים), כְּאִבֵּי שלחים (Geschem יפתח), בְּאִבְּיָה (Para Keroba und Schibata, Hüttenf. אמנם).

או מאז Keroba Schekalim, Sachor, Purim zu Anfang (syn. Poesie 424).

טכס אחד קדוש (אל אדיר), שרף מכונה אחד קדוש (אילי מרום). Vgl. Dan. 8, 13, Jalkut z. St. und אופן אחד בארץ in Midr. כונן S. 26.

אחור וקדם (Klage איכה את und Neujahr את חיל) ist aus Ps. 139, 5.

אשא דעי למרחוק Hiob 36, 3 (Sühnfest אשא, Purim אספרה), אשא דעי (Tekiata), למרחוק שאת דעי (das.).

אתוי נהרים (Tal אלים, Neuj. האלה, Geschem אפיק).

הבל המומלך (אנסוכה), לבל המליכה (Neuj. אדרת).

ברית הרשה (Silluk Hachodesch, אז מלפני).

ברק השנון (Tekiata זכר, Sühnf. יום מימים, Neuj. אופר).

גיא Erde, רוק Himmel, oft; auch beide verbunden (Purim אספרה — Silluk Pesach — Tal אמונים — Geschem יפתח) — גלומי גוש דרי גיא (אשר אומתך), גלומי גיא (Hüttenf. אז היתה).

רוק וחלד (Tal אאגרה, Neuj. כבודו אהל); bereits in אוחרת ראשית, Jose's Aboda Buchst. ד׳, span. אדיר ונאור.

תגשם תחי (Sachor, Para, Chanuca), בתחית גשם (Hachodesch).

דהרי רולקים (אדירי אומה. Hüttenf. או הורה).

דלגת קץ (Pesach אסורים), דלג קץ (Tal אאגרה), דלג (Purim אורח, Hachodesch אחיה). דרכי נסתרה Jes. 40, 27 auf Jacob angewandt (Neuj. אומץ, Wochenf. ה׳ קנני).

כדת וכהלכה (אנסיכה), שלא כהלכה (Neuj. אדרת).

הנה ערך (Schibata Schekalim), ערך ענק . . . להנות (Pesach-Keroba, vgl. ערכים ענק ארבעה Schibata Hachodesch), פרשה ואת להגות (Schekalim), וכרון שיר אתג (Pesach או).

הוגי המולה (Tal תחת, Hüttenf. או הורה, אין ערוך).

המון חוגג (Ps. 42, 5), דדוי (Tal תחת), עצם המון חוגג (Schekalim אלה), עוצם המון (Schibata Schekalim).

המוני המולה (אדירי אומה), המון צבא המולה (אמיצי שחקים).

וה אל זה מכונים (Silluk Sachor und Hüttenf. כי אקח).

זו Israel (Neuj. האלת und וחיות, Sühnf. או מלפני, Hüttenf. אלים אקחה פרי, Purim אותו מבהלת und אספרה, Pesach או על כל, Tal zweimal), זו עם (Wochenf. ה׳ קנני). Beides für זו עם (Exod. 15, 16. Jes. 43, 21), das in או מלפני · מי ימלל גבורות · אקחה בראשון, Chanuca-Keroba, Tal כרעתי · Klage איכה אלי · אמרו לאלהים · röm. Schacharit.

נטפי כויל נטפי (Schekalim), נול בנטפי (Geschem יפתח), ונטף וזולה (Tal אאגרה).

זרע לצדקה Hosea 10, 12 (Neuj. מלך עליון und מלך במשפט).

זרע הבואה קדש (אין ערוך), זרע קדש מטעתו (Geschem יפתח); זרע מטע אמת und מטע קדושים in אמיצי שחקים.

חדשים גם ישנים Cant. 7, 14. (Hachodesch 4 mal, Sühnf. אשא רעי und שושן, Silluk כי אקח); שמים חדשים Jes. 65, 17. 66, 22 (Silluk Hachodesch, ויכן), חדשים (אנסיכה). Hiermit ist zu verbinden דת חדשה (Silluk Hachodesch) nach Akiba's Alfabet (S. 27), תורה חדשה vgl. Targ. Jes. 12 אלפן חדת, gedeutet in Midr. Cant. und grosser Pesikta 15: התורה [1] חוזרת לחדושה —; dasselbe in Jehuda's אלהיכם יביא משיחו und ähnlich bei Menachem b. Machir Jozer אורי: ולעתיד תורה בברית חדשה.

מהלך חמש מאות מהלך (Pesach קמי und Silluk), מהלך חמש מאות (אנסיכה).

---

[1]) in pugio fidei p. 783: convertetur [richtiger: revertetur].

ארבעה חרשים Zachar. 2, 3 (Schibata Hachodesch, ויכון), חרשים ארבעה (Tröstung אנכי).

בין חשרת מים לחשכת מים (או מלפני), חשרת מים עם חשכת מים (Geschem אקשטה), וחשרת מים (Tal ארשה, Hosch. או כעיני), חשרת מי גשם (Tal אאגרה).

טוב מרעה (2. Hüttenfest אל נא), טוב מרעך (Hoschana אנא אזון).

במה אדע und ידוע תדע aus Abrahams Verhalten, vgl. Genes. 15, 8. 13. (Neuj. אומץ, Wochenf. ה׳ קנני, Purim אורח).

כנת נטעך (Hosch. אנא אזון), כנה נשועה (וחיות ארבע), כנה (Hosch. כהושעת אלים).

כמה שנים (Klagen אאביך, איכה תפארתי, אוי כי).

כמו .... כן in den Silluk der vier Sabbate, des Hüttenfestes (אקחה) und 8. Azeret.

חק בכם und בכם חק (Purim ויאהב und אורח).

כם והדום (Schekalim Schibata), הדום וכם (Tal אאגרה, Bussesabbat), כסאו הדום (וחיות אשר), מהדום ומכם (Purim אורח), כסאו והדומו (Silluk Schekalim); דוק neben כם (Erde) in Neuj. אדרת.

כסאו מול כסאו (Hüttenf. עד לא, Silluk Para).

כרויי בלהך וכור[1] (Sachor אל נא בלשון, Hosch. אל נא תעינו, wo נכורי).

לוד ליקד (Hachodesch קוחת), ולוד ביקד (Pesach אומץ).

במכון לכם שבת (Neuj. תפן), מכון שבת (או מלפני, Tal אלים), במכון שבתך מכון לשבתך (Sühnf. צפה), מכון לשבתו (ויכון Ende), (Silluk Sachor).

מוסר לוחות (Kl. איכה אלהי und איח איתן). Vgl. מוסר לוחות in Sel. תחלת ארח, דת מוסר in אנן המוג 17. Tammus und אדיר דר, מוסר בכתב in Tobeleins מגלת מוסרי, אלהי הרוחות in אלהי איכה.

מטרות עז (Tal אאגרה, Hosch. אדם).

מור והדס (Purim אותו מבהלת, אספרה, אמתך).

מעידי כי אין בלעדי (Wochenf. אנכי בשם, או מלפני, wo דָיו statt דָי).

למשוי ממֵי (Keroba Schekalim), משוי מן המים (8. Azeret וכור אב), משוי ממוים (Hosch. למען תמים, Purim אספרה).

---

[1]) Dasselbe Joseph b. Salomo im Chanuca-Jozer.

לנאצו באש שלחו (Silluk Sachor), ונאצו למולך ושלחו באש (Kl. הטה).

נשיעת דרבנים (Tal), ממטע דרבנות (Geschem), beides in den Reschut, vgl. Ritus S. 241 N. 35.

טיעת עצי (Hüttenf. אימתי בחיל, Hosch. אדם ובהמה).

או נטעי נטעים (והיות אשר, אופד מאז ,ה' קנני) יושבי נטעים (מלפני). Vgl. המה היוצרים (שושן עמק, אופד מאז ,ה' קנני). Ist nach 1 Chron. 4, 23.

בעשר נסה (Hosch. למען תמים), המנסה בעשרה (Geschem אפיק), vgl. ובעשר נצרף (Wochenf. ה' קנני).

וסע סכותה (8. Azeret אדירי), סע סכה (והיות ארבע), נסע סכה (Hüttenf. אלים).

נראות נשאות והם נשואות (או מלפני), נשא ונראה נשא und נשאות ומנשאות (והיות אשר).

נוצצים (וקרא אופן ;או הוחה, Hüttenf. אדירי אומה), נוצצי נגה (Silluk 8. Azeret, Pesach אומץ). Auch in Abiturs Neila.

המסקלה והמעוקה (Para und Hüttenf. כל תדו).

כאברתו לסוכבם (8. Azeret אדירי, והיות ארבע), באברתך סוכבת (Silluk כי אקח), באברתך סכות (Pesach מה). Ist nach Ps. 91, 4.

כרשן גרל במים (Geschem und Purim).

העביר (Geschem אקשטה) oder ועבר מהם (Silluk Wochenf.) die 974 Geschlechter.

עלותה במחשבה (או מלפני), כעלה oder (Neuj. הפן) כעלו במחשבת (אומנתה).

ענם Aegypten (אורח und אסירים), auch in Meir's אלהא עלם.

כבמקום עקרב (Tal und Geschem).

עמם statt נשא oder נטל betreffend den Feststrauss am Hüttenf. (כרושעת אלים .Hosch ,ארחץ בנקיון ,אקחה פרי ,קושט שעינת und או כעיני).

פול oder שלמנאסר für Sanherib (Hachodesch ארון, Pesach אומץ, Silluk 8. Azeret, Kl. אוי כי).

פחד ופחת ופח Silluk Sachor, Neuj. תהלות.

פני תיבה (ואתה אזון, Geschem אפיק wo noch כעובר); vgl. בעובר תיבה קרבים in Silluk מי ימלל גבורות.

לפני ולפנים (Silluk זכור und כי אקח, Kl. זכור את).

בפסוח וגנון vgl. Jes. 31, 5 (Hachodesch, Pesach אסירים zweimal, Tal ארשה, Kl. הריק חנית); לפסוח, להגן (Pesach שור).

פעלם בקרב שנים (Neuj. האלת und זכר החלת).

יפתח פצל ברהטים (Kl. זכור), פצל לח ולוז וערמון (Geschem und זכור איום), פצל מקלות[1] (Hosch. תענה).

פתוכי אש ומים[2] (Geschem אקשטה), אש ומים בלולים (Silluk Wochenf.), בלולי קרח (אשר איומתך), מאש ושלג חצובות (Wochenf. או), חֲצִים ברית u. s. w. (Geschem תכנם).

צבאיו לו אגיסה (Tal und Geschem).

צרי לשובבים und צרי לשובבה (Busse-Sabbat), vgl. או מלפני N. 4.

צו צור לציר (Schekalim מעתיק, Para ממרה, Keroba Wochenfest מן ההר).

בקוצים כסוחים (להציתם) והצתו (Silluk Pesach, Hachodesch קיחת).

צלע האלף (Josua 18, 28) s. oben S. 33.

בלי קום צרה פעמים — צרת פעמים לא תקום (Neuj. תפן), (Purim אספרה).

קול שופר כפוף בקול כפיפת שופר (ועמך), (אשא דעי).

קול תקע שופר (אשא דעי, Kl. אהלי אני).

Mit Strofe קורא דורות im zweiten או מלפני stimmt סליחה לשובבים u. s. w. in אין ערוך אליך.

כקמיע על ורועו (ה׳ קנני), בזרוע .... ובקמיע (Silluk Schekalim), vgl. syn. Poesie 484.

מרבעי פנים (Silluk Hachodesch, אין ערוך, Silluk אקחה und כי אקח und אלה עשיתם).

ראש משוררים (Busse-Sabbat, Silluk Azeret, Hosch. תענה אמונים).

רכה d. i. Israel (Chanuca-Keroba, אדרת Neuj.).

יתרעשו אופן וגלגל (או מלפני), vgl. ואו יתרעם u. s. w. in אקשטה in ורעשות .... ואופן וגלגל, והיות אשר.

שיר עירין (Silluk וחיות ארבע ,אקחה Ende).

שיר הלולים (Silluk Wochenf. und Hüttenf. אמנם), אשורר הלולים (Tal ארשה).

שלול die Entführung des Gesetzes durch Mose (Sachor תמימים, Wochenf. מן ההר, Hüttenf. אלים).

צום לשלש (Pesach אומץ), שלש צום (Purim תמימים), לשלש תען (das. ויארב); שָׁלש in Verbindung mit שופר (אנסיכה, אאפיד, Silluk Neuj.).

שָׁלש קדושה in den Silluk, vgl. oben S. 13.

---

[1]) Note 8. — [2]) Note 9.

המשלים נפש, ממשליכי נפש. והשלים את נפש s. Beilage II. N. 15.

משרות ערץ (קנני ה' zweimal, Geschem יפתח, wo auch שמי ערץ[1]), Kl. איכה תפארתי).

ענני משי [חזיזי] שבעה (אלים und קרשם Hüttenf.), vgl. שבעה ענני הוד (Tal אאגרה).

שופרות ערץ (Silluk Neuj. אנסוכה, Kl. אי כה).

שופכי לב כמים (או מלפני), vgl. Hosch. תענה Auf, Geschem יפתח, הבנם und אפיק, Silluk Para.

שהולי גבעות ארבע (Keroba שושן), והוות ארבע שהולי שלשה Mincha).

משרש נחש יצא צפע Jes. 14, 29 (Purim אמקך), צפע משרש פתן משרש נחש (das. תמומים), צפע משרש אפע (das. אאפרה), נחש (Sachor אץ).

שרש וענף (Keroba שושן, Sachor אזכיר), ענף וגם שרש (Sachor זכור). ist aus Maleachi 3, 19.

שובע שמחות Ps. 16, 11 (תשרת שי), שמחות שובע (Silluk אקחה, 8. Azeret אדורי).

שוחים בדרך משעתם (Hüttenf. אומתי, Hosch. או כעיני).

שרפים המעולים (Silluk Schekalim und Sachor).

שרף אומה עליו (אלי מרום und אל אדיר).

כתבנית היכל רקמתם (Silluk ויבן ,כי אקח), vgl. Ps. 144, 12.

השובה להשית (Musaf Neuj. אף), שובה אשר השית (זכר תהלה).

ישית גמול אשר — אתו להשית (Busse-Sabbat), שבעה אלה השית (או מלפני).

Manche anomale Wortbildung findet ihren Grund in dem Reimzwange, so z. B. die Infinitive להמטר (Geschem), להשפט (Keroba 9. Ab זכור), להדר (Hüttenfest אקחה פרי und אמנם מצוה), לנבר (Klagelied עץ אשר זכור), die Präterita: הברק (Purim אץ), ערער (Purim אותו). Allein die eigentliche Kunstfertigkeit Kalirs, Stoff und Ideen des Midrasch in althebräischen Ausdruck zu kleiden, ist sichtbar in den von ihm gebrauchten Stellen und Worten, insonderheit seltenen und poetischen; daher auch seine Neubildungen, wenn der bisherige Wortvorrath nicht auszureichen scheint. Er gibt einem tausendjährig angewachsenen jüngern Sagenkreise das

---

[1]) dasselbe Mose b. Kalonymos (מה מועיל 8. Pesach).

höhere biblische Alter, spricht Midrasch in der Sprache der Psalmisten, und der Eindruck seiner Vorträge auf uns ist nicht unähnlich demjenigen, welchen in spätern Epochen Gabirol, Giat, Immanuel, Wessely machen, wenn sie in biblischer Sprache uns Sternkunde und Naturgeschichte, Humor und Sittenlehre geben. In Hoschana, Elegie und Keroba ist Kalir vielleicht der erste, der Bibelverse zu Einfassungen der Stücke, zu Ein- und Ausgängen der Strophen verwendet.

Beispiele von dem Gebrauche seltener biblischen Worte sind: אָבים, בתק, דבי, דרבן, טאטא[1]), טפסר[2]), עשש (Chanuca-Keroba), פענח[3]), קשט (Para אצורה, או מלפני, Sühnf. יום, Hüttenfest קושט), קעקע[4]) (Hachodesch, Purim אספרה, Pesach אומץ, Tekiata אשא דעי), שוף[5]), תלתלים Engel (Hüttenf. או הותה, Silluk 8. Azeret, אשר אומתך). Beispiele von Wortassonanzen sind: האדירו, העירירו (Purim אותו), עברים באברתך .... עורים בעברתך[6]) (Pesach מה), תעל לתאל (das. ערב), עתרת עטרת (Mincha), קרח קדח (אשר אומתך), רטיה טריה (אשא דעי), תאב, תעב (Hüttenf. אקחה), צור לציר צור (Para), בתחל בתכל (אבן חוג), השחורות צחורות (Silluk Para), תנה הִלולים אל תתן — לחִלולים (Dekalog), מגלגל וַדרדר und גלגל וְדרדר (Sachor).

Zur rhetorischen oder poetischen Behandlung eines Gegenstandes dient ihm häufig die dem Midrasch entlehnte Zusammenstellung von Dingen, die in Bezug auf eine Zahl einander gleichen; also was 2-, 3-, 4mal vorhanden, und es werden alsdann die verschiedensten nur in der Zahl zusammentreffenden Gegenstände nebeneinander gestellt und vermittelst der Symbolik zu einem Ganzen vereinigt. Namentlich geschieht dies mit den ersten eilf Zahlen, also:

Der erste (ראשון) (Silluk Hachodesch); die Zahlen

eins (ועמך תלואים, worin die Einheit den durchgehenden Reim bildet und mit 26mal אחד das Schemah introduzirt wird; ואתה אוון),

zwei (ואתה אוון, Hüttenf. אקחה פרי und Silluk),

---

[1]) Beilage II. N. 6. — [2]) das. N. 7. — [3]) syn. Poesie S. 429. — [4]) vgl. Beilage II N. 12. — [5]) das. N. 13. — [6]) vgl. ארדת עָטים .... ועטרת עָרים (Jozer 8. Pesach).

drei (Silluk Sachor, Pesach אז על, Silluk אקחה, אשא רעי Buchst. ק, ואתה אזון),

vier (Schibata Hachodesch, Silluk אקחה),

fünf (Pesach אז על, ואתה אזון, אשר אימתך; in allen drei Stücken die 5 Benennungen für „Seele"),

sechs (ואתה אזון, Silluk כי אקח),

sieben (Para אמרה, Silluk Hachodesch, Hosch. אום נצורה, Geschem תכנם. In אל שח מאז kommen für Himmel und Erde sieben Benennungen vor),

acht (ואתה אזון, Keroba 8. Azeret),

neun (ואתה אזון, Keroba האלה וו, Tekiata אשא רעי),

zehn (erste Keroba des 8. Azeret; ואתה אזון; האלה וו, אמיץ אדירי; Silluk Sachor und vielleicht des 7. Pesach, s. oben S. 32; Klagen אהלי אני, אנכי בסיני und אברתי קששים, in welchen sieben verschiedene zu zehn vorhandene Dinge aufgeführt sind),

eilf (ואתה אזון, Klagen אהלי אני und איכה איומה, s. weiter unten S. 47 u. f.).

Während die Hagada öfter zwei der Zahl nach gleiche Gruppen nach ihren einzelnen Gliedern mit einander vergleicht, z. B. die 10 Schöpfungsworte oder Josephs Tugenden mit den zehn Geboten, oder einander gegenüberstellt, z. B. die 8 hohenpriesterlichen Kleider eben so vielen Vergehungen, die 18 Tefilla-Nummern eben so vielen Ausdrücken im Gebete der Channah, die 10 Plagen Aegyptens einer gleichen Anzahl von Bedrückungen, verwendet Kalir ähnliches für die Illustration. In den Thau- und Regengebeten sind es die 12 Stämme, Monate und Sternbilder, in letztern auch noch die 7 Anrufungen, aus כשענית angebracht; in der Purim-Keroba werden, nach dem Vorgang des Midrasch, die Monate sammt ihren Sternbildern symbolisch in die Geschichte Israels verwebt; ähnliches hat in der zweiten Keroba des neunten Ab statt. Dahin gehören auch die Gegensätze von Bibelstellen in den Elegien. Das Verweben des Thierkreises in die israelitische Geschichte finden wir bereits in אז בחטאינו und אנת ראובן[1]). Die blosse Gleichstellung mit den Zodiakalbildern haben die Aboda ארחה כוננתה, die von Jose, Salomo und Meschullam, der Silluk

[1]) vgl. Note 3.

Neujahr. von Binjamin b. Samuel, der Hymnus ראחד בעולמו und Menachem's Ofan שאו מנחה. Gabirol im Thaugebet und Abraham im Gesang כשיר אענה befolgen das kalirische Vorbild.

Kalirs Fest- und Fastencyklus hält sich in der Behandlung der Keroba streng an die Bedeutung des Tages, so z. B. wird am Busse-Sabbat die Besserung eingeschärft, aber am Neujahrstage selber nur von Gericht und Gnade gehandelt, daher hat bei ihm jedes Fest und jeder Tag ein scharfes Gepräge, religiöses wie nationales, nicht verwischt — weder von speculativen Betrachtungen noch von poetischer Malerei. Es besteht derselbe aus folgenden Compositionen:

1. Sabbat und Neumond, anfangend אור חמה ולבנה. Von dieser Keroba, die vermuthlich aus 7 Nummern bestanden, sind nur noch zwei Zeilen übrig.

2. Chanuca, Achtzehngebet für die Wochentage: a) אֹעדיף כל שמנה ,בואת חנוכה, dessen Strofen abwechselnd בנר חנוכה ,כל שמנה schliessen; 18 Strofen, endigend עושה השלום. Die Strofe גֹבורותיך רמו endigend הודו ורוממו mit Versen ככתוב introduzirt die Keduscha, deren 3 Strofen anheben ממקומו ,כבודו איהל בדיר קדש, בעיני הוד und אחד קול מבשר, worauf mit Strofe גרה העלה ארנבת in den Tefilla-Nummern fortgefahren wird. Die Buchstaben קרשת sind in der Schlussstrofe צווי חקו enthalten. b) ein aus 11 Strofen bestehender alfabetischer Abschnitt, anfangend נר חנוכה אסור בו להשתמש, jede Strofe נר חנוכה anhebend. c) Silluk mit durchgehendem Reim und der Namenzeichnung beginnt ובכן אתה פני משיחך אל תשב und schliesst: קדוש תהלות יושב. In Mainz und wahrscheinlich auch an anderen Orten war diese Keroba am ersten Chanuca-Tage üblich.

3. Chanuca-Sabbat ist wahrscheinlich, weil ihn die Pesikta feiert.

4. Sabbat Schekalim אז מאז זמות, 7 Nummern; die Nummer 3, auf die Buchstaben קר״שת gebaut, hat קרש vier-, ת zwölffach. Der Silluk אז ראית hebt mit 39 dicht aneinander gereiheten Verben an, um die göttliche Thätigkeit im Theilen und Messen zu malen, vielleicht auf die 39 Arbeitsklassen der Mischna anspielend.

5. Schibata desselben Sabbat, die Einfassung bildet Vers Cant. 1, 14, der sieben Worte zählt.

6. Sabbat Sachor אזכיר סלה, 7 Nummern. Die Nummer 3 (אצילי) ist nach אתבש, jedoch die Buchstaben כיל sind nur nebenher in der letzten Zeile (מבֹאן ציה לעמך) angebracht, hierauf folgen 6 Verse ככתוב endigend mit einem Hallelujah (Ps. 104, 35) und vor dem üblichen ימלוך ה׳ kommt hier das Stück יקש לך, gezeichnet Jehuda, und ein Vers ככתוב (1 Sam. 15, 2) der zu des Stückes Ende passt. Die Nummer 6, in der Regel ein Pismon, hat 2 Refräns [ומח und יען] gleichwie in den Keroba's N. 4 und 10, und ist nach אבג, בגד u. s. w. gebauet, nur die beiden letzten Strofen haben תהיה ששש.

7. Schibata desselben Sabbat, anfangend ויבא ארח, die Einfassung bildet Vers 1 Sam. 15, 5, der sieben Worte zählt. Thema ist Sauls Krieg mit Amalek. Auch hier ist in den letzten vier Zeilen der Name Jehuda gezeichnet. In jeder Abtheilung beginnt die vorletzte Zeile ויזכור בזכור, die letzte לולי.

8. Sabbat Para אצולת אבן, 8 Nummern, da dem Silluk noch ein aus neunzeiligen Strofen bestehendes Rahit ואת הוקשה מאד vorangeht, welches die beim Bau des zweiten Tempels stattgefundene Zubereitung der rothen Kuh beschreibt und in Mss. mit ובכן זאת חקת התורה intonirt wird. Es hat den vollständigen Namen gezeichnet. Den ersten 3 Nummern folgen je 9, 8, 7 Verse ככתוב.

9. Schibata desselben Sabbat, die 7 Kuh-Opfer eben so vieler priesterlichen Oberhäupter aufzählend, Anfang פרה אמורה קשה; jede Abtheilung hebt פרה an und endigt כי בו חסו. Es ist kein Name gezeichnet.

10. Sabbat Hachodesch אתיה עת דודי, 7 Nummern. Die auf die Buchstaben קרישה gebaute N. 3 hat nach 6 Versen ככתוב noch folgende 3 Strofen: a) החדש הזה לכם endigend ישמר mit 3 Versen ככתוב (שמור את חדש Deut. 16, 1 u. s. f); b) חדש זה חדש endigend וזרוע קדשו mit dem Verse שירו Ps. 98, 1; c) הרום מנר endigend באחד לחדש mit dem Verse Ezech. 45, 18.

11. Schibata desselben Sabbat, eingefasst von Vers Jes. 41, 17, der sieben Worte enthält. Jeder Abschnitt besingt eine Vierheit, und die Schlüsse sind abwechselnd בחדש הזה und לחדשי השנה. Auch hier ist kein Name gezeichnet.

12. Achtzehngebet für Purim in sechszeiligen Abtheilungen, eingefasst von Vers Esther 2, 17, die Geschichte jenes

Buches darstellend; zwischen der 12. und 13. Tefilla-Nummer sind 3 grössere Stücke: אורח בט, תמימים כרשו, אותו מבהלת. Die Anfänge der Schlusszeilen bilden den Vers Ester 8, 15.

13. Dessgleichen, anfangend אמתך וחסרך, zehnzeilige Abtheilungen, jede mit einer Bibelstelle schliessend. Auch hier mussten die vier letzten Buchstaben des א״ב in der letzten Strofe untergebracht werden. Zwischen der 12. und der 13. Tefilla-Nummer sind 5 grössere Abschnitte, die Geschichte erzählend, nämlich: אספרה אל חק, אמל ורבך mit Versen ככתוב schliessend, אתה הוא מבין עתידות dreizeilig, endigend ותכחיד את האחרונים ככתוב etc., ferner אחשורוש והמן הרע und אסתר ומרדכי לבם ניתך, ebenfalls dreizeilig. Das letzte Stück ist dreifach alfabetisch und schildert ein Gespräch zwischen Esther und Mordechai, endigend תשועתם היחשתה גאולתם הצמחת כן תצמיח לנו גם עתה ככתוב ברברי קרשך כי שומע אל וגו׳. In beiden Keroba's ist חוק hinter dem Namen angebracht. Es folgt noch ein alfabetischer Lobgesang mit den Refrāns ברוך מרדכי u. s. w., anfangend אז בקומם עלי und mit Versen ככתוב schliessend, der jedoch nicht von Kalir scheint.

14. Erster Tag Pesach, אסירים אשר, 8 Nummern stark. Thema ist der Abschnitt שור, welcher die Lection dieses Tages ist[1]), erst seit dem vierten Jahrhundert war statt deren in Babel משכו üblich[2]).

15. **Thaugebet** (Tal) im Musaf, aus folgenden Nummern bestehend: 1) ברעתו אביעה für „Magen". 2) תהומות הדום für „Mechaje". 3) Reschut ארשה mit drei Versen ככתוב schliessend. 4) אאגרה בני איש vierfach alfabetisch. 5) תחת אילת עפר nach תשר״ק, die zweiten Halbstrofen enthalten das Akrostichon des vollständigen Namens. Beide Stücke haben den durchgehenden Reim טל und endigen mit Versen ככתוב. 6) אלים ביום, Gebet in 21 achtzeiligen Abschnitten, vierfach alfabetisch, nur שית zwiefach. Die 3. und 7. Zeile beginnt טל, die achte schliesst mit Bibelworten und einem dazu passenden Verse ככתוב, in welchem טל vorkommt. Der Reihenfolge nach werden in dieser Nummer die 12 Monate, die 12 Sternbilder des Thierkreises, die 12 Stämme und 12 biblische Heroen illustrirt.

---

[1]) Mischna Megilla c. 4, Megilla 30 b. — [2]) ib. 31 a. Daher sagt R. Elchanan von unserer Keroba: „die wir am 2. Tage sagen".

7) und 8) zwei Gebete אלהינו ואלהי אבותינו: das erstere anhebend אמונים החסודים כהשכמת טל, alfabetisch, die Zeilen endigen טל und das Ganze על ורע השלום בטל; das zweite טל חן לרצות nach תשר״ק, die Strofen beginnen und schliessen טל. Hier **folgt erst** der Schluss der Benediction des „Mechaje". Für die folgenden Tefilla-Nummern sind verfasst: 9) נבקש טל כבישרו אבות bis באלפי רבבות, 10) ושחקים מזילים bis ליום שנים, 11) ירעפו פעול bis להללך, 12) טל שאלתי באומר, endigend כברכת טל מרננים. Die Anfänge der Tefilla-Nummern (N. 1, 2, 9 bis 12) geben den Vers Spr. **3**, 20, vollenden **das** Alfabet und vervollständigen den Namen אלעזר. Ueber Piut zum 7. Tag s. oben S. 32

16. W o c h e n f e s t ארץ מטה, **8** Nummern; es gehen nämlich dem Silluk voraus: a) eine im Sillukstil gehaltene Verherrlichung der Thora, die vorweltlich und die Grundkräfte der Schöpfung enthaltend im Zwiegespräch mit Gott 5 Patriarchen (Adam, Noa und die Väter) nicht für würdig erklärt, sie den Menschen zu verkünden: Mose ist der einzig erkorene. Die ersten **15** Abschnitte, bis auf die Berufung Adam's, beginnen mit den biblischen Worten aus Spr. 8, 22—29; die folgenden 12 Abschnitte von ע bis ת endigen mit Exod. 19, 14, womit b) die Illustration des Dekalogs eröffnet wird, in 12 sämmlich ים reimenden Abtheilungen, bis auf die mit dem Wortlaut des **Gebotes** schliessenden Endstrofen, die eignen Reim haben.

17. Fasttag des n e u n t e n A b, אאביך, in 14 Abtheilungen mit der Tefilla-Nummer בונה ירושלם abschliessend. Die Abtheilung hat zwei Hälften: a) 6 Zeilen mit gleichem Reime; **in den ersten 5** Zeilen ist der erste Buchstabe stets ein Aleph, der zweite der jedesmalige alfabetische, also in der ersten Abtheilung Aleph, in der zweiten Bet u. s. f., in der vierzehnten Nun. Die **6**. Zeile beginnt איכה, worauf eine Bibelstelle. b) **3 Zeilen,** die erste wiederholt das Schlusswort der Zeile 6, bildet mit der folgenden das zwiefache Akrostichon אלעזר בירבי קליר; die letzte Zeile ist wiederum eine Bibelstelle. Die zweite Hälfte bildet den Trost den Klagen der ersten gegenüber, und klingt zugleich an den Inhalt der entsprechenden Tefilla-Nummer **an.**

18. Zweite Keroba für denselben Tag, זכור איכה, zuvörderst gleichfalls 14 Abtheilungen, jede aus 8 und 6 Zeilen

bestehend, die Zeilen werden von den Versanfängen der Klagelieder eingefasst und die Schlüsse entsprechen den Tefilla-Benedictionen, daher endigt die letzte Abtheilung אלהי דוד. In jeder zweiten Zeile ist eine Stadt der Priesterordnungen, in jeder vierten ein Sternbild, in jeder fünften ein Monatsname angebracht; die Bibelworte sind acht-, das Alfabet ist sechs-, die Namenzeichnung dreifach, die Sprache weit schwerer als in der ersten Keroba. An den Schluss dieser 14 Nummern knüpfen mit den Worten דוד זרעו מכסאו נשבת die Elegien und Tröstungen an, und nach dem רחם ה׳ אלהינו עלינו das בונה ירושלם schliesst, fährt die Keroba mit folgenden 4 Abtheilungen fort: 1) אתה אלי אתה, endigend לך תחן מפילה שומע תפלה, 2) למה חויר יער, endigend ערבני עבודתך לעבוד שאותך ביראה נעבוד, 3) השיבנו סכך הוות לך, endigend זמר אען בהודות הטוב לך להודות, 4) אתה תקום אויך, endigend ראותך שר בשלום עושה השלום; auch hier ist jede Nummer 8 und 6 Zeilen stark; die Anfänge der ersten Hälften bilden der Reihe nach die Verse Klagel. 5, 19 bis 21 und Ps. 102, 14, die nächstfolgenden Worte das Alfabet; die der zweiten Hälften ein fünffaches לעזר, wie Kalir auch viermal in den Elegien zeichnet.

19. Elegien für denselben Tag. Dem ältern römischen Ritus gemäss folgen auf die Keroba (N. 18) nachstehend verzeichnete Stücke:

1) שבת סורו. 2) איכה אצתה. 3) אאדה עד. 4) איכה תפארתי. 5) איכה אשפתו, nach dessen Beendigung man sich zur Erde setzt und 6) איכה ישבה חבצלת rezitirt. Auf diese von den Versen der Klagelieder eingefassten und aus dem deutschen Gebetbuch bekannten folgen: 7) אהלי אני עבטתי, eingefasst von Jerem. 10, 20, schildert den durch Uebertretung der zehn Gebote herbeigeführten Untergang der zehn Siegeshörner und der zehn Klänge, die vom Tempel aus bis nach Jericho gehört wurden. Ende: שמוע עשרה אלה מירחו. Hieran knüpft an מירחו לכר קהלי bis אבכה במר נפשי als Uebergang zu 8) איכה ארובים, endigend mit תמימי רעי; jede Strofe איכה beginnend und רעי schliessend gibt den Israeliten wie ihren Feinden einen andern Namen. 9) זכור אשר עש, von den Versanfängen Klagel. c. 5 eingefasst. 10) אוי כי אמרתי über die von den

aufeinanderfolgenden Monarchien erduldeten Leiden, zuletzt auch Ismaels und der Schwarzen gedenkend, endigt ומדירה משבותינו הגלונו. 11) אויל בחבנים, endigt ונמה מבליניתי nebst einem Verse כבתוב. Der Inhalt sind die aus dem Midrasch bekannten stufenweisen Entfernungen der Gottheit, welche Israels Sünden und das Verderbniss aller Klassen des Volkes verschulden. 12) ואויל אנה אלך, dreizeilig, die erste Zeile hebt an אנה אלך, die dritte ist eine zur ersten reimende Bibelstelle, die mittlere lautet על בני כי גלו, so dass nur das zweite Wort (בני) alfabetisch variirt (דודי, ותיקי u. s. f.). Ende: עד ישקיף וירא ה׳ משמים. 13) איכה אלי קוננו über Josia's Tod. 14) שחום נשים, kurzer Eingang zu dem Gespräch zwischen Samaria und Jerusalem, anfangend אוי כי מחלוקה, endigend ועצם עצמו והדיתן, nebst Epilog בת קול יצאה, an welchen 15) במכת אהלה anschliesst, die Leiden beider Staaten betrachtend, endigt אל תתני פוגה. Diese beiden Nummern sind zweizeilig. 16) עונינו ארוכים in 8 dreizeiligen Strofen, jede עונינו anfangend, schildert Vergehen und Strafen vom goldenen Kalbe bis zum Exil; endigt ובגלות ובמגפה. 17) Eingang לו אלה נעונו und Klage אהלי איכה גלו קדשים über die in den einzelnen Monaten des Jahres eingetretenen Unglücksfälle, eine Art Fastentabelle, zugleich von dem Verse der N. 7 und von den Versanfängen Klagel. c. 2 eingefasst, endigt נהרגו בחמשה באדר. 18) Israel erinnert Gott an seine Verheissungen, jede Strofe fängt an למי und schliesst mit einer כה endigenden Bibelstelle, Anfang למי אמרת מבל בני אב, Ende למי עוללת כה, die Strofen sind fünfzeilig. 19) Gott zählt die dem Volke erwiesenen Wohlthaten auf; Prolog למה תאמרו למי עוללת כה bis כה עשיתי לכם, die Elegie beginnt למי המכתי אור כשד und endigt הקץ לדברי רוח למי עוללת כה, jede Strofe hebt למי an und hat Strofenreim ־כם. 20) Eingang: ובשמעם ויכוח עויים כנהמת ים אללי מקוננים עלי אווים nebst Jerem. 3, 25 (bis אבותינו) und אללי לי, die Klage beginnt אם האכלנה, endigt לא משמיעים. 21) Thema Jes. 1, 2 (בנים bis בי); die Schilderung der selbstverschuldeten Leiden, jede der dreizeiligen Strofen beginnt אם und endigt בי, meist haben die dritten Zeilen מה an der Spitze, als: מה תגדו בי, מה תחשבו בי. Anfang: אם תעירו תלונותיכם, Ende: מה כלכם בנדתם בי. Epilog: אוי לעונות אוי לחטאים אוי למחטיאים. Die N. 19 bis 21 sind nach תשר״ק. 22) אם יתקע שופר בעיר, eine Klage der Reuigen, der strofische Vers fängt עד מתי an; Ende: (Dan. 12, 6) עד מתי קץ הפלאות. 23) תסתר לאלם. 24) Eingang: והרא ה׳ משמים bis למה לנצח תשכחנו, worin אלעזר gezeichnet ist. Anfang: אתה אבדת פרעה נכה, Ende: על פני פרץ, die ungeraden Strofen fangen אתה an und endigen בעבורנו פרץ, die geraden fangen an ובעונינו, endigen למה לנצח תשכחנו, so dass jene die Rettungen, diese die Niederlagen aufzählen. 25) תחכמונים דת מאולפים endigt אויב בעת נכנס להיכל, die Leiden bei der Eroberung von Jerusalem und Betar. 26) איה איתן אב mit Refrän אויה מי יתן ראשי מים, in jeder Strofe beginnt die erste Zeile איה, die zweite יום אשר, die dritte ואיך. Die letzte Strofe איה שבטים שנים עשר יום אשר קבלו לוחות מוסר ואיך תולדותם בלא מלך וישר hat den Schlusssatz עד ישוב ברחמים לעירו אלהי כל בשר. 27) איה כה אומר כורת, wo jede Strofe איה כה und die zweite Halbstrofe והן עתה anhebt. 7 Verse aus Ps. 74 bilden die Strofenschlüsse. 28) אנכי בסיני schildert in zehn אנחנו schliessenden Strofen die Uebertretung der zehn Gebote[1]), der Refrän lautet: על זה הבני פצעני חברני בישני אבלני המכני אוי לי על שברי. 29) Eingang: אללי לי אוי לי אוי לי bis אוי לי. In dem Klagegesange heben die Strofen אנה אילך, die Halbstrofen ואנה אועק an. Anfang: אנה אילך אבלה וחפויה ראש, Ende: כי נפלה עטרת ראשנו. Refrän: על אלה אני בוכיה אוי נא לנו כי חטאנו. 30) איך אופל בית הלהב zweizeilig, die Strofen, auf Klagel. c. 5 ausgehend, fangen איך an, nur die letzte lautet: עד תשמיע בצביון תם עונך בת ציון. Refrän: אל תאיצו לנחמני. 31) Eingang: אוי לביתי כי חרב אוי לבני כי גלו. Die Elegie ist zweizeilig, rückt nach ת״א ש״ב fort, jeder Satz beginnt mit der ersten Person futur. Anfang: אתמיד בבכיה ואקונן בנעיה, Ende: אכתיר כתר לאומה בשובי ליום נחמה. 32) איך השמיעוני כורעי לבל, zweizeilig, der zweite Satz meist eine biblische Stelle. Die zweite Hälfte von Ps. 137, 3 (שירו) endigt die ungeraden, der Vers 4 (איך) die geraden Strofen. Endigt תקותי תרתי לחזות ואוחילה לו בואת. 33) Eingang: אתן לך מלך חן לצדק ימלך מלך בת קול נמה הקשיבי בת מלך וימלוך מלך ווי מלך, hierauf werden die Missethaten von zwölf Königen, von Abia bis Zidkia geschildert. Anfang: אביה תחת אשר בשבועה מרד. Ende: מלך או בצלע האלף אחד הליץ עליו.

---

[1]) vgl. grosse Pesikta 27, 4, Jalk. Thren. 999, Genesis-Agada c. 73.

34) אהלי אשר האבתה endigt ועד כי לך פה. Jede Strofe endigt פה, wozu die erste Zeile אהלי אשר beginnend reimt, die zweite hebt an .... ביד .... לנוה לנצח, die dritte .... ונהיתה כ. Die hinter אשר, לנצח, ביד, ... ונהיתה כ folgenden, desgleichen das Anfangswort der vierten Zeile folgen dem alfabetischen Gesetze. 35) Eingang: אנה אנדעו שלים bis העל אלה אנחם. Es folgt איך תנחמוני הבל mit Refrän ואיך אנחם. 36) Denselben Refrän hat ארום אמרה אין קץ וציון קוה לקץ, dessen letzte Strofe lautet: ארום תקותה בכל אלה וציון בוטה על אלה. 37) לך ה' הצדקה. 38) הטה אלהי אזנך. 39) למען תהלות שם כבודך, die Strofen heben למען an und sind zweizeilig, die ungeraden haben למענך ה', die geraden ה' ה' zum Refrän. Epilog: למענך אלהי תאנזר נחלו לכשוות פתחו ונגרש ובחו ריח ניתחו וודוך חי חי וידעו כל חי כי הם בני אל חי והאר פניך על מקדשך השמם למען ה'. Die letzten 3 Nummern sind gewissermassen eine Variation zu Daniel's Gebet, sie klingen an Selicha und Hoschana an und bilden den Uebergang zu den Tröstungen, die nach אז בחטאינו rezitirt wurden, nämlich: 40) אנכי אנכי אנחם auf die Wiederkehr 15 biblischer Heroen. 41) בימים ההם, was in der messianischen Zeit jeden Monat sich ereignen wird, und 42) ויכון שלם, eine Art Silluk über die künftige paradiesische Zeit, mit verschiedenen Versen schliessend.

In einer alten Handschrift des griechischen Ritus ist die Nr. 17 von folgenden zwei Stücken umgeben: 43) אלהים אל דמי לך בארומים נספר תהלתך, eine Variation auf Ps. 79, die schliesst, in welcher aber מ' bis נ' fehlt, und vielleicht אלעזר gezeichnet ist. 44) אהלי איכה הומאס ביד נבל, endigend כבית אהלי, wie N. 7 eingefasst, am Ende אלעזר. Ebendaselbst ist 45) אנה ראובן עם טלה נתלשה, welches den Inhalt der Klage אז בחטאינו näher vorführt: es weinen mit den Stämmen ausser dem Thierkreise auch die einzelnen Sterne, und zwar mit den ersten 6 Stämmen je 43, 35, 37, 62, 12, 18, dann folgen 46 (Dan), 17 (Gad), 104 (Naftali), Sonne und Mond (Joseph), 73 (Binjamin), zusammen 449 Sterne. Aber Stamm Ascher und die Wage fehlen. Die letzten Worte sind שבעים ושלשה; Refrän: על כי מאד חטאתי.

Im romanischen Machsor ist statt des vierzeiligen Ueberganges (דוד ורעו) von der Keroba zu den Elegien ein sechszeiliger, der אלעזר im Akrostichon hat, וקנים אחורי משיבה

anhebt und ושיש שבת endigt. Hinter N. 13 folgt 46) auf das Thema כי אם מאוס מאסתנו (Klagel. Ende) ein Stück nach תשר״ק gebauet, aber nur bis מ reichend, dessen Strofen כי אם, Halbstrofen יפה anheben und עד מאד schliessen, und welches eine Anerkennung der strafenden Vorsehung ausdrückt. Die erste Strofe lautet: כי אם תועי דרך המכהה ותמימי דרך תעבהה יפה שלמתנו ושקדהה לשכחנו עד מאד. Auf N. 31 folgt 47) eine Elegie, welche die Aussprüche von Mose und Jeremia einander gegenüberstellt; Introduction: תחת אשר לא שמענו לוה הויבנו לשמוע לוה. Abwechselnd beginnen die Zeilen: משה אמר, וירמיהו אמר, alle mit Bibelstellen schliessend und daher ohne Reim. Anfang: משה אמר אֵיכה אשא לבדי וירמיהו אמר אֵיכה ישבה בדד, Ende: משה אמר תִּפול עליהם אימתה וירמיהו אמר תָּבא כל רעתם לפניך. Zwischen N. 22 und 30 ist dort nur 48) באו אדומים בני ארורים בנחלתך וטמאו בני בליעל את היכל קדשך und auf diese Weise gehen die Strofen sämmtlich durch das Alfabet, die letzte heisst: באו שוממים בני שוררים בנחלתך וטמאו האומרים ערו ערו עד היסוד בה בני תועים את היכל קדשך. Refrän: אללי לי אל תאיצו לנחמני. Ganz reimlos ist 49) על ארמון כי נוטש mit Refrän: נשב בדד ונבכה, endigt על תמידים כי בוטלו. In den Tröstungen sind zwischen N. 40 und 41 zwei Stücke eingeschoben: 50) הריק חנית ורמח, Siegeshoffnungen in sechszeiligen Strofen, jede mit einem Messias-Namen schliessend, 11 Strofen nach תשר״ק, endigend ביד משוח מלחמה; 51) אם הבנים תשמיע נחומים, zweizeilig nach א״ת ב״ש, Messiashoffnungen darstellend, endigt מנחם בן עמיאל גואל. Refrän: אנכי אנכי הוא מנחמכם. Dessgleichen rezitiren einige Gemeinden vor N. 42 noch ein Stück יאמר לשבולה, zweizeilig, die zweite Zeile ein Bibelvers, vier durch אלהינו ואלהי אבותינו eröffnete Gebete und eines anfangend אנא רחם ציון, endigend תופיע במלכות ירושלם.

Die 21 kalirischen Elegien des deutschen Ritus — von denen 16 in H. h. 17 commentirt sind — sind die Nummern 1 bis 6, 9, 13, 20, 23, 27, 34, 35, 37, 38, 49, 50, ferner 52) איכה את אשר כבר mit vollständiger Namenzeichnung und einer Introduction אחור וקדם, während die ähnlichen Eingänge von N. 1, 4, 5, 6, 20, 35 fehlen; 53) ואתה אמרת, auf welche eigentlich die Nummern 37 und 38 folgen; 54) או כמלאת und 55) או בהלוך, die Fürsprache der Thora und der biblischen

Heroen beschreibend. Die letztgenannte Elegie schliesst mit drei tröstenden Versen.

Kalir hat wahrscheinlich für die beiden Keroba's auch zwei gesonderte Cyklus verfasst, deren Theile im Verlaufe der Jahrhunderte und den Schicksalen des Piut analog in einander gerathen sind. Möglich, dass statt der N. 50, die dem romanischen Kreise angehört, obgleich die alten deutschen Machsor sie haben, dem deutschen auch 56) הלילו הה zuzutheilen ist. Von dieser Elegie fehlen 14 Strofen (א bis נ) und eben so viele Priesterordnungen. Obwohl nur ein Stück den vollständigen Namen, 14 andere bloss אלעזר oder לעזר zeichnen, darf doch den meisten der übrigen der kalirische Ursprung nicht abgesprochen werden: Bau, Sprache, Zusammenhang der einzelnen Compositionen[1]) unterstützen diese Annahme. Vielleicht sind die beiden Elegien 57) אברתי קששים עשרה und 58) איכה איכה איה auch die seinigen. Die erstere betrauert die zehn Exile des Synedriums und schliesst שיותי וכועריתי בשאיה והשפלתי עד ארץ תרתיה תכפתני עד עשר פעם עשיריה כנסעה סנהדרין מצפורי לטבריה. Die letztere, zwiefach alfabetisch und die Anfänge von איכה ישבה variirend, schildert die Zerstörung von eilf Tempelpforten; der Name der Pforte bildet den Strofenschluss. Ende: הבא תרוח גם בלי נויה הלאות גליותיו בשער יכניה.

20. Jozer Neujahr enthält 4 Nummern: a) Jozer מלך אזור, jede Strofe beginnt מלך; b) Silluk מלך עתיק in 3 Abschnitten, jeder mit durchgehendem Reim, fast mit demselben Worte im zweiten (משפט) und dritten (צדקה) Abschnitt: c) Ofan כבודו אהל, in welchem jede Zeile מלך endigt; d) Sulat מלך אמיץ in 9 Strofen, von denen die ersten 8 dreizeilig, und zwar hebt die erste Zeile מלך an, die zweite זכור, die dritte תקע, ähnlich den Charakterversen im Musaf, so dass die acht תקע die Fälle darstellen, in welchen der Posaunenschall statthat, die zweiten Zeilen Israel, die ersten Gott schildern. Die letzte Strofe, die vierzeilig ist, weicht ab, nur מלך beginnend.

21. Keroba Neujahr את חיל, aus 9 Nummern bestehend; die Schlussstrofe מלך עליון der zweiten Nummer haben nur das französische und polnische Machsor. Das אדרת ממלכה,

[1]) syn. Poesie S. 71 und f.

welches den Namen zeichnet, hat 5 neunzeilige Abtheilungen, jede מלוכה schliessend; in אאפיר hat die Zeile drei Worte und das erste und dritte Wort heben mit demselben Buchstaben des Alfabets an, nur bei ח, כ, ס, פ, ר beobachtet auch das mittlere Wort das alfabetische Gesetz. אדירי איומה ist der Hymnus zu dem bekannten Thema ה׳ מלך ה׳ מלך ה׳ ימלך לעלם ועד, in welchem die ersten drei Worte jeder Zeile den gleichen Buchstaben haben, das vierte Wort heisst stets בקול.

22. Musaf-Keroba Neujahr, אופד מאז, 6 Stücke enthaltend. Die Keduscha besteht aus vier Theilen: a) וחיות אשר, b) ועמך תלואים, c) ואתה און, d) תהלות כבודך; die Zeilen endigen in a כסא, in b אחד, in d ארץ, in c ist ein durchgehender Reim הֶם— [„ihre"]. Die Anfangsworte der Theile a, b, c[1]) sind dieselben in den beiden anderen Keduscha's וחיות (Mincha und Hüttenfest), und zwar hat die letztere auch einen vierten, ואנחנו anhebenden Abschnitt. Dagegen beginnen in der Keduscha כבודו אמוניו die einzelnen Abtheilungen mit den Worten כבודו, ממקומו, אחד, nach dem Wortlaut der Festtags-Tefilla.

23. Tekiata für Musaf Neujahr, aus 3 Theilen bestehend: a) אנסיכה מלכי, Strofenschluss למלוך ימלוך oder ימלוך; b) זכר תחלת, die Strofe beginnt זכר und schliesst יזכור oder לזכור; c) אשא רעי, die letzte Zeile jeder Strofe hebt קול an und endigt שופר. Auf jeden alfabetischen Buchstaben kommen zwei Strofen, die — die Schlusszeilen abgerechnet — gleichen Reim haben. Die Composition beginnt und schliesst mit der Erlösung und der Wiederkehr des Gottesreiches.

24. Keroba des Busse-Sabbat, von welcher folgende Stücke, und zwar bloss in einzelnen Stellen daraus bekannt sind:

1) אימנתה העל לנמהרים, alfabetisch; darin: טֹרם חומקה שובבה יֹזמתה עלותה במחשבה כּליון הרוץ משיבה ל....צרחה תשובה.

2) nach אל נא: בטרם סערה על פני ורומים נשבה וקדם סופה ורותים יישבה hat einerlei Reim.

3) nach חי וקים u. s. w.: או הרום וכם תוכנו והותבאו מראשית zeichnet den Namen[2]).

4) Pismon האומר אחטא ואשובה.

---

[1]) nach der Elieser-Baraita c. 4 Ende. — [2]) — אֹו — לֹבסאסאה — עֹול — וֹעק — רֹק, ferner: בֹּה... יֹרדע רֹאש ist בֹּ[ירב]ֹי oder [קל]יר.

5) Pismon בירח איתנים, alfabetisch; darin: ונעי לנע ונד נגור ובהשבה נד חופש ונעור — ולול בבור יצועי אב.

6) Silluk מעשרה מאמרות.

Der Commentar zu אף ארח (Neuj.) in cod. München 346: והיינו דאמר ר׳ אליעזר בדריא בקדושתא דשבתא דהשובה אימתהא תעל לנמהרים: שובה וכו׳ (s. unten S. 63).

Im cod. opp. 1074 F., woselbst ein Commentar zu obigen Stücken, heisst sie Keroba des grossen Sabbat der zehn Bussetage, und scheint Binjamin, dem Verfasser der Selicha הוריתה דרך vorgelegen zu haben.

25. Sühnfest-Keroba. Die שושן עמק anhebende kalirische Keroba ist, wie Inhalt und Bau zeigen, für Schacharit, welche Stelle sie auch im griechischen und römischen Machsor einnimmt. Ihr Piutumfang in Handschriften und Ausgaben, welcher ohne Zweifel auch fremdes einschliesst, umfasst folgende Stücke: 1) שושן עמק, 2) יום מימים, 3) צפה כבת, die ersten drei Tefilla-Nummern illustrirend, 4) אשא דעי, zwiefach mit dem vollständigen Namen gezeichnet, 5) אין ערוך אליך mit zwei Refräns, beide akrost. Elasar; 6) אל תזכר לנו עונותינו, 7) אנא אזון שועת, 8) אשפכה לפניך שיחה, drei alfabetische Gebete, die Strofe zu 3 Zeilen, mit Refrän אתה כרחום סלח לנו; in N. 7 ist die je dritte Zeile ein Bibelvers. 9) אל שח כאו, in 6 Doppelstrofen: Gott wohnt (מעונו) in der Höhe bei den Reinen und verweilt (שבנו) hienieden bei den Sündlichen; ähnlichen Inhalts ist 10) אשר אימתך; 11) אשר אימתו (oder אימתך) bezeichnet in 22 Ausdrücken nur die Engel, und gehörte vermuthlich noch eine ähnliche Hälfte dazu, welche die Sterblichen schilderte. 12) אאדירך חן בשמים, in 7 sechszeiligen Strofen, jede hebt an לך ה׳ הגדלה und endigt ואתה מרומם על כל ברכה ותהלה (Nehem. 9, 5). 13) אל רוהו שפרה שמים, in 12 Strofen, stellt den himmlischen und den irdischen König in Gegensätzen auf: die ungeraden Strofen beginnen מלך מלכי המלכים und endigen מלכותו מלכות כל עולמים (Ps. 145, 13), die geraden beginnen אבל מלך בשר ודם, endigen הבל הבלים מלכותו; hat manche Parallelen mit N. 12. 14) Introduction ובכן נאדירך אלהינו האדיר באומץ אלפים: in vierzeiligen Strofen, jede Zeile mit ה beginnend (הבחור, הגאה, הדר u. s. f.), endigt התקיף באומרי הי הוא האלהים, wo ה und ח reimen. 15) Introduction: ובכן מי כמוך באלהים. Gegenüberstellung von Gott und Israel in 6 Strofen: die ungeraden be-

ginnen מי כמוך באלים und endigen מי כמוך נאדר בקדש (Exod. 15, 11), die geraden beginnen ומי כעמך ישראל (2 Sam. 7, 23) und endigen ומיחדים בכל יום שמע ישראל. Das Stück hebt an אדיר בשמי מרומים, schliesst תמיד עיניהם לך תולים. 16) Ein Hymnus ähnlicher Art, durch ובכן מי כמוך נאדר בקדש introduzirt, jedoch kürzer gehalten. Die erste Strofe lautet: מי כמוך אדיר ונאדר ברכבי ערץ ועמך מאדירים ממליכיך בערץ, und so hebt jedesmal die erste Zeile מי כמוך, die zweite ועמך an. Endigt ועמך תמימים חוקרים משפטים ישרים. 17) Bussgebet, Introduction ובכן כי רחום אתה, Anfang: אתה ברחמיך הרבים, Ende: תעתר לנו ביום הוות וטהרנו מחטא. 18) Der gerechte und barmherzige Gott. Anfang: אל עורך דין באמת ואין עול, Ende: שחד בכל יקח תת לעשיר כפר. Die Introduction war כי דין אמת אתה auch יעריצוך מלך. 19) Gegensatz der göttlichen Allmacht und Grösse und der menschlichen Gebrechlichkeit: die ungeraden Strofen beginnen מעשה אלהינו, die geraden מעשה אנוש; in jenen hebt die Schlusszeile an לכן יתגאה, in diesen ואיך יתגאה, woran in beiden stets eine Bibelstelle als Ausgang der Strofe anschliesst. Jede Strofe hat fünf Zeilen. Anfang: אדיר בויעודו, Ende: כי אדם אין צדיק בארץ (Eccl. 7, 20). Die Introduction lautet גדולים מעשה אלהינו (deutsch) oder נאדירך אלהינו (röm.). Im romanischen Machsor sind die geraden Strofen herausgenommen und zu einem eigenen Stücke מעשה אנוש תהרות zusammengestellt. 20) אמרו לאלהים אל מלך בעולמו aus 29 fünfzeiligen Strofen bestehend, die Strofenschlüsse bilden die Versanfänge aus 1 Chron. 16, 8—36. 21) אמיצי שחקים abwechselnd den Lobpreis der Engel und der Israeliten besingend. 22) כי אמרתך לא תפיל, endigend כי תפארתך לא תתם. 23) אלהים אין בלעדיך, endigt ההלתו בפי קדושיו, 3 Worte die Zeile. Introduction: אין בלתך. 24) אלהינו אל בשמים [al. אתה הוא], endigt תולת ונושא, welches gegenwärtig mit dem Schlusse תולה ארץ על בלימה in der nichtkalirischen Keroba seinen Platz hat. 25) ארך אפים ברנו מרחם, endigt שלמים מעשיו תמים בכל פעלו. 26) אל אֱמונה אתה ורחום לכל מֱאמיניך, mit alfabetischer Veränderung des zweiten und des sechsten Wortes gehen die Zeilen ebenmässig weiter, schliessend: אל תֱמים אתה ורחום לכל מתמימיך. 27) האמירוהו שבחוהו בשירה תנוהו בתפארה u. s. w., endigt ברכוהו בבינה באימה. 28) לשומע תפלות לתמים פעלו, endigend לאוהב צדקות לבוחן כליות.

29) ה׳ מלך אבדו גוים, endigt תכל איומתה ופחד על גוים. 30) der vorhergehenden Nummer entgegengesetzt ist התן תהלה לעבך ישראל, endigend אשריך ישראל. Gleichen Inhalts ist 31) התן אמה ליעקב, endigt תאמין אל תירא יעקב. Die Zeilen schliessen (29) גוים, (30) ישראל, (31) יעקב. 32) אלה סליחות אתה, endigt השובה מראש הבעתה, durchgehender Reim, die Zeile zu drei Worten, auch das dritte Wort rückt alfabetisch fort. 33) אך חנון ירחום אומרים לפניך, eine Art Responsorium, der Refrän ist כי אתה רחום לכל פועל, mit welchem hie und da לכל פועל abwechselt. 34) Introduction בקצף לא תשפט בזעם כל הריב, hierauf mit durchgehendem Reim und in alternirenden Zeilen: בקצף אם אשמנו מקרתה לא תשפט בזעם עם וו יצרתה, בקצף אם גדופינו etc.; die beiden letzten Zeilen lauten: בקצף אם שבנו לחטוא וקצפתה לא תשפט בזעם תמימך אשר תמכתה. 35) Eine andere Ausführung desselben Thema's ist באנף לא תאניפנו בבהל לא תבלענו u. s. f. bis ברעב לא תחביפנו. 36) Introduction ושרפי קדש ירעו שובך. Anfang: אבירי לב לשובך, endigt בנתי תעפית שובך, nach איל בימי, die Zeile zu drei Worten und das dritte Wort fast überall שובך. 37) Introduction המכירים את המון רחמיך. Anfang: המכירים תהלות העצומך, nach השרק, drei Worte die Zeile, beständiger Reim, Schluss: המכירים אלהי ארוממך. 38) Keduscha-Hymnus אלי מרום ist eine Variation von Jes. 6, 2, 3; im römischen Machsor sind Refrän und die erste Hälfte der letzten Strofe abweichend. Ausserdem hat das romanische Machsor noch für וקרא זה אל זה zwei besondere Ausführungen, nämlich: 39) וקרא אופן לכרוב, jede aus 3 Worten bestehende Zeile hebt וקרא an, Schluss: וקרא תוקף הרשישים; 40) אדיר ואין דומה לו, endigt תהלתו בקהל קדושים, jede Zeile hebt an וזה אל זה אומרים. 41) Silluk מי ימלל גבורות, welchen das französische und das romanische Machsor mit Kalir's Keroba verbinden, während der deutsche und der römische Ritus dafür מי יערוך אליך haben, ersterer ohne die Schlussstelle וקראו זה אל זה u. s. w. 42) bis 45) die 4 או מלפני בראשית. 46) יאדירוך יאמירוך u. s. w. bis יתופפוך יתקיפוך, hierauf: ואז יביעו עדני בשיר נועם נגוני ויאמרו לה׳ ברוך אתה ה׳ האל המאודר, in gleicher Weise (המבורך המגודל u. s. f.) fortfahrend bis המשובח המתוקף, worauf 3 vierzeilige Strofen וברוך שם כבוד מלכותו לעולם ועד, endigend המפורש בשבעים שמות. 47) ואיזו תהלה כפי גדלך mit durchgehendem Reim, jeder Satz

ואיו anhebend. 48) לך יאדיר כל יציר zweizeilig, die erste Zeile fängt לך, die zweite כי an. 49) האחד בעולמו mit Reim לו, wo wie in N. 14 jeder Satz mit ה׳ anhebt. Dasselbe ist mit den drei folgenden der Fall. 50) Anfang: האומרים אחד mit abwechselnden Endworten aus dem „Schemah". 51) האומן במעשה אצבעותיו, endigend התקיף בכל נפלאותיו, durchgehender Reim יו. 52) האראלים אומרים in 44 Sätzen, abwechselnd schliessend עונים ברוך כבוד ה׳ ממקומו und אומרים ברוך שם כבוד מלכותו, endigt המתמידים עונים ב״כ ה׳ מ׳. 53) Variation oder Rahit zu Ps. 86, 8; die ungeraden Sätze heben אין כמוך, die geraden ואין כמעשיך an. Anfang: אין כמוך אלה סליחות, Ende: ואין כמעשיך תמים בכל פועל. 54) Dessgleichen zu Ps. 99, 5; die ungeraden Sätze beginnen רוממו, die geraden קדוש הוא. Anfang: רוממו אדיר במעוניו, Ende: קדוש הוא תמימים מפיקים. 55) אהלת מתוחים, ein Hymnus mit Refrän: עד לא מכון כסאך נכון. Die je dritten Strofenzeilen beginnen ואין מלבדך und das Ganze schliesst ein Vers כבתוב, nämlich Ps. 93, 2. 56) Die Busse-Ermahnung אמרתי לפושעים mit vier abwechselnden Refräns, endigend mit dem כבתוב-Verse Klagel. 5, 21. 57) יום אמיץ זה לאוהבי אמרים mit gleichartig gebauten Zeilen und abwechselnden zwei Refräns, ebenfalls auf כבתוב - Verse ausgehend. 58) יום ארא אהללך לכפר mit eingeflochtenen Versen כבתוב. 59) אהללך בקול רם mit Schlüssen aus der Tefilla und dem Refrän מי אל כמוך.

Nur N. 1 bis 5 sind sicher kalirisch, vielleicht auch die Nummern 9, 10, 19 bis 21, 34, 36 bis 38 (letztere als Kalir's von Elasar aus Worms angeführt), 55 bis 59; sehr wahrscheinlich N. 41 bis 45 [1]). Das Schacharit des Sühnfestes allmählig bereichert, am meisten im Ritus der Deutschen, lässt bei den parallelen Arbeiten späterer Dichter das was einem bestimmten Autor gehört nicht mehr erkennen. Unter den aufgeführten sind zwölf (N. 10, 11, 17, 18, 22 bis 25, 27, 39, 40, 50) ohne Reim, und hierunter N. 23, die in einem römischen Machsor ms. sich in dem kalirischen Mincha findet. Die Nummern 7 und 11 hat das römische Machsor im Musaf. Nummer 55 entspricht

---

[1]) Der Commentar Kara's in cod. München 346 umfasst die Nummern 1 bis 5, 7, 9, 19, 10, 21, 38, 42 bis 45.

dem kalirischen אפנתה (Mincha), dem אורח ע׳ (römisch) und ähnlich gebauet ist אדרתה הוקים (Musaf)[1]) eines ältern deutschen Ritus.

26. Musaf des Sühnfestes. Da nicht anzunehmen ist, dass Kalir, der für Schacharit und Mincha gearbeitet, Musaf übergangen habe, so gehört vermuthlich die von Hadasi angeführte Stelle der Musaf-Keroba an. Hiezu kommt, dass alte Autoritäten von einer kalirischen Aboda sprechen, wiewohl es andererseits gewiss ist, dass man die französische ארחה מגנתה so genannt hat[2]). Möglich, dass das reich ausgestattete Schacharit Stücke aus Kalir's Musaf umfasst.

27. Mincha desselben Tages ist im röm. Machsor 9 Nummern stark. Handschriften enthalten noch ein אלעזר קליר gezeichnetes und von dem Verse Ps. 141, 2 eingefasstes Gebet, anfangend תכון ארשה שועה, endigend יהד רנן בכפי שעדה. Daselbst befinden sich auch folgende zwei Rahit: 1) רוממו ארוני האדונים קדוש הוא בוחר אמונים, Variation von Ps. 99, 5, die Zeilen beginnen abwechselnd רוממו und קדוש הוא, durchgehender Reim, Ende: קדוש הוא תקוף בשיר נגונים. 2) רוממו תוכך תמימים כי קדוש שמו לעולמים, Variation von Ps. 99, 9 mit alternirenden Zeilenanfängen (רוממו und כי קדוש) und gleichem Reime, ist nach תשרק gebauet und endigt כי קדוש אדיר במרומים. Beide Stücke scheinen desselben Verfassers. Die N. 23 aus Schacharit geht hier diesen beiden Rahit voran. Es verdient bemerkt zu werden, dass nur in dieser Keroba Kalir seinen Namen in den Ausgängen der ersten Nummern zeichnet. Ueber Neila, das wahrscheinlich Kalir nicht übergangen hat, siehe weiter unten.

28. Erste Keroba des Hüttenfestes אימתי בחיל, in welcher die vier Festpflanzen der eigentliche Gegenstand sind, so dass vielleicht אמנם מצוה der ersten, אז היתה der zweiten Keroba angehören muss. Enthält 7 Nummern und ist für den ersten Tag[3]).

29. Zweite Keroba des Hüttenfestes ארחץ בנקיון, die

---

[1]) cod. München 69, unmittelbar vor der Introduction Meschullam's zur Aboda, jedoch nur die Buchstaben אב״ג und ש״ת. — [2]) oben S. 34 Anm. 1. — [3]) בוה ראשון יום, אקחה בראשון, הלל ביום ראשון.

Laubhütte feiernd, 7 Stücke enthaltend und gleichfalls für den ersten Tag [1]).

30. Hoschana's für 7 Tage des Hüttenfestes, insonderheit für den siebenten oder Hoschana-Tag. In den Stücken, die für die ersten fünf Tage bestimmt sind, findet sich keine Bitte um Wasser, dahingegen spricht die sechste nur von Wasser; die Gebete אדם und אדמה sind für den Hoschana-Tag und bilden die eigentlichen Wasser-Gebete. Die Zahl der Stücke im deutschen und römischen Ritus beträgt 22, hierunter 3 reimlose. Jedoch haben nur zwei die Namenzeichnung und vier andere werden als kalirisch angeführt. Sie dürften jedoch sämmtlich Kalir angehören, ausgenommen למענך אלהינו und למענך אלהי האלהים, die älter, אנא רחום, welches jünger scheint. Möglich, dass Kalir der erste ist, welcher Hoschana's mit den Strofenanfängen אנא, אל נא, כהושעת, למען und תענה verfasste; der letztern Gattung sind vermuthlich die im Saadianischen Siddur befindlichen Stücke nachgebildet, die ענה anheben.

31. Erste Keroba für den achten Azeret, die wie es scheint איום אמצה עשיריה begonnen; der Silluk hob an השקיפה מן השמים וברך משנני עשר פעמים, das Thema war die Lection עשר תעשר und mehrere an die Zahl zehn geknüpfte Dinge wurden illustrirt. Von dieser im zwölften Jahrhundert in Frankreich und Rom üblichen Composition sind nur drei Stellen übrig geblieben. Möglich, dass die Keduscha וחיות ארבע אשר בם einen Theil derselben gebildet hat. Da man unbezweifelt kalirische Sachen in alten Handschriften als „Kalir ähnliches" bezeichnete, so darf es nicht befremden, wenn von dieser Keroba berichtet wird: „In der Zeit Kalir's trat ein Dichter auf, der in dessen Weise dichtete" u. s. w. [2]).

32. Zweite Keroba für den achten Azeret, im Mittelalter am Thorafest üblich, besteht aus folgenden Stücken:

1) אחות אשר לך כספתה, endigend ביום השמיני עצרת mit Versen Num. 29, 35, Ps. 71, 14; Schluss תהלך אמלל.

2) מוחמם בטבע שמונה, endigend צוי עולה אשר בה נרציה mit Versen Num. 29, 36, Ps. 51, 21; Schluss פרים נשלמה.

---

1) יום ראשון בזה. — 2) בדורו של קלירי עמד המשורר ואחז בידו שערי יסודותיו לפייט יסדו לנו פייטנין קרובה מיוחדת in cod. Rossi 159 und 858, Ms. Aschkenasi N. 82. Die Quelle ist Raschi's Siddur.

3) קהל איתנים נעצר, endigend בשמיני שלח את העם.

4) אל נא הטיבה ה׳ ביום טובה, endigt בסוד קדיש ועיר.

5) Pismon אדירי משבעים, endigt וישישו גאולים, gezeichnet אלעזר בירבי קליר. Der Refrän lautet: חקוק באות שמיני יעצרון על השמיני בעצרת שמיני.

6) Pismon אצורי מקדם, endigt כבטו ופר ואיל. alfabetisch in 7 Strofen, Refrän: ביום השמיני עצרת תהי לך עצרה. אום כראשון ננצרת.

7) Silluk אלה עשיתם ואלה העשו, die drei Abtheilungen haben jede durchgehenden Reim, in der letzten werden die Engel in alfabetischen Benennungen aufgeführt. Ende: כעשופי שש שש יקדישוהו.

33. Regengebet (Geschem) im Musaf desselben Festtages. Die 22 Theile des Stückes יפתח endigen ein jeder mit einer Bibelstelle, woran ein Vers כבתוב anschliesst; diese Verse sind abwechselnd aus Pentateuch, Propheten, Hagiographen. Dass uns vier Nummern zur Ergänzung der Schibata fehlen, ist bereits in neueren Ausgaben bemerkt. Diese Composition würde sodann 10 Nummern enthalten.

Wahrscheinlich hat Kalir noch Keroba für 34) den siebenten Tag Pesach und 35) den Hoschana-Tag verfasst; die ihm zugeschriebenen Jozer für die vier Sabbate und das Wochenfest sind fraglich: möglich, dass, wie Rapoport meint [1], ihm die in den germanischen und romanischen Riten übliche 36) Neila-Keroba [2]) gehört, deren Anlage und Sillukbau jedenfalls einen alten Peitan verrathen.

Während manches ächt kalirische ausser Gebrauch kam und verloren ging, ist hie und da ihm auch fremdes untergeschoben oder in seine Werke hineingerathen. Hiervon geben Zeugniss nicht bloss die Stücke für Sühnfest und den neunten Ab, sondern alte Handschriften und der Ausspruch der Autoren. Es wird bemerkt, dass ein Stück פרה באוכן für Sabbat Para und אומן אשר לא קם במותו für Thorafest [3]) nicht von Kalir seien.

---

[1]) דברי שלום ואמת S. 27. — [2]) אב ידעך auch in Hosch. אנא אזן, vgl. בוחן בעשר (תאלת וו) בחנתו בעשר. Die Verse כבתוב nach den ersten drei Nummern enthalten שער, auf das Schliessen der Himmelsthore hinweisend. Mit טבע וזו vgl. טבע הוד (Purim). — [3]) R. Tam in שבלי ms. §. 28, (וכל מי שאומר שעשה אומן וכו׳) und Machsor Vitry (Luzz. in כ״ח Th. 6 S. 31).

Merkwürdigerweise haben einige Autoren älterer Zeit Kalir Stücke abgesprochen, die ihm wirklich gehören, aber früher in ihrer Gegend unbekannt waren, z. B. אמל ורבך אספרה und (N. 13); ein Ueberbleibsel aus Handschriften solcher Gattung ist wohl die im Machsor Vened. 1568 über כתר מלוכה (N. 12) befindliche Ueberschrift: מבאן ואילך יסודו של ר׳ אליעזר הקלירי. Bechai hingegen führt eine Stelle aus מה מועיל von Mose b. Kalonymos mit den Worten an וכן מצינו שיסד ר׳ אליעזר הקליר בפיוטו ואמר (Parascha וארא). So wenig Aufmerksamkeit ward den Akrostichen gegönnt! Ein Anderer hat ihn zum Verfasser des aramäischen תנניה gemacht [1]).

Anführungen aus Kalir's Compositionen.

1. כימה מהם אינה נספרת והיא לטלה זנב ולשור עטרת, Kara zu Hiob (כ״ח 7, 64); זנב טלה ist aus Berachot 58b.

2. באור נר בברור חיל אום בריח מגנבת, Zidkia הלכות מילה ms. §. 7, hieraus תניא 96.

נר חנוכה אסור בו להשתמש, Isaac aus Wien א״ז (חנוכה) §. 322 [2]).

נר חנוכה צרורה מלהדליק-נר ישן (Maimoniot חנוכה c. 4) aus נר חנוכה; irrthümlich im Onomasticon S. 44 dem Anfange אעדיף angefügt.

4. aus או מאז (הדר זקנים 42c); קצובה (das. 43a), אל נא (das.) אומן בשמעו (das. 42c., Commentar Chron. 1, 25, 3, Chaskuni בהעלותך), אלה אזכרה (Raschi Ps. 42, 5), Silluk אז (Raschi Joma 67a, Elieser b. Natan אבן העזר 74b, Rokeach 296, alte Tosafot Joma 19b und daraus ריטב״א z. St.; Tosafot Erubin 21a, Pesachim 109a, Menachot 35 b, Bechorot 55b; Piske Tosafot Aboda §. 4).

6. aus אזכיר סלה (Raschi zu Bereschit rabba c. 16, פענח רזא in תולדות), תמימים (הדר זקנים 71a), אל נא בלשון (Ungenannter in cod. II. h. 32 und Raschi Klagelied. 3, 20), זכור איש (Commentar Chron. II, 20, 1, Midrasch Tadsche c. 10 und Bamidbar rabba c. 14, Tosafot Rosch haschana 3a, pent. Commentar ms. אמור), Silluk אלהים (Raschi Jes. 24, 22.

---

[1]) Opp. 1073F. — [2]) וכן עשה הפיט בתפלת אעדיף כל שמונה.

Chaskuni Ende בשלח, אבקה רוכל 11b. Commentar ms. zu תהלות כבודך und zu Sel. אותך אדרוש in cod. München 346).

7. Joseph Kara zu 1 Sam. 15, 31 in cod. Rossi 255[1]).

8. Aus אזורה (pentat. Commentar ms. und הדר זקנים in יתרו, פענח רזא Anf. אמור), אצילי עם (Chaskuni in חקת), Silluk אין לשוחה (Tobia לקח טוב 16b und Ascher Rga. 30, 1. Elasar ס׳ החיים ms., Tosafot Aboda 35a, Chullin 109b; Bechai in חקת; Commentar ms. zu אמר משה נביא (cod. München 17). Commentar ms. zu האלה וו (Neuj.).

10. Aus אבי כל חוזה (Raschi zu Bereschit rabba c. 6, Chaskuni in בא), Silluk הוא נקרא (Raschi Dan. 8 14[2]) und 12, 12. Abenesra, vgl. Rapoport Kalir Anm. 10). ארין מקדם (Or sarua §. 20 מועדים u. s. w.).

12. Aus ויאהב (pent. Tosafot 49a, Raschi zu Bereschit rabba c. 1; cod. Rossi 655 zu Sulat אשכלות); aus הנעימים (pent. Commentar ms. in אמור: ומהליל u. s. f.).

13. Aus אמל ורכך (ראיבן f. 78d: יסד הקלירי, Chaskuni in פקודי).

14. Aus מה אילו (Elchanan in Tosaf. Megilla 25a).

15. Aus אאגרה (Sam. b. Meir Genes. 27, 27. Tosafot Rosch haschana 27a), תהה אילה (Simson Nakdan bei Geiger Zeitschr. 5, 429. Kara zu Maleachi in cod. Rossi 255).

19. Erwähnt werden: N. 3 (Joseph Kara zu Jeremia in cod. Rossi 255[2]), 13 (Commentar 2 Chron. 35, 20), 23 (Tosaf. Moëd katan 27b), 42 (Recanate בראשית 31a: כמו שיסד הפייט), 52 (cod. H. h. 17).

20. Jozer (Hadasi c. 84 und 364. pentat. Commentar, desgl. R. Ascher in האזינו), Ofan (Rokeach 200. 201).

21. Aus את חיל (Elasar Worms und dorther H. Treves zu Musaf Neujahr 2 Stellen), אבן חוג (Raschi Genes. 30, 22, Hapardes 23a, Chaskuni und Commentar ms. in ויצא), אדרה (Simson Nakdan a. a. O.); Silluk (כתב תמים S. 83, Aaron hacohen 15a und Kol bo 122, Commentar ms. in Münch. 346 zu Sel. אז בהר מור, Commentar ms. zu Hiob 23, 9 in München 5: ויושב בחדרי תימן כבקי).

---

[1]) שבעים ששה (st. שבעה ed.), ebenso cod. München 5. — [2]) ובן יסד הקלירי בשבעתא היבא ארח — ומיסודו של ר׳ אלעזר הקלירי שיסד בקנתו ופץ מי יתנני במדבר.

22. Aus אופר (Hadasi c. 84). תפן erläutert Menachem b. Chelbo, אף אורח Rokeach bei H. Treves; aus אומץ (pentat. Tosafot, Commentar ms. und Chaskuni in חקת), והיות אשר (R. Tam in Machsor Vitry, Tosafot Chagiga 13a, Tos. Rosch haschana 8b, שבלי 11; כתב תמים S. 85), ועמך הלואים (Commentar 1 Chron. 28, 9. Meir Rothenb. Rga. 441. Commentar ms. zu Hiob 28, 27 in München 5: אמת חותמו), ואתה אזון (ס׳ הישר 73a die Stelle הן מוספי חדש u. s. w.)

23. Aus אנסיכה (Abenesra Kohelet 5, 1), זכר תחלה (Raschi 2 Kön. 11, 2, Commentar 2 Chron. 22, 11, פענח רזא in בשלח).

24. Aus dem Pismon האומר die Stelle (oben S. 54): שובה בעשרת הימים משננים, כי בני יהודים מראש מתענים תומכי דור מאז מתענים.

25. Aus N. 1 Abenesra a. a. O.; aus N. 21 שבלי 5; וכן יסד הפייט בקרובה של יום הכפורים, dass der Refrän קדוש וברוך laute; aus N. 38 Elasar in פירוש מרכבה ms. die Stelle זהר הרקיע.

26. Hadasi c. 81 Buchst. ק: כאשר פייטו ר׳ אלעזר קליר והיד הרמה אשר ברהט אסורה בתפלת יום כפוריך. Dieselbe Stelle c. 364 f. 136a oben.

28. Aus או היתה (Raschi zu Bereschit rabba c. 56: ועל מדרש זה יסד רבי אלעזר הפייט בקרובץ וחן בשלום סוכו).

29. Aus אויו (Raschi Ezechiel 42, 20. Hapardes ms. Anfrage über den Tempelberg), אמנם מצוה (Pseudo-Saadia Jezira-Commentar), Silluk כי אקח (Raschi Ezechiel 43, 3. 48 1. Ps. 121, 1. Joma 67a; Mose Tachau in כתב תמים S. 91).

30. Aus אדמה (Raschi Hiob 24, 6), כהושעת אלים (ראבייה ms. §. 700, Hagada-Commentar ms. in cod. München 69 f. 27: כמו שפייט ר׳ אלעזר קליר כהושעת וכים. Ziuni in לך לך f. 16d), למען תמים (pentat. Commentar ms. in ויצא). Recanate וישב f. 48b zitirt הוא דוד בעצמו (ist aus תתננו oder אביעך). Im romanischen Machsor 404b wird von einem kalirischen Stücke [אום נצורה] für Sabbat gesprochen.

31. מם יוד מם שאל ולא קצרה, לא הבינו ואותם עצרה, vgl. Pesikta in Jalkut Numer. 251b und Raschi Numer. 29, 18.

32. ארחות führen an Hapardes 45b, Machsor Vitry §. 325 (כ״ח 6, 31); aus dem Silluk zitirt Raschi Zachar. 5, 11.

33. Aus יפתח (Raschi zu Bereschit rabba c. 23: ורע קדש u. s. f., wo wie auch in Mss. בכפל (statt ed. ובפלת)). Die Anführung R. Tam's in Tos. Rosch haschana 27a, dass die Schöpfung im Monat Tischri erfolgt sei, ist vielleicht aus dem uns fehlenden Theile des Regengebetes.

IV. CAPITEL.

Anonymer Piut.

Die Ausstattung des Gottesdienstes mit poetischen Stücken verbreitete sich seit der Epoche Kalirs über alle dazu passende Stammgebete; sie drang bis zu den entfernteren Gemeinden, überall Vorbeter und Dichter beschäftigend. Das um das Jahr 1140 abschliessende peitanische Zeitalter — die ältere Epoche läuft ein Jahrhundert früher ab — hat sämmtliche Gebiete der synagogalen Poesie, auch solche angebauet, die um 860 noch brach gelegen. Dahin gehören die festlichen Maarib nebst Zuthaten, die Sabbat-Jozer, Ofan und Sulat, poetische Nischmat und Reschut; gereimte Dibra's nebst Introductionen, poetische Eröffnungen für Baruch scheamar, Kaddisch, Barchu und Mikamocha, Schlussstücke für die Musaf-Keduscha (אלהיכם), Tischgebete und Hochzeitlieder, — alles diess die Arbeit genannter und ungenannter Verfasser in Africa und Spanien, Frankreich und Deutschland, Italien und Griechenland, Aegypten und Syrien.

Unter den anonymen Stücken, die jenem Zeitalter zuzuerkennen, befinden sich — Selicha's, Tochecha's, Vidui u. dgl. ungerechnet — Compositionen aller Gattungen, wie aus der hier folgenden Uebersicht erhellt.

I. Sühntags-Ordnung:

a) die Keduscha umgebende Ausführungen und Rahit, meist durch ובכן introduzirt.

b) die **Aboda** begleitend, und zwar:

1. Reschut ארברה וירוח לי פני סולח ומחלי אלהים ה׳ חילי in gereimten vierzeiligen Strofen nach א״ב, endigend ה׳ שפתי תפתח ככתוב וגו׳, einfach aber mit peitanischen Bildungen; ist vor Jose's אזכיר גבורות.

Ausführungen des מה נהדר: 2. כאהל הנמתח reimlos (deutsch); 3. דומה לארז reimlos (roman.); 4. כאור בקוע mit Gleichklang (Catal.).

Bearbeitungen des בהיות ההיכל: 5. בהיות ארון הבית על כנו.

6. בהיות ארון קדש בבית, beide reimlos und jede Zeile בהיות anhebend.

Schilderung des אשרי עין ראתה, mit welchen Worten jede Zeile eröffnet: 7. אהלנו בשמחת קהלנו (deutsch); 8. ארון בבית קדש הקדשים, endigend תמורה יום ולילה השיר בצאתו מן; 9. ארון הקדש בני אהרן, endigend לקהל עדתו הבית הגדול (Sizilien. Catal.).

Die auf ומרוב עונינו folgenden: 10. אין לנו לא אשים, in den einzelnen Worten zwiefach alfabetisch; 11. לא ולא תפארת שלוה בטוב לב endigt ארמון על משפטו; 12. אין לנו לא אורים ותומים על לב אהרן, jede Zeile beginnt אין לנו לא, Ende: לא תועלת שני לחלק. An diese Klagen schliessen die alten Selichastücke oder Rehuta's תכפו עלינו u. s. w. an.

c) Der Segen über die Versammlung: 1. תאפדם אפודת עולם, drei Worte der Satz, endigt התמכם במשען ומשענה (franz.); 2. שתאמץ אהבת אמונך, die 3 Worte des Satzes beginnen mit demselben Buchstaben des Alfabets (röm.). Eine Variation ist 3. das romanische תאמץ אהל ארמונך für den 9. Ab. Ferner gehören hieher: 4. שנת אוצרך הטוב und 5. שנת ארץ תתן יבולה, in denen jeder Satz שנת anfängt und die als Ausführungen des שנת אורה anzusehen sind: ersteres weicht im deutschen Machsor von der römischen Fassung ab und in letzterem (Tripolis) fehlen die Buchstaben ט' bis ק'. 6. תאיר אורנו, doppelt alfabetisch in den beiden Worten des Satzes (Span. Aragon). 7. היום תאמצנו[1]).

d) die mit יום anhebenden mit היום schliessenden, von Bibelstellen begleiteten Schlussstücke der Tefilla, nämlich: 1. יום אשר התויתה reimlos, in cod. München 69 zu Musaf, in einem französischen Machsor zu Schacharit. Allein es fehlen 3 Strofen (כל, פץ, קר). Der Schluss lautet:

---

[1]) Ritus S. 141.

היום תשה אונך לנו בתחנוננו ככתוב וכו׳. Glossen enthält cod. München 346.

2. יום אתא לכפר, im römischen Machsor in abweichender Fassung für Schacharit, im deutschen für Musaf.
3. יום אשר הוחק, für Mincha.
4. יום אשר אשמנו nach את״בש, römisch für Musaf, deutsch für Schacharit.
5. יום אשמנו במעשינו für Mincha in cod. München 17, nur 6 Strofen enthaltend, also abgekürzt.

e) Die die Neila-Selicha's eröffnenden Gebete 1) אלהים סלח und 2) אבן מעמסה, beide mit Refrän טרם נעילת שער; 3) איום אלהים שעה[1] mit Refrän בעת נעילת שער, welcher letztere allein im deutschen Machsor übrig geblieben ist. Ist nach את״בש, jedoch nur in den 6 ersten Strofen erhalten.

f) Einige spanische Compositionen, von denen weiterhin die Rede sein wird.

II. Keroba.

Für Mincha der Wochentage, für Musaf und Mincha des Sabbat gab es kurze poetische Keroba's, die, wie es scheint, in Italien üblich gewesen.

a) Wochentage:

1. ארך למענך עזרנו וגננו, ברעיפת טל [בגבורות גשם] החיינו, גדלך צורנו קדשנו, יהקדיש בנו, דעה מפיך למדנו u. s. w., endigend רוב שלומך העטרנו, so dass jeder Satz dem Inhalt einer Tefilla-Nummer entspricht.
2. Für die Fasttage אנא אלהינו אנך שענו עזרנו ומגננו והושיענו, alfabetisch und jeden Satz mit אנא אלהינו eröffnend. Das Ganze schliessen Verse ככתוב.

b) Sabbat, für Musaf:

1. זה אתה אלהי תהלתנו;
2. פקודיך שומרים תמיד להגן.

Für Mincha:

1. אני אריב את ריבך, jeden Abschnitt eröffnet ein Vers und die Worte יאמר לבת ציון.

---

[1]) Endigt ומצליל בלב ים חטאות עוברי ים בעת נעילת שער. פתחיך הפתח לשביך קדוש.

2. אהללה ללובש עז וגדלה.

Von den eigentlichen Fasten-Keroba's gehören folgende sechs hierher:

Oeffentliches Fasten; קרב אורך לענית in 18 vierzeiligen Strofen, die erste Zeile hebt קרב an, die dritte כשענית, die vierte עננו; reicht, da es 18 Abschnitte sind, nur bis צ׳, so dass קרשת fehlen. Römisch.

17. Tammus. אגן המזג או חסר in sechszeiligen Abschnitten, von denen jedoch nur die 6 ersten sich erhalten. Die Zeilen-Anfänge beobachten die alfabetarische Ordnung, so dass die erste Nummer א׳ bis ו׳, die zweite ב׳ bis ז׳ u. s. w. darstellt. Ein dreizeiliger Refrän nebst einer vierten, der Tefilla-Nummer entsprechenden Zeile — die immer אלהי כל בשר schliesst — begleitet jeden einzelnen Abschnitt. Romanisch.

Gedadja-Tag. אבל במר נפש מתענים in 18 Strofen, deren dritte Zeilen בצום השביעי anheben. In der letzten Strofe (צ) sind, wie bei Kalir, die Buchstaben קרשת angebracht. Römisch.

Für den zehnten Tebet:

1. את שמועתנו מי האמין in vierzeiligen Abschnitten, von welchen nur die sechs ersten erhalten sind. Die je dritte Zeile beginnt בצום העשירי. Romanisch.
2. בן אדם אלות אנח, nach Art der Schibata auf einen Vers (Ezech. 24, 2) gebauet, in fünfzeiligen Strofen, die mit einer Bibelstelle schliessen, die je dritte Zeile beginnt בעצם היום הזה. Ist vierfach alfabetisch; auch hier sind die Buchstaben קרשת in der 18. Nummer. Römisch.
3. וארץ שפלתי וגדל שברי reicht nur bis zur fünften Tefilla-Nummer, das Alfabet bis zum Buchstaben ס׳; ist trotz einigen peitanischen Formen[1]) spanischen Ursprungs[2]) und gehört dem spanischen Machsor an.

Sabbat- und Fest-Keroba's:

1. Chanuca-Sabbat. Es wird ein Silluk מנשה את אפרים ואפרים את מנשה erwähnt[3]), dessen Bezug auf das Fest aus der grossen Pesikta Abschnitt 3 hervorgeht.

---

[1]) גש, תעל. — [2]) Der Anfang וארץ, ערה ערינה für Israel. — [3]) Commentar 1 Chron. 28, 19.

2. Grosser Sabbat. Zwei aus dem halachischen Theile mitgetheilte Stellen [1]) beweisen dessen Verschiedenheit von אדיר דר und אלהי הגדות.
3. Zum Thangebet: die Introduction beginnt אשירה נפלאות אל ואזכיר גבורות של, ist doppelt alfabetisch mit durchgehendem Reim של—, in altpeitanischer Ausdrucksweise, endigt העדה בן בארי אהיה כטל, woran der Vers Hosea 14, 6 anschliesst.
4. Aus einer Keroba des Wochenfestes ein Sillnk, anfangend אתן עז למלכי וארוממנהו בהשבחות.
5. Dessgleichen, anf. וכל העם רואים את הנראה ואת הנשמע אשר מראה להם שמע והראם קול, der das Gespräch Gottes mit den Engeln enthält, endigt ושלשו קדשה לקדוש.
6. Neila-Keroba אב ידעך מנוער. Sowie in den Begleitversen ist auch im Sillnk שער (die Pforte) das Stichwort (vgl. oben S. 60).
7. Die zum Achtzehngebete des Hoschana-Tages wird von Jesaia de Trani erwähnt [2]).

Hie und da wurden die Keroba's der vier Sabbate zur Verherrlichung des Tages [3]) vor dem Sillnk mit Einsätzen versehen, die auch Rehitim hiessen. Dahin gehören:

Sabbat Schekalim:

1. אותות שקלים מליצים יושר כעדיהם mit stetigem Reime, endigt הכונים להעלות ראש ישראל לפקודיהם.
2. אב מראש בן זאת הפרשה, endigt תחשב לפניך כמו נפשם נתנו.

Sabbat Sachor:

זכור אמורת פה ושכוח לב מלשכח מעש עמלק, die zweizeiligen Strofen beginnen jede זכור, jede Zeile endigt עמלק. Schlusszeile: תפארת שמו וכסאו להשלים באבידת עמלק.

Glossen dazu haben cod. H. h. 17, Opp. 1074 F., wo das Stück eine רהוטה heisst מעין יסודו של הקליר.

---

[1]) Keroba des grossen Sabbat (שבלי 66), Keroba (המכריע 62) und irrig של פסח in der Parallelstelle שבלי 58 f. 27 a. — [2]) Zu Taanit 13 a. — [3]) רהוטים לקלום היום וספור מעשותיו (cod. Rossi 655).

Sabbat Hachodesch:

1. חדש אשר אֹומן אֹגן אורות, in den einzelnen auf תי endigenden Sätzen, die alle den Monat Nisan verherrlichen, kommen die alfabetischen Buchstaben 2- bis 5mal hintereinander vor; z. B. der 9. Satz lautet לטוע טפש טעמו זה בטבם טבסתי. Buchstabe ת: תמור תולדות תבל בו חמכתי תיכונו בתורה לא תקעתי.

2. ראשון הוא להלוך התקופות nach תשירק und reimlos, jeder Satz hebt ראשון an, Ende: ראשון לאדמון אֹומר מלך אלהיך.

Vermuthlich aus den Zeiten der Kreuzzüge stammen die Strofen זכר באי באש ובמים, die in die Tekiata's eingeschaltet wurden [1]).

III. Jozer.

Sabbat und Neumond:

1. אצו היום שתי שמחות, endigt להסכית קדושתם בקראי זה אל זה.
2. אלהים דבר בקדשו, endigt תופיע זמן גאולתו בשבתות ובחדשים.
3. אורות גדולים שנים, endigt ביום שבת וחדש, zweizeilig und zwiefach alfabetisch. In Mss. und Ausgaben mit der letzten Strofe תיאמת אור בקדש anhebend. Parallelen zu dieser Anwendung von תאם sind: im Sulat אתה המאוין: תאמו היום שבת וחנכה; שבת וראש חדשנו נתאמו (Josef Chanuca-Jozer), ברית שבת ותורה חוברו להתאים (Elieser b. Natan Jozer אפוני).

Die vier Sabbate. Sie sind sämmtlich von gleichem Bau, jedes Jozer aus sieben dreitheiligen Abschnitten mit zwei Kadosch-Strofen bestehend; nur Sabbat Para hat drei Kadosch-Strofen.

Passah-Fest:

1. ויושע אל אמונה, die Versanfänge des Mose-Liedes eröffnen die Zeilen, eine Kadosch-Strofe ist Refrän.
2. אתה הארת, worin diese Versanfänge die Strofenschlüsse bilden, vierfach alfabetisch. Es gehört dazu die acht Strofen starke Fortsetzung ותען להם מרים, zweizeilig, mit dem Refrän סוס ורוכבו רמה בים.

Wochenfest. אילת אהבים, zwiefach alfabetisch. Die

---

1) Ritus S. 144, 182.

ersten 20 Zeilen endigen סיני und die der beiden nächsten Strofen mit einerlei Wort. Stellen aus Exod. c. 19, die הדר enthalten, bilden die Kadosch-Strofe. Scheint aus dem 10. Jahrhundert zu sein. Nur im röm. Machsor ist noch ein kurzer Silluk [1]) hinzugefügt.

Sabbat vor dem 9. Ab: הכל אנוש במבוכה mit Eingang und Silluk, variirt das erste Kapitel der Klagelieder. Röm.

Neujahr: אתן לשוכן שחקים, endigend ותבנה מעלה עיר הדומות mit einer Kadosch-Strofe (ארון שעה הקן anhebend) als Refrän. Wird daher im französischen Machsor Pismon genannt.

Hüttenfest:

1. אבתיר זר ההלה, dem Stile nach kalirisch.
2. אאמיץ לנורא ואיום [2]) mit Strofenschlüssen aus Levit. 23, 39 bis 44 und Deut. 16, 13 bis 17.
3. אומץ קצות דרכיך erinnert an vorkalirischen Pint, ist reimlos, vierfach alfabetisch, jedoch nur bis כי reichend. Jede Zeile endigt סכה.
4. Für den Zwischensabbat: את עמי טובות אבשר. Vier Heil verkündende Verse (Maleachi 3, 10, Deut. 28, 12, Genes. 27, 28, Ps. 29, 11) bilden die Strofenschlüsse. N. 3 und 4 im röm. Machsor.

Für den 8. Azeret: אום כאישון נצורה, ist ein Gebet, wie darin selber angegeben ist [3]); die drei Anfangsworte sind aus Kalirs Keroba.

Thorafest:

1. אמרתי בשמחה אנסכה, endigend ברוך מרחיב גר. Römisch.
2. אומץ בעז צור מחשה ברב עם מעמים מומשה, endigt ושבב המוני להר מרום הרים המאור לארץ ולדרים. Hat peitanische Ausdrücke (טבם, קנם). Ist abgekürzt (catalon. ms.)

IV. Ofan:

Sabbat und Neumond: אתה אלהי ישועות, endigt המברכים ואומרים לעומתם.

---

[1]) וכל העם ראו גבורתך וינעו מאימתך ויאמרו אל משה נאמן ביתך עומדים ומפארים קדושתך. — [2]) irrthümlich ist (im Fürther Machsor) Salomo oder (Ausg. M. Sachs, Th. 5, S. 226) Salomo Babli als Verfasser genannt. — [3]) צקן לחשם השמע, נגדך בחתן עומדים, באתי בחחנן לפניך לחלות את פניך.

Hüttenfest: אאמיר אותך סלה. Ist gleich dem vorhergehenden ein Gebet und mehr den Sulat ähnlich.

Wochenfest: ארחות אראלים hat gleiche Satzendungen, der Refrän fängt כבודו an.

Mit כבודו heben an die im polnischen Machsor befindlichen kurzen Ofan der vier Sabbate, deren vierte Zeile והכל ירוממוהו beginnt; ferner — ausser zehn von genannten Verfassern — folgende: כבודו אור יזריח (Sabbat Chanuca), dessen Zeilen קדש endigen; כבודו אמץ בסגולה (Pesach) des römischen Ritus, endigt ובכן אקראנו ממעמקים ואנוהו בסוד אילי שחקים, variirt Cant. 4, 12 bis Ende c. 5. כבודו מלאכים מתנים (7. Tag Pesach) im romanischen Machsor, besteht aus 7 gleichreimenden Zeilen.

V. Sulat.

Während die Sulat der namentlich bekannten Dichter, etwa vom 11. Jahrhundert an, den Schluss beliebig haben, oder an גאל und עזרת anlehnen, schliessen die älteren meist mit dem Sterben der Erstgeborenen oder dem Durchgange durch das Schilfmeer, wie namentlich die ersten 10 von den hier folgenden Stücken.

1. bis 4. Die Sulat der vier Sabbate des deutschen Ritus gleichen sich im Bau und Inhalt; nur der vierte feiert die Befreiung, während die ersten drei Gebete sind.

5. אדיר אדירים (7. Pesach roman.), die erste Hälfte hat gleichen Reim; endigt כמכת בכורים לחוות.

6. אנכי גדול בנועדים (Wochenf.), das Alfabet reicht nur bis ס'.

7. אנא הושיעה נא (Hüttenf.)
8. אמונים אשר נאספו (8. Azer.)
9. אתה צור מלכנו (Hüttenf., Zwischensabbat, Corfu)

} alle drei, von gleichartigem Bau, haben קריעת ים סוף in der Schlusszeile.

10. אנא הרב עליצותך (Hüttenf., poln. Machsor) in etwas erhöhetem peitanischen Stile, endigt כאז פדית [1] גוי רהבים.

---

[1]) Vgl. גוי רהב Kalir Purim תמימים; גוי רהבים auch in Mose's Sulat אמרות אור נא, רהב לגוים Meschullam Pesachjozer, גוי מצולות in Jozer טהורות, גוי שעולים Schabtai Pesachjozer, גוו in Hosch. תענה אמונים, Jozer אופל, Sulat אז פתרום, Binjamin Reschut des grossen Sabbat.

11. אתה המאון עתירה in 6 Strofen, end. כאשר גאלת את אבותינו
12. אגודת ירח ומרגועים, end. כאו בארץ כסלודה.

beide für den Neumonds-Sabbat. Italienischer Ritus.

13. אוילים בעברם, für den Sabbat ואלה שמות, behandelt nach der Hagada und der Chronik Mose's dessen Geburt und Jugendjahre. Die Strofe hat 4 Zeilen, die Zeile 2 bis 3 Worte, reicht nur bis ע, endigend ובים נשתנקו, womit דאשתנקו פרעה (Targ. Cant. 1, 9) zu vergleichen. Röm. ms.

14. אתן תהלה לנורא עלילה feiert in schlichter Sprache die Befreiung aus Aegypten, ist für Sabbat ויושע. Der Ausdruck שח ציר נאמן ist aus dem Thora-Piut dieses Anfanges. Ende: חמור פועל בעשר נסה עלינו הגן והושה. Altdeutsch.

15. אסורים כיצאו ביד רמה für Sabbat Schekalim, fast nur halachisch die Tempelabgabe schildernd. Der strofische Vers enthält das Wort שקל; nur in der vorletzten Strofe die שקלי כסף anhebt lautet derselbe את כסף הכפורים. Ende: עדת אבותינו אתה הוא מעולם. Französisch.

16. אשכולות שרים נכונו לכבודה für den grossen Sabbat, gleichen Inhalts mit den Stücken von Binjamin, an die er mehrfach erinnert[1]). Ende: לראות במשך כלה ובתופת הדריה. Altdeutsch.

17. בנותנו תורה קדושי für den Sabbat vor dem Wochenfeste, variirt stellenweise Exod. c. 19, endigt וידבר אלהים. Machsor Corfu.

18. ארחמך מרחמי für Sabbat Nachmu, feiert die Treue trotz Verfolgung und endigt mit dem Verse „Schemah" (Deut. 6, 4). Römisch.

19. אלהי קדושי (Sühnfest) in kurzen dreizeiligen Strofen den 104. Psalm variirend. Die erste Hälfte (12 Strofen) ist nach א"ב, die letzte Strofe lautet: בקהל עדת אמוני אהלל לאל דר במעוני ברכי נפשי את ה'. Machsor Corfu;

---

[1]) An Jozer אתי מלבנון (בשבועת אלה, שער צמחה, תהגני), Salat אומרת (בגרות, ברמיה מתבוססת, המשוך and משרכים, בגעגועיה, אופרה), Salat אשרי הבלה (וחוי דודים, בנור להתעטר) קשוריה, ויבא עמה בברית, אחלמה).

reicht im romanischen Machsor nur bis Strofe 13, endigend ברחם אב על בנים.

VI. Maarib.

Auf die bereits im 9. Jahrhundert vorhandenen Sabbat-Maarib folgten später die selbständigen Fest-Maarib, die anfänglich nur aus 6 bis 8 Sätzen bestanden; die längeren Mittelstücke scheinen nicht älter als die erste Hälfte des eilften Säculums zu sein.

ליל שמורים אותו אל חצה (Pesach 1), aus 6 Sätzen bestehend. Der dritte (טבסו אלוף) ist nur in röm. Handschriften und im Machsor von Corfu; an dessen Stelle hat der deutsche und der französische Ritus תהלה לשוכן, welches der Schluss des Mittelstückes פסח אכלו פרוזים ist, das später hinzugekommen und nicht durchgängig eingeführt war. Der fünfte Satz קראו נורא beginnt im ältern römischen und roman. Machsor קרב קץ גאולה. Der sechste (שמעו לעם) ist dort ganz verschieden. Salomo Duran[1]) meinte (mit Unrecht) Raschi sei der Verfasser.

אל נגלה בסיני (Wochenfest), aus 8 Sätzen bestehend, ist eine Variation der zehn Gebote, die Zeilen befolgen kein alfabetisches Gesetz und sind nur leicht an einander gereihete Ermahnungsworte; endigt על עם קרואי בנים סגולים. Röm.

Für Hüttenfest:

1. אתלונן בצל מדרב, alfabetisch in 7 Absätzen, die ersten und die letzten 3 zu vier Zeilen, der mittlere dreimal so stark. Endigt ופחד בלילות בנו אל ימשל. Röm.
2. למען ידעו דורותיכם; die folgenden Absätze dieses im Ausdruck und Bau dem אל נגלה ähnlichen Maarib beginnen: את גרים בארץ, כי בסכות הושבתי (die 4 Zeilen endigen jede לחנותם בסכות), סכה אשר נפלה, אני ה׳ אלהיכם, קומם סוכת אהלי, סכה תחונו. Ende: ויפרוש סכת שלום עליכם לעולמי עולמים. Ritus Candia.
3. Zum Sabbat der Mitteltage: עשר תעשר אוסם כל in sechs Sätzen, der dritte acht-, die andern vierzeilig, die ersten vier heben עשר תעשר an; ist alfabetisch.

---

[1]) Rga 456.

Für den grossen Sabbat :ה׳ נסי על משכבי לו אתהלל hat ein mittleres alfabetisches Stück אלהי קדם מעונה, dessen Strofen מצרים schliessen. Ende: שם צוה את הברכה לגומרה. Französisch.

VII. Aramäisches.

Der Anbau des Aramäischen, der in dem populären Theile des Gottesdienstes seinen Ursprung hat, dehnte sich nach den zwei Richtungen aus, in welche überhaupt die Liturgie auslief: Gebet und Vortrag. Die Prosa wurde in der peitanischen Epoche zur gebundenen Rede sowohl für die Gebetstücke als für das Targum. Zu jenen gehören die aramäischen gereimten Stücke, die sich dem Busseritual, insonderheit dem מרי ומרי anschlossen, ferner einige hagadische Poesien und Responsorien, die am Thorafest Mose verherrlichen, die aber theilweise ebenfalls an das Targum anknüpften. Von dieser Gattung sind:

1. Deuter. 34, 5: אולת בביתא, 8 Zeilen von א׳ bis ה׳, endigend משה יהב לי היים לעלם, schildert allgemeine Trauer, selbst Berge, Flüsse und die Thora klagen.
2. Nach Vers 34, 6: אדריינוס מלכא מהדר, Hadrian besucht die Gräber von David, Josua und Mose, letzteres aber kann er nicht entdecken. Nicht alfabetisch doch gereimt. Endigt: לקיומי קרא דכתיב ולא ידע וכו׳.
3. Nach Vers 34, 7: אולת יוכבד in 6 gleichartigen Sätzen; Aegypten, Nil, Meer, Wüste, Sinai und Felsen erwidern der nach Mose fragenden Mutter, dass sie seit jener Zeit der Wunderthaten Mose nicht wieder gesehen.
4. אלהא שרי בשמיא, Mose's Gebet und Ergebung, alfabetisch in vierzeiligen Strofen, endigt עד דסבא עתיק יומין.
5. אנא משה רחימא, Mose's Thaten in 25 dreizeiligen Strofen, von denen aber 12 in hebräischer Sprache, jede schliesst על יד משה רחימא.
6. ארכון בר נון כד מטא mit durchgehendem Reim נא, nicht alfabetisch.
7. שביה דברייה קריה מהימן ביתיה, das mit Versen בכתוב schliesst, 6 Strofen stark, endigt בעגל לבר נפלי ותיהוה und ist von Simeon Duran erläutert worden. „Tobia

[Mose], von seinem Schöpfer sein treuer Hausverwalter genannt.“

Von dem Targum der Lectionen abhängig sind A) die poetischen Dibra’s nebst Eröffnungs- und Schlussstücken am Wochenfeste, B) die Illustrationen des Mose-Liedes am 7. Pesach, C) die Reschut der Uebersetzer an den Festtagen und D) die Hymne אתניה des Hochzeit-Sabbat.

A) Wochenfest:

אנגלי מרומא. Mose fordert die Engel auf, ihm die Himmelspforten zu öffnen. Weigerung der Engel. Trotz ihnen erzwingt er den Eingang und ruft ihnen zu, er werde nicht eher wieder zur Erde zurückkehren, als bis er die Gesetztafeln und die Thora erhalten. Das Stück scheint aus zwei verschiedenen Dichtungen, die beide nicht mehr vollständig vorhanden, zusammengesetzt. Die erste, reimlos, reicht von 'א bis 'ר, ist 2- bis 4fach alfabetisch und ein Gespräch zwischen Mose und den Engeln, schliessend דאי את סליק סופך למינחת אמרין מלאכיא למשה נביא. Die zweite, וסליק משה לרקיע anhebend, alfabetisch bis zum Buchstaben 'ט, jede Zeile עד anhebend und gereimt in Abtheilungen mit dem Anfang עד איסב כלתי ואיזיל עד לית אנא נחיה hat den Refrän איסב אורייתא ואחוה, mit welchem vermuthlich jede Abtheilung schloss. Einzelne Stellen darin sind hebräisch, z. B. דתי איפה, השופרים תוקען, תוריד יקרה u. a. m. An diese Composition schliesst die folgende an, die wohl demselben Autor angehört, nämlich:

מאן כוותך אריא נהמה, Hymnus im Wechselgesange zwischen Mose und den Engeln. Die zweizeiligen Strofen beginnen alle מאן כוותך, die erste Zeile schliesst אמר משה, die zweite אמרין מלאכיא, die letzte (12.) Strofe: מ״כ תקיף בארלים אמר משה לשמך מהללים מי כמכה באלים אמרין מלאכיא. Auch hier sind die Buchstaben 'ה, 'ו, 'ס, 'ע, 'פ, 'צ und 'ת hebräisch.

אפילו כל נימי בפומי מחלפן in 14 gleich reimenden Zeilen: die Grösse und Güte Gottes sind wir zu schildern unfähig; schliesst mit der sinaitischen Gesetzgebung. Ende: שמיא ארבינו ובשמי וליפן תלה כל תליהאן ואוריתא אלפן.

Nun begann die Lection Exod. c. 19 und 20 versweise vom Targum begleitet, und bevor mit dem Dekalog fortgefahren würde, rezitirte der Vorleser:

אציתו למימרי, Erhabenheit und Werth des nunmehr in der Uebersetzung vorzutragenden Grundgesetzes; 22 auf וון reimende Zeilen, endigend אלף אלפין ורבי רבוון.

Nach der Vorlesung jedes einzelnen Gebotes trat das poetische Dibra oder Alfabet[1]) ein, an das sich das dazu gehörige palästinische Targum (דברא קדמאה u. s. f.) unmittelbar anschloss. Solcher anonymen Dibra's sind 17 bekannt, je 2 für das erste, zweite, neunte, je 3 für das dritte und siebente, je 1 für die übrigen fünf Gebote.

Gebot 1.

a) ארעא רקדא, die Thora ist das Brautgeschmeide für das erlöste Israel; zum Theil nach dem Midrasch des hohen Liedes gedichtet, eilf vierzeilige Strofen. Schluss: ונחירא וקיף בצפיתא דדרמשק ולא מתמטין.

b) אנא ארתקיה עלמא בתבונה, in 22 אנא anhebenden und gleich reimenden Zeilen verkündet Gott sein Thun: die Schöpfung der Welt und die Wohlthaten gegen die Väter; Schlusszeile: אנא הבריה ורוע בעלי רבבנא.

Gebot 2.

a) חנניה, das Gespräch zwischen dem Zwerg (ננסא), d. i. Nebukadnezar und den drei Männern, die die Anbetung des Bildes verweigern. Auf jede Aufforderung des Königs antworten die drei einer nach dem andern; ihre gemeinschaftliche Antwort bildet abwechselnd die beiden Refräns: אית לן ;אנן לא כפרין בלא יהוו לך צוחו תלתיהון פטרון שמיה לא ינום צוחו תלתיהון. Reimlos, dreifach alfabetisch von א׳ bis ל׳. Die ersten Zeilen der 6 ungeraden Strofen endigen אמר להון ננסא, der 6 geraden

---

[1]) אלפביתין דשבועות (מדן ״ אהל מועד).

אמר חנניה. Die erste Strofe nach dem Eingange beginnt איתו כרועו.

b) אמין שתין רומא איך אריך לצלמא behandelt in 22 Strofen die Nichtigkeit der Götzenbilder, endigend ואלה אחרן לא יהוי ליך. Mit Ausnahme der Buchstaben ש״ת, die zweizeilig, haben die übrigen je vier Zeilen.

Gebot 3.

a) אמר משה נביא, in 21 vierzeiligen Strofen — die Strofe für den Buchstaben ק fehlt — jede ausser der ersten חמית beginnend, berichtet Mose was er im Himmel gesehen, schildert die göttliche Gerechtigkeit, Alwissenheit, den Thron, die Engel. Ende: וליה אנא יהיב שבחא.

b) אינש דמשתבע בשמי, eine Abmahnung vom falschen Schwur, in 22 Zeilen, ohne Reim. Schlusszeile: תוב מן עובדך ביש ותתרצה ותתקבל בשעתא דתיצטריך (abgedruckt in מעירי שחר f. 210).

c) אמנן מומי לא תשתבע, die schrecklichen Folgen des Meineides an biblischen Vorgängen nachgewiesen. Auch hier heisst Nebukadnezar ננסא. In 13 vierzeiligen gereimten Strofen, von welchen die ersten 9 je zwei Buchstaben, die letzten 4 den Buchstaben קר״שת angehören. Endigt ויפשך ויסגיך ויהן לך רחמי.

Gebot 4.

ארקא ורקיעא[1]) von der Heilighaltung des Sabbats; es wird auf Joseph, der durch Fischessen den Sabbat auszeichnete, ferner auf den Fleischer in Laodicäa, der ähnliches that, verwiesen. Die ersten 6 Strofen, den Buchstaben א׳ bis ל׳ gewidmet, sind zwiefach alfabetisch; die übrigen Buchstaben des א״ב stellen Strofen 7 und 8 — diese letztere in 6 Zeilen — dar. Ende: תוריה ועבדיה ואמתיה ועיליה.

Gebot 5.

אמר יצחק לאברהם אבוהי, Isaac's Bereitwilligkeit als der Vater ihn zum Opfer bestimmte. Nur er, später die Engel und Gott, werden redend aufgeführt[2]). Schluss:

---

[1]) Ueberschrieben לר׳ שלמה in codd. Rossi 804 und 959. — [2]) nicht benutzt in Beer's Leben Abraham's S. 66 u. f.

תקף הוא אלהנא והקיפן עובדוהי ליה אלהא דכוותיה וליה בר
מיניה וליה דדמי ליה.

Gebot 6.

אתגבר בחוליה ארניה[1]), Joab's letzte Klage, Ermahnung an seinen Sohn Joel und Tod. Hat nach Beendigung des Alfabets (תמה מלכא u. s. w.) einen Nachsatz von sieben Zeilen, anhebend כד שמע יואב, endigend על דאיתקטל יואב בר צרויה, der die Hinrichtung durch Benaja erzählt und in welchem 4 aufeinander folgende Zeilen mit den Buchstaben צקידש anheben. (Eine Stelle daraus führt Salomo Urbino im אהל מועד an.)

Gebot 7.

a) יוסף תקיף, wie Joseph der Herrin widersteht und ihre weiblichen Gäste bedient, die in seinen Anblick versunken das Trinken vergessen, oder sich in die Finger schneiden, ist gleich den beiden vorhergehenden Nummern der Illustration איש ähnlich gebauet, nur die Introduction vor dem Alfabet (אית לן חד מליא) reimt. Ende: ארי אנא ה׳ סהיד בחרשיא ובגיופיא (Maleachi 3, 5).

b) אצית להאי כללא, endigend מני ומסני, bereits im 12. Jahrhundert commentirt (cod. Rossi 159).

c) אוי מן דאתתא, Warnung vor der vom Weibe kommenden Gefahr, 22 vierzeilige Strofen, die Zeile meist 2 oder 3 Worte stark, die je dritte Zeile hebt וי an. Die letzte Strofe lautet (ohne וי): תהוי בחרם וסהר ([2] ומסבועה אודהר ונפק מהר באנתתא דנבך נסיבא במהר.

Gebot 8.

אאריא מתולי ואחון, Abmahnung von Stehlen und Hehlen, 11 vierzeilige Strofen. Auch Absalon wird zu den Dieben gezählt. Endigt: ומשלם לעלמא ויקן ונהור ומבי להון טובא.

Gebot 9.

a) ארבין שליט עילאה ותתאה, gereimt und zwiefach alfabetisch, endigt למיברך.

b) אאוגריה וילא סהדא שקרא, endigt מאן בעי סמא דחיי.

---

[1]) Uebersetzt in meinen Analekten N. 5: Joab, S. 40—43. — [2]) al. ומבועך איתהר.

Gebot 10.

ארונין וחמורין, alfabetisch, ist vier-, gegen Ende zweizeilig, endigt ותלת מאה ועשר עלמין כדירין.

Die Schlussstücke waren:

1. ובכן אוהר יתרון ה׳ באתגליותיה, endigend והוא יהא בסופא (Machsor Nürnberg).
2. חמיד אורייתא דה׳ bis ולעלמי עלמיא (cod. Rossi 159).

Beide sind in ungebundener Rede und standen wohl im palästinischen Targum.

3. אלין פקודין אית לן, 20 Zeilen stark, endigt למרוי נטורין ועמא קדישא (cod. Uri 254).

B. Passahfest.

Unter den in das Targum des Mose-Gesanges (am 7. Tage Pesach) eingelegten Stücken befinden sich:

1. אמר סנאה, die Worte Pharao's Exod. 15, 9 parodirend; jede der dreizeiligen Strofen beginnt אמר סנאה oder אמר אויב, nur die letzte beginnt אמר משה und schliesst mit den Worten aus j. Targum Exod. 14, 13[1]).
2. חנון שבחיה, Hymnus nach תשר״ק, auf ה׳ מלך u. s. w. gebauet, der Refrän[2]) ist dem j. Targum (Exod. 15, 18) entlehnt. In Strofen 2 bis 6 lobpreisen die einzelnen Stämme. Ist vermuthlich von einem griechischen Verfasser[3]) und in מעירי שחר Ende abgedruckt.

C. Introductionen

für den Uebersetzer der Haftara an den Festtagen sind:

1. איסב רשות מבלכון[4]), gereimt bis כמה דמליל לכון; hieraus ein Satz וכדו הוה פריש ואמר bis אמיר דאיתאמר בנבואה; hieran schloss nach Beendigung der Haftara an: על דא יתברך וישתבח bis בריך שמיה דקודשא בריך הוא ואמרו אמן.
2. איסב רשו מן קדם אלהא רמא in 2 gereimten Strofen — die zweite eine Erweiterung des איסב N. 1 — woran alfabetisch sich anschloss אלהכון יברככון u. s. f. bis כמה דמליל לכון; hieraus ein Satz דאמיר על ידי [פלוני] נביאה bis והכי קמא. Am Schlusse: הוא אלהנא דעבד מעלמא נסין endigend: לעלם ולעלמי עלמיא שמיה יתברך. N. 1 ist aus

---

[1]) הוכמא דחמיתון bis עד יומא דדינא רבא (statt עד עלמא der Ausgaben). — [2]) בביתיה רבא ימלך עלינא לעלמי עלמין. — [3]) vgl. in der letzten Strofe die Worte אפתינתיאוס, אורנוס, אוניאון. — [4]) vgl. oben S. 19.

Machsor Vitry und französischen Mss., N. 2 aus dem Ritus Fas in cod. Leyden 94 f. 121.

3. אלו פומי כל נימי, alfabetisch mit stetigem Reim, endigt תריכן מלוי ופטומי. Der Verfasser sagt von sich פעוט אנא ועיר ליומי.

D. Am Sabbat der Hochzeitwoche rezitirte der Neuvermählte — er war bei der Lection der dritte Aufgerufene, die Brautführer folgten — nachdem er seinen Abschnitt gelesen:

אתגיה שבחוה, worin die Hochzeitfeier des ērsten Menschenpaares beschrieben wird: die Bäume Edens nehmen Theil, Engel sind Brautführer und Gäste, Gott spricht den Segen über den Wein [1]). Das Stück, das nur hie und da zufälligen Reim hat, endigt היך כחלא דינא וכבוכבי שמיא, woran Verse כבתוב anlehnen. Hierauf folgte die Lesung des Abschnittes ואברהם זקן [2]), Text nebst Targum und die übliche Benediction.

VIII. Hoschana.

Die wenigsten unter den üblichen Hoschana's sind durch Namenzeichnung auf bestimmte Verfasser zurückzuführen. Von den hier folgenden Stücken, die fast alle gleichen Reim haben und meist den Riten französischer und afrikanischer Gemeinden angehören, darf im Allgemeinen ein nach-kalirischer Ursprung (900 bis 1150) angenommen werden.

1. ארון צור ישעי, endigt תמיד מאנחות למעני, ein Gebet wie es scheint als Nachahmung des אערוך שועי.
2. אהל שכנת בארם, endigt תחון ותחיש הודם, eine Fürbitte für Israel.
3. אודך ביום שביעי ואחדש, die zweiten Zeilen beginnen אלהים.
4. אום כך שעונה, endigt תשמתנה בקרוב בבנינה. Israel's Noth und Treue wird geschildert. In allen folgenden Stücken wiederholt sich derselbe Inhalt.
5. אום בלי קשר אסורה, endigt תחיש יום ישע לדאורה, hat einzelne Ausdrücke mit der vorhergehenden gemein.

---

[1]) „Ein wohlgelungenes Loblied . . . . man scheuete nicht zurück vor den abenteuerlichsten Bildern" (Gesch. d. Judenthums Th. 2 S. 250.) — [2]) Ritus S. 15.

6. אום ברה כחמה, endigt תל תלפיות תשכלל להנעימה.
7. אום נפשה אחריך שוקקה, endigt תאסוף שוקקה.
8. אמוני חוגגי תקופת השנה, endigt תחון היום אומרי הושענא, in mehreren Ausdrücken der N. 4 gleich.
9. אנא און שועת מיחלים, endigt תעשה למענך ותחון אבות ובנים. Vielleicht ist קטנים וגדולים zu verbessern.
10. אנא זכור תם המשתחוה ארצה, die Zeilen endigen שבעה, das Ganze ונסוך המים שבעה.
11. אנוקים ודווים במכאובות, endigt תחיינה אוניך קשובות.
12. אצולים מגיא כסלוחים, endigt תאוין אנקת נאנחים.
13. את מפלאות תמים רעים, zweizeilig, endigt תחיש לקים חזיון מבואר כי גאל ה' עמו ובישראל יתפאר.
14. למען אֹב ידעך מבין מנאצים, endigt למען תֹּרשתא שובר בחומות אשר הם פרוצים. Unter den 32 mit למען eröffnenden Stücken beginnen 18 dem למען איתן ähnlich mit למען אב, Abraham bezeichnend, welchem mehrere biblische Männer der Zeitfolge nach sich anreihen.
15. למען אֹב מאס אשרים, endigt למען תֹומת מהיר מכל הסופרים.
16. למען אב יחד אלהותך, die je zweite Zeile beginnt שמע; endigt im Ms. beim Buchstaben ע' mit לספר כל נפלאותיך.
17. למען אֹב הנוסה בעשרה, היום אֹמץ, zweizeilig, die erste Zeile beginnt למען, die zweite היום; ebenso in der nächstfolgenden. Ende: למען קְרֹוי יהודי על שם שכפר בעבודה ורה היום שֹאלהינו תֹמלא ביום זהֹ הגדול והנורא. Ist die vier letzten Buchstaben abgerechnet zwiefach alfabetisch.
18. למען אב הבירך בן שלש שנים היום, endigt היום תתמך בטובך פוצחי לך הודיה.
19. למען אב אֲשר בן, endigt im Ms. beim Buchstaben ס' mit היום תשגב סכת דוד הנופלת.
20. למען אֹב נוסה בקח נא, endigt למען תֹל תלפיות קרית נאמנה.
21. למען אורח ורח ממורח חרסי, endigt על ישראל גאותו.
22. למען טוב להודות ברנה, nach תשר״ק, endigt למען בֹּנה בית אֹלהא דנא.
23. למען תקיף אלהי קדם מעונה, endigt וטס על עננא.
24. למענך אל אחד ואין שני, die folgenden Strofen beginnen למען, alle zweite Zeilen היום; letzte Strofe: למען חבוש

בכבל ועתיד להבריק אישוני היום התיר לגאול עם מוספין תושענא ביום השני.

25. למענך אל נערץ בסוד קדושים רבה, zweizeilig, jede Strofe hebt למענך an. Endigt: למענך אל אחרון וראשון שמע שועתנו ביום זה ראשון. Das Stück hat einige Anklänge an Abitur's אל נערץ.

26. למענך אלהי הצבאות, ein Hymnus, der erst mit dem Buchstaben פ in das Gebet übergeht. Endigt תענה אומרי הושענא ובידם מורביות.

27. מאחד וארפד ואבד ואלופיהם, endigt מחונן והורם והוגרמה והולדותיהם.

28. מארם ומארום וממואב ומאלופיהם, endigt תושיע את עמך ישראל בכל מקומות מושבותיהם. Die Zeilen für ד und ו fehlen.

29. ענה אותו ארבעה מינים nach א״ת ב״ש, endigt לבן נמשלו זה עם זה לדגין זה על זה. Die zweizeiligen Strofen heben ענה an, eben so in den folgenden Nummern.

30. ענה אומני חקה נסובה nach א״ב, endigt תחוש להם רועים שבעה ונסיכים שמונה.

31. ענה אתים בשמך רצים nach א״ב, die zweiten Zeilen haben stets ה— voran. Letzte Strofe: ענה שוקדי שמחת בית השואבה התאיבים שעלו במחשבה.

32. ענה תאיבי ישעך שוכן שחקים nach תשר״ק, Ringworte verbinden die Zeilen. Die letzte Strofe lautet: ענה בשוקים והומות החוקים בכל ארקים ומעונות ישמחו בישעך והדברים עתיקים.

33. ענה אומה אמרתך לוקחת, nach א״ב, die zweiten Zeilen haben auch Mittelreim. Letzte Strofe: ענה שרשי גפן אדרת פורחת תבואתה צומחת ממעל ומתחת.

IX. Thorafest.

Besonders fruchtbar war die synagogale Dichtung für das Thorafest, dessen Doppelfeier[1]) Gesänge und Rezitationsstücke hervorrief, die theils an die Responsorien, theils an die Lection anschlossen. Die Stücke

---

[1]) Ritus S. 86 ff.

התקבצו, מי עלה und אגיל ואשמח dürften dem geonäischen Zeitalter angehören. Ausser einigen bereits angeführten aramäischen Sachen sind hier noch folgende zu bemerken:

1. שישו וגילו, einleitende Strofe mit Refrän נגיל ונשיש u. s. w. Das eigentliche Gedicht beginnt אהללה אלהי und ist zwiefach alfabetisch, bricht aber nach 5 Strofen (א׳ bis ה׳) ab.
2. הודו לאדון כל הארץ mit Refrän וברכו שמו, bricht ebenfalls nach den ersten 5 Zeilen ab (Ritus Corfu).
3. אומן שלא קם כמותו[1]).
4. אז בקרוב עת אומן להסיע מנשיה in einem Machsor des provenzalischen Ritus; Zwiegespräch zwischen Mose (נם ענו) und der Stimme ובת קול משבתרו. Endigt האסף אל עמך.
5. אז מרחם אמי. Mose fragt, warum er, der so wunderbar erhaltene sterbe; man antwortet ihm, damit die Menschen ihn nicht zum Gott machen sollen; ist nach zwiefachem א״ב aber nur 4 Strofen stark.
6. אז כל בריות, worin die je dritte Strofenzeile בי נשבעתי anhebt. Mose wird ein ausgezeichnetes Sterben verheissen.
7. אז למרומים עלה משה, reimlos, alle Zeilen schliessen משה.
8. אז איש ענו כשעלה, zweizeilig, mit vollständigem א״ב. Der Segen der Stämme, aber Binjamin und Ascher fehlen (Algier). Endigt ארץ יוסף.
9. אז איש ענו עלה, dreizeilig, Refrän ברך משה, endigt תמיד מושיע וגואל אשריך ישראל (franz. ms.).
10. לא אמות in 3 Strofen (א׳ bis ו׳); auf die Frage in 6 Zeilen erfolgt die Antwort in 4, introduzirt mit והשיבו איום בעצם היום.
11. שח ציר נאמן למה אני מת. Nach diesen jede Strofe eröffnenden sechs Worten folgt eine Reihe von Thaten, jede כי anhebend. Jede Zeile endigt —תי.
12. איש אשר הוקרן לו אורה, jede Zeile fängt איש an und

[1]) oben S. 60.

reimt רה oder רא. Ist die Klage Jochebed's, der Mutter Mose's.

13. צעקה יוכבד בקול מר וקשה, mit strofischem, hie und da mit Mittelreim. Abenesra (Gen. 46, 23) führt daraus die Worte יוכבד אמי אחרי התנחמי an. Besteht ausser dem Eingange aus 10 Strofen mit Strofenreim; die letzte scheint jüngere Zuthat.

14. על מה אחשה תרישני וארשה הקשיבו ואפרשה באסיפה משה lautet der erste Satz eines aus 22 Sätzen bestehenden alfabetischen Gedichtes mit den abwechselnden Refräns אמי יוכבד התנחמי איך und כים תהמי. Ist die Klage Mose's. Endigt כי לא ימות ומת האיש משה (frz. ms.).

15. אם כח אנוש כבח ארי, alfabetisch und reimlos, eine Ermahnung (röm. ms.).

16. וזאת הברכה אשר ברך in 6 אלהים schliessenden Strofen, ein Pismon über den Segen der einzelnen Stämme.

17. ויעל משה מערבות מואב, Variation des Schlusskapitels Deuteron. Die Strofen beginnen und schliessen wie die Bibelverse.

18. לא קם נביא עוד כמשה, womit jede Strofe anhebt, die zweite Zeile ist meist ein biblischer Vers.

אין לפענח, s. Binjamin b. Samuel.

X. Piut.

Unter dieser allgemeinen Bezeichnung begreift man häufig Gesänge und Vorträge, durch welche der öffentliche wie der häusliche Gottesdienst an Festtagen oder bei Festlichkeiten bereichert wurde. In die üblichen Gebete eingeschaltet oder dieselben eröffnend haben viele solcher Compositionen sich lange Zeit, einzelne bis heute, im Gebrauch erhalten und sind ein Bestandtheil des Machsor oder des Siddur geblieben. Es gehören dazu Maarib-Zuthaten, kurze Keduscha's für Musaf, Reschut zu Keroba's, Haftaren und für den Neuvermählten, Verzierungen des Nischmat und des Jozer, Lieder am Ausgang des Sabbat und am ersten Abend des Passahfestes, Tischgebete und Gesänge bei Hochzeits- oder Beschneidungsfeier. Die ältesten Stücke sind die anonymen.

1. Pesach-Maarib.

ליש אותו אל חצה[1] פסח אכלו פחוזים, zu dem Maarib gehörig, hat im deutschen Machsor die abwechselnden Refräns בימי חג פסח und בימי חג פסח, in franz. Mss. indess den durchgehenden Refrän בלילי חג פסח.

Musaf-Keduscha.

Auf den Schluss אני ה׳ אלהיכם folgt die אלהיכם — und in den ältesten Stücken אלהיכם אני — beginnende aus einem einzigen Abschnitte bestehende poetische Bearbeitung. Dergleichen war nur in französischen und deutschen Gemeinden üblich. Die **grössere vier**theilige poetische Keduscha **war an** hohen **Festtagen, in Frankreich jedoch eine solche auch jeden Sabbat** gebräuchlich, anfangend

a) לאדון נכתיר, b) ממקומו יתרומם מלך, c) ה׳ אחד ואין לך שני, d) das nächstfolgende אלהיכם.

2. אלהיכם אני ואתם עמי, mit Versen ככתוב schliessend; am Sabbat.
3. אלהיכם אני פצתה צרור המור, endigend כתוב לאמור; am Festtage.
4. אלהיכם אני זוכר הברית, 7 Zeilen gross; wenn am Sabbat eine Beschneidung stattfindet.

Für den Festtag am Sabbat:

אלהינו אתה קוינו לך, das vor **אדיר** אדירנו **eingeschaltet** wurde.

Reschut:

1. Schacharit Sühntag **zu Kalirs** Keroba ה׳ יקדמו רחמיך להאיר נגד פני, endigt **והוד** שושן.
2. Musaf Neujahr אסתופף באולמך ישעי ואורי, in vierzeiligen durch Ringworte verbundenen Strofen und vierfach alfabetisch, daher die strofischen Versschlüsse in dem ersten Worte den Alfabetbuchstaben der eigenen, in dem letzten den der nächstfolgenden Strofe akrostichisch haben[2]), z. B. זמרו לה׳ חסידיו, בתנחל עליון גוים, אין מתום בבשרי. Es haben sich aber nur die ersten 9 Strofen (א׳ bis ט׳) bis טוב לגבר כי ישא erhalten.

---

[1]) oben S. 73. — [2]) ähnlich in den Chatanu אודה עלי פשעי (Joseph), אשמרה אליך עוי (R. Tam), אמוו דלתות (Elia b. Schemaja).

3. Grosser Sabbat zu אריך דר, Anfang und Ende fehlen, hebt an bei den Worten ולא אדע ערמות כרתוה חקוה רשומות, worauf in vierzeiligen Strofen die Buchstaben ה׳ bis נ׳ folgen, aufhörend mit תקור נתן עולה אצהירה ותבינו רבותי בהלכה סדר יקרה.

Für das Thaugebet:

4. אפאר לאל יחיד, alfabetisch, endigt טלליך לנו לריצה.
5. אבוא בחיל בתחנון לפתות עלי טל, alfabetisch. Die Zeilen endigen טל; endigt תברך לחמנו בברכת של ככתוב וכו׳.
6. Am 2. Tage Pesach für den Seder ארשה (s. unten): אפתחה בנועם חורתי in 12 Strofen, endigend יהיו לרצון אמרי פי.

Wochenfest.

7. Vor ארכין: אל עיר גבורים בעלה חכם משה, zweizeilig in gereimter Prosa, die aus Pesikta bekannte Begegnung Mose's mit den Engeln; alle Namen, die Mose führte, kommen vor. Endigt ענה לו האל ארוז בכסא כבודי שאין אשם שלשה בכסא כבודי. Die bisher genannten Reschut sind ungedruckt.

Thorafest:

8. מרשות האל הגדול, mit durchgehendem Reim. Mss. haben nicht ומרשות סנהדרין, sondern nur 4 Zeilen מרשות, welches das richtige, da auch in den poetischen Reschut stets nur vier Autoritäten — Gott, Thora, Lehrer, Gemeinde — genannt werden.

Introductionen zu נשמת oder אל ארון:

1. מי אדר והוד, an festlichen Sabbaten (בראשית oder Chanuca) entweder in Nischmat (vor מי ידמה לך) oder in Jozer (nach לתחית המתים bis אין כערכך) eingefügt, eine Variation des Thema מי כמוך in eilf zweizeiligen Strofen, die erste Zeile מי, die zweite כמוך ביום anhebend; die Thaten Gottes von der Schöpfung bis zur einstigen Erlösung. Ist in H. 62 kurz erläutert. Die letzte Strofe lautet; מי שפר בגלומים הבושים כמוך ביום תפארת עשרה לבושים. Der Ausdruck יפרעת (st. פרעת) erinnert an יקפאת im Jozer אתה הארתה.
2. אישית שלוחתו בקטב תלה[1]) vor שבח נותנים, in eilf vier-

[1]) vgl. syn. Poesie 425, 433. Ritus S. 234, 239.

zeiligen Strofen — zu 4 Worten die Zeile — eine Darstellung der Schöpfungsgeschichte, mit Liwjatan-Kampf und Sabbat schliessend, dunkel und schwer verständlich. Ist zwiefach alfabetisch; Buchstabe 'ת lautet: תִרמו כבמעשר לנצורי כבבת תודה לצלצל לָמו שבת. Stellen daraus werden in חדושי התורה ms., הדר וקנים 1a, Tos. Succa 36b angeführt. Erklärende Randglossen haben cod. Harl. 11,639 add., codd. Rossi 1033, 655.

3. ראשון טלה ביכור[1]), endigend כביכול ידידיה beschreibt in 12 dreizeiligen Strofen — 10. und 11. Strofe fehlen — die Sternbilder und wurde angeblich bei Hochzeiten gesungen. Der Stil erinnert an אשישת. Mit רעש חבול עקרב (Monat Cheschwan) vergleiche man רעם כמבול u. s. w. in Kalir's Tekiata und Geschem, mit באדר תרגיא das מאדר תרגיא im Thaugebete.

Am Hochzeits-Sabbat wurde vor אל ארון intonirt:

4. אל ארון u. s. w. בחופת חתנים שלוה תשים, die letzten 14 Zeilen erflehen die Befreiung; hat stetigen Reim und endigt תקוף אשר שבת מכל המעשים.

5. אל ארון u. s. w. אמיץ כח התעלה בקלוסים בורא דק וחלד בדיעה ובחכמה ברוך ומבורך וכו', die Zeilen des Gedichtes stets von denen des Gebettextes eingeschlossen, daher doppelt א״ב.

6. אל ארון u. s. w. בחכמה ערך פנות ואפסים גבראי וחיות דמותם, endigend ואופני הקדש. Die beiden letzten Stücke in cod. Rossi 586.

7. אל ארון u. s. w. בחכמה יסד ארץ ושמים בתבונה נעשים, hat wie N. 4 den Reim שים, סים.

Am Sabbat-Ausgang:

1. אמת ירושלם במהרה בימינו תבנה, reimlos, führt die einzelnen Propheten auf, endigt על שפת הים.

2. נביא מנביאכם, worauf der Anfang אני אני הוא, zweizeilig. Schluss: תנו כבוד לאל עליון כי נחם ה׳ את ציון בכתוב וכו'.

Elia-Lieder:

3. איש אזור עור במתניו, reimlos, endigt mit mehreren איש אשרי מי.

4. אליהו הנביא u. s. w., Anfang: איש אשר קנא, von 'א bis

---

[1]) codd. Vat. 105, 232.

ש' hebt jede Zeile איש an, für ת' sind 2 Strofen, die Schlussstrofe beginnt אשרי מי.

5. אב מנני בדונה ולויה mit stetigem Reim (יָה)[1] und Refrän איש תנביא אליה. Die Habdala's und Elia-Lieder, schon früh in slavischen Gegenden üblich, wurden namentlich von Tobelem und R. Tam empfohlen[2]).

Pesachlied:

כי לו נאה כי לו יאה, Anfang: אדיר במלוכה und die Schlusssätze לך ולך, deren Bezug auf 1 Chron. 29, 11 und Ps. 89, 12 schon cod. München 69 angibt[3]). Das Lied ist im Machsor Vitry vom Jahre 1282 und wird in Taschbez (§ 99) genannt.

Hochzeitgesänge:

1. הלבן יונה in 8 dreizeiligen Strofen, von welchen die 3 letzten חזק zeichnen, beginnt mit Gebet für Israel. Ende: להשמיע קולות חמשה.
2. אלהַ בני עד שיהיו לעד wurde nach Beendigung des ארגיה שבהיה in den Segen (מי שברך) für den Neuvermählten eingeschaltet, dreizeilig mit Strofenreim; nur die ersten 8 Strofen haben sich erhalten.
3. יאומין בדה אמון, dem vorhergehenden ähnlich, der strofische Vers endigt ה'; vorhanden sind die ersten 8 Strofen und der letzte יתברך בשם אל לראות בישראל את ישועת ה'.
4. אך טוב אלהים לישראל[4]) im Tischgebete zwischen והוא יגמלנו לעד und dem Gebet הרחמן für die jungen Eheleute. Das im Sillukstil gehaltene Stück schildert, nach der Hagada, wie zur Zeit des Messia David den Segen über den Wein spricht und die in der Hölle befindlichen befreiet werden. Endigt שאומרים אמן לאל. Es wurde bereits von Ephraim aus Bonn erläutert (cod. Rossi 655).
5. הרחמן הוא יאיר עינינו in dreizeiligen Strofen, die הרחמן anheben, unmittelbar dem אך טוב folgend. Es sind

---

[1]) vgl. Ritus 58. — [2]) א"ז Th. 2 § 95, Piske Recanate 137. — [3]) vgl. Reifmann in ציון Th. 2 S. 70 u. f. Landshuth Hagada (1855) S. XVIII. — [4]) אך טוב יסוד מברכה im Ms. überschrieben.

in der Handschrift indess nur 8 Strofen (אבגהלמנת) da, endigend בלי חפוון ובהלה ככתוב וכו׳.

6. Ein kurzes Tischgebet אתא יום ענונה hat cod. Turin 29.

Halachisches.

a) für den grossen Sabbat[1]):

1. אדיר דר מתוחים, schon im 12. Jahrhundert angeführt[2]), hatte in Handschriften[3]) seinen Platz vor Jannai's Silluk, an welcher Stelle es z. B. in Mainz[4]) rezitirt wurde. Erläuterungen dazu sind in H. h. 17, Rossi 655, Sorbonne 95 und sonst.

2. ובכן שמעו נבונים ואורחים introduzirt: אבחרה הלכות חג הפסח הנעים, dreizeilig (Ms. Kopenh.).

b) Die Observanzen für Festtags-Ruhe:

ארשה ברב עם להודות, das in den letzten 5 Strofen in Erlösungs-Gebet übergeht, zwiefach alfabetisch, endigt ונהללך ברוך ה׳ יום יום (Ms. franz.).

Eine ziemliche Anzahl alter Piutstücke, die, obwohl mit Namen-Akrostichen versehen, doch wegen des unbestimmten Charakters der Namen und des Mangels jeder sonstigen Kunde fast als anonym anzusehen sind, möge hier den bisherigen sich anschliessen: es sind Arbeiten von Abraham, Elia, Isaac, Jehuda, Joseph, Menachem, Schabtai.

Abraham.

1. Jozer für den Sabbat vor dem Wochenfeste אמונת עתים אצלו אמון, in welchem die Weisheit preisende Stellen aus den Sprüchen die Strofenschlüsse bilden, besteht aus 22 Strofen und einer den Namen zeichnenden Kadosch-Strofe.

2. Sulat Wochenfest אבא בגבורות ה׳ אלהים, illustrirt in 8 Strofen die Haftara Habacuc, endigt בנגינותי. Jedoch ist das Akrostichon des Namens nicht sicher. (Mich. 443.)

3. Maarib Hüttenfest אקחה בראשון פרי, dessen letzter (6.) Satz endigt כמו הכרובים פרשי כנפים. Das Mittelstück אחוו ארבעת מינים בידכם, endigend עבודת בני גרשון, hat Strofenreim. Der Name ist zweimal gezeichnet.

---

[1]) über den סדר einer Keroba s. oben S. 68. — [2]) Hajaschar 203, ראבי״ה ms., Tos. Sebachim 95b, Meir Rothenb. Rga. 441. — [3]) Rossi 655, München 4, Harl. 5714, H. h. 36. — [4]) H. h. 37f. 199d unten.

4. Silluk Hüttenfest ארחין בנקיון כפי בבואי hat drei alfabetische Abschnitte, jeden mit stetigem Reim (ַיִם, ־אֵל, ־נָי). Endigt במשלשי קדוש בהלולם (Opp. 1568 Q. B.).
5. Reschut zum Mosliede an Pesach אפתח פומי בתושבחתא.
6. Ofan אמצו בתופף mit zwei abwechselnden Refräns. Es kommt לְטַל (למלל) und תופף für Flügel vor. Die Zeile hat zwei Worte.
7. Ofan כבודו אות ברבואות, metrisch in 5 Sätzen; sowohl die Anfangsworte אוֹת בְּרִבּוֹאוֹת מְאַבְּחוֹת als die Strofen-Anfänge מְשַׁלֶּשֶׁת, רביעית, בסמך, אות zeichnen אברם. Vermuthlich weil mit Meir's Jozer אדיר im Gebrauche heisst er in Elasar's Buch von der Seele ein Ofan R. Meir's.

Elia.

Jozer des 7. Tag Pesach אופל המני zeichnet den Namen in beiden Kadosch-Strofen.

Isaac. Hoschana's:

1. אֹביר ישראל מֹאנש רמים הושענא, zwiefach alfabetisch, ohne Reim, jede Zeile schliesst הושענא, die letzten 4 zeichnen ebenfalls zwiefach den Namen. Schlusszeile: קורא הדורות מקרני ראמים הוש.
2. אֹלהי אברהם מֹאויבי עז הושענא wie N. 1 gebaut. Schlusszeile: קרוב לקוראיו מקצר רוח הוש.
3. איומה מקדם, endigend ואת אישה, zeichnet יצחק בר.
4. אנא אנקת אסירי הבן, zweizeilig, die erste Zeile hebt אנא an, in der zweiten bildet den Schluss ein Name der zwölf Stämme dem והושיעה נא folgt. Die letzte (12.) Strofe lautet: אנא יְצַב חֲבלי בבושר קְבוצת מטה בני אשר והושיעה נא.
5. כהושעת ישע לזכרון in 6 Absätzen, nach der Weise mehrerer Hoschana's von Abitur jeder zu 2 Strofen, mit strofischem Reim ־ַחַל. Ist gezeichnet יצחק הקטן יגדל. Endigt הדופים כצבאום לקחי ערבי נחל.
6. למען אסף להחיות שבעה שבעה, zweizeilig, die erste beginnt למען, die zweite drückt die Bitte aus, jede Zeile schliesst שבעה; die letzten 4 Zeilen zeichnen den Namen. Endigt קבל התנת סובבי מזבח שבעה. Die Nummern 1,

2, 4, 6 sind offenbar von einem und demselben Verfasser.

Jozer des grossen Sabbat אותות יפו גאלה בנעו, endigt רודפיה כתובים ומושלכים, zeichnet יצחק חוק. Für den „ersten“ grossen Sabbat lautet die Ueberschrift, daher wohl für den auf den 7. Nisan fallenden Sabbat. Wahrscheinlich ist unser Verfasser Isaac b. Jehuda, der auch ein halachisches Jozer zum Sabbat vor Pesach geschrieben. Der Inhalt ist gleich dem derjenigen Sulat, welche die „befreite Braut“ besingen.

Jehuda.

Neujahrstag: אוירי ערץ עד לא נאהלו ist ein Hymnus auf ה' מלך u. s. w., unmittelber an das nächstfolgende ארתכי anschliessend, hat 28 Zeilen zeichnet יהודה und endigt גם כי יחיו ויקיצו שמך יהללו ה' ימלוך לעולם ועד.

ארתכי תרשישים ein „Melech - eljon“ - Hymnus in 23 dreizeiligen Strofen. Die letzte lautet: ידע ומבין תעלומות לב דירתו משוה בטהורי לב הרופא לשבורי לב לעדי עד ימלוך.

Sühntag:

אנא הצליחה für Mincha in 8 aus 3 dreizeiligen Strofen bestehenden Abtheilungen, hat drei abwechselnde Refräns. Der eigentliche Anfang ist יחלנו לך צורנו. Dreifach akrost. יהודה חוק.

Hüttenfest;

1. Jozer אפאר לאלהי מערכה, im ersten Theile halachisch, im letzten hagadisch. Der Name ist zweimal gezeichnet.
2. Sulat יפה וברה feiert den Auszug und ist vermuthlich von dem Verfasser des Jozer. Die Schlussworte עוזר אבות ובנים stimmen mit der französischen Rezension und mit der des Machsor Vitry, wo עוזר statt עזרת im Morgengebete (Luzz. Diwan f. 39a).

Thorafest:

Jozer אשמעה ברכה לאום מבורכה, in 44 Strofen, zwiefach א״ב, variirt die Versanfänge der Parascha וזאת הברכה. Ende: תקף ימין החוקה ודת החקוקה ונאסף בחוקה ולכל היד החזקה.

Joseph.

Sulat zum Hüttenfest יום גאלה נפשי, in 6 Abtheilungen, jede von 3 Strofen, mit 3 Refräns; der dritte die Abtheilungen schliessende lautet: כן יתנו לדגליהם כי אין עוד בלתך. Endigt: ענגך עומד עליהם וישליו אהליהם ואין צור זולתך.

Menachem.

Keduscha für Mincha des Sühnfestes, deren 4 Sätze wie folgt anheben: a) כבודו אראלים מספרים, b) ממקומו ויעד, c) אחד לובש, d) אלהיכם פין ה׳ ה׳. Der Verfasser hat die Keduscha כבודו אמוני vermuthlich gekannt.

Schabtai.

Jozer des Zwischensabbat im Passahfest, anf. אפציח אמרים מפנינים יקרים.

Von den Ungenannten und Unbestimmten rücken wir nunmehr zu den eigentlichen Trägern der nachkalirischen Poesie vor, zu den Dichtern des peitanischen Zeitalters, die uns meist geschichtlich, zum Theil auch durch sonstige Leistungen bekannt geworden, von welchen einige und 20 den spanisch-arabischen, etwa 80 den germanisch-romanischen Kreisen, und hierunter 21 lediglich der Selicha zugehörig sind. Die spanischen Dichter, kalirisch im Bau der Keroba, gingen, was Aboda, Asharot und Hoschana anbelangt, ihren eigenen Weg, ersetzten die Hagada durch poetischen Schmuck und philosophische Tiefe; Maarib, Schibata einerseits durch Mostedschab, Tochacha und zahlreiche Pismon und Lieder, anderseits durch Nischmat, Mikamocha, Meora, Ahaba, Geula, häuslichen wie öffentlichen Gottesdienst mit Liedern und Gesängen verwebend. Mit dem Ende der Epoche (J. 1140—1150), welches zugleich die Todeszeit ihres grössten Dichters ist, war die Umgestaltung von Piut und Selicha vollendet und die peitanische Dichtform hatte für die Länder der spanischen Cultur aufgehört.

Desto lebendiger blieb sie in den von Palästina bis Südfrankreich reichenden Kreisen. Der Piut in Kalirs und seiner Nachfolger Weise umfasste, in die Synagogen eingeführt, nach und nach sämmtliche Theile des Gottesdienstes. Unter den 60 genannten Peitanim, von welchen zusammen — Selicha's ungerechnet — wir gegen 500 Stücke besitzen, haben allgemeine Gebete vier Dichter verfasst; für Sabbate schrieben 26,

Sabbatlieder u. dgl. 8, für den 9. Ab 3, den 17. Tammus 1, den Esther-Fasttag 2, Purim 1, für das Sühnfest 10, den Neujahrstag 6, Pesach 17, Wochenfest 11, für Hüttenfest (nebst dem 8. Azeret) 6, Hoschana's 1, für Thorafest 4; aramäische Stücke schrieben 3. Der Zeitraum lässt sich füglich in zwei Abschnitte sondern, von welchen der zweite mit dem Zeitalter Tobelems (1055) anhebt, so dass den vorausgegangenen Jahren 15 genannte Piut- und Selicha-Dichter mit etwa 200 Stücken zufallen.

V. CAPITEL.

Piut-Dichter von Saadia Gaon bis Zahlal.

Saadia b. Joseph (891—941), der berühmteste unter den Gaonen, der in seinen gottesdienstlichen Compositionen die fliessendste und die schwerfälligste Sprache redet, in jener ein Beter, in dieser ein Peitan, in keiner ein eigentlicher Dichter, hat Klagen für den 9. Ab, eine Aboda, zwei Asharot, zwei längere Gebete verfasst und seinem Siddur einverleibt. Auch wird ihm eine arabische Illustration der Zehngebote zugeschrieben[1]). Die Asharot ausgenommen, trägt keine Arbeit seinen Namen; möglich, dass mehrere von den in seinem Siddur vorhandenen Selicha's und verschiedene Zuthaten zu den Stammgebeten ihn ebenfalls zum Verfasser haben. Die künstlichen poetischen Arbeiten sind vergessen, nur die einfachen Stücke in schlichter Prosa haben sich in mehreren Ritus erhalten.

1) Die את ה׳ אלהיך תירא beginnenden Asharot heissen auch die 613 Gebote, bestehen aus sechs Abtheilungen, gleich den älteren Asharot אתה הנחלת nach א״ב und תשר״ק abwechselnd, jede Abtheilung aus eilf gereimten vierzeiligen Strofen mit wiederkehrendem Strofenschlusse zu Anfang der nächstfolgenden Strofe [Ringwort]. Die einzelnen Gebote sind nach Klassen zusammengestellt: im ersten Abschnitt 97, im zweiten 103, in beiden zusammen 200 Gebote, im dritten 121 Verbote, im vierten 92 [37, 40, 15] und 135, also 227 Gebote, im sechsten

---

[1]) „Jozer" (Register in de Rossi catal. codd.) ist ein Irrthum.

65 [40 und 25], im Ganzen 613 Gebote. Der fünfte Abschnitt zählt die Verbrechen auf, die mit Todesstrafe belegt sind, nämlich 71 gleich der Anzahl der Mitglieder des Synedriums; der erste zeichnet akr. שעיד בן יוסף אלוף nebst חזק ואמץ[1]).

2) Die Musaf-Keroba, welche die Dekalogs-Asharot einschliesst, beginnt אלהים אצל יום הלוה[2]), anfangend mit drei Strofen für die ersten, schliessend mit eben solchen für die letzten 3 Tefilla-Nummern. Nach der dritten Strofe wird in der Tefilla fortgefahren bis ושני תמידים כהלכתם, worauf auf den Vers למענך (Dan. 9, 19), der aus dem Busseritual bekannt ist und עמך schliesst, 5 Strofen mit Ringworten folgen, anfangend עמך אצלה, endigend ביום הבכורים, anlehnend an den Vers וביום הבכורים (Num. 28, 26). Die folgende Strofe רעשה שחקה endigt שלויש, anlehnend an Vers Exod. 34, 23 (שלש). Die nächstfolgenden 6 Strofen haben Mittelreim, bestehen demnach aus 8 Halbzeilen, einmündend in 9 כתוב-Verse, die אלהים אלהיך אנכי (Ps. 50, 7) schliessen, ein passender Uebergang zu dem אנכי beginnenden Dekalog. Die 6 Tefilla-Nummern sind gleich den Zwischen-Strofen alfabetisch (mit zwiefachem ישית) und die Schlüsse der Strofen bestehen aus den Halbversen Ps. 19, 8 bis 10, ein Zeichen, dass damals noch die Psalmen in Stichen abgetheilt geschrieben wurden. Das Stück והשיאנו ist übergangen.

3) Die Dekalogs-Asharot, anfangend אנכי אש אוכלה, bestehen aus zehn Alfabeten, abwechselnd אב und תשרק, an der Spitze eingefasst von den je ersten Worten der zehn Gebote, ausserdem aber und zwar gleich mit dem Beginn der Keroba von den Worten Ps. 68, 8 bis 21 (אלהים bis סלה). Die je dritte Strofenzeile fängt mit dem ersten Worte der Verse des hohen Liedes an (שיר, ישקני u. s. f.), nur in den zwei letzten Strofen sind auch die Strofen-Anfänge dem hohen Liede entnommen. Die vierte Zeile der Strofe ist ein Bibelvers. Im zehnten Alfabet bilden die ersten Zeilen akrostichisch den Namen סעיד בן יוסף. In jeder Abtheilung werden die Gesetze einzeln aufgezählt die aus dem Gebot entspringen und deren

---

[1]) Rapoport briefliche Mittheilung und in המגיד 1862 S. 325. — [2]) Der Zahlenwerth der Worte אצל bis ימוטה ist dem von סעיד בן יוסף אלוף gleich (Rapoport a. a. O.).

Anzahl am Schlusse angegeben. Diese Zahlen, nach den einzelnen Nummern des Dekalogs vertheilt, sind: 1) 80, 2) 60, 3) 48, 4) 75, 5) 77, 6) 50, 7) 58, 8) 59, 9) 52, 10) 54. Dieselben Zahlen wiederholt Saadia im Jezira-Commentar, Elieser b. Natan im Maarib des Wochenfestes, Elasar b. Jehuda im ס׳ החיים und — mit anderer Vertheilung — der Verfasser des מאמר השכל. Bechai hat bei einer ähnlichen Ausführung keine bestimmten Zahlen. Ausdrücklich bemerkt Saadia, dass der Dekalog bis אשר לרעך 613 Buchstaben enthalte, welches bekanntlich schon bei Nachschon Gaon und Bamidbar rabba[1]) sich findet, während der Hinweis auf den Zahlenwerth von תורה (611) bereits dem dritten Jahrhundert angehört. Die erwähnten Halbverse aus dem 19. Psalm hat der Midrasch auf die Mischna-Ordnungen bezogen; ibn Schoaib, der unsere Asharot erwähnt, wendet dieselben auf die 3 Klassen der Gesetze an. An einem andern Orte findet Saadia im Dekaloge die zehn Kategorien wieder.

4) Die Aboda באדני יצדקן enthält 22 Abtheilungen, jede von 8 Reihen mit verschränktem Reim, so dass der Reim der ersten Halbzeilen durchgehend bleibt. Die Schlussworte der geraden Reihen — durchweg eine biblische Stelle — sind die Anfänge der ungeraden mit vorgesetztem ב; die alfabetische Ordnung geht durch alle Reihen der Abtheilung, z. B. aus Abth. 7 (ד):

1. בּקנה נסיתו במסה על יחידו אשר קנה.
2. ורו בקר ורצונך עשה בן תסבלנו עד וקנה.
3. בּזכרון אש ועצים נשא וכו׳.

Abth. 1 bis 3 behandeln die Schöpfung, 4 und 5 Adam bis zum Thurmbau (Kain wird nicht erwähnt), 6 und 7 Abraham, und letztere namentlich die Opferung Isaac's; Abth. 8 Jacob und die Söhne, 9 und 10 die Befreiung und das Priesteramt, 11 bis 21 das Thema der Aboda; 22 ist ein Schlussgebet in einer weniger künstlichen Fassung, endigend והאמר אל תיראי תולעת.

5) Gebet אתה הוא ה׳ לבדך, in welchem die meisten Absätze אתה הוא ה׳ האלהים anheben; es schliesst mit drei Jehi-

---

[1]) Aruch תפל.

razon und dem Verse Ps. 28, 9. Die Stelle ואף כי המשכילים zitirt Bechai in den Herzenspflichten.

6) Gebet גם היום ידעתי, ה׳ שפתי תפתח, dessen letztes Viertel (ובכן יהי רצון) als Vidui in das Ritual der Bussezeit übergegangen.

Beide Gebete, wegen ihrer schlichten eindringlichen Sprache von Abenesra gepriesen und von Maimonides für die häusliche Andacht empfohlen, haben jüngere Zuthaten und Aenderungen erfahren; die cod. Rossi 997 vermerkten Sachen sind Stücke aus diesen Gebeten; die in cod. Rossi 895 befindliche Techinna ist die erwähnte Vidui.

Zweifelhaft ob überhaupt von Saadia oder ob nur nach seinen Uebersetzungen gearbeitet ist:

7) Die arabische Illustration der Zehngebote, für den Gottesdienst am Wochenfeste bestimmt, zum Theil in gereimter Prosa, in eilf Abschnitten, deren erster die Eröffnung bildet, anfangend ראוילי אל כלמאת, ganz im Tone der Hagada; die einzelnen Gebote intonirt ein ähnlicher Satz wie das paläst. Targum und der Midrasch der Zehngebote haben. Im ersten Gebot geht dieselbe Reimsilbe (יד—) durch 30 Sätze, auch die Gebote 2, 3, 8 enthalten gereimten Vortrag. Im dritten ist von den Heroen die Rede, die erfolgreich Gottes Namen angerufen, von Henoch bis Jona, ähnlich dem מי שענה des Bussrituals; im vierten werden die zehn Dinge aufgezählt, die jedes als in seiner Art das siebente bevorzugt worden, zu welchen namentlich der Sabbat gehört. Dieselbe Zahl und fast dieselben Gegenstände haben das Buch Jezira, die Neujahrs-Pesikta und Wajikra rabba, während Jalkut 12, Pirke Elieser 8. Midr. Ps. (c. 92) 6, Bamidbar rabba c. 3 und Piut אז מאז בכל nur 4 namhaft machen. Eine gleiche Hervorhebung der Zehnzahl ist im fünften Gebot bemerkbar. Ueber das Zahlenverhältniss des Antheils, welchen Gott, Vater und Mutter an dem Körper des Kindes haben, sind die Angaben schwankend: Tr. Nidda hat 9, 5, 4; Tobia 10, 5, 5; das Compendium des Buches Hapardes 7, 5, 4. Unsere Illustration gibt jedem gleichmässig 10 Glieder oder Kräfte. Noch sind im vierten Gebote zwei Wort-Alfabete im Piut-Stil zu merken: 1) die Ermahnung zur Hochhaltung des Ruhetages ואברכוה בורוה גללוה דללוה היבוה

u. s. f.; 2) der Sabbattag ist יום אמאנא, יום ברכה, יום גלילי, יום הדליל u. s. f. bis יום תאבת. Ein kurzer Segenspruch schliesst das Ganze.

8) Klagelieder oder Selicha's in schwerfälliger Sprache, in vieler Beziehung derjenigen einiger kalirischen Klagegesänge ähnlich; sie sind sämmtlich für den Fasttag des 9. Ab bestimmt und wurden wahrscheinlich im Frühgottesdienst als Selicha's rezitirt.

אליל הה ליום, 8 Strofen mit Ringworten, das erste oder zweite Wort des Strofenverses ist יום; endigt יום ההוא ירחק חק.

אבוי לירח חמישי, 8 Strofen, die Schlüsse der Strofen 1 bis 7 bezeichnen, meist nach der Mischna, die 7 unglücklichen Ereignisse des Tages; endigt והשמחנו מיגון.

איה לי כי נלטשו נסבנות, 8 Strofen, in der vierten Zeile der Strofe Mittelreim[1]), die Zerstörung der 7 Heiligthümer; endigt ומשבנותינו תרחם.

איכה מעביר כפי, in 12 Strofen, die mit den Anfangsworten von c. 1 beginnend mit einem Namen der zwölf Stämme schliessen, endigt יכון בימין שער בנימין.

תקרא שפתי קונה, in 12 Strofen, nach תשרק, so dass in umgekehrter Reihenfolge die Strofen mit den Anfangsworten von c. 2 beginnen und mit einem der zwölf Edelsteine des priesterlichen Brustschildes schliessen, endigt פתחון פה לנושאי ישפה.

אני הגבר מנעורי, mit dem Anfang von c. 3, 6 Strofen, die dritte Zeile hebt an ולו, die vierte ולא, endigt ולא תעלנה על לב.

איכה רחובות עיר, 11 Strofen, die mit den Anfangsworten von c. 4 anheben und mit der Aufzählung der zehn Herrlichkeiten[2]) (קרנות) schliessen, von denen Midr. Ps. c. 75, Midr. Thren. f. 72c., Midr. Sam. c. 4, Jalkut Sam. § 81 die Rede ist; endigt והם קרן משיחי.

זכור תבוסת צאן טבחה[3]), 12 Strofen. Die Versanfänge von c. 5 beginnen die Halbstrofen; ist den zehn Märtyrern gewidmet, mit deren Namen die Strofen 2 bis 11 schliessen. Die

---

[1]) z. B. ואומר מי יתן לי גועו כחרבה נבעון — [2]) Abraham, Mose, Israel, Priesterthum, Levi, Prophetie; 7) בן שמך (vgl. Raschi Jes. 5, 1. 8) Altar, Joseph, Messia. Midr. Thren. hat statt der siebenten und achten: Isaac, Tempel [Midr Ps.: Jerusalem], Thora, also eilf. — [3]) syn. Poesie S. 164.

letzte Strofe beginnt השיבנו und endigt מבעונות אריות מהררי נמרים.

אמרה אם מה יתרון, 6 Strofen, deren Schlüsse Bibelverse. Endigt ותשוב תנחמני.

Meborach b. Natan halevi, der, wiewohl sein Vater ein karäischer Lehrer gewesen, von den Rabbaniten gelernt hat, lebte in Palästina, wie es scheint im Zeitalter Saadia's. Er verfasste ein Klagelied האספי מבל עבר, aus welchem vermuthlich die von Jefet angeführte Stelle ist; ferner ein Chatann (מדוע נרים ראש[1]), in welchem der Ausdruck הרעיש ארקא an Jochanan hacohen erinnert, und das gleich seinen beiden Vorbildern nach der grossen Pesikta gearbeitet ist und den Strofenschluss אמרנו hat. Noch 4 zum Theil metrische Klagelieder, in zweien derselben auch mit dem Namen des Grossvaters — b. Nisan — gezeichnet, enthält ein 5 bis 600 Jahre altes karäisches Gebetbuch; die Identität ist fraglich.

Jochanan hacohen b. Josua[3]) ist Verfasser zweier Keroba's:

1. Wochenfest; a) ארקא הרעיש איום, alfabetisch א׳ bis ר, endigt בשליש לצאה mit dem Verse בכתוב בחדש השלישי; hierauf der Schluss בו שקדו להתבונן (ש׳ und ת׳).

b) תהוה הר המוגעם, umgekehrt alfabetisch ת׳ bis ב׳, endigt נשו מרפידים לסיני mit dem Schlusse ענים האיר (ב׳ und א׳).

c) יחדתה לך הר, endigt ואליו העלהו, mit einem Schlusse אלהים נגלה, endigend מהימן יבוא, der von Versen בכתוב eingeschlossen wird; akrostichisch[2]) der Namen, vielleicht auch חזן.

d) Introduction ובכן ה׳ קנני, anf. אז טרם נשפו ארץ ושמים, die einzelnen Absätze beginnen nach alfabetischer Ordnung, endigt בששה בזה חדש.

e) Illustration des Dekalogs, אזור דתות וחקים, abwechselnd א״ב und תשרק, in 13 Abschnitten, jeder mit durchgehendem Reim, endigt שינון חמורות וקלות.

f) Silluk אלה החקים והמשפטים והתורות, ähnlich dem kalirischen Anfang אלה העדות והחקים, endigt כשרפים למלכם משלשים.

In d werden, wie bei Kalir, die Mängel der Erzväter, und zwar wird bei Abraham angegeben, er hätte mit Gottes Barmherzigkeit bekannt nicht so hart sein sollen, seinen Sohn

---

[1]) syn. Poesie S. 165. — [2]) vgl. syn. Poesie S. 81. Ritus S. 66, 68, 69 (wo Z. 5 Piut st. Silluk), 82, 237. — [3]) יוחנן הכהן בירבי יהושע הכהן.

schlachten zu wollen. Es ist bemerkenswerth, dass dasselbe in den Keroba's von Binjamin b. Samuel und Joseph Tobelem vorkommt, während Kalir und Simeon den Abraham nur wegen seiner Frage (Gen. 15, 8) tadeln. Aber merkwürdiger, dass Jochanan selber die Bereitwilligkeit Abrahams in der folgenden Keroba ihm als Verdienst anrechnet.

2. Sühnfest, anf. אשען במעש, in welcher gleichfalls der Name am Schlusse des dritten Stückes (אהלך) angebracht ist, und zwar in (vermuthlich) 5 an ככתוב-Versen anschliessenden Strofen, von denen indess nur 3 in den Ausgaben sich befinden [1]). In dem Gebete אליך נשאתי ist der Name in der Kadosch-Strofe angegeben. Das Gebet ידידים לנגדם mit dem Strofenschlusse מי אל כמוך — dergleichen alle Tefilla's dieses Tages am Schlusse haben — gezeichnet יוחנן הכהן ist vermuthlich unvollständig und Musaf angehörig, obwohl das romanische Machsor es in der Ordnung für den Vorabend hat. Dafür sind im Musaf noch folgende Stücke, die ähnlichen Compositionen des Schacharit parallel, vielleicht einzelnes enthalten, das unserm Dichter gehört, nämlich: 1) אות קדושיך (5), 2) אנא אוון (8) ist N. 7 des Schacharit, 3) אשר אימתך בחצי (10), 4) אמרו לאלהים אמת (20), 5) אשר יראתך (21), 6) zu dem Thema אך חנון אתה ורחום das nur im deutschen Machsor vorhandene אך אין לנו (33), 7) בקצף בתגרת . . . . (34), 8) המכירים אמצך (37), 9) אור נגה (38), 10) אנחנו אפר ועפר, jetzt im Schacharit Corfu, 11) Silluk מי יערוך (41), 12) המאמירים באימה (50), 13) אעשה למען שמי (56), 14) יום אדיר ומיוחד (57), 15) יום אשר (58), 16) und 17) zwei Mikamocha-Gedichte: אדון אביר und אלה הסליחות (59), welche fast alle dem römischen und altdeutschen Ritus gehören.

Die Wochenfest-Keroba hatte ehemals ein griechischer, die Sühn-Keroba haben der romanische und der römische Ritus. Aus ersterer war אז טרם in Mainz und Lotharingen, der Silluk allein an einigen deutschen Orten üblich. Wie es scheint gehört der Verfasser nach Griechenland oder Italien und ist jünger als Kalir. Dass in einer Saadia und Hai anführenden Recension des Amram'schen Siddur [2]) die Keroba אשען genannt wird kann nicht befremden. Jochanan ist der

---

[1]) לחם בנשתם (בירבי), כרכיך הצדק (הכהן), המת ידידיך (יוחנן). vgl. Ritus S. 99, 140. — [2]) Ritus S. 99.

älteste Peitan, der in den Keroba-Schlüssen seinen Namen zeichnet. Mitunter bedient er sich peitanischer Wörter[1]), doch ist durchgehends der Stil leichter als der kalirische.

Judan hacohen b. Misatja[2]) (מסתיה), dessen Vatername nach süditalischen oder byzantinischen Orten zu weisen scheint, hat in den Benedictionen die älteren Schlussformeln[3]), auch seine Sprache ist alterthümlich. Wir haben von ihm nur eine Keroba für den Fasttag des 17. Tammus, anfangend ארבעים יום, in 18 Strofen, jede aus 6 und 4, zusammen 10 Zeilen bestehend.

Salomo b. Jehuda, genannt hababli[4]), hat schweren nicht selten dunkeln Satzbau, ungefügige Wortstellung und eine harte Sprache, die nur hie und da, z. B. in dem silluk-artigen Schlusse des Pesach-Jozer fliessender wird. Er macht einen starken Gebrauch von targumischen[5]) und talmudischen[6]) Ausdrücken und scheint der erste zu sein, welcher Pesach-Jozer schrieb, seinem Namen הקטן hinzufügte, Selicha's mit Namenzeichnung versah und ausführlichere Akrostichen, auch von lebenden Angehörigen, einführte.

Sowohl Inhalt und Sprache seiner Compositionen als deren ausschliesslicher Gebrauch in den romanischen und germanischen Orten verbieten die Heimath des Dichters in arabischen Ländern zu suchen und בבלי auf Bagdad oder Kahira zu deuten. Rom heisst in Targum, Midrasch und Piut die

---

¹) z. B. יוקש, התמגן, נציחה, עקול, פחיון, צצה st. היצצה, יחן. —
²) angeführt syn. Poesie S. 373, 378, 386, 394, 401, 415, 417, 459. — ³) אלהי דוד ובונה ירושלם und שאותך לבדך ביראה נעבוד. — ⁴) syn. Poesie S. 167. — ⁵) z. B. im Pesach-Jozer: נומי מחייך, טורך, (חטיא) חטתו, חור סהורך, ספק צרכם, מפלח, טומר, מלהיהות; in N. 3: שורך, ריש גלי, קדלי, פרעי (Sulat N. 6) ist auch Mechilta Abschn. ויסע Ende und Pesach-Hagada כמה מעלות, stammt aus Targum, worauf auch Hai im Commentar zu פרה verweist. Dasselbe bei Isaac halevi, in Meir's Jozer אדיר und Selicha המור, Meir Maarib ה' מלך Abschn. אהל. — ⁶) im Pesach-Jozer: שכינה, צמצם שכנו, בשעבוד, שכינת מוראך (vgl. ובמורא גדול זו גלוי שכינה der Pesach Hagada); ונף מספר, ראיה ומנין, לבי נס בו, זבות מגלגלות, שבר לא קפוח, קעקע בצתם u. a. m. Im Sulat N. 6: להישה מעולות, קמיע מומחה, רופא אומן, בדוק, רשות נתנה, חובים להודות, נס בתוך נס, מתוך דין, נכנסים לנמל ומהומן, כמה מעלות: מטלת מקציע ואספלניות nach Mischna כלים c. 27 und 28.

grosse Stadt[1]), auch Babylon[2]), wie bereits beides die Apokalypse[3]) hat. Hiermit hängt die Uebertragung von עדינה[4]) auf Rom und später auf die Christenheit eng zusammen. Die Christen werden sogar Babylonier genannt[5]). Es scheint daher unser Verfasser aus Rom[6]) oder Byzanz[7]) zu stammen und hat wahrscheinlich in griechischer oder süditalischer Gegend gelebt. In diesen Ländern verbreitete sich talmudisches Wissen im 10. Jahrhundert; im 13. Jahrhundert galt er für den Lehrer Meschullam's b. Kalonymos[8]) und nebst Simeon und Kalonymos aus Lucca als eine Generation vor R. Gerschom[9]) blühend. Sowohl akrostichische Selicha's als der Gebrauch von פרא[10]) für Islambekenner wird erst gegen das Jahr 1000 bemerkt. Da ferner Elia b. Schemaja, der im 11. Jahrhundert in Bari lebte, in Sprache und Ausdruck seiner Selicha's grosse Verwandtschaft mit Salomo zeigt, so kann letzterer nicht früher als um 980 angesetzt werden, eine Zeit reich an Verfolgungen, von denen Salomo's Selicha's widerhallen.

Von seinen Arbeiten ist wohl der grösste Theil verloren, da die Alten ihn mit Kalir zusammen nennen[11]); vermuthlich ging dem Chanuca-Sulat ein Jozer voran, auch wird das Sühnfest stärker als nur mit einer Aboda bedacht gewesen sein. Ausser Selicha's sind folgende Piutstücke Salomo's bekannt:

1. Aboda אדרת תלבושת, reimlos nach א״ב und תשר״ק, jede Zeile zu 5 Worten. Im א״ב und der ersten Hälfte des תשר״ק ist jeder Buchstabe 8fach, von der letzten Hälfte sind 7 Buchstaben ('ב bis 'ה) 20fach, das Dalet 16- und die drei übrigen

---

[1]) Targ. Obadia Ende, j. Taanit 1, 1. Midr. Thren. 73b, 78 b, Kohelet 96 c (Jalk. 185b ob.); Jalk. Jes. 58a. Vgl. syn. Poesie 441. — [2]) Midr. Cant. 9c רומי בבלון. Midr. Ps. 121 und Bamidbar rabba c. 7 Ende קרא לאדום בת בבל. — [3]) 17, 5 und 18. — [4]) syn. Poesie 125, 440. — [5]) Genesis-Hagada c. 27. — [6]) Rapoport Einleitung zu den Rga. der Geonim 12b. Indess ist die Bezeichnung unseres Peitan mit „R. Salomo aus Rom" (M. Sachs Machsor Th. 7 S. 89) unrichtig. — [7]) אספמיא רבתי in cod. Foa 1 (zu מלך אמון) mit Basilius in Verbindung gesetzt ist Constpl. Aus derselben Zeit stammt die Nachricht, dass der Babli in Spanien begraben sei. — [8]) cod. H. 17, Commentar zu חנוכה und אור ישע. — [9]) ור' שמעון הגדול ממגנצא ור' שלמה הבבלי [ור' משלם] ור' קלונימוס אביו מלוקא ומהם קבל רבינו גרשם (Sal. Lur. N. 29.) — [10]) Salomo, Abitur, Gabirol (שאלי und שוכב), Schabtai, Binjamin, s. syn. Poesie S. 445, 448. — [11]) Hapardes f. 43d. cod. München 5 f. 241b: מימי ר' אלעזר קליר ור' שלמה הבבלי לא קם כמותו.

Buchstaben 8fach, so dass das Ganze aus 444 Zeilen besteht, von denen Zeile 1 bis 208 die geschichtliche Einleitung und die folgenden die Aboda-Beschreibung ausmachen. Dass die 375. Zeile gerade וְהִשְׁלִים — שלמה ist 375 — beginnt, ist vielleicht Zufall. Den Anfang führt R. Natanel [1]) an, eine andere Stelle R. Isaac b. Abbamare und R. Jomtob [2]); sie heisst bei den Alten סדר רבינו הבבלי [3]) oder סדר עבודה הבבלי [4]), am deutlichsten סדר של רבינו שלמה הבבלי [5]). Eine alte Handschrift und das romanische Machsor enthalten Commentare dazu. Der Buchstabe א׳, der das Werk eröffnet und schliesst, lautet wie folgt:

Anfang:

אדרת תלבושת הוד והדר יקיר
אה מי מלין לספר שבחה
אבן הראשה וקרא ואין ערוך
אין להכרין תשואות שום ישויה
אי מקום סגור סגור וספיר
אשר לפי מלאת כליל העטרה
אומן הומצא וגם חכם חרושת
איתיאל ואוכל מי ימלל.

Ende:

איש אמונים שלח לסלע מדברה
אומר ישועות לדר ציון יבשר

[1]) Commentar ms. zu **Sel.** **ראש** אשא אך: בן אם נתנאל רבינו והקשה היאך סדרו כל הפייטנים סדר הפייסות הן באמיץ כח הן באתה כוננת ובאדרת תלבושה, es betrifft die Worte ובטלו הפייסות und einen bekannten Streit zwischen Mischna und Baraita, der auch seit Serachja halevi die Ausleger beschäftigt. — [2]) וראיתי בסדר עבודה הבבלי שאנו אומרים: 45b עשרה הדברות והזורין לפייסות hat ריטב״א; אותה אחר תרומת הדשן ולפייסות חוורין. Die Stelle der Aboda lautet: מפייסין והזורין עד ארבעה פייסות. Der Ausdruck אחר תרומת הדשן gehört nicht zum Citat, gibt nur die Stelle nach der Reihenfolge an; denselben oder einen ähnlichen findet man bei Jose, Saadia, Meschullam und in der französischen Aboda. — [3]) Ascheri Joma 94d. — [4]) s. Anm. 2. Nachmanides zu Joma Anf. (Alfasi). Ms. bei Geiger Zeitschr. Th. 3 S. 283. — [5]) ראבי״ה §. 529. א״ז, ר״ב §. 281. Jerucham אדם וחוה 7, 3. Tur I, 621 (Conforte 18b nahm סדר für Gebetsordnung).

ארוכת תעלה ומרפא רטייה שולחיו
את נפש ישוב בקרים עיפה
אבול בשמחה בת קול תפוצץ
אלהים כבר קבל ורצה מעשיך
אז ירננו וישמחו וישישו חוסים
אוהבי שם יעלצו יעלזו בכבוד.

2. Pesach-Jozer אור ישע, aus 6 Abtheilungen bestehend[1]), in welchem Salomo[2]) viermal, Mordechai[3]) dreimal akrostichisch gezeichnet ist, bereits von Menachem b. Chelbo und Raschi[4]) und in alten Handschriften commentirt. Anführungen daraus haben Raschi (Exod. 26, 15, Cant. 4, 10), der Commentator des Bereschit rabba (c. 23), Elieser b. Natan (אבן העזר §. 175), R. Tam (Tosefot Batra 14a), Hoschana-Commentar ms. סלה סלת, Tos. Berachot 6a, Elasar bei H. Treves Commentar Neujahr, אבקת רוכל f. 13.

3. Jozer אומץ דר חוקים, hagadische Schilderung des Schöpfungswerkes mit dem für Adam flehenden Sabbat schliessend. Denselben Gang befolgen die Sabbatjozer von Tobelem, Elia, Amitai, Meir b. Isaac. Jede der 7 Abtheilungen hat zwei Strofen: a) eine von sieben Zeilen; die ersten beiden Zeilen haben jede drei, die übrigen jede fünf oder sechs Worte, nach zwiefachem א״ב — die Buchstaben החרת nur einfach — und mit dem Akrostichon שלמה הקטן חזק. b) eine vierzeilige Kadosch-Strofe akrostichisch שלמה, zu drei Worten die Zeile.

Sabbat בראשית: 4. Jozer אל נשא, vierfach alfabetisch, die Zeile 2 Worte stark, hat nur eine zweizeilige Kadosch-Strofe, zeichnet שלמה und שלמה הקטן. Ist, was die Ausdehnung anbetrifft, nur $^4/_7$ von N. 3, aber ganz ähnlichen Inhalts und hat einzelne gemeinschaftliche Ausdrücke[5]).

5. Ofan שש כנפים כנופים[6]) aus vier Strofen, die akrost.

---

[1]) syn. Poesie S. 63 u. f. — [2]) das viertemal in ברח דודי (שלמה הקטן יחי יחוק ויגדל בתורה חזק). — [3]) das drittemal in על הרי בשמים (מרדכי הקטן יחוק יגדל בתורה). — [4]) Ritus 199, 200. — [5]) (N 3: אומץ, אגיד כבנסה, בתוך קהל, אבאר, אומץ), זמן, מהללו, שמור. — [6]) erwähnt in Opp. 1283 Q., מנהגים 13b, Ascher Commentar zu Ofan לבעל.

bilden: 1) שלללי, 2) לממט, 3) מדדה, 4) רודדה; die Zeile zu 3 Worten. Endigt הג למקומו נסתר.

6. Sulat אחשבה לדעת. Die Schmerzen, die Israel durch die Unterdrücker erleidet, sind seine Läuterung, und die Zuversicht, dass sie enden werden, bleibt aufrecht. Jede Zeile besteht aus 5 Worten und das Akrostichon des Namens ist dem des Abschnittes שלחיך פרדס in N. 2 ähnlich. Der Schluss ושבתו ארובים ist aus dem Frühgebete עזרת. Cod. H. 61 enthält einen Commentar zu den Nummern 4 und 6.

7. Sulat für den Chanuca-Sabbat אין צור חלף; die Zeile hat drei Worte, je 8 Zeilen, 2 Buchstaben des א״ב umfassend, haben denselben Reim. Ist mit dem vollständigen Namen gezeichnet und endigt מי כמוך באלים. Angeführt in Tos. Erubin 19a, Buch der Frommen 607, Commentar zu Daniel[1]).

In cod. H. h. 182a wird R. Salomo der Babli als Verfasser von N. 4, 6, 7 genannt. Der Beiname הבבלי, welchen um 950 auch Natan hacohen führt, kommt später nur spärlich vor: einige ältere Karäer abgerechnet, fand ich ihn bei folgenden Männern: David Mokamaz, Jehuda (cod. Rossi 196), den Grammatikern Abraham[2]) und Isaac halevi, Verfasser des רקמה, Joseph[3]), Adonim b. Temim, Elasar b. Jacob[4]), Elasar in Serug (Tachkemoni 66a), Daniel im Jahre 1229, David (Pinsker לקוטי S. 43), Menachem, Verfasser des טעמי המצוות (lebte im Jahre 1522 in Trikola), Salomo[5]), Obadia hacohen, Verfasser von אתו פלא (Rituale von Cochin). Josia ist erdichtet[6]) und R. Simeon הבבלי in Col bo 114 (f. 133c) der Verfasser der grossen Halachot (43d)[7]); allein הרב הבבלי, den R. Isaac aus Marseille[8]) anführt, ist nicht näher bekannt.

Mose b. Kalonymos. Drei verschiedene Nachrichten über dieses Peitans Zeitalter, von welchen die älteste nicht über das Jahr 1200 hinaufreicht, besagen folgendes:

---

[1]) cod. München 5: וכן יסד הבבלי ביסודו של חנוכה בטל עוד מהעל קרבן תמיד מועל. — [2]) Abenesra Genes. c. 1 (Dukes השבה רוגש S. 100), R. Tam (das. 36, 57, 82); ist ein Karäer (Neubauer). — [3]) Abenesra Exod. 25, 7 (zweite Recension S. 79). — [4]) Orient 1842 L. Bl. 44, S. 696. Pinsker לקוטי S. 121. Auch in einem 134 Seiten starken Ms. in Brody, Poesien enthaltend. — [5]) פענח רזא, Parascha נח, dass Frevler den wilden Thieren in Thiergestalt gezeigt werden. — [6]) Mose aus Burgos über אצילות, ms. — [7]) Rapoport: R. Natan Anm. 24. כ״ח 6, 239. — [8]) Note 10.

1. Elasar aus Worms erzählt[1]), Mose b. Kalonymos b. Meschullam b. Kalon. b. Jehuda, der Verfasser von אימת נוראותיך, sei mit Söhnen Kalonymos und Jekutiel und Verwandten Itiel u. A. von Lucca nach Mainz ausgewandert, wohin König Carl ihn mitgenommen. Zuvor habe er in Lucca von Aaron b. Samuel hanasi, der Babylon habe verlassen müssen, die geheime Auslegung der Gebete gelernt, — eine Wissenschaft, die bis zu dem Mischnalehrer R. Simeon ha-pekuli durch Ueberlieferung hinaufreiche. Uebrigens ist die Stammtafel der eigenen des R. Elasar ähnlich[2]).

2. Nach dem Fragment bei Luria ist Mose der Alte, Verfasser von אימת נוראותיך, d. i. Mose der Alte b. Kalonymos b. Jekutiel b. Mose b. Meschullam b. Itiel b. Meschullam mit König Carl im Jahre 849 der Zerstörung (A. 917) von Lucca fortgezogen. Meschullam der Grosse sei b. Kalonymos b. Mose des Alten und des Mose Söhne seien Chananel, Kalonymos, Itiel, Jekutiel aus Speier.

3. Ein Schreiber etwa um A. 1510 meldet[3]), dass um oder nach A. 810 mit Kaiser Carl dem Grossen Könige von Frankreich R. Kalonymos aus Rom nach Deutschland gezogen, woselbst er die Talmudschulen wiederhergestellt. Dasselbe mit denselben Worten berichtet Joseph hacohen, nur dass er den Mann R. Kalonymos aus Lucca einen Römer nennt und ihn zum Oberhaupt der Akademie in Deutschland macht.

Aus ähnlichen Quellen fliesst die Mittheilung eines Tefilla-Erklärers[4]), dass Mose der Alte von Carl aus Lucca nach Mainz gebracht worden, und dieser Gaon — Mose aus Lucca b. Kalonymos oder Mose der Alte — Verfasser von אימת נוראותיך und Schüler des Aaron b. Samuel hanasi sei; Aaron heisst dort der Vater der Mysterien.

Aus der Vergleichung der Nachrichten unter 1 und 2 geht unläugbar hervor, dass man im 13. Jahrhundert keine sichere Kunde mehr über jene Männer hatte, da nicht bloss die Stammtafeln verschieden lauten, sondern die eine Mose zum Enkel Meschullam's, die andere Meschullam zum Enkel

---

[1]) מצרף לחכמה 14 b. — [2]) s. Rapoport Natan Anm. 36, Kalir Anm. 19. — [3]) vgl. Beilage I. — [4]) cod. Paris a. F. 174 f. 9 b; vgl. Jost's Annalen 1839 S. 222 und Grätz Gesch. Th. 5 S. 468.

Mose's macht. Jekutiel b. Mose in Speier (A. 1070) wird als ein Sohn von Mose dem Alten aufgeführt. Der Verfasser von der Nachricht 3 lebte gegen Ende des 13. Jahrhunderts und wusste nur von R. Kalonymos aus Lucca und R. Kalonymos aus Rom, die er aber in eine ältere Zeit versetzt. Da Carl der Grosse A. 786 in Rom war und Gelehrte nach Deutschland mitgenommen[1]), so ist das Jahr 787 vermuthlich ein neues Fabrikat[2]). Offenbar war von der Uebersiedelung einer angesehenen Familie aus Lucca nach Mainz nach den Zerstörungen der Kreuzzüge nur dunkele Kunde geblieben; zu einer solchen brauchte König Carl nicht selber in Rom anwesend zu sein. Ist demnach ein Mose der Alte A. 917 von Lucca dorthin ausgewandert, so kann unser Peitan dessen Nachkömmling sein, zumal er zweifelsohne dem letzten Drittel des zehnten Jahrhunderts angehört. Der Name Kalonymos, der auch in der Provence angesehen war, hat dort ähnliche Mährchen veranlasst über einen „Kalonymos den Grossen" aus der Familie Machir, judäischen Stammes, welcher vom Chalifen dem Könige Carl auf Verlangen zugesandt, Stammvater der Exilarchen geworden; man hat demselben die Asharot [für den grossen Sabbat] beigelegt[3]).

Um den angeblichen Lehrer unseres Mose, Aaron, dürfen wir uns nicht weiter umsehen; er gehört in die Erdichtungen der Traditionarier. Man hat alte Gründer und Lehrer für Alles erfunden, für Gesetz und Sitte, Kalender und Heilkunde, für Kosmogonie und Magie, für Buchstaben, Vocale und Krönchen; hat Nationen und Heroen Stammbäume und berühmten Personen Grabstätten verliehen. Mystik und messianische Sagen knüpfen an wirkliche oder erdichtete Männer an, und so mussten auch Gebets-Auslegung und Piut ihre mythischen Erfinder erhalten. Bereits ist aus der Vermuthung, dass אבוי ארון Abuharun[4]) heissen könne, die Notiz geflossen, dass R. Mose[5]) oder gar Kalonymos[6]) die Kabbala nach Deutschland gebracht habe!

---

[1]) Luzzatto giudaismo I p. 32. — [2]) aus תתמט ward תשש. — [3]) cod. Bodl. 389 f. 170, hieraus in Juchasin ed. Lond. S. 84. — [4]) Rapoport a. a. O. — [5]) Tholuk commentatio de ortu cabbalae S. 26. — [6]) Delitzsch prolegg. zu מגדל עז S. VII. Vgl. meine Bemerkungen in Tholuk liter. Anzeiger 1838 N. 15.

In der Amnon-Sage heisst der Verbreiter des Silluk ונתנה תקף: Kalon. b. Meschullam b. Kalonymos b. Mose b. Kalonymos [1]) und jedem dieser Männer wird der Titel רבנא zuertheilt. Dieser Mose ist, wie es scheint, bald mit dem ältern Einwanderer, bald mit dem spätern Peitan, endlich der spätere mit dem ältern verwechselt worden und vielleicht bestand folgende Abstammung [2]):

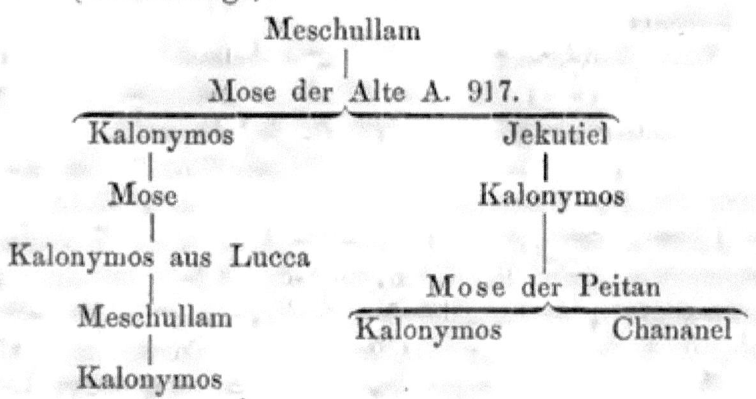

Im Sulat gibt Mose seine Zeit an: „mehr als 900 Jahre" [3]), d. i. nach A. 968. Ohnediess weist die Zeichnung הקטן und die Anfertigung selbständiger Sulat auf jenes Zeitalter hin, auch waren in älterer Zeit noch keine Peitanim in Mainz, wohin die Ueberlieferung und die Verwendung seiner Keroba hinweisen. Die Namen Chananel und Kalonymos [4]), offenbar seine Söhne, sind akrostichisch in den drei letzten Strofen des Stückes איום ונורא angebracht, welche in Handschriften jede an den passenden Vers ככתוב anlehnen.

Seine Hauptarbeit, die Keroba des 7. Pesach [5]), ist kraftvoll und klangreich, er wiederholt den Midrasch in lebhafter, etwas alterthümlicher Sprachweise, deren Härten hie und da an die Rehitim seines Zeitgenossen Kalonymos aus Lucca erinnern. Die Schlussstrofen der ersten beiden Nummern verwendet er zur Ergänzung des Alfabets und in der Illustration des Gesanges (אצולים) befolgt er genaue Abwechselung von

---

[1]) Opp. 1069 F. Or **sarua** ח״ר 276; in zwei Machsor mss. nur: **Kal. b.** Mesch. b. Kalonymos. — [2]) vgl. gott. Vortr. S. 365. — [3]) וללתי עתה ללאת יותר מתשע מאות. — [4]) nicht בר zwischen beiden Namen. — [5]) dieselbe in cod. Rossi 198.

א״ב und תשר״ק: beides thut auch Jochanan hacohen, während Simeon in beiden Fällen Akrostichen anbringt. In Mainz **war** die Keroba am 7. Tage des Festes üblich, ist als solche auch in cod. H. 17 angemerkt.

Der Sulat את שאהבה נפשי enthält Klagen; die Strofe ist achtzeilig, die Zeile zu drei Worten; er endigt וסלה אוי במרבה בגילה רבה[1]). **Dass er eine** Selicha מחמת מציק geschrieben, ist ein Irrthum[2]).

Eine Anführung **aus** איום ונורא befindet sich im Commentar ms. zu אנסיכה, aus אצילים in mehreren alten biblischen Commentaren[3]), aus מה מעיל bei Bechai[4]).

K a l o n y m o s aus Lucca, R. Meschullam's Vater, hat Keroba's für alle Festtage verfertigt[5]); ich stehe nicht an ihm die Rehitim מי לא יראך[6]) zuzuertheilen, deren Verfasser R. Kalonymos[7]) oder R. Kalonymos der Alte[8]) genannt wird, und aus denen bereits Raschi[9]) Stellen erklärte. Sie zeichnen sich durch Schwung und kühne Sprachbildung aus. Elasar **aus Worms**[10]) führt sogar den Ofan מלכותו בקהל עדתי **als** von **R.** Kalonymos **an** — wenn der Handschrift zu trauen ist.

M e s c h u l l a m b. K a l o n y m o s, Sohn des vorhergehenden, bisweilen auch Meschullam der Grosse oder איש רומי[11]) genannt, lebte in Italien, wahrscheinlich in Rom oder Lucca, verfasste Gutachten und einen Commentar der Abot. Er ist Simeon's älterer Zeitgenosse, und vielleicht hat sein Sohn Kalonymos in Mainz gewohnt, wo man neuerlich den Grabstein eines R. Meschullam b. Kalonymos aufgefunden. Er hat eine Keroba für das Sühnfest verfasst, und zwar, wie aus einzelnen

---

[1]) Simeons Sulat endigt בגילה ברנה בשמחה רבה אלה ובאלה, wie **die** poetischen **Maarib** haben; vielleicht waren die Worte בגילה ברנה früher an Festtagen **auch im** Schlusse des עזרת **im** Frühgebete. — [2]) Der Anfang der Selicha lautet ממצר צעקתי מחמת מציק מפשי und ihr Verfasser ist Mose b. Natan. — [3]) Chaskuni, אמרי נעם und Commentar ms. נטעי נעמנים: בשלח f. 9a. — [4]) oben **S.** 61. — [5]) Gerschom's Gutachten in מעשה הגאונים §. 172 und שבלי ms. **§. 28** in 2 Mss. **Aber** sein Name fehlt bei Aaron hacohen 17a. **—** [6]) syn. **Poesie S. 58, 79, 99, 106.** — [7]) סודי רזי (cod. Mich. 553 f. 74a) **führt an** יראך **ודר** ויקים; Ascher **zu** Tr. Middot: בטעמים ישרוך; beide nennen רבנא קלונימוס. — [8]) Rehitim **des** R. Kalon. hasaken ist die Ueberschrift in cod. H. h. 17. — [9]) Ritus S. 200. — [10]) כוכבי יצחק in הסוד והיחוד Heft 27 S. 13. — [11]) Machsor A. 1441, cod. Saraval 68, cod. Rossi 184 im Abot-Commentar c. 3; cod. Uri 204 und Opp. 1483 Q. nur: R. Mesch. b. Kalonymos.

Nummern erhellt, die des deutschen Machsor. So wenig indessen der Umfang der kalirischen Keroba aus deren heutiger Zusammensetzung zu ermitteln ist, eben so wenig Aussicht ist in der Arbeit Meschullam's eigenes von fremdem durchweg sondern zu können. Ausser den bereits erwähnten Rehitim seines Vaters dürfen wir als ihm nicht angehörend 7 Stücke ausscheiden, nämlich: Tochecha אנוש מה, die gleich dem אנוש אין eingelegt ist, היום יכתב (Abitur N. 5), האדרת (Hechalot), לאל עורך (Neujahr), אתה הוא אלהינו (Kalir N. 24), אהללך (Kalir 59), Segen האפרם (oben S. 65). Die übrigen Nummern der Schacharit-Keroba sind in alten Handschriften folgende:

1) אימיך נשאתי, Eingang, in welchem gleich den Nummern 2 bis 5 die Zeile 4 Worte (bei Kalir 3) hat; wird in allen Mss. unserm Verfasser zuertheilt. 2) אמצת (1)[1]), 3) תאוה (2), 4) אחדה (3), 5) מורה חטאים mit dem vollständigen Namen (4), 6) אדר יקר mit zwei Refräns, akrostichisch gezeichnet, zweizeilig, die Zeile zu 3 Worten (5), 7) אנא אלהים חיים (6 bis 8), 8) אמרו לאלהים ארך (20), 9) מעשה אלהינו, anf. אין מי בשחק, nebst vollständigem מעשה אנוש תחבולותיו, 12 Strofen (19). 10) אשר אומץ (10), 11) על ישראל אמונתו (30), nach R. Meschullam benanntes Rahit[2]), 12) אפסי ארץ, mit durchgehendem Reim, 13) מי כמוך אדיר (15, 16), 14) אין כמוך באדירי (53), 15) נאמירך (27), 16) רוממו אל (54), 17) רוממו אדיר, parallel dem רוממו תומך (oben S. 58), 18) אמונתך (26), 19) הנקדש באלפי, 20) אילי שחק (21), 21) אך אתים (33), 22) אין מספר (38), 23) Silluk מי יתנה (41), 24) bis 26) אל ברוב עצות, das auch im röm. Schacharit (42 bis 45), 27) אליך תלויות, Variation des Themas ה׳ אדונינו מה אדיר שמך (Ps. 8, 2), 28) האדיר und 29) ההבן (49), 30) האמן (51), 31) האוורים (50), 32) יום אשר ההוית, wovon im deutschen Machsor nur der Eingang אל תירא יעקב u. s. w. geblieben ist (57); den Schluss bildet das unter Jochanan hacohen angeführte יום אשר אשמינו.

Unter diesen Stücken erscheinen gesichert nur die Nummern 1 bis 6, 11 und 23; wahrscheinlich sind N. 8 bis 10, 20, 22 bis 26, 28 bis 31; etwa zwölf oder dreizehn (N. 7, 12 bis 19, 21, 27, 32 und 33) fraglich. Aus dem Ganzen erhellt,

---

[1]) Die Zahlen in Parenthese gehören den parallelen Nummern bei Kalir oben S. 54 u. ff. — [2]) H. h. 17.

dass Kalir's Keroba das Muster gewesen. Vielleicht auch kannte er den Silluk ונתנה תקף, an welchen der seinige einige Male erinnert.

Für Musaf sind drei Stücke, sämmtlich mit Namenzeichnung versehen, vorhanden:

33) Reschut אמיץ ארץ מילולי in 10 Strofen, nach dreifachem חזק ist ה' gezeichnet, endigt קימני והקימני להסד ולרחמים תגני בכתוב בדברי קדשך nebst Spr. 3, 4.

34) Aboda אמיץ כח, aus 176 Zeilen jede zu 5 Worten bestehend, reimlos, nach Art der französischen gebauet; א' bis נ' vier-, ס', ע' acht-, פ' bis ש' zwölf- und ת' 24fach. Dahinter 20 den vollständigen Namen gebende Zeilen. Endigt mit Ps. 144, 15. Unter allen bekannten Aboda's die einzige, in welcher das kurze Gebet des Hohenpriesters nicht erwähnt wird [1]).

35) Aboda אשוחח נפלאותיך, aus 322 Zeilen jede zu 4 Worten bestehend; auf א״ב, תשר״ק, א״ב, jedes vierfach, folgt ein zweifaches תשר״ק (nur נ' und ב' sind einfach) und 16 den vollständigen Namen (ohne חזק) zeichnende Zeilen. Endigt wie die vorhergehende Aboda. Vier reimende Zeilen bilden die Strofe. Während in אמיץ das Thema der Aboda mit Zeile 45 anhebt, geschieht es in אשוחח erst bei der 143. Zeile, fast wie in der Aboda von Jose. Aboda אמיץ ist erklärt in cod. München 346, Aboda אשוחח in cod. Opp. 1069 F. Die letztere war an verschiedenen Orten, wie ich glaube von Sachsen und Mittel-Deutschland üblich, befand sich in einem eigenen Hefte (קונטרים), das vermuthlich alles dasjenige enthielt, was die eigentlichen Machsor als in den meisten Gemeinden ungebräuchlich übergingen; bisweilen, z. B. in cod. München 86, wurde sie später am Rande der Aboda אמיץ nachgetragen.

Ausserdem haben wir von Meschullam: 36) Pesachjozer אפיק, nach dem Muster des von Salomo hababli gedichteten und die beiden Sulat 37) אוכרך und 38) אתה אלהים, welche in Handschriften (H. h. 37 und 182a) ausdrücklich nach R. Meschullam dem Grossen b. R. Kalonymos genannt werden.

Anführungen: aus N. 6 אדר יקר die Stelle השרה bei R. Elasar [2]), N. 29 התכן in רעת זקנים 74d, aus Aboda אמיץ in

---

[1]) vgl. onomast. S. 274. — [2]) irrthümlich mit einer Stelle aus Saadia verbunden in catal. Bodl. p. 2208. —

סדרי רוי ms. f. 66a; aus Aboda אשותח[1]) Tos. Joma f. 21a, Sebachim 86b: ובן יסר הפייט הוקמו מחצות אפר לבערה הרים כפיום רשן הבערה[2]), wie es scheint von Isaac b. Ascher halevi. Aus Jozer אפיק bei Raschi Mezia 69b, Chaskuni בשלח.

Simeon b. Isaac b. Abun in Mainz.

Stammtafel:

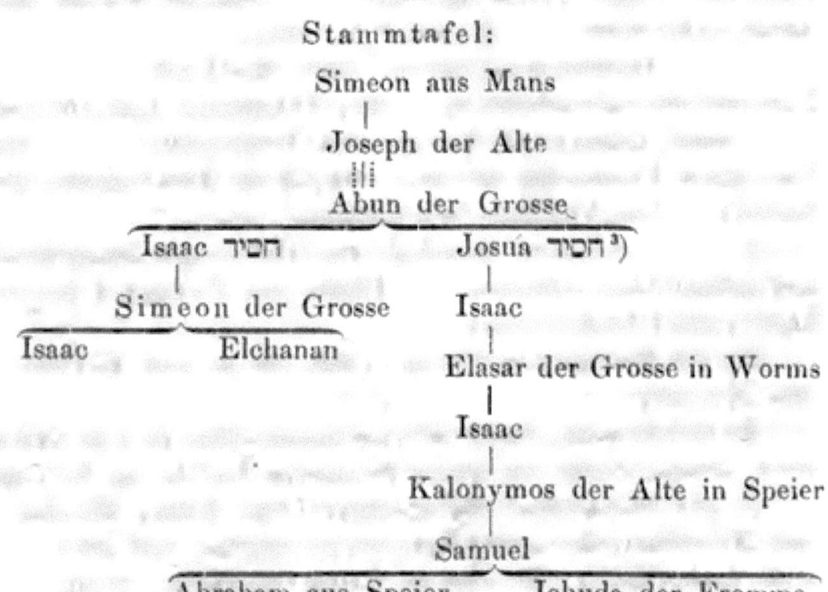

Er ist der Zeitgenosse R. Gerschom's[4]) und empfing Schreiben von Meschullam b. Kalonymos[5]); war bei seiner Gemeinde im verdienten Andenken geblieben[6]). Bereits um das Jahr

[1]) vgl. Flekeles תשובה מאהבה N. 1 § 52. — [2]) so im Ms. — [3]) Bei Sal. Luria ist nach diesem Namen eine Lücke, da gleich mit Isaac dem Vater von Kalonymos fortgefahren wird. — [4]) רבינו גרשם הקשה לרבינו שמעון über dessen Piut שבטי יה 7. Pesach (H. 17). נראה בעיני הרב ר' שמעון בר יצחק נ"ע ובעיני רבינו גרשם זצ"ל (או"ה Zidkia's, ms. § 73), auch bei Asulai ועד 42b, wo er von שמעון הגדול unterschieden ist. Bei einer Beschneidung in Mainz am Neujahrstage wurden R. Gerschom und R. Simeon b. Isaac angefragt, s. Or sarua ר"ה 275, hieraus Anm. zu Mordechai Sabb. Ende in Alfasi 86a. — [5]) Rga. der Geonim 13a, wo מיחם gedruckt ist; das richtige מחם [צל קוני] ist bereits aus dem Ms. in syn. Poesie 407. Eben so schreibt Simeon: מחם צלך (Sel. אנקת אסיר) synonym mit מחם אברתך (Neuj. שולחתי), מחם האברה (Elieser b. Natan, Gedicht אלי עורי Zeile 2). Statt מחם hat Rahit חסיון צלך בכל און. — [6]) in seinem Seelengedächtnisse heisst

993[1]) hat er eine Techinna verfasst; folglich ist er nicht der Simeon, der im Frühling 1096 kurz vor der Metzelei in Mainz gestorben, auch ist Raschi's Mutterbruder wohl ein anderer als unser Peitan[2]). Dass er einen Sohn Mose gehabt, der auch Poesien verfasst[3]), ist ein Irrthum. Zu seinen Zuhörern gehörte sein Vetter Elasar b. Isaac[4]) und wie es scheint auch Jakar[5]), der Vater von R. Jacob b. Jakar. Von seiner Wirksamkeit als Gesetzlehrer ist nur selten die Rede; doch seine Festpoesien verbreiteten sich über Frankreich und Deutschland, seine Bussgebete drangen bis Polen und Italien vor. Dass אשמן Finsterniss bedeute, beweist R. Tam[6]) durch eine Stelle[7]) in dem Piut des Wochenfestes.

Simeons Arbeiten bestehen zur Hälfte aus Bussgebeten und sabbatlichen Stücken, zur Hälfte aus Festtags-Compositionen; die letzteren sind:

A) für Neujahrfest: Jozer, Ofan, Sulat und Keroba in zehn Nummern.

B) für Pesach: Jozer des Zwischensabbat in vier Nummern; Jozer, Sulat und sechs Nummern Keroba am 7. Tage.

C) für Wochenfest: zwei Jozer, Ofan, Sulat; Keroba in acht Nummern; der Silluk hat gleichen Anfang mit dem alten eines Anonymen[8]). Er geht in Kalirs Fusstapfen, in der Illu-

---

es: שטרח בעבור הקהלות והאיר עיני הגולה בתורתו (Opp. 1708 Q., H. h. 42); ובטל גזירות ist in verschiedenen Memorbüchern (Mainz, Mameladorf u. a.) hinzugefügt.

[1]) Selicha אחולה מעי (gott. Vortr. S. 386, syn. Poesie 175), hat חלף אלף ועוד in Opp. 1105 F., H. 15, 16, 38, Sorbonne 106 und einem römischen Machsor des 14. Jahrhunderts; im Nürnberger Machsor, in Opp. 1073 und 1074 F., Rossi 655, sowie in Ms. Schor A. 1278 ist dieselbe Zahl im Texte, es wird aber in der Glosse bemerkt, dass der Dichter תשע מאות ועשרים ועוד geschrieben, d. i. demnach das Jahrzehent zwischen A. 988 und A. 998. In 5 Handschriften (Opp. 1104 F., München 67, H. h. 39 und 57, cod. Berol. 15) heisst es תשע מאות ועוד. — [2]) Raschi Sabb. 85 b (mein Raschi S. 311) und Erubin 42 b; in beiden Stellen als Gerschoms Zuhörer. — [3]) Ghirondi תולדות S. 262. — [4]) מצרף לחכמה 14 a. — [5]) Raschi Sabb. 80 b. — [6]) Dunasch S. 94. — [7]) והאיר אשמן (שעשוע). Ausserdem hat Simeon: עלט אשמני (Jozer אמונים), אשמני עלט (Sel. תורה), באשמנים לעלוט (Sel. אתה האל), womit zu vergleichen אישן ואשמן (Binj. b. Serach Sel. אנא ה׳), אשמני בהו und אופל וחשך וערפל באשמנים (Binj. b. Samuel Wochenf. ארני und Silluk), באשמנים לאשמנים (Tobelem Jozer ארנן), והנה אשמנים (Amitai Sel. למה), באשמן ובעלטה (Sel. מום אין). — [8]) oben S. 68.

stration des Mose-Liedes folgt er Mose b. Kalonymos; doch überragen ihn beide an Kühnheit und Kürze. In der Behandlung des Pesachjozer weicht er von Salomo babli etwas ab. In seinen Keroba's ist die erste Nummer nach א״ב, die zweite nach תשר״ק, die dritte gibt in 11 Strofen seinen Namen. In der Pesach-Keroba lehnt N. 1 an sieben, N. 2 an zehn, N. 3 an neun Verse ככתוב; in der des Wochenfestes bilden die Anfänge der auf N. 3 folgenden Verse den Namen שמעון. Die Keroba-Verse des Neujahrs sind eilf an der Zahl und passen zu den einzelnen Strofenschlüssen: in einer Handschrift zwölf, deren Anfänge [שמע בר יצח] die Trümmer des Namens bilden. Die Nummer שבתי וראה (Neujahr) besteht aus 9 Abschnitten, jede von drei Strofen; abwechselnd schliessen zwei Kadosch-Strofen — und nur diese rezitirte die Gemeinde — als Refräns die Abschnitte, die nur der Vorbeter vortrug. Dem מלך עליון fehlen in den Ausgaben eilf Strofen, die Buchstaben ב׳ ד׳ ו׳ u. s. w. bis ת׳[1]). In dem Stücke כל שנאני שחק ist in den Schluss-Halbzeilen nach Beendigung des Alfabets, dem יצחק der Eröffnungs-Halbzeilen parallel (Zeile 1, 4, 5, 6, 8, 9) יצחק, und dem אלו ואלו parallel (Zeile 2, 3, 5, 8, 11) אלחנן gezeichnet. Eben so haben im Jozer מלך אמון die Kadosch-Strofen hinter des Verfassers Namen die Worte: אלחנן בני יחי לארך ימים לחיי עד יכתב אמן סלה[2]), während im übrigen Texte zum Schlusse in den je zweiten Zeilen א.—חח—לחנן בני angebracht ist, der Namen von dem doppelten ח, auf חיים (Leben) hindeutend, unterbrochen. In allen Ausgaben des Machsor und selbst in den meisten Handschriften wird der Sulat des Neujahrfestes vermisst, und bereits vor 500 Jahren[3]) suchte man nach einem Grunde. Simeons Sulat, auf die Charakterverse des Tages gebaut, besteht aus dreizeiligen Strofen, die erste lautet:

אזור נא עז למלוך בתוכי שכינתך יהלך ה׳ ימלוך

die letzte:

קיים נקמות הנבאות בימי צאתך מתלאות אראנו נפלאות

und ist שמעון ברבי יצחק חזק gezeichnet.

---

[1]) Es sind die für מלך אביון (Ritus 140), die erste beginnt בזוי ומשסה יפול מכסה פשעיו, die letze תוחלתו נבוכה תקותו נעלבה. — [2]) die Euphemie חבלי (synag. Poesie S. 372) ist ein Heidenheim nachgeschriebener Fehler. — [3]) Abr. Klausner 7a, hieraus in Maharil, Neuj.

Für Sabbate besitzen wir von ihm die folgenden Stücke:

Sabbat שירה: Jozer אבונים בנתו מתוך ברו [1]) mit 2 Kadosch-Strofen, die beide den Namen zeichnen, variirt das Mose-Lied, endigt גם עתה ישועתנו קדוש.

Ahaba רעיתי בין הבנות in 4 Strofen, die dritte beginnt רעיתי יפה, die zweite und vierte דודי: endigt כי נחם ה׳ עמו בכתוב פצחו ורננו וכו׳.

Sulat לולי ה׳ שהיה לנו in 8 Strofen, zum Theil Ps. 124 variirend; die Anfänge der Halbstrofen geben: שמעון הקטן חזק שמעון, endigt mit Ps. 135, 21.

Tischlied am Sabbat ברוך ה׳ יום יום, der strofische Vers der ersten 6 Strofen beginnt כי; die letzten drei variiren die zweite Hälfte des Tischgebetes; fast alle Strofen fünfzeilig, endigt אבי עד שר שלום.

Sulat אל אל חי ארנן mit Klagen über Verfolgungen, dreizeilig und mit Refrän אל דמי לך; endigt קדוש שבחה על זאת.

Hochzeit-Sabbat: Jozer אוהד שם שכן תרשישים, dreifach alfabetisch, mit 2 Kadosch-Strofen, geht von der Schöpfung über zur Schilderung der Ehe.

Ofan שביבי שלהבות in 11 Strofen mit Refrän ואומרים ברוך כבודו ממקומו; endigt לנורא עלילה.

Sulat אמונה עת נכבשה über den Auszug aus Aegypten, unter dem üblichen Bilde der von ihrem Bräutigam befreiten Braut. Die Zeile hat 5 Worte. Endigt על זאת רצו ושבחו אהובים ganz wie Salomo's Sulat N. 6.

Reschut in vier Abtheilungen, die Zustimmung Gottes, der Thora, der Weisen und der Gemeinde aussprechend.

a) מרשות שוכן עד וקדוש, Reim בל, endigt בעל ידי ורובבל, die Zeile hat 6 oder 7 Worte.

b) ומרשות שלומה אומן, Reim רוה, endigt לדורשיה בחקירוה כדבר שנאמר עץ חיים וכו׳, die Zeile hat 5 Worte.

c) ומרשות שותי מימיה, Reim רה, endigt ויביא משיח צדקו אמן מהרה, die Zeile hat 4 Worte.

d) ומרשות שארית עם קדוש, Reim נה, endigt כי גדול שבר אמנה, die Zeile meist von 5 oder 6 Worten. In sämmtlichen Abtheilungen ist der vollständige Namen gezeichnet. Vielleicht ist Simeon der erste, der solche poetische Reschut verfasst;

---

[1]) angeführt syn. Poesie S. 426 N. 11.

wenigstens befolgen alle späteren Verfasser von ähnlichen Reschut in Frankreich und Deutschland dieselbe Weise.

Man hat Simeons Pesachjozer mit kurzen שלמא gezeichneten Meora und Ahaba ergänzt[1]); sie lauten wie folgt:

יפה את שאריה אומתי הסבי עיניך לשוב ליראתי שניך ומלקחיך שתי בתורתי כפלח הרמון אגיחך בזריחתי ככתוב קומי אורי כי בא אורך וכבוד ה׳ עליך זרח.

ששים ושמונים מאד רחקתי אחת היא לחלקי בחרתי מי זאת המעידה אין זולתי אל עדתה אחד לעורר אהבתי ככתוב אהבת עולם אהבתיך על כן משכתיך חסד.

Irrthümlich sind ihm Asharot אתה הנחלת, Jozer Wochenfest אילת אהבים, Neila-Keroba אב ידעך beigelegt worden.

Einzelne Stellen aus seinen Piutstücken führen an: Samuel b. Meir Deut. 32, 10 (gott. Vortr. S. 389 Anm. a) und dasselbe Abot-Commentar c. 5; R. Tam (oben S. 112), Elasar bei H. Treves zu נדלו (Jozer Wochenf.), Rokeach § 201; Tosafot Pesachim 116b (Sulat אי פתרום), Chaskuni אמור (אדר והוד), דעת זקנים 74d (Sulat Wochenf.), הדר זקנים 36a, 50a, 62a (Wochenfest: תשלום, אלוף, Dekalog), Commentar ms. zu Hiob c. 28 Ende in cod. München 5 (מלך עליון), Elasar in פירוש מרכבה ms. (aus Jozer אהוביך die Worte חשמלי ברקים). Autoren des 12. und 13. Jahrhunderts führen ihn unter der Bezeichnung השמעוני[2]) auf, seinen Piut שמעונית[3]) nennend.

Binjamin b. Samuel[4]) aus Coutances in der Normandie, älter als Raschi, in dessen Zeit sein Enkel schrieb; Sprache und Charakter seiner Werke verweisen ihn jedenfalls in die erste Hälfte des eilften Jahrhunderts. Dass er Tobelem's Bruder sei, ist wohl nur Einfall eines jüngern Abschreibers[5]). Seinen Namen zeichnet er bald mit bald ohne zweites Jod, bedient sich des Ausdrucks בירבי und nennt sich סופר, מתרגם, פייטן. Er hat die drei grossen Feste und den Neujahrstag ausgestattet, einiges für das Sühnfest gearbeitet und vermuthlich auch aramäische Illustrationen und Selicha's, vielleicht Jozer für Sabbate geschrieben. Seine Arbeiten tragen den

---

[1]) das. S. 64. — [2]) ואף השמעוני יסד כן (cod. München 5 a. a. O.). — [3]) קרובה שמעונית (H. h. 240 zu אותותיך אז; Dukes rel. Poesie S. 140). — [4]) nur gelegentlich erwähnt von Schabtai (v. מחזור) und danach von Wolf (t. 2 p. 1334), war de Rossi (catal. t. 1 p. 29 unten) unbekannt. — [5]) s. unten.

altpeitanischen Stempel, erheben sich nicht selten zu dichterischer Schönheit und bestehen in folgenden Stücken:

1. Verkündigung des Pesach am grossen Sabbat, anfangend אז בגלגל; nach dem j. Targum (Exod. 19, 4) wird berichtet, dass die Israeliten in der Befreiungsnacht nach Palästina geflogen, um auf heiligem Boden das Passahlamm zu verzehren. Aehnliches hat Jalkut Jes. 363.
2. Aus 5 Abtheilungen bestehendes Pesachjozer:

a) Eigentliches Jozer אז בהעביר, mit Ausgängen der Verse des hohen Liedes, hat nach א״ב und תשר״ק den vollständigen Namen, endigt אחותי כלה.

b) Silluk אני ישנה, mit durchgehendem Reim כל, endigt רשית מקבל.

c) Ofan מה דודך מדוד, Reim מה, endigt אשלשם כברוך באופני מרומות.

d) Sulat אצלתיך קויתי, endigt במוצאת שלום, über Cant. 6, 4 bis 8, 10 sich erstreckend, alfabetisch, gezeichnet בנימין ברבי.

e) Die Geula fehlt, behandelte ohne Zweifel die letzten vier Verse, hatte akrostichisch שמואל und dürfte ברח דודי begonnen haben.

3. Von einer Keroba für 7. Pesach ist vermuthlich der Silluk אלו פינו ein Theil, der Anklänge an Akiba's Alfabet und den Silluk von Mose b. Kalonymos zeigt, in der ersten Hälfte רה, in der zweiten נים reimt und יחד כלם משלשים שלוש קדושה endigt.
4. Verkündigung des Wochenfestes; die Introduction beginnt כך גזרו, in der mit Ausdrücken, den Hechalot entlehnt, geschildert wird, wie R. Elieser im Auftrage des Synedriums die kalendarischen Festtagsregeln verkündet. Dieserhalb hatte Asaria de Rossi diesen Piut für jung gehalten; derselbe hebt בששה לחדש an. Bekanntlich wird der Thora eine sinnbildliche Weltengrösse zuerkannt. Statt der talmudischen Zahl 3200 Welten, die unser Dichter im Dekaloge hat, wird hier 1269⅓ angegeben; Kalir hat 2400. In beiden Verkündigungen kommt מוריד חנוך בן ירד vor, das gleichfalls dem Akiba-Alfabet entlehnt ist. Intro-

duction und Schluss des Piut haben gleichen Reim. Ausserdem ist das Wochenfest selbst mit 13 Compositionen bedacht, nämlich:

5. Jozer אני חכמה, dreifach alfabetisch bis Buchstabe צ׳, mit Strofenversen aus Ps. 19 und Spr. 8.
6. Sillak ומשה קבל תורה (die Buchstaben קר״שת enthaltend) oder eigentlich ברדתו הוקרן anhebend, Reim רוֹת.
7. Ofan בעלותו ההרה, nach der grossen Pesikta, Mose's Begegnen mit den Engeln schildernd.
8. Sulat בתקתי זרוע, nach Kalir's Vorbild und den ähnlichen anderer Peitanim, den Dekalog erläuternd, dessen Versanfänge hier die Strofenverse bilden.

Keroba.

9. ארכה מארץ, endigt בחדש השלישי; von den anlehnenden Versen der letzte ist derselbe (Hiob 11, 9), mit welchem die Keroba anhebt. Schlussstück יום הגדול, endigt הגנון בצלו.
10. תשע מאות, endigt סעו מרפידים, nach תש״רק; der letzte der Verse ככתוב ist Exod. 19, 19, der בקול endigt. Schlussstück בקול שופר endigt חבואי סלעים.
11. באלפי שנאן, endigt עֱלוּת אליך וְעָלָה, die Zeilen bilden akrostichisch: בנימין בר שמואל סופר.
12. אל נא אהולים וקורקסיהם, ohne alfabetische Ordnung, mit durchgehendem Reim עתה—, endigt האדרת והסלעתה.
13. אנכי אל מעוזך in 10 Strofen mit den Anfängen der Zehngebote, endigt ותקרא ואנכי אענה.
14. Pismon אראלים חמשה, gleichen Inhalts mit N. 7, endigt בעז ותפארה. Der Refrän lautet: עיר גבורים חכם עלה ויורד מרגלית מעולה.
15. אדני רגובה mit der Introduction ובכן ה׳ קנני, gleichen Inhalts mit den parallelen Stücken von Kalir (אלפים שנה), Jochanan hacohen (או טרם), Simeon (שעשוע יום). Tobelem (או מראשית), besteht aus 22 Abtheilungen, in jeder ist durchgehender Reim und derselbe alfabetische Anfangsbuchstabe der Zeilen, deren 8 bis 12 auf die Abtheilung kommen. Der Name ist zwischen der 20. und 21. gezeichnet. Endigt חרים וששים.
16. Der illustrirte Dekalog (סדר הדברות), anfangend וירד

אמר בין, für jedes Gebot ein halbes Alfabet; in 12 Abtheilungen, die zwei א״ב, zwei תשר״ק, ein א״ב und ein תשר״ק ausmachen. In jeder Abtheilung ist der Reim durchgehend. Ende: וכל העם רואים.

17. Silluk בששה בחדש נתנו לישראל עשרת הדברות, endigt ושלוש קדושתו משלשים לקשבה, aus 7 Abtheilungen jede mit durchgehendem Reim bestehend. Die erste, Reim רות, endigt אמרות טהורות; die zweite, Reim נים, beginnt אמרות טהורות בתתו, endigt לסין כהר נבנונים; die dritte, Reim לים, beginnt נבנונים ונבעה רקדו, endigt מדבר פנים אל פנים לאל אלים; die vierte, Reim שים, beginnt אל אלים שלחו להעיד, endigt וגוי קדושים; die fünfte, Reim מים, beginnt גוי קדושים נתיצבו בתחתית, endigt ועל פיו נשמעו שאר הדברות לתתומי דמים; die sechste, deren Zeilen איש (eine מלדתאיש) schliessen, beginnt לחתומי דמים הסבית, endigt לסבול שלהבת אש; die siebente, Reim כה, beginnt אש דתו קבלו.

18. Keduscha והיות בערוה לכם, mit einerlei Reim, scheint für Festtage überhaupt bestimmt, endigt בארבע חיות.

Musaf-Keroba des Neujahrfestes:

19. אגן הסהר, endigend אחר הדברים האלה, an Genes. 22, 1 anschliessend, letzter Vers ist Jes. 26, 8. Daher beginnt das Schlussstück נפש בחיריך, endigend שמש ומגן.

20. התכבשת אלפת, nach תשר״ק, endigt בוחן קח נא, nach 6 Versen folgt der Schluss באמרתך נצרנו, endigt כלויי אדמות.

21. ברוח נשברה, endigend בוק השכים בבקר.

22. Alfabetisches Gebet, abwechselnd was gedacht und was vergessen sei vortragend, hebt an משפט אות ברית בתרים, endigt תרמי כסף ברון חיות למו לזכרון זכור הזכור.

23. Pismon איום תמים דעים, in dreizeiligen Strofen, endigt כי על רחמיך הרבים. Nach je drei Strofen ein Refrän: נא המלא רחמים וחון על חתומי דמים ואל תפן לאשמים קדוש, ähnlichen Inhalts wie Kalirs אומץ אדירי und Simeons שבתי וראה.

24. באתי לחלותך ברשיון, dem vorigen ähnlich gebaut, mit Refrän: הסכה ושמע ישראל אגודים לחנך כתואל ונעריצך אין כאל קדוש, ein Sühngebet mit strofischen Versen, worin

חסד, endigt חסדך ואמתך תמיד יצרונו. Der Name ist dreifach gezeichnet.

25. אסלד לקורא הדורות, zweizeiliger Hymnus mit zwei Refräns: מלך תחון und תשובב לבצרון; endigt חוק רוכב שבעה.

26. Silluk אבן אתה אל מסתתר[1]), fast nur Gebet und Midrasch, eine Stelle völlig reimlos (כי אתה הוא אלהים אדיר u. s. f.); gegen Ende tritt mit הוד והדר מעילו der Reim wieder ein, endigt בשלוש קדושה להקדיש בהוד הלולו.

27. Keduscha וחיות בוערות מראיהן, alle Zeilen אש schliessend, endigt חיות אש.

Sühnfest:

28. Dreizeiliger Pismon אליך אורי וישעי[2]), endigt כי עמך מקור חיים, zwiefach alfabetisch mit Ringwort und einem alle drei Strofen wiederkehrenden Refrän: העתר נורא ואיום לקיים ממך פדיום ונעריצך בכל יום קדוש.

Hüttenfest:

29. Jozer אבוך ואבך, worin מה טעם מצותם, wie in N. 1, ist fast nur halachisch und endigt אדון על כל הארץ.

30. Sulat אמונת עזי הקץ, in den strofischen Versen סכה oder סכך, endigt והסך עלימו.

Vermuthlich gehört unserm Verfasser auch

31. die poetische Beschreibung vom Tode Mose's[3]), die אין לפענח anhebend nach dem Midrasch dieses Namens im Sillukstil gearbeitet ist und פסו אמונים מבני אדם endigt.

Die Nummern 2a und d, 7, 8, 11, 18, 24, 27 haben den vollständigen Namen, in 11 und 24 auch סופר, in 2c פייטן; in N. 1, 2b, 2c und 6 ist der Name mit dem zweiten Jod, in N. 4, 10, 15, 19, 20, 21, 23, 25, 28, 29, 30 ohne dasselbe, im Schlusse von N. 20 vermuthlich auch מתרגם gezeichnet. N. 4 wird im roman. Machsor unserm Dichter zugetheilt. Abgesehen von den Keroba-Nummern 12, 13, 14, 16, 17 haben vier Stücke (N. 3, 22, 26, 31) gar keine Namenzeichnung, und ist namentlich N. 22 zweifelhaft, da im französischen Ritus des Neujahrtages Stücke von Kalir, Binjamin, Tobelem, Jehuda

---

[1]) in einem röm. Machsor ms. in zwei Tachanun verwandelt. — [2]) Ritus S. 103 N. 19. — [3]) das. S. 88.

und Ungenannten mit einander abwechseln. Von den Sabbatjozern ist in dem nächstfolgenden Artikel die Rede.

Aus N. 21 ist die Stelle, welche die Alten von ihm anführen (ני ארבעים קולות בהריענו)[1]), die überdiess seine Schrift oder seinen Bescheid besassen, aus welchem hervorgeht, dass demselben der Zusammenhang von Midrasch und Piut und wie beides im Vortragswesen seine Wurzeln hat klar gewesen.

Seine Stücke waren hauptsächlich in Frankreich und Griechenland verbreitet. Der französische Ritus hat die Nummern 9 bis 16, 18 bis 26 und 28; nur N. 3 hat das altdeutsche, N. 27 das heutige polnische Machsor[2]). Im altgriechischen Ritus sind N. 2, 9 bis 17, im romanischen N. 1, 4 bis 8, 29 bis 31. Corfu hat gleich den griechischen Riten N. 2 für den Zwischensabbat, das röm. Machsor nur N. 1 mit der Introduction der N. 4.

Binjamin b. Serach lebte 990 Jahre[3]) nach der Zerstörung, mithin im Jahre 1058 und vermuthlich im südöstlichen Europa. Er heisst bei Späteren: der Grosse[4]), auch בעל השם[5]); zu der letztern Benennung hat wohl Selicha אנא ה׳ האל, deren Zeilenanfänge den Namen von 22 bilden, vielleicht auch der Inhalt seiner Ofan Anlass gegeben. Er hat nur Jozerstücke und Selicha's, meist in einfachem Stile verfasst.

---

[1]) Semag Gebot 42, Siddur ms. vom J. 1282 bei Luzz. (Mittheilung vom Januar 1839). Mordechai ר״ה c. 3. In Maimoniot שופר c. 3 und Tos. ר״ה 33b irrthümlich Simson oder Simeon b. Jona (gott. Vortr. S. 391). — [2]) das dabei befindliche אדר קדש, welches mehrere Wendungen (כרונג מפני האש · רת איש · נצלו ממדורה עצים ואש · ומבערות מראיהו כגחלי אש) der N. 27, deren Kraft es nicht theilt, entlehnt zu haben scheint, hat im französischen Machsor einige Ausdrücke für den Sühntag anders als für Neujahrfest. An letzterm heisst es ועו ביום תקע und יחשב שח מענם; auch nur daselbst ist eine Strofe eingelegt שלמיך יחו מהרה כבודך באש, welche den Namen Salomo enthalten mag. Der Reim תהיאיש hat eine Analogie im Silluk N. 17, ist auch in Elia's Asbarot S. 56 und Hymnus אראלי אום (להתיאיש). An beiden Tagen ist eine den Märtyrern gewidmete Fortsetzung, anfangend קדשיך בנפש תאוה, gleichfalls jede Zeile mit אש schliessend; s. unten Mose b. Schabtai. — [3]) תשע מאות והשעים ועוד in N. 14; nur תשע מאות ועוד in den Selicha's אדברה und אפפו. — [4]) H. h. 182a und mein Ms. 29. — [5]) Mich. 449, mein Ms. 29: רבנא בנימין הגדול בר זרח בעל השם.

Jozer.

1. אתי מלבנון כלה für den grossen Sabbat, mit einer fünfzeiligen Kadosch-Strofe, welche die zweite, während es in der Regel die dritte ist.
2. אלהינו אלהים אמת für Sabbat בראשית (röm.) oder für Neumonds-Sabbat (deutsch), ohne Kadosch-Strofe, wie H. h. 17 bemerkt, wird in H. h. 61 commentirt und in H. h. 182a unserem Verfasser zugeschrieben. Die Strofe 'ה wird im Hiob-Commentar ms. angeführt[1]).
3. אהלל בצלצלי שמע, für Sabbat vor dem Wochenfeste, erläutert den Buchstaben Akiba's gemäss das Alfabet als die Elemente der Thora, endigt wie das vorhergehende שבת מכל המעשים und ist unstreitig von demselben Verfasser. Indess ist der Stil in beiden auch Stücken von Binjamin b. Samuel (N. 1, 4, 31) ähnlich. Wird im Ms. München 69 f. 49 commentirt.
4. Unbekanntes Jozer, aus welchem die Stelle זה הים שליש עולמו במאה וששים ושש ועוד סיימו angeführt wird[2]), mit welcher Midrasch כונן S. 27 und Kalirs Silluk Schekalim stimmt.
5. אהל בעז, aus einer einzelnen Strofe bestehend, in Handschriften Jozer genannt und קדוש schliessend, mag Einleitung oder Schluss eines Jozer sein. Die Wortanfänge bilden א״ב und Namen. Einer Handschrift zufolge[3]) von dem Verfasser der N. 2 und 3.

Seine Ofan bestehen aus Strofe und Gegenstrofe: in jener den Lobpreis der Engel, deren Führer genannt werden, in dieser die Huldigungen Israels beschreibend. In einem (N. 10) eröffnet die Gegenstrofe mit וזרע יעקב und im strofischen Verse kommt יעקב vor; in den übrigen mit ואני, und folgen ihm in diesem Bau des Ofan Menachem b. Machir, Amitai, Kalonymos, Elieser b. Natan, Isaac b. Meir, Esra; Meir b. Isaac hat ואנחנו statt ואני. Jeder Ofan hat 5 den Namen zeichnende Strofen.

---

1) cod. München 5 f. 198: וכן יסד רבי בנימן ביסוד שלו, und zwar 'ה mit dem richtigen Anfang התרה בלשון רי. Eben so mein Ms. 32. — 2) Tos. Chagiga 12a. — 3) s. Luzzatto מבוא S. 19.

6. בלולי אש ומימה, endigt שפתי תהלה; hat 5 Engelnamen.
7. במרומי רום ישבתך, endigt אלהים מחסי, hat 4 Engelnamen; die Gegenstrofe ist ein ואני anhebender Vers.
8. לבעל התפארה, endigt כבוד מלכותו, hat 4 Engelnamen; die auf ואני folgenden Bezeichnungen des Volkes sind aus dem hohen Liede. Dasselbe ist in N. 11 der Fall.
9. בירור קדושה, endigt להמשל ופחד עמו, hat 4 Engelnamen.
10. בריות מים ואש, endigt אלהי יעקב סלה, hat 8 Engelnamen, Strofe und Gegenstrofe jede dreizeilig. In diesem und dem vorhergehenden bilden die Anfangsworte der Gegenstrofe ebenfalls den Namen.
11. בשרפי אש בערה, in welchem nur Engel Metatron vorkommt. Die fünfte Strofe fehlt.

Sulat.

12. Für den grossen Sabbat אומרת אני מעשי, endigt את האהבה.
13. Dessgleichen אשרי הכלה, endigt למעבירה בגורו ימה, hat achtzeilige Strofen. Beide Stücke behandeln den Aufenthalt in Aegypten — יפיפיה[1]) — und Pharao's (סיא)[2]) Bestrafung nach bekannten Hagada's, ersteres auf die Leiden der Gegenwart übergehend. Man bemerkt einige gleichartige Ausdrücke[3]).
14. אנא השקיפה[4]), endigt אתה הוא מעולם, in 13 Strofen, Ps. 83, 2 bis 12 und 19 variirend.
15. אלהים אל דמי לך (Ps. 83, 2), endigt כאז בהגאלם, schildert den Druck und den Hohn, den die Juden erdulden.

Die Nummern für den grossen Sabbat[5]) (N. 1, 12, 13)

---

[1]) nach Jerem. 46, 20 עגלה יפיפיה (eben so N. 12, Sel. יה איום und Sabbatlied יקדשך ביום קדשי): יפיפיה עגלה hat Tobelem (Silluk N. 10); יפיפיה haben auch Mose b. Kalonymos, Isaac b. Joseph (ויושע אסירים), Sulat אשכולות, Jefet halevi (Pinsker S. 22). Häufiger ist עגלה, allein z. B. Kalir Hachodesch, Meschullam und Simeon im Pesachjozer, Binjamin b. Samuel N. 4, Meir b. Isaac Maarib, Amitai Sulat N. 5, Joseph Sel. ההיגנה, Mordechai Gesang מעוז. — [2]) auch in N. 1. — [3]) נגנע באהבה (N. 12 יצאה (צירים שלח), שלח לצירים (בנפיו פרש), כנף לפרסה (ובתאות נגנע), וגרסה — תאוה (N. 1 וגרסה להאות (יצאתי בהינומא): בראש והינומא (ובעל כבר) ועלו מכביר). Vgl. Anm. 1 und 2. — [4]) syn. Poesie S. 463, 467. Im Onomasticon S. 46 irrig unter Amitai N. 14 aufgeführt. — [5]) Belege aus N. 1 und 12 in synag. Poesie S. 390, 392, 431, 432, 448.

haben den vollständigen Namen, N. 3 zeichnet בנימין, alle übrigen בנימן; von der Identität wird bei seinen Selicha's die Rede sein. N. 6 ist bei Isserlein[1]) genannt, N. 12 als ein Sulat R. Binjamin's in H. h. 17[2]). Mit Ausnahme von N. 5 ist alles übrige nur im deutschen Ritus, N. 11 ist im Ritus von Frankreich. Einer Handschrift zufolge (H. h. 182a) wäre der unvollständige Ofan לך אלים auch von Binjamin b. Serach; eine Behauptung, zu welcher wohl die Stelle dicht hinter Jozer N. 2 Anlass gegeben.

Joseph b. Salomo aus Carcassonne hat für sein Chanuca-Jozer אודך den Stoff verschiedenen Hagada's entlehnt und ihn im altpeitanischen Stile[3]) bearbeitet. Das Jozer ist dreizeilig und neunfach alfabetisch, dergleichen sich nur in Kalir's Klage איכה אשפתו findet, wenn die drei Bibelstellen jedesmal mitgezählt werden; das sechsfache stimmt zu den Achtzehn-Keroba's der Alten und findet sich demgemäss in Kalir's שבת סורו, das an die Keroba anlehnt. Höhere Zahlen in der alfabetarischen Zeilen-Ordnung trifft man überhaupt nur bei den älteren Peitanim und zwar nur in Aboda's und Fest-Illustrationen. Fünf Aboda's haben 8- bis 10faches Alfabet, 8- bis 12faches hat Meschullam's אמיץ, worin ח sogar 24mal wiederkehrt. Salomo babli hat Buchstaben 20fach. In den Wochenfest-Keroba's von Binjamin b. Samuel und Tobelem kommen Stücke mit zehnfachem Alfabete vor; vierfaches Alfabet haben Kalir, Saadia, Salomo b. Jehuda und mehrere Dichter älterer und jüngerer Zeit. Vier- und fünffache Namenzeichnung findet sich bei Kalir, Gabirol[4]) u. A. Dass unser Dichter älter als Raschi, der ihn anführt, ist sicher, doch wohl nicht älter als Gerschom's Zeitalter, vor welchem uns kein französischer Piut bekannt ist. Das Jozer ist commentirt in Opp. 1074 F und H. h. 17.

Zahlal b. Natanel[5]) ist Verfasser des metrischen auf רים reimenden Hymnus לצור יעקב, welcher nach der Zahl der

---

[1]) N. 233 in תה"ד. — [2]) bei Kalir's Keroba אאביך. — [3]) zu den syn. Poesie S. 121, 372, 373, 374, 378, 379, 380, 381, 397, 412, 415, 416, 418, 421, 422, 426 befindlichen Belegen sind noch גרש, לעומה (vgl. das. S. 122), ערונה, פחר (vgl. S. 374), פץ, שנוסי, חשנים, תחם hinzuzufügen. — [4]) Mostedsch. אאמיר אאדיר. — [5]) syn. Poesie 103, 120, 132, 217, 475 ff., 480, 481.

Glieder [1]) aus 248 [2]) Zeilen bestehend Gottes Einheit, wundervolle Schöpfungswerke, Güte und Wohlthaten Israel erwiesen, preist; nachdem (Zeile 108—156) alles Geschaffene, dessgleichen der menschliche Leib den Buchstaben des Alfabets entstammt geschildert worden, geht das Gedicht wieder zu der israelitischen Geschichte über, zuletzt der Befreiung durch die Hasmonäer gedenkend. Vielleicht war der Piut dem Sabbat-Chanuca — das Wort [3]) wird Zeile 240 genannt — gewidmet. Der Verfasser gibt in dem Piut selber zweimal seinen Namen an [4]), spricht von Leiden und Feinden, die ihn verfolgt [5]). Seit Israel's Blüthezeit sei keiner gewesen, der gleich ihm so viele Verse — mit einerlei Reim — geschrieben [6]). Das Metrum ist das in den Bakascha's übliche [7]), nur dass unser Dichter selbst Buchstaben und Gematria's [8]) die metrische Form leihet.

Zahlal bedient sich talmudischer [9]) und hagadischer [10]) Ausdrücke, hat peitanische Wortbildungen [11]), deren mehrere

---

[1]) Z. 3: למספר כל נתחים, vgl. Meir b. Isaac im Nachmu-Jozer למנין נתחיו. — [2]) Die Alten hatten nur 247 Zeilen (alte Tos. Joma 21b), R. Tam fügte zwei Halbzeilen hinzu, die nach unserem Texte, der 251 Zeilen hat und Z. 213 liest: ועדף מן כבוד אחרון לראשון באיש וברוב ועוד גימל דברים unnöthig sind. — [3]) ימי הלל חנוכה. — [4]) Z. 51: להרבות שיר כעבדך כמו צהלל מלמד בין חברים, wo nach כעבדך vermuthlich בן נתנאל fehlt. Z. 249: לצהלל בן נתנאל. — [5]) רש כמותי באנשים (46), גדלוני כאבים מנעורי (42), ואנכי רדפוני משנאי (33). — [6]) וידעו ישרון כי בישראל גברים אשר יש בם יכולת לעשות מה אשר לא יוכלו להם בחורים אשר עברו למיום צין ישרון ולא צמח בכלהם מהורים להרבות וכו' (49 und 50). Hieraus hat man irrigerweise herleiten wollen, dass Z. dem 6. Jahrhundert angehört (first epistle of Baruch, Lond. 1855 p. 6). — [7]) syn. Poesie 89, 113. — [8]) אשר ברא בלמד (108), בית נתיבות (143), ב"דח ח"יש לנ"ס עצ"ק קטרים (181), תרי"ג מצות (183) d. i. 248, ועוד גימל (213). — [9]) כוליא 148, כיון 71, פרי 99, למול מ'חר 200, לגלג 102, וסימנך 137, סמוית 138. — [10]) התרים 178, vgl. Aruch שורים (11 und 122). Wenn man nicht וכל עמום וכל סתום טייר emendiren will — wie auch Gabirol Gedichte S. 72, Salomo Sel. עמום, Simeon Sulat תשיב haben — muss es bei אלה ובאלה עמום bleiben. Auch der Einheitsgesang (Tag 5) hat סתור ועמום, reimend auf במום, wonach עמום, das in der Hagada „behindert“ bedeutet (Aruch s. v.) in „geheim“ übergeht, wie umgekehrt bei סתר „bergen“ in „hindern.“ — [11]) syn. Poesie 372, 374, 375, 376, 381, 385, 394, 405, 406, 407, 411, 413, 425, 426, 431. Ferner אפורים (204) bekleidet von אפר, והגום (224) Hifil von rad. גון. Er schreibt שבחך (35), עבדך (47), בחסדך (53), שמך (84), vgl. das. S. 120.

mit Kalir, Saadia, Abitur[1]), Simeon[2]) und anderen Alten[3]) gemein, kennt Midrasch[4]) und spätere Engelnamen[5]), folgt in der Verwendung der Buchstaben dem Buche Jezira, wenngleich in etwas veränderter Rezension, welche die einzelnen Glieder anders vertheilt[6]). Alles diess und insonderheit das Metrum — nebst Ausdrücken wie בתי שיר (Z. 46) und מלים ספורים (Z. 234) — nöthigen uns ihn dem eilften Jahrhundert zuzuweisen, womit die Anführung bei R. Tam und der von Späteren ihm und seinem Vater beigelegte Gaon-Titel[7]) stimmt.

Da aus des Dichters eigenen Worten hervorgeht, dass ihm Gabirols Asharot und Lehrgedicht unbekannt gewesen, so war er, wenn nicht vielleicht dessen Zeitgenosse, doch jedenfalls in einem entfernten Lande heimisch. Weder sein Name noch sein Stil deuten auf Spanien, wo er überdiess völlig unbekannt ist; ersterer gleicht den Namen חושיאל, יהואל, סברון, מסתיה, קרשביה, gehört wohl dem romanischen Süden oder Frankreich an, kommt jedoch sonst nicht vor; vielleicht hat er Anlass gegeben, den Einheitsgesang einem R. Bezalel[8]) beizulegen. Noch weiter als der Name entfernt der Stil ihn von Spanien, ungeachtet einiger auch dort üblichen Wendungen[9]).

Möglich, dass dem Verfasser des Pesach-Sulat אסירים כיצאו[10])

---

[1]) צול, גיהה, נציחה syn. Poesie 393, 394. — [2]) ממעוהם (das 377), vgl. מעותי im Hochzeit-Jozer; בהגעת (Z. 75), vgl. הגעת in 7. Pesach תרגלת; vgl. מלמר בין בין מהכמים (Ofan דודי). — [3]) הנים (das. 375), הורים (das. 418) auch in Klage ואת נוי, Sel. אתהלך קדר; פורכי (das. 120, 431), מוף (das. 407) vgl. מוף Donolo der Mensch S. 15, תווי (das. 413). — [4]) כגרתי (das. 382) vgl. Raschi Gen. 32, 5. כמו הראה בראשונה u. s. w (Z. 245) vgl. syn. Poesie 126. טוּר s. ob. Anm. 10. — [5]) Zeile 88 bis 90 hat zehn Namen, s. syn. Poesie 476 ff. — [6]) Note 11. — [7]) cod. Michael: שבח מפואר מפומיה הרב צהלל גאון בן ר' נתנאל גאון זצ"ל. — [8]) כתב תמים S. 81 und 98, Juchasin ed. Kracau Anhang. Aus רב צהלל wurde ר' בצלל; noch in späterer Zeit sagte man in Polen צלאל statt בצלאל, vgl. דברי חכמים 1692 Vorw. — [9]) Gabirol gebraucht אמת (שירי שלמה S. 59, 72) oder אמת כי (das. S. 13, 17, 58, 67, 71) fast nur des Metrums halber. Eben so Zahlal Z. 153, 154, 155, 60, 194, 214 (מלכים או אמת עורו בנותו), 233 (והר מהם אמת אינם ערורים). Spanier nennen die Elemente יסודות (Z. 111), aber auch Midrasch Temura und Donolo. — [10]) ציון ערף נאהב בית אחרון מוצהב בכבוד ועשר ויהב משקל הכסף והזהב.

unser Hymnus vorgelegen hat. Dass Einige das אית מבראשית von Meir hacohen dem Zahlal zugeschrieben. wird bereits in einem alten Piut-Commentar (Rossi 655) bemerkt.

VI. KAPITEL.

Von Elia dem Alten bis Saadia.

Die jüdische Geistesthätigkeit, fast ein halbes Jahrtausend auf Asien beschränkt, verbreitet sich seit der Mitte des zehnten Jahrhunderts nach den westlichen Ländern; die Werke von Saadia Gaon und Mokamaz, die Gutachten und Gebetsordnungen der Gaonen, Masora und Grammatik, Wörterbücher und Commentarien ziehen aus den persischen in die muhamedanischen Gebiete Africa's und Spaniens, während Talmud und Midrasch, Targum, Vortrag und Piut in griechischen und italienischen Städten und von dort aus in Frankreich, Deutschland, Slavonien eine Culturstätte finden. Um 1050 war in allen Wohnsitzen der Juden Europa's die synagogale Poesie eingebürgert[1]). Keine Gegend der romanischen und germanischen Länder, die bereits von dem Einflusse grammatischer, exegetischer und dichterischer Leistungen berührt wurden, entbehrte damals eines Rabbiners oder Vorbeters, welcher den öffentlichen wie den häuslichen Gottesdienst mit Vortrag oder Composition ausstattete. Daher die Zahl der Dichter im Zunehmen, nicht minder die Gelegenheiten, für welche deren Arbeit in Anspruch genommen wurde. Von Selicha-Dichtern und Ungenannten abgesehen, gehören unter den namentlich bekannten Peitanim dieser Epoche (1050—1140) 4 den romanischen Ländern, 10 Italien, 9 Frankreich, 14 dem Rheinland; 8 Verfasser sind unbestimmter Heimat, dürften jedoch meist Mittel-Europa zuzuweisen sein.

Elia hasaken (Priscus) b. Menachem in le Mans[2]) soll ein Zuhörer Gerschom's und — was sehr wenig wahrscheinlich — ein Schwager von Hai Gaon gewesen sein. Sein

---

[1]) Ritus S. 7, 11. — [2]) ממדינת מנש H. h. 182a oder cod. Uffenb. 38, vgl. Sal. Luria N. 29.

Bruder Isaac, in Orleans wohnhaft, fünfmal von Raschi genannt [1]), war ein Schüler Elasar's des Grossen und der Lehrer von Elieser b. Jehuda, der um 1096 geblühet. Demnach dürfte Elia um die Mitte des eilften Jahrhunderts anzusetzen sein. Wie es scheint, ist er erst durch eine mit Tobelem geführte Verhandlung für Gestattung der Keroba in den ersten Nummern der Tefilla gestimmt worden. In den Selicha's zeichnet er חזקן.

1. Asharot אמת יהגה חכי, in 176 vierzeiligen Strofen, von welchen die ersten 4 die Eroffnung (gezeichnet אליהו חזק), die letzten 5, anhebend אז שש מאות und ohne Akrostichon, den Schluss bilden; Ende: מה יפו פעמיך בנעלים. Die strofischen Verse sind mit grosser Geschicklichkeit, stets dem Gegenstande angemessen [2]) gewählt. א״ב, תשרק und längere Akrosticha wechseln in den Anfängen der Strofen und Halbstrofen ab [3]) und der Verfasser zählt nacheinander auf: Gebote, Verordnungen für die Gemeinde, Vergehungen, worauf Todesstrafe und כרת, Verbote. Die Asharot werden von den talmudischen [4]) und den pentateuchischen Tosafot [5]) angeführt und in alten Handschriften [6]) erklärt.
2. סדר [7]), oder סדר המערכה, eine Zusammenstellung der täglich früh zu sagenden Bibelstellen nebst den Sühntag-Gebeten אתן תהלה לאל und אתה מבין תעלומות und dem Manna-Abschnitt (Exod. 16, 4—36). In dieser Ordnung [8]) bereits in Handschriften des 13. Jahrhunderts. Das röm. Machsor Bologna 1537, welches Bl. 3 bis 26 diesen סדר ohne jene Gebete enthält, fügt ausser einem Jehirazon und einem אלהי עצום עיני anhebenden Stücke noch 7 hymnenartige Gebete hinzu, welche

---

[1]) Sabbat 67a, Succa 40a, Mezia 7b, 23b, Temura 4a. Der im Aruch v. מרכנתא genannte scheint älter, vgl. über ואמר לן zur Geschichte S. 65. Der Gaon R. Isaac in לקוטי פרדס 17b ist Isaac b. Jehuda, wie aus לקוטי ms. und Tur I 552 erhellt. — [2]) syn. Poesie S. 97. — [3]) S. 59 unten חזק אמן, S. 61 f.: אליהו חזק אמן סלה; אבמש und אמשת (auch syn. Poesie 107 Anm. b) sind ein Irrthum. — [4]) zur Geschichte S. 47; vgl. Semag Gebot 233. — [5]) דעת זקנים 31a, הדר זקנים 27a, מנחת יהודה 81a. — [6]) Vat. 306, Harl. add. 11639, Opp. 1074 F., cod. Luzz. A. 1301. — [7]) סדר ר׳ אליהו הזקן Opp. 653 O, Rossi 591, Vat. 331. — [8]) Ritus S. 60.

sämmtlich אתה הוא ה׳ לבדך beginnend die sieben Schöpfungstage behandeln:

a) לכל הטרומים תרמת, endigt ותנעותי האורה עמך, hat den Ausdruck ראשון בלי ראשית[1]).

b) אתה חצית את המים, endigt ביד מלאכי מרומים.

c) הקוית המים, endigt הושרים בלבותם.

d) בראת את שני המאורות, endigt הכתובות בתורה.

e) השרצת ממים שרץ נפש, endigt ולבום הרויה.

f) הוצאת מן הארץ צוחה, endigt שרין ולילין ומזיקין, erbittet gelehrte Söhne.

g) בראת בשבת נחת שלאנן ושלוה והשקט, endigt ותהיה מנוחתה כבוד.

Wie viel hiervon dem alten Elia gehört, bleibt fraglich.

3. (Vielleicht) Jozer אגורה באהלך mit 7 Kadosch-Strofen; die diesen vorausgehenden Alfabet-Buchstaben (רחלער) sind ein-, die anderen zweifach. Vielleicht steckt in der vorletzten Strofe die אליה zeichnet auch noch בן מנחם[2]).

4. (Vielleicht) איש הוקם על מקרים אשמורות. In cod. München 346 wird zur Tekiata זכר תהלת Buchstabe ה mit den Worten ובן ישי הוקן folgende Strofe angeführt:

איש הוקם על מקרים אשמורות
בעד משפטי צדקך להשים ומירות
גבורה כי ורתה באמצע משמרות.

Das הוקם על in Beziehung auf David (2 Sam. 23, 1) haben auch Simeon (אי פתרום), Sulat אמת ויציב דבריך, Hoschana למען אב הגוסה, Hymnus אצלצלה und spätere Dichter (Sulat אדני מעון, Maarib אדיר במרום, Gebet מי העומד, Sel. אקשטה). Bei Abraham hacohen (Jozer אות) heisst es קם על; הוקם בעל יראתך hat Kalonymos Jozer אור תורה.

In einigen Mss., z. B. cod. Rossi 62, cod. Sorbonne 8, wird der bekannte Einheitsgesang unserm Verfasser

---

[1]) Note 12. — [2]) כל — יתקנו — מנוחה — מרשת.

zugeschrieben, was de Rossi (Dizionario S. 110) irregeführt hat.

Joseph Tobclem (Bonfils[1]) b. Samuel in Limoges, Zeitgenosse Elia's hasaken, im Vitry-Machsor und sonst[2]) „der Grosse“ genannt, ist für sein Zeitalter ein nicht gewöhnlicher Dichter; im Schwung der Gedanken Mose b. Kalonymos gleich, übertrifft er ihn nicht selten in der Schönheit der Bilder. Von seinen hauptsächlich den französischen Riten eigenen Poesien, die einen bedeutenden Theil der Festzeiten umfassen, sind folgende bekannt:

Pesach: grosser Sabbat.

1 Jozer אאמיר מסתתר, stellt — wie es scheint durch Midrasch Abchir[3]) angeregt — der Reihe nach die göttlichen Thaten bei der Schöpfung, dem Auszuge und der künftigen Erlösung nebeneinander, daher beginnt die je dritte Strofe ולעתיד; ein ähnliches Verfahren beobachten Jozer des grossen Sabbat von Menachem b. Machir, Sulat אומץ דתותי von Joseph, Pismon ימי חדות (Hachodesch) von Isaac Giat. In den Pesach-Maarib von Joseph b. Jacob und Jekutiel b. Joseph wechselt die künftige mit der alten Befreiung ab.

Keroba:

2. אלהים בצעדך, Schluss סלה ארוממך, welchem Ps. 77, 16 vorangeht.

3. ממסגר אסיר, Schluss לבך ועיניך mit vorangehendem Verse Ps. 37, 4.

4. ישעי וכבודי. In diesen Nummern wird neben der Befreiung der Sabbat gefeiert, indem der Verfasser annimmt, das Sabbatgebot sei zur Zeit des Auszuges verliehen und in Marah nur erläutert worden.

5. כרם חמד mit durchgehendem Reim. Die dort angegebenen 90,000 Myriaden (Engel) stammen aus j. Tar-

---

[1]) ist aus meinen gott. Vortr. (S. 390) und additamenta (p. 314) in de Rossi's übersetztes Wörterbuch (S. 314) übergegangen, wo J. b. S. „aus Frankreich (Bonfils)“ Grässe veranlasste „aus Bonfils in Frankreich“ zu schreiben. — [2]) Hapardes ms., תמים דעים N. 108. — [3]) Jalkut Gen. 5d. —

gum Exod. 12, 12 und der Hagada אמרו כשירד [1]), die vermuthlich einer Rezension des Midrasch Wajoscha entlehnt ist [2]).

6. יצאת לישע עמך [3]) in 12 vierzeiligen Strofen, drei Worte die Zeile.
7. Pismon אמנה גדולה mit Refrän יוצאי חפזון, letzterer יוסף ersterer טוב עלם gezeichnet.
8. alfabetischer Reschut אבוא בחיל [4]).
9. halachischer Seder אלהי הרוחות, in dessen zweiter Hälfte die Ordnung des Pesach-Abends beschrieben wird, welche in Memorial-Worten auch besonders, als von Tobelem stammend, vorhanden ist [5]). Der Schluss חסל סדור פסח endigt in Handschriften mit zwei Versen (Jes. 51, 11, Obadia 21).
10. Silluk אין ערוך אליך erläutert zugleich hagadisch die Gebräuche des Festabends.

Zweiter Festtag.

11. איבים כרוכו במכת בכורים alfabetisch, endigt ירדו במצולות. Dazu Refrän: יום זה עשה ה׳ ובו נגיל בה׳ סלסלוהו עם ה׳ פסח הודו לה׳; scheint dem ersten Tage anzugehören, s. weiter unten N. 35—38.

Die Keroba, deren Stoff theils der Auszug theils die Darbringung des Omer (Levit. 23, 10) bildet, besteht aus folgenden Theilen:

63. אברות יונה שפתים חופה, endigt הבאת העומר, dazu der Schluss יתפאר המרומם, der אברהם עבדו endigt.
64. מלוש בצק עד חומצתו, endigt למחרת יום טוב, wozu als Schluss ישראל בעשיו, endigend ישני חברון.
65. יצאת לישע בפושים schliesst בן שנתו.
66. אל נא ארוה צוית צדק עדותיך im Sillukstil und gleichreimend (תיך), endigt ונומרה גבורותיך.

---

[1]) wie mein pentat. Commentar ms. (zur Geschichte S. 100) bemerkt. Angeführt Bechai 84c. — [2]) הליכות קדם S. 41 (dasselbe in לקוטין ms. und kürzer in H. 17). Das אמרו auch in Mich. 533, H. 182a. Vgl. Ritus S. 45. — [3]) in den Ausgaben ירדת להציל anhebend. — [4]) die Worte כדת חדשה bedeuten דברי סופרים (Erubin 21b, vgl. j. Pea 2, 4, Midrasch Kohelet 85d zu Kohel. 1, 10), grosse Pesikta Abschnitt 15 (התורה חוזרת להרושה), Akiba's Alfabet S. 27, Targum nebst Raschi Jes. 12, 3. Aehnlich מסלסלים בה כחדשה ולא כישנה (מרשות מרומים Thorafest). — [5]) Hapardes ms. und ed. (15c oben, wo nur ר׳ הגדול). Hagada ms., Vitry (Luzzatto biblioth. 54b).

67. טורף אריה בדי גוריו in 6 Strofen, die מה מאד בחמורות עתידים להתעלות endigen und טוב עלם zeichnen.

Siebenter Tag.

12. Maarib ויושע ארון איומה, auf Anfänge und Schlüsse der Verse des Mose-Gesanges gebaut. In dem mittleren Stücke heben alle 8 Strofen ויושע an. **Endigt** ה׳ יברך את עמו בשלום.

13. **Jozer** אנעים אומר בעדוני יוצרי, die **Strofenverse sind die** erwähnten Vers-Anfänge, endigt מה רבו ה׳ מעשיך.

Keroba:

14. את השם הנכבד והנורא, vierfach alfabetisch, **Schluss** וכרו אעלה; der erste Theil (א׳ bis ו׳) endigt ויושע ה׳ ביום ההוא, der zweite (Buchstabe ו׳) מגני ארץ.

15. חולחל פתרום, Schluss נחלתו ועמו; der erste Theil (ח׳ bis מ׳) endigt מי כמכה באלים ה׳, der zweite (Buchst. נ׳) מלך חיים.

16. סלעי ומצודתי bis בהר נחלתך, Bibelverse und שמו אל יופיע בקדשו, endigend תפרח והגל mit den üblichen Versen ימלוך und ואתה קדוש.

17. אל נא בלשון אשר הללוך, Reim רים, endigt ובפנים מסבירים, **worauf** חי וקים u. s. w.

18. Pismon ידידים כיצאו בבושרות, 12 Strofen, endigt ועל אויבי יתגבר, schildert der Mechilta[1]) folgend die 10 Gesänge, **die Israel anstimmt, deren letzter der Erlösung** vorbehalten bleibt. Zeichnet יוסף בר שמואל טוב עלם יחי.

19. אדיר בעברו על אדמת סוינים, **endigt** כל העמים. Refrän: כהראיתנו נסים בגבול לוד וחנסים בן תפליא לעמוסים מושיע חוסים.

20. ימין ה׳ רוממה נאדרי ומופלאה[2]), **endigt** כי גמל עלי, **die** strofischen Verse haben שיר.

21. Illustration des Mose-Gesanges ויושע איום אום אני חומה[3]), endigt ה׳ ימלוך לעולם ועד. Jeder Versanfang eröffnet die 4 bis 6 Zeilen der Strofe und wird von drei

---

[1]) Daher ist האזינו aufgenommen, Salomo übergangen; das Gegentheil findet in Simeons Sulat אז פתרום statt. Tanchuma lässt Jehoschafat weg und zählt dafür das hohe Lied mit, während die Rezension in Jalkut Exod. 242 aus beiden Gesängen Davids Eine Nummer macht. — [2]) im Ms. überschrieben: אחר מר׳ יוסף טוב עלם. — [3]) א״ב, תשר״ק, א״ב, תשר״ק, vollständiger Name, א״ב, תשר״ק, vollst. Name, א״ב, תשר״ק und טוב עלם חוק.

Worten mit gleichem Anfangsbuchstaben gefolgt. Die zweite Hälfte der Zeile ist eine Bibelstelle. Die Strofen werden durch eine dreizeilige Uebergangs-Strofe mit einander verbunden. Beispiel:

מרכבות קלקל קרקר קשה כברוש
רשע בגבה אפו בל ידרש
מרכבות שודד שלח שטף ונדע
תבואהו שואה ולא ידע
ידע עמו לתן בצלצלות הבונים בטבעו סוס
ומצלות תהומות יכסיומו ירדו במצולות.
תהומות הועבו תנין תמרו נקראו
שופו עצמותו וראו רואו.

22. Silluk אמרו לאלהים מה נורא מעשיך, endigt reimlos: בן יעריצו ובן יקדישו לאל הקדוש הנקדש בשלוש קדושה בסוד אילי קדש.

Achter Tag.

23. Jozer אומר ברוך מעללי יה, zwiefach alfabetisch, mit dem vollständigen Namen, endigt מה רבו מעשיך.

24. Sulat אז כארסתה, der gegenwärtig am grossen Sabbat üblich ist; endigt עזר אבותינו[1]) u. s. w.

Keroba:

25. אתה האל עושה פלא nach א״ב, endigt לזקני ישראל. Schluss יושע ויחון סלודו.

26. למשקוף מזוזות nach תשר״ק, endigt תולה ארץ על בלימה.
Schluss: ימחץ וישות סעירי, der נבריה endigt.

27. אך אילים שרי צען nach את ב״ש, endigt לנגוף את מצרים.

28. אל נא מי ימלל גבורותיך אלהי עולם, Reim לם, Sillukstil, defect bei העצומותיו למללם.

29. Pismon יכון בחסדך כסא ושביות החמדה, dessen Strofenverse anheben, zu Anfang יוסף, dann א״ב [Anf. אומר לאסירים], am Ende שב עלם gezeichnet. Die beiden letzten Strofen sind:

---

[1]) über עוזר in N. 24 und 33 s. oben S. 91.

קולות רגלי מבשר בהרים הרץ בית מרפידך במלוכת בית פרץ
שם יתעלה המהודר בערץ ישמחו השמים ותגל הארץ.
תופס לפנים היה יוצרו יחוננו טבסיסו והמונו בצל ידו יקוננו
עליון למכון מקדשך לשם ושאר התננו ישמחו כל חוסי בך
לעולם ירננו.

30. **Pismon** ארמון כשבתו על משפטו, **die Zeilenanfänge alfabetisch**, endigt תגבורת שבת דוחה ונרצה, vielleicht für den zweiten Tag [1]) oder den Zwischensabbat; hat zwei abwechselnde Kadosch-Refräns, die zugleich den Namen zeichnen:

יחודש בית לבנון וסכת ינון פסוחיו יגנון קדוש.
יחובב יטבב וסדריו ישובב פתחיך נסובב קדוש.

31. **Silluk** אערך בקר ואצפה in 6 Abschnitten: der erste, Reim מה, endigt ובמופתים ובמלחמה; der zweite, Reim צא oder צה, beginnt ובהגלותו לנקום מארורים, endigt וכמו אב אברהם אשר רצה; der dritte, Reim תים, beginnt חלק זה לילה, endigt בבלל מומתים; der vierte, dessen Zeilen sämmtlich עשרה schliessen, beginnt וכוכות אב המנוסה בעשרה, endigt למלא שירים עשרה; der fünfte, dessen Zeilen כבוד schliessen, beginnt ואז ישימו לה כבוד, endigt ליראיו כבוד. Der sechste hat verschiedenen Reim, beginnt מדת התריוט und endigt ומעריצים שלוש קדשה בקדש ככתוב.

---

32. **Jozer** ארנן חסדך in siebenzeiligen **Strofen**, für den grossen Sabbat im französischen, für den **zweiten** Sabbat nach dem Feste im polnischen Ritus.

33. Sulat אמנם פסו מעדני nach א״ב, ג״ד, im Strofenverse עזר, endigt אתה היית עוזר.

34. Sulat אריות הריחו scheint durch eine Gefahr veranlasst. Beide **Sulat** waren in deutschen Gemeinden nach dem Pesachfeste üblich; keine dieser drei Nummern hat einen Pesach betreffenden Inhalt.

Möglicherweise gehören ihm auch folgende Compositionen einer Keroba für den ersten Tag, deren Trümmer nur vorhanden sind, nämlich:

35. I. אנך עשיריה לרום הועל, bricht ab beim Buchstaben

[1]) so in cod. Rossi 405.

Samech: [ומרקדה] סע אחרי כסוס רוהר, ist die erste Nummer; die folgenden beiden fehlen.

36. IV. Anfang fehlt, beginnt mit וצלוחית מיוהלה, כלם נבקעו, Reim לה, endigt חי וקים. והאמירותו ידר שלל ויונק להללה u. s. w. V. ist unsere N. 11.

37. VI. überschrieben סדר, hebt an: אגידה הודות באיתיאל בינות ברביעי כשר אל ונגואל גדולות אדוה למושיע וגואל דלוי פלאיו לבאר כהואל, bricht ab hinter dem Buchstaben ל mit דוחפו בצל אל.

38. VII. Silluk-Fragment, das להודות לפניו לילות וימים ליחד שם הקדש ולהמליך בקול נעימים להעריץ ולהקדיש כצבאות מרומים ככתוב וקרא וכו׳ schliesst.

Wochenfest.

39. Maarib ויורד אביר; der mittlere Theil hat den strofischen Reim עת zu תת השבעות passend.

40. Jozer אות ומופת קדשה, dessen zehn Strofen mit den Eröffnungsworten des Dekalogs schliessen und vierfach akrostichisch אני יוסף חזק zeichnen. Endigt לא תחמוד אשת רעך.

41. Sulat אור ישראל וקדושו, zu drei Worten die Zeile. Schon vor 550 Jahren war dieser Sulat in Deutschland am Sabbat des Abschnittes נשא (Numer. 4, 21) üblich, welcher dem Feste unmittelbar vorangeht oder folgt.

Keroba:

42. אמרות ה׳ אמרות טהורות nach א״ב, die beiden letzten Strofen zeichnen jede שש, תת. Endigt העודה להוריש בחדש השלישי, der letzte der darauf folgenden 9 Verse ist Ps. 68, 9. Schluss ישראל ושבטיו סבבו, endigt כתרים ומגנים.

43. תורה תמימה משיבת נפש nach תשר״ק, endigt אלף לחוגגים בעצרת נדבה. Von den 8 Versen ככתוב ist der letzte Ps. 19, 10. Schluss יהדו ועדו סגני, endigt עמדו חיים.

44. אמיצי שחק ופליאי תבל nach א״ת ב״ש, wie mit Israel die ganze Schöpfung über die offenbarten Gesetze jubelt, endigt ליום נחקק להקריב בכורים, worauf 7 Verse, ימלוך und ואתה קדוש.

45. אל נא ארוממך נצח בעז וברננים mit Reim נים, endigt ושבחוך עליונים ותחתונים.

46. יה ברדתו מגבוהים in 12 Strofen mit ähnlichen Schlüssen wie N. 40, den Dekalog erläuternd; die Zeile hat drei Worte, die Strofen geben zu Anfang den vollständigen Namen. Endigt וכל העם רואים.

47. Pismon אדיר ונאור קורא הדורות in 9 Strofen, mit Refrän: תורת ה׳ תמימה משיבת רוח ונשמה. Die nach Anhörung des ersten Gebots leblos hingesunkenen Israeliten erhalten auf Verwenden der Thora durch Thau ihr Leben wieder. Ende: קשבם השאר משה בחירו.

48. Pismon איומה חשוקה in 7 Strofen betet um Wiederherstellung des ehemaligen Glanzes, welchen Inhalt der Refrän כהופעת מְשחקים ללמדנו חקים כן תופיע להקים שושנת העמקים kurz andeutet. Ende: פְּקודי ה׳ תשובב לנויהם.

49. אז מראשית כל מפעל mit der Introduction ובכן ה׳ קנני u. s. w. in 23 Abschnitten, jeder mit durchgehendem Reim, die ersten 22 jeder zehnfach alfabetisch; hinter dem Waw ist יוסף, hinter dem Resch טוב עלם und im letzten Abschnitt יוסף בר שמואל gezeichnet. Ende: להושיעם יוצרם סביב חונה.

50. וירד אביר לבאר קשות ורכות, Illustration des Dekalogs in zwölf Abtheilungen, jedes Textwort der Anfänge (וירד, וידבר, אנכי, לא יהיה לך u. s. f.) beginnt 9- bis 13mal hintereinander eine Zeile, mit einem biblischen Verse schliessend, welcher in jeder Abtheilung den gleichen Anfang hat. Das Schlusswort einer Abtheilung bildet den Uebergang zu der nächstfolgenden. Als Probe die letzten drei Zeilen der ersten nebst den ersten drei der zweiten Abtheilung:

וירד יְקָרים מפו לשנן בגשתו   איש מהיר במלאכתו
וירד כְּמוסות להוריש נגידים בשבר   איש שמע לנצח ידבר
וירד לָשית צֵל צַר כָּליל   איש גבור חיל
חיל וצבאות גבוהים חרדו ויחד תומהים וידבר אלהים
וידבר מֹשל ארץ מעלה רוה   שמעו את הדבר הזה

וידבר נָאור לישר לב עקוב	שמעו דבר ה׳ בית יעקב
וידבר שַׂגִּיב מֵשרים בנעם לדבר	שמעו כי נגידים אדבר·

Die Zeilen bilden zweimal א״ב, תשר״ק, יוסף בר שמואל und dahinter noch einmal א״ב. Ende: יקוו שניך פלאים המורישך דת במוראים וכל העם רואים. Die Bibelverse beginnen: 1) איש, 2) שמע, 3) עשה, 4) תבנית, 5) אשר, 6) או, 7) אל, 8), 9) und 10) כי, 11) עד, 12) לי. Der Silluk fehlt; sollte es derjenige von R. Joseph [1]) sein, in welchen von Schaufäden die Rede ist?

Neujahrfest.

51. Maarib מלך אמיץ כח רב עלילה, worin alle Strofen מלך anheben. Der mittlere Theil hat den strofischen Reim רון zu ביום הזכרון passend. Endigt עלינו הפרוש. Aehnlich gebaute Strofen hat Menachem b. Seruk [2]).

Aus der Keroba für Schacharit sind vorhanden:

52. Pismon יראים מבקשי פניך, 21 dreizeilige Strofen, zu drei Worten die Zeile, akrostichisch sechsfach יוסף בר שמואל zeichnend — bis auf den letzten Buchstaben ל, der nur dreimal vorkommt in der Schlussstrofe לחינה תפקד עניים לשיתנו היום נקיים לאור באור החיים. Der Refrän lautet: ישובון עמך לבצרון ומלטנו מאף חרון ונקדישך ביום זכרון קדוש, er erinnert an den ähnlichen von Simeon: שמרי מצותיו עוד u. s. w.

53. אאפד ישועה למלך, an Kalirs אדרת ממלכה erinnernd, besteht aus sieben Absätzen, jeder 4 dreizeilige Strofen stark, deren letzte mit קדוש schliesst. Der siebente Absatz reicht indess nur bis ש und hat in seiner Kadosch-Strofe den Namen Joseph gezeichnet; möglich dass uns der letzte, ת und die Ergänzung des Namens enthaltend, fehlt. Das Ende lautet: הרונך רחמיך יכבשו קדוש.

Zu der **Musaf-Keroba** gehören:

54. **Reschut** איככה אוכל פנים להרים in 9 Strofen mit Zeichnung des vollständigen Namens. Endigt: חוק ורעותי אלהי המשפט וחלצני למענך המלך המשפט [3]).

---

[1]) Tos. Arachin 2b. — [2]) Luzzatto Bibliot. 26b. — [3]) In einigen Mss.

55. Hymnus אלהי צורי איחדו, zweizeilig, zu drei Worten die Zeile. Der Anfang ist dem der Selicha איחד צורי[1]) ähnlich. Ende: תצלצלוהו (בארבעים[2] תרועות טהר וקדש בחירהך עשה למען מלכותך.

56. Mit der Introduction ובכן נמליכך eröffnet Hymnus אבירי ארץ יאמירו במרץ mit den Ausgängen ה׳ מלך u. s. w.[3]), ist dreifach alfabetisch; Ende: תקיפי תורה יתמידו בזמרה ה׳ מֶלֶךְ, יקרים ונאים ישגבו במוראים ה׳ מָלָךְ, פליטה חמושים יומרו בקדושים ה׳ ימלוך ל״ו.

Hüttenfest.

57. Maarib אחוי בידם, dessen mittlerer Theil den zu סכות passenden Strofenreim כות hat.

58. Ofan[4]) יריעו כל בני אלהים, abwechselnd drei- und vierzeilige Strofen, mit dem stetigen Schlusse כי ה׳ הוא האלהים. Die letzte Strofe lautet: חשמלי רתת ורעמים זיקים וזועות ורעמים קול דממה מרעימים כי ה׳ הוא האלהים. Der vollständige Name ist gezeichnet.

59. Hoschana כהושעת טמון גמא nach dem Muster ähnlicher von Abitur, ist für Sabbat. Die 6 Strofen zeichnen טוב עלם. Ende: אשר בחסד הוכן כהיום ביום שבת.

60. Hoschana אנא יחיד נצור כבבת, gleichfalls für Sabbat, in drei Strofen, gleichreimend und לך כאקרא ביום שבת schliessend.

61. Hoschana איומה נחבסת ומופרכת, gleichreimend אים, endigt חשוף ורוע קרשך ויבושו שבאים.

62. Hoschana כהושעת ידיד ברדתו להלום, zweizeilig und endigend קורא הדורות מראש. Die letzten drei Hoschana's haben die vollständige Namenzeichnung. Nur in wenigen Stücken zeichnet er טוב עלם allein (N. 55, 59, 67), oder statt dessen neben dem Namen הקטן (N. 9, 39, 51, 57).

---

ist noch eine Strofe יראה לפניך, Verf. Jacob, hinzugefügt, welche אגן הסהר (Binjamins Keroba N. 19) endigt.

[1]) man vgl. noch אסלדו איחדו (N. 14 Anf.). — [2]) ein Ms. hat dafür בששים תקיעות. — [3]) syn. Poesie 290 Anm. b, Ritus 141. — [4]) für welches Fest der Ofan bestimmt ist geht aus dem Inhalt nicht hervor.

Zu N. 9 verfasste R. Samuel aus Falaise[1]) einen in Or sarua (Th. 2 § 256) abgedruckten Commentar; zu N. 2 bis 7, 32 und 34 enthält ein Machsor des britischen Museums, zu N. 24, 32, 39 bis 44, 46, 48, 49, 51, 52, 54, 56, 57, 59 eine Handschrift Luzzatto's, zu N. 40 bis 50 cod. Rossi 405 erklärende Glossen.

Anführungen: aus N. 5 im Commentar ms. Abschn. בשלח, aus N. 6 in Chaskuni שמות, N. 9 in Tosafot (mein Raschi S. 313, zur Gesch. S. 47), Maimoniot חרמים, Semag Verbot 79. N. 10 in Semak § 220, Hagahot Mordechai סדר של פסח (Luzz. bibliot. 50a), N. 20 in הדר וקנים 25a (בתחלה u. s. w.), N. 50 in הדר וקנים 32b, wo weder Verfasser noch Piut genannt sind, s. synag. Poesie S. 396 כלבול.

In der Nachschrift eines Münchener Talmudcodex[2]) werden Tobelem, Binjamin b. Samuel, Mose und ein aus dem Feuer wunderbar geretteter Abraham zu Brüdern und Tobelem selber zum Stammvater einer zweihundert Jahr jüngern Gelehrtenfamilie gemacht, — Nachrichten die der geschichtlichen Unwissenheit des 14. Jahrhunderts angemessen sind.

Jehuda hacohen, Verfasser der romanischen Keroba für Mincha, gehört der Beschaffenheit seines Stiles nach spätestens dem eilften Jahrhundert an. In den ersten beiden Nummern ist das Alfabet wie bei Jannai und Kalir vertheilt.

1. אחר עצם היום, א׳ bis ל׳, endigt בעלות המנחה. Auf 4 Verse deren letzter Ps. 141, 2 folgt der Schluss ערב ואורה endigend אברם אל תירא.
2. מעת תחן גש לתפילה, מ׳ bis ת׳, endigt בערה ואבלה; es folgen 3 Verse — der letzte ist Ps. 51, 21 — und der Schluss פרים נערוכה, endigend למאמינים נערכה.
3. התמור ארבעה נכנסו, nach תשר״ק, endigt וירא כל העם.

---

[1]) angeführt Chajim א״ז Rga. N. 143 und 199. Vgl. meine additam. p. 317, wo auch Maharil zitirt ist. Er ist auch Verfasser des Memoriale קדש ורחץ (Luzzatto in המגיד 1862 S. 45) und einer Erläuterung von „Alenu“ (cod. B. Foa 1). Vgl. zur Gesch. und Literatur S. 37. — [2]) s. Steinschneider hebr. Bibliogr. N. 32 S. 40.

Die Nummern 2 und 3 behandeln Elia's Mincha-Opfer. Auf 5 Verse, ימלוך und ואתה קדוש folgt:

4. אתן תהלות למלך, ein dreizeiliges Gebet, dreifach alfabetisch, dessen Strofenschlüsse die Versanfänge vom 145. Psalm sind. Ist zweimal יהודה הכהן gezeichnet.

David b. Huna, der Verfasser eines im römischen und romanischen Machsor befindlichen Pesach-Jozer[1]) hat die gleichen strofischen Ausgänge mit Salomo und Meschullam, aber kürzere Zeilen, einfachere Sprache; hagadischer Stoff und talmudische Ausdrücke werden sparsamer verwendet. Der Name — בן statt בר — ist ohne weitere Zuthat nur in dem Silluk angebracht. Die Eröffnung des Ofan mit dem Verse גן נעול haben alle römische Peitanim. Von seiner Composition sind folgende 4 Stücke da:

a) Jozer ארבר מישרים, vierfach alfabetisch.

b) Silluk צאינה וראינה דרך' מישרים in 12 gleich reimenden Zeilen.

c) Ofan גן נעול אוספו in 6 Strofen.

d) Sulat אתית יום.

Elia b. Schemaja, den ein Neuerer[2]) Elia hasaken nennt, und welcher nur als Dichter von Selicha's[3]) bekannt war, hat einen Reschut[4]) zu Jochanan's Sühnfest-Keroba verfasst, welcher אימתה ופחד ויראה anhebt, בצדקתם אתחזקה ובזכותם אשען endigt und mit dem vollständigen Namen[5]) gezeichnet ist. Aus אבן העזר N. 38, verglichen mit dem Gutachten, das Samuel b. Natronai mittheilt, geht hervor, dass Elia in Bari gewohnt, so dass die frühere Vermuthung[6]), dass Elia einem griechischen Orte angehört, zwiefache Bestätigung erhält.

Schabtai b. Mose, Oberhaupt[7]) in Rom um 1050. Sein Pesach-Jozer[8]) besteht aus folgenden 6 Theilen:

a) Jozer אנעים חדושי שירים, vierfach alfabetisch; die je

---

[1]) syn. Poesie 64. Belege: das. 376, 380, 388, 394, 397. — [2]) סליחות Vened. 1600 f. 28 b. — [3]) syn. Poesie 206. — [4]) Ritus 99. — [5]) אליה בירבי שמעיה חזק. — [6]) itinerary of Benj. de Tudela Vol. 2 p. 34 und 23 vgl. mit gott. Vortr. S. 393. — [7]) ראש כלה syn. Poesie 202, רבנא (א"ז, ה"ה § 275. Agudda), הרב ר' (ראב"ן 49 c), רבינו (Mord. Sabbat Ende bei Alfasi 86 a). — [8]) vgl. syn. Poesie 64.

zweiten Zeilen bilden das 44 Buchstaben umfassende Namens-Akrostichon.

b) Silluk צאינה וראינה שמחה יום, wie im Silluk Salomo's mit verändertem Reim in der zweiten Hälfte, endigt wie jener.

c) Ofan גן נעל אשר, wie Meschullam's Ofan gebaut, mit Anklängen an den Salomo's [1]), endigt לענות חילי ברקום. Akrost. שבתי.

d) Sulat איומה נבונה כשחר, dreizeilig, mit dem vollständigen Namen; die beiden letzten Strofen, Cant. 8, 8, 9, 10 variirend, haben vier Zeilen. Ende: נשירה ונזמרה גבורתך.

e) Geula zu Cant. 8, 11, 12, 13. Nur eine Strofe [2]).

f) ברח דודי אל שכן in 4 achtzeiligen Strofen; die Zeilen heben, wie bei Simeon, ואם und ואתה, und ausserdem hebt die je fünfte Zeile וזכור an; endigt כמשוש חתן על כלה. Akrost. שבתי.

Seine Sprache, insonderheit im eigentlichen Jozer, ist fast so dunkel wie der Piut von Salomo b. Jehuda.

Jechiel b. Abraham, wahrscheinlich der Vater des Verfassers des Aruch, hat für den Esther-Fasttag eine Achtzehn-Keroba geschrieben, anfangend אשנן עוך, zehnzeilig und sechsfach alfabetisch; das Namens-Akrostichon ist vierfach.

Jehuda b. Menachem ist wahrscheinlich der Vater von R. Menachem b. Jehuda [3]), der um 1140—50, vielleicht noch zur Zeit Benjamins von Tudela Gesetzlehrer in Rom war. Seine harte Sprache [4]) und ein Stil, der oft an R. Natan's Verse erinnert, scheinen ihn zu dessen Orts- und Zeitgenossen zu machen. Bekannt sind von ihm folgende meist nur im Ritus von Rom übliche Stücke:

1. Jozer für Sabbat vor dem Hüttenfeste ארומםך אל ארון אביר, dessen zwei letzte Strofen lauten:

---

[1]) עטור תג עטרה, פונות לבו, קבל פשוטה, משלים עתיקים. — [2]) כרם אשל ידיד משנת יבש אומלל וערב כל שנת כרמי יונטע ומתחתיו יצמח הושבת שבולה אם הבנים תשמח. — [3]) Hapardes 39b, Aderet Rga. Th. 2f. 58d Mitte, Maharil Rga. 18 (wo נחום statt מנחם gedruckt ist). Vgl. itinerary etc. Vol. 2 p. 19, 20 mit Luzz. Biblioth. 59a. — [4]) synag. Poesie 387, 388.

חֹושה זְמן קֵץ גאולה ונעבוד לך בשמחה וגילה כי אתה ה׳ האל ישועתנו סלה.

יום הַנבחר וְהנבחן בהמוני דִברי רצון הֹגות לחיך ברעיוני לזכרון לפני ה׳ קדוש.

Nach Beendigung des א״ב zeichnen die Anfänge der Strofen יהודה ברבי, worauf noch מנחם חזק folgt.

2. אדני אלהי אתה ארוממך, Jozer für den zweiten Chanuca-Sabbat, endigt המחזיק ותומך דכה קדוש.

3. Sulat für denselben אל ישראל נותן עז ותעצומות, endigt וקבעום לדורות קדוש ישראל יאדירו.

In beiden Stücken heisst die Heldin Judit oder Susanna, Tochter Hasmonai's; auch ist in beiden vollständige Namenzeichnung.

4. für Purim: ימלא פי תהלתך, 11 Strofen, vor und hinter dem Alfabet zeichnet der Namen. Endigt האלה בזמניהם.

Grosser Sabbat:

5. Jozer אני חומה ושדי כמגדלות, vierzeilig und zwiefach alfabetisch. Die Kadosch-Strofe zeichnet יהודה. Ende: המו מעי גדולתו מלאחור קדוש.

6. Sulat ארוסת אמונה ארוסת צדק ומשפט, endigt קריאתו לה מכל בנות להשתגבה, hat den vollständigen Namen.

Wochenfest:

7. Jozer אור ישראל קדושי, die Strofenschlüsse sind sämmtliche Versanfänge der Fest-Lection (Exod. c. 19), Ende: גדולה למשוי תלית ויאמר ה׳ אליו לך רד ועלית; ist dreifach alfabetisch und יהודה gezeichnet.

8. Silluk וירד אב לנביאים ראש לחכמים, die Anfangsworte der Zeilen bilden die zwei dem Dekalog vorhergehenden Verse, endigt הארתי הליו.

9. Ofan אנכי אדיר באדירים, Reim רים, endigt כשבולי אש נהרים, variirt die Worte des ersten Gebotes.

10. Sulat יש לפעלתך שברים, endigt וכל העם רואים.

---

11. Jozer für Sabbat Nachmu את יום פדותכם, dessen Strofenverse der Haftara entlehnt sind, endigt להאמירו קדוש, hat den vollständigen Namen.

12. Jozer Thorafest אמרת רנן ערוכה mit Strofenschlüssen, welche die Versanfänge der Fest-Lection sind, vier-

fach alfabetisch (קר״ש drei- ת׳ sechsfach). Die je zweiten Zeilen bilden ein langes Akrostichon. Ende: תפנוקים הרום להתפנקה ולכל הוד התוקה. Der Bau und die Sprache wie in N. 7.

13. Schibata (ודרמיש) für Sabbat Schekalim, gebaut auf Ps. 3, 4, beginnt ואתה אברה לשאת ראשינו, schliesst ויתברכו מברכותיך חם וקנינם.

14. Schibata für Sabbat Para, auf Hiob 28, 23 gebaut, beginnt אלהים איוה שבינתו בתובי להשרות, endigt ויערה עלינו רוח נדיבה. Beide Schibata's zeichnen den vollständigen Namen.

Die Infinitive לְהִגָּבֵר (3), לְהִגָּבֵר (11), sind kalirisch [1]); den Ausdruck תחפיש רצוצים (5) hat Binjamin b. Samuel (N. 1); mit כהגורה (4) stimmt Kalir's לדגויר [2]); פטפט (6) haben Jechiel b. Abraham und Amitai (N. 2), לילך (N. 5) hat eine Parallele in לישב der Keroba's von Jochanan und Judan hacohen (vgl. syn. Poesie 378 ob.). בירבי zeichnet der Verfasser in N. 2, 3, 12, ברבי in N. 1, 6. 11.

Elia b. Mordechai, schon vor mehr als 500 Jahren רבנא betitelt [3]), zeichnet בירבי und seine Keroba-Schlüsse sind nicht akrostichisch. Seine Mincha-Keroba ist im französischen und deutschen, theilweise auch im romanischen Ritus und besteht aus folgenden Stücken:

1. אותך הביר, א׳ bis ל׳ mit dem Schlusse צדקה.
2. מואדב ויהיר, מ׳ bis ת׳ mit dem Schlusse לפניו; beide Nummern mit durchgehendem Reim.
3. אראלים mit der Namenzeichnung hat durchgehenden Reim ־ים. Sehr wahrscheinlich gehören ihm auch:
4. Silluk כי רבובו, ohne Reim und alfabetische Reihefolge;
5. Keduscha כבודו אמוניו ינקה, alfabetisch und aus drei achtzeiligen Abschnitten bestehend, wozu es noch einen vierten [4]) gibt, der nur aus 4 Zeilen, die אליה zeichnen, besteht, anfangend און קול, endigend בסוד קדושים, dessen Aechtheit dahingestellt bleibt.

Isaac b. Jehuda lebte um das Jahr 1080 [5]) und verfasste

---

[1]) oben S. 40. — [2]) Ritus 240. — [3]) cod. Berlin 10. — [4]) cod. München 4. Band 2. — [5]) יוצר מאלף קמעה האכלתם לחם דמעה (N. 2).

Jozerstücke für festliche Sabbate; Ideengang und Ausdruck [1]) sind in altpeitanischer Weise. Die Nummer 12 abgerechnet, die französische Mss. enthalten, gehören die übrigen dem romanischen Ritus; vermuthlich ist die Heimath des Dichters im europäischen Osten zu suchen.

Schekalim:

1. Jozer אשא דעי למרחוק nach א"אב, נד"ד hie und da an Kalir's Keroba anklingend, endigt קדוש יעקב אשר שבת קדוש.
2. Sulat אקוממה ולב אבינה, dreizeilig, die strofischen Verse sind aus dem 80. Psalm [2]) und zwar V. 2 bis 6, die Anfänge von V. 7 bis 14 und V. 15. Ende: גאלם כמנוף כבוזת ופקוד גפן ואת.

Sachor:

3. Jozer אפיקרון בתוך חלק alfabetisch (die ersten 3 Buchstaben zwiefach), endigt קדש שביעי מכל הימים קדוש.
4. Sulat אלו שלש מצות, zwiefach alfabetisch, die Zeile zu drei Worten, endigt גאול כמהים מארום.

Para:

5. Jozer אקרא יומם ולא אדמה, 29 dreizeilige Strofen, einige halachischen Inhalts; erst in den letzten vier ist von der Schöpfung die Rede. Ende: ויכלו השמים והארץ וכל צבאם.
6. Sulat אמרות ה' אמרות טהורות, zwiefach alfabetisch, halachisch in zum Theil talmudischen Ausdrücken. Ende: נחוה ולא נאבדה כמו מעבודה כבדה.

Hachodesch:

7. Jozer אחלה פני בורא mit zwei Kadosch-Strofen [3]), verbreitet sich hagadisch über die zehn ägyptischen Plagen. Aehnlich dem kalirischen ארבע ערכים heisst hier dieser Sabbat ערך החדש. Endigt ונשגב שמו לבדו קדוש.

---

[1]) syn. Poesie 408 Z. 5 v. u., 417 Z. 4 v. u., 432 Z. 9, 440 Z. 12 v. u. 458 Z. 5. 484 Z. 11. חָיְץ (N. 11), לן מלן (das., vgl. Ritus 241 N. 36). חנ"כל ש"צם (N. 5) gleich Binjamin b. Samuel (N. 15), Abraham (Ofan כבודו), Meir b. Isaac (Jozer Nachmu), Amitai (Ofan N 13). — [2]) liest auch V. 4 אלהים צבאות, wie unter andern cod. Kenn. 245 vom J. 1290 hat. — [3]) eine eigene Strofe für den Buchstaben ש fehlt.

8. Sulat אז מראש הודרתי in achtzeiligen Strofen, jede Strofe hat vierfachen Reim [aabb, ccdd]. Nur die Buchstaben חטה sind jede vierzeilig, vermuthlich fehlen uns 4 Strofen, eine hinter jedem derselben. Inhalt ist die Erlösung aus der ägyptischen Dienstbarkeit. Ende: ובמו אז נתעלה תתעלה למעלה למעלה.

Grosser Sabbat:

9. Jozer אלי צורי וישעתי mit zwei Kadosch-Strofen verbreitet sich über einige das Fest betreffende Ritualien, ähnlich dem Seder Tobelem's, endigt קדש שביעי לנכחו.

10. Sulat אלכה לי ואשובה, zwiefach alfabetisch, zweizeilig, zu 6 Worten die Zeile, die Befreiung unter dem Bilde der erlösten Braut schildernd, gleich den ähnlichen Stücken von Binjamin b. Serach, Tobelem u. A. Ende: קומי שבי ירושלם הרחיבי מקום אהלך.

Sabbat בראשית:

11. Jozer ארנן לבקר חסדך, das Schöpfungswerk beschreibend. Die Zeile hat 3 Worte. Ende: חוקו בנורא וקדוש.

Die bisher aufgeführten Stücke sind unstreitig von einem und demselben Verfasser. Die Nummern 1, 2, 3, 6, 7, 8, 10 zeichnen יצחק; N. 4, 5, 9, 11 den vollständigen Namen: in den N. 5, 6, 9 ist auch הקטן, in N. 9 und 11 auch חזק, in N. 9 vielleicht auch לעד אמן angebracht. Die N. 5 hat die Namenzeichnung viermal: a) יצחק, b) יצחק חבר, c) יצחק בר יהודה הקטן, d) יצחק.

12. (Wahrsch.) Jozer ארוה s. oben S. 91.

Weniger gesichert ist die Identität für folgenden Ofan, wiewohl derselbe in den Strofen-Anfängen יצחק בר יהודה zeichnet:

13. Ofan ידרון ידרון כל חילי קרטון, in 11 vierzeiligen Strofen mit dem Refrän קדק ה׳ צבאות. Die letzte Strofe lautet:
הוא קדוש ומשרתיו קדושים מפחדו רועשים ומתרעשים עירין
וקדישין במורא מקדישים לנערץ בסוד קדושים.

Binjamin b. Asriel, welcher im Akrostichon dem Vaternamen החבר voraussetzt, hat wahrscheinlich in Frankreich gelebt, indem seine Tobelem's[1]) Muster folgende

[1]) vgl. פתר. נוגשים. חמסו. ורחק (N. 4 bis 6) mit נחלתו. חולחל. זכרו. כלעו (Tobelem N. 14 bis 16), N. 9 mit Tobelem N. 20.

Keroba im ältern französischen Ritus üblich war. Die ihm gehörenden harten Formen[1]) und die ganze Sprachweise verweisen ihn spätestens in die letzten Jahre des eilften oder die Anfänge des zwölften Jahrhunderts. Seine Compositionen sind für das Pesach-Fest und bestehen aus folgenden Stücken:

1. Jozer אומר לאלי בהגיוני mit Strofenversen des Mose-Gesanges; die zweiten Zeilen bilden das Akrostichon des Namens. Ende: ה' ימלך לעולם ועד.
2. Ofan בארח רבעי לרעי אחבר[2]) endigt ונתחברות ועופפו.
3. Sulat אוכיר בתחן ובאהב, mit verschränktem Reim und מצרים schliessenden Strofenversen, z. B. מכות ופצעים סבאים לפרעה ועמו לחרוב ולהפיל בלבם נכאים ויבא ערוב בכל ארץ מצרים. Ende: מיד מצרים.

Keroba:

4. אבא בגבורות מפעלות האל, endigt ובמשה עבדו, nebst Schlussstrofe ורחק וירחק.
5. חמסו פתרוסים nebst Schlussstrofe נוגשים אצים.
6. סתר סלה תהיה und Bibelverse.
7. במצרים נלחם, ימלך und ואתה קדוש.
8. אל נא אום בחרת העלית, alfabetisch mit beständigem Reim, endigend ובתחתונים.
9. בקול תודה וזמרה. Die Strofenschlüsse heben ויושע an. Ende: תשועה גדולה.
10. איום ונורא שדי ומי יכילנו, endigt מן הארץ; der Anfang erinnert an Mose b. Kalonymos.
11. Illustration des Wajoscha, der Tobelem's ähnlich, beginnt ויושע אל אלהים ה' יהודה ואפרים בכחו הגדול ממצרים.

Die Nummern 3 und 8 zeichnen בנימן, 1, 2, 9, 11 den vollständigen Namen בנימן בן החבר רבי עוריאל, und zwar N. 1 und 2 auch חזק. In N. 1 und 11 lautet der Name des Vaters עוראל.

Meir b. Isaac b. Samuel, poetisch Nehorai „der fromme würdige Vorbeter"[3]) genannt, war den Zeitgenossen auch als Erklärer der Schrift[4]) bekannt. In Bezug auf synagogalen Brauch, selbst den Piut-Text, galt er

[1]) Ritus 240 Anm., ferner: להוביד, כהואל, טָאוּט, שלוהים. — [2]) Ritus 241 N. 37. — [3]) Note 13. — [4]) mein Raschi S. 314.

als eine Autorität[1]); namentlich wird auf ihn Einzelnes in der Sabbat-Tefilla zurückgeführt, ferner die Einschaltung von Versen oder Stellen in das Frühgebet[2]), die Weglassung des כבתוב u. s. w. am Vorabend des Sühnfestes[3]), so wie auch die Lectionen an Hochzeit-Sabbaten[4]). Als religiöser Dichter hat er Festtage und festliche Sabbate mit Maarib, Jozer, Schibata's, poetischen Targum, Reschut, die Busszeit mit Selicha's ausgestattet. Er lebte in Worms zur Zeit Elasars b. Isaac und Isaac's halevi[5]), starb vor 1096, in welchem Jahre sein Sohn Isaac und dessen Frau in Worms getödtet wurden[6]). Die Mährchen, die von ihm erzählt werden, sind bei Bodenschatz zu finden. In seinen Compositionen herrscht ein verschiedener Stil je nach den Gattungen; einfach in Hochzeit-Reschut, dunkel in Jozer, hagadisch in Dibra's und Selicha's — daher auch Darschan[7]) genannt und als der gewandteste im hagadischen und halachischen Piut betrachtet[8]) — haben die von ihm verfassten Stücke eine grosse Popularität erlangt, und manches Fremde ist seinem bekannten Namen zugesellt[9]).

Jozer:

1. für den siebenten Tag Pesach ויושע אור ישראל, endigend נראה אור, eine Illustration des Gesanges Wajo-

---

[1]) In **der Selicha** אם עונינו las er לבלי (st. לבלי) (Selichot ed. Prag 1609) und שלומנו (תפלה שער השמים 40a), vgl. Note 13 und Ritus S. 21 (wo Anm. a מגלה st. מילה zu lesen). — [2]) צור ישראל bis קדוש ישראל nach H. h. 62 (רבינו מאיר ש"ץ שהוסיף לומר גאלינו ה' וכו') und Saraval 68 (בשם הר"ח שרבינו מאיר ש"ץ יסדו [צור ישראל] מלבו). Noch in Hamanhig (14a § 40): ויש שנהגו לומר צור ישראל וכו'. Amram's Siddur schliesst mit dem Verse ה' ימלך. — [3]) H. 61 und cod. München 346 ושמעתי שר' מאיר ש"ץ לא היה אומר כבתוב בתורת משה עבדך. Vgl. רא"בן 70a, wo das כבתוב weggelassen ist. — [4]) Note 14. — [5]) Ritus S. 197 und Note 14. — [6]) syn. Poesie 188. Commentar ms. zu Selicha אלהים אל דמי in cod. Uri 272. **Unser** Dichter heisst שליח צבור מגרמישא in H. 182a und H. 240. — [7]) ר' מאיר ש"ץ הדורשן Opp. 1476 Q. (Nachmu). — [8]) cod. Rossi 654 Vol. 2 f. 291b: וליכא מאן דידע לרצוי קמיה מריה על פי הגדות והלכות ודינין כמותו. — [9]) namentlich die beiden andern Maarib, die ליל שמורים anheben: das Joseph's b. Jacob bereits in Tosafot ר"ה 11a. Ueber ליש אותו s. oben S. 73.

scha mit zehn Kadosch-Strofen, von welchen die letzten neun מאיר zeichnen[1]); der vollständige Namen ist dreimal angebracht[2]). Wie es scheint gedenkt er am Schlusse mit den Worten בני יצחק יהודך ויעקב מאמינך seiner beiden Söhne. In Worms und einigen französischen Orten am achten Tage des Festes, im mittlern Deutschland an dem Sabbat nach dem Feste üblich.

2. Wochenfest. אדיר ונאה בקדש, zu 5 Worten die Zeile, dreifach alfabetisch mit zwölf Kadosch-Strofen. Achtmal wird מאיר gezeichnet, dreimal der vollständige Namen mit ausführlichen Euphemien für den Dichter[3]) und seinen Sohn Isaac[4]). Im mittlern Deutschland an dem Sabbat nach dem Feste üblich.

3. Hüttenfest. את השם הנכבד נאה, zu 5 Worten die Zeile, zwiefach alfabetisch mit acht Kadosch-Strofen, zeichnet 5mal מאיר, 4mal den vollständigen Namen. Die Jozer N. 1 und 3 werden im Commentar H. 17 als Arbeiten unseres Verfassers zitirt.

4. Sabbat Nachmu. ארוממך אל חי in 7 Abtheilungen, jede mit beständigem Reim und einer Kadosch-Strofe schliessend, deren strofischer Vers 'חי endigt. Das Akrostichon des Namens[5]) ist auf die Kadosch-Strofen vertheilt: 1) מאיר, 2) בר, 3) יצחק יחיה, 4) לחיו, 5) עולם, 6) מאיר, 7) מאיר יחי. Das alfabetische Gesetz anlangend sind die 6 Buchstaben גנספקת zwiefach, 8 Buchstaben (אבדהחטילמ) dreifach und 7 (וזכעצרש) vierfach;

---

[1]) lies in Strofe 4: איב רעץ — מהוללה, in 5: מלב ים, in 10: מפרש 'ה מלך. אוחור רז — [2]) 1) erste Kadosch-Strofe, 2) רומם .... או .... שמעו מלכים — או אחום — תפול יראה — ברנה יגילו צדיקים 3) בחבר קנויך. — [3]) מאיר (Kad.-Str. 6), מאיר חוק (zweimal in K.-Str. 10 bis 12), מאיר ברבי יצחק (K.-Str. 7 bis 9), מאיר בירבי יצחק חוק למאר (Kad.-Str. 1 bis 5), מאיר בירבי יצחק חוק im strofischen Akrostichon und am Schlusse: מאיר יחי לארך ימים מאיר בבא עולם יחי, wo ואוראה zu schreiben, ähnlich אורשני in N. 1 und אורסתה (Isaac b. Joseph N. 4); בבא auch in N. 1, לבא in N. 2 und 17. Vgl. syn. Poesie S. 459. — [4]) hinter יצחק der neunten Kadosch-Strofe ist akr. הקטן יוסה לחיי עד אמן ואמן סלה. — [5]) in יוצרות ed. 1589 irrig Meir b. Jechiel.

nur das He ist fünffach da. Der Schluss (להנחיל יש) ist der ersten Kadosch-Strofe von N. 1 ähnlich. ממים לשחק und לשחק בו צר ist ähnlich in N. 2: יחודו u. s. w. לשחק u. s. w.

5. Sabbat und Neumond אילת השחר אורה בהצהר, Salomo's אל נשא (N. 4) nachgebildet, die Zeile zu zwei Worten, Alfabet und Namen vierfach. Hat nur eine Kadosch-Strofe. אבן מבחר ist ähnlich אבן מפלא in N. 2; dasselbe hier מפלא פועל und מפלא פעלו in N. 4.

6. Hochzeit-Sabbat אומנות הדורה סרורה, dreifach alfabetisch, endigt גדול ונורא.

7. Dessgleichen am Chanuca-Sabbat אילת השחר הקרניה[1] כהפצילה, endigt קדושתך מפורסמת, worin הפליד ,האסים, wie in N. 5 (אסם).

Ofan:

8. מלאכי צבאות אראלי מוראות, endigt הדור ונאה, bald am Hochzeit-Sabbat, bald am Zwischensabbat des Hüttenfestes üblich.

9. משרתיו עומדים ארובים[2], 5 Strofen, endigt מדי חדש בחדשו, hat die Wendung ..... ואנחנו. Für Sabbat und Neumond.

10. מצלצלים בחלילים 4 Strofen mit Mittelreimen, Strofenreim und Refrän קק״ק ה׳ צבאות, endigt נהר דינור ומקואות. Alle drei Ofan haben den vollständigen Namen, N. 9 auch הקטן.

Sulat:

11. (Zu N. 4) אמת משל היה, 6 Worte die Zeile, im strofischen Verse נחם.

12. (Zu N. 5) אמונתך אמתו, 6 Worte die Zeile: die Buchstaben קרש haben keine eigenen Strofen, sondern ihre Stelle in der Strofe צ, — wie ein Commentator meint, weil שקר (Lüge) dem Anfange des Sulat widerspreche.

13. (Zu N. 6) אהבת עלמות עלמות מוגרה לאנשים, 5 Worte die Zeile, endigt ה׳ ימלך לעלם ועד.

---

[1]) Ritus 233. Auch Salomo's Aboda אדרת hat: הוקרני אילת כהוקרין. —

[2]) Die Worte בהקבלה נקדישו beziehen sich auf Sanhedrin 42a: להקביל פני אבוהן שבשמים כל חדש וחדש.

27. (Zu N. 2, auch für Sabbat nach dem Wochenfeste) אין זולתך ואפס דוגמתך, illustrirt in dreizeiligen Strofen den Dekalog und damit Verwandtes. Letzte Strofe: שים לב כמנוף להתדותהו טובך ימתיק כבים להעדותהו עזרת אבותינו אתה הוא. Das Akrostichon hat hinter dem vollständigen Namen noch חזק ואמץ בתורה ובמעשים טובים.

Pesach-Maarib.

14. ליל שמורים אור ישראל mit dreifacher Namenzeichnung. In Opp. 1073F und H. 240 wird unser Meir als Verfasser genannt. Man beachte die Ausdrücke אור ישראל (N. 1), מאמרי ירצה (N. 5), אדיר ונאה (N. 2). Ist nur in französischen und deutschen Gemeinden üblich.

15. Bikkur des ersten Abends אזכרה שנות עולמים, das Pesach-Mahl feiernd, zeichnet den vollständigen Namen [1]), was bereits eine alte Handschrift [2]) andeutet. Irrigerweise ist das Stück einem Isaac [3]) oder Jehuda b. Isaac [4]) zuertheilt worden. In cod. Paris suppl. 22 heisst dieses Stück: נגון.

16. Bikkur des zweiten Abends אור יום הנף, die Darbringung des Omer beschreibend, zeichnet מאיר חזק und יחי, und wird in H. 240 unserm Verfasser zuerkannt. טהר שולים auch in N. 11.

Schibata:

17. Sachor, auf Exod. 17, 5 gebaut ויבן אומן אומנות אבות, nach א״א, ב״ב, ג׳, ד״ד, ה״ה, ו u. s. f. und קרששת. In den Schlussstrofen jeder Abtheilung ist מאיר, nur in der 5. (שמו מיוחד) ist יעקב ועיר [5]) gezeichnet. Endigt

---

[1]) מקים — אומר ירושלם ברביון יופי ציון חזק (s. Landshuth onom. 68), ähnlich: ברביוני צאצאיו חתמו קדוש (N. 1), ידידות צאן חמד קדושת (N. 3), ברחוצותיו חניכיו קדש (N. 16), מרחוק את — ירושלם (N. 12), ברביצת חקה (N. 18). — [2]) das Wormser Machsor vom J. 1272, wo die akr. Buchstaben roth sind. — [3]) Machsor ed. 1568 Vened. Th. 1 f. 132 b. — [4]) Machsor ed. Homburg 1737; hiernach Mose Tobia und Heidenheim.

[5]) עזו ישלח עיר קדשו אחטיבו בצביון
או תחפץ זבחי צדק וכליל לרציון

קול מהולל מקטרג מורדיך. אל עמו ואל חסידיו. Die Worte haben eine Parallelstelle in N. 1.

18. Para, auf Hiob 28, 23 gebaut אלהים אמת אלהים חיים, der vorhergehenden ähnlich, אא u. s. f. nebst קרשתה, endigt wie N. 16. Der vollständige Name ist in der ersten Abtheilung angegeben. Beide Schibata's werden in H. 240 und Bodl. 255 unserm Meir zuerkannt.

Reschut für Thorafest:

19. für התן תורה: משך חסד ליודעיו, endigt החתן לתורה.

20. für חתן בראשית: מקדים וראש לקוראים, endigt החתן לבראשית.

Jeder, aus 4 sechszeiligen Strofen bestehend, zeichnet מאיר.

Aramäisches:

21. אילו פומי נימי, Introduction zum Targum der Haftara, mit durchgehendem Reim מי, alfabetisch und vollständig gezeichnet[1]), endigt צבי שלח לעמיה. Im Wiener Machsor N. 60 f. 306a mit der Ueberschrift רשות לוירשע מרב מאירו. Der Anfang ist aus אלו פומי כל נימי entlehnt. Haftara nebst Uebersetzung wurde an Festtagen oft von 13jährigen Knaben vorgetragen. Auch R. Meir war noch sehr jung, als er dieses, vielleicht sein ältestes Werk, verfasste[2]).

22. אבונן דבשמיא וברין, Introduction zum Gesange Mose's, mit durchgehendem Reim ין, nach dem Alfabet mit dem vollständigen Namen versehen, endigt צרריה יממי ולילין. In diesen beiden Nummern besteht jede Zeile aus drei Worten.

23. אלה עלם דמלקדמין, dessgleichen; 5 bis 6 Worte die Zeile, beständiger Reim רא. Das Alfabet endigt תקוף הדר שופריה לא לדמויי בידרא und hierauf beginnt mit מצע אילי מרומא שרקים ומדורא das Akrostichon מאיר בירבי יצחק ברבי[3]) שמואל זכור לטוב. Ende: כאו ישיר משה שבח

זכור ה׳ חבת ירושלם ואהבת ציון
עיר אלהים קדוש משכני עליון.

[1]) cod. Lips. 7 (catal. p. 278). H. 240. München 4. — [2]) פעוט אנא זעיר ליומי צבית הבא לתרגומי קלי ארים לבקומי. — [3]) die Buchstaben ר und ל in שמואל zwiefach.

הדא שירה. Die Ueberschrift lautet: יסוד ר' מאיר בנגון אילו פומי נימי.

24. אקדמות מלין, Introduction zum Targum der Lection am Wochenfeste, 90 Zeilen mit stetigem Reim תא, zwiefach alfabetisch und mit reichem Akrostichon ausgestattet. Das Stück preist den Schöpfer und Gesetzgeber als Freund Israels, welchem für die Erlösungszeit irdische und himmlische Freuden verheissen sind, — beide vereinigt, wie bei Kalir und Binjamin b. Samuel.

25. מישך שדרך ועבד נגו, zum zweiten Gebot, ist die Fortsetzung des von 'א bis 'ל reichenden reimlosen חנניה מישאל ועזריה; dreifach alfabetisch von 'מ bis 'ת in dreizeiligen Strofen und gereimt. Nach Beendigung des 'ת folgen noch zwei Strofen: eine von vier Zeilen — worin auch der Engel Gabriel spricht — und eine von drei, die als Epilog[1]) des Dichters anzusehen. Mehreren alten Mss.[2]) zufolge ist מישך von unserm Dichter.

26. אריא ונגבי zum dritten Gebot, Ermahnungen über falsche Schwüre, 19 Strofen, jede von 4 kurzen Zeilen, und zwar von 'א bis 'ט für jeden Buchstaben zwei Strofen. Endigt אסתמר דהתרעי בחיי. In einer Handschrift heisst es והירם יסדו זה הפיוט. Indess auch zu איול משה wird in H. 240 bemerkt: זה יסוד ר' מאיר. Welche sonstige aramäische Dibra's unserm Verfasser angehören ist nicht mit Sicherheit anzugeben.

Zu den üblichen Stücken findet man Glossen und Erläuterungen in alten Codices, z. B. zu N. 1 und 6 in Rossi 655,

---

[1]) טובירהון דצדיקיא דעל שמיה דקדשא בריך הוא רחיצין
דבשבחיהון ובקלוסיהון למלאבי שמושא קדמין ונחיצין
ולעתיד לנו מנהון קמי שבינתא ניחין במחוצין.

[2]) Nach einer Mittheilung Luzzatto's vom März 1853: In seinem Ms. vom J. 1301 heisst es ור' מאיר שליח צבור גמר האלפא ביתא ומשום הכי התחיל מישך שדרך (wegen des מ' begann er mit Meschach, nicht mit Schadrach, wie das Buch Daniel). In einem Siddur ms., damals in Padua, wird bemerkt: מכאן ואילך יסד הרב ר' מאיר שליח צבור על פי האגדה והמדרש. In dem Commentar Opp. 1073 F f. 95 b liest man sogar: עד כאן יסודו של הקליר מכאן ואילך מפרש מה עשה ר' מאיר שליח צבור זצ"ל. Aehnliches in cod. Canon. 1 f. 128a, 130a.

zu N. 3, 4, 9, 11, 12, 14 in H. 61; zu N. 14, 16, 24 in H. 17; zu N. 17, 18, 21 in Bodl. 255 und Rossi 655; zu N. 23 in Rossi 655, zu N. 25 und 26 in Harl. add. 11639 und Canon. hebr. 1. Leichte Compositionen wie N. 19 und 20 bedurften keines Commentars. Für die N. 2, 5 wird in anderen Handschriften gesorgt sein. Die übrigen 9 Nummern kamen, wie es scheint, bald ausser Gebrauch, blieben in den Machsor unvocalisirt und wurden daher nicht erläutert. Manches hingegen scheint verloren, so die Sulat für die Jozer 1 und 3. Ueber Einzelnes ist noch zu verweisen auf zur Geschichte S. 61, 369, syn. Poesie 62, 69, 106, 108, 109, 127, 135, 136, 138, 166, 458, 483, Ritus 63, 68, 87. Die Klage איכה אשפתו wird ihm in cod. Michael 534 beigelegt und eine Randnote in cod. München 346 behauptet, statt der Strofe שדתו עם in Jose's אפדר habe er eine andere verfasst: עד שהמלך במסבו נרדי נתן ריחו ערב רב ערבבו אבור מובחן, welches jedenfalls auf Missverständniss beruhet.

Abraham b. Jehuda hacohen, um 1060 in Mainz [1]), hat das Maarib אלהים בירתה für Wochenfest verfasst. Der mittlere Theil hat חורב zum strofischen Schlusswort; in dem Bikkur אשא רעי wird das Samech durch Schin (שבב) bezeichnet, da die französischen Juden, wie Kimchi (Richter 12, 6) bezeugt, Sin und Schin in der Aussprache nicht unterschieden. Die ersten beiden Nummern des Maarib, dessgleichen der Bikkur zeichnen nur אברהם הכהן, der mittlere Theil aber אברהם בירבי יהודה הכהן חזק בתורה. Das Akrostichon יהודה הקטן in der letzten Nummer deutet wohl auf einen Sohn Jehuda hin, wenn nicht zu בן in dem vorausgehenden Stücke gehörig. Dass die beiden Nummern, die dem Bikkur vorausgehen, ganz ohne alfabetisches Gesetz gelassen sind ist bemerkenswerth, da solches nur den älteren Maarib eigen ist.

Meir hacohen, vielleicht der Sohn des Vorgenannten und derselbe, den sein Sohn Abraham [2]) anführt und Raschi [3]) ehrenvoll erwähnt. Er — nicht Abraham hacohen, wie es bei Luria heisst — ist Verfasser des schon von R. Tam [4]) er-

---

[1]) Note 15. — [2]) Hapardes 22d. — [3]) das. 33d: אני צעיר מגדולי משרתי בית אבי. — [4]) Or sarua ק״ש § 20. Hagah. Ascheri Berachot c. 1.

wähnten Tischsegens für den Hochzeit-Sabbat[1]). Derselbe beginnt אות שמבראשית הוכתרה או מאז לראש מועטרה, ist dreifach alfabetisch, die Strofen sind durch Ringworte verbunden. Der erste Abschnitt tritt ein bei den Worten ומפרנס לכל des Tischgebetes, schliesst ישלם טוב, anlehnend an 2 Bibelverse; der 2. טוב ממלאכת משכן anhebend und nach תמיד לעולם ועד eintretend, schliesst ישועת עולמים, lehnt an einen Vers an. Nach ובעל הנחמות tritt der dritte und letzte Abschnitt ein, beginnend עולמים שנים בראת, hinter welchem, nach zwei Versen, das Tischgebet fortgesetzt wird. Die beiden letzten Strofen lauten:

תתהלל מלך בהרחיצך וזהם אור טוב הצפון לצדיקים תאיר ותוריח להגיהם יעניק רביד כהן צדק באבני מלואים ואבני שהם תתן אמת ליעקב וחסד לאברהם.

לאברהם חוק ידים בכונגך אפריון ליצחק אמץ ורועותיו בהגלותך מעוז חביון יחי יעקב ויהי עליון כי נחם ה' ציון ככתוב כי נחם וכו'.

Also akrostichisch מאיר כהן צדק חוק אמץ יחי. Eine alte Pergament-Handschrift hat als Ueberschrift dieses Stückes: ברכת נשואין לשבת יסוד רבנא מאיר כהן צדק. Der erste Abschnitt behandelt die Ertheilung des Sabbat, der zweite die Bedeutung einzelner Vorschriften für denselben, der dritte die Hoffnungen für die Zukunft (ליום שכולו שבת).

Abraham b. Isaac hacohen, vielleicht der Sohn des im Jahre 1093 in Mainz genannten Isaac b. Elasar hacohen[2]), jedenfalls jünger als der erste Kreuzzug[3]), ist der Verfasser folgender Stücke:

1. Jozer für Chanuca-Sabbat, die Geschichte von Judit und Holofernes erzählend, beginnt אל רחום ותנון בכל ענייו, ist dreizeilig, die dritte Zeile eine Bibelstelle, zwiefach alfabetisch (פ' vierfach) und mit zwei Kadosch-Strofen, von welchen die erste אברהם הכהן zeichnet. Hinter dem Alfabet ist akrostichisch אברהם כהן ברבי יצחק כהן.....; die dazwischen gehörigen Worte חוק ואמץ sind weniger deutlich, da ich nur יק herausgefunden.

---

[1]) irrthümlich „Beschneidungsfeier" in Ritus S. 71 oben. — [2]) Zidkia א"ח ms. § 67, während andere Mss. הלוי statt הכהן haben. — [3]) in N. 4: ודמי הרוגים, ferner: שפכו כמים דם צפוניך.

Die 4 letzten Strofen, anfangend העלו בו נרות שמנה, endigend ועל עמך ברכתך סלה קדוש sind ohne Akrostichon.

2. Ofan für denselben כבודו אורים במאורות, mit durchgehendem Reim, endigt כחוות המשררות, symbolisirt den Leuchter des Tempels und die Lichter des Festes; gezeichnet אברהם כהן חזק.

Beide Stücke waren ehemals an dem zweiten Chanuca-Sabbat üblich; vermuthlich war auch ein Sulat vorhanden.

Für einen Sabbat mit Beschneidungsfeier:

3. Jozer אות בריתות, zwiefach alfabetisch. Die erste Kadosch-Strofe zeichnet אברהם ברבי יצחק כהן, die letzte אברהם, das Stück אברהם הכהן.

4. Sulat אות ברית zeichnet אברהם בר רבי יצחק הכהן. Wahrscheinlich fehlt uns sein Ofan.

5. Tischsegen an einem Beschneidungsmahle, sechs einzulegende הרחמן, von denen die ersten vier die Familie u. s. w., die letzten zwei Messia und Elia betreffen. Gezeichnet אברהם כהן צדק. Einige Anklänge an Jozer N. 3 sind zu bemerken[1]).

Isaac b. Mose[2]), gleichzeitig mit Samuel hacohen[3]), Samuel halevi[4]), Natan b. Machir[5]), pflegte in der Zeit zwischen 17. Tammus und 9. Ab sich des Waschens zu enthalten[6]). Vielleicht meint denselben ein handschriftliches ס' דינים[7]); hat wahrscheinlich das Jahr 1096 überlebt, und ist jedenfalls jünger als der gleichnamige vom J. 1013[8]).

1. Jozer für den Sabbat הפסקה des 16. Adar, zwiefach alfabetisch. Erste Strofe:

אביעה נפלאות תמים דעים און ותקן לנביר הרועים המה היוצרים
וויושבי נטעים.

---

[1]) לעלום, הוכן כסאו כשמש ויהלום, לעם אחד מפזר ומפורד בין העמים. — [2]) syn. Poesie 191. — [3]) רבינו שמואל הכהן ורבינו יצחק בר משה ושאר מביני מדע Hapardes 31 b, vgl. 18 c (ed. רב יצחק, aber Ms. ר' יצחק בר משה), cod. Uri 295 f. 75 b. — [4]) Hapardes 18 c, 31 b. — [5]) ראב"ן 149 cd; ראב"ן ms. an dieser Stelle hat: רבינו יצחק המכירי בר משה נ"ע. — [6]) Hapardes 48 a, לקוטי 17 c; fehlt bei Rokeach 311. — [7]) im § 19, dass R. Isaac b. Mose nicht האל הקדוש (in מגן אבות am Sabbat-Abend) gesagt habe. — [8]) כ"ח Th. 8 S. 106.

Letzte Strofe:

משוש כל הארץ תשכלל ותבנה חי לאסורי תקוה מגיד משנה נדחי ישראל יכנס וירושלים בונה.

Sabbat vor dem Neujahrfeste:

2. Jozer אל אלהים ה' zwiefach alfabetisch, ק' und ר' einfach, der Buchstabe ד' und ח' bis פ' dreifach; hat 9 Kadosch-Strofen und ist eine Beschreibung der sieben Himmel, mit Benutzung der Hechalot.
3. Ofan שאו לבבכם nach einem nicht correct beobachteten Metrum, mit Mittel- und Strofenreim; hat 5 Engelnamen.
4. Sulat אלהים אלי אתה. Neben den Busse-Ermahnungen wird der vielen Märtyrer, der verbrannten und geräderten, gedacht.
5. Maarib Wochenfest וירד אלהים על הר סיני, dessen mittlerer Theil איומה Strofenreim hat.
6. Maarib 8. Azeret אלהים דבר; der mittlere Theil אחן צדק besteht aus 21 Strofen, indem die letzte, vierzeilige, die Buchstaben ש und ת enthält; in der letzten Nummer von 5 Zeilen sind die Buchstaben נ' bis ת' angebracht[1]). Ende: יגן עלינו ה' צבאות.

Die Nummern 2 bis 5 sind bei deutschen, die Nummer 6 war bei französischen, die N. 1 bei deutschen Gemeinden üblich. Sämmtliche Nummern haben den vollständigen Namen[2]).

Isaac halevi b. Elasar[3]) in Worms, Raschi's Lehrer[4]), hat als Jüngling noch R. Leontin hacohen gekannt[5]), stand in brieflicher Verbindung mit Raschi, Natan b. Machir, Schalom b. Jehuda, Isaac b. Isaac[6]) und anderen und genoss ein hohes Ansehen; seine Zuhörer nannten ihn „unsern heiligen Lehrer[7])“. Er starb zwischen 1070

---

[1]) נַחַץ סוד עת פלאות צִדקנו קרב רב נוראות שתולים יציצו. — [2]) N. 1 bis 4 ברבי, N. 5 בן, N. 6 בר; N. 2 und 4 auch חוק. — [3]) Der Name des Vaters, Elasar, ist zuerst nachgewiesen in zur Gesch. 63 und 566, wonach Landshuth onomast. S. 123 zu verbessern ist. Vgl. Ozar nechmad 2 S. 11 N. 18. — [4]) zu den Raschi S. 317 angegebenen Stellen sind noch hinzuzufügen: Joma 39a, Succa 35b, Megilla 26a, Sabb. 20a, Kidduschin 11b, 70a, Gittin 36a, 59b. — [5]) Taschbez 575. — [6]) Luzz. biblioth. 56b. — [7]) zur Geschichte 326.

und 1096. Von Einigen seiner Angehörigen sind die Leichensteine noch vorhanden [1]).

Stammtafel:

Elasar halevi
Meschullam halevi — Isaac סגן לויה [2]) Schneor [3]) (viell.)
Eljakim — Ascher [4]) Elieser [5]) Jakob [7]) Samuel [6]) המורה
Tochter = Isaac [ריב"א] wahrsch. [8]) Ascher [9]) Ascher } fielen im J. 1147
Ascher — Samuel [10]) }
Isaac הבחור getödtet in Würzburg.

Unser Isaac verfasste die üblichen vier Piut für den Hochzeit-Sabbat, nämlich:

1. Jozer **אדר** שלישם במעצות אשית ,אומן שבח בָּרא ישית, endigt מדרש במקומן קדוש, gezeichnet יצחק בירבי אלעזר חזק.
2. Ofan אדר קדוש המדבר שלום להסודיו mit stetem Reim. Der Schluss lautet:

קדוש בזוכר גלות ושעבוד ילדיו
רועשים סדרי בראשית בספוק ידיו
שחוק מעלה לא נמצא עדיו
תוכן ובולו מעת נדרסו **יסודיו**
יוכר למו שלוש בריח עדיו
צִמצם שכינתו כקרם בין בדיו
חבתו לעין כל יראה לחמדיו
קָדוש יאמר להם מעין כלודיו.

---

[1]) das. **404.** — [2]) vgl. Ritus 197. — [3]) zur Geschichte 404. Hapardes 45 c. — [4]) Hapardes 19 a. — [5]) syn. Poesie 198. או"ה § 60: — [6]) zur Gesch. S. 31. Ein gleichnamiger 1196 in Speier, s. ס' זבירה S. 13. — [7]) Mordechai מגלה c. 3 Ende לקוטין ms. § 179, zur Gesch. 31; wohl derselbe, welchen ראב"ן 139 c und danach die Anmerkungen דורא 7 a anführen. — [8]) **Hapardes** 16 b, 18 b, 45 bc, ראב"ן 69 c, 84 c, תמים דעים 104. Ritus 201. — [9]) ראב"ן 22 a. — [10]) ein jüngerer (הרב ר' שמואל בר אשר הלוי) fiel 1349 in Worms.

3. Sulat mit der Ueberschrift: זולת לחתן דרבינו יצחק סגן לויה. Ist nach תשר״ק und ebenfalls am Schlusse יצחק gezeichnet. Anfang תחת התפוח עוררת איומתך, Ende: מאז ממצרים בעלותה.

4. Reschut aus vier Theilen bestehend, jeder mit durchgehendem Reim, der erste מה, die folgenden ים—, nämlich:

a) מרשות אלהי קדם עוטה אור כשלמה, endigt ולקרות ה׳ שמה, alfabetisch und יצחק ברבי אלעזר.

b) ומרשות ירושת יעקב נתונה מימין, endigt מסוימים, vier Zeilen akr. יצחק.

c) ומרשות כה עוסקים לילות וימים, endigt שוכן מרומים, akrostichisch —ברבי אלעז.

d) ומרשות רוב עם הדרת מלך תמים, endigt למלך רם על רמים, akr. ר הלוי חזק ואמץ—.

Mit Ausnahme von 4c, das dort fehlt, sind in Opp. 1483Q alle Stücke Isaac's mit einem Commentar versehen.

Jekutiel b. Mose in Speier um das Jahr 1070 verfasste den Reschut יראתי zu Kalir's Keroba des Neujahrfestes, der eine hartklingende Sprache und stetigen Reim hat. Sein Sohn R. Mose lebte im Jahre 1090, ebenfalls in Speier, und wurde unter andern von Jakar[1]) befragt. Vgl. Hapardes 48a, dasselbe Rokeach 311, Piske Recanate 189, Maimoniot שבת c. 30, שבלי 89 (wo irrig שמחה statt משה, und derselbe Fehler bei Conforte 18b Zeile 1 v. u. und im Register), תניא 59f. 84a.

Salomo b. Simson b. **Eljakim**, um 1070—1080 in Worms, Verfasser von Bescheiden und Decisionen[2]), wahrscheinlich identisch mit Salomo b. Simson Vitry, der in cod. Rossi 403 genannt wird, und dem Tosaf. Sabbat (54b unten) erwähnten R. Salomo Zuhörer R. Elieser's [Elasar's des Grossen], vielleicht auch mit R. Salomo, der Hapardes 45c (oben Z. 6) vorkommt; er war auch ein Schüler Jacob's b. Jakar, hat einen Reschut zu Kalir's Neujahr-Keroba את חיל verfasst, der 12 Strophen stark אריד בשיחי ויחרד לבי anhebt, כיולדה חיל schliesst und שלמה ברבי שמשון חזק gezeichnet ist.

---

[1]) nicht vom Verf. des Rokeach wie es Asulai ed. Wilna Th. 2 S. 172 N. 132 heisst. — [2]) Note 16.

Derselbe findet sich in einem Machsor, welches das in Worms übliche Neujahr-Maarib כבא אורי enthält, und ist vermuthlich dort früher gebräuchlich gewesen.

Menachem b. Machir in Regensburg[1]), wahrscheinlich ein Urenkel von Machir b. Jehuda[2]), hatte den Familiennamen המכירי[3]) und war ein Vetter von Isaac b. Jehuda[4]) in Mainz. Einzelnes aus seinen liturgischen Bescheiden, Fragen und Bemerkungen, insonderheit aus den Schreiben an seinen Bruder Natan ist noch vorhanden[5]). Er hat die Schreckenszeit von 1096[6]) überlebt. In seinen Poesien pflegt er bisweilen die Akrostichen durch den je zweiten Buchstaben[7]) der Wörter anzudeuten. Wir haben von ihm, ausser Selicha's, 16 Stücke, nämlich 5 Jozer, 3 Ofan, 3 Sulat, 2 Stücke für Thorafest, 1 Hoschana, ein Bikkur zum Maarib des Hüttenfestes und den Klagegesang אבל אעורר[8]). Vermuthlich fehlen uns 2 Ofan, 2 Sulat und ein Reschut für den חתן תורה. Nicht mehr üblich ist das Jozer für den grossen Sabbat, in welchem der Schöpfung und dem Auszuge die künftige Erlösung in den einzelnen Momenten, durch das ולעתיד[9]) gegenüber gestellt wird; es ist zwiefach alfabetisch, das ת׳ allein achtfach, fängt an

---

[1]) cod. H. 240: קנה דוד׳ מנחם העלוב מרעגנשבורקא, daraus zur Gesch. S. 192. — [2]) cod. H. 182a Ueberschrift des Chanuca-Jozer: מחרב ר׳ מנחם בה״ר מכיר אחיו של רבינו גרשם. Dass hier einige Namen ausgefallen, lehrt die Zeitfolge und deutlich Raschi, der Menachem's Bruder nennt: ר׳ נתן בר מכיר בר מנחם בר מכיר (תופש N. 1). — [3]) Mordechai פסחים c. 2 § 556. — [4]) בן דודי (Vitry § 462; Ms. bei Luzzatto biblioth. 56b, Or sarua ילדת § 109), דודן in Piske Recanate 589 bezieht sich auf Machir, den Vater Menachem's. Vgl. חמודי נגדי wie R. Isaac den R. Natan anredet (Hapardes 21d). — [5]) ausser den Anm. 3 und 4 verzeichneten und bei Natan b. Machir anzugebenden Stellen noch Hapardes 61d oder לקוטי פרדס 19d, 20b (ואני מנחם), sowie das in der Note 14 mitgetheilte Fragment. Ohne Zweifel ist in Hapardes noch mehreres von ihm. Aber der R. Menachem, der in Hapardes 31d, 33c vorkommt, muss nach לקוטים ms. und מעשה הגאונים § 351 in ר׳ מנחם הלוי (vgl. Hapardes 17c) verbessert werden, der älter als unser Verfasser ist. — [6]) Note 17. — [7]) Jozer אשחר: — תבואו — תברו — תחמוד — תמלינה. Aehnlich im Jozer אורי: תמך — תרביץ — תבונתו — תרם — תם נוי — ימינו — תרון und in der Selicha אמרר בבכי. — [8]) zeichnet אנכי מנחם העלוב ברבי מכיר. Der unrichtige Namen stammt aus dem alten Commentar (oben S. 7). Das richtige hat bereits Heidenheim, vgl. syn. Poesie 108, 373. — [9]) s. oben S. 129.

למועד תוה בשנה האחרת קדוש und endigt אורי וישעי אגילה בישועתו. Das Jozer für Nachmu (אל אל שדי) hat 9 Kadosch-Strofen, von denen die 7. und 8. יחי אמן, die übrigen den vollständigen Namen geben; überdies zeichnet der Text nach Abschluss des Alfabets חוק ואמץ בתורה אמן[1]). Ofan מלאכי צבאות hat die Wendung ואני; Ofan שאו מנחה zeichnet den Namen dreifach; Ofan האונו אבירים hat Strofenverse in denen קדוש, reicht nur bis ם׳, und eben so lückenhaft (מנחם ברבי)[2]) ist die Namenzeichnung. Bei dem Chanuca-Sulat אין מושיע וגואל ist der Fehler des Sulzbacher Machsor [Elia b. Baruch als Verfasser] in neuere Ausgaben übergegangen; auch ist es ungegründet, dass der Dichter im Nachmu-Jozer sich Menachem Zion nenne. Wie es scheint ist Menachem der erste in Deutschland, der ein poetisches Nischmat geschrieben; jedoch gehört in dem seinigen (נשמת מלמדי) die Schlussstrofe (נשמת ועודים) einem Nischmat Abitur's. Das Bikkur beschreibt die Feier des Schöpffestes, heisst dieserhalb in den Handschriften חליל mit welchem Worte auch die zweite Strofe anhebt. Das Ganze besteht aus 6 Strofen, der Anfang lautet מה אהבתי מעון ביתך חי גאלי, der Schluss: ישמחו כל חוסי בך ותסך עלימו. Die Anfänge der Halbstrofen sind akr. מנחם ברבי מכיר.

Natan b. Machir, Menachem's Bruder, auch R. Natan aus Mainz[3]) genannt, gleichfalls mit dem Familiennamen המכירי[4]), war nach der obigen Auseinandersetzung in folgender Art mit Gerschom und Raschi's Lehrer, Isaac b. Jehuda, verwandt:

Jehuda
Gerschom — Machir
Machir | Menachem
Menachem: Machir — Jehuda
Machir: Menachem — Natan
Jehuda | Isaac | Jehuda.

[1]) hinzuzufügen in syn. Poes. 370 Z. 12 v. u. — [2]) in dem vierten Worte jeder Strofe: מורא — נפת — חלף — מרצתם — כקדושי רבי. — [3]) statt לר׳ נתן (Hapardes 23b) liest Ms.: לרבינו נתן ממגנצא ז״ל. Vgl. die folgende Seite Anmerkung 9 und כאן במגנצא Hapardes 62a (und ליקוטי 20b), ליקוטי 19d ob. (fehlen Hapardes 61c Mitte). — [4]) ראב״ן 149c, שבלי 29. Jos. Kolon Rga. 30.

Ihm, seinem Zuhörer[1]), schreibt Raschi mit grosser Achtung, nennt ihn den in allem Bewanderten, in Schrift und Mischna, in Talmud, Hagada und Piut; er fordert ihn zur Ergänzung dessen auf, was in seiner — Raschi's — Auseinandersetzung etwa ungenügend erschiene[2]). Nicht minder ehrenvoll ist die Zuschrift von Raschi's Lehrern. R. Natan richtete Anfragen an Isaac b. Mose[3]), Isaac b. Jehuda[4]), Isaac halevi[5]), Samuel hacohen[6]), Raschi[7]), hörte von R. Jekutiel[8]), ertheilte Bescheide an R. Josua[9]), namentlich an seinen Bruder Menachem[10]), lebte noch i. J. 1093 und wenn unsere Texte correct

---

1) שבלי a. a. O. האגור 345. Hapardes 32a (וראיתי מעשה וכו'). — 2) חופש מטמונים N. 1. — 3) ראב"ן a. a. O. — 4) Jos. Kolon a. a. O. Dasselbe in Hapardes 21d, anfangend שאלתי, wo השר מן וירמשא nichts anders bedeuten kann, als dass R. Isaac sich damals in Worms aufgehalten. — 5) In ליקוטין ms. ist ein Bescheid über zwei Gallen, gerichtet an פלוני החבר בן חמוד ר' מכיר, dessen Anfang לאלפא לשכן המעוטר בראש הוית לאור באור החיים zu den Schreiben an R. Natan stimmt; dahinter heisst es: תשובה זו השיבני רבינו יצחק לוי נב"ע בכתב ידו הקדושה: מתוך פלפול והדור הדורש הדודי הרש מחודדים שהוא בקי בחדרי תורה ובטעמי סתריה ובתבונת לחש. Diese Gutachten scheinen המבריע N. 10 und Rga. מאכלות אסורות N. 7 besprochen zu werden. — 6) s. Note 15. cod. Bodl. hat אשר השיב לאחי, folglich spricht dort Menachem. Allein Hapardes (61b) הראה לי התשובה sagt Amram. Dass der Natan der unserige ist, erhellt deutlich aus שבלי ms. 190 (ed. 53) der die Worte שההפטרות של ארבע פרשיות אין מוזין אותן ממקומן so einführt: ובן תורה רבינו שמואל משמו של רבינו נתן ברבי מכיר ז"ל, nämlich Samuel hacohen, nicht Samuel b. Meir, wie in Asulai ed. Wilna gefragt wird. Aus שאלתי אני עמרם מרבינו ist ובן הורה רבינו geworden. — 7) חופש N. 1 und ff.; Hapardes 23b bis d. Vitry 200. Was Hapardes 32a anhebt וזו אשר פירש lautet bei Zidkia (מעשה ,24 או"ה 322): וזו אשר פירש לי ר' כבר דבוק וכו' שאלתי מרבי ר' לר' נתן אחיו. Vgl. hiermit Natan's Worte (Hapardes 34c): נ"ע . . . ואמר לי רבינו נ"ע שהוא אינו אוכלה וגם רבו של רבו כן אבל בניו אוכלין, wo בניו — da Raschi keine Söhne hatte — schwierig ist. — 8) Hapardes 34c unten. — 9) או"ה 57 und הפרדס ms.: כששאלוהו שנוהגין במקומנו בשביל כתובה שכותבין בששי וחותמין במוצאי שבת וכו' מימות קדושים אשר עברו הישישים מכמגנצא וגם המיושבים הרב ר' יהודה בר משה מארלדי ור' שלמה בר מצליח ור' דוד בר יקר ז"ל וכו'. — 10) Hapardes 21a השובה של רבינו נתן שהשיב לרבינו מנחם, 34c שאל ר' מנחם מר' נתן אחיו, 36a ebenso (מנחם אחיו); 41d wo auf die Fragen שאלתי אני מנחם in der Antwort vorkommt שהמצא, רע, מה שאמרת und nach den Worten (42a) כך השיבוך רבותינו והוא אינו מחשבון im Ms. eine längere Stelle folgt, worin: ואני אחיך משיבך ומודיעך את דעתי. 61d nach verschiedenen Fragen, wo auch ואני מנחם אומר, heisst es weiter אבל אני נתן אחיך מצאתי בתשובות, dahinter: ואני מנחם רוח אחרת עמי, schliessend: וכבר שאלת על זה כמו

sind, überlebte er Raschi. Er wird vielleicht im Commentar der Chronik[1]) zitirt. Ihn beschäftigte der Wortlaut der Stammgebete, insonderheit der Tefilla[2]), und von beträchtlichen Stücken des Buches Hapardes[3]) ist er der Verfasser; auch erläuterte er Piut[4]). Von seinen Poesien ist nichts als ein aramäischer Reschut bekannt, der die talmudische Sage von Jonatan's Targum der Propheten behandelt und נתן יחי לעד מבירי zeichnet. Derselbe hat durchgehenden Reim, beginnt נצחן קרביא ומרי מלכיא, endigt חוכון לקיומי כל פקודיא und ist 34 Zeilen stark. Der in cod. Rossi 12 vorkommende Natan b. Machir b. Menachem ist ein anderer.

Meschullam [b. Mose].

1. Jozer für Hochzeit-Sabbat אפדתה אהלי רום למכון vierfach alfabetisch, auf die Verse 1 Chron. 29, 11 und 12 (לך bis והגבורה) gebaut, endigt mit V. 13: ומהללים לשם תפארתך; der Sprache nach[5]) aus dem Zeitalter des Meschullam b. Mose[6]) in Mainz.
2. Ahaba סגלתי מלוכה אורתיך, 7 siebenzeilige Strofen, endigt את האהבה, gezeichnet משלם בר משה[7]).
3. Elialied איש אומץ קנוא ונוקם בכפלים, stetiger Reim, endigt חי וריו קים לעולמִים, zeichnet משלם חזק.
4. aramäische Illustration des 3. Gebotes אודהר מסהדות

כן והשיבותיך כמו כן. Parallelstellen in ליקוטי 20a, 21a, Rokeach 304, in שבלי 70 (ורבינו נתן השיב לר׳ מנחם ול מי שבא סחורה לידן לישא וליתן), מעשה הגאונים 72 (השיב רבינו נתן לרבי מנחם אחיו ז"ל), 96, א"ה ms. 16, 197. In ליקוטין ms. ist unter der Rubrik סדר חתנים die vierte Nummer: שאל הרב ר׳ מנחם את רבינו נתן אחיו על היתומה שהשיאה אחיה ואמה וכן יתומה אב ואם וכן מי שאבדה כתובתה הראשונה. In מנהגים ms. §. 28: ואחי רבינו נתן היה אומר לקרות כהן אחר כהן שאין כהן מיחוש לפגמו של ראשון, vgl. Note 14.

[1]) zur Geschichte 73. vgl. Raschi Spr. 8, 17. — [2]) über ישמח משה (Opp. 1483Q. תניא 20b), ואני תפלתי (das. 29a; מאיר st. מכיר in ליקוטי 9d). — [3]) vgl. die vorhergehenden Anm. Hapardes 44d: ואני נתן הצעיר. Vielleicht bezeichnet Elieser b. Natan (84c) diese Arbeiten unter מעשה המכירי, da das von ihm angeführte sich ליקוטי פרדס 18c findet. — [4]) zwei Erläuterungen zu גבעת שרש u. s. w. im Schacharit und גלה בזכרון im Musaf Neujahr enthält der Commentar — wie es scheint Joseph Kara's — in cod. München 346. Vielleicht ist er der Ritus 199 Genannte. — [5]) z. B. נויתה, לחוו, להתויך. — [6]) gott. Vortr. 365, syn. Poesie 192, Ritus 199. — [7]) בחסד — רצונך — מהרה — ושלמו — הן —.

די באוריתא כתיבין. endigt שקר ולישנא בישא, Nach Beendigung des Alfabets folgt:

מבריין שלמא לשאין בקרבין
מרי חולא לאנהא בקרבין

Ohne Zweifel ist es der anderswo genannte[1]) Meschullam der Grosse, Verfasser des poetischen Targum zum Dekalog.

5. אלהיכם משלה מלבותי בכל קצוי ארמתי Musaf-Keduscha.

Simson b. Jona hat einen Seder für Passah verfasst[2]), vermuthlich eine piutische Composition, dergleichen man in späterer Zeit nicht mehr zu schreiben pflegte und welche vielleicht ein Bestandtheil der anonymen Keroba für den grossen Sabbat war[3]).

Mose b. Meschullam wird von Menachem b. Machir (Hapardes 62a) genannt, statt dessen der Auszug (20b) Meschullam [b. Mose] hat. Jedenfalls gehört Sulat אודך על כי נוראות נפלאתה מעודי der משה בירבי משלם חזק zeichnet einem ältern Autor an; Bau und Ausdruck gleichen den Sulat von Meschullam und Binjamin. Derselbe besteht aus 9 Strofen und endigt ועזרת אבותינו; die Worte טם וראה כנשר erinnern an R. Gerschom's Selicha אברנו. Einen Commentar dazu enthält cod. Opp. 1483Q.

Tobia b. Mose, ein Karäer, Jeschua's Schüler, aus den ersten Jahren des 12. Jahrhunderts. Ein altes karäisches Gebetbuch[4]) enthält von ihm zwei poetische Gebete:

1. אלהינו מכל אומה אהבתנו, alfabetisch und den Namen nebst חזק zeichnend;
2. אשאלה מאל חבונה בשמים in 34 Zeilen, deren Akrosticha geben: אלה הפרקים לטוביא בן משה העובד אמן נבהוריא[5]).

Samuel b. Jehuda[6]).

1. Maarib des 8. Azeret אות שבתון ביום השמיני, dessen mittleres Stück שמיני אפור והופרש לאדרים beginnt, jede

---

[1]) zur Geschichte 71, 72, 80. — [2]) Semag Verbot 77. Mordechai Pesach 866, Hagah. Maimon. חו"מ c. 5. Meir Rothenb. Rga. 467. Zidkia שבלי 58 f. 27a, Samuel de Falaise in א"ך Th. 2 f 58d. — [3]) s. oben S. 68. — [4]) Pinsker לקוטי S. 139. — [5]) zur Gesch. 360. נב"ח hat schon Salmon b. Jerucham. — [6]) vgl. syn. Poesie S. 209.

Strofe schliesst: ביום שמיני עצרת. Das Ganze endigt בנוה שלום ובמשכנות מבטחים.

2. Jozer Hüttenfest אור נכון מוצא dreizeilig mit 2 Kadosch-Strofen, endigt קדשו לדורות למשמר.
3. Jozer 8. Azeret אמנם מפי מונה vierzeilig mit einer Kadosch-Strofe, endigt אתי למלכי. In beiden Jozer besteht die Zeile aus drei Worten, es herrscht eine alterthümliche Ausdrucksweise [1]) und ein Wohlgefallen an der eigenen Composition. Sie zeichnen den vollständigen Namen, in ersterem בירבי.
4. Sulat אלהי אקראך במחשב [2]) von den Schrecknissen des ersten Kreuzzuges, die in den Rheinstädten nahe vor dem Wochenfeste eingetreten. Der Name ist zweimal gezeichnet.
5. Zuthat für Maarib Wochenfest: אזכרה יקר חופתי עדויה וסובבה, alfabetisch, endigt שלום רב לאהבי תורתך. Vielleicht ist unser Verfasser der von Elieser halevi [3]) und in תניא 35 a genannte Gesetzlehrer.

Anan b. Marinus hacohen [4]) in Siponte, Zeitgenosse des Kalonymos aus Rom [5]), kaum durch zwei halachische Aussprüche bekannt [6]), ist zweifelsohne der neben Malkizedek, Elchanan in Siponte [7]) und als Verfasser eines Elialiedes [8]) genannte R. Anan hacohen. Dasselbe besteht aus 10 Strofen, beginnt אליהו הנביא עד מתי und endigt מנעת גאולה.

Daniel b. Jechiel.

Jozer zum Chanuca-Sabbat in 22 Strofen, anhebend אהלל אל במינים ועוגב, endigend יחוד חיטובך יאמר לאמרך behandelt die Antiochus-Erzählung. Die Strofe hat 9 Zeilen, jede Zeile 4 Worte, das Alfabet ist neunfach, der Name in beiden Kadosch-Strofen gezeichnet. Die

---

[1]) Beispiele: מְמַגִּיד וּמְאַבִיב, הִדִּיל, מוסתם (סתום), סְבָרוֹן, אֱאדוֹר, וַתְּקוּ, אֲבָנִים (Sing. von אוֹבֶן), הוּנְקַב, צירוב, אף לפי, הַחֵל, הִרְבִּיב, הִצְבִּיב. — [2]) Strofe מי liest Ms. חשופה (st. חמוסה), in der letzten Strofe fehlt מְטֻוּי. — [3]) א״ז § 411, Hag. Ascheri Chullin 3 § 29. — [4]) הכהן fehlt in תניא 76, האגור 187. — [5]) שבלי 97. — [6]) שבלי 13 und 97. — [7]) אסור והיתר ms. § 157 (aus Menachems שכל טוב). — [8]) Menachem in סדר חבור ברכות ms.

Sprache ist altpeitanisch[1]), so dass man in dem Verfasser den Bruder des R. Natan, des Verfassers des Aruch, wiedererkennen darf.

David halevi b. Samuel b. David. Der Grossvater David war Gesetzlehrer in Mainz um 1050[2]); dessen Sohn Samuel[3]), ein College von Isaac b. Jehuda, wird öfter zitirt[4]); bei Samuel's Sohn David ergingen Anfragen von Raschi[5]). Cod. Opp. 1066 F. nennt den Verfasser der Klage אמנים שררו David b. Samuel halevi aus Speier, der wohl von dem unserigen nicht verschieden ist. Für denselben halte ich den in Mordechai (Mezia c. 5) genannten[6]).

Kalonymos b. Jehuda in Mainz[7]), auch genannt Kalon. הבחור[8]), College von R. Eljakim b. Joseph[9]) und Zeitgenosse von Kalon. b. Isaac, hatte einen Sohn, der gleichfalls Kalon. hiess, da er in N. 1, 4, 13 בני קלונימס יחי anbringt. Wahrscheinlich derselbe, welcher als der Lehrer R. Jacob's halevi genannt wird[10]). Einst befahl er einem wegen Todesfalles in Trauer versetzten, die Abend-Vorlesung des Buches Esther in der Synagoge anzuhören[11]). Es war damals ein Schaltjahr und Purim fiel auf den Sonntag. Innerhalb der 64 Jahre zwischen

---

1) z. B. נשתחץ, נשתדל, לחק, להפלח, להצלים, העיטה, הומרע (erkrankte), צוהלים (Pferde), חָטוּב. — 2) Hapardes 33c, 49a, שבלי 50. או"ה 36. מעשה הגאונים 291. — 3) bei Raschi Sanhedrin 97 b, Hapardes 23 a (שבלי 13) fehlt הלוי. — 4) הפרדס 18c, 23a, 46d, 49ab, 61a. Mordechai חולין 3. Maim. תפלה c. 12, שבת c. 29 § 27. שבלי 18, 51, 92. vgl. Ritus 192. Recanate 179. — 5) הפרדס 34b. הישר 409. Meir Rothenb. Rga. Th. 3 N. 444, dasselbe (ohne des Wort זקני) im Züricher Semak 258. — 6) כך דקדק הרב ר׳ דוד הלוי. — 7) syn. Poesie 196. Ritus 198. — 8) Im Siddur Michael cod. 534 sind die Ofan N. 6 und N. 3 mit N. 112 und 113 bezeichnet und letzterer hat die Ueberschrift גם זה אופן להתן הרבינו קלונימוס הבחור בן רבינו יהודה ז״צל; ähnlich ist N. 9 (dort N. 120) überschrieben; auch N. 15 wird R. Kalon. הבחור zuertheilt. Das Machsor H. b. 40c nennt den Verfasser der Selicha ארברה תחנונים (N. 27) R. Kalon. הבחור b. R. Jehuda. Ebenso in שבלי ms. (Asulai Th. 1 S. 157), אסופות ms. Luzzatto, לקוטי פרדס 6a [nicht in Hapardes 38a]. — 9) אבן העזר § 19. — 10) zur Gesch. 31. — 11) מנהגים ולקוטים ms. perg. in fol. § 176 פעם אחת נפטר אדם בי״א באדר השני ונקבר ביום ו׳ ובמוצאי שבת צוה רבנא קלונימוס בן רבנא ר׳ יהודה לאבל לשמוע המגלה בבית הכנסת ולמחר שמע המגלה בביתו.

1081 und 1144 war dies nur 6mal der Fall, nämlich A. 1104, 1107, 1118, 1121, 1131, 1134.

1. Jozer אור תורה הבהיקה für Beschneidung am Sabbat, endigt יודוך בתעצומיך.
2. Jozer לך ה׳ הגדולה אורות מאופל במען אורשתה, für Hochzeit-Sabbat. Die Strofen heben mit den Worten 1 Chron. 29, 11. 12 (לך bis לכל) an und das Ganze endigt mit V. 13 מודים אנחנו לך, ähnlich dem Jozer N. 1 von Meschullam.
3. Ofan לקדוש בחילה נורא עלילה endigt מעצימים לקדמו; die Ausgänge ואני sind Bibelstellen, gleichwie in Binjamin's drei Ofan (N. 7, 8 und 11).
4. Ofan קול דממה לשוכן שמימה mit durchgehendem Reim, endigt חשמל מנעימה, die Zeilen, jede nur zwei Worte, geben den vollständigen Namen.
5. Ofan קדושה שם מיוחד באימה ויראה ופחד, endigt שרפים להסכים. Die Strofe hat 5 Zeilen, die Zeile 3 Worte.
6. Ofan קרוב מצדיקי קדושתו המתיקי in 12 Strofen, die 6 letzten haben Strofenreim, endigt קריאת קדושתֵמו.
7. Sulat אבודים בקש בארץ שְבים endigt עורתנו ונחמתנו.
8. Sulat או כעברתה בארץ פתרוסים, endigt מארץ ענמים, für Beschneidungsfeier.
9. Sulat אומה כנדגלות במסות גדולות, alfabetisch, 2 Worte die Zeile, endigt קומה עורתה.
10. Sulat אין זולתך לגאול גואל חזק, endigt עוזרי ומושיעי, erwähnt des vom Kreuzheere im Jahre 1099 eroberten Jerusalem.
11. Sulat זולתך ארונים בעלונו, meist 5 Worte die Zeile, im strofischen Verse עזר, endigt כי אלהי אבי בעזרי.
12. Musaf-Keduscha אלהיכם קולך צהלי וחילי.
13. Reschut am Hochzeit-Sabbat:

a) מרשות קונה שמים וארץ וקנינו השוה, Reim בא, בה, endigt ובשם ה׳ ברוך הבא.

b) ומרשות קדומת קדם יומים למפעל, Reim על, endigt יחי אלהיו עמו ויעל.

c) ומרשות קופאים יקרות אור יוציאו תעלומה, Reim מא, מה, endigt וקדמה וימה.

d) ומרשות קבוצת קהל קדוש פה, Reim רים, endigt מוה ומזה עומדים.

Das Akrostichon בני קלונימוס הרהן יחי scheint auf die Hochzeitfeier des eigenen Sohnes hinzudeuten.

14. Klage אמרתי שעו מני, gezeichnet Kalon. הקטן, gleich der folgenden Nummer den Opfern des ersten Kreuzzuges geweihet, hat mit den Selicha's N. 24[1]) (Kalon. b. Jehuda) und 27[2]) (Kalon.) mehrere gemeinschaftliche Stellen.

15. Klage מי יתן ראשי enthält in der Handschrift auch die Namen der Städte Worms und Regensburg und erinnert in den Worten בכו בכה רב הרב an den Vers בכו העם הרבה בכה der Selicha N. 27.

In den Sulat und Klageliedern, zum Theil auch in den Ofan ist ein leichterer Stil als in den Jozer und Reschut.

Ein älterer Kalonymos b. Jehuda lebte in der ersten Hälfte des 11. Jahrhunderts und ein jüngerer (הבחור) war der Oheim David's b. Kalonymos[3]); welchen Kal. b. Jehuda R. Elasar[4]) seinen Oheim nennt, ist mir unbekannt.

Amitai b. Schefatja blühete um das Jahr 1096, dessen Schrecken er erlebte. Er hat seine Compositionen als Vorbeter vorgetragen[5]). In Jozer und Sulat, auch im Ofan N. 10 legt er der Hagada nur leichtes poetisches Gewand um. In N. 3 bedient er sich des Ausdrucks האמרון.

Jozer:

1. אשיחה בדברי in siebenzeiligen Strofen und mit 7 Kadosch-Strofen; in jeder Strofe sind, ähnlich dem Jozer Elia's[6]), die ersten drei Buchstaben doppelt, der vierte einfach, also אא, בב, גג, ד, u. s. f.
2. ארון כאו גבה zu dem Abschnitt ויסע משה, die Strofen-Ausgänge sind Exod. 15, 22—27 und einzelne Stellen aus Exod. 16, 2. 11. 14. 22. 25., das Ganze ist versifizirte Mechilta zum Manna-Capitel.

---

[1]) הבליהם, לקדם, נבלו מומות, רצים וששים, פשטה צוארה. — [2]) עליך ויתיעצו ..... כרות ברית (in N. 27: נועצו לכרות ברית עליך). — [3]) Chajim א"ז Rga. 221. — [4]) Hirz Treves Commentar zu ויכולו. — [5]) ארנן בעמידה פני יושבי ביתך (N. 1). — [6]) oben S. 128.

3. ארון מגיד מראשית אחרית zum Hochzeit-Sabbat, endigt כלם עומדים.

Sulat:

4. אף לפי בגולה[1]) hat 7 Strofen, die Zeile 3 Worte, endigt כאז על מי תהום רבה.
5. או בהיות כלה דרה[2]) zu N. 3, ist eine in talmudischer Weise dargestellte gerichtliche Verhandlung zwischen Mose und dem Engel Aegyptens. Eine Stelle[3]) ist wörtlich so in Tobelem's N. 5.
6. אין לנו אלהים עוד וולתך, worin סמכתי יתרותי — wie Simeon in אחיתי Neuj. — dem תמכתי יתרותי seiner Selicha ה׳ ה׳ entspricht.
7. אהבתיך אהבת כלולה spricht von der Zwangstaufe jüdischer Kinder. Die Strofe hat 8 kurze Zeilen. Die Sulat 5, 6, 7 endigen שבחו אהובים.

Ofan:

8. אראלים ומלאכים zeichnet den vollständigen Namen sammt חזק.
9. אשנבי שחקים, woraus R. Tam eine Stelle anführt[4]), hat akrost. אמתי יחי.
10. אל עיר גבורים כעלה ענו[5]) zum Wochen- oder Thorafest, beschreibt den Widerstand der Engel gegen Mose als er in die Wolken stieg[6]); den Refrän mitgezählt in 5 sechszeiligen Strofen, endigt וכל צבאותם בקריאתם לעומתם ואומרים וכו׳.
11. אלפי רבותיך mit Ausgängen ואני, endigt בעשרה לעומתם.
12. קדוש אומרים אראלים hat drei Strofen und endigt זמירותיו מתנים.
13. אתה אלהי הרוחות in 6 Strofen, hat 5 Engelnamen, endigt קורא במקהלות.

Unsicher ist, ob im römischen צדוק הדין die Strofen אדם אם יחיה, תקיף שמו und die nächstfolgenden, welche des Jahres 1096 gedenken und אמתי חזק zeichnen,

---

[1]) syn. Poesie S. 424 N. 6. — [2]) akrost. אמתי הקטן יחיה הרבה בתורה חזק, vgl. syn. Poesie S. 371. — [3]) ומשבעים שבעה תמור עשר נבסים. — [4]) nicht ganz richtig in Jellinek גנזי S. 3 Anm. 5. — [5]) vgl. den ähnlichen Reschut oben S. 86 N. 7. — [6]) syn. Poesie S. 125 Anm.

unserm Verfasser gehören, da sie in dem ähnlichen Rituale eines griechischen Siddur ms. vermisst werden.

Sebadja.

1. Hochzeit-Jozer אפאר שם מלך במושב מקהלותיו in acht Abtheilungen, jede zu 4 dreizeiligen Strofen; die acht schliessenden Kadosch-Strofen geben akrost. ובדיה חזק. Endigt אשר ברא.

2. Musaf-Keduscha für Beschneidungsfeier אלהיכם ודויו יאסף ויצבור, endigt מומור.

Isaac b. Samuel ist der Name eines vermuthlich französischen Peitan und vielleicht des zu Anfang des 12. Jahrhunderts in Narbonne[1]) lebenden, welcher möglicherweise mit dem Verfasser der 14 Kalendertabellen[2]) ein und derselbe ist.

1. Jozer für den zweiten Chanuca-Sabbat, welches die Judit-Geschichte bearbeitet, Anfang:

אלהיכם שמעוני חכמי ונבוני
אביעה חדות מני קדמוני
חסדי ה׳ אזכיר תהלות ה׳.

א bis צ ist zwei-, ק vier-, רשת sechsfach. Dahinter bilden die Strofen akrostichisch יצחק וכור לטוב אמן חזק, und zwar ist das ר vier-, das א dreifach, מ ein-, alle übrigen Buchstaben zweifach da. Ausserdem zeichnet die Kadosch-Strofe den vollständigen Namen. Ende לאל אשר שבת מכל המעשים. Die Sprache ist fliessend, doch nicht frei von peitanischen Bildungen.

2. Schalom für denselben Sabbat, feiert drei jüdische Frauen, welche Tyrannen tödteten: יתנו צדקות יה mit dem Strofenreim סים, zeichnet יצחק חזק בן שמואל חבר.

3. Pismon für Pesach in 8 Strofen mit dem Strofenreim לים. Anfang יצלצלו חוכבים כל שמחה וגילים, endigt מדביר ומרוגלים, zeichnet יצחק וכור לטוב. Die letzte Strofe hebt an wie die vorletzte in N. 2, mit welcher der Pismon in der Ausdrucksweise völlig übereinstimmt.

---

[1]) zur Gesch. S. 72. — [2]) anf. ארבע עשרה לוחות האל סדר יצחק בן שמואל להורות וכו׳.

4. Habdala: יושב צל עליון חדש קרן אביון, die strofischen Verse, deren erste Hälfte zu dem Reim passt, endigen ירושלם. Ende: ודבר ה׳ מירושלם. Die erste Strofe zeichnet יצחק, die Anfänge der folgenden acht bilden akrost. וכור לטוב.
5. Elia-Lied יד ה׳ עליו היתה צופיה, endigt תהיה תרומיה, zeichnet יצחק בן שמואל וכור לטוב.

Wahrscheinlich gehören diesem Isaac noch folgende zwei Stücke:

6. Für den 2. Tag Pesach: יצאת לישע עמך, endigend בארץ אדום, zeichnet יצחק.
7. Silluk 7. Pesach, anfangend

תוסיף ידך לקנות שאר
שאר יעקב בשבתך רעה
רעה צאן ההרגה קודשה
קודשה מלחמות וכו׳

endigend שאתם משמיעים וכרון שמו ברום עולם וקוראים ככתוב וקרא וכו׳. Das Ganze ist reimlos, in seinem ersten Theile nach תשרק mit Ringworten, wohinter יצחק gezeichnet ist. Ausserdem scheinen die je zweiten Wörter der Zeilen akrostichisch יצחק בן שמואל zu geben.

Die Nummern 2, 3, 6 und zwei Selicha's, die Isaac zum Verfasser haben sind nach אח״ם כט״ע [1]) und betreffend וכור לטוב in den Nummern 1, 3, 4, 5 übersehe man nicht, dass Mose Gekatilia das Buch הנקוד für R. Isaac וכור לטוב übersetzte, wie auch, dass R. Meir seinen Vater Is. b. Samuel וכור לטוב zeichnet [2]). Die angegebenen Stücke sind im französischen Machsor, nur N. 2 in dem römischen.

Jüngere gleichnamige sind: 1) Isaac aus Dompaire (ר״י), 2) der Verfasser des Gesanges שקר החן [3]), 3) ein provenzalischer oder spanischer Verfasser des Pismon יראה טהורה, 4) der in Worms begrabene Lehrer aus

---

[1]) syn. Poesie 106. — [2]) oben S. 150 — [3]) Vitry 356, zur Hälfte in cod. Lips. 25.

dem 13. Jahrhundert[1]), 5) der um das J. 1290 lebende Rabbiner[2]), 6) ein 1349 in Worms Umgekommener[3]).

Isaac b. Joseph b. Isaac hat für den 7. Tag Pesach eine Keroba geschrieben nach der Einrichtung derer von Tobelem, welchem er nacheifert jedoch nicht gleichkommt. Folgende Theile derselben bewahrt ein französisches Machsor:

1. אמרתי בחפזי מחיים נגזרתי. א׳ bis ר׳ zwiefach alfabetisch, endigt רחש ויהי בשלח פרעה; auf 9 Verse, von denen Ps. 30, 12 der letzte, folgt der Schluss שמחה השיגני צורי ומחסי, der הקטן zeichnet und משגבי ומנוסי endigt.
2. תקות אסיר ילד שעשעים nach תשרק, zwiefach von ת׳ bis י׳, endigt וסיבני דרך המדבר ים סוף; auf 6 Verse, von denen Jerem. 2, 3 der letzte, folgt der Schluss ה׳ צדיק אחור נזורני, der יצחק zeichnet und ומשפטך יעזרוני endigt. In beiden Nummern befolgen die schliessenden Strofenverse das alfabetarische Gesetz. Die Nummer zur Fortsetzung des תשרק, von ט׳ bis א׳, fehlt offenbar, da sowohl Tobelem als Binjamin vier Stücke vor אל נא haben.
3. אויב אנוש מתנות מאסף nach אתבש, die Buchstaben כ, ים, מצ zwiefach, zeichnet יצחק und endigt קרב קצם לבא מארום.
4. אל נא אורסתה בחסד וצדקה alfabetisch und mit durchgehendem Reim, endigt כן יערה רוח עתה לחוקה, akr. יצחק בן יוסף חוק אמן יחי.
5. Pismon אמר שמר אתא בקר, die erste vierzeilige Strofe schliesst der Refrän ואתה ה׳ מגן בעדי, die folgenden dreizeiligen Strofen ein Vers der ואני anhebt. Eine Strofe für die Buchstaben קר fehlt. Letzte Strofe: שמע למצרים תחיל צר בטובותך וירושלם תבנה מכון לשבתך ואני ברב חסדך אבא ביתך. Die beiden Nummern, welche bei den genannten Peitanim hier folgen, fehlen.
6. Illustration des Gesanges in 20 Abtheilungen, in jeder haben die schliessenden Bibelverse gleiche Anfangs-

---

[1]) Luria Rga. 29. — [2]) Meir Rothenb. Rga. Th. 3 N. 428. — [3]) cod. Opp. 1708 Q.

worte. Die Uebergangs-Strofen bilden zwiefach akr. יצחק בר יוסף בר יצחק (dahinter vielleicht noch נתנאל). Die Zeilen der Abtheilungen nach der Reihefolge: חוק אלב״מ und חוק, יחי; חוק תש״רק und חוק; א״ב und אני יצחק בר יוסף יחי und א״ת ב״ש; יחי und אח״ם בט״ע; א״ב; חוק.

Anfang:

ויושע אסורים בעל חימה ונוקם   מיד אויב ומתנקם
ויושע בוטחיו בריח אבות כי זכר   מיד בן נכר
ויושע גרודיו מיחלים לעושיהם   מיד כל שוסיהם

Ende:

ה׳ ריענו נותן חשקנו   ה׳ צדקנו ה׳ מחקקנו
ה׳ שבותנו ישוב לשעשענו ה׳ מלכנו הוא יושיענו
יושיענו תבער כאש רשעה תאותנו יביא לשעשעה משמיע שלום מבשר טוב מצמיח ישועה·

Ein Silluk fehlt.

Isaac b. Joseph war ein Zeitgenosse von R. Gerschom; Joseph b. Isaac hiessen ein Zeitgenosse von Isaac b. Menachem und einige Gesetzlehrer des 12. Jahrhunderts. Von unserm Dicher darf nur so viel gesagt werden, dass er spätestens um 1130—40 geblühet.

Joseph b. Isaac, dessen Arbeiten im romanischen Machsor stehen, hat wahrscheinlich in Griechenland gelebt: Der Charakter seines Stiles entspricht der Zeit 1040 bis 1140. Dass er zwischen 1068 und 1168 gelebt, folgt aus seiner Selicha תחינה.

1. Keroba für Esther-Fasten in 6 Nummern, die auf den Vers Esther 4, 1 gebauet sind; jede Nummer ist 6 Zeilen stark, die vierte Zeile hebt an להפיל תחנה על, die fünfte in den ersten 5 Nummern אולי, die sechste in denselben Nummern בצדקה. Die ersten 4 Nummern zeichnen dreifach יוסף, die letzten 2 בר יצחק. Anfang ומרדכי ידע את כל אשר נעשה, Ende מהרה ברחמיך כי על רחמיך הרבים zum Anschluss an das Busseritual הרבים אנו.

2. Jozer für Sabbat בראשית; die Anfänge der pentateuchischen Wochenabschnitte bilden Anfang und Schluss der Strofen. Je nach drei Strofen ist der Refrän: ידידים והודים המצלים מעל קשה סודרים פרשיות בלי להנשא תורה צוה לנו משה. Abschnitt וילך kommt nicht vor[1]). Anfang בראשית, ארק[2]) ודוק ועש מנוח, Ende לעיני כל ישראל. Hinter zwiefachem Alfabet ist יוסף בר יצחק gezeichnet.

Joseph b. Jacob, jedenfalls jünger als Simeon[3]) und Meir b. Isaac, wird bereits in der Mitte des 13. Jahrhunderts angeführt. Seine Compositionen, ursprünglich in Frankreich zu Hause, verbreiteten sich theilweise bis Griechenland, Kandia, Polen. Mir scheint er dem Zeitalter Raschi's oder des vorhergenannten Joseph anzugehören.

Neila-Keroba[4]):

1. ארבתי מעון בית משכנותיך, 3 Strofen א' bis ל', endigend לכפר במעשה יום הכפורים, worauf drei Verse, der letzte ist Ps. 26, 8. Dahinter der Schluss כבודך והדרך, endigt ה' אלהים.
2. מעביר יום ומביא לילה, 3 Strofen מ' bis ת', endigend תמור קטרת ועולה קבועה, worauf drei Verse, der letzte ist Genes. 28, 11. Dahinter der Schluss הרוא קדושה בית ואולם, endigt ומלך עולם.
3. יושבי ביתך מעת לעת, 4 Strofen akr. יוסף בר יעקב חזק ואמץ, endigt צום כפור שבת שבתון הוא, wohinter zwei Verse nebst ימלוך und ואתה קדוש.

Nach dem אל נא אתה הוא אלהינו, das der polnische Ritus für Schacharit, der altdeutsche für Musaf, der französische für Mincha hat, folgt

4. ein dreizeiliger Pismon אתא בקר וגם לילה mit zwei Kadosch-Refräns (פתח לנו שערי תפלה und פתח שערי רחמים anhebend); an dem Alfabet fehlen die Buchstaben ג' und קרשת. Die letzte Strofe ist צתן שאור המשוחץ בפועל צדקו יגוהץ לפנות ערב ירחץ.

Vermuthlich war dahinter auch die Namenzeichnung. Ein Silluk fehlt.

---

[1]) Ritus S. 179. — [2]) s. v. a. ארקא. — [3]) אמתו שמו (N. 7) ist nach dessen Seder. — [4]) vgl. Ritus S. 104.

Maarib:

5. zweiter Pesach-Abend ליל שמורים אור עולמו נגלה. Sämmtliche 6 Theile heben ל״ש an, in dem mittlern, welcher ל״ש אאמיץ עז גדולות anfängt, jede Zeile; die vierte lautet:

ל״ש [1] דולקים לאחר נגלו מצות אפה ויאכלו;

es ist diess die Stelle, welche Tosafot als aus einem Maarib R. Meir's anführen. Ende: שלום תחיש וטוב נתבשר [2]).

6. siebenter Pesach-Abend ויושע ה׳ אום למושעות, der letzte Theil beginnt אז נבהלו [3]) פחודי דינים.

7. Wochenfest. Die Zeilen des mittleren Theiles endigen סיני; die übrigen 5 Theile bilden eine Variation des Dekalogs. Anfang: אנכי אחת דבר בקדש, Ende: שתופי שלום לקראת אילת אהבים.

8. Bikkur יום הבכורים בהקריבכם in 5 sechszeiligen Abtheilungen; aus der dritten führen die pentateuchischen Tosafot [4]) eine Stelle an. Ende: ורב שלום בניך. Wird in cod. B. Foa 91 Tobelem zugeschrieben. Die Nummern 5 bis 8 zeichnen den vollständigen Namen, N. 5 und 6 בר, N. 7 und 8 בן.

Mose, Verfasser des röm. Sulat für Pesach אם תקיימי מצותי, der 30 dreizeilige Strofen hält, zeichnet משה הקטן חזק. Da er auch seinen Sohn Menachem akrostichisch [5]) bedenkt, so ist er vermuthlich der Vater des von Abenesra [6]) besungenen R. Menachem in Rom, der einen einzigen Sohn Namens Mose hatte und vielleicht identisch mit dem R. Mose aus Rom, den Joseph Kara [7]) anführt. Der Sulat variirt Cant. 6, 4 bis 8, 7 und ist wahrscheinlich nur ein Theil eines vollständigen Jozer. Die letzte Strofe lautet:

חזק בת נדיבים נצחך כאו עברו אהובים מים רבים.

Leonte b. Abraham. Das röm. Machsor enthält folgende Stücke:

---

[1]) דולקים Engel, אחר ist Lot nach האחר Genes. 19, 9. — [2]) Belege s. syn. Poesie S. 430 Z. 6 v. u., Ritus S. 243. — [3]) so in alten Mss. Die Ausgaben lesen פוחזי oder פחזי. — [4]) Abschn. פנחס f. 74d: וזהו אשר יסד הפייט ריום הבכורים חטאת לא נזכר למען יהי דבר המלך למנוחה. — [5]) syn. Poesie S. 109, 371. — [6]) כ״ח 4 S. 144. — [7]) Klagelieder c. 4. Aber in einer alten Handschrift fehlt die Stelle.

1. Jozer Pesach שיר אשר נאמו in 43 Strofen, endigend כתליו תקום ביד ינון מעצי הלבנון.

Wochenfest:

2. Jozer אלהים בהתהלך רת מורשה, in der Kadosch-Strofe ist der Name gezeichnet; variirt den Dekalog.
3. Silluk וכל לוהטו משלהביותיך mit durchgehendem Reim, endigend אמרי מה רבו מעשיך, Variation des Verses Exod. 20, 15; ist mit dem vollständigen Namen gezeichnet.
4. Ofan כבודו לא יודעים אפנים in 4 Strofen, endigt מרבה לקנו שבה תמרה.
5. Sulat אתה הוא המעלנו מים, variirt in 22 dreizeiligen Strofen das Gebet אמת ויציב, schliessend קרוי עזרת אבותינו.

Die Nummern 4 und 5 haben ליאונטי חזק, letztere auch ואמץ.

Ausser unserm Dichter sind dieses Namens bekannt: 2) Leontin oder Leonte um A. 1000; 3) Leontin, mit R. Elieser in Mainz verschwägert; 4) Leontin, mit Ephraim aus Bonn verwandt; 5) der Selicha-Verfasser Leonte b. Mose; 6) Leontin aus Mühlhausen, ein Schreiber[1]).

Jehuda b. Binjamin.

Sulat für Sabbat Schekalim hebt an אעירה שחר להגיד ברגיעי und endigt אלהי תשעתי. Nach Ausdrücken wie בטחה, פין, גיבוין, רימוסיים zu schliessen, gehört der Verfasser der ersten Hälfte des 12. Jahrhunderts an. Irrthümlich führt de Rossi (cod. 959 Katalog p. 25) zwei Selicha's unter diesem Namen auf.

Binjamin, ein Peitan ungewissen Zeitalters, dessen alterthümliche Compositionen in handschriftlichen französischen und römischen Machsor angetroffen werden. Die Nummern 1 bis 3, neben den Stücken von Mose und Leonte befindlich, sind vermuthlich nur Theile eines vollständigen Piutcyklus für Pesach.

---

[1]) N. 3 und 6 sind bereits in meinen Namen der Juden (1837) S. 58 angeführt; letzterer auch zur Gesch S. 208.

1. כרמי שלי לפני, eine Geula, endigend ותשיר שירה חדשה, hat 3 zehnzeilige Strofen.
2. ברח דודי, worin es heisst: בישה וראה עלבון עולבי. ferner וטבח גדול בארץ ארומים; hat 3 neunzeilige Strofen. Ende: תשועת עולמים.
3. Ein עשה שלום[1]) für den 7. Tag des Festes, in 11 Strofen, der strofische Vers endigt שלום. Nach Beendigung des Alfabets ist בנימן חזק אמן gezeichnet. Anfang אתיו אמונים נוע שלשה. Ende: וישם לך שלום.
4. Jozer des Sabbat Hachodesch אבאר תקף אל רם ונשא in 23 Strofen. endigt ונאמר מה רבו מעשיך ה׳. Den Namen zeichnet die Kadosch-Strofe.

Mose b. Schabtai.

1. Mikamocha für den zweiten Tag Pesach; die strofischen Verse endigen מצרים und die Anfänge geben akrost. משה בן שבתי יחיה יגדל בתורה אמן אמן.

   Die ersten beiden Strofen lauten:

   1. מי כמכה חסין יה
   נורא עלילה ליושבי נשיה
   עמך עז ותושיה
   עושה גדולות במצרים·

   2. שדי שוכן רום ערבות
   קרא רעב בכל מושבות
   בשבעים נפש ירדו אבות
   ויוסף הורד מצרים·

   Die letzten beiden:

   נאור הוציאם בכושרים נשאם על כנפי נשרים ועל זאת שבחו
   בשירים אל מוציאם ממצרים.
   אמיץ נראה עושה נוראות מפזור כנם מארבע הפאות וכאו
   בצען ראות נוראות כיום עלותו מארץ מצרים.

   Hat Ausdrücke wie נע, נטיון, הדריר, נם und נמו.
2. Neujahrs-Hymnus מלאכי צבא מעלה, 9 Zeilen, jede בקול endigend, Refrän: ה׳ מלך u. s. w. Die letzte Zeile lautet: שבטי ישרון בטהר קוראים בקול ה׳ ימלוך לעולם

[1]) Belege: syn. Poesie S. 393, 399, 426.

ועד. Die Anfänge der ersten 8 Zeilen geben משה בירבי; שבטי ist wohl שבתי.

3. קדשך בנפש תאוה[1]), welches הלא זה אוד מוצל מאש endigt, ist durch folgende Zeilen mit dem קדוש אדר verbunden:

מבניסי דמעה העלובים שעה דמעותנו בריה בליל אש
הביאו עם אפרו של יצחק לפני רוכב על כרוב איש.

Das Ganze gibt akrost. משה קטן שבתי וחזק ואמץ; קר dürfte zu קטן בר ergänzt werden.

4. Sabbatlied אתמל עשיר ורש נפנשו, endigt ומה כשרון לבעליה. Das Akrostichon ist אני משה בן ראש כלה. Den Titel ראש כלה hatten Elasar[2]), Chefez (bei Abulwalid), Chasdai in Granada[3]), Schabtai in Rom; ist letzterer gemeint, so lebte der Verfasser in Raschi's Zeit. Die Identität für alle Nummern ist nicht zu erweisen; N. 1 ist in Corfu, N. 2 in Aragon, N. 3 und 4 sind in französischen Gemeinden, N. 4 bereits im 13. Jahrhundert, üblich gewesen.

Elieser b. Simson, um das Jahr 1133 Rabbiner in Köln, bei Elieser b. Natan[4]), Isaac aus Wien[5]), Mordechai[6]) und sonst[7]) genannt.

1. Maarib Hüttenfest חג האסיף nebst Zuthat ארברה ואעירה in 7 sechszeiligen Strofen.

2. אומר מהורגמנא בעי הרמנא, Haftara-Reschut in 32 ריא reimenden Strofen, von der Schöpfung bis zur Offenbarung am Sinai beschreibend, endigt אפתח קמיכון ויבכם במטריא.

Beide Nummern zeichnen den vollständigen Namen.

Elasar.

1. Das oben[8]) erwähnte Wochenfest-Jozer אלפים הקדימני בערפו in dreizeiligen Strofen, deren Schlüsse die Verse ה׳ קנני u. s. w. und ותורה אור (Spr. 8, 22 etc. 6, 23) bilden, endigt וכו לחיי העולם הבא קדוש und zeichnet Elasar in der ersten Kadosch-Strofe[9]).

---

[1]) oben S. 120 Anm. 2. — [2]) Ritus 190. — [3]) Dunasch רעה לבי Z. 20. — [4]) ראב״ן 9d, 18d. — [5]) א״ז, שבת § 45. — [6]) ר״ה Anf., כתובות c. 9, קדושין c. 2, שבועות c. 4. — [7]) דינין ר״י וויל 66. Juchasin 132b. cod. Rossi 1274. Meir Rothenb. Rga. f. 112. — [8]) S. 34 und 60. — [9]) אל עץ בראות עולם זאת בת נמלך צפון ונעלם רום ותחת באומר התלם קדוש.

2. Pismon מי לא יירא ביום דין בבואך ומשפט מכון כסאך, die alfabetischen Strofen beginnen mit איך אשא פני, gehört zu Schacharit des Neujahrfestes und ist wie es in der Handschrift heisst, an die Stelle von [Binjamin's] הסכת, von R. Elasar verfasst [1]), worunter Kalir nicht gemeint zu sein scheint.

Jekutiel b. Joseph.

1. Maarib 7. Pesach ויושע אומן. Die abwechselnden Refräns des mittlern Stückes sind פסח מצרים und פסח לעתיד.

2. אלהא תקיפא רבא וגיברא aramäischer Piut für die Lection des 7. Pesach, die dem Targum Exod. 13, 22 vorausgeht, schliesst daher לא עדי עמודא דעננא תדירא כדכתיב וכו׳. Ist alfabetisch mit stetigem Reim רא und hat akr. יקותיאל בר יוסף חזק ואמץ באוריתא. Die Meldung späterer Commentatoren [2]), dass die Namen der Erzväter, in die Gruppen איי, בצע, רחק, מקב vertheilt, auf den vier Fahnen des israelitischen Heerlagers angebracht waren, findet sich bereits bei unserm Dichter in den dem Alfabet folgenden Zeilen [3]).

Ein Joseph b. Jekutiel ist unter den A. 1096 in Worms Umgekommenen. Der im handschriftlichen Commentar [4]) genannte Jekutiel ist kein Dichter und heisst in Parallelstellen Natanel.

Saadia b. Nachmeni.

Maarib-Zuthat für Hüttenfest סכת שלם סלה [5]) in 10 sechszeiligen Strofen, erhofft Jerusalems Sieg über Rom. Endigt ה׳ יברך את עמו בשלום.

Saadia.

Keduscha אלהיכם דרשו קראו ואת מנוחתו in 8 Zeilen für Neumonds-Sabbat, endigend חדש בחדשו ומדי שבת בשבתו hat in cod. Rossi 1274 die Ueberschrift: רשות מרבינו סעדיה גאון. Ein deutscher Schreiber vom Jahre

[1]) זה פזמון יסד הרב ר׳ אלעזר במקום הסכת (Mittheilung Luzzatto's vom Januar 1839). — [2]) Chaskuni und Ziuni (במדבר), אמרי נעם (בהעלתך), Commentar ms. zu Sachor in cod. Rossi 655, Buch פליאה f. 32b und daraus bei Jalkut Reubeni (131b) und שבחת לקט Art. משה 35. — [3]) יאות יקר ארבע רגליהון במדברא u. s. w. — [4]) zur Gesch. S. 90 und 100. הדר וקנים 62a. — [5]) das Akrostichon (syn. Poesie S. 371) lautet noch אמן סלה ובתורתו יהגה

1449 ist für solche Dinge keine Autorität, jedoch dürfte das Stück älter als das übliche von Jehuda, und ein Saadia, vielleicht der eben genannte oder der um 1130 lebende Commentator, welchen ich für einen Schüler Elasar's b. Meschullam[1]) halte, der Verfasser sein.

VII. KAPITEL.

Spanier (J. 1000—1140).

Gleichzeitig mit dem der französischen ist der Anfang der spanischen Synagogalpoesie. Ihre Gründer mit den Arbeiten Kalir's, Jannai's, Saadia's bekannt, folgten zwar ältern Mustern: allein die Bildung war eine andere und bereits um die Mitte des eilften Jahrhunderts Gabirol's Poesie kaum noch der eines Peitan ähnlich; mit dem letzten jener Epoche, mit Abenesra, schliesst die Zeit der altspanischen Dichter ab.

Joseph b. Isaac, genannt b. שטנאש ibn Abitur, ist der älteste andalusische Synagogendichter von Bedeutung, der die Sprache mit dichterischer, wenngleich noch roher, Kraft in seinen stark gereimten Silluk in gewaltsamen Wortbildungen behandelt. Ausser seinem Maamad des Sühnfestes hat er für die drei Feste, den Neujahrstag, ferner eine Hoschana-Ordnung, poetische Nischmat für Festtage und Sabbate, und Selicha's für die Busszeit gedichtet. Zu dem Maamad dürfte noch gehören:

Hymnus[2]) השמים אשש בעשרה vierfach alfabetisch, jede Strofe hebt השמים an und schliesst ה׳, eine Himmelsbeschreibung nach Elieser-Baraita und Hechalot, reicht aber nur bis Strofe ל׳, worauf noch eine Strofe השמים והארץ mit vierfachem ו׳, welches ich als das Vav in יוסף betrachte. Bau und alterthümliche Sprache, so wie die Namen Achtariel und Adiriron sichern diesem Stücke, das vermuthlich dem Schacharit einverleibt war, den peitanischen Ursprung und von

---

[1]) כך פירש מורי בשם רבו ר׳ אלעזר בן רבינו משלם (cod. München 5 Commentar der Chronik). — [2]) Vgl. N. 1 und 8 (Ritus S. 106 und 107).

allen bekannten Dichtern passen nur Abitur und Gabirol zu Urhebern. Seine poetischen Introductionen zu Nischmat und אלו פינו sind die ältesten dieser Gattung. Wahrscheinlich ist er der Verfasser von

41. Jozer Neujahr מלך אשר המוהו מעין[1]), dessen Strofen מלך anheben, jedoch sind nur die Strofen א׳ bis ח׳ und ל׳ vorhanden. Die Kadosch-Strofe lautet:

יחיד וישר ענני סתרי אתה ומגני פנה אלי וחנני קדוש.

42. יום באתי ליהרך, eine Variation des 121. Psalms in 8 Strofen, von denen aber die 6. und 7. im Ms. fehlen. Endigt מעתה ועד עולם. Gleich zu Anfang ist יוסף gezeichnet.

Vielleicht gehören ihm auch:

43. Die Variation des 122. Psalms יום גשתי להללך, von der jedoch nur die ersten 7 Strofen (bis Buchstabe צ׳) mit שלוה בארמנותיך aufhörend, vorhanden sind. Vermuthlich folgten für die noch übrigen zwei Verse zwei Strofen, eine קרשת, eine יוסף zeichnend.

44. הנה כעיני עבד, welches den Vers 2 in Ps. 123 variirt, so dass jede Strofe הנה כעיני beginnt. Der Refrän lautet:

כן עינינו אל אלהים לבדו עד שיחננו במרבית חסדו.

Die drei Nummern 42 bis 44 befinden sich im Machsor Fas dicht hintereinander; in der ersten kommt vor: לו ללו, טופפים[2]), כדברי המשורר ähnlich dem הטיף משורר in N. 41; in der dritten פרוכים, was bekanntlich an Abitur getadelt worden ist.

45. אמונים ברועדם
46. או בעת רצון

} zwei Sulat für Hüttenfest, 8 Strofen stark, in den Schlussstrofen ist יוסף gezeichnet; die strofischen Verse des zweiten Sulat sind dem Segen Salomo's (1. Kön. 8, 54—59) entnommen. Der erste endigt אתה הוא מעולם, der zweite שירה על זאת.

Aus den Compositionen seiner, wie es scheint, vollständig erhaltenen Hoschana-Ordnung erhellt, dass bereits zu seiner Zeit der Hoschana-Tag als Ergänzung des Sühn-

---

[1]) Ritus von Avignon. — [2]) Ritus S. 241.

tages angesehen wurde[1]). Seine dahin gehörigen Stücke zerfallen in 6 Klassen: 1) alfabetische mit durchgehendem Reim, nach dem Vorbilde von ארון המושיע (Kalir) und ענה איומה (Saadia); 2) anfangend למען אב, ähnlich dem למען איתן; 3) anfangend אנא, gleichwie אנא אזון oder אנא אל אחד; 4) mit כהושעת beginnend, gleich כהושעת אלים; 5) auf Bibelverse gebaute zweizeilige, nach dem Muster von אומן ישעך; 6) Schlussgebete am Hoschana-Tage, nach Art des אני כעיני.

Erste Klasse:

1. עו עשה אמיץ אאמיר, Reim נָה, endigt באהבה ואחוה.
2. ארובת נער, Reim שָׁה, endigt תוחיר הארה כנגהי נבושת.
3. אהלה היום את פני, Reim עִים, endigt משמיעים ומשתעשעים.
4. איומה נועדה שפוך, Reim רָה, endigt בעבותים צמרה.
5. אל אלהים ה׳ ארים קול, Reim אָה, endigt וכן קץ תשועתם הקרב והבואה.
6. אל נערץ בסוד קדושים רבה, Reim בָה, endigt וקפם וקבם לחיי העולם הבא.
7. אלהים און במבך שוע, Reim חָה, endigt ומשכנות מבטחה
8. אלהים אמן איומה נדגלת, Reim לָת, endigt סכת דוד הנופלת.
9. אילי הצדק מטה חשובה, Reim בָה, endigt ביום ערבה.
10. אמן אום עמוסה יושבת, Reim בָת, endigt תהי אנך קשבת.
11. אצפצף תהלות למפליא פלאים, Reim אִים, endigt עם שבעה נשיאים.
12. את עז אלהים במפי אהנה, Reim נָה, endigt בשמך ה׳ תענה.

Sämmtliche Stücke dieser Klasse sind voll von Schilderungen des Druckes und des unglücklichen Zustandes und bitten um Erlösung. Die Nummern 3, 4, 5, 11 sind zwiefach alfabetisch, vielleicht auch N. 7[2]); in N. 12 ist ה׳ sechsfach. Die Nummern 2, 4, 6 zeichnen den vollständigen Namen, N. 2 und 6 noch חזק, N. 4 noch אמן; N. 1, 7, 8, 10, 11 zeichnen יוסף; N. 3 hat nur קטן חזק, N. 5 nur חזק; den Nummern 9 und 12 fehlt auch dieses. Die Identität des Verfassers folgt

---

[1]) vgl. das. S. 94 und die Hoschana's N. 5 und 6. — [2]) die Buchstaben וטמעשה sind im Machsor Algier doppelt. In N. 8 sind nur ב׳ ד׳ doppelt.

aus der gleichartigen Sprache und aus Abitur eigenthümlichen Ausdrücken; dazu gehören namentlich פִּצְיוֹן (N. 9), תוחרת (N. 3, 11, 12), טופפים (N. 3, 6); אלהותו איחדה (N. 5) ist ähnlich dem אלהותך מיחדת (N. 4) und מיחדת (N. 6); יחודך ist in N. 3, 6, 8, 10; כפלץ נצבה in N. 6 und 10; ברום ישיבה in N. 6 und 9; mit גוע חטובה (N. 9) vgl. סגלה מחטבת (N. 10), mit עקור עטיני עוצית (N. 1) vgl. רצין עוצית (N. 2), חנישיה ist in N. 4, 6, דרוש נא בטובך in N. 5, 12, מברא und מעוה in N. 1, 5, אהללו in N. 1 und 11. Mit אצלצלה (N. 3) vgl. אצלצלו (N. 11), mit נדלך מספרת (N. 2, 4) לספור תהלתך (5) und ומחוות תהלתך (3), שוקטת ונופשה ist in N. 2 und 7, מאה ברכות בכל יום in N. 8 und 10; עקב זאת in 4 und 10 ist in gleicher Satzverbindung dem חלף זו. in N. 7 parallel; שגיא כח haben N. 4, 8 und Nischmat 94.

Gleiche kritische Erwägungen sprechen dafür, auch folgende Stücke Abitur zuzuweisen:

13. אלהים אמץ אום, Reim כָּת, endigt בסכה מסוככת.

14. אל אלהי הצבאות, Reim כים, endigt במקטר חלבים.

In N. 13 kommt במאה ברכות בכל יום, יחודך, in N. 14 שגיא כח, in beiden עוררה ורועך vor; in beiden ist Ausdruck und Gedankengang durchaus den vorgenannten Nummern gleich und die Stücke selber befinden sich im sizilischen und im Avignoner Ritus, der fast nur der Ordnung Abitur's folgt. Von diesen Stücken ist die N. 6 für den ersten Tag des Festes, die Nummern 4 und 7, die einander gleiche Stellen haben, für den Zwischensabbat, beschreiben daher die Sabbatfeier und die Einrichtung der Hütte; die dem Hoschana-Tag bestimmten Nummern 5 und 9 bitten um fruchtbares Jahr.

Zweite Klasse:

15. למען אב אשר נחקר ויבחן, endigt לשנה הבאה בירושלם, fünfzeilig [aaabb], die vierte Zeile beginnt בעבורו.

16. למען אב שוע מאור כשדים, alfabetisch, mit strofischen Versen in welchen הושע oder עזר vorkommt; endigt והרויחה נא. N. 15 zeichnet אני יוסף חזק, N. 16, welche der zehn Märtyrer erwähnt, יוסף.

Dritte Klasse:

17. אנא אמונים העלה להר הבניה, endigt פדה אלהים את ישראל.
18. אנא ביום שביעי חיש נא ישעי, endigt היום ביום שבת.
19. אנא יוצרי דורשני, endigt היום ביום שני.
20. אנא יסד יסודות, endigt היום ביום שלישי.
21. אנא יערב לך, endigt היום ביום רביעי.
22. אנא יוצרי וקדושי, endigt היום ביום חמישי.
23. אנא ישר מעריצי, endigt היום ביום ששי.
24. אנא ישר עם בא[1], endigt נהללך ביום שביעי.

Die Nummern 17 bis 23 zeichnen יוסף, 18 bis 23 hat jede 2 Strofen [aaabcccb], N. 24 für den Hoschana-Tag hat deren 6, jede hebt אנא an. Nur die letztere Nummer hat akrost. den vollständigen Namen.

Vierte Klasse:

25. כי ירויי הואר. 26. כי יניעי נשם. 27. כי ידידים מנפח.
28. כי יקיר משוד. 29. כי יקושי מלבן. 30. כי ילידי ארבע.
31. כי יוצאי פתרום[2]. 32. כי ידידים מנפח.

Diese alle sind denen der zweiten Klasse ähnlich gebauet, sämmtlich יוסף gezeichnet (zwiefach in N. 31 für Sabbat); N. 32 für den Hoschana-Tag ist noch einmal so stark als die übrigen und stimmt in den ersten drei Halbzeilen mit der N. 27. Nicht ganz sicher ist כי יהודה ואפרים, das bald יצחק, bald יוסף gezeichnet ist.

Fünfte Klasse:

33. אזן שועי מלך מיוחד mit Strofenversen, worin שמע, endigt לאמרי פי.
34. אל פחדך ירון שה, der strofische Vers hebt ה׳ an, das nächste Wort ist nach א״ב, endigt סובלי פחדך.
35. אלהים אלי אתה אשחרך, mit Strofenversen worin עזר, endigt ונחמתנו.
36. אמצני אלהי במועדי, auch die Strofenverse nach א״ב, endigt אל הער נפשי.
37. יפה נוף אנופף, zum Schlusse am Hoschana-Tage, an ein ככתוב anschliessend.

---

[1]) syn. Poesie S. 74. — [2]) das. S. 75 N. 2.

Die N. 33, 35, 36 zeichnen יוסף, 34 hat יוסף חזק, 37 יוסף קה, vermuthlich der Rest von [בר יצח]ק [ה]קטן].

Vielleicht gehört Abitur auch אמוניך מתחננים im Ritus Carpentras, gezeichnet אני יצחק, so dass die Strofen für בר יוסף übergangen seien.

Sechste Klasse:

38. אל נא אוצרך הטוב, zweizeilig, endigt וברך כל מיני ירקות וזרעים.

39. אל נא יום זה על קץ, dreizeilig, variirt Ps. 80, 9, 10, 12, 15, 16, endigt אמצתה לך.

[86] 40. יושב קדם איום ונורא, dreizeilig, die dritte Zeile beginnt stets ושנה זו תהא שנת, wohinter nach alfabetischer Folge ein segenreiches Wort (אורה, ברכה u. s. f.) folgt.

N. 38 zeichnet אני יוסף בר יצחק, N. 39 יוסף הקטן, N. 40, wovon nur 6 Strofen sich erhalten, zeichnet parallel mit א' bis ח': יוסף הקטן, hatte also wahrscheinlich mit den übrigen 14 Buchstaben (ט bis ת) noch בר יצחק בן אביתור. Vielleicht gehören unserm Dichter auch die oben (S. 80 u. f.) unter den anonymen verzeichneten Nummern 3, 13, 16, 18, 21.

Nischmat. Pesach:

87. ילד מחונן סכותה בענן.

88. ילד עונה ומפיל תחנה, mit Mittelreim, hat טל im Strofenverse; 5 Strofen stark, scheint unvollständig.

89. ישראל עמך מיחלים פדות, es scheinen von den 6 nur 3 Strofen Joseph anzugehören; die 6. Strofe hebt צעירי הצאן הפוורים an.

90. ישראל עמך שארית אום עמוסה in 11 Strofen.

7. Tag:

91. ישראל עמך להללך מתועד, die letzte (5.) Strofe beginnt אמונים הדורשים.

92. ישרון ישורר לנשגב ברומו, die 5. Strofe hebt נ' אביונים מפוורים an.

Wochenfest:

93. ישרון מטיף ממתקי חכו. Strofe 2 hebt ורוח סגולת שרידי ספרד, Strofe 6 המיחלים לחסדך an. So in Handschriften; stark abweicht das Machsor Algier, wo 7 Strofen und die letzte קוראים ממעמקי בור anhebt.

Hüttenfest.

94. ידידים מקוים כוס תנחומים, 5 Strofen deren letzte פוררים ירונו aus N. 90 ist.

95. יושבים כואבים בשבכם וקומכם, 5 Strofen, in den ersten 4 ist סכה oder סוכך im Strofenverse; die letzte beginnt השמחים בסכה.

96. ישרון תחוג שבעת ימי חגיגתו, 11 Strofen, von denen 1, 2, 3, 7, 8, 9 סכה oder סכך im Strofenverse haben. Die letzte beginnt פועלי רצונך.

97. ישראל ישירו חין ערכם für den Zwischensabbat, 5 Strofen, die fünfte beginnt נ׳ חלק ורע קדש מעונים בשבים.

Sühntag:

3. ישראל כולם יהללוך [1] in 14 Strofen.

Chanuca:

98. ישרון ישרון הודך ולישעך לבם יששׁ.

Nachmu:

99. יושבים על מצפה, 8 Strofen.

Zwischensabbat:

100. ידידים נוצרים יום מנוחה, 10 Strofen, endigt ששחתי אליך כפי.

Hochzeit:

101. ישרים יהלוך, 7 Strofen. Die Strofen sind dreizeilig, die Namenzeichnung 3- bis 4fach.

Die Nummern 90, 96, 100 haben im dreifachen Akrostichon den vollständigen Namen, N. 3 zeichnet יוסף הקטן מארדי („aus Merida"), N. 101 יוסף הק[טן חז]ק, die Buchstaben טן חז fehlen. N. 92 hat יוסף בא. Im Namen fehlt die Strofe ף, כ׳ zeigt, dass בר יצחק folgte; die Schlussstrofe אביונים mag einem andern Nischmat entlehnt sein. N. 93 zeichnet gleicherweise יוסף בה. In dem Machsor Algier sind den 3 Strofen יוסף 4 fremde hinzugefügt. N. 97, 98, 99 haben יוסף חזק, N. 87, 91, 94, 95 יוסף; N. 88 יהוסף; N. 89 ist zweifelhaft, hat nur י׳ בן. In den Nummern, 3, 88, 90, 91, 93, 94, 95, 97, 98 hebt die zweite Strofe ורוח an; vermuthlich ist die Nischmat-Strofe ורוח עם מפחר einem Nischmat Abitur's entlehnt, da ein gleiches mit der ersten Strofe der N. 99 geschehen.

---

[1]) Ritus S. 107.

Mit פרויי פיתום (94) vergleiche man פרויי אביב (25), פרויי ממלכות (90), פרויי עם זה (32), נשמת פרויים (90, 91, 92). Möglich, dass in dem Nischmat חוגגי חג המצות, das akrost. 4fach חשלמפ gibt, drei Autoren sich theilen müssen und auf Abitur die Strofe נשמת פרוים פריתם kommt. Zweifelhaft ob von Abitur sind folgende in einem Ms. Luzz. befindliche Nischmat für Passahfest: עמך ישראל ישישו am Sabbat, akr. —יום; ידידים נאלחם, hinter יוסף חזק folgen noch 2 Strofen (יי). Mit Ausnahme der Nummern 93 und 101, erstere im französischen, letztere im deutschen Ritus, und der Nummer 90, die in einem alten griechischen Machsor vorhanden, gehören die übrigen Nischmat den provenzalischen, catalonischen und afrikanischen Gemeinden an.

Für Passah- und Wochenfest enthalten alte Handschriften noch folgende Compositionen:

Pesach:

102. Sulat אהבני מנער צור מושיב יחידים איש ענו כשלה ליושבת וישת נבך לכלותו להרבה יחידים או שבחו לודים, endigend בשמחה רבה.

103. Keroba des Zwischensabbats:

a) Magen אומרה לאלהי בעורי nebst Kerudsch לעולם שמר צור חסדו.

b) Mechaje כלית פורכים ועורת נמוכים nebst Kerudsch יפריחו ויצמחו סחויי.

c) Meschalesch אוכרה מקדם פלאות נורא, mit stetigem Reim רה.

d) Silluk לעולם ועד ימי פלאיך אצור mit 12 Sätzen die Hoffnung wiederholend, dass es Edom wie Aegypten ergehen werde. Schlusssatz:

נפלאות יכושרו זרע קדושים
ויביעו תהלתך בבית קדש הקדשים
סלסול וזמר אזי יהו מחדשים
פארך יצפצפו בהיותם מקדישים
כשרפים ואופנים המתקדשים
בשלוש קדושה משלשים.

104. Jozer את עז אלהותך לצפצף אויל, womit Hoschana N. 12 zu vergleichen.

105. Jozer אתה צוית פקודיך לקהלך, endigt אשר נתן לך.

106. Sulat אבא בגבורות ה׳ אלהים in 9 Strofen, die Haftara aus Habacuc variirend und daher למנצח בנגינותי schliessend.

Den vollständigen Namen zeichnen N. 102 und 103 im Kerudsch, letztere שין vor dem Namen; יוסף N. 103 Silluk, 104 und 105, letztere viermal. Die N. 106 verräth der Stil und der Ausdruck אלהותו אצלצלה. Vermuthlich gehört Abitur auch ein Silluk des Hüttenfestes אין קדוש כתי ישמח לב, der hagadisch gehalten ונורא על כל סביביו ככתוב וקרא וכו׳ endigt.

Von seinen Selicha's sind uns wohl nur drei erhalten: 1) die Rehuta את כי ונחת[1]), die man Hai zugeschrieben, vielleicht weil dieser Name sich aus den vier Sclusszeilen herausfinden lassen[2]); 2) יוצר נשיה, die יוסף gezeichnet ist und in welcher die Gegenüberstellung von נשיה und עליה wie in N. 1 und 3 vorkommt, 3) יערבו לפניך[3]).

Demnach würde die Zahl der Poesien, die uns von Abitur geblieben, selbst mehrere zweifelhafte ungerechnet, sich auf mehr als hundert belaufen. Palquera zählt ihn unter den neun grossen spanischen Synagogal-Dichtern. In der That hat er geraume Zeit den dortigen Gemeinden genügt; erst ein halbes Jahrhundert später wurde ein zweiter Maamad verfasst, und die Hoschana-Ordnung fand erst nach einem ganzen Jahrhundert eine Nachfolge. Von Abitur's Zeit bis 1040 werden uns kaum zwei Namen genannt: die Vidui Nissim's, in welcher das variirte אשמנו vielleicht jüngere Zuthat ist, und Samuel hanagid's Psalmen (בן תהלים) können kaum zur synagogalen Poesie gezählt werden; möglich, dass unter den mit dem Namen Samuel[4]) versehenen spanischen Poesien einige dem Nagid zuzuschreiben, etwa das Nischmat שופט, in welchem לו ללו[5]) die Epoche um das Jahr 1000 verräth.

---

[1]) syn. Poesie S. 431. — [2]) Dukes in כוכבי יצחק N. 25 S. 86. — [3]) syn. Poesie S. 220, Ritus S. 144. — [4]) Rapoport (כ״ח 4, 33) schreibt dem Nagid einige Stücke zu, über welche die Untersuchung noch bevorsteht. — [5]) Ritus. S 241.

Um 1020—1030 blühete der Dichter und Grammatiker Isaac b. Levi ibn Saul aus Lucena, der Zeitgenosse von Isaac Gekatilia und Isaac Chalfun[1]). Die Handschriften nennen ihn als den Verfasser der metrischen Bakascha אלהי אל חדייני, welche an Gehalt und Ausdruck die vielleicht ältere שמע קולי überragt. Wie das Akrostichon[2]) bezeugt, gehört ihm auch die Ermahnung הכל יפחדו וירדו יראו יחד ויתמהו.

Es ist nicht unwahrscheinlich, dass einige anonyme Stücke[3]) aus den Ordnungen für den Sühntag, z. B. אצלצלה ברכותיך; אנא אל נאור; בטרם אמן und anderes[4]) Dichtern jener Zeit angehört.

Isaac Gekatilia, der von Mose b. Esra und anderen angeführte Dichter und Grammatiker[5]) hat nach dem Zeugniss von Isaac Petit b. Mordechai[6]) Asharot zum Wochenfeste verfasst.

Mit Salomo Gabirol b. Jehuda, dem Grammatiker, Philosophen und Dichter, erreichte die gottesdienstliche Poesie der spanisch-arabischen Juden ihre Vollendung: die peitanische Sprachweise machte der Verskunst und dem klassischen Stile Platz, andere Bilder und Betrachtungen füllten die Gedichte aus. Nur in Keroba, Silluk und dem Thaugebet werden wir bei Gabirol hie und da an Kalir oder Abitur erinnert. Seine Poesie umweht ein Hauch von Schwermuth, selbst die Freude wird bei ihm zur Sehnsucht nach dem Höchsten. Zu seinen Compositionen gehören ausser dem Maamad des Sühnfestes und damit zusammenhängenden Ermahnungen und Bussgebeten, Arbeiten für die drei Feste, für Purim, Chanuca, den neunten Ab und andere Fasttage; er verschönerte den Dienst der Synagoge durch Ahaba, Mikamocha, Geula und durch liebliche kleinere Gedichte, die das Frühgebet eröffnen und schliessen, es sind diess folgende[7]):

---

[1]) Mose b. Esra ms. f. 31a (wo nur בן מר שאול, nicht בן גיקאטיליא — wie Juchasin ed. London S. 229 hat — dem Namen hinzugefügt ist). הרקמה S. 122. vgl. Munk Abulwalid p. 78, 79, Dukes נחל קדומים S. 9. — [2]) אני יצחק בר לוי בן מר שאול אליסאני. — [3]) Ritus S. 116. Vgl. oben S. 66. — [4]) ורקיע הרקיע לבין חרס ואדמתו aus einer Keduscha führt ibn Balam an (Dukes שירי שלמה S. 88). — [5]) נחל קדומים S. 9. — [6]) Commentar ms. zu Gabirols Asharot. — [7]) über N. 1 bis 11 vgl. meinen Ritus von Avignon (Zeit. d. Judenth. 1839 S. 479); 13 Nummern (N. 1 bis 5, 8, 11, 14, 16, 17, 19, 23, 26) hat die Sammlung Cstpl. 1545. Die Nummern 4, 8,

1. שמעה ארון עולם (Vitry).
2. שדי אשר יקשיב (Harl. 5583, roman. Machsor).
3. שרש בנו ישי (Avignon, Carpentras, Algier, Corfu, roman.).
4. שער אשר נסגר (Ms. Kopenhagen, span. zum Thorafest; Cochin, Avignon).
5. שחר עֲלה (Harl. 5583, אמרי נועם 67 b).
6. שאלי יפיפיה (סדר התמיד Th. 2 f. 214, Ms. Tetman Luzz.).
7. שוכב עלי מטות (cod. Lips. 25).
8. שלום לך דודי (Ms. Kopenh. Pesach, span. Thorafest, Avign. Pesach und Hochzeit).
9. שוכנת בתוך שדה (cod. Lips. 25, span. Thorafest, Ms. Kopenh. Pesach).
10. שנה בחק ילדות (Vitry. cod. Lips. 25).
11. שש נגזרו לצאת (cod. Lips. 25, ed. Cstpl. 1545 N. 212).
12. שתי בך מחסי (Poc. 74)[1].
13. שאלוני סעיפי (Vitry 267), ist wie die folgenden N. 14 bis 19, 22, 24, 25 Introduction zu Nischmat.
14. שאי עין יחידתי (Vitry, franz. Machsor, Siddur ms. B. Niederhofheim, roman. Machsor f. 119).
15. שחרתיך בכל שחר (im genannten Siddur ms. Vitry).
16. שחר אבקשך (span. Pesach).
17. שחרים אקראה (ed. 1545 N. 99).
18. שחו לאל יחידה (Fas, röm., romanisch).
19. שואף כמו עבד für die Bussezeit (span., Avignon Neujahr).
20. שבעה שחקים, Reschut für Kaddisch (span. Thorafest, franz. Machsor).
21. שלשם ושתים נתיבות die göttliche Einheit; im spanischen Machsor unmittelbar vor ארון עולם, beide unter der Bezeichnung „Bakascha“.
22. שנים נפגשו בי (Ms. Oxford Poc. 74).
23. שעריך ברפקי יה (roman.).
24. שפכי לצור לבך und
25. שלוף חרבך דודי (cod. 5 Günzb.).

9, 16 hat Dukes (Ehrensäulen S. 76, 75, 72), N. 1, 14, 15, 27 M. Sachs übersetzt.

[1]) Steinschneider Catal. Bodl. p. 2336.

26. שפל רוח שפל ברך (roman. Machsor f. 401: Provence; span. Hüttenf., franz. Machsor).
27. ששוני רב בך (Vitry).
28. שבחי ענותך נושאה עינים, endigend ואור חמה לשבעתים.

Wahrscheinlich gehören die ebenfalls in cod. Poc. 74 befindlichen שלשה נוסדו und שער פתח derselben Gattung an.

Von seinen Stücken, die über hundert Nummern ausmachen, sind mehrere in romanischen und germanischen Gemeinden und bei den Karäern [1]) eingeführt. Zu den weniger bekannten dürften folgende gehören:

Mikamocha des Sühntages מי כמוך שדי עד לא ראשית ומי דומה לך, die Geschichte von der Schöpfung bis zum Auszuge darstellend, die Strofenverse endigen אחד; mit merkwürdigem Akrostichon [2]).

Mostedsch. אאמיר אאדיר עשרה zum Thema הללו את שם ה׳, zehn Gottesnamen preisend, endigt ק׳ק׳ק׳ ה׳. Die 12 Strofen (die Zeile hat 5 Worte) zeichnen fünffach אבן גבירול חזק. Gehörte wahrscheinlich in die Keduscha des Musaf.

Silluk für Musaf אאמיר אאדיר אפודה, in der die göttliche Majestät geschildert wird; man glaubt Kalir und Abitur zugleich zu hören. Die erste Abtheilung hat 22 auf תך reimende Zeilen, jede zu 5 Worten. An der Schlusszeile אתכן אתקן תכונת תמונת תקרתך, der alle anderen gleichen, ist der Bau zu erkennen. Die zweite תקרתך אדיר anhebende Abtheilung, durchgehend בה reimend, bildet akrost. אני שלמה ברבי יהודה אבן גבירול und endigt mit dem Verse מי כה׳ אלהינו המגביהי לשבת (Ps. 113, 5); die Zeilen werden durch Ringworte mit einander verbunden. z. B. להבת תלהט לעמת מרכבת, מרכבת עוך היא הנצבת, הנצבת מול טפסר יושב בשבת. Die dritte Abtheilung beginnt לשבת, reimt לך und endigt כתר יתנו לך, zwiefach alfabetisch, auch der Name doppelt gezeichnet; sämmtliche Strofen gleichen in Wortzahl und Bau der ersten.

נאמיר אילך נביע בגדלך כמו נדודי גלגלים דגולים דגלך.

Während die erste und die dritte Abtheilung bloss das Preisen Gottes abseiten des Vorbeters und der Gemeinde aus-

---

[1]) Ritus S. 134, 147, 155, 161. — [2]) אני שלמה קטן ברבי יהודה אבן גבירול מאלקי חוק ואמץ לבבכם כל המיחלים ליהוה יום הכפורים.

drücken, gibt die mittlere einer Erklärung bedürftige das Bild des Gottesthrones und ist mit unseres Dichters שנאנים zu vergleichen.

Selicha גדל יגוני mit strofischen Versen die היום schliessen, scheint unserm Autor zu gehören; Strofen 2 bis 5 zeichnen קטן חזק, die erste lautet:

גדל יגוני מיום איום
גבר עוני מטמא פדיום
נגרה עיני לילה ויום
והנני כמענה לפני קוני
את חטאי אני מזכיר היום

אני שלמה הקטן אבה כפי על רוב אבפי in 11 Strofen, die zeichnen, ist eine מקדמה (Introduction) für die Verse משפט am Neujahrsabend.

Eben solche Introductionen sind:

שחר טוב יבקש רצון, gezeichnet שלמה (vierfach), für die Verse זכרונות;

אל שוכן ברום מעוני, akrost. אני שלמה, für die Verse שופרות;

ישמעו איים רבים במרץ, gezeichnet שלמה, für die Verse מלכיות.

ה׳ שעה לחשי ורחשי (cod. Bodl. 613).

Silluk für Schacharit ה׳ אל אדיר, in Charakter und Bau dem Musaf-Silluk ähnlich. Die erste Abtheilung, 23 auf רָת reimende Zeilen, jede von 5 oder 6 Worten, ist von א׳ bis פ׳ auf die Worte ארני bis אֵל Ps. 90 V. 1 und 2 gebaut und preist den Schöpfer, endigend mit dem Verse לך ה׳ הגדלה והגבורה והתפארת. Die zweite והתפארת beginnende Abtheilung nennt die vier Himmelsheere, reimt אֵל, endigt הללויה הללו אֵל und zeichnet אני שלמה חזק. Hier findet sich die von ibn Schoaib angeführte Stelle[1]). In der dritten אל נקדש למעלה anhebenden Abtheilung werden abwechselnd die Engelschaaren und Israel (למעלה und למטה) als Verehrer des Höchsten genannt, schliesst: למעלה בשירת שקופים ולמטה בתוכן תקופים. Hieran schliessen 8 Zeilen, fünffach שלמה צעיר gezeichnet und anfangend ישביצו שירות בשבח בשקר בשנן התקופים, sämmt-

[1]) syn. Poesie S. 473 Z. 8.

lich reimend zu dem Schlussverse והקדישו ..... יעריצו (Jes. 29, 23).

ה׳ אֱלפה שמך המפורש Hymnus in zweizeiligen Strofen, sowohl die erste als die zweite Zeile (ein Vers) heben ה׳ an. Schlussstrofe: ה׳ שדי לחלקו מאז הבדילנו ה׳ מעון אתה היית לנו.

מעון אדיר מאז ראשון Hymnus, jede Strofe fängt מעון an, und der strofische Vers endigt שמים. Die Anfangsbuchstaben der je ersten Zeilen geben אני שלמה הקטן בר יהודה; Schlussstrofe: מעון הנה במעון ישבת ומעון הכל ישבת וממעון קדשך הקשבת ואתה תשמע מן השמים. Die siebente Strofe wird von Palquera (מקור חיים 92b) und eine Stelle aus der neunten von Zarza (das. 102c) angeführt[1]). Ob an den Schluss des מעון das השמים אשש (s. oben S. 178) anschloss, gleichwie an den Schluss von ה׳ אלפה das מעון?

ה׳ שם איום ונורא Symbolisirung des göttlichen Namens, in 8 Strofen, die ה׳ anheben und endigen. 1) Der Name hat die Welt geschaffen; 2) sieben Namen (der Middot) bezeichnen seine Barmherzigkeit; 3) sechs Theilungen[2]) begründen die sechs Seiten [des Würfels]; 4) fünf Theile[3]) werden in Sprache und Schrift aufgezählt. Die 8. und letzte Strofe lautet: ה׳ נשגב באחד ומי ישיבנו נמצא בכל והוא יסובנו נקשר בלב ולא יעזבנו כל עצמותי תאמרנה ה׳. Akr. dreifach שלמה הקטן.

Auf das Thema ה׳ תשפות שלום לנו, passend zu חטאנו צורנו ה׳ שלומך שים עלינו לעד ואל תגעלנו סלח לנו und mit dem Eingange ה׳ מעון אתה היית לנו beginnt Mostedschab אמרה נולה וסורה, Gebet um Erlösung; Schlussstrofe: תמיד תהיה נגדך שועת עמך ועבדיך הראנו ה׳ חסדך וישעך תתן לנו.

Mostedschab לאדיר נורא תהלות für Neujahrstag. Thema ist תקעו בחדש שופר und die (dreizeiligen) Strofen reimen פר; die letzte lautet: לחקות זרויו לחיים לקבל שועת עניים ותיטב לה׳ משור פר. Akrost. אני שלמה חוק.

Mostedschab מלך שדי השוכן רומה für Neujahrstag. Thema: ארוממך אלהי המלך; die Strofen, die מלך beginnen und schliessen, geben ... שלמה בר יה; wofern nicht in den ersten Worten der Schlussstrofe (הדור המציאנו חנך) die Ergänzung des Namens

---

1) Dukes Ehrensäulen S. 21. — 2) יהה, הוה, יהו, יו, וה, יה. Die Strofen 5, 6, 7 zeichnen יה. — יה, יהו, יהוה. — 3) vielleicht אה, הל, ש׳, י׳, מר (ה׳, אלהים und שדי) den 5 verschiedenen Sprachwerkzeugen angehörig.

יהודה gezeichnet ist, ist das Stück unvollständig, was indessen wenig wahrscheinlich ist.

לך שדי והאמר די ein Gedicht in 6 לך anhebenden metrischen Strofen mit Mittel- und Strofenreim, die erste Strofe hat 3, die beiden folgenden jede 7, die drei letzten jede 5 Zeilen [aab, ccb und s. f.]. Refrän: המאיר לארץ ולדרים עליה, daher im Machsor von Tripolis — wo jedoch nur die erste Hälfte — am Sühnfeste vor dem Jozer im Frühgebet, dahingegen das altdeutsche Machsor es zu einem Ofan am zweiten Chanuca-Sabbat verwendet. Der Inhalt ist: Gott der Regierer des All, Lenker der Weltkörper, Licht spendend, Preis der Engel und Kronen von Israel empfangend, wird Edoms Heere beseitigen und die Jerusalems erheben: — die Elemente **zum** Theil zu dem **Bau** der Königskrone.

Erste Strofe:

לך שדי והאמר די לגלות ארום והיליה. לך מרום ים ודרום וכל ששת גבוליה
הלא תעיד וגם תגיד גבורתך במליה המאיר וכו׳.

Ende: שית רום דור לדור ודור לגבעה וכל היליה.

Seinem אשרי עין im Musaf geht ein מה נהדר voraus und ein ובכן היה לאין folgt. Ersteres beginnt באפוד חשן נקבעה in Doppelzeilen die Edelsteine des Brustschildes sammt den Stämmen und die hohenpriesterlichen Gewänder herzählend, endigt בנועם ציץ הזהב, jede Zeile beginnt mit den Buchstaben ב, zwiefach zeichnend אני שלמה קטן. Letzteres hebt an לא ארמון ולא בירה, und so geht das Alfabet durch bis לא שפיכה ולא תמורה, wohinter **noch** akrost. שלמה und mit לא שעיר ולא עזאזל geschlossen **wird**.

שלח מלאך מליץ erbittet Gnade, da der Sterbliche das Gericht nicht ertragen könne, endigt וגם היום קצר והמלאכה מרובה. Die 4 Strofen akrost. שלמה.

שארית אום נעצבת Selicha für den zehnten Tebet[1]).

שופר המבשר Pismon zu Musaf Neujahr, zweimal שלמה gezeichnet[2]).

שני ימים מקוימים für Sabbat und Neujahrfest.

שעה וברון רהי במעשה ist die Eröffnung zu der kurzen Aboda des Schacharit, deren erste Strofe lautet אלה שכן מרומות

---

[1]) mein Ritus von Avignon (1839 N. 90 S. 479). — [2]) abgedruckt daselbst a. a. O.

אָלֶף צִיר אחרי מות שני בני אהרן; in derselben Weise, mit אהרן endigenden Strofenversen, geht das Gedicht weiter, zwiefach alfabetisch [1]), nur קרשת sind einfach da. Die beiden letzten Strofen:

שַׁדי כמאז הציץ להשיב צפירת הציץ על מצה אהרן.
מַתרת תמשה לגן רטוב הוותו כשמן הטוב על הזקן זקן אהרן.

Meora für Chanuca אבאר במלה מתוקנה in 94 gleichreimenden Zeilen meist halachischen Inhalts, endigt קים חוות נאמנה והיה אור הלבנה.

Asharot für Purim אחוה פלאות רוות, in vierzeiligen Strofen, schliessend:

קרקרת שרש וענף לצוררי ומוני
כן יאבדו כל אויביך ה׳.

Mowaschech für den Sabbat Sachor יגל חוון ובשורה, endigend שמחה ששון ויקר.

Habdala שלח מונור in 7 Langzeilen. Ende: וצאן רועות על ידידן.

Pesach:

1. Ahaba יבוא לחדרו הדוד מאד מדוד נעלה, endigt ורע בחירו יעקב אשר אהב סלה.
2. Mikamocha שחקים רקע ארקים תקע, mit קרש endigenden Strofenversen, schliesst מי כמכה נאדר בקרש und hat akrost. den vollständigen Namen.
3. Mikamocha שוכן בגבהי מרומים; nach 4 den Namen zeichnenden Strofen beginnt das Alfabet mit אוכיר בפחד ומורא mit Strofenversen die אדם schliessen, hat 29 Strofen, die Zeile zu 3 Worten; von der Schöpfung bis zum Auszuge. Akrost. אני שלמה. Schlussstrofe:
   הפיל צור פחדו וגאל ישראל עבדו יודו לה׳ חסדו ונפלאותיו לבני אדם.

Wochenfest:

1. Barchu שם אלהי צבאות איחד, endigt כמו נשר יעיר קנו.
2. Meora שמשי עלה נא וורח, 32 Zeilen mit stetigem Reime, schliesst והייתי אך שמח. Akrost. שלמה הקטן מאלק חזק.
3. Asharot, nach dem Metrum des Eröffnung-Gedichtes

---

[1]) In der Strofe ט׳ hat das Machsor השליך פרו; vielleicht muss es טלק heissen. Die Strofe ל׳ fehlt.

מנסתרות שלמית שרחרחת; hat 25 Strofen und endigt נקנו. Die erste Strofe lautet:

אלהיך אש אוכלה והחטאים ילהט בסבך לכן הכון לקראתי והרדל לשמן עון בחבך

הנה הורתי לעדה תהיה בלבך שמע עמי ואעידה בך.

Mit Ringwort-Gesetz fortfahrend:

בך הקימותי עדות ליחדני שתים ביום ולדבקה בי ולעבדני.

Wie es bei dem Maamad der Fall ist, hat auch bei anderen Ordnungen die Vermischung der Gedichte verschiedener Verfasser uns diese selber gekostet: so namentlich Gabirols Regengebet. Das spanische Machsor hat von seiner Keroba nur die erste Nummer שפעה; dann folgt Pismon מכסה, das auch im Thaugebet befindliche Kerudsch לשני, ein zweites Kerudsch gezeichnet יוסף, von Pismon אל חי nur die Buchstaben א' bis ה', ח', ט' und der auch zum Thaugebet gehörige unvollständige Segen בגשמי אורה. Wir sind demnach um zwei Keroba's von Gabirol und von Joseph gekommen; günstiger steht es um Gabirols Ordnung für Tal, es sind davon erhalten: Magen שופט שמש, Mechaje שלח רוחך und das nach kalirischem Muster gearbeitete בטל אצור, das vierfach alfabetisch in 12 Abtheilungen die Monate, Sternbilder, Stämme Israels und 12 biblische Heroen einflicht. Jede Abtheilung enthält zwei בטל anhebende Strofen: in der ersten beginnt die dritte Zeile למען, die vierte endigt mit einem Sternbild und dem Namen eines Stammes; in der zweiten Strofe an einen Vers worin טל[1]) anlehnend wird der Monat genannt. Die letzte Abtheilung zeichnet שלמה הקטן. Man findet darin die Worte יסוד, מאוגד, מגודן, מעודן, שכם, וָסח, womit syn. Poesie S. 383 zu vergleichen ist. Aus einem nicht näher bekannten Gedichte Gabirol's führt Abraham b. David[2]) die Stelle an: והוא נכסף לשמו יש כמו יש כמו חושק אשר נכסף לדודו, worin Reim und Metrum wie in dem Gedichte זמן בוגד sind.

Isaac Giat b. Jehuda, Gabirol's jüngerer Zeitgenosse, hat noch umfassender als dieser die Stammgebete ausgestattet: um die einzelnen Abschnitte des Frühgebetes legte er den

---

[1]) In קרובץ Algier ed. Livorno ist in der dritten Abtheilung aus Micha c. 5 statt Vers 6 irrig Vers 7 gedruckt, der gleichen Anfang hat. — [2]) אמונה רמה S. 61.

Schmuck selbst metrischer Dichtkunst. Seine Stücke lassen sich füglich in vier Gruppen theilen: in den Maamad des Sühnfestes, die Selicha der Bussezeit, Arbeiten für Festtage, Frühgebets-Poesien. Vorzugsweise offenbart der Maamad[1]) den unterscheidenden Charakter der spanischen Poesie dem Piut gegenüber. Die Hagada ist verschwunden; ihre Stelle nehmen dichterischer Vortrag und wissenschaftlicher Inhalt ein. Das Schacharit ist Kosmogonie, das Musaf Physiologie, beides mit biblischen Illustrationen, Bussbetrachtungen, hie und da mit Hymnen, die auf dem Grunde, den das Jezira-Buch gelegt, ruhen, kunstvoll verwebt; und das Ganze schliesst ein Silluk, dessen sich kein alter Prophet hätte zu schämen brauchen, weder was Stil noch was Gedanken betrifft. Für die Bussezeit schrieb Giat eine bedeutende Anzahl Pismon und Tochacha's und für die 20 Nächte vor dem Neujahrsabend 24 Stücke, ebenfalls Maamad genannt, in welchen die einzelnen durch Bibelverse, der Zahl der Nacht entsprechend, bezeichnet werden, als: eins היושבים ראשונה (Esther 1, 14), zwei פעם ושתים (Nehem. 13, 30), drei וישנו וישלשו (1 Kön. 18, 34), vier על שלשה ועל ארבעה (Amos 1, 3), eilf לאל ישיב עשתי עשר (1 Chron. 24, 12), zwölf שתים עשרה עבדו (Gen. 14, 4), sechszehn ששה עשר ארנים (Exod. 26, 25), achtzehn סביב שמונה עשר (Ezech. 48, 35), neunzehn תשעה עשר למלותי (1 Chron. 25, 26), zwanzig לא אשחית בעבור העשרים (Genes. 18, 31). Ihr Inhalt ist die Grösse und Güte des Allmächtigen, die Bussfertigkeit der Gemeinde, die Gewissheit von dem Erfolge auch des nicht genügenden Wortes, die Zuversicht auf den der Befreiung verheissen, die Hoffnung dass ihre Zeit nicht mehr fern sei. Mit einem rührenden Gebete für jeden Einzelnen und für Israel schliessen diese Maamad, die übrigens auf die Vorzüge poetischer Gebete nicht oft genug aufmerksam machen können. Wenn auch bisweilen dunkel, bleibt Giat immer körnig und selbst in den Ahaba's gedankenreich.

Von den Arbeiten für Festzeiten sind zu erwähnen:

---

[1]) Dazu scheint noch ein Sulat zu gehören, vgl. die Strofe תלבין am Schlusse des Sulat Mose b. Esra's (mein Ritus von Avignon in Zeit. d. Jud. 1839 S. 381), welche יצחק גיאת gezeichnet ist.

Sulat für Chanuca-Sabbat ישרים בשמו כנה מיום בהר פנה, endigt חנכת דברי חוזי יחזקאל בן בוזי.

Schekalim: Sulat למי הוא כל בטרם כל פעלים; Pismon ידך החיש לישע; Silluk כי אתה יוצר נגוהים; wahrscheinlich auch die Pismon יָרֵד צִוָּה und יה נדרש לכל שואל und קיקלר: ימי פרישה, die יצחק zeichnen.

Sachor: Pismon יראיו בתֹּם מַנְהִיה.

Para: Pismon יסוד טעם.

Hachodesch: Pismon ימי חדות; Schalom ישעו יחיש אלהיכם, gezeichnet יצ [חק ג] י [א] ה, so dass uns die Hälfte des Gedichtes fehlt.

Der grosse Sabbat: Pismon ימין ישע.

Die fünf Pismon ימין ,ימי חדות ,יסוד ,יראיו ,ידך und, in einigen Mss. Sulat überschrieben und sämmtlich auf die künftige Erlösung hinweisend, sind von gleichem Bau, mit einem in drei Theile zerfallenden Refrän, dessen letzter Theil stets בן anhebt. Hier die Schlussstrofen von Sachor, Hachodesch und grossem Sabbat:

Sachor

אגגי בעת הִכבד ומם להשמיד ואבד את שם ישראל
וכמו בזעם כבר קמה והאבד את זכר עמלק
וצורריו נבתרו בתר על יד מרדכי ואסתר
כן יאבדו אויביך וירנו אוהביך עמך אוהבי שמך.

Hachodesch

אל חפין עם קדש הֶפק חדש בחדש לחדשי השנה
ואשת נעורים תקדש ויפיה כאו החדש ובאו ציון ברנה
תחדש בקדם תקות לי אמר צדקות
כן יאמר אלהיכם לחדש ימו שמחתכם חדשיכם ומועדיכם.

grosser Sabbat

אחרית תושיב מראש ומנעצוץ העלה ברוש בעשור לחדש
וכחי לענה ורוש החיל הזעק החרש רוח מצרי וקדש

כאו יצאו בתועפות יגן כצפרים עפות

כן יביאו דורון מכל צר בני אהרן מנחה בצלצלים ורון.[1]

In drei anderen Sulat Giat's hebt auf ähnliche Weise der Refrän mit כן an[2]).

Purim:

1) Pismon על אודות ימי הפורים מה נאוה תהלה,

2) יום שאת ויתר קימו לדור דורים,

3) und ein aramäischer Gesang יום פוריא יומא דנן, die Zeile sieben Silben mit einem Jambus (◡—) schliessend. Wurde von Simeon Duran commentirt. Alle drei Stücke sind im algierschen Machsor gedruckt.

Von den zahlreichen Gedichten, welche die Frühgebete bereicherten, waren einige bestimmten Festtagen (Pesach, Wochenfest) oder Sabbaten (in den 3 Trauerwochen u. a.) zugewiesen, die meisten weil freien Inhalts zu beliebiger Verwendung geeignet. Mehrere haben verschränkten Reim und tragen das Gewand der Mowaschech. Die Künstlichkeit der kalirischen Composition fand in arabischer Metrik ihr Gegenstück: Aber den Dichter von Lucena leitet die Kenntniss der Natur und die Reflexion des Denkers, das göttliche als dem sterblichen Auge unnahbar erkennend[3]).

Von sonstigen Compositionen Giat's mögen folgende 11 Gattungen hier eine kurze Erwähnung finden:

Introductionen zu Nischmat.

I. Reschut.

1. יונה מעונה (Pesach), 5 Strofen metrisch und mit gleichem Reim, endigt עורכות שבחיה.
2. יום מעמד סיני (Wochenfest), endigt תודה לך סלה.
3. יצב גבול שמם (Hüttenfest), endigt סכה תהיה לצל יומם.
4. ידעתיך בשם נשא ונאה in 5 Zeilen, endigend ולא נראה ורואה.

---

1) Für die früheren Strofen lautet der Refrän des dritten Satzes כן יכה
כן במהרה לעיני שביעית 2) — .בעורון ותכתב לזכרון תשועה לדור אחרון
כן עשירית במקדש ישורר עם (Chanuca); מקהל אמוני יחנכו את בית ה'
כן באונינו נשמעת קול שופר ותרועה טוב (Pesach); המקודש לה' שיר חדש
ראתה עין לבי (יושב), צופה כל אך 3) — Wochenf.). יהורים) משמיע ישועה
.בעין אין צופה (יקרו להלל)

II. Mocharach, Mittelglied zwischen Reschut und „Nischmat", sämmtlich nach Art der Mowaschech gedichtet.

5. כיום ולחי כל ימי עולמך
נשמת כל חי תברך את שמך

woranf Strofe 1 ירוצצו לגלות עוך anhebt. Ende: תנה לי את כרמך. Strofe 3 schliesst mit der Stelle aus Beresch. rabba c. 68: את מקום עולמך ואין עולם מקומך[1]).

6. נגדך אשים מגמתי כי לך רוחי ונשמתי, Strofe 1 beginnt יקרו עצמו פלאיך. Die ersten Worte der Zeilen reimen ebenfalls. Ende: תן פאר תחת כלמתי.

7. אל אלהים נצחו וברו פארי וציין על מצחו, Strofe 1 hebt an יצק במעבה. Der aus Leib und Seele bestehende Mensch ist dem Gange der Himmelskörper entsprechend aber nicht unterworfen. Endigt: ואפקיד בידו רוחי.

8. תנו שיר על זמיר ליחיד אל אמונה für Thorafest.

III. 9. נשמת יונה השוררת (Wochenf.) ist ein poetisches „Nischmat" vor אלו פינו.

IV. Nach מי כמוך und vor מי ידמה לך:

10. יענו חכמי
לב שאל מ—
אל מי תדמה
ממפעלך } 8 Strofen mit Refrän אין כמוך ואין דומה לך.

Schlussstrofe:

תקיף מלך עשיר ומלך ה׳ מלך ה׳ מלך

zeichnet יצחק גיאת.

Kaddisch.

11. מי יוכל בסוד מהללך עמוד.

12. יחידיו נאמני אתי להי גדלו.

13. יה אשר לך נתכנו כל תהלות עמך, der Mensch unvermögend Gott zu erkennen und zu preisen, begnüge sich ihm zu dienen; endigt גדלו אתי באימה יה שמיה רבא בעלמא.

---

[1]) Dasselbe in Midrasch Temura c. 2, Midr. Ps. 90, Joseph's Ofan יעריצון אלי und Elasar's [hababli] defectem Gebete איש איש על עבודתו.

Barchu.

14. ידך אלהים יסדה ארץ, endigend ואברכה שמך לעולם, zeigt des Schöpfers Grosse im Kleinen wie im Grossen.

Ofan.

15. יחיד מקדם לכל פלאיו נגלים, endigt ומי הוא זה שואלים.
16. יקרו להלל יה מהלליך, endigt ויהיו מקדישים בתוך היכלך.
17. יושב הכרובים על כנפי שחקים, endigt ובחדרי קרבים אותותיו חקוקים.

Meora.

18. חיל אור נכשל בעל, Befreiungs-Sehnsucht für Zion, endigt וכבודך עלי נגלה, besteht aus dem Eingang und 5 Strofen, gezeichnet יצחק חוק גיאת.
19. את מחזה הוד אל הצילנו[1]).
20. יושבה בגנים ציץ פרחך הניצי.
21. יום תאוה יגלה יחישה, endigt ותחיש דרור וגאולים ילכון.
22. יהגה חבי פלאי מלכי, der strofische Vers schliesst אור. Ende: וחשבי האר לי כי מתוק האור; mit dem vollständigen Namen gezeichnet. N. 18 und 21 sind Mowaschech.

Ahaba.

23. יושב במעמק מצולה ומעמד אין, endigt והן לשוני תדבק אל חך אם לא אזכרך ואחבש לשברך ונור פארך תחבשי עלובה.
24. הידעתם ידידי für 8. Pesach[2]).
25. יפה נוף רדוי נף ועו מהגרו mit künstlicher Worttheilung, endigt אני ואחלצהו.
26. בעלת אוב וקסם[3]) für Hüttenfest.
27. ימי קדם לבן רודם, jede Strofe hat 6 zwölfsilbige Zeilen mit Mittelreimen, Refrän ist Ps. 135, 4: כי יעקב בחר לו יה ישראל לסגלתו, endigt ואל גואלם הוא נהלם באהבתו ובחמלתו.

Sulat.

28. ישועת אל צדקתו תענה (Pesach), endigt יום יום אף ישירו
29. אבי כל הנביאים (Wochenfest) soll von Giat sein.
30. יהורים הודי נחלו ועל שברי לא נחלו (Wochenfest), endigt בקול שופר ישמעו; gezeichnet יצחק ברבי יהודה גיאת חוק.
31. יה חסד מדתו ודן עם במלאת סאתו (Hüttenfest), in den

---

[1]) Sachs Poesie hebr. Theil S. 15. — [2]) Dukes Poesie S. 159. — [3]) Sachs S. 13. Machsor Algier.

ersten Theilen der Strofe stetiger Reim (תי), im Strofenverse kommt rad. סכך vor. Ende: בבכות השבתי.

Geula.

32. ימים רבאות וחדשים כאות, endigend לערבי משאות.

33. כל ימי צבאי, Eingang und 4 Strofen, die Strofe 1 hebt an ידיד לב נדבה. Die Zuversicht des Hoffenden. Endigt ויבון בבאי והלבו גאוליך.

34. אסבלה נדודי von dem zu leidenden Hasse, ein **Mo**waschech, endigt אגאל את גאולתי.

35. ישעך אקו בגלותי, in welcher auch die Anfänge der Zeilen reimen, endigt צור את גאולתי.

Unter den Synagogenstücken für Neujahrstag, Wochenfest und neunten Ab, den Hoschana's und Sabbatliedern, welche den Namen Isaac tragen, sind vielleicht einige von Giat; jedoch gehören verschiedene künstliche Ahaba's des französischen Machsor schwerlich dem Spanier.

Von allen Riten ist nur der deutsche von Giats Dichtungen unberührt geblieben, trotzdem sie in Süd- und Nordfrankreich und **in** Italien eine Heimat gefunden; selbst seine talmudischen Schriften waren den deutschen Juden nur aus zweiter **Hand** bekannt und auch das erst seit R. Ascher's Zeit.

Mit Giat, der in der Entwickelung und Begründung der gottesdienstlichen Poesie Spaniens eine bedeutende Stelle einnimmt, schliesst deren erste Epoche ab, in welcher die Juden **jener** Gegenden ausser den poetischen auch wissenschaftliche Leistungen (Grammatik, Exegese, Philosophie, Lexikographie, Astronomie, Heilkunde) aufzuweisen hatten, von denen ihre Brüder in Frankreich und Deutschland damals kaum eine Ahnung hatten. Zu seinen jüngeren Zeitgenossen gehören Balam, **Bechai, Isaac** b. Ruben, wohl auch Jacob b. Elasar.

Jehuda b. Balam aus Toledo, der in Sevilla ansässig war, hat nichts in hebräischer Sprache hinterlassen, aber er heisst ein grosser Dichter[1]) und gilt für den Verfasser der Bussgebete ביום עשור und בוכרי על משכבי. Die dem romanischen Ritus angehörige Selicha יום זה למרום, gezeichnet לבלעם ע und

---

[1]) Luzzatto excerpta S. 15.

צועקה מים des Machsor von Tripolis gezeichnet צובה בלע sind wahrscheinlich von einem spätern Dichter.

Von Bechai ibn Bekoda, dem Verfasser der Herzenspflichten, hat man 1) eine metrische Bakascha בני יחד, nach den Abschnitten seines Buches eingerichtet; 2) Tochacha נפשי עי הדרכי und daran anschliessendes Gebet אדני שפתי תפתח, beides in gereimter Prosa und der Bussezeit gewidmet; nur dieser Stücke gedenkt Bechai und die sonstigen „Bechai" gezeichneten Poesien sind von einem jüngern Verfasser. Jene Gebete vereinigen die Schönheit des Gabirol'schen mit der Einfachheit des Saadianischen Vortrags; jedoch lässt er mehr die menschliche als die nationale Saite tönen. Dass Bechai nach Saragossa gehört, ist bereits im Jahre 1838[1]) nachgewiesen worden.

Isaac b. Ruben aus Barzellona, Richter in Denia, geb. 1043 und nach dem Jahr 1103 gestorben, ist ein Meister in der Verwendung biblischer Strofenverse. Wir besitzen von ihm:

1. Dreizeilige Tochacha פחדתי מיוצרי, mit einem 56 Buchstaben umfassenden Akrostichon; wird von Nachmanides zu נדרים c. 5 Ende angeführt.
2. Introduction der Asharot עלה משה לראש in 4 Absätzen, die akr. עצרה geben, ohne Reim und Metrum.
3. יום זה הוריד, Pismon in 4 Strofen, mit Mittel- und Strofenreim, gezeichnet יצחק.
4. Asharot[2]) אי זה מקום בינה, die bei verschiedenen Gemeinden Africa's üblich sind. Von den 7 Alfabeten sind fünf dreifach, worin 5 Buchstaben sechsfach. Den Namen zeichnet er mit ganzen Worten.

Jacob b. Elasar, Verfasser eines Wurzelbuches und des masoretischen Buches השלם war auch ein Dichter Seinen Namen zeichnen akrost. zwei Mostedschab:

1. אלהים בצל חסדו התביאני, dessen Strofenverse יעקב schliessen, endigt ולשבי פשע ביעקב.
2. אלהי אודך בקהל אמוני ולשמך אומר zum Thema מלכותך מלכות כל עולמים. Ende: לטוב לנו כל הימים.

---

[1]) in meinen additamenta p. 318, hieraus in Jellineks Ausgabe der Herzenspflichten (1846) Vorr. VII, wie Beer in Frankels Zeitschr. (1846 S. 471) bemerkt. — [2]) vgl. Geiger's jüd. Dichtungen S. 9—12.

Die zweite, die klassische, Epoche der spanischen Synagogal-Poesie wird von drei Namen getragen, von Mose dem tiefsinnigen, Jehuda dem lieblichen, Abraham dem geistvollen, drei sowohl speculativ als poetisch schöpferischen Geistern. Dass mit dieser Epoche das peitanische Zeitalter abschliesst ist meist der Erfolg jener drei; das Licht ihrer Erzeugnisse, der dichterischen wie der wissenschaftlichen, verbreitete sich über die Gegenden des Midrasch und des Piut.

Der erste, wenn auch nicht der einflussreichste, ist **Mose b. Esra** aus Granada, ein Zuhörer Isaac Giat's, etwa um das Jahr 1070 geboren, ein ernster Denker, der nie lächelt und nie scherzt, daher fast ausschliesslich den Busse- und Trauerwochen seinen Gesang widmet. Den Mittelpunkt seiner Compositionen, die über 220 Nummern[1]) ausmachen, bildet der Maamad des Sühnfestes, um welchen sich die Selicha's und die Stücke für Neujahr gruppiren. Andern Festzeiten gehört weniges, so die Hoschana's, einzelnes für die Sabbate der drei Trauerwochen, einige Mocharach, ein Pismon für das Thaugebet, anfangend יפקוד אל יוסד תבל גלות עילם ובבל, welcher des Exils in Rom und Spanien gedenkt und mit den Worten schliesst:

יחיה שמני אמעיכם בפתחו את קברותיכם בטללי תחיה.

Auch hat er für den Chanuca-Sabbat eine Keroba geschrieben, von welcher erhalten sind:

a) Magen או חזה ראה בנבואתו bis ושרי האלהים.

b) Pismon יערף כמטר לקחי.

c) Mechaje כי בבוא יון אל קדשי מתגבר bis כי בך בטוח.

d) Pismon יום ישבת לכסא וקראתו יום קדשי, endigend בטרם אמות.

e) Kerudsch מעוזם היה גואלי akrost. משה.

f) Meschalesch אמצת אהובים, akrost. אבן עזרה, und gleich a und c mit כי anhebenden Strofenversen.

Vielleicht gehören ihm auch folgende für jenen Sabbat verfasste Stücke:

Nischmat אוהב צדק ורום לא ימש in 6 Strofen und אני משה gezeichnet.

Jozer אוכרה שש תנבות נעשו לתפארתו von א׳ bis ו׳, akr.

---

[1]) Note 18.

ונשורדך כמאו יוצר. הרים המאיר לארץ ולדרים משה, endigt, befindet sich in einer 600 Jahre alten Handschrift; ist nicht sicher und vielleicht von dem Verfasser des Sulat או כקום הצר.

Meora שמור דת חובה להבין ולהורות in 5 Strofen, theilweise halachischen Inhalts, akr. משה קטן. Endigt היותם על פני ארץ מזהירות.

Von seinen Compositionen ist der Maamad in Avignon, Tunis und Algier gebräuchlich; die 6 Hoschana's in Carpentras. Von seinen Bussestücken sind 28 in den Ritus von Tripolis, über 60 in den von Tlemsan, Oran, 26 in den von Monpellier übergegangen; griechische Gemeinden haben deren 6, das romanische Machsor 7, das römische 4, das französische 17, das alte deutsche nur מצעק מעלות aufgenommen.

Jehuda halevi aus Castilien, bald nach 1140 gestorben, hat mit der Schönheit seines Gemüthes den Gottesdienst verherrlicht, mit seines Geistes Adel Israel erhoben; er sang für alle Zeiten und Gelegenheiten und wurde bald der Liebling seines Volkes. Die Anzahl seiner synagogalen Sachen beträgt mehr als 300[1]), von welchen mehrere sich über alle jüdische Wohnsitze verbreitet haben. Er hat seinen Reichthum über alle Feier- und Trauerzeiten des jüdischen Jahres ausgestreuet und die in Handschriften und Ausgaben der Festgebete befindlichen Reschut, Meora, Ahaba, Geula u. s. w. hatten ursprünglich jedes seine Bestimmung. Dem Kalenderjahre folgend lassen sich mehrere seiner Compositionen danach wie folgt zusammenstellen:

Sabbat und Neumond. Introduction ימים מאז הוקדשו, endigt ושר מלכים יינקו.

Chanuca-Sabbat. Ofan חסדי אלהים לא נמנעו, 1. Strofe יום בו הזונים הרגו. Ende: וקדושה אליו גשו דעו.

Meora אתה נרי אל יחשך מאורי, endigend באה שנת דרורי. Ahaba כמה נדרת בעבי ועלי הכבדת.

Silluk אוכר מעללי יה אשר לו erzählt die Geschichte der Antiochus-Rolle, 7 Quartseiten stark, endigt יקרו הדרו ומרו רגלו הללו חילו וחלו קומו וברכו וקדשו ואמרו שלש קדושות במהנות נוראות קדוש קדוש ה׳ צבאות. Vermuthlich war auch seine Keroba vorhanden.

---

[1]) Vgl. Luzz. Diwan S. 6.

Sabbat Schekalim. Pismon יושב תהלות in 9 dreizeiligen Strofen, endigt ובכן ולך תעלה.

Sabbat Sachor. Jozer משחק בחשבו . . . . ., endigt דרור הקרא לדלים נפורים.

Sulat אני בהתנבלו להכחיד מארץ פלטתנו, 9 Strofen, der strofische Vers hebt איה an. Nach Beendigung des א״ב noch eine Stelle anfangend פן יאמר אויבם. Endigt אל תתעלם כי עזרת אבותינו אתה הוא מעולם.

Zu den aus dem Machsor von Avignon bekannten 11 Nummern sind noch hinzuzufügen: 1) צרי טבח הבינו, 2) יאמר נא ישראל יום צור מצר פרם, 3) אני רעותן משחק (Diwan 3, 84).

Sabbat Para. Ofan ישעך יזכירו, endigt שלש קדשו שלשו.

Sabbat Hachodesch. Meora יזכרו פלאך צבא מרום, endigt אם לעורי ורועך תעיר אין לך מעצור מעקשים תשובבם מישור מחשכים לאור.

Mikamocha אלהים בקדש הויתך בכל נפשי in 30[1]) Strofen, der strofische Vers endigt זהב, das Ganze ובא ליעקב גואל ויוציאם בכסף ובזהב.

Grosser Sabbat. Asharot אשאלה רשיון nebst Pismon יעורר נאם הווה[2]).

Pesach, erster Tag. Introduction גלילי ובול ראו oder יחלו פני אל.

Mocharach יקרו נסיך לאום בך oder כל עצמותי ובני יצרי ויצורי, endigend ומרו כי נאות עשה מודעת, oder שם אלהים אודה נושעת בישיחי (Avign. und Diwan).

Meora ימי אבלך שלמו והיה, endigt ירוחם בך יתום אסיר הקוה לך הי לאור עולם.

Ahaba יה למחולים תרם יד.

Ahaba יודעי הפיצוני ימי עני, endigend ומי אל כמוני.

Mikamocha מי כמוך יחיד מקים בשל בך נלאה כל משל.

Zwischensabbat. Mocharach יקרה מוקר יוצרה לקוהה.

Ofan יענה את מהלל יוצרו אסיר נענה (Diw. N. 68).

Meora יום אור בהיר או עת ומיר.

Siebenter Tag. Introduction יקרה התלהך גילי משוש לבי,

---

[1]) Im roman. Machsor fehlt die vorletzte Strofe ויכשרו ברוח אפיו עד אילת השחר. — [2]) יעבר קהל מצפיו או הבה כפתור וספיו ונרוץ גלת הזהב f. 101—104.

endigt וכל עוד יש רוחי בתוך קרבי, oder ייטב להודות (Av.), oder ימין ה׳ (Av. und Diw.).

Nischmat נשמת יפת עלמות על אלוף נעוריה.

Ahaba מה תספרו לפני דודי.

Sulat יום נפלא בן עמרם [1]).

Geula יום ליבשה נהפכו.

Mikamocha אפתחה שערי רנני [2]), der strofische Vers endigt בו.

Schalom ועיני כל צר הָעלם ואל הר קוראים בלבב שלם, endigt קדשך הָעלם.

Wochenfest:

Introduction ידידי השכחת חנותך [3]), oder יעירוני בשמך רעיוני, oder יורד עלי הרים, oder יפה וטוב.

Meora יושב לאחור צל נטה בעוד יומם, endigend לאור יומם.

Meora אמרות האל טהורות.

Meora בימי הנעורים מי יתנני, endigt ישים מחשכים אור בערני.

Meora יומם ולילה אהלל לה׳ [4]).

Ahaba נודע בכל המון גם בהמוני preist Zion und schliesst כי נמצא תכלה אל קץ משוכה ירד כטל חרמון ישע לבני על הררי ציון הר בית ה׳.

Ahaba ירשו למצער אהוביך והתנכרו הוכים לעתות אהביך [5]).

Ahaba יעלת חן קולך ערב [6]).

Sulat יודעי יגוני יספו (Diw. N. 84.).

Keroba.

a) Magen אדר היקר קדושי nebst Kerudsch ימינך וזרועך הרם.

b) Mechaje מוצאת לקראת אלהיה, Kerudsch ה׳ דבר.

c) Pismon יום אורו מאל ברקים, jede Zeile hebt יום an.

d) Meschalesch לאלהים אעריץ ואיחדנו בהואל.

e) Pismon יוצאת החפשי עלך.

f) Pismon יום בקול המולה, dessen strofische Verse אלהים schliessen.

g) Pismon יוצאת אל החרבה [7]).

h) Silluk אל אלהים משירי אהודנו mit stetigem Reim ־ינו, endigt בנעם שיח סוד שרפי קדש.

i) Illustration des Dekalogs in 12 Abtheilungen (zu ויורד, וידבר, אנכי u. s. f.), nicht unähnlich denen von Tobelem und

---

[1]) das. f. 124. — [2]) ציון Th. 1 S. 118. — [3]) Avignon für Sabbat Sachor. — [4]) Luzz. Diwan N. 34. Avign. ms. — [5]) Ms. Kopenh., ed. 1545 N. 56. — [6]) ed. 1545 N. 57. — [7]) Dukes rel. Poesie S. 160.

Binjamin. Jede Abtheilung hat 5 oder 6 zweizeilige Sätze, die mit dem Schlagwort anheben und einem Verse endigen; die Abtheilungen werden durch Uebergangs-Strofen mit einander verbunden. So folgt auf die Sätze לא תרצח, die mit רשע רעה תמותת abschliessen, die Strofe:
רעה תרחיק וצל תורתו תשאף ולכבוש יצרך ירא מפני האף לא תנאף.

Die 3 Sabbate vor dem 9. Ab und diesen Tag selbst verherrlichen zahlreiche Klage-Gedichte; die Compositionen für das Neujahrfest sind aus dem Avignon-Machsor und die für die Bussezeit und das Sühnfest anderweitig bekannt. Seine Tisch- und Hochzeitlieder sind in viele Gebetbücher übergegangen. Hier mögen noch seine Poesien für Hüttenfest angemerkt werden.

Hüttenfest. Introduction:

יה למתי בבית שבי — אסכלה על נדודך
הלעולם תהי כאויבי — לבנך יהודך
עדי מה יהללו אויבי — שם כבודך
די ללבי שאת כאב — התשוקה לנודך
העלה לו צרי ושימה — דמעי בנאדך
על חסידי עני פרוש — צל יקרך והודך.

Nischmat נשמת ידידים פלטה ורע איתני, 5 Sätze.

Kaddisch אל שמחת גילי שכן הדביר, endigt לב יגדיל תורה ויאדיר.

Ofan יחו לשון[1]).

Ofan[2]) יה כפי קדושים קדוש יאמר לו, dessen letzte Strofe lautet:

העלו קדשה תדמו לעליונים לאחו ירשות שאננות במעונים
ושאו נפשות לאדני האדונים דרשיו דרושים החונים על דגלו
כי עדת חנפים לא תעבר בגבולו.

Ofan יקר ארון הנפלאות, endigt עשה שלום במרומות חיות נראות בנושאות אשר לארבע הפאות.

Meora רם אשר מרומו יראה רוי שפלים hofft die Vertreibung der Christen aus Jerusalem[3]). Endigt אורים גדולים.

---

[1]) Luzz. Diwan N. 67. — [2]) angeführt in Sam. Tibbon יקוו המים S. 44. — [3]) מנות השלום הפאה גורי שחלים נאספים לטרוף השה דלת רחלים.

Ahaba יונה איך תדמי כי איבתוך, endigt ואני עורתיך להשיבך אלי ציון ושבתוך.

Ahaba יונה מה תהגי ומה תהמי[1]), endigt יבטח בה׳ כי ידע שמי.

Sulat יום נחית גאולים לשומם תחת צללים, die Schlusszeile jeder Strofe — die letzte ausgenommen — hebt כן[2]) an, z. B. die der vorletzten כן תתן צלך על בן אמצת לך. Ende יקומו ויעזרכם. Akrost. יהודה בר שמואל.

Geula יש ארוכה ומרפא יש צרי על כאבי.

Silluk אשא עיני למרום ואשגיח צפון ודרום ואביט nach א״ב, der Schluss hat Reim ביו, endigt ונורא על כל סביביו.

Der achte Tag Azeret.

Introduction ידועת אמונות in 6 Strofen.

Thorafest.

Introduction יצאה לקדמך כלה לך כלתה[3]), oder שחרי יחידה[4]).

Für Nischmat: אערך שבחי ימי בעולמך ושני[5]).

Ofan יה אנה אמצאך. Der im romanischen Machsor befindliche Ofan יקר הודך ועז כבודך (Refrän אומרים ק׳ק׳ק ה׳ צבאות) ist nicht ganz sicher, auch scheinen Strofen zu fehlen.

Meora ישן בכנפי הנדוד, endigt ואור לא נעדר[6]).

Ahaba ירומון מסלותי[7]).

Die Arbeiten Jehuda halevi's wurden in Diwane gesammelt, blieben das Muster für nachfolgende Dichter; viele versuchten zu ihm emporzuklimmen, doch keiner hat ihn erreicht.

Der Herold und Lehrer für die romanischen und germanischen Länder war Abraham b. Meir ibn Esra, im Jahre 1167 in Rom gestorben. In Italien, Frankreich, England dichtend und arbeitend, theilte er die Schätze der Speculation und der Poesie freigebig aus, den Zuhörern reichen Stoff zu eigener Bearbeitung gebend. Durch ihn kam die Kluft zwischen Piut und klassischem Stil zur deutlichen Erkenntniss. Doch war das Dichten nicht seine eigentliche Thätigkeit: Zahl und Maass lauern in seinen Versen und aus den Worten springt

---

[1]) ed. 1545 N. 11. deutsch in Geigers Diwan S. 62. — [2]) vgl. Isaac Giat oben S. 197. — [3]) Ms. Kopenh., ed. 1545 N. 44. Luzz. N. 59. — [4]) Luzz. N. 38. — [5]) אילת f. 147. — [6]) ed. 1545 N. 31. span. Machsor. — [7]) אילת f. 146 b, wo Schluss der vierten und Anfang der fünften Strofe zu verbessern ist in:

ומשלה כי רהב ועלי תטריח על ולחפשי לא אצא. הנאותי איוב וכו׳

des Gedankens Blitz, nicht das Bild der Phantasie hervor. Von seinem Diwan hat sich nichts erhalten; aber es sind von ihm in den Mss. verstreut etwa 150 religiöse Poesien da, welche fast sämmtliche Festzeiten umfassend uns in grösseren (Maamad, Aboda, Tochacha) oder kleineren Compositionen (Reschut, Ofan u. s. w.) vorliegen. Die letzteren, die ausser den Liedern eilf Gattungen umfassen, bestehen in folgenden:

I. Reschut.

1. (Pesach) אכסוף ליום הוות כבוד גואלך יונה בארץ צבי בתוך אהלך. Sehnsucht nach Zion in zehn Zeilen, endigt יהי מעלך.
2. (8. Azeret) in zwölfsilbigen Zeilen.

   אלי אהללך בבור לבב בתוך מאסר ובור
   בורא נפשות ממקור קדוש מקום שכל ואור.
3. מאירה ממקור חיים אצולה, eine Eröffnung (פתיחה).
4. אשבע בעה ארעב.
5. (Thorafest) ברה אל ארבקה חיי בשרי אקוה.
6. (Wochenfest) ארחות תושיה ושתים שלשים.

II. Mocharach.

1. (Hüttenfest) אודה לשם באפי נשמה רמה בי שדי לנורא עלילה, worin es heisst: הבל ושוא יקר הגויה מה אחמדה בארץ נשיה אראה ובול בקשה רמיה רמה וימי אנוש כצל על האדמה; die festliche Verwendung ist lediglich durch die Worte ויצפנני בסכו begründet.
2. אחד בלי ראשית הכל מלא הודו.
3. (Hüttenfest) Eingang: אל חי בקרבי בשמו ירנן לבי. Anfang: בנת לסודי שרתו אני הוא עדי. Gott ist sein Trost, seine Stärke (ושמו בחשבי נגדי וצלו סכי). 4 Strofen, endigt גלגלו מסבי דעתו תשוה דרכי.
4. (7. Pesach) יה אמן פלאך הראה לנפעם וביום ראך mit schliessenden Strofenversen, endigt ועם נברא יהלל יה.
5. (Pesach) בעת צרה אפס בלתך, endigt כי יחוו עיני אות המלוכה.
6. אשמחה כי אפתחה פי להודות, ein Erlösungs-Gesang, 4 Strofen mit Mittelreim; endigt כי כבר נשמע דבר איש חמודות.
7. Eingang: בשם אל חי רגיון לשוננו בעוד רוח חיים באפנו. Anfang: אמונתו הראה תמונתו. Die Schöpfung verkündet

den Schöpfer. Endigt ואם חטאת אדם תמיתנו הלא אתה תשוב תחינו.

8. (Zweiter Sabbat nach dem 17. Tammus) Eingang: על איה כבודי, שור תמוני אבה לחיי כי מפני צר קצתי בחיי, Anfang: נמאס ונרמס. Die unglücklichen Ereignisse, welche die Auflösung des Staates herbeigeführt, werden nur durch Zahlen angedeutet (על כן שלשה, קורות שתים מצאה בארבע אירעו חמשה u. a. m.). Endigt נפשי הלא לך ונפש עניי.

9. (Hüttenfest) Eingang: שם אל אשר אין לו ערך נשמת כל חי תברך. Anfang: אחד ועל כל נעלית. Letzte Strofe:

מה לך צביה נצבת הומה כיונה עזובה קנה והנה נעצבת אל
תרגזי עוד על ארך שביך ראה כי בא אורך.

Der Schluss widerspricht Abenesra's Ausspruch (syn. Poesie S. 63).

10. אתה גוחי מבטן אודך מדי אֶחי, Mowaschech, endigt חן מבטחי אתה ובידך אפקיד רוחי.

11. הלל תהלל למלא לא יחסר נשמת כל חי ורוח כל בשר, Anfang: אין לך דמיון ואין לך ערך.

12. מדי חיות לבבי אערוך שיחי, mit חי endigenden Strofenversen. Endigt כי עודך חי.

13. צמאה בך אל גם בך רוחה. Von der Seele, in welcher Hohes und Niedriges vereint, deren Sehnsucht nur in Gott befriedigt wird (übersetzt von M. Sachs S. 111).

14. צמאה נפשי לאלהים אל חי mit חי schliessenden Strofenversen. In der Handschrift hebt Strofe 9 an על כל חסדיך תחדש עדיך und vor der letzten ist noch die folgende:

נא בקש תבעיר אחי השעיר ואני הצעיר יעמד חי,

die wohl nicht ächt ist.

15. Eingang: אערך בשבחי לאל בבית משכנות מבטחי. In den folgenden 5 Strofen, welche des Schöpfers Unergründlichkeit schildern, begegnet man den aus den Philosophen bekannten Ausdrücken חמר וצורה, שש הקצוות, שכל ומשכיל ומושכל, מהות וכמות ואיכות, הויה והפסד, welches Abenesra's Autorschaft nicht ganz sicher stellt, zumal ein Mocharach gleichen Anfanges von Jehuda halevi da ist. Anfang: בורא ויכול וחפץ ברא. Ende: כה לחי אחר תחיה ונשמת כל חי.

III. Kaddisch.

1. אגדלך אלהי כל נשמה in 6 metrischen Zeilen, endigend שמיה רבא בעלמא, akrost. אברהם, wird im romanischen Machsor Abenesra zugeschrieben.

2. אלהי הרוחות לכל בשר אתה (übersetzt von Sachs S. 117).

3. אנחתי גברה ועצמה תוגתי על כבד זרוני, endigt ושמו יגדל בקרב קהלתי, für die Sabbate der Trauerwochen.

4. כה נדיב חכי אל צור משגבך, endigt ובסכך סכי מסבי במסבך.

IV. **Barchu.**

1. איכה לכבי יעמד רגע, endigt חכה ליום קומו לעד, 4 Strofen. Es heisst darin ולא ימיר כבוד אל חי במת נתון כבד.

2. אל פעליו נברו על יצורים משלך in 4 zehnzeiligen Strofen [3ab, cedd, AA], ist nicht ganz sicher; der Schluss lautet: ברכו עם אל בניב רך את ה׳ המבורך.

3. אלון עלי נפשי כל ימותי für die Trauer-Sabbate.

4. אפצחה רנה והודה אצהלה בגאון ה׳, der strofische Vers schliesst ה׳. Die letzte (5.) Strofe טוב אלהים ארוה endigend שררו שיר תמודה נא וברכו את ה׳ scheint Abenesra nicht anzugehören.

5. ארוממך כי נשגב כבוד שמך ואודך כי נפשי בידך. Mit demselben Reime, 4- und 5fältig, schliessen die drei folgenden Strofen und das Ganze mit והסידיך יברכו שם כבודך.

V. Ofan.

1. אבות קדושים דת ירשו והורישו, endigt את קדוש יעקב.

2. ארץ בעזו יוצר אורה והוא בורא השכה, von welchem Ofan אדיר בעזו וכל מהולל (ed. 1545 N. 196) eine Variation zu sein scheint.

3. אחד גדל כח בפי נאמו.

4. אל אשר מעשיו עצומים. Den Zweck der Schöpfung erkennen wir nicht; die Himmelskörper folgen dem göttlichen Willen, in Büchern ist das Schicksal der Geschöpfe verzeichnet, doch nur Propheten verstehen diese Bücher zu lesen.

5. אל חי ברא מסבה.

6. אל נערץ בסוד גלגלו.

7. אל אל בני אלים יתהרו ויקוו, die zweite Strofe hebt an ברים כתרשישים הארם בלי שמצה.

8. ארבע מסבות בארבע חונות.

9. Eingang: בצר מנוסי אשימה תורת אדני התמימה. Anfang: אשים בדתי חדותי (übersetzt von M. Sachs S. 112).
10. (Neujahr) חרדו רעיוני כי אלהי משפט שוכן עד וקדוש מדבר בצדקה mit dem Keduscha-Verse endigend. Ueber den Bau s. syn. Poesie S. 102 u. f.
11. מחנות עליונים כלם כאחד קדושה עונים, worauf noch 4 fünfzeilige Strofen folgen, die den Planetenlauf besprechen. Anfang אדיר אשר נעלה סוד פלאו; endigt להיות לעדים לאל נאמנים.
12. שמים וחילם ובני אדמה למולם. Von den 10 Halbzeilen der Strofe reimen die ersten 6 und die letzten 4. Die Bahnen der Himmelskörper bezeugen Gott. Endigt נשאים כס וכולם אך שם כבודו סבלם.
13. Eingang: שמים מספרים כבוד אל. Anfang אותות בכל ברואים ראו עיני. Endigt כה עשו בני ישראל: Es werden die Engel Anael, Rafael genannt.

VI. Meora.

1. אהרה עת פדותי ואין מצפים וגולים, Mowaschech, endigt עו מתנים ומודים לעשה אורים גדולים.
2. אל אל גדול ומהולל אצעק מעניי וצירי, Mowaschech, hat ausser dem Eingange 4 zehnzeilige Strofen. Endigt עת שוב בת מלך כבודה והלכו גוים לאורי. Vgl. syn. Poesie S. 11, 238.
3. אל מי אדמה פועל גבורות.
4. אשפיל לך לבי ועיני חפץ בלב שפל ושח hat Anklänge an die nächstfolgende.
5. צורי עון מריי סלח ושגבני ולחק אדום וצח תשובבני, Mowaschech, endigt אורך ואמתך שלח להנחני.

VII. Ahaba.

1. (Wochenfest) אהל רחמיך נטיתו למכסה על עם קדמך בסיני אשוב לעלומי ובחק דוד אהבתיו אשכבה מה בנעשה, endigt יפית ומה נעמת אהבה.
2. (Hüttenfest) אודה יד ולשמו יד, endigt לכבות את האהבה.
3. אחרי עושי אלך ואאלף ארחו, endigt כי יעקב בחר לו.
4. אל בדת אל ברתך האמרתנו אהבת עולם אהבתנו. Im Gegensatze zu dem wehmüthigen Kummer der Nummer 1 bricht hier der Zürnende in die Worte aus: lieber längst um's Leben, als für Unvolk hingegeben! Endigt כי לבדנו ידעתנו. Die Handschrift hat nur 4 Strofen;

im Machsor von Algier hat der Buchstabe ה׳ des Namens noch eine Strofe השפל נא ודים אשר נאו.

5. Eingang: אל יגלה לעיני מעבדיו ונודעה יד ה׳ את עבדיו. Anfang: כו לבדו אאמין אדרשנו.

6. אילת על דוד עגבה, Mowaschech in 5 Strofen, zum Theil mit Tedschnis- und Silbenreim (משב—תה zu יחשך); der Strofenvers schliesst ארבה und das Ganze לא יוכלו לכבות את האהבה.

7. אל אל ושובו יפרד ויגהר עם קרובו.

8. Eingang: אם תארב דרך אמת ללמוד לא תחמוד. An das zehnte Gebot anknüpfend wird zur Tugend ermahnt. Anfang כיה רעך לא תחמוד עמו אל יהעך יצר ושוב עמי. Ende שמה לאל כבוד ושמו עבוד.

9. אסיר קום שבה והצפה למועד מועדים.

10. לפלטה בן כבוד ארבת כלולה וכור, ein Zwiegespräch zwischen Israel und Gott; Anfang אבי התשוש כני איתן. Der strofische Vers endigt כבוד.

11. מה לך צביה מה תעצבי.

12. מי יתנני כימי אלה ירצני.

13. Eingang: רני ושמחה כי הנני בא ועל כל פשעים תכסה ארבה. Anfang: ארובה חשוקה יעלה ארבים.

14. (vielleicht) את שה פורה איך מריה כמוריך, die folgende Strofe beginnt בנאוה דשא רבצת, die dritte und letzte שבתי להוציאך מבין כפיריך וכרתי לך מלבוש קנאה, welche חסד נעוריך endigt. Vor ihr scheint eine ר׳ anhebende Strofe zu fehlen.

VIII. Schemah אסיר תקוה שמור מצוה לחפשי תשלחך endigt תנמו לאות ולמופת.

IX. Sulat אומר לצפון תני חולי וצבאותי in 4 zehnzeiligen Strofen [3 ab, 4 c, A], Schluss: קורא בשמך ענה נדר הרסתו כנה עבר מברתו קנה הדר נטשתו חנה הושה לעורתי, womit der Schluss von Geula N. 9 zu vergleichen.

X. Geula.

1. ובאפס רמים יגאלו אותות נהומים אחרו אך עמי בחמלתו.

2. אח בהתענות אח לאח
והחל לענות מחלת על מחלת } so lautet einer Abenesra

zugeschriebenen Geula Anfang, der stark an Ahaba N. 6 erinnert. Auch der Schluss ואם פדותה מאוחר אקרבהו בעתו ואגלה הצפונות כי לך משפט הגאולה לקנות ist nicht von der Dichtersprache unseres Verfassers.

3. אחשק ולא ארע מקום עפר וסתר אהלו Mowaschech; schliesst יגל ויפתר חלום אל בן מכרתו והלא די לו כתום קץ וחתום יעלה ויבא גואלו.

4. אל ישראל נקראת לפנים im Bau gleich dem Ofan N. 12, ein Ruf nach schneller Befreiung von dem Drucke der Völker, deren Namen die Art ihrer Gewaltthaten bezeichnen [syn. Poesie S. 452 N. 6], Refrän כי גאלנו מעולם שמך (Jes. 63, 16). Endigt והיתה עת צרה חולה כמבכירה חוסה ה׳ על עמך.

5. אם אויבי יאמרו רע לי. Der Dichter fragt bei den Propheten an, aber keiner weiss die Erlösungsfrist. Wie es scheint ist das Stück kurz nach A. 1120 geschrieben (כי אלף שנים פלאים ירד). Die 4. Strofe endigt והוא פלאי, die übrigen schliessen mit לי und das Ganze mit ואת היתה לי נחמה לכן ארברה וירוח לי. Die ersten 4 Strofen haben akrost. אברם, die letzte (5.) hebt an נבערו חכמי ונבוני.

6. אם דרך מעמדי אתבונן.

7. ואז לשובו אנהר ולנמכר תהיה אם יום פדותי אחר endigt לו גאלה.

8. אמרו בני אלהים במה Mowaschech. Das ewige und wahre dem sinnlich-vergänglichen vorzuziehen. Schluss: כי ארגיעה בדרכי חכמה שלום באהלי יהוה ויאדיר לי עצמה צורי וגואלי. Die 2. Strofe hebt בִינִי (nicht בנה) an und בחר ist in בְאֵר zu verbessern [1]).

9. יהמה לבבי על נדוד כרובי וגואלי vom Hohn der Feinde und ihrem Drucke wird die Befreiung erfleht. Ein künstliches Mowaschech. Die Schlussstrofe lautet: משכני תהלה כאו בנה מחנה סגלה קנות שנה משפטי גאלה לך קנה יוצרי ואבי ציר שלח ונביא לנהלי שוב שכון בחדרי קום היה בעורי לגאלי.

---

[1]) Ginse Oxford S. 32.

10. יואל עד להביא אל הגואל לישראל ist der Eingang des aus 4 Strofen bestehenden Gedichts, jede Strofe hat 5 Zeilen und einen ישראל schliessenden Strofenvers, in sämmtlichen 20 Zeilen reimen die ersten 4 Worte. Anfang: אסורים מגורים בחורים מכורים. Endigt: כבודך והודך וכהדך יסודך שב להדראל ונקרא שמו בישראל.
11. יעלז ישרון בהתהוללו, endigend ובא גואלו.
12. Eingang: צור המקורא בצור ישראל קומה לעזרת קהל ישראל, Anfang: אלי לפנים ימינך רמה, hat 4 Strofen jede zu 5 Zeilen. Endigt: עתה בשובך לעיר הדראל גדול בקרבך קדוש ישראל.
13. (Purim) קוראי מגלה הם ירננו אל אל, scheint ursprünglich zum Tischgesange bestimmt, wie die Schlussworte besagen, dass süsser Wein getrunken werde, das erste Glas dem Herrn, das zweite Michael und der Freiheitsbecher die Runde mache und — der Erlöser kommt.
14. שערי פרוח אפתח מי יעלם.

XI. Schalom.

שלום ראי נא סוערה עניה.

Darf man aus dem Vorrathe der mitgetheilten Stücke für die Arbeiten des Dichters Schlüsse ziehen, so hat Abenesra für Introductionen, Kaddisch, Barchu und Meora nur den dritten Theil geschrieben von demjenigen, was für Nischmat-Einleitungen, für Ofan, Ahaba und Geula von ihm geleistet ist, während Schemah, Sulat, Schalom nur als vereinzelte Fälle erscheinen. Allein jedes dieser Stücke, einem in sich abgeschlossenen Thema, bald der sittlichen oder nationalen Sache, bald einem religiösen oder philosophischen Satze gewidmet, zeigt die Sorgfalt für Gedanken sowohl als für Form; der Werth des Stoffes, die Schönheit des Gebildes macht sie zu den Kleinodien am Prachtgewande des spanischen Piut.

So reich begabte Geister blieben nicht allein: Noch Andere aus der grossen Dichterschaar des eilften und zwölften Jahrhunderts haben für die Synagoge gesungen. Unter den Stücken, welche die Namen Chija, David, Jacob, Joseph, Jehuda, Samuel zeichnen, gehören unstreitig mehrere spanischen Autoren jenes Zeitalters, ohne uns nähere Feststellungen zu erlauben, während die als synagogale Dichter genannten: Jehuda Giat[1]) [hebr. בן ישע] in Granada, Joseph Sahl[2]) in Cordova, Ahub b. Meir הנשיא für uns nichts hinterlassen haben, daher wir uns auf folgende beschränken müssen:

Mose Abulhassan ibn חקנה wird von Mose b. Esra kurz nach Joseph b. Chisdai genannt. Von ihm ist die Bakascha, welche anhebt אהודך מבלי אימה ותקוה.

Joseph b. Meir ibn Mohadscher (מהאגר)[3]). Dem Isaac ibn M. und dem Eidam eines M. widmete Jehuda halevi Gedichte. Mose b. Esra führt Suleiman und Abraham ibn M. an; ersterer war ein Zuhörer Alfasi's, letzterer ein Beamter des Königs (Vezir) und ist vermuthlich Abraham b. Meir[4]) welchem der Tarschisch gewidmet ist. Möglich dass Joseph b. Meir der Bruder dieses Abraham ist. Seine vier Selicha's zeichnen אני יוסף בר מאיר, die N. 1 und 2 auch noch אבן מהאגר, N. 2 יצלח, N. 3 קטן, N. 4 הקטן.

1. ויכלו השמים והארץ Mostedsch. zu ארון כל. מעשיו גבוהים, endigt אך יש אלהים שופטים בארץ.
2. יום המנוחה וחבלה für den Busse-Sabbat, eine Variation des 92. Psalms, endigt לבש ה׳ עז התאזר. Die ersten Worte der zweiten Strofe אפתח שערי רנני sind der Anfang des Mikamocha Jehuda halevi's.
3. ואני ברוב חסדך אבא ביתך Most. zu אכף לפניך בשבחי. Die Stelle לא אצא מעמך כי אהבך erinnert an Gabirol und Giat[5]). Endigt להניח ברכה אל ביתך.
4. סלח נא לעון העם הזה Most. zu אלי אתה ארוממך, endigt הנה אלהינו זה.

Sämmtliche Stücke enthält das Machsor von Tripolis. Eines der beiden letzten ist wohl das bei Pinsker ליקוטי S. 122

---

[1]) Mose b. Esra und im Juchasin ed. Lond. S. 229, Jeschua halevi Vorrede zum Diwan (Luzzatto excerpta S. 15 vgl. S. 61 und bei Geiger Diwan S. 169). Tachkemoni c. 3. Das Schalom יה ליעפים, gezeichnet יהודה, wird ihm jedoch in einer alten Handschrift zugeschrieben. — [2]) שובי נפשי ist von Joseph b. Suli, nicht von Joseph b. Sahl (vgl. כ״ח 4, 90). In סליחות ms. Oran ist für die 19. Nacht יראיך אליך באים, welche akrost. Joseph סהאלה hat. — [3]) syn. Poesie S. 218. — [4]) unwahrscheinlicher der in Toledo wohnende Abr. b. Meir Kamnil (גנזך S. XIV). — [5]) Dukes Poesie S. 160 Anmerkung 1.

vorkommende, wo nur מן — יוסף ברבי מאיר aber kein Anfang angegeben wird.

Jehuda Samuel Abbas b. Abun, auch genannt Abulbaka, aus Fas[1]). Sein ist עת שערי רצון להפתח, Akeda als Gebet am Neujahrstage vor dem Schofarklang, in dem, nach diesem Dichter genannten neunsilbigen Abbasi-Metrum, in 14 fünfzeiligen Strofen mit Strofenreim; lebendig aufgefasst, schön dargestellt. Akrostichon der Strofen: עבאש יהודה שמואל; daher meinten Einige[2]), diese Akeda sei von drei Brüdern verfasst. Ueblich im griechischen Ritus, und in anderer Verwendung auch in Deutschland, Italien und bei den Karäern.

Joseph b. Zaddik, bei Mose b. Esra: Abu Omar b. Zaddik, im Jahre 1149 als Richter in Cordova gestorben, nennt seine Zeit leerer an Geist als alle vorausgegangenen; er ist ein Bewunderer Jehuda halevi's, der ihn besungen und hat vermuthlich mehrere von den zahlreichen Gedichten geschrieben, die mit dem Akrostichon יוסף gezeichnet in den spanischen und afrikanischen Machsor angetroffen werden. Ausdrücklich ihm zugeschrieben fand ich indessen nur 1) Meora קדושי לו אור und 2) Reschut יעל ארובה צור למבה יעלה, welcher ימיננו בחיק קצר אני אתנהלה endigt. Sein metrisches Gedicht עצורה hat Luzzatto gedruckt.

Salomo b. Jehuda Giat, vielleicht ein Enkel Isaac Giat's.

1. שרותי ונדכאתי ולבי וחל zum Fasttag des 10. Tebet, endigt על כבא רחמים.
2. עיננו צופיה עננו משמי עליה, die עניות bilden die Strofenschlüsse, endigend mit כ״ש לעזרא בגולה. N. 1 ist im Machsor von Carpentras, N. 2 in dem von Castilien.

Isaac b. Levi.

1. Selicha für den 17. Tammus in 10 Strofen, anfangend יום יחידתי בחיי קצה, endigt חושה לעזרתי (Sizilischer Ritus). Ist יצחק בר לוי חזק gezeichnet.
2. Gesang אז ישיר ינון für den siebenten Tag des Pesach, dessen 18 Strofen mit den Versanfängen des Mose-Liedes anheben und mit Versen aus dem hohen Liede schliessen. Das Akrostichon gibt dreifach יצחק ברבי לוי.

---

[1]) Geiger Diwan (1851) S. 144 indentifizirt ihn mit Jehuda abu Sakaria b. Abun in Sevilla. — [2]) Machsor Livorno 1791 f. 101a.

Der Ausdruck יגלה קץ וזמן erinnert an den Gesang ה׳ בקול שופר ישמיע. Mose b. Esra erwähnt eines Dichters Levi b. Saul aus Cordova, der in Tortosa lebte; vielleicht ist der unserige dessen Sohn.

David b. Elasar ibn Bekoda wird von Charisi unter den Dichtern aufgezählt, die in der ersten Hälfte des zwölften Jahrhunderts lebten. Acht Gedichte mit seines Namens Akrostichon sind von ihm bekannt[1]); doch gehören ihm wohl mehrere die David zeichnen, etwa Mostedsch. אדיר השוכני מרומים zum Thema ה׳ מלכנו הוא יושיענו; Pismon למענך אלהי רצה hat im sefardischen Machsor ed. 1519 zur Ueberschrift David b. Bekoda. Dieser letztere Name, den auch Bechai führte, wird in Mss. bisweilen פקודה geschrieben; Mose b. Esra nennt einen Autor Ishak b. פקודה. Dass der Vater, Elasar, Gebete verfasst, beruht auf einem Irrthum[2]).

Levi b. Jacob eltaban, Grammatiker und Dichter.

Nur „Levi“, zuweilen mit חזק verstärkt, zeichnen dreissig Stücke, nämlich ausser 3 Selicha's des Nürnberger Machsor und den im Onomasticon aufgeführten noch folgende: 1) השכל והדת, Meora für Wochenfest, 2) Selicha יום עמדתי לחבר מלים, 3) Ahaba ישרה מעגלי צור, endigend ודגלו עלי אהבה, 4) Mostedsch. לא אבטח בקשתי, endigend את קול תחנוני, 5) לב ולשון אכונן, Gesang vor der Aushebung am Wochenfeste, endigt ובטבעת החתומה. 6) Sel. לבי יחיל בקרבי, 7) להבות אש יגוני (Ms. Sec. 13). 8) (viell.) להבות כבוד אלי, Ofan für Wochenfest. 9) Ahaba לחוצה בארך גלות. 10) Selicha לך עיני צופיות, 11) Reschut למתי זרוע אל יהי מאנוש פחדי für den 7. Tag Pesach, worin der Bedrückungen der Christen und der Muhamedaner gedacht wird und welcher ביד עבדי endigt. 12) Kaddisch אתה נורא בצבאות, endigend ומקודש יתגדל ויתקדש. Ein bedeutender Theil hiervon gehört vermuthlich dem von Charisi gefeierten Levi eltaban aus Saragossa, bei Mose b. Esra אלפרם genannt, so wie wahrscheinlich die folgenden alle, nämlich:

1. ה׳ לבבות נמהרו, Techinna in Ms. Fas Luzz.

---

[1]) Landshuth im onomast S. 55. — [2]) Ein Ms. enthält aus אדיר נוטה שחקים nur den Theil von אמונים לסגלה לקחתם an, der den Vaternamen gibt, vgl. syn. Poesie S. 218.

2. ה׳ למה תהיה כאיש נדהם, dessgleichen, cod. Bodl. 613 N. 185, cod. Leyden 94. Beide Stücke zeichnen לוי בר יעקב.
3. לאיש כמוני רשעי mit strofischen Versen, die ארם endigen, zeichnet wie es scheint ebenfalls לוי בר יעקב[1]); ist für Gedadja-Fasten in Tripolis.
4. Mostedschab אליכם אישים אקרא zum Thema ... מכל חטאתיכם, für Sühnfest (Tripolis). Akrostichisch אני לוי בר יעקב חזק.
5. Mikamocha für Chanuca מי כמוך לובש בשרין צדקות חקר לכל תכלית עמוקות mit אור schliessenden Strofenversen, endigt בחשך ראו אור und zeichnet: אני לוי הקטן בר יעקב חזק אמן.
6. לך ה׳ו והמלוכה, eine poetische Ausführung (גמר) des לך ה׳ הצדקה[2]).

Isaac משבראן. Mose b. Esra schrieb im Sommer 1138 ein Trostgedicht für die Brüder Abu Omar (Joseph) und Abu Ibrahim משבראן wegen des Ablebens ihrer Mutter. Da ein anderer seiner Zeitgenossen, der Abu Ibrahim sich nannte, hebräisch Isaac hiess[3]), auch Isaac Chalfun bei Mose b. Esra Abu Ibrahim heisst, so ist wahrscheinlich der Autor Abu Ibrahim ibn משבראן, den Mose b. Esra aufführt, derselbe und eins mit dem Verfasser des Mostedschab אבורה בגלות מדוכה (Thema וזכור עדתך קנית קדם).

Isaac, der אברחק zeichnet und vielleicht Isaac Krispin[4]) ist, hat sein poetisches Sittenbuch mit einem kurzen Gebet אקום להשתחוות לפני כבודך geschlossen.

Joseph b. Meir Sabara dem 12. Säculum angehörig, dessen Piutim in Mss. aufgefunden worden[5]).

Chija Daudi, gestorben 1154, ist vielleicht der Verfasser 1) des Mocharach כל הנשמה תהלל במליה, dessen Strofen ראודי anhebend דדי עליה zeichnen, auch 2) der Keduscha גבורי שמים; s. unten Chija.

Schami. שאלוני בליל נדוד ein Barchu. bildet akrostichisch

---

[1]) in der ersten Strofe לוי (לאיש—וצדקתי—יוצר); die ersten vier Worte der letzten sind: יוֹם עוֹני קֹם כּפני; die beiden mittleren geben בר. — [2]) Ritus 117, 133. — [3]) כ״ח 4, 85. — [4]) Steinschneider im Michael'schen Katalog S. 367. — [5]) Sen. Sachs in הכרמל Jahrg. 2 S. 13.

שאמי; Jose oder Joseph ibn ul Schami in Aegypten war ein Zeitgenosse Jehuda halevi's [1]). Im J. 1705 war in Venedig Rafael Schami [2]).

VIII. KAPITEL.

Anonyme Selicha.

Die Ausbildung der Selicha, in das römische Zeitalter hinaufreichend, hat ihren Fortschritt von Psalmen, Versen und Versgruppen, von Prosagebeten und Litanien zu reimlosen und gereimten Stücken, zu drei- und vierzeiligen, mit Ringworten und Strofenversen, zu Variationen und Pismon [3]) schon vor Kalir's Zeiten bewirkt; nur das Metrum ist jünger [4]). Um das Jahr 900 waren verschiedene Gattungen der Selicha bekannt, wenn gleich nicht unter den ihnen später zuertheilten Benennungen und das nächstfolgende Jahrhundert fand sie alle angebauet. Es gehören dahin: Selicha mit strofischen Versen gleichen Anfanges [5]), mit durchgehendem Reim, reimlose Akeda [6]), dreizeilige Tochecha [7]), gereimte Techinna [8]), Chatanu [9]), auch der zehn Märtyrer [10]), Pismon — wie anfänglich der Refrän hiess und woraus die Benennung für die Selicha entstand [11]). Jünger, aber peitanischen Zeitalters, sind: gleichartige Ausgänge der strofischen Verse [12]), Peticha mit stetigem Reim [13]), Selicha, deren Strofen mit demselben Worte anheben und schliessen [14]), vierzeilige gereimte Tochacha [15]), Chatanu mit Zeilen zu drei Worten [16]), Tamid- [17]) und Thora-Techinna [18]), Pismon

---

[1]) Joseph Migasch Rga. N. 120. Diwan bei Luzz. virgo Jehudae S. 20. — [2]) Wolf bibl. Th. 3 p. 999. — [3]) vgl. syn. Poesie S. 76 ff., 85 bis 102, 152 ff. — [4]) das. S. 215 ff. — [5]) אוון שלש עשרה und תאחר מיום (syn. Poesie S. 113). — [6]) איתן למד דעת, welche Scherira (קבוצת חכמים S. 107, vgl. syn. Poesie S. 138) und daher Maharil ms. (הליכות קדם S. 83) als aus den Zeiten der רבנן דהוראה bezeichnet. — [7]) אדם איך ינקה. — [8]) מחי מקוה ישראל, ברוחקא (syn. Poesie 193). — [9]) syn. Poesie 95, 165. — [10]) das. S. 144, 164. — [11]) vgl. das. S. 368. — [12]) ישראל עם קדוש, vgl. Gabirol's או בהר מור. — [13]) ה' אלהי הצבאות. — [14]) שמים תעלה תפלתנו. — [15]) Gabirol שוכני, Is. Giat מה יתרון לאדם. — [16]) ארון בינה הגיגנו. — [17]) תפלה תקח (Ritus 135, vgl. syn. Poesie 270). — [18]) syn. Poesie S. 147 Anm. e.

mit reimenden Strofenversen [1]), metrische Bakascha [2]) und Hymnus [3]).

Die bis Scherira's Zeit (960) verfassten Selicha's [4]) haben keine Namens-Akrostichen, und noch Jahrhunderte später wurden ähnliche geschrieben. Von dieser grossen Anzahl anonymer Stücke sind — sehr wenige ausgenommen — die Verfasser nicht bekannt, und das Alter muss bald aus dem Bau und der sprachlichen Eigenthümlichkeit, bald aus der Stellung im Ritual ermittelt werden: bei mehreren kommen uns Anführungen, Commentare und alte Handschriften zu Hülfe. Einfachheit der Sprache, harte Wortbildung, Engelnamen schliessen grösstentheils ein jüngeres Zeitalter aus. Die Stücke für die Fasttage, die dreizeiligen für Sühnfest und die dem Busseritual sich anschliessenden Sachen sind alt. Saadia's Siddur [5]) gibt einige und dreissig Selicha's für Fasttage, Bussewoche und Sühnfest, hierunter für Esther-Fasten folgende noch in Kaffa übliche:

או בגורי בצל in 6 Strofen, mit einer Reminiscenz aus der Pesikta Beschallach [6]); es wird der Erschlagenen des 13. Adar [7]) gedacht. Ende לציון הנה הנם.

תאר נגה מיקרך לנו תחץ in 6 Strofen, endigt אוכיר מעלליך בכל עת.

חלאתי ביום צומי אספרה in 8 Strofen, die durch Esau erlittenen sieben Verfolgungen schildernd. Ende: אשר בשבי נשארו.

Unter den Saadianischen Stücken ist Selicha אנשי אמנה [8]) eine Variation von אנשי אמנה אבדו; Selicha אשרה מדורות נעלמי und השאך תהום השעתך eine vom Gebet ענה כשענית. Die strofischen Verse von Selicha שובה אל תתעלם מתחנתי oder שובו anhebend, beobachten im Schlussworte — das zugleich Ringwort ist — das alfabetische Gesetz, endigen נאלהיך, הרעים, וכרו u. s. f. bis ורחום; der letzte Vers ist שובה ישראל עד ה׳. Drei parallele Stücke mit stetigem Reim, für Schacharit, Musaf, Neila führen folgende Sätze aus: a) der gebrechliche Mensch, der Sünde unterworfen, könne mit Gott nicht rechten, dessen Grösse im Vergeben kund werde; b) das Gebet vertrete die

---

[1]) שרי קדש, vgl. das. S. 199. — [2]) das. S. 89. — [3]) das. S. 94. — [4]) das. S. 163. — [5]) Steinschneider catal. Bodl. p. 2210. — [6]) צלוב מגר צולבי. — [7]) Ritus S. 126 Anm. b. — [8]) syn. Poesie S. 159 N. 3.

Opfer; (c der bekannten Sünde werde die Befreiung folgen. Die erste אזכר יום המשור, endigt מי כמוך באלים; die zweite אשפוך לפניך שיח תחנה, endigt תענה סלחתי לאומרי סלח נא; die dritte אתחנן בבכי וקולי endigt תבשרם ועלו מושיעים.

350 Jahre nach Saadia Gaon stellte Menachem aus Troyes [1]) die in seiner Heimat üblichen Selicha's der Bussezeit zusammen. Die genannten Verfassern angehören sind sämmtlich älter als das 13. Jahrhundert. Folgende sind die anonymen:

1. אביע כתם עוני, die Uebertretung der Zehngebote bewirkte den Tod der zehn Märtyrer; bei jedem einzelnen Gebot wird ein Name angegeben.
2. ארוני הארונים השקיפה Pismon in 9 wohlklingenden achtzeiligen Strofen mit strofischem Reim. An die Verdienste der sieben Heroen — die Väter, Mose, Aaron, David, Elia — wird erinnert.
3. אני כרוב חסדך, doppelt alfabetisches Bussgebet, mit bleibendem Reim ךָיִ.
4. אפסו אִשים, da die Opfer aufgehoben müsste der Sündenschmutz bei uns bleiben, wenn Fasten und Beten nicht Vergeben bewirkten.
5. אשר לו ים והרבה, metrisches Tachanun [◡——— viermal] in 6 Strofen, die erste Strofe hat 3, die zweite und fünfte je 8, die übrigen haben je 7 Zeilen, hat Strofenreim und endigt בתוך מים ואש יובא.
6. אשתחוה אל היכל קדשך Bussgebet, das sowohl mit N. 4 [2]) als besonders mit N. 22 [3]) bemerkenswerthe Parallelen hat, wozu auch der beiden gleiche Anfang gehört. Mit letzterer hat N. 4 den Ausdruck תרבה למו מחילתך gemein.
7. בליל כפור ועשור für Sühnfest-Abend, reicht in 5 Strofen nur bis zum Buchstaben ע; die Strofen 2 bis 5 endigen mit folgendem מר דרור u. s. w. nach den Exod. 30, 23, 24 genannten Salböl-Gewürzen.
8. אלהים סלח נא dreifach alfabetisches Gebet für Neila.

---

[1]) Ritus S. 28, 134. — [2]) דרוש רחמים בעד beginnt in beiden Selicha's der Buchstabe 'ד. Vgl. דרוש an dieser Stelle auch in N. 8, 22, 23, 32, 82. — [3]) לשובבנו עריך, תצליל בעמקי, (ועקום אליך) ועקיך, רחמים בעד נהלאה, ארך (ותעל) לתעל וחובש, (לשוב עריך).

Die Strofe hat drei Theile, jeder Theil schliesst mit einer Bibelstelle und einem Refrān. Strofe ה׳ lautet:

העם הנלאה פקח עינך וראה. טרם נעילת שערי
הביטה בחילו ברך ה׳ חילו. טרם יבא שמשי
הלא זה צום נבחר ה׳ אל האדר. כי פנה יומי

Den ersten und zweiten Refrān hat auch אל בפלשך כל מעשים (rōm.), alle drei hat אבן מעמסה[1]). Die Introduction zu diesem Gebete ist ebenfalls das aus dem deutschen Machsor bekannte היום יפנה השמש u. s. w. bis כעם חטא ועון. Die letzte Zeile ist: השפיע טובה לחוסי בך ועמך ישמחו בך כי פנה יום. Dem אבן מעמסה gleich wurde auch diese Selicha an mehreren Stellen durch die Rezitirung der Middot unterbrochen.

9. הן יצרי פיתני ist unbekannt. Die Worte erinnern an הן תאוה הסיתני in der Tochecha אם חסדך Mose b. Esra's. Vielleicht ist die Selicha (N. 30) יהיו נא אמרי פי gemeint, da die Worte in der Handschrift nicht recht lesbar sind.

10. העיר משמי קדש אל נערץ, nach der ersten Strofe alfabetisch, anf. אתאנו עדיך ונכוף, endigt מעולם נקראת.

11. ה׳ אלהי הצבאות יושב הכרובים alfabetische Peticha mit stetigem Reim, endigend על רחמיך הרבים. Die Provence und einige deutsche Gemeinden ausgenommen, in sämmtlichen Synagogen üblich.

12. יומם יצוה אל חסדו mit Rhythmus, Refrān, Mittel- und Strofenreim, an die sieben Heroen mahnend, endigt ואשובה אל מקומי.

13. יעזב רשע דרכו[2]) bestehend aus einem Eingang und 5 Strofen, jede hebt an עזב נא בן אדם עזב נא ,עזוב; ermahnt zu ernstlicher Besserung. Refrān ist בטרם יספה או יומו יבא (I Sam. 26, 11).

14. ראש אשמורה אקרא ist unbekannt.

15. שדי קדש היום Pismon für Sühntag am Sabbat, mit reimenden Strofenversen, in welchen, nach spanischen Vorbildern, die erste Hälfte den Reim der Zeilen bestimmt.

Die Gründe für das höhere Alter dieser Stücke

[1]) vgl. Ritus S. 104 Anm. b. — [2]) syn. Poesie S. 242, 244 N. 2.

werden noch unterstützt, bei N. 1 und N. 10 durch den peitanischen Stil, bei N. 2, 8, 11 durch ihre Stellung in der Ordnung des Versöhnungs-Ritus. N. 2, bereits in einer Handschrift vom Jahre 1258 befindlich, ist sammt N. 8 ein stehendes Gebet in der Neila-Ordnung, und die N. 8 führt auch Machkim ms. als solches auf. Die Nummern 1 bis 8, 10, 11, 13, 15, vielleicht auch N. 9, findet man im französischen Machsor vom Jahre 1278 in dem noch die N. 16—18, 20—31 enthalten sind.

16. און תחן Klagen, doppelt alfabetisch, endigt בקראי ה׳ ה׳, desshalb folgt im französischen, deutschen und polnischen Ritus dieser Selicha Amitai's N. 8, die mit den Middot anhebt.

17. אנוש איך יתכפר[1]), dreizeilig mit Refrän מנויה ונמורה.

18. אל באפך פן תמעט, Inhalt und Bau gleicht Salomo's אך בך (N. 8), welches, wie auch im deutschen Machsor, unmittelbar vorangeht und vielleicht desselben Verfassers ist.

19. אמרי האזינה ה׳, Bakascha eines französischen Verfassers; die darin vorkommenden Worte שמך בך ובך שמך, die Abenesra tadelt, stammen aus älteren mystischen Schriften[2]).

20. אמנם אלהי עולם בגד בגדנו Bekenntniss der Sündhaftigkeit.

21. אתנפלה ואשתטחה כחנון, 6 Strofen, an den vormaligen Beistand Gottes erinnernd, endigt למען שמך הגדול.

22. אבואה ואשתחוה, die in einem andern französischen Machsor der N. 6 unmittelbar folgt, ist wie diese für den Vorbeter bestimmt und endigt בגין אברהך.

23. אנא ארון הסליחות — auch anfangend ארון ohne אנא — 6 Strofen, endigt משמי מחוחים.

24. אודה ה׳ בכל לבי eine künstliche Composition vielleicht des 13. Jahrhunderts in der kein Buchstabe von מ bis ת vorkommt, daher die Anfänge der Strofen nur א׳ bis ל׳ haben. Strofe ט lautet:

---

[1]) das. S. 154. — [2]) נסתרות S. 118, Rasiel 39b.

טוב ה׳ לאהביו בארב והחוטא ילחוב בו להב
והטאיו יליך ברב חב. ובחבל יכלה ולא יגאל בוהב.

Endigt אלהי אבי.

25. במוצאי יום מנוחה, dreizeiliger Pismon für den ersten Tag der Selicha-Woche.

26. יה איום זכור היום[1]) Pismon, rhythmisch, ähnlichen Inhalts wie N. 2.

27. במפעלי צור גואלי rhythmischer Pismon in 4 Strofen, endigt על הפרק אל העמור.

28. בעשור להדש יום כפור Pismon des Sühntages.

29. אין לנו פה להשיב. in anderen Mss. anfangend אין לנו מצח, Bussgebet in 8 Strofen, alle Zeilen der letzten schliessen חסד, ebenso N. 35. In den Strofen 2, 3, 7, 8 hebt der Schlussvers כי an. Endigt כי עם ה׳ החסד.

30. יהיו נא אמרי פי לפניך Pismon für Neila mit Strofenreim. Die je erste Halbstrofe beginnt mit den 5 Anfangsworten, die je zweite mit ושעה נא מהלליך. Endigt והתמנו להיים יושב הכרובים.

31. אשר נטה שחקים Hymnus[2]) in 6 grösseren metrischen Strofen mit Strofenreim, endigt ותכתוב לה כתובה. Die zweite Zeile führt Elasar's Commentar der מרכבה an.

Die Busse-Ordnung der Hagahot Maimoniot von Meir hacohen, welcher im J. 1298 in Rothenburg bei der Verfolgung umgekommen, enthält ausser den Nummern 11, 17[3]), 18, 20, 25 noch die hier folgenden 7 Selicha's:

32. אך במתח דין zu strenges Gericht werde die göttliche Gnade nicht halten. Zweizeilig. Ursprünglich für den Tag vor Neujahr bestimmt.

33. סלח נא אשמות mit durchgehendem Reim מך, die ungeraden Zeilen beginnen סלח נא, die geraden לעון.

34. אנא השם הנכבד Gebet des Vorbeters, zweizeilig, einfache Sprache, achtmal kommt נא vor, der Reim אלהי נדמי[4]) lässt auf einen nicht deutschen Verfasser schliessen.

---

[1]) syn. Poesie S. 306 N. 6. — [2]) das. S. 94, 245 N. 3. — [3]) vgl. N. 77. — [4]) in der polnischen Rezension, die noch andere Abweichungen hat, nicht vorhanden.

35. אנא הואל סלח Bussgebet.

36. אם אשמינו. Ein kurzes Gebet dieses Anfanges ist im spanischen Busseritual. Vielleicht ist Jose's אמנם אשמינו gemeint.

37. ה' שמעה Pismon. Der Eingang ist Dan. 9, 19; der eigentliche Anfang lautet אם עברנו תורות.

38. רועה ישראל alfabetischer Pismon [1]).

Ein bei Luzzatto befindlicher Commentar zum französischen Machsor, im Jahre 1301 geschrieben, hat Glossen zu den Nummern 2 bis 7, 10, 11, 13, 15, 16, 18, 20, 22, 25, 26 und ausserdem zu:

39. תגרת יד; ist nach zwiefachem תשר"ק und hat öfter talmudische Redewendungen.

Im Machsor von Tripolis finden sich mehrere alte anonyme Stücke; es genügt hier deren zwei zu erwähnen:

40. אלהים אלי אתה Variation von Ps. 51, 2—6, nur bis ע reichend, endigt bei תזכה בשפטך.

41. אמנם עונינו למאד גברו, mit der Introduction חי אלהי ישראל שוב u. s. w., Refrän: והושיענו למען שמך; ein dreizeiliges Gebet, das Busseritual ausstattend, das jedoch nur bis zum Buchstaben ל reicht. Zwei ähnliche ebenfalls unvollendete Stücke folgen.

In deutschen Machsor aus den ersten Dezennien des 14. Jahrhunderts findet man die Nummern 4, 16, 17, 22, 23, 25, 32 bis 35, 37 bis 39 und die folgenden:

42. אשם אשמתי לך Bussgebet, endigend אל ארך אפים.

43. אליך נשואות עינינו alfabetisch und zweizeilig; ein verzweifelnder Ruf, von steten Leiden erpresst.

44. אנגי [2]) בהעמיקו für Esther-Fasten. Die Strofen beginnen אנגי und die zweiten Halbstrofen ימיני. Nur die siebente und letzte Strofe, die קדוש anhebt, macht hiervon eine Ausnahme. Endigt כן יאבדו כל אויביך ה' (Richter 5, 31).

45. אתאנו לך יוצר רוחות für den 17. Tammus, welcher Tag in der letzten Zeile jeder Strofe genannt wird.

46. אנא זכור לאברהם ליצחק Bussgebet; in dem strofischen

---

[1]) syn. Poesie 94. — [2]) statt בהעמיקו hat roman. Machsor בקש לעשות.

Verse ist das Wort זכר; zehnmal kommt נא vor (vgl. N. 34). Irrthümlich wird hie und da der Verfasser Elasar genannt.

47. **אלהים** בישראל גדול נודעה [vgl. N. 3] zweizeiliges Gebet.

48. ארבע מלכויות[1]) in 6 Strofen, die Schlusszeile lautet תרום קרננו למרום שמי ארולים.

49. אריות הדיחו **שה פזורה** noch schärfere Klagen als in der vorhergehenden; endigt כי אין יד כאל.

50. אמנוך היום[2]) Tachanun für den Rüsttag des Neujahrs, zwiefach alfabetisch und mit stetigem Reim, endigt כי על רחמיך נסעדים.

51. אדם איך יזכה[3]) zweizeilige Tochecha.

52. ה' אדון אשתחוה לך Hymnus in 22 Strofen, die ה' anheben und schliessen, dreifach alfabetisch, endigt תקרב רנתי לפניך ה'. Ist vom Vorbeter vorzutragen; es heisst **darin:** נדיבים הרשוני לחלות **פניך**.

53. אמת אתה הוא ראשון hymnenartiges Gebet, die Strofen beginnen und schliessen אמת. Der Schluss ist immer, der Anfang bisweilen eine Bibelstelle; auf das dem schliessenden אמת vorhergehende Wort reimt die Strofe.

54. חיים ארוכים תכתבנו
55. מלך אחד יהיה
56. שלום תשפות לנו

} Aehnlicher Anlage und ähnlichen Inhalts mit N. 53, indem hier die Wörter חיים, מלך, שלום die bestimmenden sind.

57. אם עקלנו יושר **נתיבות** Akeda, nach א"ב und השר"ק, endigt אלהי אברהם אבי.

58. אשירה ואומרה Hymnus in 15 Strofen, deren Ausgänge die Anfänge der Stufenpsalmen bilden; jede zweite Halbstrofe hebt an באשמורת הבקר.

59. אורחי **מעבר** הנהר zweizeilige Akeda, deren Schluss תמהר למו מנחם ותשבי ונחמיה, ähnlich wie Kalir[4]), den Messia, nicht den Verfasser, nennt.

60. אתה תקום תרחם zweizeilig, endigt ותאמר קומו ונקומה.

61. אדון לך הרחמים והסליחות in 6 Strofen für Sühntag, endigt כי אתה מושיעי ומבטחי.

62. אליך נשאתי עיני להאירי[5]) ein Gebet des Vorbeters, die

---

[1]) syn. Poesie 302 N. **2.** — [2]) das. S. 304 N. 4. — [3]) das. S. 162 N. 1. — [4]) בימים ההם 9. Ab. — [5]) syn. Poesie 161 N. 3.

je vierte Zeile der Strofe hebt an ושמע תפלתי בתפלה mit darauf folgendem Namen eines Propheten, nur der Schluss des Ganzen hat zwei: משה ושמואל; besteht aus 16 Strofen, die ersten 13 bis Buchstabe כ׳ sind dreifach, die folgenden, נ׳ bis ת׳, einfach alfabetisch. Das Stück hat in der Form der Einkleidung Aehnlichkeit mit dem Saadianischen אחננה לך רחום[1]), wo die bezüglichen Eingangsworte lauten כאשר דברת ביד. In der ältern Selicha sind die Namen der zwölf Propheten ohne Zusatz aufgeführt, der hier wohl wegen der Schwierigkeit des Reimes angebracht ist, daher חבקוק הנביא, נחום האלקושי u. s. f.

63. אנחנו החמר Gebet um Erlösung, zwiefach alfabetisch, endigt (in Mss.) נעה עת ושעה. Die Schlussstrofe hat auch Mittelreim.

64. אשתטחה ואתנפלה[2]) dreizeilig, 2 bis 3 Worte die Zeile, in 22 Strofen, die letzte lautet תחבוש שברנו ותמציא כברנו וחופש דרורנו.

65. אלהי הרוחות אל האנף בנו zweizeiliges Bussgebet, endigend תוכר אהבת תם ותחבב שבטים.

66. אתה מלכי האל ה׳ Gebet des Vorbeters, nach א״ב, נג״ד, mit strofischen Endungen, die אולי anheben: endigt אולי יחנן ה׳ צבאות.

67. ישראל אל ה׳ יחל in 22 Strofen, die ישראל anheben und schliessen, endigt ואת שארית ישראל.

68. שמים תעלה תפלתנו nach רר״ק, תת״ש in 11 Strofen, die שמים anheben und schliessen, endigt השקיפה ממעון קדשך מן השמים.

69. אשת אב רם הנידחה, mit Strofenversen die אברהם endigen. Endigt וחסד לאברהם.

70. אורחי הוער ממזרח Akeda, 3 Worte die Zeile, ähnlich dem איתן למד דעת, endigt תרחם על שאריתם.

71. איתן לימד דעת טרם zweizeilige Akeda; in 7 Strofen, von כ׳ bis פ׳, beginnt die zweite Zeile כן oder לכן. Endigt מלא רחמים.

72. או בעמוד ענו ohne Reim; die Middot und die Busse bringen Vergebung. Endigt תקשיב אזניך.

---

[1]) das. S. 160 N. 2. — [2]) das. S. 162 N. 2.

73. אם הרבינו פשע, in 8 dreizeiligen Strofen im Piutstil, endigt יבליון ממעל. Dem Gerichte des Allmächtigen könne der Sterbliche nicht Stand halten.

74. כי הנה כחמר aus 9 Strofen bestehender dreizeiliger Pismon. In jeder Strofe beginnt die erste Zeile כי הנה, darauf wird ein Gegenstand der Arbeit (Stein, Teppich u. dgl.) genannt, dann folgt ביד und der Handwerker oder Arbeiter (Steinmetz, Weber u. s. f.); die zweite Zeile gibt zwei entgegengesetzte Arbeiten (härten und schmelzen, heraufziehen und senken u. dgl.) an, anhebend ברצותו .... וברצותו; die dritte Zeile כן אנחנו בידך endigt mit einem Epithet des Schöpfers. Das Alfabêt reicht, unregelmässig, nur bis Kaf und hiermit schliesst das Stück im polnischen Ritus mit der 7. Strofe.

75. האבתה יום זה[1]) nach השרק in 6 Strofen.

76. כאשר נשאה אשם für Mincha des Sühntages; es wird Verzeihung erbeten gleich der für die von den Israeliten unter Mose begangenen Missethaten; dem כאשר נשאה parallel folgt לעם הזה, endigt תקבל מנחתם כמנחת מרחשת.

77. אנשי אמנה אבדו ואין. Mit diesen vier Worten eröffnet jede Strofe, worauf die zweite Zeile einen biblischen Heros nennt, der Erhörung gefunden. Vermuthlich die in den Maimoniot aufgeführte Selicha.

78. אל לבבם עמך ישראל alfabetisch in 5 Strofen, indem die vorletzte Zeile drei Buchstaben des Alfabets (קֹול רֹחש שֹׁיחם) übernommen; peitanischer Stil; endigt הקרב למלך רב.

79. אל נא רפא נא, א׳ bis ש׳. Die Ausgänge der 7 Strofen sind nach der Litanie des Rituals .... עננו כשענית. Ende: לדוד ושלמה בנו בירושלים. Bis dahin reicht das Gebet in den Handschriften, in allen deutschen Ritus und dem von Litthauen. Nur der polnische hat noch eine העגה לקוראיך beginnende, das Alfabet ergänzende Strofe, mit einem unförmlichen Schluss[2]).

---

[1]) Ritus S. 144. — [2]) עננו כמו שענית למרדכי ואסתר ותלו על העץ המשים האב עם הבנים.

80. אנא ארון תרחמים für Neila, womit die Ausdrücke: „die Pforten zu eröffnen,“ „von Abend bis Abend flehen“ [1]) übereinstimmen, endigt בזכות שלשת תמימים.

81. ה׳ אלהי הצבאות צג Peticha mit stetigem Reim (־ִים) doppelt alfabetisch.

82. אך בך לדל עזרה zweizeilig, vier Worte die Zeile.

83. אקשטה כסל וקרב preist die Lesung des „Schemah“, hat nach je 2 Strofen die Worte שמע ישראל als Refrän. Das in einigen polnischen Riten übliche מלכנו באנו ist die zweite Hälfte, jedoch ohne die Strofen ק׳ und ר׳.

Eine französische Handschrift des Jahres 1304 enthält unter andern folgende anonyme Stücke, die meist auch dem deutschen und römischen Machsor angehören:

84. אנקתי תעלה למרומך mit Ausgängen עשה למען [2]), endigt ע״ל חרבן ירושלם

85. אקראך כי תענני, zum Theil mit Ausgängen למען, endigt למען רחמיך ה׳ וחסדך.

86. אתאנו עדיך רב העלילה Techinna mit gleichem Reim, endigend בני גלמודה ושכולה.

87. תשיב את שבותינו ohne Reim, nach תש״רק, die Zeile fast überall nur drei Worte, endigt אבינו אתה רחם עלינו; ist den Musaf-Stücken תכפו u. s. w. ähnlich.

88. רצה רנת מתודים Pismon in 6 Strofen mit verschränkten Reimen, endigt לפניו הנה כתובה.

Von den hier aufgeführten Selicha's gehören die jüngsten der ersten Hälfte des 13., die meisten, insbesondere die rhythmischen Pismon und Hymnen, dem 12. Jahrhundert an; viele sind bedeutend älter, welches besonders von den Nummern 1, 6, 8, 11, 16 bis 20, 23, 26, 29, 30, 32 bis 35, 37, 39, 40, 43 bis 47, 51, 58 bis 63, 70 bis 75, 77 bis 87 gilt, wofür, abgesehen von dem Charakter des Stiles und der ritualen Stellung, auch gewisse Ausdrücke [3]) Zeugniss ablegen. Ein Theil dieser Stücke findet sich in verschiedenen Riten. Die Nummern 2, 5, 11, 13, 17, 26, 44 hat das spanische Machsor; N. 11, 63, 77 das romanische, N. 2 und 5 das karäische, N. 40 und 41 das von Tripolis, einige (z. B. N. 1, 17, 74, 86)

---

[1]) פתח לנו, מערב ועד ערב לשפוך תחנות, הפותח דלתות תשובה פתח לנו שערי רחמים, שער היום. — [2]) syn. Poesie S. 101. — [3]) Note 19.

das römische, viele das deutsche, die meisten das französische Machsor. Die Nummern 2, 5, 13, 31, wohl auch 88, sind von spanischen Dichtern. Vermuthlich gehören mehrere einem und demselben Verfasser; vielleicht gilt diess von N. 34 und 46, die beide den Busspsalmen ähnlich; von N. 3 und 47, die auf gleiche Art Bibelstellen häufig anbringen, gleich schliessen und Einzelnes gemein haben[1]). Eben so scheint die grosse Uebereinstimmung im Stil und in den Ausdrücken den Nummern 53 bis 56 einen gemeinschaftlichen Urheber zuzuweisen[2]).

Bei unvollständigen Selicha's[3]) oder unsicherer Namenzeichnung ist die Autorschaft zweifelhaft. Beispiele dieser Art sind folgende:

89. אני אשר חשב für Esther-Fasten, wie N. 44 gebaut und ähnlichen Inhalts, auch mit einigen gleichlautenden Stellen[4]), so dass beide Stücke von einander abhängig erscheinen. Die zwei letzten Strofen dürften einen oder einige Namen andeuten, die jedoch mit Zuverlässigkeit nicht festzustellen sind.

90. איבי ועיני für den 10. Tebet, mit Ringworten, die Zeile 2 bis 3 Worte, reicht in 12 Strofen nur bis כ׳ und diese letzte Strofe endigt וכר ברית אבותינו, vermuthlich anders als der Autor gewollt, der wohl mit einem Worte geschlossen haben wird, das mit Lamed anhebt.

91. אדיר ראשן בלא תחלה mit Strofenversen, die ה׳ schliessen, beschreibt nach Beendigung des Alfabets Isaac's Opferung. Die Anfänge der letzten Strofen scheinen בנימן zu geben, die Schlussstrofe hebt ידיד an und endigt גדול ה׳.

92. אודה עלי חטאתי ein Chatanu, bis zur Hälfte des Alfabets, in den Ausgaben nur bis ו׳ reichend. Diese letztere Strofe ist sogar geändert, um mit den Schlussworten רחום וחנון an die Strofe חנון יחון anzuknüpfen, die ursprünglich von ihr entfernt sein musste.

---

[1]) קול יעקב, צקון לחש, פוקדיך, מטה כלפי חסד אומנותך, מכון שבתך bis מתהומותיך. — [2]) Note 20. — [3]) Ritus S. 142 Anm. c. — [4]) געה בבכיה, (ונסמך על עושה) סמך בטחונו על אל עושה, לאבד שת פוורה. הפיל פור פיה. פתחה בחכמה, עת — במשתה, שמח (צהל) בראותו.

93. אודה עלי פשעי ein Chatanu (ohne Ringworte) über die zehn Märtyrer, welches wie N. 1 die Sünden gegen die zehn Gebote damit in Zusammenhang bringt. Ende זכור לנו צדקת הרוגים עשרה. Es ist in der letzten Strofe חוק angebracht, das Akrostichon שמואל aber zweifelhaft.

94. אנא אלהי תהלתי für Sühnfest in 14 Strofen, ist in Handschriften und Ausgaben folgendermassen gebaut: der Strofenvers hebt ה׳ an in Strofe 1 bis 11, לה׳ in Strofe 12; bei Strofe 13 kommt לפני ה׳ in dem Verse vor. Die letzte Strofe אשריכם, ohne strofischen Vers, schliesst ביום מחילת העון ובכפרת יום הכפורים. Das Alfabet ist nur bis ח׳ fortgeführt, und zwar vierfältig, nur ג׳ und ד׳ dreifältig. Aber die dasselbe unterbrechenden Strofen 2, 4, 6 haben dreifältig die Buchstaben מאי, und zwar finden sich in Strofe 4 und 6 die strofischen Verse ה׳ גדול und ה׳ דברך, die man in Strofe 5. 7 erwarten sollte. Die Strofen 12 und 13 haben zusammen wiederum מ׳ siebenfältig. Die Strofe 14 befolgt kein Gesetz.

95. אנא זכור נא את יום העקדה, eine unvollständige dreizeilige für Neujahr, enthält nur א׳ bis ח׳, כ׳ und ל׳, endigend וישם אותו על המזבח.

96. אתהלך קודר ein Chatanu mit Ringworten, für Esther-Fasten, in den zehn vorhandenen Strofen nur von א׳ bis יוד reichend und endigend ברתי פרס ומדי. Ist vermuthlich aus dem 11. Jahrhundert.

97 בשמך לחום את לוחמיך in 8 Strofen deren strofischer Vers זכור, einmal זכרנו, anhebt, endigt וזכור לנו ברית אבות, hat dreifach akrostichisch ברבי נתן חוק, ist demnach nur Schluss eines unbekannten Stückes. Dichter, deren Vater Natan geheissen, sind Elieser, Ephraim, Gerschom, Isaac, Jacob, Joseph, Mose, Samuel.

98. אדני מה רבו צרי für Esther-Fasten, Chatanu mit Ringworten. Nach Beendigung des Alfabets schliesst die Selicha mit folgender Strofe:

נאקתם האזין בהביטו ודוים ותחנתם רם זכר למו ברית אבותם
כאשר קימו על נפשם ועל עצמותם דברי הצומות וזעקתם.

Ob in den Ringworten[1]) Meir oder Manuel, ob in der Schlussstrofe Abram angedeutet sein mag?

99. יש״ב חין ערכנו הגינו אל Pismon für den Sühntag, in 7 sechszeiligen Strofen deren strofischer Vers הוה endigt, scheint aus dem Anfang des 13. Säculums, **war** in deutschen und französischen Gemeinden und ist noch im römischen und romanischen Ritus üblich. Endigt שגך הנכבד והנורא הוה. Vielleicht zeichnet die Eingangs-Strofe den Namen Jechiel.

100. Chatanu אשיחה עם לבבי, welches die Uebertretung der zehn Gebote rügt, bezeichnet vielleicht im Schlusswort שביתנו den Namen Schabtai.

Etwa der vierte Theil der mittelalterlichen, in den nichtspanischen Kreisen üblichen, Selicha's ist ohne Namenzeichnung, so z. B. zählt man mit dem Buchstaben Alef anfangende gegen 230 anonyme und 740 mit Namens-Akrostichen versehene: mit geringen Ausnahmen sind die ungenannten als die älteren anzusehen, selbst wenn es Selicha's gäbe, die Saadia Gaon verfasst hat[2]). Sowohl diese als Jose's dem Sühnfest bestimmtes אמנם אשמינו gehören den anonymen an; die hier aufgeführten hundert fallen grösstentheils dem Zeitraum zwischen 800 und 1140 zu. Die Reihe der namentlich bekannten Verfasser von Selicha's eröffnet erst Salomo der Babli. Unter den vor 1140 lebenden haben 24 Dichter auch Piutstücke verfasst.

IX. KAPITEL.

Selicha-Dichter von J. 980 bis J. 1140.

Salomo b. Jehuda, der Babli.

Die meisten seiner Selicha's sind vierzeilig und ohne strofische Bibelverse; diese vorzugsweise heissen in Hand-

---

[1]) מנעורי, ואירא, הלפידים, נאקתם. — [2]) In cod. Sorbonne 98 vom J. 1385, cod. Almanzi (Luzz. מבוא S. 20) 79 vom J. 1383, cod. Saraval 60 (f. 325) vom J. 1391 ist Sel. אבותינו בשלוהם überschrieben: סליחה לרבינו סעדיה, wohl nur weil sie dessen Siddur entlehnt ist.

schriften des westlichen Deutschlands, z, B. in H. h. 16 vom Jahr 1338, שלמוניות; in mehreren Mss., z. B. H. h. 15 und cod. Leyden eröffnen seine Stücke die Reihe. Drei Worte hat die Zeile in N. 2, 4, 11, 15, 18, 19, 21 (nach dem Eingange); vier in N. 6, 7, 8, 10, 13, 14; fünf in N. 1, 3, 9, 12, 16, 17, 22 bis 25. Eilf Nummern (1, 2, 4, 5, 8, 10, 11, 14, 15, 17, 18) haben einfaches, fünf (N. 3, 6, 7, 13, 16) zwiefaches א"ב; nach א"אב ist N. 9, nach תשר"ק sind N. 24 und 25, nach doppeltem תשר"ק N. 19, 21, 22, 23, 26, nach א"ת ב"ש N. 12. In zwei Chatanu (N. 4 und 11) befolgen, der Ringworte halber, die Schlussworte der Strofenverse das alfabetische Gesetz, z. B. על עם דל, איש נודר גדר, הטוב יכפר בעד, welchem Beispiele in ähnlichen Chatanu Simeon b. Isaac, Elia b. Schemaja, Mose b. Samuel, Isaac b. Jakar u. A. folgen. Die Nummer 20 hat nur das Akrostichon des Namens in den Anfängen der Strofen ohne alfabetische Zeilenfolge.

Den vollständigen Namen hat nur N 1; שלמה zeichnen N. 3, 7, 19, 21, 25, mit חזק N. 18, mit הקטן N. 2, 4, 9, 11 bis 17, 20, 22, 23, 24. Hierunter haben N. 2, 12, 17 יגדל בתורה und zwar N. 17 noch אמן und N. 12 auch מאד und חזק; N. 11 zeichnet בתורה יגדל, N. 9 יגדל בתשובה אמן סלה[1]); N. 1 und 16 zeichnen auch יחיה, N. 14 hat יחי. Die Nummer 5, dreizeilig mit Strofenversen und in einer einfachern Sprache, als man von unserm Dichter zu hören pflegt, zeichnet שלמה נעמן הקטן, und das נעמן wird noch durch die Worte מטע נעמנים verstärkt, so dass die Autorschaft zweifelhaft wird. Die ganz im Stile Salomo's gehaltene N. 6 scheint in der letzten Strofe (שלמו אלה) den Namen anzudeuten: alte Commentarien zählen sie zu den שלמוניות und alte Erklärer des Pentateuch[2]) nennen den Verfasser הפייט. Als den Verfasser von N. 8 nennt Joseph Kara's Hiob-Commentar Salomo Babli; mit dieser Selicha hat die bereits in H. h. 17 commentirte N. 10[3]) grosse Aehnlichkeit, auch sind beide ohne Reim. N. 3 wird in H. h. 17 unserm Verfasser zugeschrieben; zu N. 4 hat Kalonymos aus Rom, zu N. 14 Meir b. Isaac Erläuterungen gegeben[4]);

---

[1]) Ms. liest am Ende die Strofenanfänge ארום מדוע und נצחם יז. — [2]) הדר זקנים 72 b. — [3]) s. oben S. 223. — [4]) cod. München 346, Commentar in Selichot ed. 1609, abweichend in תפלה שער השמים 40 a.

eine Stelle aus N. 9 führt Raschi[1]), aus N. 21 Mose de Coucy[2]) an. Die in Tosafot[3]) angeführte N. 22 wird als Selicha des Babli bezeichnet[4]); die N. 23 ward bereits von Meir b. Isaac vorgetragen und von Meschullam erläutert[5]). N. 19 gleicht im Stil der N. 11; N. 25 heisst von Salomo Babli in cod. Uri 255; die N. 26 zählen mehrere alte Handschriften zu den שלמניות, wiewohl die Ausdrucksweise nebst dem akrostichischen הצעיר einiges Bedenken erregen.

Glossen zu Salomo's Selicha's sind in alten Machsor häufig, z. B. in Uri 255 zu N. 6, 23, 25, in Uri 269 zu N. 3, 13, 18, 23; in Opp. 1073 F und 1074 F zu N. 3, 10, 13, 23; in H. h. 17 zu N. 1, 3, 4, 6, 10, 13, 16, 17, 20, 21, 22, 23, 26. Zu dem grössten Theile dieser Selicha's — insonderheit zu N. 2, 3, 6, 23, 26 — findet man Erläuterungen im Nürnberger Machsor ms., in cod. Rossi 655, cod. München 346 und anderen Handschriften.

Ungedruckt sind nur die drei Nummern 2, 11 und 19; alle übrigen vertheilen sich auf die deutschen Ritus und waren bis auf N. 11, 15, 19, 20 auch in den französischen üblich. Dahingegen hat der römische Ritus nur N. 16, der romanische gar keine.

Gebet und Klage ist der durchgehende Inhalt; N. 12 und 17 berühren Glaubensverfolgungen; N. 11 halte ich für ein Gebet um Regen, wohl auch darauf hindeutend, dass man bei Dürre die Schuld auf die Juden wälzte.

1. אב לרחם mit Strofenversen in denen סלה. 2. אומרה לאל סלעי[6]) in 11 Strofen, endigt העתר נא מצרתנו. 3. ארח צדקה. 4. או קשתי וחרבי. 5. אועק אל אלהים. 6. אין כמדת בשר. 7. אין מי יקרא. 8. אך בך לדל מעוז. 9. אך בך מקוה mit Strofenversen worin קוה, die zweite Halbstrofe fängt ומדוע an. In den letzten drei Strofen findet diess nicht mehr statt, nur das Ganze schliesst mit Jes. 25, 9 (קוינו). 10. אל באפך פן. 11.

---

[1]) Thren. 1, 6, wo הפייטן, aber in Rossi 456 הבבלי. — [2]) Semag, Verbot 69 וכן יסד הפייט אחר גמר מצוי וכו׳ (die beiden Strofen fehlen in den deutschen Ausgaben), Tos. Sabbat 114 b. — [3]) zu Chullin 42 a. — [4]) cod. Bisliches 62 aus הפרדס über Kaddisch ואף הבבלי פה קדוש הזהיר על מה שיסד בסליחתו שבח הלול מדותיך אין לשנות שאין לשנות ולהוסיף ולגרוע dasselbe [וזהו שיסד הבבלי] in H. h. 62 hinter יום ליבשה. — [5]) Ritus S. 21, 197, 199. — [6]) syn. Poesie S. 168 N. 2.

אלוף נעורי נועד, endigt להי אלהינו חטאנו. 12. אם אמרי. 13. אם עונינו ענו Pismon, der Eingang eröffnet und schliesst mit Bibelstellen. 14. אם עונינו רבו [1]) 15. אמנם הרענו [2]), ein Chatanu mit Ringworten in 10 Strofen, zu deren Ausgängen die Theile von חטאנו צורנו סלח לנו יוצרנו verwandt sind. Endigt וסלחת לעונינו ולחטאתינו. 16. אמרנו נגזרנו. 17. אני יום אירא. 18. זכור und אשמתינו כי mit den Refräns שוב und והשב. 19. אתאנו לך בקש, endigt בבקר חסדך. 20. חנינו ה׳ [3]) Pismon. In den dem Eingange folgenden acht Strofen fängt die erste Zeile אלה, die zweite ואלה, die dritte ואנחנו an. In den Strofen 1, 2, 3, 8 hat die je erste Zeile nur 2 Worte, von welchen das zweite mit dem zweiten der zweiten Zeile reimt, als: אלה בלגיונם ואלה בנאונם מתפארים. 21. לך ה׳ הצדקה Pismon. 22. תוחלת ישראל. 23. תעלת צרי endigend נדבות פינו ה׳ רצה. 24. תערג אליך. 25. תשוב תרחמנו, die Strofenverse heben שוב oder שובה an. 26. תבוא לפניך שועת [4]).

Schefatja, ein Zeitgenosse Salomo's, lebte im byzantinischen Reiche und ist nur durch den zweizeiligen Pismon ישראל נושע [5]) bekannt; derselbe gehört zu den 6 Pismon, welche der ältere deutsche Ritus am Schlusse von Neila rezitirte [6]), ist jedoch im romanischen Machsor nicht vorhanden.

Simeon b. Isaac scheint einzelne Selicha's von Salomo gekannt zu haben, indem die Nummern 15 und 23 an Salomo N. 9 erinnern und N. 14 eine Nachahmung von Salomo N. 20 sein dürfte. Die Verfolgungen, die in mehreren Nummern berührt sind, betreffen vermuthlich die Beunruhigungen der Juden in den Jahren 1007 und 1010 in Frankreich, 1012 in Mainz, oder die um 1020 in Rom stattfanden. Bei der von 1007 wurde das Judenthum verboten, Frauen ertränkten sich, R. Schneor ward getödtet. Dieserhalb machte Jakob b. Jekutiel aus רדום in Lothringen eine Reise zum Pabste [Johann XVII] nach Rom, wo damals Mose Nasi, Abraham und Schabtai die Vorsteher waren. Dieser Mann starb in Flandern und ward in ריצש (?) beerdigt; er hinterliess eine Wittwe (Channa) und

---

[1]) das. 169 N. 3. — [2]) das. N. 4. — [3]) daselbst S. 167. — [4]) das Akrostichon bereits in ed. 1609 richtig angegeben, unrichtig שלמה הלוי in edd. Amst. 1706 und Rödelheim 1833. — [5]) syn. Poesie 170. — [6]) vgl. Ritus S. 139.

vier Söhne Jekutiel, Isaac, Joseph, Jehuda. Damals regierte Robert in Frankreich [1]).

Drei Nummern (7, 10, 19) sind für den Sühntag, drei (1, 4, 7) Chatanu, drei (6, 15, 18) dreizeilige Gebete; zweizeilig ist nur N. 3. Die N. 9 und 14 sind Pismon, 2 und 16 Techinna's mit durchgehendem Reim, 24, 25, 26 sogenannte Introductionen zu מכניסי רחמים. In N. 5 hat die Zeile meist 5 Worte; sie hat deren vier in den N. 8, 10, 11, 12, 16, 19, 21; drei in den N. 1, 4, 13, 18. Zwiefaches א״ב haben N. 2, 8, 10, 12, 21; dreifaches N. 1 und 7; nach אא״ב ist N. 15. Die N. 5, 6, 8, 10, 16, 23 zeichnen nur שמעון, werden aber nicht nur in Mss. nach unserm Verfasser benannt, sondern entsprechen auch seinen sonstigen Compositionen; die N. 25 hat, weil an sie N. 24 anschliesst, keine eigene Namenzeichnung [2]). Alle übrigen haben den vollständigen Namen. Dass der Dichter als Vorbeter der Gemeinde spreche sagen einzelne Selicha's ausdrücklich [3]). Eilf Nummern (1, 2, 5, 8, 9, 11, 12, 13, 15, 16, 18) sind noch ungedruckt.

1. ארא: מחטאים Chatanu mit Ringworten, im peitanischen Stile; die verschuldete Unterdrückung durch die vier Reiche. Ende: קרא בנה ה׳ את ציון.
2. אוחילה מעי [4]) Techinna in 73 Zeilen, schildert ehemalige Herrlichkeit und späteres Elend. Ende: את אלידו החשבי.
3. אילי המתעה, Gottes Beistand gegen den bösen Sinn anrufend, heisst in einer alten Handschrift [5]) רהוטה שמעונית.
4. אילים מדרך Chatanu mit Ringworten.

---

[1]) cod. Rossi 563 N. 23 (גורה מלכות הרשעה שמד). — [2]) cod. Rossi 655 aus der zweiten Hälfte des 13. Jahrhunderts [nicht init. sec. XIV]: סדר ר׳ שמעון למחו ומסי, תורה הקדושה למכניסי רחמים ולשתי פעמים מרן דבשמיא יסד שבת הכסא ושערי שמים, ראשונה כנגינת מחו ומסי שניה במכניסי רחמים. In drei röm. Machsor ms. hat N. 25, die auch N. 24 enthält und welcher N. 26 folgt, die Ueberschrift מכנים לר׳ שמעון. Eben so bilden in einem andern Ms. gleichen Alters N. 25 und 24 nur Eine Nummer und dahinter folgt die Nummer 26. In den deutschen Mss. pflegt N. 24 der N. 25 voranzugehen und die Trennung beider im deutschen Ritus zeigt bereits סודי רזיא ms., wo שבת הכסא zitirt wird. — [3]) וקקורו קהלך לפקדך (N. 8), שועתי אליך עם כל עדתך (N. 20). — [4]) syn. Poesie 174 ff. — [5]) cod. Mich. 656; vgl. oben S. 115.

5. רחום אום אשר לכבודו איום בחר ein Bussgebet, endigt רחום וחנון ארך אפים.
6. אורך ואמתך שלח. Da, wie in Mose b. Esra's אשפוך כים, die Strofenverse כי anheben, so fehlt eine Strofe für den Buchstaben י, welcher dem כי nicht unmittelbar folgen kann [1]).
7. אותך אדרוש ואליך ein Chatanu; die dritten Zeilen beginnen הן. Der strofische Vers beginnt כי und hat im Schlusswort den alfabetischen Buchstaben.
8. אותך אדרוש ולשמך in 12 Strofen, für die Bussewoche, endigt ונצומה ונבקשה מאלהינו על זאת (Esra 8, 23):
9. אל ה׳ אקרא, mit der Introduction ה׳ שמעה u. s. w., ein Pismon mit Refrän Dan. 9, 19 (למענך), endigt קריה משושך בנוך הראני.
10. איך אשא ראש.
11. אילותנו לעזרתנו in 6 Strofen, endigend חלקנו להחן.
12. אין מתעוררים ברק Klagegebet in 17 Strofen, endigt אל מלך יושב על כסא רחמים.
13. אך בך אל, meist ohne Reim; in je zwei aufeinander folgenden Zeilen haben das erste, dritte, vierte und sechste Wort den alfabetischen Buchstaben, z. B. דעת חפצנו דרכיך דם והתחולל דיניך. Ende: חי זכר קדומים מלך יושב על כסא רחמים.
14 אלה ברכב [2]) in 13 Strofen, deren erstes Zeilenpaar אלה und ואלה anhebend akrostichisch den Namen bildet; die dritten Zeilen beginnen ואנחנו בשם, die vierten haben Mittelreim. Endigt ומשבית מלחמות.
15. אלהים קמו עלי זדים [3]), die Bestrafung der Verräther erflehend. Ende: קויך ומבקשיך תרחם ועל הרעה תנחם אל אב מרחם.
16. אליך קותה נפשי Techinna in 46 Zeilen, der N. 2 ähnlich, endigt רוכב שביעי.
17. אני קראתיך כי תענני, in einfacher Sprache ein Hülferuf in der Noth.

---

[1]) im Machsor der Breslauer Universitäts-Bibliothek hat jemand die vermeintliche Lücke durch folgende Strofe ausgefüllt:

ויעודיך לרויה תוציא ותן לכליון מחריצי כי וותיק אתה גודר פרצי·

(Mittheilung von Sal. Nissen, Juni 1838.) — [2]) syn. Poesie 175 N. 3. — [3]) das. 174.

18. אסור אנקה השמע, über Hohn, Glaubenszwang, Bedrückung klagend, enthält 23 dreizeilige Strofen, endigt קדוש ישראל מקוה.

19. אפס מויה.

20. אפס מרצה Frühgebet in 9 Strofen, endigend בוכיה שלשה מצוקים.

21. ארבו הומים ein Klage- und Racheschrei, 18 Strofen[1]).

22. אתה האל עשה פלאות für Esther-Fasten.

23. מקוה ישראל, der N. 21 ähnlich. Die Strofenverse heben למה an. Die erste Strofe besteht fast aus Bibelstellen, das א״ב beginnt mit der zweiten.

24. שבת הכסא, die ersten und dritten Strofenzeilen haben Mittelreim.

25. שערי שמים[2]), die erste Strofenzeile, die Mittelreim hat, beginnt שערי, die dritte הפתחו לרנן, die vierte והעל תפלתם פני.

26. תורה הקדושה eine Thora-Techinna[3]), die mehrere Parallelen mit Simeon's Reschut Abth. c[4]) darbietet.

Gerschom b. Jehuda, das Licht des Exils, blühete 1013[5]) und die folgenden Jahre, verfasste eine Selicha um das Jahr 1023[6]), war der Lehrer von Raschi's Lehrern und starb im Jahre 1040. Er ist jünger als Simeon, an welchen er Anfragen gerichtet und der in Urkunden vor ihm genannt wird[7]). Die auch Gedalja Jachia[8]) bekannte Angabe, wonach er A. 1028 gestorben, ist nicht älter als das Jahr 1400 und unzuverlässig. Die Verfolgung, welche die Nummern 5 und 8[9]) schildern, sind wohl die in Simeon's Selicha's berührten: drückende Abgaben und aufgezwungener Glauben; möglich,

---

[1]) in der 14. Strofe lese man: נמסך לצרים להעירם נכמם בכוס עמוקה. [2]) in ed. Rödelh. 1833 überschrieben: שלמה הקטן חזק. — [3]) syn. Poesie 147 nebst Anm. e und f. — [4]) ידרון שנתם נודדות (בקבוע עתים), קובעי עתותם לאוסרה) לאסור ולהתיר (יום יום להתאורה) יום יום ידרשון (מעיניכו שנה ולהתירה). — [5]) הקן שטרות ms. (Opp. 1174 Q), vgl. כ״ח Th. 8 S. 106. Ohne die unterzeichneten Namen in הלכות ולקוטין ms. § 230. — [6]) vgl. Heidenheim s. v.; genauer zwischen A. 1018 und 1028. — [7]) oben S. 111. Elasar aus Worms führt das Licht des Exils vor R. Simeon auf (א״ז in ר״ה § 275 und die Parallelstellen). — [8]) ed. Venedig f. 42a und פה״ד 51d oben; fehlt in der Ausgabe Amsterdam f. 31b. — [9]) bestätigt im Commentar cod. Mich. 656.

dass die erzwungene Taufe seines Sohnes bereits im Jahr 1007 stattgehabt[1]).

1. אבדנו[2]) mit der Introduction זכור ברית. 2. איומה ועומה[3]) im piutischen Stil, endigt מלך יושב עב״ר. 3. איה כל נפלאותיך. 4. אל באפך תוכיח, ein zweizeiliges Regengebet, endigend אשר חטאו לך. 5. אליך נקרא איום. 6. אמנם אנחנו, Bussgebet. 7. אשפוך שיחי, dreizeilig, für das Sühnfest, nach אב״ג, בג״ד u. s. f. 8. אתה מקדם[4]). 9. גדול עוני, ein Chatanu mit Ringworten nach jeder Zeile. 10. גרוני נחר, eine Techinna in 11 Strofen, mit Refrän; eröffnet an Fasttagen das ואנחנו לא נדע.

Zwiefach alfabetisch sind N. 1, 3, 5; ungedruckt N. 2 und 4 und die Hälfte von N. 1; diese letztere ist angeführt in einem Commentar ms. zu Daniel[5]) und von Chaskuni[6]), N. 10 von Joseph Kara[7]) zu den Klageliedern.

Binjamin b. Serach verfasste Klagepsalmen, Akeda's und Bussgebete in einem kunstlosen Stile; seinen Namen zeichnen folgende 9 Selicha's:

1. אהבת עוז Akeda.
2. אלהים לכדתנו מנעורנו, endigt אל תוסף לענות ולענן.
3. אליך ועדיך באנו, endigt למען טובך ה׳, hat זכר in den Strofenversen; beide Nummern 2 und 3 handeln von dem Sündenerlass; in N. 3 ist am Schlusse חזק בן זרח בנימן gezeichnet.
4. אמונים בני מאמינים[8]) Akeda, nach 24 Zeilen hört der Reim auf und die Selicha schliesst mit einer Erinnerung[9]) an die Neujahr-Tefilla und Levit. 26, 11.
5. אנא ה׳ האל הגדול, die Zeilen geben den Namen von 42, dessen wunderbare Kraft zu helfen dargestellt wird, das Ganze schliesst mit Versen ככתוב, deren Anfänge den Namen בנימן geben.
6. אקום חצות לילה für das Versöhnungsfest, endigt הוציא מצרה נפשנו.
7. אשרי הגבר ein Bussgebet in 8 Strofen, worin auch

---

[1]) oben S. 235. — [2]) syn. Poesie S. 172. — [3]) das. S. 173. — [4]) das. S. 171. — [5]) ואף הגרשוני יסד כן ביסוד שלו מכל משעבדי וכו׳ (in cod. München 5). — [6]) Abschn. בחקותי. — [7]) die Stelle רשו כו שועלים u. s. w. — [8]) dieselben Worte in N. 7, 8. — [9]) ותמלוך עליהם לבדך והמה יהיו לך לעם ואתה תהיה לו לאלהים.

die Abwehr von Krankheiten erfleht wird. Ende: ואני אענה.

8. אתה אל נורא אתה ein klagendes Gedicht in 28 Strofen, ובקטורה סמים endigend.

9. בתולה בת יהודה, den ersten ausgenommen beginnen die Strofenverse איה; die Anfänge der Strofen geben den Namen. Ende: איה העדר נתן לך.

10. Akeda המה צירים," die anonym ist, wird in einem Machsor vom Jahr 1258 dem R. Binjamin בעל שם, welcher der unserige ist, beigelegt. Wegen grosser Uebereinstimmung in Ausdrücken und Charakter [1]), sowohl untereinander als mit den Compositionen unseres Verfassers, spreche ich ihm auch die folgenden Selicha's zu, welche, gleich den Nummern 2, 3, 7, den Namen [בנימן, nur in N. 12 und 33 בנימין] am Schlusse in den Anfängen einzelner Worte zeichnen.

11. אבי אבי רכב, 9 Strofen, behandelt gleich den N. 15 und 25 den Uebermuth der christlichen und muhamedanischen Völker. Ende: ומצא כדי גאלתו.

12. אבל אנחנו חטאים.

13. ארבחה וירוח לי.

14. ארון אל תשכח, der strofische Vers hebt אלהים an, endigt הבט משמים וראה.

15. ארני שלח נא, 9 Strofen, endigt ראה אלהים.

16. אבשרה בקהל רב, für Esther-Fasten im römischen und altdeutschen Ritus, zweifelhaft [2]).

17. אדריש ואתאפק [3]), endigt מעתה ועד עולם.

18. איה קנאתך, 8 Strofen, endigt על פשע ונקה.

19. איך נפתח לפניך Peticha.

20. אין לי בטחון, 8 Strofen, endigt קדוש היכלך.

21. אל נא תוסר.

22. אלי אלי למה עזבתני schliesst wie Ps. 38, dessen erste 5 Verse variirt werden.

23. אליך האל עיני, die Wirksamkeit der Busse und Besserung.

24. אליך ה׳ אקרא, jede der 8 Strofen endigt mit einer Zeile .... בזבות; Refräns והשב ישב. Nicht sicher.

---

[1]) Note 21. — [2]) die Ausdrücke גולגל und מעגימים könnten auf Binjamin b. Samuel hinweisen. — [3]) syn. Poesie S. 172.

25. אמנה כורתים אליך, 10 Strofen, endigt לקדש אותם.
26. אמנת מאו, mit Anklängen an Kalir's Busse-Keroba[1]), endigt בכל מיני תהלה.
27. אנוש במה יצדק[2]), 8 Strofen, endigt והנחם על עבדיך.
28. אני קראתיך כי, 8 Strofen, variirt Ps. 3 und schliesst wie dieser ברכתך סלה.
29. אנקת אסיר ושועתו erfleht die Befreiung aus der Haft[3]) und hat, wie N. 5, Anlehnungsverse am Schlusse, die den Namen geben.
30. אנקתי עדיך, 8 Strofen, endigend בשמך הושיעני[4]).
31. אפס ריח ניחוחי אשים, 6 Strofen, endigt מאורך נערוץ ואמיץ תהלתך.
32. אפפו והקיפו[5]), 8 Strofen, die strofischen Verse sind aus dem Busseritual, endigt אתה תענה, ähnlich der N. 7.
33. ארץ אל תכסי[6]) in 13 Strofen, vermuthlich durch eine Gefahr oder Verfolgung veranlasst; die vier Schlussworte sind die von N. 4, hat auch Anklänge an N. 17.
34. אתחלחל וארעד, 6 Strofen, im Inhalt der N. 3 ähnlich, endigt ועיניהם תלביט.
35. או מקדם oder הוריתה דרך wie N. 26 mit Anklängen[7]) an Kalir's Busse-Keroba, deren Gange sie folgt.
36. תפוצת בת יהודה, nach תשריק, 6 Strofen voll rührender Klage, am Schlusse ist בנימן חזק gezeichnet. Ende: לעין כל לגדלנו תהל.

Von den angegebenen Stücken sind N. 6, 12, 31

---

[1]) כל השנה כלה, טבסת מקדם, דופקי שער דלתים, (אימנתה) אמנת מאו (בכל שנה שובה). — [2]) syn. Poesie S. 177. — [3]) ist vielleicht die bei Biscioni catal. p. 124 erwähnte oratio anon. eines Gefesselten. — [4]) in H. h. 15 noch ובצדקתך תדינני. — [5]) syn. Poesie S. 178 N. 3. — [6]) angeführt Ritus S. 240. —

[7]) Kalir.	Binjamin.
בטרם פולסו הרים	בטרם המתחת ארץ
דפוק דלתיך	דופקי דלתיך
מאז — ובין עצרה לעשור	בין כסא לעשור — מאז
צרי לשובבים	לכל השבים צרי
שוב עדיך	עדיך נשובה
וגועו לנע ונד נגור	גועו — יסרתו בנע ונד
וילול בכור יצועי אב.	מחלל יצועי יולדו.

für das Sühnfest, N. 3, 23, 26, 27, 30, 34, 35 für die Busszeit, die N. 1, 4, 10 Akeda's, die N. 8, 9, 13, 17, 18, 20, 21, 28, 32, 33, 36 Klagegebete. Dass der Dichter als Vorbeter vortrage, bemerkt N. 34 [1]). Die N. 36 scheint von jüngeren Dichtern benutzt [2]). Die N. 4 und 21 sind zwei-, die N. 8 ist dreizeilig: Ringworte hat N. 20, stetigen Reim haben N. 1 und 19, reimlos sind N. 6, 13, 21. Bemerkenswerth ist, dass in H. h. 15 vier Selicha's von Binjamin b. Serach sowohl vor- als nachher von vier Selicha's Binjamin's (N. 27, 17, 32, 30 und N. 23, 22, 34, 20) eingeschlossen sind, denen zuletzt N. 5 folgt. In H. h. 16 eröffnen 17 Selicha's von Binjamin mit N. 29 und schliessen gleichfalls mit N 5. Die N. 24 ist anonym, wird aber in einer alten Handschrift R. Binjamin beigelegt.

Möglich, dass unserm Binjamin noch folgende Klagegebete, die jedoch ohne Namenzeichnung sind, angehören:

37. אביון המשוע, zweizeilig, die geraden Zeilen sind fast nur Bibelstellen, endigt ובחלבי אשים; die Worte כשול מעידי מתנים und כרכים ומתנים נמעד erinnern an N. 4 כושלות ברכים. Das רצנם יופק hat Parallelen in N. 29 auch in Selicha בת ציון.

38. אביוני עמך עניים, endigt שכנים מוקקים, ist in einigen römischen Machsor mss. von Binjamin's Stücken umgeben.

39. איך בני נכר mit leichter Verknüpfung von Bibelstellen, hat die Ausdrücke הלא תבטיחנו und עבדוה und vielleicht den Namen [3]).

40. אנחותי יגיאוני eine im Stile unseres Verfassers den 51. Psalm variirende Selicha des Ritus von Tripolis.

---

[1]) פני תיבה בעמדי. — [2]) in Strofe 1 heisst es: ללא אלהי אמת ולא כהן מורה רדופה ודלוקה כאשר ירדף הקורא. Vgl. Strofe 6 in Salomo's ללא אלהי אמת ולא תורה ולא כהן מורה כן רודפנו על צוארינו: תרום יד מתי תריע ותצריח ועל אויבי כאשר ירדף הקורא. Ferner ist der Satz aus Strofe 5 תריע: איה קנאתך אשר wörtlich am Schlusse der anonymen Selicha התגבר בני נכר אשר ימינם ימין שקר. — [3]) in ותצריח — ועל אויבינו תתגבר.

41. In אבד הוד תמה¹) alles vom Buchstaben מ׳ (מגורי אל חרב) an.

Elia hasaken.

1. Pismon אלהי קדם מעונה, in 12 Strofen, hat den Bau der Pismon Isaac's aus Narbonne, trotzt dem Glaubenszwang, von welchem er in Rom's Untergang die Erlösung sieht. Refrän ist Ps. 33, 4, daher Strofenreim —נה. Die erste Strofe gibt אליהו הזקן, die Anfänge der folgenden אליה הזקן חזק. Ende: כל פסל וכל תמונה.
2. Pismon אלהי צורי קויתי, in 21 Strofen mit Strofenreim, endigt אריתי מורי עם בשמי, zeichnet אליה הזקן חזק ואמץ.
3. אזכר אלהים ואהמיה, reimlos, endigt קדוש ישראל ראשית.

Folgende zwei sind nur הזקן חזק gezeichnet:

4. אם אמרי מטה רגלי, reimlos, endigt אמן אמונה מצאתי כפר.
5. אנוש אנוש שברי, mit stetem Reim לה, endigt היה סביב לה.

Joseph b. Samuel Tobelem.

68. איחד צורי²), Pismon. Ende: ה׳ ימלך לעולם ועד.
69. אין אמר, Schuld und Leiden; alfabetisch, am Schlusse טוב עלם, endigt על מדוחיך יגולו רחמיך.
70. הבכור שור, unbekannt; wird ihm in dem Verzeichnisse von Selicha-Dichtern beigelegt.
71. ה׳ ה׳ טהור עינים, ein Tachanun zu dem Refrän שוב מחרון אפך, in 6 Strofen, jede zu 5 Zeilen, die Zeile 5 Worte enthaltend, fünffach טוב עלם gezeichnet. Ende: ברדתי אל שחת.
72. יודע היום³) wird ihm in einem Ms. zuertheilt. In der ersten und der letzten Strofe ist יוסף gezeichnet, dicht dahinter noch עלם. Ende: ותחת קונה.
73. יוצר הארץ ועשה, Bussgebet in 9 Strofen, 3 Worte die Zeile; vor dem Alfabet יוסף, dahinter טוב עֲלָם מעלינו חזק, endigt קומה עורתה לנו.

Schabtai.

1. אל הוכל קדשך, Akeda mit durchgehendem Reim (כו׳, בו) in 30 Zeilen, endigt כאשר לך קוו.
2. אנוש איך יתגאה, zweizeilig, der Selicha אדם איך יזכה⁴)

---

¹) Ritus S. 143. — ²) syn. Poesie S. 180, oben S. 137. — ³) daselbst S. 212. — ⁴) das. S. 162 N. 1.

nachgebildet. Die folgenden beiden Nummern gehören sehr wahrscheinlich Schabtai b. Mose in Rom.

3. אתחנן במופי, für Esther-Fasten, in 9 Strofen, endigt ה׳ אלהי לעולם אודך.

4. רעה צאנך[1]), in 14 zweizeiligen Strofen, endigt אני ארעה את צאני. — N. 1 zeichnet שבתי, N. 2 — שבתאי בר ר׳ und שבתי, N. 3 שבתי חזק, N. 4 שבתי ראש כלה חזק.

Elia b. Schemaja erinnert in den Selicha's an Salomo Babli, nur dass er mehr bemüht ist durch Anhäufung verwandter Wörter seinem Gedanken Nachdruck zu geben. Die meisten seiner Stücke sind Klagen und Bussgebete; zwei (N 4, 12) haben keinen, drei (N. 8, 17, 27) durchgehenden Reim; zwei (N. 31, 32) sind Eröffnungsgedichte in einfacher Sprache und zweizeiligen Strofen. Die Zeile hat in N. 2, 5, 15, 35 drei, in N. 4, 8, 12, 17, 22, 27, 29, 31 vier, in N. 1, 3, 9, 16, 21, 23, 24, 25, 26, 34, meist auch in N. 28 fünf, in N. 11, 14, 17 und meist auch in N. 18, 30 sechs[2]), in N. 19 in den ersten 5 Strofen fünf, in den beiden letzten sechs, in N. 7 sieben Worte. Zeiten besonderer Bedrängniss schildern die N. 7, 20, 29, 33. Alle Selicha's haben den vollständigen Namen bis auf N. 33, welche אליה הקטן והצעיר יחי hat. In Codd. H. h. 16 (N. 108) und H. h. 41 a (N. 53) wird durch Punkte über den dahingehörigen Wörtern der Schlussstrofe dieses Akrostichon angedeutet. Als Verfasser wird im Commentar ms. Opp. 1073 F (zum zweiten Tag Pesach) Elia und in Opp. 1074 F f. 94b Elia b. Schemaja genannt. Ohnehin stimmen Sprache und einzelne Ausdrücke zu seinen anderen Compositionen. Aehnlich in den Anfängen sind die Nummern 12, 16, 17; ferner 13 und 23. Im Ganzen spricht unser Verfasser stets einerlei Sprache und gibt uns deutlicher als Andere die Normal-Selicha in der Kummer und Unwille nach Worten ringen; er schliesst in der Zuversicht, dass Gott mit der Sünde zugleich den Feind vertilgen wird. Daher sind seine Stücke stärker als sonst vorkommt durch parallele Ausdrücke mit einander verwandt, nicht bloss in einzelnen Worten, sondern

---

[1]) das. S. 202. — [2]) wird von N. 17 bereits in cod. Uri 272 bemerkt, die 6 Worte bezeichneten die 6 Vergehen אשכנות.

in biblischen, talmudischen und peitanischen Redeweisen und Zusammenfügungen.[1]).

1. אבדו חכמי גוית. 2. אבותי כרכת ריבם Chatanu. 3. אבל אשמים[2]) in 9 Strofen, endigt בכל לבם.

4. ארון בשפטך nach אתבש. 5. ארני ממית ומחיה in 7 Strofen mit den Refräns שוב und והשב[3]), endigt עד אעבור.

6. אויבים חיבים[4]), der Strofenvers beginnt למה; endigt למה אתה נופל על פניך.

7. אויבים קמו[5]), endigt לבלות ובטוב ימיהם. 8. אויתיך קויתיך.

9. אשתי מתתי[6]) mit Ringworten.

10. איך אפתח פי, der strofische Vers beginnt ה׳. 11. איככה אפצה.

12. אימיך אפונה נשאתי, endigt ואל ינום שומרך. 13. אין קורא בשמך hat zwiefaches א״ב. 14. אין תליה לראש.

15. Chatanu אל אלהי אעתר in 26 Strofen, endigend אל רחום וחנון. 16. אלהי בושתי.

17. אליך פנינו בושנו. 18. אנא חטא העם. 19. אנא מהרה כלה, endigt וריבה ריבי. 20. אנחתי בלחץ in 9 Strofen, endigt ואל ישוב דך נכלם.

21. אפס הוד. 22. אקדם אכף in 16 Strofen, שוב im Strofenverse, endigt הושיענו למען חסדיך.

23. אקרא בשמך להחזיק. 24. אריה ביער mit Ringworten.

25. ארכן וקצרן[7]).

26. אשמינו ועונינו endigt מחה פשעינו. 27. אשמתי עד לשמים[8]) endigt אל התפלה. 28. את ה׳ בהמצאו mit Ringworten.

29. אתה חלקי וצור dreizeilig. Der Satz און מצא מבטן פשע heisst: Ungebühr in Israel kam Esau[9]) zu statten.

30. ה׳ אלהי ישראל.

31. לב ונפש נשפוך. 32. עם ה׳ חוקו.

---

[1]) Note 22. — [2]) syn. Poesie S. 208. — [3]) das. S. 95. — [4]) das. S. 206. — [5]) das. S. 207 N. 2. — [6]) In la France israelite p. 65 Elia aus Paris beigelegt, vermuthlich weil alte Wilmersdorfer und Sulzbacher Ausgaben in der Ueberschrift Elia b. Jehuda nennen. — [7]) עוה והנע, vgl. הנע ועות in Salomo's Sel. 4. — [8]) syn. Poesie S. 207 N. 3. — [9]) Ebenso פושע מבטן in Pesikta rabb. N. 12f. 22c und in מבטן פשע; זכור אמירת in Jechiels Esther-Keroba und Jehuda halevi's Mikamocha zu Sachor; פושע in Kalir's Keroba Sachor (תמימים), überall Amalek bezeichnend. In Strofe 9 ist אומים in ארומים zu ändern, vgl. מריקים in N. 8.

33. תהרות רנו nach doppeltem תשר״ק.
34. תמנו ספנו מן כלהות nach תשר״ק, endigt ועשה ואל תאחר.
35. אמוז דלהות תשובתך[1]) Chatanu mit strofischen Versen, die aus zwei Worten bestehen, wie בראש, אבוא ביתך, גולים. נדר דרכי u. s. w., von denen das zweite die folgende Strofe eröffnet. Endigt נושא עון ופשע וחטאה.
36. Wahrscheinlich die erste Hälfte von אבר דור[2]), vgl. N. 21.

Elieser. Selicha אודך ה׳ כי אנפת über die zehn Märtyrer zeichnet אליעזר חזק[3]). Eine Handschrift[4]) nennt als den Verfasser Elieser b. Natan. Dawider sprechen folgende Gründe: Die Selicha ist nach Sprachcharakter und Stellung im römischen Ritual zu den älteren zu zählen und scheint Elieser b. Natan[5]), der übrigens im römischen Machsor unbekannt ist, bereits vorgelegen zu haben. Auch Elieser's Zeitgenossen, Abenesra[6]), war sie bekannt, der sie für kalirisch hielt. Die Namen der zehn stimmen mit Midrasch Psalm., mehr noch mit Tobia zum hohen Liede. Der Autor scheint einem süditalischen oder byzantinischen Orte anzugehören.

Nur אליעזר zeichnet der Haftara-Reschut ארעברנא קלן in 7 Strofen mit Refrän ועל רא יתברך; die letzte Strofe lautet:

יקרב שהרורא ונסא וגבורת דמלילו לבשרא דבתרוהי מברך.

Befindet sich im französischen Machsor, auch in dem von Vitry.

Jechiel b. Abraham.

1. אף אורח משפטיך, Akeda in 44 auf רה reimenden Zeilen, gezeichnet Jechiel b. Abraham b. Joab חזק, endigt צדקתם תהו עליהם סתרה. Dass R. Natans Vater von einem Joab abstammt, ergänzt die anderweitige

---

[1]) vgl. das talmudische מומז. Hadasi אשכל c. 102 Buchst. נ׳: ממוים רמעה. — [2]) s. oben S. 243. — [3]) אמונה und לחבל sind für die Buchstaben אל, die Halbstrofen geben יעזר. — [4]) cod. Leyden Scal. 4 zu N. 289. — [5]) vgl. תמורת חסידי עליון לא mit dessen תמורת אלו ההרוגים מה יתנו פריון נכתב פריון (Sel. אלהים ורים); תמורתם אין חליפין (Klage אוי לי) ist j. Berachot c. 2 und Midrasch Cant. 31 d entlehnt. — [6]) der Reim עליון, פריון, יום, den er im Kohelet-Commentar angreift, findet sich — worauf Luzzatto im Jahre 1838 mich aufmerksam gemacht — in unserer Selicha; עליון und יום reimt auch Joseph aus Orleans (Sel. N. 2).

Nachricht, dass in der ersten Hälfte des dreizehnten Jahrhunderts ein Joab, Nachkomme desselben R. Jechiel, in Rom lebte [1]).

2. אנא חבט עמך, Klage- und Hülferuf, zwiefach alfabetisch, zweizeilig, zu vier Worten die Zeile, endigt עליון על כל הארץ.

3. אקדם בנשף, Bussgebet, die Zeile zu vier Worten, hat manches das an Binjamin erinnert, endigt זכרינו ה' ברצון עמך.

4. אקרא יומם ולילה, mit Ringworten, ein Chatanu für die Bussezeit, die Zeile hat 5 Worte. Ende: .... חכי תחתיות.

Ausser diesen auch mit dem Namen des Vaters (Abraham) gezeichneten Stücken halte ich folgende, die nur Jechiel angeben, ebenfalls für die seinigen, da Sprache und Inhalt zu den vorigen Nummern wie zu dem Genius des Zeitalters stimmen. In einem römischen Machsor vom J. 1426 befindet sich N. 1 umgeben von Selicha's, die theils Jechiel b. Abr., theils Jechiel zeichnen.

5. אבוא ברב חסדך, Bussgebet, mit durchgehendem Reim ךָ, ־וי, ־כי und häufigem Gebrauch der verbundenen statt der absoluten Mehrheit, endigt ויאמץ לבך וקוה.

6. ארני חנינו לך קוינו, 24 Zeilen, durchgehender Reim נו, endigt אהב לכסות בכל בעוינו.

7. אודות פלאותיך [2]), zwiefaches א״ב, dreizeilig mit Strofenversen aus Ps. 44, endigt למען חסדיך.

8. אומץ תוסיף, zweizeiliges Bussgebet, endigt קראתיך הושיעני ואשמרה עדותיך.

9. אטורות נטורות [3]), gleich der folgenden Nummer ein Klagegebet; durchgehender Reים יות, endigt קראתי שמך ה' מבור תחתיות.

10. אני הגבר ראה עני, zwiefaches א״ב, endigt א־מי על כסא רחמים.

11. אפוסי חלש, im Bau N. 7 gleich, variirt Jerem. 14, ist wegen Regenmangels; endigt על כסא רחמים.

---

[1]) meine Analekten N. 5: Joab, S. 46, meine Note 34 in Benjamin itiner. Vol. 2. — [2]) syn. Poesie S. 204. — [3]) daselbst.

12. אתה גליה סורך, bei Gelegenheit einer Sonnenfinsterniss, variirt Jerem. 10, 2—5, mit starken Ausfällen gegen die Anbetung hölzerner Bilder; 14 Strofen, endigt ונחמתים ושמחתים מיגונם.

13. ידך הרם[1]), die Zeile zu drei Worten, mit zwiefachem א״ב, das ה vierfach, endigt קולי שמעה אל תעלם אזנך.

14. יוסף עזר, in 9 Strofen, nach א״תם בט״ע, zwei Worte die Zeile, hat Strofenreim: vermuthlich bei besonderem Anlass für einen öffentlichen Fasttag, endigt בגודל ורועך הזהר.

15. יושב שאנן הודך נעקשת, Klagegebet. Der Name ist vor und nach dem Alfabet gezeichnet. Ende: קולי שמעה אל תעלם.

16. תפלת עני, nach תשר״ק, in schwerer piutischer Sprache, mit durchgehendem Reim ־קף, ־תף, endigt ואפלל כמתעטף.

Die N. 6 bis 11, 15, 16 haben vier Worte in der Zeile, N. 5, 12 fünf Worte. Man vergleiche die Ausdrücke: סותי רמעתי (15) und שתי בביות (4 und 9): יוקש עוינו (9) und יוקש עוים (4); מרוביות התומים[2]) (10 Ende) und מתוג רוביות (4 Ende).

Isaac b. Jehuda.

14. אנכי או כעבד für Esther-Fasten, mit Strofenschlüssen aus dem Buche Esther. In der Selicha ist der Ausdruck כנמת במלולך.

Meir b. Isaac, der Vorbeter.

Von seinen Selicha's sind nur drei (N. 30, 36 und 40) ungedruckt; N. 30 ist nach אתבש, 31 und 33 nach אלבם. Fünf (N. 30, 31, 32, 39, 40) haben am Schlusse akrost. מאיר.

28. אומץ יוסיף, die in Ausdrücken und Gedankengang dem Jozer אדיר N. 2 gleicht, wird von R. Elasar aus Worms unserm Verfasser beigelegt. Der Name ist in den ersten 4 Worten der Selicha, ferner in den letzten 4 Worten des Buchstaben Jod und im ersten und letzten des ר angebracht. Die Buchstaben כל, פצ, ק sind zwiefach. Vgl. mit חבת חולנית die ähnlichen: חבת ישראל, חבת ידידות in Jozer ויושע (N. 1). Auf-

---

[1]) das. S. 205. — [2]) dasselbe in dem Sulat אתה אלהים von Meschullam

fallend ist indess das dreimalige Vorkommen des Namens Joseph.

29. אל הר המור, Akeda, schliesst mit העם הוה, das weitere gehört Elasar b. Jehuda (N. 34).

30. אליך יהב משעני[1]), zweizeilig, endigt מאשפות ירים אביון.

31. אנוש עד דכא, ist von unserm Verfasser, wie der alte Commentar in H. h. 17 bemerkt, das Akrostichon am Schlusse und die der N. 28 gleiche[2]) und R. Meir eigenthümliche Ausdrucksweise zeigt. Akr. יצחק הקטן יחיה לארך ימים ושנים יגדל בתורה ובמעשים טובים אמן ואמן[3]). Die letzte Hälfte dieses Akrostichons ist fast wie in N. 24. Der Inhalt ist aus der Pesikta Schuba, die Sel. vielleicht zur Beschneidungsfeier des Sohnes verfasst, die in der Bussewoche vorfiel.

32. אשא כנפי שחר[4]).

33. את הברית ואת החסד Akeda für das Sühnfest.

34. את פני מבין ähnlich der N. 28[5]) und hie und da der N. 31, ist zweimal מאיר gezeichnet.

35. ה' אלהי אברהם eine Art Variation des 19. Psalms, hat nach dem Alfabet יצחק הקטן בני יחיה יגדל בתורה ובמעשים טובים (vgl. N. 31) und in den beiden vorletzten Zeilen das Wort מאיר=אמרי; darin בקי ומיושב (N. 31 und 41), יגדל כחך (N. 28, 31).

36. מי אל כמוך, Pismon, Anfang אנשי משמר, die vierten Zeilen der Strofen 1 bis 4 geben akrost. מאיר. Endigt ונדיב חסידהו.

37. תורה החמודה (oder תעודה)[6]), hat gleich N. 36 einen strofischen Reim.

38. תמו פסו [derselbe Ausdruck in N. 34] in 11 dreizeiligen Strofen; handelt vom Gebet statt des Tempeldienstes und ist für Musaf oder Mincha des Sühntages.

39. תמור עבודת מזין für das Sühnfest. Darin תרויח צמצומו, סליחה תספיק צרכיו und צרכיו מחסוריו und wie in N. 30; צרכי לספק מצא לעונו wie am Schlusse von N. 28; vgl. לספק (N. 2) und ומספיק (Jozer N. 1).

---

[1]) syn. Poes. S. 188. — [2]) ומי כמוך מורה; die Bilder von Pflaster und Salbe, כתוב למעלה (אלמלא כתוב). — [3]) das. S. 371. — [4]) das. S. 189 N. 2. — [5]) משלך ותר, יוסיף אמץ ויגדל, מדת רחמים תגבר. — [6]) syn. Poes. S. 189 N. 3. —

40. תמרת סנסנה חסונה, die zögernde Erlösung beklagend in einer Sprache, die zum Theil an Elia b. Schemaja erinnert, 12 Strofen nach zwiefachem תשר"ק, die Zeile zu 5 Worten; endigt בסליחה תהא נוחל.

41. תענית צבור, das Akrost. מאיר הצעיר חזק בתורה ובמעשים טובים ובמצוה ist dem des Sulat N. 12[1]) ähnlich.

42. תפלה תקח, ein metrisches Tamid, in Mss. häufig erläutert.

Isaac b. Mose. Die drei von ihm bekannten (ungedruckten) Selicha's sind für das Sühnfest.

7. אהיה אשר אהיה לעד, nach אתב"ש, Engel und Thora sollen an die Märtyrer erinnern (vgl. N. 3); der Ausdruck המעית ואנך wie in N. 4; endigt כל מבקשך.

8. אלהי תהלתי אל תחרש, Klagen und Verwünschungen, enthält den Namen von 22[2]) und endigt אלהי תהלתי.

9. יראה אל עבדיך פעלך, endigt תהלתך לספרה. In N. 8 und 9 kommt מיעוט חלבים ודם vor.

Menachem b. Machir.

17. אדם בקום für Esther-Fasten, wird angeführt Tos. Chagiga 11 a.

18. אחלה את פני[3]) für Sühnfest.

19. אמרר בבכי[4]) für den 17. Tammus[5]).

20. למה ה' תעמד in 10 Strofen, der strofische Vers beginnt אני oder ואני, endigt ואני בחסדך בטחתי.

Kalonymos b. Schabtai, wahrscheinlich der Sohn von Schabtai b. Mose in Rom und derselbe welcher an Mose aus Arles geschrieben, später in Worms als Gesetzlehrer und Commentator von Raschi, Joseph Kara, Jakar und Späteren angeführt.

אועק אליך מלבי וקרבי[6]) Chatanu in 30 Strofen mit Ringworten, dreifach alfabetisch, der Name vollständig[7]), endigt אמן כן יאמר ה'.

Simson b. Jona.

אבד חסיד מן הארץ eine Busse-Selicha in einfacher aber alterthümlicher Sprache zeichnet den vollständigen Namen und noch יגדל בתורה אמת. Hat 15 Strofen und endigt תעיר ואל נשוב לכסלה כסית כל חטאתינו סלה.

---

1) syn. Poesie S. 370. — 2) das. S. 191. — 3) das. S. 195 N. 1. — 4) das. N. 2. — 5) Note 23. — 6) syn. Poesie S. 203. — 7) vgl. das. S. 370 unten.

Mose b. Meschullam.

1. מחסי עז אלהי endigt אנא ה׳ אלהי תשועתי בשמך באתי ישועתי.

2. נא רפא מכאובה והעל את endigt מקוה ישראל ומושיעו[1] מורה נחם עניה סוערה. Beide Stücke sind Tachanun mit stetigem Reim, bestimmt, dem מחי ומסי voranzugehen. Das erste ist alfabetisch, 38 Zeilen gross, jede zu vier Worten und mehr in der einfachen Selicha-Sprache. Das zweite, 46 Zeilen stark, ein klagender Hülferuf, tritt feierlicher auf. Die Zeilenanfänge geben akrost. doppelt משה ברבי משלם יחי לעד und vierfach אמן.

Ueber אנא מלך מהולל s. unten Mose b. Samuel.

Meir b. Isaac aus Orleans zeichnet am Schlusse seiner Compositionen Elasar, vermuthlich den Namen seines Sohnes[2]).

1. אלמנות חיות עניות[3]), für das Sühnfest, schildert gleich Binjamin's אבל אנחנו (N. 12) die versöhnende Kraft der hohenpriesterlichen Gewänder, hie und da an Elia b. Schemaja erinnernd; gegen Ende: את נדרת הגינה לשבות ממוצעות עגומות זעומות רמוסות לנרצעות.

2. תורה התמימה, eine Thora-Techinna[4]) von talmudischen und aramäischen Worten stark durchzogen und mit durchgehendem Reim מה, ist nicht alfabetisch. Inhalt: Abscheu vor Abfall. Am Ende gezeichnet מאיר ברבי יצחק חזק, wohinter 5 Zeilen beginnend: אליכם עם ורויים בבל. Cod. H. h. 15 nennt es ein Tachanun des R. Meir aus Orleans.

Selicha מי יודע ישוב beschreibt eine Verfolgung, die dreitausend das Leben gekostet, jede Strofe beginnt in der zweiten Hälfte מדוע, ähnlich Salomo b. Jehuda N. 9. Obwohl מאיר בר יצחק חזן gezeichnet, worauf אל עזי רעי — worin Elasar erscheint — folgt, könnte der Verfasser ein Jahrhundert später gelebt haben.

Natan b. Zidkia. Seine Stücke für Esther-Fasten finden sich bereits in dem Ritualwerk Menachem's: er gehört daher

---

[1]) das. S. 193. — [2]) das. S. 109, 184. — [3]) das S. 184. — [4]) das. S. 147 Anm. e.

vermuthlich dem Zeitalter Raschi's und der Gegend von Rom an, worauf auch der Name des Vaters hindeuten dürfte. Zidkia b. Elasar war ein Zeitgenosse R. Gerschom's[1]).

1. Selicha ארוכך ה׳ אלהינו, endigt כי ירבה לסלח.
2. Chatanu אה אלהי דרשתי, dreifach א״ב, endigt והאר פניך ונושעה.
3. Vidui אלהי האלהים ורב עליליות, mit stetigem Reim, endigt כימי עלם וכשנים קדמוניות. N. 1 und 2 zeichnen den vollständigen Namen, N. 3 hat נתן הקטן חזק.

Salomo b. Isaac [Raschi]. Stammtafel[2]).

R. Salomo, der in den Schriften von Jehuda b. Natan, Natan b. Machir, Schemaja, Simcha aus Vitry, Elieser b. Natan öfter durch רבי oder רבינו bezeichnet wird, stand ausser mit seinen Lehrern auch mit Asriel b. Natan seinem Verwandten, mit den Rabbinen von Auxerre, ferner mit Joseph b. Jehuda, Jakar b. Machir, Salomo aus Tours, Durbel, Esra, Abraham hacohen b. Meir, Natan b. Machir, Natan b. Jechiel in Rom und dessen Brüdern Abraham und Daniel[3]) in brieflicher Verbindung; er hat Verschiedenes im Piut commentirt und ist es vermuthlich selber, der in einem Commentar zum Piut des Sabbat Hachodesch im Jahre 1100 meldet, dass er die Sonnen-Benediction im Jahre 1085 gesprochen[4]). Der vorherrschende Charakter seiner Gebete ist tiefe Wehmuth, in allen wird bitter geklagt. In N. 1 schildert er im Piutstil Israels wunderbare Erhaltung unter zahllosen Raubthieren. In N. 2 verlegt er das Paradies nach der Südseite, was er nicht ersonnen[5]) sondern einem ältern Ausspruche[6]) nachgebildet, auch sind seine Schilderungen von Gottes Thron u. s. w. aus Targum und Midrasch geschöpft[7]). Folgende Selicha's sind von ihm erhalten:

1. אופן אחד בארץ in 42 Zeilen, endigt תמים להיות. 2. אז טרם נמתחו, Peticha. 3. אך לאלהים נפשי דומי endigt ירננו הודיך ונסיך. 4. אפך השב[8]) in 14 Strofen, endigt בך ישמח לבנו. 5. ה׳ אלהי הצבאות נורא, Peticha.

---

[1]) בית האוצר 56 b. — [2]) siehe folgende Seite. — [3]) Or sarna שבת § 52, ר״ה § 275, מילה § 104. — [4]) cod. Rossi 655, cod. Luzzatto vom Jahre 1301. [5]) wie Selichot ed. Rödelheim S. 132 hat. — [6]) גן עדן מימינו. — [7]) Note 24. [8]) syn. Poes. S. 182.

Stammtafel.

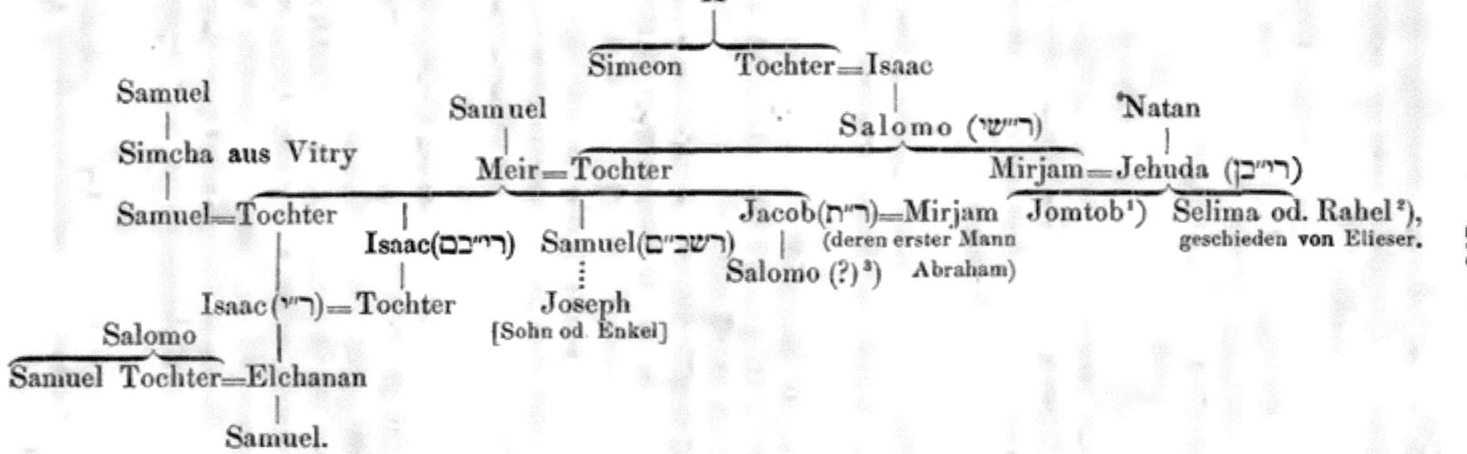

[1]) Or sarua Th. 1 § 155, Th. 2 § 373; derselbe vermuthlich, den Jos. Kara sprach (zur Geschichte S. 89). — [2]) Maimoniot מאכלות אסורות Rga. N. 5. Zürcher Semak ms. § 196. — [3]) שבלי הלקט (ms. a. F. 290) § 9.

6. תורה התמימה אלפים קדומה zweizeilige Thora-Techinna in der ersten Zeile mit Mittelreim, endigt כי בא מועד.
7. תפלה לקדמך[1]) endigt כימי עולם.

Die Nummern 1, 2, 5 haben stetigen Reim, N. 1 und 4 die Zeile zu 5 Worten; N. 3, 4, 5 doppelt א״ב, N. 6 hat einfaches, N. 7 zwiefaches תשר״ק. Den vollständigen Namen zeichnen alle, N. 3, 4, 7 auch הצעיר, in N. 1 ist הקטן und יגדל בתורה ובמ״ט, in N. 3 יחי, in N. 6 חזק. N. 2 wird in H. b. 17, N. 7 in H. h. 62 erläutert. Ueblich sind nur N. 2, 5, 7 und zwar die letztere allein in der Prager Altschule.

David b. Meschullam, ein Zeitgenosse von Mose b. Jekutiel, beschreibt in der Selicha אלהים אל דמי לדמי die Opferungen des ersten Kreuzzuges.

Samuel b. Jehuda.

איך נצדק לפניך[2]) in 13 Strofen, zwiefach alfabetisch, reich an Klagen über Druck und hohe Abgaben, endigt כי אליך אתפלל.

Isaac b. Meir[3]) aus Narbonne.

1. יומם עינינו[4]) von Joseph Kara (Hiob 14, 11) angeführt, Pismon mit Strofenreim.
2. יושב קדם אבותינו Pismon in 9 Strofen, nach dem Zuschnitt und in der Sprache von N. 1, endigt אני עניתי ואשורנו.
3. עוינו ופשענו[5]) אמנם, Gebet in 12 Strofen mit den Refräns ראשב und והשב. Endigt ואת עם עני תושיע.
4. יעתרו חברים[6]) in 9 Strofen mit Strofenreim, endigt לכל עברים.
5. הפקודים מבקשים für den Fasttag Gedalja, der strofische Vers hebt an ביום השלישי, hat zwar יצחק ברבי מאיר im Akrost., gehört aber vielleicht einem jüngern Autor an; auch die Nummern 3 und 4 sind nicht sicher.

Die Nummern 1 bis 4 zeichnen Isaac, N. 2 auch יחי.

Meir b. Samuel[7]) aus Rameru Raschi's Eidam. Veränderungen im Wortlaut des „Kol Nidre“ werden auf ihn zurückgeführt[8]). Möglicherweise ist er Verfasser von אבא

---

[1]) das. S. 181. — [2]) das. S. 210. — [3]) das. S. 199, 370. — [4]) das. S. 199. — [5]) das. 200. — [6]) das. 201. — [7]) das. 183, zur Gesch. 31, 70. — [8]) H. b. 17. Hajaschar § 144.

לפניך, einem Klagegebet ohne sonderlichen poetischen Inhalt, mit Wiederholungen[1]), das mit dem vollständigen Namen gezeichnet לך אני והושיעני endigt.

Kalonymos b. **Jehuda.**

16. אומנות אבות בידה תופסת endigt על כסא רחמים.
17. אועק חמס ואקרא שבר über die Abschlachtungen des ersten Kreuzzuges; denselben Gegenstand behandeln N. 24 und 26. Ist defekt nach der ersten Zeile der 9. Strofe בית מאהבי הכוני מכה אנושה, womit aus N. 14 הכיתי בית מאהבי (Zach. 13, 6) zu vergleichen; das בית ist בי von ברבי. — בר muss die fehlende 32. Zeile begonnen haben, hat auch לטבח wie oft N. 14, מַהֵם wie N. 25, נוועים wie N. 24.
18. אורח ממורח העיר Akeda, zweizeilig. Endigt חבת זכר קרומים וכור היום לרחומים. Von Isaac heisst es (nach Bereschit rabba c. 56): טוען כבכתפו צלבו.
19. איל אחר נאחז Akeda, endigt על כסא רחמים.
20. אך לא בעי ישלח Tachanun mit durchgehendem Reim, in piutischem Stil, endigt מובטחים בברית.
21. אספלנית מלוגמא מזור dass die Vergebung den grossen Uebeln Heilung bringen möge. Endigt טרף וירפאנו יך ויחבשנו (Hosea 6, 1).
22. אפפונו מצוקות für den 17. Tammus. Die 7 Strofen, welche der letzten vorausgehen, haben als Schluss Theile des Verses Zach. 8, 19. Endigt ושבתי לירושלם ברבים רחמים (nach Zach. 1, 16). Die an מכרזות ומצפצפה (Midr. Kohelet 115 a) erinnernden Worte מצפצפת ונואמת begegnen in Binjamin b. Serach Jozer N. 3.
23. אשחרה פניך אל עליון Bussgebet in 10 Strofen, endigt אל רחום וחנון.
24. את הקול קול יעקב נוהם[2]). Endigt ולישראל עבדיך.
25. אתקנן ואפגיע אתחלחל Sühngebet mit strofischen Versen die ה׳ ה׳ anheben, endigt ה׳ ה׳ אל רחום.
26. וכור ברית u. s. w. Anfang קראתיך איום ממעמקי, endigt הקול קול יעקב (vgl. N. 24).

---

[1]) שוכן מעלה, לבי סחרחר, רחם עמך, הסתיר פנים 2mal, ודים 3 mal. — [2]) syn. Poesie S. 16.

27. ארברה תחנונים כרש Chatanu mit Ringworten, endigt על כסא רחמים, darin נקף סבבי wie in N. 19.

28. אמונך שעה בשועם Chatanu, drei Worte die Zeile, endigt בנים בן תרחם.

29. אמנם עוני למעלה ראש Bussgebet, endigt ונרחם לרחמים.

30. ארחות ישרים וכור תשוב[1]), 12 Strofen, endigt לירושלם ברבים רחמים (vgl. N. 22), darin נבוי וחזון[2]) wie Elia b. Schemaja in N. 5.

Zwiefaches איב haben N. 19, 28, 30. In N. 19, 21, 29 hat die Zeile vier Worte. N. 27 wird von Joseph Kara zu Hiob angeführt, wo der Verfasser רבינו קלונימוס ז"ל heisst, und nach einem alten Machsor[3]) ist es der unserige. In N. 28 ist hinter dem Namen בני יחי אמן[4]) angebracht. Die N. 29 und 30, die nur „Kalonymos" zeichnen, sind wahrscheinlich desselben Verfassers. In der letzteren ist das Akrostichon in den einzelnen Worten der Zeile angebracht:

קְבין לנוך וכנם נדיבי עמים

יֵשב מקום וארמנך סוכת עולמים

In N. 2 ist in der dritten Strofe durch die Worte קלות פרו מְשובתו נימוס רמוס ללוותו der Name auf gleiche Art angedeutet. Alle übrigen Selicha's haben den vollständigen Namen.

Amitai.

15. איך מכל אומות[5]) in 7 Strofen, endigt ותראנו גם את התשובה mit Anschluss von Nehem. 9, 33 (ואתה .... עלינו).

16. אם הרבינו פשע wird nach ihm benannt in einem Machsor-Commentar (Uri 255); eine Selicha dieses Anfanges s. oben S. 228 N. 73.

17. אנה אלך מרוחך, Bussgebet, am Ende אמתי; auf je zwei Zeilen ein Buchstabe des Alfabets, endigt כיום ורחתך בענן.

18. אפפונו מים, reimlos, für die drei Fasttage nach den Hauptfesten[6]), endigt wie N. 17.

---

[1]) das. S. 196. — [2]) vgl. das. S. 390. — [3]) oben S. 164 (Anmerkung 8). [4]) das. — [5]) syn. Poesie S. 186. — [6]) Ritus S. 124.

19. ואנחנו לא נדע, eine Variation auf diesen Theil des täglichen leisen Gebetes (Techinna), in 10 zweizeiligen Strofen, endigt מעונה אלהי קדם.
20. ה׳ ה׳ אל רחום, Pismon, dessen eigentlichem Anfang אזכרה אלהים der Middot-Vers vorausgeht.
21. למה ה׳ תעמד[1]), Pismon in 9 dreizeiligen Strofen, Ende: יום אירא אני אליך אבטח (Ps. 56, 4).
22. עינינו לך תלינו am Esther-Fasttage üblich, in 8 Strofen, endigt מלטנו מאויבינו.
23. על זאת תאבל in 9 Strofen, gegen Epidemien, gezeichnet אמתי יחיה, endigt כי לך צועקת ומצפה ובעמך לא למגפה.

Sebadja. Die Sprache seiner Selicha's — sämmtlich für die Sühntage bestimmte Bussgebete — ist einfach; in den Klagen (N. 5) erinnert er an Binjamin. Die Nummern 3 und 5 sind dreizeilige.

3. ארון דין אם, 4. אחד ויחיד[2]), 5. אלהים אין בלתך, 6. אליך ה׳ שועתי, die beiden letzten Strofen haben statt der Verse Ausgänge aus אל מלך יושב.
7. אפס זבח ועולה, endigt על כסא רחמים יושב.
8. תפן בעניי nach תשר״ק, endigt wie N. 7.

Binjamin b. Abraham. Die Selicha אוספו אנשי שכל [al. אספו] über die 10 Märtyrer[3]) muss aus dieser Zeit stammen, da Ausdrücke[4]) und Stil[5]) keine Epoche geschmeidigerer Poesie zulassen und Parallelen nur in den Werken des 11. Jahrhunderts haben.

David b. Samuel halevi. Selicha ה׳ אלהי רבת[6]).

Tobia b. Elieser hat akrost. בירבי אליעזר, ist kein Sohn von Elasar b. Isaac in Worms und seine Abkunft aus Mainz noch unerwiesen[7]). Sein Werk לקח טוב erwähnen aus den ersten Dezennien des 12. Jahrhunderts Tobia der Karäer, Samuel b. Meir, Menachem b. Salomo, die Auszüge des Buches

---

[1]) syn Poes. S. 185. — [2]) das. S. 187. — [3]) das. S. 311. — [4]) vgl. das 374 תריכר, 410, 418, הוכבלתי, עלט, ללעון, להחדיק.

[5]) צל תוארו פקד להרעל
צרתו להכביד בלי להתעל.
הדר נבוני בחבי לבור.

[6]) syn. Poesie S. 197. — [7]) vgl. Steinschneider catal Bodl. p. 2674.

Hapardes und Abenesra; als Synagogal-Poet ist er nur durch die Selicha אהיה אשר אהיה[1]) gekannt, in welcher, nach den Hechalot, als Gottesname שעצש erscheint. Die Strofen beginnen mit dem Ringworte; sie endigt אל מלך יושב על כסא רחמים.

Elieser b. Isaac halevi[2]), der Sohn von Raschi's Lehrer in Worms, wird im angeblichen Raschi zu Nasir[3]), in Hapardes[4]), bei Zidkia[5]), in alten Formularen von שמריה[6]) angeführt; seine Selicha אלהי בשר עמך ist für Mincha des Versöhnungstages.

Binjamin b. Chija. Als Leidensgefährte der Verfolgten im ersten Kreuzzuge gehörte er zu den Flüchtlingen aus Neuss, Bacharach und Speier. In seiner — von Sal. Cohen für unübersetzbar erklärten — dreizeiligen Selicha בריה רזי גזרות הרשעה ופתקיה כמסה חברו ונתחכמו כרותה להרות שם בחמכה auf die zwei Mönche hin, die von Jesus Grab angeblich eine Schrift mitgebracht, in welcher die Ausrottung der Juden gefordert ward. So berichtet ein Commentar des 13. Jahrhunderts.

Joseph b. Isaac.

1. אלצני ביום זה[7]) für Gedalja-Fasten, unbeholfen im Ausdruck, endigt וכפר ארמתו עמו.
2. התינה עניך für den 10. Tebet, zwiefach alfabetisch, endigt נטע העעמן. In beiden kommt אהלי ערן vor.

Binjamin.

1. תענה אנקת נתונים בצרה[8]),zweizeilige Variation der Litanie כשעניה, nennt auch die Priester Matatia und Chaschmonai; jeder Satz eröffnet תענה. Ende: תענה מתחננים נגדך בבקשה רחמים כשעניתה לחסידים הישרים והתמימים.
2. באים דפוק שעריך in 8 Strofen, endigt ובא לציון גואל.
3. בקר ערכתי ואקראה in 9 Strofen, endigt שנת שלומים לריב ציון.
4. זכור ברית אב in 6 Strofen, endigt וחסדי דוד הנאמנים.

Die Nummern 1 und 2 zeichnen בנימן, 3 und 4 aber בנימין; חזק haben N. 2 und 3. Nur in N. 1 ist der Namen am Schlusse angebracht, während bei den übrigen ihn die Strofen-

[1]) syn. Poesie 194, 371 — [2]) vgl. syn. Poesie 198 und oben S. 156 — [3]) Raschi S. 368. — [4]) 45 b. — [5]) א"ה ms. § 60. — [6]) cod. canon. 1 f. 106 a. — [7]) im roman. Machsor fehlt die 5. Strofe. — [8]) unrichtig Binj. b. Salomo in onomast. S. 52.

anfänge geben. Die Sprache aller vier Stücke ist einfach, etwas alterthümlich, hie und da Wiederholung statt des Reimes. Die Nummern 3 und 4, die vielleicht einem verschiedenen Dichter gleiches Namens gehören, haben die Refräns ושוב und והשב; möglich dass die N. 24 von Binj. b. Serach, die in einem Ms. unmittelbar den Nummern 4 und 3 folgt, demselben Dichter zuzusprechen ist.

Mose b. Schabtai.

1. אשפכה מרי שיחי באנחות für den 17. Tammus, endigt ולמועדים טובים.
2. אברעה על ברכי, ein Gebet, das bei der Schwäche der gegenwärtigen Zeit an das Verdienst des seinen Sohn opfernden Abraham, ferner des Daniel und seiner Gefährten erinnert. Nach Beendigung des Alfabets ist משה בר שבת — angegeben, vielleicht auch חבר. Die beiden letzten Strofen bilden kein Akrostichon und endigen ה׳ אלהים צבאות.

Elieser b. Natan [ראב״ן], auch Elieser aus Mainz, seltener Elieser der Alte genannt ist der Stammvater von R. Ascher und R. Mordechai. Der Irrthum, ihn für den Verfasser der Schrift מאמר השכל zu halten, ist 300 Jahre alt[1]). Er hatte drei verheirathete Töchter und einen Sohn; sein Eidam Uri ist wahrscheinlich der Vorfahr R. Ascher's[2]).

Stammtafel:

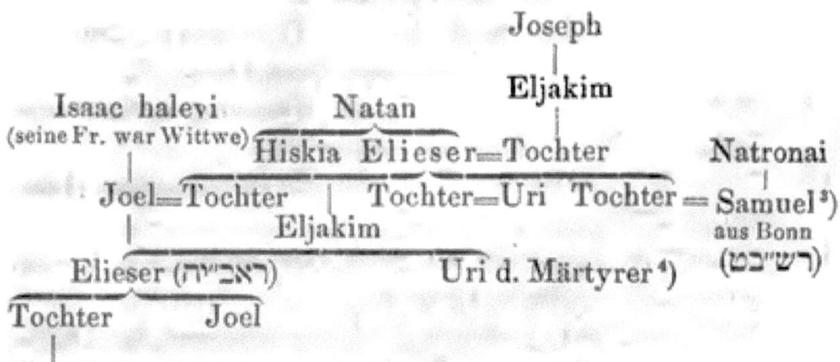

Hillel, der Grossvater R. Mordechai's.

1. Maarib 7. Pesach אור לשביעי נש, in welchem das

[1]) Machsor ed. 1568 Th. 1 f. 251a. — [2]) zur Gesch. 421, 422. — [3]) zur Gesch. 33, 205 [Maimoniot zu אישות c. 23 ורואה אני שב״ט]. In Or sarua, Maimon., Mordechai, Reçanate u sonst רבינו שב״ט. — [4]) syn. Poesie S. 28.

mittlere Stück die Versanfänge des Mose-Liedes als Strofenverse hat.

2. Maarib Wochenfest אל אלהים דבר; der mittlere Theil in 42 Strofen mit einerlei strofischen Reim stellt die zehn Worte mit denen die Schöpfung erfolgte den zehn Geboten gegenüber, und gibt die Zahl der von jedem Gebote abhängigen Gesetze an.

3. אשריך ישראל, ein Bikkur, bildet den Schlusstheil der Nummer 2.

4. איר עשה מלכבם, Jozer Nachmu, endigt להודות לאל עליון.

5. איר עולם קראו, Jozer Schuba mit 7 Kadosch-Strofen, deren Schlussverse שובה anheben, variirt Jes. 55, 6 bis 11 ישוב. In dem Akrostichon des Namens kommt דילע vor[1]).

6. אמוני אמוני, Jozer für Beschneidung am Sabbat, darin ומקרא מלא הן הן הדברים, wie in N. 3: ומקרא מלא כתוב ראוה לדברים.

7. את מי נועץ. Jozer für den Hochzeit-Sabbat, alfabetisch (אאא. בב. גג, דד u. s. w.); nach je zwei Buchstaben ein כי anhebender Strofenvers und dahinter eine Kadosch-Strofe, die mit dem Worte, womit der Vers endigt, anfängt. Die je ersten Zeilen der Strofen haben Mittelreim. Endigt כי בו שבת.

8. כי אם שם, Ofan zu N. 5, mit Wendungen ואני; die Anfänge der Strofen sind der Vers Deut. 32, 3.

9. אורי אימה. Ofan zu N. 6 mit Wendungen ענו oder ואום, der Name vierfach angegeben.

10. קדוש אני ה׳, Ofan zu N. 7, mit durchgehendem Reim, endigt ייחודו.

11. אל אלהינו נשוב, Sulat zu N. 5, mit strofischen Versen worin שוב, einfache Sprache.

12. אות ברית שלשתי, Sulat zu N. 6, am Schlusse die Chiffre א״בן und יתי אליקים בני[2]). Der Ausdruck לדנצל מרשפי כויוני hat eine Parallele in המוצלים מרשף כויוני (N. 21).

---

[1]) nachzutragen zur Gesch. 330. Vgl. unten N. 24. — [2]) daher im onomastic. S. 24 Eljakim b. Meschullam als Verfasser genannt.

13. אֵל אשר מושיב ביתה, Sulat zu N. 7, ist ein Segen für die Vermählten, endigt עם חתן וכלה.
14. אלהים כאונינו, Sulat, über die Leiden des ersten Kreuzzuges. Der Name ist in den mit ספר התורה beginnenden 4 Strofen und zwar in den Anfangsworten der Schlusszeilen (אלי עזר כרבים נתן) ausgedrückt. In alten Mss. wird er geradezu als der Verfasser [1]) genannt.
15. אוי לי על שברי und אשא נהי nebst zwei kleineren Elegien über die in Speier, Worms, Mainz, Köln im Sommer 1096 Geschlachteten. De Rossi (cod. 586) irrt, wenn er den Verfasser für R. Elasar aus Worms hält; eben so irrig ist die Bezeichnung Elasar halevi bei Joseph hacohen.
16. Hochzeit-Reschut. a) מרשות אל עליון קונה, Reim רה, endigt לתפארה. b) ומרשות אילת אהבים, א׳ bis ל׳, Reim דים, endigt וכבוד ומאודים. c) ומרשות מחוקקיה, מ׳ bis ח׳, Reim נים, endigt ארוני הארונים. d) ומרשות אמוני שלומי, Reim דיך, endigt וברוך אתה בצאתך. In a und d ist der Name gezeichnet.

Selicha's:

17. אודה עלי פשעי, dreizeilig, zwiefach alfabetisch, endigt ה׳ צורי וגואלי.
18. אך טוב לישראל, Klagegebet über Glaubenszwang; die je dritte Zeile beginnt ולמה, der strofische Vers טוב, endigt אתה ה׳ אלהינו.
19. אכפרה פני מלך, Beschreibung der Aboda, nach אב״ב, גר״ד; die je zweiten Zeilen geben den Namen, endigt כי ביום הזה יכפר.
20. אל אלהי הרוחות, dreizeilig, zwiefach alfabetisch. Im Strofenverse סלח. Endigt הרחמים והסליחות.
21. אלהים זדים קמו, vierfach alfabetisch, schildert die Opfer des Jahres 1096; der vollständige Name ist wie in N. 14 angebracht; ein Codex hat die Ueberschrift: ר׳ אליעזר בר נתן יסד סליחה זאת. Endigt כל העם והלל להי.
22. אריאל בהיותו על ähnlich Binjamin's N. 12 (אבל); der

---

[1]) nicht Elieser b. Samuel כ״ח 7 S. 4.

Anfang kommt auch in N. 3 gegen Ende vor, vgl. טרם בהיות אריאל מכפר bei Simeon N. 8. Ist mit Ausnahme der Buchstaben ש״ת doppelt alfabetisch, endigt אליך ונשובה.

23. את הברית ואת השבועה [1]), Sühngebet, das der Abschlachtungen vom Jahr 1146 gedenkt, der Anfang erinnert an Meir's Akeda N. 31; doppelt alfabetisch. Endigt על כסא רחמים.

24. תבוא אנקת אסיריך, dreizeilig, nach תשר״ק, der strofische Vers beginnt אַל oder ואל. Die je zweiten Zeilen zeichnen den vollständigen Namen nebst יזכה לחיי עד. Endigt למענך אלהי.

25. תודיעני ארח חיים, Sühngebet, zwiefach תשר״ק; endigt ה׳ השעתי.

Die Nummern 20, 24, 17, 18, 25 folgen hintereinander in cod. Opp. 1104F.

Isaac b. Samuel.

8. אליך אקרא בעטף לבי ohne Reim, endigt אילותנו לעזרתנו תחשה.

9. אליך ה׳ נפשי אשא, zwiefach alfabetisches Tachanun nach Art derer von Simeon (אהולה), David (רוממה), Meir (תורה התמימה), Kalonymos (אך לא), Binjamin (בעוד) u. A., zeichnet Is. b. Sam. וכור לשב חזק und schliesst בכא רם ונשא.

10. יחביאנו צל ידו, Pismon mit Strofenreim, dass man dem Gerichte Gottes nicht sich entziehen könne, an Ps. 139, 5—12 anlehnend; in den Strofenschlüssen ist בן שמואל gezeichnet, der Name Isaac in der ersten Strofe.

אימיך נשאתי ונבעתי, Chatanu in 32 Strofen, die ihn umgebenden Schrecken schildernd, endigt אל ארץ אבותיכם, hat akrost. Is. b. Sam. hasefardi (הספרדי) und ist vermuthlich eines verschiedenen Verfassers. Einer der Unterzeichner des Erlasses zu Barzellona vom Jahre 1305 hiess Isaac b. Samuel. Vgl. oben S. 169.

---

[1]) syn. Poesie 246.

Samuel b. Majo. Die Techinna שוכן עליונים, die im römischen Ritus am Esther-Fasten hinter זכור ברית rezitirt wird, und welche zu Anfang שמואל und nach Beendigung des Alfabets akrost. zeichnet: שמואל בר מיוו הקטן חזק, besteht aus 11 Strofen. Der Verfasser kann wegen der Ausdrücke אשננה, טיב, כאו, טכסום, בתחן, לאבדי (zweimal), הדסתי, כבן, עורה הושנה und der hagadischen Darstellung nicht später als in das zwölfte Jahrhundert angesetzt werden.

Mose b. Samuel b. Abschalom, ein Vorbeter, spätestens um 1150.

1. ארעד ואפחד, Reschut zu Kalir's Musaf Neujahr, im französ. Machsor, 34 Zeilen, endigend ומהר לסלוח לי כי אתחיל.

Thorafest (N. 2, 3, 4):

2. אשרי העם שלו ככה, Jozer, in welchem die Versanfänge vom Segen Mose's (Deut. 33) die Strofenschlüsse bilden.
3. (wahrsch.) Ofan מקום אדירירון, vgl. unten (Kap. 17) Mose.
4. או בקשוב ענו Sulat.
5. אליך ה׳ שועתי, Sulat für die Omer-Zeit, in 7 achtzeiligen Strofen, die Zeile zu drei Worten; endigt גואלנו ה׳ צבאות.
6. מלוא כל הארץ, Ofan am Hochzeit-Sabbat, akr. משה החזן חזק בר שמואל, 7 Strofen mit Refrän קקק ה׳ צבאות, endigt ה׳ אחד באמונה.

Selicha's, von denen die N. 9, 10, 12, 13 ungedruckt sind, die Tachanun N. 8, 9, 10, 14, 15 durchgehenden Reim haben:

7. אודה עלי פשעי, Chatanu mit Ringworten, über die Strafe wegen Uebertretung der zehn Gebote. Der Name ist zweimal gezeichnet, das zweite Mal in vollständigen Wörtern. Ende ה׳ הטוב יכפר בעד.
8. אל ימעט לפניך, worin Auftritte aus den Verfolgungen des 12. Jahrhunderts geschildert werden; zwiefaches א״ב, die Zeile zu fünf Worten.
9. אל ה׳ אלהי הרוחות, die Zeile zu vier Worten, endigt קשבת תהי אונך ועיניך פקוחות.

10. אלהים חושה לי, endigt חוק רפיון קהלי, besteht aus 27 Zeilen, jede von drei Worten.
11. אליך הי שועתי, dreizeilig, endigt אות לטובה ופלא.
12. אנא מלך מהולל, nach א״ת ב״ש, endigt חוס ורחם עלינו; schreibt im Akrostichon ביריבי, der Zusatz הקטן והצעיר חזק ist in vollständigen Worten gegeben. Jedoch ist der Name שמואל nicht ganz sicher und vielleicht ist dafür משלם zu lesen.
13. אתה אל נורא, dreizeilig in gereimter Prosa, ähnlich Binjamin's N. 8, endigend אמץ על כסא רחמים.
14. מלך מלכים[1]), Peticha.
15. מקוה ישראל מושיעו, endigt הגדלה והגבורה.
16. תעלה תפלתנו, zweizeilig. — In den Nummern 2, 14, 15 ist auch der Name des Grossvaters angegeben.

Simeon b. Eljakim mit peitanischen Ausdrücken und einem an Elia b. Schemaja erinnernden Stile ist nur durch folgende zwei Selicha's bekannt:

1. אם אמרתי מטה רגלי, zwiefach alfabetisch, mit Ringworten, vier Worte die Zeile, endigt מנחת ערב.
2. תשב תחיינו ותרב, endigt אלהים תשבני.

Achimaaz b. Paltiel.

1. für Esther-Fasten: איש ימיני מיושבי הלשכה in 10 Strofen, vier Worte die Zeile, endigt קהלם מארבע ובצל כנפיך נחיה, hat die Bildungen פץ פן בט גל.
2. אחרי תמם (?).
3. אביר יעקב [eine Selicha dieses Anfanges ist von Abun]. N. 1 ist in einem alten römischen Machsor, die beiden anderen werden in der aus Italien stammenden Notiz ms. [Beilage I] dem Achimaaz zugeschrieben. Um das Jahr 1162 lebte ein Mann dieses Namens in Melfi (Apulien), der bei Benjamin von Tudela genannt wird.

---

[1]) syn. Poes. S. 247.

X. KAPITEL.

Selicha-Dichter von J. 1140 bis J. 1300.

Bereits im ersten Drittel des zwölften Jahrhunderts hatten grammatische, exegetische und philosophische Schriften, dergleichen in den Werken von Saadia, David Babli, Menachem und Dunasch, Chananel, Abraham b. Chija den Denkern der germanischen und der romanischen Länder dargeboten wurden, einen sichtbaren Einfluss auf die Handhabung der Sprache, die Auffassung des Midrasch und die Erklärung der biblischen Bücher, mithin auch auf die religiöse Poesie. sowohl was Gedanken als was Gestaltung betrifft, geübt. Als vollends die Werke der spanischen Meister den französischen Juden zugänglich wurden, Abenesra in Frankreich und Italien lehrte und schrieb, nach allen Richtungen hin Geist weckend, und zum Theil in Folge häuslicher Stürme unterrichtete Spanier nach der Provence zogen und durch Uebersetzungen die jüdisch-arabischen Werke ethischen und philosophischen Inhalts den Brüdern in den christlichen Staaten bekannt wurden, machte auch dort allmälig die alte peitanische Ausdrucksweise der geschmeidigern Andalusiens Platz. Den wichtigsten Repräsentanten dieses in die Zeit Elieser's b. Natan fallenden Fortschrittes erblicken wir in:

Jacob b. Meir [R. Tam] aus Rameru, später in Troyes, der Abenesra und Abraham halevi in Toledo bekannt war, Menachem gegen Dunasch vertheidigte, mit den Gelehrten in Marseille, Lunel und Narbonne in Verbindung stand und selber metrisch gedichtet hat. Er hat sich auch des Gebrauches der Keroba angenommen, verschiedene Stellen des ältern Piut geändert und selber folgende Stücke verfasst:

1. Maarib für Hüttenfest. a) ה' אלהים לו עיני מחכות, endigt סביבותיו סכות, b) בליל התקדש חג, endigt יאהבני אישי, c) אדיר הקימנו ונתעודד, alfabetisch mit Refrän כחג הסכות, endigt לעשות סכות, d) יום מאז להפיק רעיוני, endigt נשיר שירה לה', e) כחג האסיף אסוף, endigt כו אחסה, f) בסכת שלם עוד תנהגם, endigt וממות אגאלם, g) אל ריב ציון שָׁלום שנתו bis בשלם סכתו ומעונתו.

2. Maarib für den 8. Tag Azeret. a) אדיר ונאור עטה אור bis תנצרנה למשמרת, b) הטל ימציאנו bis הושיעם בארבעה. c) אנצח על השמיני כדרכו zweizeilig nach א״ב, Refrän יום השמיני ביום השמיני, endigt ולא יוסיפו לדאבה, d) ביום השמיני בעצרת יום מרגוענו bis עצרת מנוחה bis ברנה בשמחה. e) ידע היום bis הי צבאות ה׳, f) ידידך הראה bis זה צור ישענו, g) ידע היום bis ושלום על ישראל. — Aus Abschnitt c wird die Strofe קדש ללינה in den alten Tosafot zu Joma (3 a) sowie viermal in unseren Tosafot[1]) angeführt.

3. יד ושם, Lied für den Ausgang eines Hochzeit-Sabbat, in 7 Strofen mit Mittelreim.

4. ה׳ בו מעזי, ein Gesang in 4 Strofen mit Strofenreim und Refrän (Ps. 148, 13) יהללו את u. s. w. wenn am Thorafest die Gesetzrollen in die Lade zurückgestellt werden, zeichnet יעקב. In der letzten Strofe wird den beiden „Thora-Freunden" der Segen ertheilt. Ein Codex vom Jahr 1290 nennt ihn: „Piut von Rabbenu Tam".

5. יום הודו וכבודו, Ofan in 4 metrischen Strofen, gezeichnet יעקב, der sowohl im Vitry - Machsor als in einem Machsor der Synagoge von Padua R. Tam zugeschrieben wird. Der Ausdruck שם הודו וכבודו ist auch in dem בני התמימים Mose b. Esra's, das gleiches Metrum hat.

Vier aramäische Reschut (N. 6 und 7 vor, 8 und 9, die beide יעקב חזק gezeichnet sind, nach der Haftara) gehören wahrscheinlich sämmtlich unserm Verfasser; von N. 7 ist es gewiss.

6. אי ימםיא ומיא, Reim נן, akrost. אני יעקב.

7. יציב פתגם, Reim רין, mit dem vollständigen Namen versehen.

8. יהודון כל נשמי, in 7 Strofen, Refrän ועל רא יתברך.

9. ייתון בני עלמין, in 7 Strofen; der Refrän beginnt נהודי schliesst על רא, das dazwischenliegende Wort aber (קדמוהי, לקדישא u. s. f.) variirt.

Zwei Selicha's, beide mit dem vollständigen Namen versehen:

---

[1]) Catal. codd. Lips. p. 290, 319. Heidenheim s. v.

10. אשמרה אליך עזי, Chatanu mit Ringwort, jede Zeile drei Worte stark. Ueber den strofischen Vers vgl. Ritus S. 222 und oben S. 85.

11. שמך אירא[1]), Pismon in 5 metrischen Strofen mit Mittelreim, der Refrän לה׳ אלהינו הרחמים והסליחות (Dan. 9, 9), der immer einer Zeile ואם antwortet, ist derselbe in Chija's Gebet לכו נפיל פנינו.

Die Nummern 1, 2, 4, 6, 8, 9, 11 sind ungedruckt.

Binjamin b. פשדו. So wird der Autor nachfolgender Selicha's bereits in cod. Mich. 656 N. 123 und cod. Opp. 1074 F genannt. Der Name פשדו, der durch die Akrostichen gesichert ist, hat ein Analogon für die erste Hälfte in פשאר — dem Zunamen des Isaac Gerundi — und פשקיר[2]), für die letzte in ובדו[3]), Namen in der Provence üblich, welche vielleicht des Dichters Heimat ist.

1. אמה אשר אהבת להתברך, eine Klage im Piutstil, zwiefach א״ב, die Zeile zu vier Worten. Die letzte Strofe lautet: זמן יוחש ויומהר בעתו זְמן לצאן ידו ומרעיתו קרוא
בנרון מוקש מלהבעיתו קוינו לו נגילה ונשמחה בישועתו.

2. בעוד שדי עמדי[4]), Tachanun mit stetigem Reim, fünf Worte die Zeile, endigt ואלה בקשבי נחמתי באומר תעודי ואתה ה׳ מגן בעדי.

David b. Gedalja [b. Jechiel b. Alexander b. Jacob] מונאי oder מנוא, vermuthlich aus dem zwölften Jahrhundert.

Wochenfest:

1. Jozer אמרות טהורות בהרצותך alfabetisch; die Strofenausgänge bilden zusammen Ps. 68, 8—14, die zweiten Zeilen geben akrost. דוד הקטן בר גדליה יגדל בתורה; Ende: ואברותיה בירקרק חרוץ.

2. Silluk בפרש שדי דרכי, die Anfänge der Zeilen die alle מִים reimen — anschliessend an עליה ברחמים im Anfang des Jozergebetes — bilden Ps. 68, 15—17 und die nächstfolgenden Worte das Akrostichon דוד בר גדליה מנוא חזק לנצח.

---

[1]) syn. Poes. S. 248. — [2]) תמים דעים 64 b. — [3]) ebendaselbst. — [4]) syn. Poes. S. 211.

3. Ofan רכב תפארתו רעש nach doppeltem תשירק, sämmtliche Zeilen schliessen סיני; die Anfänge der einzelnen 5 Abtheilungen sind Ps. 68, 18. Akrost. דוד חזק. Endigt דוהרים ראים חזק קדושה כמו בסיני.
4. Sulat אנכי תכנתי עמודים nach תשירק, mit den Anfängen des Dekalogs und gezeichnet דוד אמץ; endigt לעזרתנו עזרת אבותינו.

Selicha's:

5. אבן אל רחום אתה, reimloses Sühngebet, endigend הורך בבן יתעלה.
6. אתאנו נושאי אימיך[1]), zweizeilig, zu drei Worten die Zeile, endigt ובות קדמונים הישנה.
7. דומיה לא אחשה, Techinna[2]) für den zehnten Tebet mit dem vollständigen Akrostichon bis Jacob. Endigt יעקב מנוי ואתה ה׳ מגן בעדי כבודי ומרים ראשי. Wiewohl מנוי auch im Liede במוצאי יום מנוחה vorkommt, so erhellt doch aus N. 2 dass hier מנוא dem David angehört; vielleicht in beiden Fällen der Name Menu, Menou.

Leonte b. Abraham s. unten Leonte b. Mose.

Abraham b. Jacob.

Techinna אני קראתיך אל כי תענני mit Refrän ביום אקרא ה׳ מהר ענני, endigt תוכן לבות וכליות ה׳, hat die Ausdrücke כרודי ושרודי und findet sich bereits in der alten Handschrift cod. Turin 29 neben Abraham's אעירה שחר.

Esra b. Tanchum.

Die Selicha על שאנו מודים[3]) beweint die frei- und unfreiwilligen Opfer, welche in den letzten Tagen des Passahfestes 1147 in den rheinischen Städten dem Fanatismus gefallen[4]). Im Akrostichon ist der Vers Ps. 25, 13[5]); endigt אהבי תשועתך.

Isaac b. Jakar, der sonst nirgend genannt wird[6]), hat am Schlusse hinter seinem Namen zweimal (N. 1 und 5) מלול, zweimal (N. 1 und 4) ילד משעשע. Die N. 2, 3, 4, 6 sind zwiefach, N. 1 ist dreifach alfabetisch. Sämmtliche Nummern haben den vollständigen Namen.

---

[1]) vgl. syn. Poes. 457 Z. 4 v. u. — [2]) das. S. 271 u. f. — [3]) daselbst S. 23. — [4]) Ritus S. 127. — [5]) zur Gesch. S. 360 Anm. h. — [6]) Note 25.

1. איך נאנחה, Chatanu, die Zeile zu drei Worten, endigt כי נחם ה׳ עמו.
2. אליך אקרא בעטף לבי, Klagen über harten Druck und Verfolgungen [1]), die Zeile zu vier Worten, Ende: חוה קרית מועדינו רצים.
3. אנא מלך מלא רחמים zweizeilig, die Zeile meist vier Worte enthaltend, endigt קבצם כבית בחירך.
4. אנקת אנוחים, Sühngebet, fünf Worte in der Zeile, endigt קרבנותיו למזבחותיו ישע.
5. אריד בשיחי, Chatanu [2]), aus lauter Ringworten bestehend.
6. אתה אלהי מלכי, Sühngebet für die Woche vor dem Neujahrfest, endigt מלך מלכים.

Joel b. Isaac halevi aus Bonn, ein Zeitgenosse der Gräuel des Jahres 1147 und späterer Jahre, von denen der herzzerreissende Klagegesang über mehrere in Köln Geopferte, anfangend:

1. יבכיון מר (in 3 Abtheilungen, jede mit durchgehendem Reim), Zeugniss gibt. Er wohnte in Bonn [3]), in Köln [4]), war zeitweise in Regensburg [5]); mehrere Bescheide von ihm sind in den Schriften seines Sohnes und in Or sarua zu lesen.

Selicha's:

2. אבן שמעה קול [6]) in 11 Strofen, nach einer Gefahr, die nach einigen Opfern, die gefallen, wieder abgewendet wurde. Endigt תשפות שלום לנו.
3. אל אלהי דלפה für den Rüsttag des Neujahrtages, biblische und talmudische Stellen kunstreich zu einer Ermahnung verwebt, der bösen Begierde Widerstand zu leisten. Die Worte am Schlusse בזכות שלשה תמימים sind aus Sel. אנא אדון הרחמים.
4. אלהים יראה לו, die Strofen beginnen אלהים und ebenso endigen die strofischen Verse; das vorletzte Wort hat den jedesmaligen Reim der Strofe. Ist ähnlichen Inhalts wie N. 1; vgl. syn. Poesie S. 251 unten.

---

[1]) syn. Poesie S. 271. — [2]) das. S. 90. — [3]) Or sarua Th. 2 §§ 85 und 87 S. 43 und 45. — [4]) das. Th. 1 §§ 362 und 416. — [5]) ראב״ן 117d. — [6]) syn Poesie S. 252.

5. ה׳ צדיק יבחן, Akeda in 18 Strofen, derer gedenkend die ihre Kinder schlachteten um sie vor der Taufe zu retten.
6. יקרו רעך רב[1]), Chatanu, die blutigen Schrecken und Opfer seiner Zeit schildernd. Neun dem חטאנו צורנו vorausgehende Strofen schliessen mit den Sätzen der Mischna אלו הן הלוקים, הנסקלים u. s. f., zu welchen zwei Bibelstellen אלו bei zwei weiteren Strofen passen. Hat Parallelen mit N. 1[2]).

Schealtiel b. Menachem b. Salomo b. Isaac, der Sohn vom Verfaseer des משכיל und שכל טוב[3]), des am 11. Jan. 1143 vollendeten Wörterbuchs, dessen drei Söhne Jedidja, Schealtiel, Isaac hiessen[4]) —, demnach um 1166 blühend, hat folgende, sämmtlich ungedruckt gebliebene, Selicha's verfasst:

1. אהמה לפניך שברי, Chatanu, endigt תקרב רנתי לפניך.
2. איך בעמים בערץ dreizeilig und dreifach alfabetisch, indem der strofische Vers, der מה anhebt, im nächstfolgenden Worte die alfabetische Ordnung befolgt, als: 1) מה אדיר, 2) מה בצע, 3) מה גדלו. Der Buchstabe Vav fehlt, wie ähnliches in Stücken mit Strofenversen, die כי beginnen, der Fall ist[5]).
3. אלהים חיים ומלך עולם, alfabetische Techinna vor מכניסי רחמים, akrost. שאלתיאל ברבי מנחם ברבי שלמה ברבי יצחק חזק בתורה ואמץ.
4. אנחנו נמקים, Chatanu, endigt וארמון על משפטו ישב.
5. אשורה ואבישה ארחותיך zwiefach alfabetisch, endigt ולבה לישועתה.
6. ה׳ אלהים עד ביתך, wie N. 5 gebauet, endigt וכליל לרציון.
7. שביבי אש באימה in 7 Strofen, eine Nachahmung des Hymnus אשר נטה שחקים[6]), endigt ברוממות כלולות.

---

[1]) syn. Poesie S. 35, wo irrthümlich der Verfasser Jekutiel heisst und um ein Jahrhundert zu spät angesetzt ist. — [2]) בקע הריותיה (N. 1: והרות איה), וקברום חיים בנקרת הצורים (N. 1: וקברום חיים בנקרת הצור), בקעו הרוש — ונמו הוצא את (N. 1: אי אלהימו יבא וישיע), אלהימו ומידי יושיעמו — המקלל (N. 1: לחרוש — ונמו הוציאו המקלל). — [3]) zur Gesch. S. 71 u. f. — [4]) Dukes, קובץ S. II. — [5]) oben S. 237. — [6]) syn. Poesie S. 245 N. 3.

8. תחנה תערב, Tachanun nach תש״רק, die Anfänge der zweiten Zeilen geben: שאלתיאל בר רבנא מנחם חזק. Das Ende ist באותות תְּעלה.

Auch die Nummern 1, 4, 5 und 6 haben den vollständigen Namen; die ersten beiden noch den Namen des Grossvaters Salomo. Eben dieselben sind voller Klagen und Flüche und N. 5 scheint im Gefängnisse geschrieben. Vielleicht meint ihn oder seinen Vater eine Anführung in cod. Opp. 1163Q[1]).

Ein R. Schealtiel war Zeitgenosse von Elieser halevi und Baruch b. Samuel[2]), und dessen Sohn R. David lebte noch kurz nach 1241[3]) — beide im südlichen Deutschland. Ein jüngerer Schealtiel, aus derselben Gegend, gehört dem Zeitalter Meir Rothenburgs an[4]). Zu der katalonischen Familie Schealtiel[5]) gehört vermuthlich auch Jacob b. Schealtiel. Uebrigens war ein Isaac b. Menachem aus Lorch, verwandt mit R. Baruch, gleichzeitig mit jenem R. Schealtiel[6]).

Joseph b. Elia ist Verfasser des Tachanun אהגה ואצפצף בלהג יונים, das stetigen Reim hat und ומים ומארץ כונים endigt; vielleicht derselbe, welcher einen Bescheid aus Frankreich, der an Elieser b. Natan[7]) erging, mit unterzeichnete.

Joseph b. Natan, Chasan genannt, vielleicht der, welcher eine Anfrage an R. Elieser b. Natan gerichtet, jedenfalls verschieden von dem um ein Jahrhundert jüngern gleichnamigen Verfasser des polemischen Werkes Nizzachon[8]). Unser Dichter kam aus טרנא [Trani oder Tyrnau?] nach Würzburg, wie eine in Bonn befindliche Handschrift meldet.

1. Maarib für den 8. Azeret, שמיני אותותיו, in welchem jede Strofe שמיני anhebt. In dem mittlern Stücke beginnen die Strofenverse ביום השמיני. Dieses Maarib wird erläutert in cod. Rossi 541 N. 30[9]).

2. Das Schlussstück dieses Maarib beginnt אודות באר

---

[1]) כתב הפייט המשכיל בתחן שחיבר: ועת שיבנו רצון כרובים תאומים. — [2]) Maimoniot Rga. קנין N. 16. — [3]) Chajim א״ז Rga. N. 221. — [4]) Rga. אישות N. 25. — [5]) meine Anmerk. zu itiner. of Benjamin de Tudela Vol. II p. 5. — [6]) Maimoniot Rga. קנין N. 16. — [7]) ראב״ן 154a. — [8]) vgl. zur Gesch. 86. — [9]) der Midrasch dieses Titels in gott. Vortr. S. 285 ist mithin zu streichen.

המים, die Feier des Wasserschöpfens beschreibend, 9 Strofen stark.

3. Reschut für den Thora-Bräutigam: מרשות יסד ארץ בחכמה, durchgehender Reim אל, endigt לעיני כל ישראל.

4. dessgleichen für den die Thora beginnenden: מרשות עצתו תקום, endigend לעשות ולהשיה. Wegen des von בראשית gebotenen durchgehenden Reimes שית kommen Formationen vor wie: אמשית [אמש gestern Abend], ויקשית, התכושית, מאוששית, מפורשית. Aehnlich sind להתעשית (Jozer אהלה פני), נדרשית (Simson b. Jona אבר חסיד), שלהבית (Sel. אני חטאתי ואשמתי), שחרחורית (Elieser Ofan אורי, Kalonymos אך לא בעי), מבוערית und מבוארית (Kalonymos das.).

Für den Hochzeit-Sabbat:

5. Jozer אביעה חדות מקדם in 10 Abtheilungen, jede zu 4 dreizeiligen Strofen, mit den sieben Trauungs-Benedictionen und Kadosch schliessend.

6. Ofan אראלים העבורים אהובים, endigt לקדוש ישראל.

7. Sulat איתן בירך לבניו, endigt לעזרתי חושה.

8. Reschut in vier Theilen, jeder mit durchgehendem Reim: a) מרשות אל עליון קונה שמים וארץ, Reim רו, endigt אשר לקח שארו; b) מרשות אילת ויעלה חן, endigt עם אשה אהבתה, Reim תה; c) מרשות אגן הסהר אל יחסר, Reim ני, endigt בשם ה׳; d) ומרשות אלופים מסובלים, Reim קך, endigend וברוך אתה בצאתך.

9. Musaf-Keduscha אלהיכם יוסיף ידו שנית, endigt לדור ודור.

Selicha's:

10. אגורה עולמים באהליך[1]) dreizeilig, die Zeile zu 3 Worten, im strofischen Verse בקר oder בקרים, für die Busswoche, endigt נאמן וקים בשבועתך סלה קום בריתך לבקרים רבה אמונתך.

11. אל ארך אפים נוצר, Peticha, Reim פים, endigt לישועתו מצפים.

12. אלהים יראני בשוררי dreizeilig; die ersten Zeilen alfabetisch, die zweiten zeichnen den Namen, beide zu drei Worten die Zeile. Die Schlusszeile der Strofe

---

[1]) syn. Poes. S. 257 u. f.

ist ein אַל anhebender Vers, Ende: אל תאטר עלי באר.

13. אמן בעמדו להתחנן לפניך, variirt in 13 Strofen den Abschnitt der 13 Middot, endigt רחמנו כיום עמדו לפניך נם תוכר נא ליצחק ולישראל עבדיך.

14. אפפו עלי רעות בקושי für den 10. Tebet, die Zeile hat vier Worte; darin הֲצרי von צרי (Balsam) gebildeter Imperativ, wie anderswo[1]) der Infinitiv.

15. תבוא לפניך שועת אנקת, nach תש״רק, meist fünf Worte die Zeile, ein Bussgebet in 7 Strofen, endigt א״מי על כסא רחמים.

Sämmtliche Stücke sind mit dem vollständigen Namen, einige auch החזן gezeichnet. Die Sprache ist fliessend, meist rein, hie und da noch von talmudischen und peitanischen Bildungen durchzogen.

Joseph b. Mose.

1. אל יושב תהלות אברך, Introduction zu אל ההודאות in ישתבח, mit stetigem Reim, endigt וקים לעולמים.

2. המלך יוצר ארץ, dessgleichen zu המלך היושב, wie mehrere Compositionen dieser Art שמו endigend.

3. Selicha אלהים ברב רחמיך, ein Gebet in 8 Strofen, in den strofischen Versen הושיעה oder תשועה. Endigt והצילנו מן הגוים.

N. 1 und 2 zeichnen בר und חוק, N. 3 בן. Die Selicha ist einfach gehalten, in N. 1 begegnen peitanische Ausdrücke, wie טֶבם, סלסולך אשננה. R. Joseph b. Mose aus Troyes[2]) lebte um 1160, vermuthlich der bei R. Tam[3]), Jesaia de Trani[4]), Mose de Coucy[5]) und Isaac aus Wien[6]) genannte, vielleicht identisch mit R. Joseph דוביגריט[7]).

Gerschom b. Salomo b. Isaac.

אשא דעי למרחוק[8]) in 10 Strofen für Esther-Fasten, endigt

---

[1]) Ritus S. 235. — [2]) Chajim א״ן Rga. N. 174f. 59c. — [3]) Hajaschar 695, 702. Meir Rothenb. Rga. 283. — [4]) מעשה הגאונים ms. § 94. — [5]) zur Gesch. S. 38. — [6]) א״ן Th. 2 §§ 31, 83, 84 S. 42. — [7]) Semag Verb. 65 und Geb. 26 ed. 1547f. 112a, Semak 85a, Maimoniot אבל 10. שבת 19. ס׳ מצות ms. § 228. Bei Chajim א״ן Rga. N. 164f. 55d., wo דאנבנריט gedruckt, scheint R. Joseph aus Orleans (Tos. Chullin 99a ob.) gemeint zu sein. — [8]) vgl. syn. Poes. S. 410, 440, 171, wo irrig Gerschom b. Jehuda als Verf. bezeichnet ist.

מושיע בעת צרה. An einen Mann dieses Namens richtete Elieser b. Natan (§ 15) ein Schreiben. Indessen ist in unserer Selicha (Strofe 9, Zeile 3) vielleicht noch בתן gezeichnet[1]). An die jüngeren Provenzalen dieses Namens[2]) kann hier nicht gedacht werden.

Ephraim b. Isaac b. Abraham aus Regensburg — wie er selber einmal zeichnet und wo seine Grabstätte ist — war in seiner Jugend in Frankreich[3]), jedoch weder Raschi's[4]) noch R. Tam's[5]) Eidam. Er ist der bei den deutschen und französischen Rabbinen „Rabbenu Ephraim" genannte. Als Urheber eines halachischen Satzes[6]), der viele Gesetzlehrer beschäftigt hat, heisst er bei Elieser aus Metz[7]) „Ephraim b. Isaac", bei Mose de Coucy[8]) „Ephraim der Grosse aus Regensburg" und in 14 Parallelstellen[9]) kurzweg „R. Ephraim": Von zwei gleichzeitigen und gleichnamigen Ephraim aus Regensburg, die man neuerlich aufgestellt[10]), weiss weder Elieser halevi noch Isaac aus Wien, überhaupt das Alterthum nichts. Sal. Luria kennt nur Einen R. Ephraim in Regensburg und das dort vorkommende Beiwort הגבור ist vielleicht in הגדול — wie Mose de Coucy schreibt — zu ändern. Indessen es hat in Regensburg auch einen Ephraim b. Ephraim הגבור[11]) gegeben; Zidkia[12]) führt einen Bescheid des הגבור an R. Jehuda an, und vielleicht dürfte das anderswo[13]) vorkommende מפורי הגיב' eben dahin zu deuten sein. In den Akrostichen unseres Ephraim — der übrigens seinen Namen mit mehr als vierzig Personen[14]) aus dem Mittelalter theilt — ist von גבור keine Spur. Ausser unserm Ephraim führen den Zunamen „aus Regensburg" die folgenden Männer:

---

1) יצחק כל השומע כי כאו נפשי תיקר. — 2) zur Gesch. S. 475, 480. — 3) daher wohl הצרפתי bei ריטב"א und Jachia 52b, während Tos. Joma 71b. nur R. Ephraim schreibt. — 4) Jachia 49b. — 5) Riete 103b. ובצרפת ראיתי ר' יעקב ז"צל schreibt Ephraim selber (ראבי"ה ms. § 551, Or sarua § 42, vgl. שבלי שבת 35 bei Asulai Th. 1 S. 71), womit R. Tam's Schreiben an ihn (Asulai S. 32) zu vergleichen. — 6) אין החוכה עצמה נעשית נבלה — 7) ס' יראים § 146f. 75a. — 8) Semag Verbot 141. — 9) ראב"ן 151d u. f., התרומה 52, Rokeach 452, תמים דעים 141, Or sarua Th. 1 § 468, Tos Chullin 100a, Semak 213, Ascheri Chullin c. 7 N. 38, ס' מצות ms. § 410, Piske Recanate 198, Col bo 122c, Jerucham in אדם וחוה 15f. 130, Tur II 92, האגור § 1249. — 10) בריח אברהם (1860) S. 5 ff. — 11) zur Gesch. S. 49. — 12) או"ה ms. § 28. — 13) Meir Rothenb. Rga. 155. — 14) Note 26.

Aaron[1]); Abraham[1]) oder Abraham der Grosse b. Mose aus Regensburg[2]) der mit R. Elieser halevi[4]) correspondirte; Baruch b. Isaac, Zeitgenosse Eliesers aus Mainz und R. Isaac's b. Samuel, oft in Or sarua und sonst genannt, und wahrscheinlich der im Buche der Frommen § 764 vorkommende R. Baruch; Binjamin, vermuthlich im 14. Jahrhundert, dessen Anmerkungen zu Tur II in cod. München 402 stehen sollen; Isaac b. Mordechai aus Böhmen[5]), R. Ephraim's College (ראב"ן 147a, Hajaschar 84a, Piske Recanate 311 (רישבורק); Jehuda der Fromme; Mose[6]), ein Zeitgenosse, vielleicht Zuhörer des R. Isaac b. Ascher halevi[7]); Nachman und dessen Bruder der Reisende Petachia; Samuel, den Meir Rothenburg anführt[8]); Sussmann[9]); vielleicht auch Akiba[10]).

Von R. Ephraim b. Isaac sind folgende Werke bekannt:

1) Tosafot oder Glossen zu verschiedenen talmudischen Tractaten, wie namentlich die Ausdrücke פירש oder מפרש[11]) und הקשה[12]) darthun; 2) ein Commentar zu der Mischna Abot[13]); 3) Rechtsbescheide. Er correspondirte mit Elieser b. Natan, Joel halevi, R. Tam der nach seiner Weise ihn einmal, wohl in früheren Jahren, heftig zurechtweist und ein anderes Mal achtungsvoll behandelt; ferner mit Jehuda b. Kalonymos, der ihn mit בן יקיר begrüsst. Ob Ephraim etwa nach Jerem. 31, 20 diesen Namen einst gehabt hat? Wenigstens nennt R. Baruch den Urheber des Satzes אין חתיכה u. s. w. (oben S. 274) stets Jakar oder Jakir[14]).

---

[1]) zur Gesch. S. 47. — [2]) Abraham (Isserlein N. 207), Abr. הגדול (Meir Rothenb. Rga. 1022), Abr. b. Mose (א"ז, ק"ש § 11., Mordechai Jebamot gegen Ende), Abr. aus R. (מעשה הגאונים ms. 452). — [3]) Jos. Kolon Rga. 176, vgl. Mordechai Batra c. 9. Hagah. Mord. Jebamot § 741. — [4]) ראב"יה 901. Or sarua Th. 1 § 744. — [5]) Or sarua 712: ראיתי בארץ כנען, Hagah. Ascheri Moëd Katan c. 3. In Mordechai Pesachim c. 2: aus Prag. Vgl. zur Gesch. 33. — [6]) zur Gesch. 54. ראב"ן 147d. Maim. Rga. קנין N. 70 — [7]) Mordechai Kama c. 10. In alten Tosafot ms. zu Sabbat wird mitgetheilt was R. Mose בלטמן aus Regensburg vor ר"יבא geschrieben (Orient 1850 S. 558). — [8]) Zürcher Semak § 194. — [9]) zur Gesch. S. 102, 161. — [10]) מרישבורג in Jehuda b. Ascher Rga. 50a. — [11]) Chullin Tos. 96b, vgl. 100b; Or sarua כלאים 266. — [12]) alte Tos. Joma 75b; Tos. Chagiga 20b, Sebachim 16a, 31b, Chullin 2b, 3a, 24b, 28a, 47a, 71b, 97a, 100a, 102a; Or sarua חלה 251, נדה 363. — [13]) zur Gesch. 125. — [14]) Meir Rothenb. Rga. 618, Mordechai Chullin c. 8 § 1173, 1235, vgl. א"ז Th. 1 § 478.

Seine Poesien übertreffen die aller seiner deutschen und vieler seiner französischen Zeitgenossen: kurz und dennoch klar, anmuthig wenngleich scharf, bedient er sich reiner und fliessender Ausdrücke, deren Schmuck die biblischen und talmudischen Anspielungen ausmachen.

1. אשר יצר אור metrische Meora für Chanuca-Sabbat, Hymnus und Gebet: Sinnbild der Darstellung ist der Tempelleuchter; enthaltend 5 Strofen, deren strofischer Vers 'ה endigt. Die ersten 3 Strofen haben jede 6, die vierte hat 10, die fünfte 8 Zeilen, zusammen 36 Zeilen, der Anzahl der an Chanuca brennenden Lichter entsprechend. Die Zeile, zwölfsilbig, hat Mittelreim [aaA].
2. Ahaba אותך כל היום קוינו dreizeilig, nach je zwei Strofen Refrän עד מתי ה'.
3. Sulat אחותי כלה קראני נוחי für einen Hochzeit-Sabbat, endigt שוש אשיש בהי תגל נפשי.
4. Sulat אלהי בך ארבק dreizeilig, nach je zwei Strofen Refrän אל תרחק ממני. Die Strofe כורע לתלוי ist auch in N. 2. Den Ausdruck פליאה בעיני נשגבה (nach Ps. 139, 6) haben auch alte Rechtsbescheide[1]) und R. Tam[2]).
5. Sulat אלהים לא ארע dreizeilig, nach je zwei Strofen Refrän עד מתי ה'.
6. Sulat אלי אלי למה אנחתי, endigt ישועתך אני. In den Nummern 2, 4, 5, 6 werden mit kräftigen Zügen Treue und Leiden einer-, Uebermuth und Blutdurst andererseits gezeichnet.
7. Sulat אמור ישועתך לנפשי für Chanuca-Sabbat, vierzeilig, endigt מצאנוה באפרתה.
8. Sulat אמתח חסדיך für Neumonds-Sabbat, endigt ונחדש שם המלוכה.
9. Zuthat zu Maarib 7. Pesach vor der Benediction גאל ישראל: אביר אלקנה אביאכף in 14 dreizeiligen Strofen, endigt בורוע עמך נאלת כי גאל אתה.
10. Zuthat zu Maarib Wochenfest: את קולך שמעתי in 5 sechszeiligen Strofen, jede beginnt mit einem Verse

---

[1]) Or sarua Th. 1 § 113. — [2]) gegen Dunasch, S. 8.

את und schliesst mit einem, worin der Berg Sinai bezeichnet wird. Endigt ה׳ מסיני בא.

11. Sabbatlied אשר לו ים ויבשה in 6 Strofen, endigt האלף לך שלמה.

Selicha's:

12. אבותי כי בטחו, Pismon mit Mittel- und Strofenreim für den 10. Tebet. Die Strofen 4 bis 9, welche akrostichisch חם- und יצחק geben, sind in abweichender Gestalt vorhanden und voller Klagen über das christlich gewordene Jerusalem.

אהל שכן s. N. 20.

13. אומנות אבותי תפשתי במצוק[1]) Kraft des Gebetes gegen Leiden und für Vergebung, 26 Strofen, endigt יעתר אל אלה וירצהו.

14. אומנות אבותי תפשתי בתפלה, Bussgebet in 23 Strofen; die erste Zeile der letzten Strofe (אִפֹר עקידה יהי מַחסה) zeichnet den Namen; endigt יושב על כסא.

15. אוור נקמות, Pismon in 7 metrischen Strofen mit Mittel- und Strofenreim, nach der Melodie der Selicha שמע עליון, für den Fasttag des 23. Nisan[2]). Inhalt: die ausharrende Treue, die der Taufe den Tod vorziehet, ähnlich den Nummern 2, 4, 5, 12, 16 und 23, endigt ואת ידו הימנית. Die Anwendung von ומרדו את תבנית ist auch in N. 2.

16. איומתך כבולה, Gebet wegen Glaubensverfolgung und aufgezwungener Taufe (מים ודונים מקור רוה לא יוכלו לכבות את האהבה, vgl.[3]) אשה רוה in N. 23) in 24 Strofen, und zwar ist die letzte dieselbe wie in N. 14, während die vorletzte אל נושא עו anhebt.

17. אל אמונה הכה, dreizeiliges Bussgebet für den Rüsttag des Neujahrfestes; im Strofenverse משפט. Den Namen zeichnen am Schlusse: אִפְרְיוֹן — מַאויבי.

18. אלהי העברים für Sühnfest. Die Zeile 2 oder 3 Worte, Strofenreim רים, endigt אלהים אדירים.

19. אלהים ה׳ חילי[4]), dreizeiliges Bussgebet im Charakter der Tochecha.

---

[1]) syn. Poesie S. 255. — [2]) Ritus 127. — [3]) נבלות רוה Mordechai Klage איכה אשובה. — [4]) syn. Poesie S. 254.

20. אם אפס רובע הקן Akeda; in den Handschriften und im deutschen Ritus ist die zweite Zeile אהל שכן die erste, der die Zeile אם אפס folgt, endigt אל עקוד.

21. אם בניך חטאו, Gebet gegen Krankheit und Seuchen in 12 Strofen, Refrän Ps. 147, 3. Endigt כי חנון ורחום הוא.

22. אם יוספים אנחנו, Pismon für Musaf des Sühntages in 7 sechszeiligen Strofen [ababbA], nach spanischen Mustern.

23. אני אני המדבר den Märtyrern gewidmet, für Musaf des Sühntages, wie N. 18 gebauet, Strofenreim וה, בה, endigt זכור לנו לטובה.

24. אסוף עברה[1]), Pismon in 4 Strofen ungleicher Länge mit Strofen- und Mittelreim, endigt והאלהים אני ירא.

25. אשר אין לו התמורה[2]), Gebet und Hymnus in 5 grossen Abtheilungen, jede mit eigenem stetigen Reim. Refrän ה' צבאות מי כמוך חסין יה[3]), mit welchem auch die vorletzten Zeilen der Abtheilungen 2 bis 5 reimen; endigt ירושלם הבנויה.

26. אתה הוא אל ראי, Pismon wie N. 22 gebauet. Fasten und Gebet möge die Opfer ersetzen. Der strofische Vers schliesst בקר; endigt בבקר בבקר.

27. ה' שומרי לביתך, ein Tamid, Meir's N. 42 nachgebildet, doppelt alfabetisch und zweizeilig, endigt ברבים רחמים.

28. ילד וקנים, Akeda in 11 Strofen, ist eine andere Rezension der N. 20 von deren vierten Strofe (יחיד רך) an; endigt aber wie jene.

In 16 Nummern, als in N. 1, 2, 3, 4, 5, 7, 9, 15, 19, 20, 21, 23, 24, 25, 27, 28, ist der vollständige Name, und zwar in N. 25 zweimal, in N. 9 noch הקטן חזק מרינשברוג, in N. 24 noch בן אברהם וקן מרגנשבורק. In der N. 23 ist nur בן רב חק, so dass eine Strofe יצ zu fehlen scheint. Bemerkt ist dies schon vor 300 J. worden und man erklärte das Wort חקק, womit die Strofe חק anhebt, für gleich im Zahlenwerthe mit יצחק. N. 12 hat „Abraham, Isaac, Ephraim,“ als die Namen von Grossvater, Vater und Verfasser im Akrostichon und in

---

[1]) das. S. 256 N. 3. — [2]) vgl. das. N. 4. — [3]) Ps. 89, 9. Aber in der Abschrift fehlt an allen 5 Stellen אלהי.

H. h. 15 die Ueberschrift: פזמון לרבנא אפרים[1]). N. 22 zeichnet אפרים הקטן. Nur „Ephraim" haben zehn Stücke: N. 6, 8, 10, 11, 13, 14, 16, 17, 18, 26 und zwar N. 10 in jeder Strofe, die N. 8, 11 und 26 auch noch חזק —, welche sämmtlich in Ausdrucksweise und Dichtung den Poesien unseres Autors entsprechen. N. 6 steht im Ms. dicht vor N. 5 und 4, N. 8 ist דרבינו אפרים überschrieben, die N. 13 ist von N. 14 eine Umarbeitung, dergleichen auch die N. 12 und 20 erfahren haben. N. 16 hat zur Ueberschrift: סליחה מרבינו אפרים בניגון אהל שכן. N. 10 hat חבה יתרה mit N. 2, N. 17 אחת חשיבה mit N. 10 und הדין תהר יקוב mit N. 22 gemein. Die N. 20 haben auch der französische und die spanischen Ritus aufgenommen.

Elieser.

1. אולם ליעקב את, Habdala mit verschränkten Reimen, die vier Strofen geben akr. אליע und hören, ohne Zweifel in der Mitte, bei אויבים להניא לעד auf.
2. אוי מים שטפוני, eine Habdala in 6 Strofen zu 8 sechssilbigen Zeilen, die vorletzte mit Mittelreim [abab, bb c͡c b], vielleicht für Purim am Sabbat-Ausgang, endigt תהא רנה מבעה.
3. אל ההודאות לארבע הפאות, 4 Strofen, Introduction für den Schluss des ישתבח.
4. אלהיכם אלהים חיים, Keduscha am Hochzeit-Sabbat, endigt אלהיהם לעולם.
5. אלהיכם אדיר שמו ומיוחד dessgleichen.
6. אקדמך בלב נשבר, metrische Eröffnung zu Kaddisch, in 6 Zeilen, nach Art der Bakascha's, endigt בתוך חכמי חבורה.
7. המלך אל עליון, Introduction zu המלך היושב, endigt וקדוש שמו.
8. אם רב מעלי Selicha die Märtyrer, vielleicht von Blois, feiert. Es heisst:

רעו צאני ובאש קלו
וקני וכהני לעיני כלו
בנותי ובני טרם יבלו
חושה לעזרתנו ה׳.

6 Strofen mit verschränkten Reimen, endigt הצאן הוה באוני.

[1]) die richtige Vermuthung im Onomasticon S. 4; Unrichtiges wird von Sen. Sachs (Verz. von Mss. S. 17) beigebracht.

9. ה׳ אלהי הצבאות צור עולמים Peticha, endigt סלע ומרומים.

Die Identität des Verfassers für sämmtliche Nummern ist fraglich. N. 1 und 2 sind aus dem Vitry-Machsor, 8 und 9 aus französischen, 3, 4, 5 und 7 aus deutschen Siddur des 13. Jahrhunderts; N. 6 hat der griechische Ritus. Vgl. Elieser oben S. 246.

Jehuda b. Kalonymos (ריב״ק), Enkel des Vorbeters[1]) Mose b. Jehuda b. Kalonymos, lebte in Mainz, hatte ausser R. Elasar [aus Worms] noch einen Sohn Gidol und eine Tochter Ugia[2]). Irrthümlich nennt ihn de Rossi[3]) aus Worms und gibt Gedalja Jachia[4]) ihm einen Sohn Menachem. Er correspondirte mit R. Jakir[5]), Jehuda b. Mose[6]) in Rom, Ephraim b. Isaac[7]), Isaac halaban in Prag[8]), ferner mit den Rabbinen Schemarja, Abraham und A. in Speier[9]), wird zuweilen in den Schriften seines Sohnes Elasar, in den Tosafot von R. Jehuda hacohen[10]) und sonst[11]) angeführt. Seiner drei Kinder gedenkt er in den Akrostichen von N. 3 und 20. Von seinen Compositionen sind die folgenden bekannt:

1. תפלה ליחיד, ein für häusliche Andacht bestimmtes längeres Achtzehngebet[12]), verbunden mit סדר קדיש וקדושה; der Stil ist klar und gewählt.
2. Hymnus למי יאתה mit durchgehendem Reim לה, jede Frage למי in der ersten Halbzeile beantwortet ein למלך חי der zweiten; endigt ויפתה לו תהלה.

Für den Hochzeit-Sabbat vier Compositionen:

3. Jozer אלפים שנה, endigt אין קדוש כה׳, hat in den je ersten Zeilen der Strofe nach Beendigung des Alfabets akrost. ברוך הכל ברא לכבודו סלה.

---

[1]) ליקוטי אמרכל 22a. — [2]) vgl. zur Gesch. S. 411, 416. Eine Ugia kam A. 1096 in Worms um. — [3]) catal. codd. mss. im Register. — [4]) f. 51a. — [5]) Meir Rothenb. Rga. 823. — [6]) s. diesen unten. — [7]) א״ז Th. 2 § 89; Aderet Rga. N. 1101, dasselbe in א״ז, צדקה § 14 wo die Worte ר׳ יהודה בר fehlen; das. Th. 2 §§ 92 und 94. — [8]) א״ז § 411 f. 113a. Elasar א״ח ms. — [9]) Elasar das. und Rokeach § 381. — [10]) zur Gesch. S. 42. — [11]) Mordechai Batra c. 8, Mezia c. 9. — [12]) Opp. 299 D. Michael in catal. codd. Lips. p. 284 Anm., fehlt im Verzeichnisse seiner Handschriften. Vermuthlich ist die Abschrift dieselbe welche Salomo Hannover dem Wolf Buchner [כתר מלכות Vorrede] gezeigt. Ich habe sie im J. 1822 gesehen.

4. Ofan ידודון ותרשישים mit 5 seltenen Engelnamen die אל endigen; schliesst בנעימות סודם.
5. Sulat אמת העבריה, alfabetisch, endigt עזרתנו ונחמתנו.
6. Reschut, a) מרשות יחיד חי, Reim לה, endigt קול כלה, b) ומרשות יקרה מפנינים, Reim נה, endigt טוב למתנה und schliesst mit einem Verse כבתוב, c) ומרשות יודעי בינה, Reim דים, endigt כולם עומדים, d) ומרשות יתר עם קדש, Reim רים, endigt עם נערים.
7. ישראל חביבים, Ofan zur Beschneidungsfeier, gezeichnet יהודה חוק, aber in der Handschrift überschrieben: דר״יבק בר משה ז״ל.
8. יקר גדלו Ofan, metrisch, in der vierten Strofe, gleich N. 4, 5 Engelnamen die אל endigen, gezeichnet יהודה. Ist von Dukes irrthümlich Jehuda halevi beigelegt.
9. אל אבל אקרא, Klagegesang für den 9. Ab, dreizeilig, א״ב und אלב״ם, worin die Schrecknisse vom 29. Adar geschildert werden[1]), vielleicht die vom Jahr 1196 in Speier[2]). Das Akrostichon der zweiten Strofenzeilen bildet die Worte: יהודה ברבי קלונימוס יראה בנחמת צבור בביאת משיח צדקי.
10. ein Sabbatlied, aus welchem sein Sohn[3]) eine Stelle anführt.

Selicha's mit häufiger Anwendung talmudischer Ausdrücke, von welchen nur eine einzige (N. 12) — im Kölner Ritus — gedruckt ist:

11. אחד היה אברהם, Akeda, endigt על כסא רחמים.
12. איתן האורחי השכיל, Akeda, in einer Zeit der Bedrängniss verfasst, endigt שבטי נחלתך.
13. אל מלך יושב על, Sühngebet, endigt על כסא רחמים.
14. אם עוני נאדם, Chatanu mit Ringworten, in 16 Strofen, endigt ארחמך ה׳ חוקי.
15. אנחתי מאד רבה, dreizeilige Tochecha, nach den spanischen Vorbildern, in 20 Strofen, endigt אלהי יעקב סלה.
16. ארבעה אבות נזיקים הם, endigt את תפלתם.
17. ידבר רש תחנוני ערכו, Gebet mit Klagen über unauf-

---

[1]) Ritus 130. — [2]) Ephraim's Denkschrift S. 13. — [3]) Hirz Treves Commentar zu Musaf Sabbat: הן מאבלו טוב וכו׳.

hörliche Verfolgung, unter den eilf Strofen reimen acht auf נו. Endigt תבא לפניך באונך שיעתנו.

18. ידידות נפשך הזה zweizeilig, Israel unter dem Bilde des zerstörten Weinberges, endigt וזרע קדשך להראות.
19. ישראל עמך נתונים בגולה in 6 Strofen, endigt ישעי ואורי.
20. Gebet in gereimter Prosa ישתבח שמך לעד מלכנו. Dem Akrostichon des Namens ist ילדי יחיו hinzugefügt; endigt mit den vier Worten des Anfanges (cod. Rossi 767).

Sämmtliche Stücke haben den vollständigen Namen, ausgenommen N. 7, 8 und 16, letzteres gezeichnet יהודה הקטן, wird unserm Verfasser zugetheilt, ebenso N. 17 und 18 in Opp. 1105 F[1]), wo alle drei nebeneinander. Aus dem Lurianischen Fragment scheint indessen hervorzugehen, dass auch Jehuda aus Speier, d. i. Jehuda b. Kalonymos b. Meir, Piut verfasst habe, indem es die drei Brüder — Meir, David, Jehuda — nennend von letzterm hinzufügt: אשר יסד פיוט כו, eine Composition andeutend, die anzugeben Sal. Luria gefährlich scheinen mochte.

Isaac b. Saadia, zu dessen Zeit Jerusalem noch im Besitze der Christen war[2]).

1. ידידי רבו כצמחי הקל Freiheitslied für den Sabbatausgang in 22[3]) auf ־ל reimenden Zeilen, endigt שלום בעמך הבא בעגל.
2. Selicha איך אוכל לבא עדיך[4]), die Lage der Juden gegenüber der christlichen Unterdrückung darstellend, die erste Zeile der Strofe hebt איך an, die dritte והמה, der strofische Vers ואני.

Joseph Bechor schor, bekannter Gesetzlehrer und Commentator des Pentateuchs, um 1170 in Frankreich. Die kleinen Gedichte, welche die einzelnen Abschnitte seines Commentars schliessen, sind Gebete nach Art derer Abenesra's.

ה' אליך עיני ישברו in 12 Strofen, von denen eilf akrost.

---

[1]) zu N. 18: גם זאת יסד רבינו יב"ק בר משה וצ"ל בניגון אין כמדת בשר, zu N. 17: הרבינו יב"ק ב' משה. — [2]) syn. Poesie S. 274, 275 (Strofe 15). — [3]) im Leipziger Codex fehlt eine Zeile עוד, die das Machsor Vitry hat. Vgl. syn. Poesie S. 274 Anm. b. — [4]) syn. Poesie a. a. O.

יוסף בבור שור bilden und die zwölfte חוק anhebt, über Märtyrer[1]), wahrscheinlich von Blois oder von Bray. Die Selicha spricht nur von verbrannten Männern, es sei denn der strofische Vers אם על בנים רטשה von mehr als formeller Bedeutung und dürfte auf die Heldinnen von Blois gedeutet werden. Endigt: הזכר עם עקידת יצחק.

Joseph b. Salomo verfasste Pismon יקצתי משנתי ואל ביה אלהים באתי in 6 Strofen, endigend נאול את נחלתי, zeichnet י׳ ברבי ש׳ הקטן. Vielleicht ist es der Vorgenannte, da eine Pesach-Ordnung ms. von Joseph b. Salomo am Ende die Nachschrift hat: סליק סדר דבכור שור.

Isaac b. Samuel, der Schwestersohn R. Tam's, der von Rameru nach Dompaire gezogen, heisst in den השגות des Meir hacohen aus Narbonne: R. Isaac „aus Rameru", gleichwie bei den Alten auch R. Meir und seine Söhne R. Samuel und R. Tam bezeichnet werden. R. Isaac nennt seinen Vater den Frommen, er selber heisst bei seinen Zuhörern der Heilige.

1. אלימו כען דמנכון, Reschut zur aramäischen Haftara, in 26 Strofen mit strofischem Reime, dreizeilig, endigt דקם קבלין. Am Ende ist nur „Isaac" gezeichnet, aber in cod. Mich. 534 wird er unserm Autor zugeschrieben.[2]).
2. אליך ה׳ אועק eine Selicha, Klagen in einer schwerfälligen Sprache, zwiefach alfabetisch, 5 Worte die Zeile, am Schlusse ist der vollständige Name angegeben. Ueberdies lautet die Ueberschrift: מיסוד רבינו יצחק הזקן. Scheint A. 1179 gedichtet; auf die damaligen Cardinalsversammlungen zielen wohl die Worte: חבלי רשעים בהקבץ לבשת להנור חורי בווי לפי שאול תפור. Endigt רחש שׁוענו וקולנו.

Abraham b. Samuel in Speier, der Bruder Jehuda's des Frommen, öfter zusammengenannt mit Schemarja oder mit Isaac b. Ascher, correspondirte mit Elieser b. Natan[3]). Seine

---

[1]) עבדיך כהונג נמסים, ähnlich in Sel. בשרן וחלבן נמסו : יה תשפוך. — [2]) catal. Lips. p. 277 Anm. wo בריל in רחיל zu verbessern. — [3]) רא״בן 13b. 61a (שהוריח שמשך בדור יתום כזה).

Antwort an einen Täufling ist im alten Nizzachon p. 56 zu finden. Vermuthlich ist er der R. Abraham, dessen Hintritt R. Simcha betrauert[1]). Die Selicha's sind Bussgebete und meist voller Klagen. Die Nummern 6, 7, 8, 11 sind nach א״ב, N. 5, 11 und 12 nach השרק.

1. (viell.) Ahaba אשר ידדו.

Klagelieder:

2. אלכה וירדתי, endigt ותהי עד נחמתי.
3. אמרות ה׳ נחמות, endigt ואלהיך אנבי חי ה׳. Diese beiden Stücke bilden ein Ganzes, in welchem N. 2 die Leiden der beiden ersten Kreuzzüge (1096 und 1147), N. 3 die Hoffnung auf göttliche Vergeltung darstellt.
4. את התכוו מבכות über das Jahr 1096.
5. תרד עיני דמעה, die Verwüstungen schildernd, welche von den Christen in den Synagogen angerichtet wurden, endigt אבינו גואלנו.

Alle diese Gesänge sind dreizeilig.

Selicha's:

6. אבל אשמים אנחנו in 9 Strofen, endigt שבטי נחלתך.
7. איש ישראל בגרון in 12 Strofen, im Strofenverse ידע, endigt וגם מצאת חן בעיני.
8. אלהים מארץ שבינו dreizeilig, der Name in den Anfängen der Bibelverse, endigt וברוב רחמיך.
9. אם עונינו כבדו במשא[2]), Chatanu mit Ringwort in 14 Strofen, vier Worte die Zeile, endigt זכור לנו ברית אבות.
10. את שיחי אשפוך in 14 Strofen, endigt אל רחום וחנון ה׳.
11. החל כל מפעליך, endigt חן בשפתותיך.
12. הפוצה ישראל צועקת, endigt כסא רחמים יושב.

Isaac hacohen hachaber (החבר). Der Rang eines „Chaber"[3]), noch im eilften Jahrhundert von dem des „Rabbi" unterschieden[4]), war in Maimonides Zeit häufig ein blosser Ehrentitel[5]). Bei den arabischen Juden mochte vielleicht החבר

---

[1]) א״ו Th. 1 § 760 נפשי עגומה ושפתי אטומה ואין בידי להשיב מה כי נפרדה חבילה ואין דעתי צלולה כי נפלה עטרת זהב גדולה מורי הקדוש רבינו אברהם. — [2]) syn. Poesie S. 253. — [3]) vgl. Pinchas החבר in gott. Vortr. S. 320. — [4]) ס׳ הקבלה 45a. — [5]) meine Anmerk. in itinerary of Benjamin Vol. 2 p. 116.

als Titel dem Namen vorausgehen, als Rang demselben folgen, wie unter andern die Namen in den Diwanen, ferner Natan b. Samuel hachaber in Alexandrien und dessen Sohn Meborach A. 1167 in Kairo zeigen. Beispiele von der Sitte des Chaber-Titels geben in **Frankreich** die Namen Zahlal[1]), Binjamin b. Asriel[2]), Salomo b. Joseph, Todros, Hiskia, Elieser, Jacob Israel und Joseph b. Isaac[3]), Meir[4]), Natan[5]), Isaac b. Abraham[6]) in Narbonne; in **Deutschland** Elieser b. Jacob[7]), Elieser b. Uri[8]), Isaac b. Schalom[9]), Natan[10]), Samuel[11]); in **Italien** viele Zeitgenossen Zidkia's[12]). In den Akrostichen, dergleichen sowohl bei französischen als bei morgenländischen[13]) Autoren vorkommt, konnte das החבר nur hinter dem Namen angebracht werden und scheint alsdann eine Rangstufe zu bezeichnen. Gegen die Bestimmung der Zeit, welcher unser Dichter zuertheilt ist, kann aus dem „hachaber" kein Bedenken hergeleitet werden. Seine Selicha ארון בפקדך, die bereits Hagahot Maimoniot aufführen, ist reimlos und zweizeilig

Joseph b. Isaac aus Orleans[14]), vermuthlich derselbe, welcher mit R. Tam correspondirte, aber wohl verschieden von demjenigen, der bei R. Jehuda aus Paris anfragte, wenngleich letzterer sich seinen Schüler nennt[15]). Nummer 2 wird in der Handschrift ausdrücklich als von R. Jos. b. Isaac aus Orleans benannt, obwohl der Name nur durch יוסף ידו שנית, wie die letzte Strofe anhebt, angedeutet ist; — derselben Worte bedient sich Joseph b. Jacob in seinem Maarib für Pesach und unser Verfasser in N. 5, wo auch יוסף בר בי יצחק in vier vollständigen Worten gezeichnet ist. Die N. 1, 3, 4 sind Bussgebete nach ג״נר א״אב u. s. f., die manche Aehnlichkeit in Ausdrücken[16]) darbieten; nur N. 1 ist von Verwünschungen unberührt und im deutschen Ritus üblich.

1. ארון כתקח מועד[17]) in 14 Strofen, endigt אלהי יעקב סלה.

---

[1]) oben S. 124 Anm. 4. — [2]) oben S. 144. — [3]) sämmtlich in Hajaschar 695, 699, 712, 722. — [4]) Luzzatto Biblioth. 56 a. — [5]) Maimoniot Rga. שבועות N. 4. — [6]) Luzzatto in Meged S. 70. — [7]) Zidkia א״ח ms. § 66. — [8]) רא״ביה ms. § 391. — [9]) Chajim א״ז Rga. 167. — [10]) das. 56. — [11]) Or sarua § 504. — [12]) מעשה הגאונים § 261. — [13]) Aaron (Tripolis), Salomo (Haleb). — [14]) zur Gesch. 35, 52, 75. — [15]) Hagahot Mordechai קדושין § 1016. — [16]) ודוני, הפיצוני, מלבי ומשעני. — [17]) übersetzt in M. Sachs Festgebete Th. 4 S. 428.

2. ארון רב העליליה dreizeilig mit den beiden Refräns והשב und ושוב, die Sätze aus dem Gebete בשענית bilden die Strofenschlüsse[1]); letzte Strofe: יוסיף ידו שנית לרוחה והוציאנו מינן לשמחה ה׳ שמעה ה׳ סלחה רחמנא דעני למכיכי רוחא.
3. אין לבנון די בער in 15 Strofen, endigt לה׳ אלהינו הרחמים והסליחות.
4. אל אלהי האלהים וארוני in 14 Strofen, endigt כי הקך וחק בניך נתנו.
5. אלהים ממכון שבתך, Chatanu mit Ringworten in 26 Strofen. Es kommt darin, wie in N. 1, כבבר (wie einst) vor; endigt וישב ישב מרומים לירושלים ברחמים. Er ist Verfasser eines pentat. Commentars, aus welchem eine Stelle gegen die Trinität[2]) in den gedruckten Commentarien der Tosafisten verkürzt und anonym angeführt ist. — Den gleichnamigen Joseph b. Isaac de Chinon nennt Samuel aus Falaise.

Jomtob b. Isaac aus Joigny[3]) ist vermuthlich der in Bray Umgekommene; an Isaac den Sohn des heiligen Jomtob schreibt Simson aus Sens[4]). N. 1 und 4 haben den Vaternamen, die übrigen sind nur יום טוב gezeichnet, in N. 5 ist akrost. אבל (der Trauernde).

1. ארישא דמצלהין, aramäische Illustration des sechsten Gebotes, alfabetisch, endigt בבולהו צרדי.
2. יציב אבעה קדם קדשא, aramäischer Reschut vor Uebersetzung der Haftara an Festtagen, in 6 sechszeiligen Strofen die die Messiaszeit schildern; endigt בר עזיאל נלא סימי בי משכביה ליהון שלמי.
3. יה רעיון לבך, Hymnus in 6 zehnzeiligen Strofen, nach Vorbild der Mowaschech [ababab, cccA], vor ואלו פינו. Ende: ועד קץ כל הימים רחמיו לא נבלאו.
4. אביוני אדם אתה, Bussgebet in 14 Strofen, mit Ausnahme von Strofe 4 kommt in den Strofenversen רחם vor. Endigt ה׳ ה׳ אל רחום וחנון.
5. יה תשפוך, Klage- und Racheruf um die A. 1171 in

---

[1]) vgl. syn. Poesie S. 101 N. 2. — [2]) Or sarua א״ב § 20. — [3]) zur Geschichte S. 52. — [4]) Or sarua מילה § 99.

Blois Geopferten, mit verschränkten Reimen und strofischem Reim, nach dem Refrän: וכל בית ישראל יבכו את השרפה.

6. יום יום ידרשון לך für das Sühnfest Abends, alfabetisch und metrisch nach dem Eingange, jede Strofe schliesst סלחתי. In den Ausgaben ist der Anfang אמנם כן[1]).

7. תפארתך לכל תבחן, Chatanu nach vierfachem תשר״ק mit Ringwort, so dass die Strofenverse in Bezug auf das Alfabetarium stets wie גם ישיש בנו eingerichtet sind, umgekehrt als bei R. Tam N. 9. Ende: ירא אלהי אבותינו.

Salomo b. Samuel, sicher älter als der gleichnamige Schreiber vom Jahre 1233.

1. אלהא מקמא בעינא רשותא, aramäischer Reschut zum Targum der Haftara, gleich dem אקדמות von Meir b. Isaac mit durchgehendem Reim תא. Er hofft auf die Zeit in der Rom, mit seinen Tyrannen zerstört, der Aufenthalt der Waldthiere und Uhu sein werde. Einen Commentar dazu gibt Machsor Vitry § 178. Ende: כד מפרש בר עוזיאל גלי מסתרתא מפומיה דקדישא דדילה מלכותא.

2. Pismon ישמיענו סלחתי, in dem auch der Grossvater (ob Elia[2]), Joel oder Meschullam?) bezeichnet wird, hat Mittel- und Strofenreim. Die den Anfangsworten gleichlautende Wendung findet sich in אבן מעמסה, אתן תהלות (Jehuda hacohen) und Sel. איככה (Elia b. Schemaja).

Elchanan b. Isaac.

1. Maarib für den 8. Tag Pesach אזכיר צדקתך ה׳. Das mittlere Stück אז ירד שריד besteht aus 35 Strofen die auf ביום השביעי ausgehen.

2. אבובא לחרי ומרא, aramäischer Reschut vor dem Targum der Haftara in 10 achtzeiligen Strofen deren Anfänge den Namen geben; durch das ganze Gedicht geht dasselbe abwechselnde Reimpaar ־ָא und ־ַאי

---

[1]) übersetzt in M. Sachs Machsor S. 54. — [2]) Ms. liest יותק statt ותק, dann müsste הצליחי aus הצליחי werden.

(ab ab u. s. f.); der Verfasser war damals noch sehr jung. Ende: חן לא מהודע סברא אלמלא תרעמאי.

3. Gedicht vor Barchu, anf. אתי שאו משאה, in 1 zwei- und 5 vierzeiligen Strofen, der strofische Vers endigt ה׳. Das Machsor ms. schreibt darüber מרי אלחנן בן הר״ר יצחק, obwohl die Strofenanfänge nur Elchanan nebst חזק enthalten. Endigt אבן משפטי את ה׳. Wahrscheinlich demselben gehört

4. Pismon אשה נעורים[1]), zu welchem schon im 13. Jahrhundert erklärende Glossen geschrieben wurden.

Der Verfasser ist wohl der Sohn des Tosafisten R. Isaac b. Samuel; dass er erschlagen worden, wie das Fragment bei Luria angibt, wird durch die Art wie Vater[2]) und Sohn[3]) ihn anführen nicht bestätigt. Auch Isaac aus Wien fügt seinem Namen stets nur וצ״ל bei.

Elchanan heisst vielleicht der Verfasser der Techinna אל תראוני גולה[4]) mit durchgehendem Reim נָה, deren Zeilen von der fünften an das ganze Alfabet hindurch mit לא anheben, indem sie die seit der Zerstörung verlorenen Herrlichkeiten aufzählen. Dieser Dichter dürfte Italien angehören, wo um 1130 Elchanan b. Jehuda, um 1160 Elchanan in Siponte[5]), später Elchanan b. Salomo[6]) und Isaac b. Elchanan[7]) angeführt werden.

Ephraim b. Jacob b. Kalonymos, bekannt als R. Ephraim aus Bonn, hiess auch Schalom und zeichnet ילייבה[8]). Er überlebte seine Brüder Hillel und Kalonymos; des letzteren Wittwe, Ugia oder Agnina, Tante des R. Menachem, heirathete Eljakim der Vorsteher (הפרנס)[9]). Ephraim, 1133 geboren[10]), war mit Elieser b. Natan[11]), an welchen er

---

[1]) syn. Poesie S. 249. — [2]) ז״ל, נ״ע und תנ״בה in תמים דעים 87 und 203. — [3]) ז״ל bei Meir Rothenb. Rga. 546. — [4]) Schlusszeile: אפרוש כפי אליך חנני והיש לי מבשרה. — [5]) לקוטין ms. § 157. — [6]) Zion 1 S. 115. — [7]) מעשה הגאונים § 13. — [8]) Note 27. — [9]) ראב״יה bei Mordechai Jebamot c. 4 (wo irrig אברהם statt הלל), Jos. Kolon Rga. 102, Juda Minz Rga. 10, Elia Misrachi Rga. 22. — [10]) Joseph hacoben nennt Elasar halevi (s. oben S. 261) statt unseres Berichterstatters Ephraim. — [11]) Note 27 und ראב״ן 132 b: קרובי ר׳ אפרים הבחור, womit Elieser's קרובי ר׳ הלל (das. § 94) und Ephraim's קרובי ה״ר אב״ן (cod. Rossi 655 und H. h. 17) stimmen.

Anfragen richtete und mit Leontin b. Jacob[1]) verwandt, wohnte zu Anfang des Jahres 1187 in Neuss, später in Köln und erlebte noch die Drangsale des Jahres 1196. Er hatte einen unterrichteten Sohn. Ausser Rechtsbescheiden[2]) und einem nicht näher bekannten halachischen Werke[3]) schrieb er geschichtliche Denkwürdigkeiten über die Verfolgungen eines halben Jahrhunderts (1146 bis 1196) und Erklärungen zum Machsor und den Abot. In seinen religiösen Poesien, worunter zwei in aramäischer Sprache, liebt er den Gebrauch talmudischer Sprachweisen, anhaltenden Reim und künstliche Akrostichen; fast in allen wird an die Verfolgungen und die Blutzeugen gemahnt. Selbst in den Denkwürdigkeiten haben, der Schrift Elieser's b. Natan ähnlich, einzelne Stellen den Ton von Selicha und Klage. Die Poesien bestehen in folgenden:

1. Maarib Neujahr כסא אורי, mit dem Worte כסא hebt jede Abtheilung an und in der mittlern, deren Strofenverse מלך schliessen, jede einzelne Strofe.
2. אנא אליפית אוריתי, aram. Illustration des ersten Gebotes, in 32 Zeilen, jede אנא anhebend, mit durchgehendem Reim מא. Die Zeilen für die Buchstaben פ׳ bis ת׳ nebst dem Namen sind in doppelter Rezension vorhanden, während mehrere Handschriften bei dem Buchstaben ע׳ (אנא ענקתינון) abbrechen.
3. או אמרתי הנה באתי Klagegesang für den 9. Ab; die ungeraden Zeilen beginnen או und schliessen בצאתי ממצרים, die geraden beginnen איכה und schliessen בצאתי מירושלים. Nur die letzte Zeile lautet: איכה קנה לשיר תהפוך. ותהי עוד נחמתי בשובי לירושלים; alle Zeilen reimen תי. Vorbild waren die Gesänge אש תוקד und אמונים.
4. איכה ישבה כדד nach א״ל כ״מ, eine der Tempelzer-

[1]) Meir Rothenb. Rga. ed. 3 N. 318 und 319. — [2]) Mordechai Batra c. 1 und 8, Aboda c. 5, Ketubot c. 4. Vielleicht auch der Bescheid Maimoniot חובל ומזיק c. 6, da der Fall nach Köln gehört. — [3]) חיבור genannt bei Mordechai Ketubot c. 1, Maccot und Nidda, Hagahot Mordechai Kama Ende. Aus Hagahot Ascheri Ketubot c. 1 (f. 2 b) geht hervor, dass Ephraim der Verfasser und in Mordechai z. St. irrig „Mainz" statt Bonn gelesen wird. Vgl. auch Hagahot Ascheri Erubin c. 4 (ורבינו אפרים מבונה כתב) und ליקוטי אמרכל 26 b (כתב ר׳ אפרים מבונא)

störung und den Verfolgungen seit 1096 gewidmete in den Ausgaben lückenhafte Klage.

5. למי אוי למי אבוי (welche Ausrufung auch am Schlusse von N. 4), eine hauptsächlich den Opfern in Blois geweihete Elegie von der Gewalt des ersten Schmerzes eingeflösst. Besteht aus 7 Abtheilungen, die ersten 5 zu 10, die sechste zu 12 Zeilen; die letzte aber enthält deren 46. Jede Abtheilung hat einerlei Reim, am Schlusse den zu dem Refrän passenden Reim רה. Die Abtheilungen 2 bis 7, in der siebenten die ersten 19 Zeilen, beginnen אוי. Die Worte שבת לשו לארצו spielen auf den Grafen Thibald an, dessen auch Ephraim's Bruder Hillel gedenkt und der in der Erzählung שמעו גוידים עמים (cod. Rossi 563) טיבאט בן טיבולט heisst.

6. אומתי ארבתיך, Ahaba in 10 Strofen, die letzte von 11, die anderen von 7 Zeilen. Der Reim gehet durch und die strofischen Verse endigen אהבה. Endigt חשק הי לאהבה.

7. Barchu אמנים באורו לכו, endigt יראו הי ברכו.

8. Ofan אומתו קדושיו, endigt תהלתו יבשרו.

9a. Ofan am Hochzeit-Sabbat אל אחד יחיד ומיוחד, endigt במקומי למלוך.

9b. Musaf-Keduscha אלהיכם אל כל מקום גדולתו, endigt שם כבוד מלכותו.

10. Reschut für den Neuvermählten: a) מרשות אלהי עולם, alfabetisch, endigt ובאו ציון ברנה, b) ומרשות אמון שעשעים, endigt וארך ימים בימינה, c) ומרשות אלופים בתורה, endigt הצליחה נא והמה ולבנה, d) ומרשות שאר כל העדה, endigt הצליחה נא. Sämmtliche vier Abtheilungen reimen נה oder נא, die drei letzteren geben in den Anfängen der Zeilen die Namen-Akrostichen.

11. A) אלהים צוית לידידיך nebst B) הרחמן הוא אשר חנן, Tischgebet am Beschneidungstage.

Selicha's:

12. אהבתי כי ישמע הי Bussgebet, zwiefach alfabetisch, zuweilen an reimende Prosa anstreifend, z. B. שדי השיבנו אליך בתשובה שלמה שלא כתשובה נגוה ועובד אדמה תשובה בקריעה לב בלי ערמה. Endigt רחום וחנון ארך אפים.

13. איומה נדגלה לך היתה in 9 Strofen mit Mittelreim, der strofische Vers endigt לה. Ist für den 10. Tebet. Ende כמשפט תבנות יעשה לה.

14. אמנה אנכי חטאתי לה׳ Chatanu mit Ringworten, auf die zehn Märtyrer, 36 Strofen, endigend וסלחת לעונינו ולחטאתנו ונחלתנו.

15. אמת ליעקב וחסד[1]) zweizeiliges Sühngebet, endigt ותחוקת יד אחיך כי מטה והיתה המחנה הנשאר לפלטה.

16. אני בחסדך אבא ביתך, dreizeiliges Klagegebet mit Ringworten, in 29 Strofen, deren Anfänge den Namen zeichnen. Schlussstrofe: נקמות הראה לעמך וניחומים הסלח למו חטאות ואשמים לה׳ אלהינו הרחמים.

17. אני עבדך[2]) für den Rüsttag des Neujahrfestes, mit witzig angebrachten talmudischen Phrasen und מחר schliessenden Strofenversen; einer ist aus Sirach, den schon der Talmud zitirt.

18. אשיחה במה נפשי dreizeiliges Gebet, zum Andenken an die Opfer von Blois: die Ausgänge der Strofen sind häufig Sätze aus der Mischna, z. B. ואפילו הובל ומבעיר, תשלומי ארבעה וחמשה, יש נוחלין ומנחילין. Ende: עולותיהם וזבחיהם לרצון על מזבחי.

19. את אבותי אני מזכיר, Akeda in 26 Strofen nach א״ת ב״ש; mit Ausnahme der letzten haben in jeder Strofe nur zwei Zeilen denselben Reim, endigt הצאן המקושרות. Nach der Hagada, welcher der Dichter folgt, wird Isaac wirklich geschlachtet — was auch Abenesra gehört — aber vom Thau wiederbelebt. Abraham will ihn nochmals schlachten, da treten Engel dazwischen, fragend ob bei einem Thiere solches Verfahren gestattet sei und aus ihren Thränen wird ein Strom, der ihn in den Garten Eden entführt. Dass er drei Jahre in diesem Garten zugebracht hat auch Binjamin b. Samuel in der Keroba des Wochenfestes N. 15. und der Commentar zur Tefilla des Neujahrtages in cod. München 346. Isaac b. Ascher las in einem Midrasch, dass Isaac, um von dem Schnitt sich

[1]) syn. Poesie S. 262. — [2]) Note 28.

zu heilen zwei Jahre in dem Garten gewesen (הדר זקנים 10b).

20. סלח נא אשמינו Sühngebet, Peticha mit durchgehendem Reim; die vier Zeilen jeder Strofe variiren die Anfänge der vier Verse, womit das Busseritual vor Beginn der poetischen Selicha's schliesst, nämlich סלח נא (Num. 14, 19), הטה אזנך (Dan. 9, 18), כי לא על (das.), כי על רחמיך (das.).

21. הא שמע aramäisches Tachanun vor מחי ומסי mit durchgehendem Reim (רא) nach älteren Mustern, nur dass unseres aus talmudischen Redeweisen und Formeln zusammengesetzt ist. Auf 45 Zeilen, die nach תשרק und א״ב geordnet sind, folgt eine gleiche Anzahl ohne alfabetisches Gesetz und 18 die den Namen zeichnen. Merkwürdigerweise ist 45 genau der Unterschied in dem Zahlenwerth beider Namen des Dichters.

22. תחלי תורה Thora-Techinna, vor מכניסי, nach dem Zuschnitte der ähnlichen Stücke von Simeon und Meir, endigt שלומים תתמים ברעים תמים לך ברמים להבנים ברחמים.

23. Klage über die in Sully Gefallenen, anfangend לבי חלל לי, mit stetem Reim לי, der Satz zu drei Worten.

Ohne Namen-Akrostichon ist N. 3; nur „Ephraim" zeichnen N. 4 und 13[1]), letztere auch הקטן: „aus Bonn" N. 6; „aus der Stadt Bonn" N. 11 A. Den vollständigen Namen haben die Nummern 2 (עלוב), 5, 7, 8, 9b, 10a, 10b (חזק), 11 B, 12, 14, 15 (יחיה), **16** (הקטן), 18 (עלוב), 19, 20, 21 (חזק וחזק). Nummer 1 zeichnet noch „Bonn" hinter Jacob, N. 17 „aus Bonn" hinter Ephraim. N. 9a hat „Ephr. b. Jacob b. Kalonymos". In drei Stücken nennt unser Verfasser sich „Schalom". N. 10c hat: אני אפרים הנקרא שלום מבונא; N. 10d: שלום הוא אני אפרים ברבי יעקב מבונא; N. 22: אפרים הצעיר בן רבי יעקב יחזק הנקרא לחיים ברכה שלום. Die letztgenannte Formel, die der Verfasser noch einmal gebraucht[2]), kann auch als Euphemie

---

[1]) Die Nummer 3 folgt in H. h. 240 unmittelbar auf die לר' אפרים בר יעקב — in H. h. 130 N. 56 noch מבונא hinzugefügt — überschriebene N. 4 mit den Worten עוד זאת לאפרים. H. h. 59 nennt den Verfasser von N. 13: **Ephraim b. Jacob.** — [2]) s. Note 27.

aufgefasst werden, da sie sonst noch aus jenem Zeitalter nachzuweisen ist[1]). Hieran sind anzuschliessen andere Ausdrücke, die der Dichter akrostichisch hinter seinem Namen anbringt, als: ישקל במאוני הצדק (N. 8), גמר חוב (N. 10b), יזכה לחיי עד אמן (N. 16), בתורה ובמצוה חוק ואמץ (N. 17), יבורך חוק חזק (N. 18), חזק בתורה ובמצות (N. 19).

Hillel b. Jacob, Ephraim's Bruder, ohne Zweifel der Verwandte, den Elieser b. Natan nennt[2]), starb früher als Ephraim. Ein Zeitgenosse[3]) nennt beide Brüder שני בני היצהר wie etwas früher R. Tam und seinen Bruder R. Samuel[4]). Seiner Erläuterungen zum Machsor gedenken gleichzeitige Autoren[5]). Er ist Verfasser folgender Stücke:

1. Maarib Neujahrfest מלך אלהים הופיע מציון; der mittlere Theil מלך אמצת היום hat zum Refrän בכסה ליום חגנו; der letzte Satz beginnt מלך סימן נטישות מסרתה und endigt ה׳ צבאות יגן עליהם.
2. einer den Märtyrern von Blois gewidmeten Selicha אמוני שלומי ישראל, die rührend ist durch ihre einfache Sprache und lebhafte Darstellung[6]). Das gleich zu Anfang vorkommende טיבלת המוהם ist Graf Thibald, wie Wülfer[7]) richtig erkannt zu haben scheint. Die Commentare (Kracau 1584, Breslau 1825) haben טבילת gelesen und missverstanden, die Ausgabe Prag 1835 f. 217a hat beide Worte weggelassen.

Elieser b. Salomo ist nur durch den für den Sühntag, wohl zu Neila, bestimmten Pismon בין כסא לעשור bekannt, dessen Ausdrucksweise und Versification sehr verschieden ist von der des gleichnamigen, der an R. Tam schreibt[8]). Eben so wenig darf an Elieser aus Metz gedacht werden, da derselbe Elieser b. Samuel[9]) hiess, wie auch Rga. Chajim א״ז N. 110 bestätigt. In Mordechai Aboda c. 2 Anf. wird zwar eines R. Elieser b. Salomo gedacht, allein es ist dort R. Samuel (statt Elieser) zu lesen, wie aus den Parallelstellen[10]) hervor-

---

[1]) Schreiben der Römer (Luzzatto biblioteca 1847 f. 57 a): תכף וכרם ברכה חיים ושלום. — [2]) s. oben S. 288 Anm. 11. — [3]) מנהגים ms. in cod. Canon. 1. — [4]) כ״ח 7 S. 33. — [5]) Ritus S. 196. — [6]) syn. Poesie S. 24. — [7]) theriaca p. 76, vgl. M. Winer in Emek habacha S. 171. — [8]) Hajaschar f. 78d. כ״ח a. a. O. — [9]) auch sein Sohn hiess Samuel, s. Meir Rothenb. Rga. 558. — [10]) Semag Gebot 162. Rga. משפטים 36. Piske Recanate § 341

geht. In cod. Opp. 260 F. wird ein Elasar b. Salomo genannt.

Samuel Cohen aus ungewisser Zeit; die beiden Nummern haben vielleicht verschiedene Verfasser.

1. אומתי שמתי Meora in 11 Strofen mit zwiefacher Namenzeichnung. In den Ausgaben fehlen zwei Strofen: Str. 6 והתי לי עוד, Str. 7 אל תראי כי.
2. מלאכי רחמים[1]) Pismon in 8 Strofen, mit vierfacher Namenzeichnung.

Gerschom b. Isaac.

1. איש לבוש הבדים, endigt להודיע שמך.
2. גאול לך אתה, endigt כבוד ה׳ חופה.
3. אשתחוה ואכרעה ברגל ישרה Techinna mit beständigem Reim, endigt שכם אחד במורא, ist גרשם gezeichnet, nach א״ב und את״בש, zwischen denen noch der Name von 42 angebracht ist.

N. 1 feiert im Piutstil 30 Märtyrer wahrscheinlich von Blois, daher sind die Strofenverse solche, in welchen איש vorkommt. In den ersten 5 Strofen beginnt jede Zeile mit dem Buchstaben Alef; die folgenden bilden akr. den Namen nebst Euphemien[2]) und ausserdem drei Gottesnamen. Die N. 2 mit ähnlichen Strofenversen hat ein sonst ungewöhnliches Akrostichon aus 20 Worten bestehend.

Menachem b. Jacob b. Salomo b. Menachem, gest. 1203 am 16. April und in Worms begraben, genannt R. Menachem aus Worms[3]), wohl derselbe[4]), dessen Tante die Schwägerin R. Ephraim's aus Bonn war, richtete gemeinschaftlich mit R. Elasar und R. Kalonymos b. Gerschom ein Schreiben an R. Elieser halevi[5]). In einer Handschrift de Rossi's (cod. 1274) heisst er Menachem b. Jacob de Lutra (Kaiserslautern), vielleicht war er dorther gebürtig. Sein Urgrossvater wird R. Simson הדרשן

---

[1]) syn. Poesie S. 191. — [2]) das. S. 370 Z. 9. v. u. — [3]) Machsor Worms ms. cod. München 67 f. 247. Machsor Prag ms. Cod. Mich. 444 f. 147. א״ן 743, hieraus Piske Recanate 507 (wo מוורמשא), אסיפות ms. Chajim א״ן Rga. 225. — [4]) הרב ר׳ מנחם, s. oben S. 288. — [5]) ראבי״ה § 900, Mordechai Jebamot c. 10. א״זק ms. f. 139 c. Or sarua bei El. Misrachi Rga. N. 38 und 39 f. 51 a, 53 a [fehlt in א״ן ed.], Jehuda b. Ascher Rga. 48 a. Fehlerhaft Isaac (st. Menachem) in Maimoniot נירושין 13, 2 und Mose Alaschkar Rga. f. 171 a.

genannt [1]), woraus man ohne Grund auf Verwandtschaft mit R. Salomo b. Simson (oben S. 157) geschlossen, der ein volles Jahrhundert älter ist. Die Grabschrift nennt ihn „Gesetzlehrer, Prediger und Dichter". Von seinen religiösen Compositionen sind nur 10 gedruckt (N. 1, 2, 3, 10, 18, 20 bis 23, 28).

1. Maarib für den 7. Pesach, אודי וישעי. Die Strofenschlüsse des mittlern Stückes אודה חסדו sind יָם gleichwie in den Maarib von Meir b. Elasar und Meir b. Jehuda.
2. Zuthat zu N. 1: מתי אבא ואראה, die künftige Herrlichkeit Jerusalems, in 6 sechszeiligen Strofen, die Zeile fast überall zu 6 Worten.
3. אלהי ישענו נוראות Jozer des Busse-Sabbat, zwiefach alfabetisch, in 8 mit einem Kadosch schliessenden Abtheilungen, jede aus 4 dreizeiligen Strofen bestehend.
4. אלהי לעולם אודך בהגיוני Jozer am Hochzeit-Sabbat in 22 Abtheilungen, jede von 3 dreizeiligen Strofen. Zu Anfang und am Schlusse eine Kadosch-Strofe. Nach doppeltem א״ב und אל״בם; auch das Namens-Akrostichon ist zwiefach. Endigt ומהולל מאד.
5. מי ימלל גבורות אלהי עולם, dessgleichen; 15 Strofen, jede zu 7 Zeilen, von denen die letzten 3 eignen Reim haben. Endigt יקומו יודוך סלה.
6. אלה תולדות בהבראם פעלתו, Jozer wenn am Hochzeit-Sabbat eine Beschneidung, wofür zwei besondere Strofen bestimmt sind, endigt טוב להודות לה׳ ולזמר.
7. Ofan אין קדוש כה׳, alfabetisch, endigt קקק ה׳ צבאות.
8. Ofan מכון כסא בהוד נושא, metrisch, endigt בממשלתו ובמקומו.
9. Ahaba אליך עיני נשאתי, alfabetisch und dreizeilig, endigt את אשר יאהב ה׳; der Name ist in der Strofe מ׳ und den je zweiten Buchstaben der Anfangsworte der letzten 12 Strofen gezeichnet (ימיקו ונח כח המוני u. s. w.).
10. Ahaba סגלתי משכתיך חסד 5 Strofen, Zwiegespräch zwischen Gott und Israel, endigt אהבתיך על כן.

---

[1]) onomast. S. 185.

11. Sulat des Busse-Sabbat ארובה אני לפניו, endigt הייתה עזר.
12. Sulat אומרה שם עליון für den Hochzeit-Sabbat, alfabetisch, endigt בטח לבי ונעורתי.
13. Sulat כאור עצמו מספר רובי מבאובי, endigt אין עוד מלבדו.
14. Reschut an den Neuvermählten מרשות איום ונורא, mit stetem Reim רת, worin die Anrufung עמוד עמוד dreimal vorkommt und auch der Sänger ehrenvoll gedacht wird [1]). Endigt בענין התורה.
15. Reschut, dessgleichen in 4 Abtheilungen: a) מרשות קדם אלהי מעונה, Reim כה, endigt אתך את הברכה, b) ומרשות משיבה נפש, Reim לה, endigt רק למעלה, c) ומרשות ובמשכנות מפקחים חיים משלי נגוהה, Reim חים, endigt מבטחים, d) ומרשות מועדים פה בבית התפלה כלם, Reim לם, endigt מעתה ועד עולם. Die letzte Abtheilung verherrlicht Israel und tröstet es.
16. Musaf-Keduscha אלהיכם משרתיו שואלים איה מקום ישיבתו, endigt קדם היה והוה ותנשא לעד מלכותו.
17. אוי לבנים סוכלו משלחן אב גלו Klage für den 9. Ab, in 3 Abtheilungen: Die erste alfabetisch, die zweite akr. nach dem Namen.
18. אללי כי באו רגע Klage über die in Boppard Erschlagenen, den getödteten R. Jehuda und die Märtyrer von Blois.
19. אשים לבי לספר über Metzeleien, für den 9. Ab, endigt ומאספכם אלהי ישראל כבתוב על יד נביאך קול צופיך נשאו וכו׳.
20. מעני שמים Elegie über den wegen Götzendienstes zerstörten Tempel, die Strofenverse endigen בית, die Anfänge der Strofen geben den Namen.
21. Gesang מצור באתה העיר in 5 achtzeiligen Strofen [abab, bbcb], die je siebente Zeile hat Mittelreim. Wegen Aufhebung der kurzen Belagerung von Worms, März 1201.

Selicha's:

22. אל אלהים אצעקה Chatanu mit Ringworten, auf die zehn Märtyrer, dreifach alfabetisch, der letzte Buchstabe ausgenommen.

---

[1]) ומרשות נעימים קול נרון המנגנים בשירה ובזמרה.

23. אם יתקע שופר für den Rüsttag des Neujahrfestes, im Strofenverse זכר oder זכרון, 19 Strofen, endigt ומברכותיך לעולם תשלח עורנו מקדש. Allein in Mss. sind nur 18 Strofen und der Schluss lautet זכור ה׳ חבת ירושלם ואהבת ציון.

24. אמת ראש דברך für die Bussetage, endigt בדרך יבחר יורנו.

25. אנא השם הנכבד[1]) über Glaubensverfolgung; Israels Treue wird ihm die Erlösung bringen. Endigt ואתה ה׳ לעולם תשב.

26. אנחנו הדבקים בה׳ über die Verfolgungen, wegen des Bekenntnisses des einzigen Gottes verhängt. Der strofische Vers schliesst עולם, das Ganze יבורך בית עבדך לעולם.

27. אשיחה עם לב ורוחי ein Tamid, wie Ephraim's N. 27 gebaut, nach א״ב und אלב״ם, endigt בעל הרחמים.

28. את צום השביעי וצום für Gedalja-Fasten, im hagadischen Stil.

29. ה׳ ה׳ אל רחום וכו׳, worauf der Anfang: משנה שברון השברתי, für den 17. Tammus, endigt כי אליך גליתי.

30. מבור תשלח אסירי zur Beschneidungsfeier, Pismon in 9 Strofen mit Strofenversen, die ברית endigen, endigt ולא ישכח את ברית.

31. מיד איש שְׂעִיר, endigt נקמת היכלו, ein Tachanun.

Mit wenigen Ausnahmen (N. 8, 9, 10, 16, 21) ist überall der vollständige Name[2]) gezeichnet, in den Jozer N. 3 und 5 auch der Grossvater (Salomo); nicht sicher, ob auch dessen Vater Menachem. In N. 3 ist מנחם zwölfmal, in N. 9 zweimal angebracht. Die Nummern 8, 9, 16, 20, 21 werden in den Handschriften unserm Verfasser beigelegt; von N. 10 ist es dem Sprachcharakter nach sehr wahrscheinlich. Hinter dem Namen findet man, die gewöhnlichen abgerechnet, noch folgende Formeln: יזכר לטוב (N. 4), בני יגדל עולם (N. 9), יזכה לחיי עד (N. 12),

---

[1]) syn. Poesie 263. — [2]) In N. 22 von Strofe ח׳ an in: מִכתי נחלה בְּצִירִי קֶצֶר יַעַן כִּי בוֹרֵר מַלְכֵּנוּ wohinter noch חוק ואמץ.

(N. 26). Die Selicha's N. 22 und 30, durch die Akrostichen gesichert, werden in den Mss. — cod. München 67, Berlin 15, H. h. 15, Opp. 1104 F. — ausdrücklich ihm zugeschrieben. Wahrscheinlich gehört ihm:

32. Sulat des grossen Sabbat אמץ נא הובא nach אא״ב, ג״ד, endigend אלהים לנו מחסה ועז ועזרה. In den 6 letzten Strofen nach Beendigung des Alfabets ist gezeichnet מנחם בן רבי — צבור לעד אמן. Ich vermuthe, da der eigentlichen Plagen, trotz der ausführlichen Anlage des Stückes, nicht gedacht wird, dass die weggelassenen Strofen das Akrostichon durch יעקב יראה בנחמה[1]) ergänzen, vgl. Aehnliches bei seinem Zeitgenossen Jehuda (oben S. 281). — Nicht ganz sicher ist

33. Selicha איבה רחמיך התאפק über freiwillige Abschlachtungen, vermuthlich des Jahres 1147 oder 1190; alfabetisch und hinter der Namenzeichnung מנחם folgen 13 Zeilen ohne Akrostichen. Sprache und Inhalt sind allerdings nicht entgegen. Endigt כי לך הרחמים התחינה והנחמה.

Jehuda b. Samuel aus Speier, ein Nachkomme Elasar's b. Isaac, bekannt als R. Jehuda der Fromme[2]), A. 1216 in Regensburg gestorben, war der Lehrer R. Elasar's aus Worms und eines ungenannten Commentators des Pentateuch[3]), empfing Anfragen von R. Baruch[4]), R. Simcha[5]), der ihn „Israels Licht"[6]) anredet, Bescheide von R. Elieser aus Prag[7]), und war R. Isaac in Wien[8]) persönlich bekannt. Einem Ideal der Erkenntniss und der Frömmigkeit hingegeben schritt sein Leben und sein Denken über die Zeitgenossen hinweg. Seine schriftlichen wie seine mündlichen Aussprüche fanden, mit

[1]) Das י von רבי ist durch ועזרה gegeben und der strofische Vers beginnt עד, also ...יע. — [2]) zur Geschichte 76, 125 ff. Die hebräischen Handschriften (1864) S. 15. — [3]) zur Geschichte 80. — [4]) Taschbez 219. Zürcher Semak ms. § 209; in Taschbez 352 ist statt Jehuda's Ephraim genannt. Tos. Chullin 64a wussten nichts davon. — [5]) s. unten Simcha. — [6]) „Licht des Westens" sagt sein Enkel David (Steinschn. catal. p. 2416). — [7]) א״ז § 113, Meir Rothenb. Rga. ed. 3 N. 112 (auch cod. Rossi 651, Opp. 764 F. N. 561). — [8]) א״ז Th. 1 § 11, 114, Th. 2 שבת § 42 [מטה משה § 47], vgl. אבלות § 432 § 576 zitirt er das B. d. Frommen.

fremden Zuthaten gemengt, eine Stätte in späteren Sammelwerken, sind aber in ihrer ursprünglichen Fassung wenig noch vorhanden; sein literarisches Leben ist unsicher, sein wirkliches mythisch geworden.

Die hohen Anforderungen, die er an dem sittlichen Menschen, dem frommen Israeliten, dem gewissenhaften Beamten[1]) machte, scheiterten nicht selten, wenn er sie in die Gesellschaft einzuführen trachtete, an der allgemeinen Gebrechlichkeit. So forderte er z. B. die höchste Sittenreinheit von den Vorbetern, Verständniss der Gebete, Demuth und Uneigennützigkeit; ihre Eitelkeit auf schöne Stimme sollte der Andacht und dem wirklichen Bedürfnisse der Gemeinde weichen: ein Kornhändler und dem es gut geht sollte nicht vorbeten wenn bei Dürre um Regen gebeten wird; wer nicht wirklich zu Thränen gerührt ist keine Selicha vortragen, die den Weinenden bezeichnet[2]); ja er tadelte es, dass man auf Hochzeiten für den Vorbeter Spenden sammle, wogegen ihm bemerklich gemacht wurde, dass man in ärmeren Gemeinden keine festen Gehalte geben könne[3]). Ganz besonders war er ein Feind von Uneinigkeit und Hader; namentlich müsse der Vorbeter den sämmtlichen Gemeindegliedern recht und lieb sein[4]).

Seine Ideale wie seine Schriften sind nur in Trümmern geblieben; unsicher ist Alles, was über Synagogal-Poesien berichtet wird die er angeblich verfasst. Er war grundsätzlich ein Gegner der Namen-Akrostichen, die ja den Alten unbekannt gewesen; es seien dieselben ein nothwendiges Uebel seitdem Unberufene und Böse Piut verfasst, daher auch die Reschut üblich geworden[5]). So sehr er Zusätze in der Tefilla für die Andacht des einzelnen empfiehlt[6]), ist er doch gegen Abänderungen im öffentlichen Gottesdienst, sogar in Betreff der Melodien[7]); daher er auch den Satz נכף בעפר tadelt, den der französische Ritus dem ה׳ אלהי ישראל....הכט hinzugefügt

---

[1]) vgl. die Lese in meinem zur Geschichte S. 135 bis 142. — [2]) B. d. Frommen 758, 768, 248, 250, 251, 786. — [3]) s. Anm. 7 S. 298 — [4]) א״ז Th. I § 114, vgl. B. d. Frommen 757, 766, מטה משה § 63. — [5]) ס׳ חסידים cod Rossi 1133 §§ 470, 1945. Vgl. B. d. Fr. 136 von den ihren Namen anbringenden Abschreibern, und 367 über die Anonymität. — [6]) B. d. Fromm. 158. — [7]) das. 114, 302.

hat[1]). Von den zwölf Gebeten, die hie und da nach ihm benannt werden, dürften nur folgende drei eine Wahrscheinlichkeit haben:

1. Hymnus אנעים זמירות[2]), der die Herrlichkeit Gottes speculativ und mystisch zugleich behandelt, daher der Name שיר הכבוד[3]); ist zweizeilig, zu 8 Silben die Zeile.
2. Gebet יבבה דמעתי, endigt ולבך עלינו לטובה, in Prosa und zum Gebrauche des Fastenden und Busse Thuenden[4]).
3. Selicha אלהים בישראל גדול יהודך[5]), die verschiedene Gottesnamen akrostichisch darstellt, hat durchgehenden Reim und ist für das Sühnfest. Erst in Siddur des 15. Jahrhunderts[6]) und noch jüngeren Büchern werden ihm folgende Prosa-Gebete beigelegt, die ich sämmtlich für untergeschoben halte:

   A. יוצרי [צורי] ברוב חסדיך[7]);
   B. רחום וחנון חטאתי[8]), Techinna;
   C. Reisegebet, anf. יהי רצון מלפניך האל הגדול אנקתם[9]) הגבור.
   D. dessgleichen, anf. ירים ה׳ אלהינו ואלהי אבותינו שתוליכנו[10]) לשלום.
   E. dessgleichen, anf. בשם ה׳ אלהי ישראל ה׳ אלהים;
   F. Vidui, anf. אדא תבא לפניך [mit mehreren Jehi razon] bis ולא ישוה לנו[11]), עברנו על מצות etc.

In cod. Rossi 997 wird Bechai's ברכי נפשי und in Drucken seit A. 1678 das Gebet אזכרה יום מותי[12]) unserm

---

[1]) מטה משה § 220. — [2]) hat in cod. Michael 533 (um A. 1290) die Ueberschrift: שיר הכבוד שיסד רבינו יהודה חסיד מריגנשבורק ז״ל. — [3]) nicht nach dem Buche הכבוד wie J. Reifmann (ארבעה חרשים S. 12) hat — [4]) B. d. Fromm. 171, hieraus in מרגליות טובות Tag 21. — [5]) cod. München 67 N. 134, Hirz Treves zu עלינו Neujahr. Vermuthlich dieselbe in Opp. 1017 Q., andere Mss. nennen sie nach Elasar aus Worms, so cod. Breslau und cod. Wagens. Lips. 8. — [6]) mit Ausnahme des Gebetes E aus dem erwähnten cod. Michael. Die סליחות und בקשות des handschriftlichen Oppenh. Verzeichnisses (vgl. Wolf 3 p. 311) gehören in die Klasse jener späteren Siddur — [7]) Biscioni's catalog S. 124; cod. Rossi 1138 f. 139 liest חמיך st. חסדיך. — [8]) H. h. 199 perg. form. minima. — [9]) Siddur ital. ms. in Sedez. — [10]) oft gedruckt z. B. Amst. 1761 f. 69. — [11]) Siddur ital. ms. — [12]) Landshuth onomast. S. 78; vgl. zur Geschichte 126 Anm. q.

Verfasser zugeschrieben. Die angeblichen Gebete in עיון תפלה Opp. 716 O sind die bekannten talmudischen[1]).

Er commentirte mehreres aus den täglichen Gebeten[2]) und dem Machsor[3]), wo er, wie im Jezira-Commentar[4]), Donolo anführt. Uebrigens zeigte er öfter seine Unabhängigkeit von hergebrachten Meinungen: er fastete unter Umständen selbst am Sabbat[5]). Dahingegen beobachtete er, sogar am letzten Tage des Festes, die Trauergebote nicht[6]); er betete שלום רב auch in der Tefilla des Morgens[7]), bestritt die Meinung des Seder olam und der Gaonen, dass Mose am Sabbat gestorben[8]), empfahl für Unkundige das Beten in der Landessprache[9]) und erklärte die Stellen über die Gottheit für Visionen und Bilder[10]). Dauernde Leistungen verhinderte das eiserne Zeitalter; über halachische Gegenstände[11]) scheint er wenig geschrieben zu haben, die Schreibung der Tefillin etwa ausgenommen.

Simson.

Diesen Namen zeichnen folgende ältere Compositionen:

1. שיר ושבח אפצה, Introduction zu Barchu in 4 Strofen, der strofische Vers schliesst 'ה, Refrän במקהלים אברך 'ה (Ps. 26 Ende); endigt מה גדלו מעשיך ה'.
2. שפתי ישבחון ברנני dessgleichen, Eingang und 4 sechszeilige Strofen, metrisch [◡— — ◡— — ◡— — —]. Der Strofenvers schliesst 'ה. Endigt מה ידבר האל ה'.
3. שלח אמתך ואורך Meora für den Hochzeit-Sabbat.
4. שבויה נתנני Klage am 9. Ab, 6 Strofen mit Strofenreim, endigt ועצמו מצמיתי.

Selicha's:

5. אבי אביון יהי הגיון Sühngebet im künstlichen Metrum

---

[1]) Steinschneider catal. Bodl. p. 508, 511. — [2]) cod. München 346 zur Neujahrs-Tefilla. Vgl. מטה משה § 154, 220, 221 und den Commentar Elasars. Unächt ist wohl die Aeusserung über ארון עולם (מטה משה § 31, Tefilla ed. שער השמים 4b.) — [3]) zu אל ברוב עצות in cod. Rossi 655. — [4]) בה"מר ed. Jellinek, Th. 3 S. XLIII. — [5]) Maimoniot תעניות, womit B d. Fr. 229 und 865 zu vergleichen. — [6]) א"ז, אבלות 432. — [7]) Elasar Worms in cod. Opp. 1010F. — [8]) א"ז, שבת 89. — [9]) B. d. Fromm. 588, 785. — [10]) in ס' הכבוד, s. Ozar nechmad Jahrg. 3 S. 65. — [11]) An גן בשם (zur Geschichte S. 76) erinnert die Chiffer ריח בשם (Opp. 1073 F.) die unsern Verfasser zu bezeichnen scheint, während bei H. Treves zu Neila das ריח בשם älter als מורי החסיד erscheint.

des Ofan, mit Mittel- und Strofenreim, die Strofe zu 5 Zeilen, endigt לשוב הותר אמונך.

6. משה עבדי אלהי הסרי שוכן מעונה Pismon, endigt משה עבדי.

7. שוכן בשמי שחק Hülferuf in der Bedrängniss, in 5 achtzeiligen Strofen [3 ab, b A], endigt: להשתחוות לשרין לפטר אשר הליהי.

8. שיר צור אל טוב פעלי Pismon in 7 Strofen, der unter andern die Verbrennung der Thora beweint, endigt: מקבץ את נפוצותי.

9. שנתי תדד כעי ähnlichen Inhalts und Baues wie N. 7, endigt הותה דרכם לפני.

Die Nummern 3 und 4 sind in deutschen, die übrigen in französischen Machsor. Ausser den beiden Deutschen Simson b. Ephraim und Simson der Punctator lebten innerhalb eines Jahrhunderts (1150—1250) in Frankreich[1]: Simson b. Joseph, Simson b. Abraham, Simson aus Corbeil[2] (1210), Simson b. Simson oder Simson de Coucy[3] (der Schwager von Mose de Coucy); Simson רונאי, Simson מנאי, Simson aus שרשן (Soissons?[4]), Simson b. Mordechai[5]).

N. 2 wird im Machsor Vitry dem nach Palästina weggezogenen R. Simson beigelegt, welches R. Simson [aus Sens] b. Abraham ist. Den Verfasser der N. 1 nennt ein altes Ms. R. Simson aus Dampierre, vielleicht von R. Simson aus Sens nicht verschieden, da dessen Bruder [ריצ״בא] auch nach Dampierre genannt wird[6]). N. 4 hat jedoch einen andern Urheber, dessen Vater Samuel oder Simeon geheissen, da die sechste Strofe so anhebt: ברחמיך שמעה ואל ניבי הקשב. Von N. 5, in einem alten Machsor von den Nummern 6 und 9 umgeben, behauptet ein anderes Ms. sie sei von R. Elieser aus Sézanne,

---

[1]) vgl. zur Geschichte das Verzeichniss. — [2]) Schreiben אליכם אישים Meir's Abulafia. — [3]) zur Gesch. 90. Steinschn. hebr. Bibliogr. Th. 6 S. 40. Deutsch Verzeichniss der Wiener Mss. S. 37. כם הוים Tosaf. הדר וקנים, מנות 53a. — [4]) Dukes in Orient 1850 N. 3. — [5]) von ihm sind Memorialverse שמעו מלכים שכל ומדע für Tekufot-Tabellen in einem alten Ms., das aus Siddur Raschi, Vitry u. s. w. Auszüge gibt. — [6]) לקוטין ms. § 179. רקח 283, Hag. Maimoniot חמץ ומצה c. 8. Vgl. die Worte im Lurianischen Fragment: ורבינו שמשון בשנץ ור׳ יצחק מהפירה [l. מדנפירה], wo ה aus דנ verdorben.

der den Namen seines Sohnes Simson, statt des seinigen, gezeichnet habe(?).

Isaac b. Meir.

1. אלהי עושי נוצרי, der göttliche Beistand gegen den Israels Unglück verschuldenden Geist der Sünde wird gehofft. Ist nach אלבכם. Hinter der Zeile die חזק anhebt folgen noch drittehalb Strofen, in denen vielleicht Akrosticha[1]) verborgen sind.

2. ישראל עמך erfleht Hülfe gegen das aufgenöthigte Christenthum.

Charakter und Ausdruck verweisen beide Selicha's in das 12. Jahrhundert, wenigstens nicht über das Jahr 1200 hinab; die erste zeichnet הצעיר und בירבי, die zweite הקטן und ברבי. Auch ist die erste mehr als die zweite mit talmudischen Redewendungen versehen. Dennoch wäre die Identität der Verfasser möglich. Ausser dem Sohne des R. Meir ש"ץ und dem Bruder R. Tam's sind bekannt: 3) der Punktator, Verfasser von כללים in cod. a. F. 283[2]); 4) ein Zeitgenosse Meir Rothenburgs[3]); 5) der Verfasser von Schaare Dura — welcher vielleicht von 6) Isaac hadarschan b. Meir החסיד[4]) nicht verschieden ist; jedoch sind diese beiden für den Selicha-Dichter zu jung.

Tobia b. Elia aus Vienne in Burgund[5]), ein jüngerer Zeitgenosse R. Isaac's b. Abraham, bei dessen Begräbniss er anwesend war[6]), ist ein bei den Autoren des 13. und 14. Jahrhunderts sehr angesehener Gesetzlehrer, der auch als Schrifterklärer[7]) und religiöser Dichter sich bekannt gemacht. Zu letzterem erhoben ihn die Verfolgungen, deren Widerhall seine in einem burgundischen Machsor befindlichen Selicha's bilden, die übrigens eindringliche Sprache und gewandte Formen haben.

---

[1]) ich las früher מלורא; onomast. S. 123 liest מלורבר. — [2]) Mittheilung von B. Goldberg. — [3]) Maimoniot שבת 16, 19, vgl. Zidkia bei Zion Th. 1 S. 113. — [4]) Verz. der Wiener Mss. S. 57. — [5]) zur Geschichte 56, 97. 193. ist derselbe, den der Verfasser des ס' המצות [Abraham b. Ephraim] in cod. de Rossi 813 als seinen Lehrer öfter anführt. — [6]) Semak 31. Taschbez 443 (wo תר"מט statt תר"רט gedruckt ist). — [7]) Er ist in acht Abschnitten meines pentateuchischen Commentars ms. (zur Gesch. S. 100) angeführt.

1. Pismon טבעתי ביון מצולה ים ועמק mit verschränkten Reimen, klagt in 10 Strofen über die sie ringsum umflutenden Rotten. Endigt ביסון תעצומך.
2. Pismon טמנו פח לי בו נלכדתי, in 7 Strofen, endigt יחו ישועתי.
3. Pismon בטח תושיבני אל הביל נלאיתי endigend.
4. metrischer Pismon in 7 Strofen: שעה שועי אביר ישעי, endigt והעלה את יחודך.
5. Selicha אריך לפני ה׳ אהמה בשיחי, endigt נאלם שואל.
6. Selicha הסתיר טלאיך מרנשה מרעים, endigt עד שיחננו.

Nur in N. 1 ist der vollständige Name: N. 2 hat טוביה, N. 5 und 6 zeichnen auch חזק, N. 4 שמי vorher, N. 3 אני טוביה חזק יחי.

Elieser b. Aaron aus Burgund war einer der sechs Rabbinen in Frankreich, an welche Meir halevi Abulafia sein, die körperliche Auferstehung verfechtendes Schreiben[1]) richtete, um die Angriffe, die Aaron aus Lunel[2]) gegen ihn gemacht, zurückzuweisen. Dort heisst der Vater (Aaron) „der grosse Weise," der Sohn (Elieser) המפולפל. Ohne Zweifel ist er der Verfasser des שערי הפנים[3]) und wohl auch der folgenden seinen Namen zeichnenden Selicha's:

1. אתה שופט ברום עולם für die Bussewoche bestimmt, endigt וצדקה תצמיח יחד.
2. ה׳ אלהי ישראל שוכן שמי מעלה, endigt חלילה חלילה.

Ein Elieser war der Sohn des R. Aaron, mit welchem R. Isaac aus Wien[4]) in Verbindung stand.

Isaac b. Aaron.

Pismon יום זה בצום ברכי בשלה mit verschränkten Reimen, dessen Strofenverse ה׳ endigen. Der Name des Vaters ist nicht sicher und nur durch die letzte Strofe gemuthmasst.

Ein Autor dieses Namens lebte im Jahre 1268[5]). Auch ein karäisches Machsor enthält ein Klagelied von einem Isaac b. Aaron[6]). Für einen Isaac b. Aaron hanasi in Spanien ist A. 1277 der cod. Rossi 782 geschrieben.

---

[1]) Anf. אליכם אישים אקרא וקולם. — [2]) dessen gereimtes Schreiben beginnt בשבתי מרעיד ומשמים. — [3]) Luzzatto in כרם חמד 1 S. 7. Vgl. Ritus S. 63 und 213. — [4]) Or sarua Th. 1 § 775. — [5]) מאור עינים c. 40. — [6]) הכרמל Jahrg. 2 S. 384.

Aaron b. Elieser ist Verfasser einer Selicha die verschränkten und Strofenreim hat אשפכה עלי שיחי, endigt על עמך ברכתך, gezeichnet א׳ ברבי אלי.

Männer dieses Namens sind bekannt:

1. ein Zeitgenosse R. Abigedor's hacohen[1]), vielleicht der oben (S. 304) genannte Aaron.
2. ein Rabbi im Jahre 1291; der Schreiber des cod. Uri 119 nennt ihn האשל הגדול החכם והנבון והמשכיל מורנו רבינו הרב.

Mose b. Aaron schildert den Untergang des Opferdienstes in der Selicha ארך הזמן וגדלה הצרה, רעה אחר רעה, die אמ״י ע״כר schliesst.

Ein Schreiber dieses Namens lebte im J. 1281[2]).

Mose b. Josifja, der Vater scheint gewaltsamen Tod erlitten zu haben.

Pism. אל דופקי דלתיך ברחמיך אל תנעל endigt העלה ארוכה והעל, ist gezeichnet אני משה בר יוספיה וק״ל.

Hiskia.

Pism. חסד נוצר ואמונה in 5 Strofen, der strofische Vers endigt זה und das Ganze בעשור לחדש השביעי הוה. Refrän: סלח נא לעון העם הזה (Num. 14, 19).

Der Verfasser lebte wahrscheinlich in einem französischen Orte und ist vielleicht einer von den Männern dieses Namens[3]), die uns aus dem 12. und 13. Jahrhundert genannt sind.

Salomo b. Hiskia.

Pism. שועת עמך אלהי בצום תבחרהו in 9 Strofen, endigt בעשור לחדש השביעי הוה סלח נא לעון העם הזה.

David b. Joseph.

תקשיב לשוע עתירתי אונך endigt והשכון בציון.

Unter der Verordnung ציץ המטה[4]), die von R. Tam ausging, finden sich in einer Handschrift[5]) jüngere Unterschriften und zwar nebeneinander R. Isaac b. Abraham und R. David b. Joseph. Vielleicht ist letzterer der unserige und zu-

---

[1]) Maimoniot Sabbat c. 21 [dasselbe Meir Rothenb. Rga. 55, ed. 3 N. 175]. Derselbe bei Mordechai Schebuot 1172 und Meir Rothenb. 246. Ist genannt Anhang zum Juchasin 164 b. vgl. Sal. Luria zu Semag ed. Basel f. 39 d. — [2]) zur Geschichte S. 208 [unrichtig 298 im Verzeichnisse]. — [3]) Note 29. — [4]) Meir Rothenb. Rga. f. 112. — [5]) Harl. add. 11639 f. 254 b.

gleich der R. David in Chateau Thierry, an welchen Meir Abulafia's Schreiben mit gerichtet ist.

Baruch b. Samuel[1]), in Mainz im Frühling 1221 gestorben, war mit Elieser aus Metz, Isaac aus Lorch, Elieser halevi verwandt und hat noch Elieser b. Natan gekannt. Sein Vater ist nicht weiter bekannt[2]), aber sein Sohn ist **R. Samuel** aus Bamberg, der als R. Samuel b. Baruch oft genannt wird; R. Baruch hatte wahrscheinlich auch einen Sohn Namens Jacob[3]). Nach der Sitte jener Zeit eröffnete er zuweilen seine Briefe mit Reimen. Seine Hauptwerke sind Rechtsgutachten, das Buch התרומה, Commentarien zu Nedarim und Nasir. Die poetischen Compositionen sind Klagelieder, Selicha's und Stücke für festliche Sabbate.

1. ברוך אל עליון, Sabbatlied mit strofischem Reim, die ersten 3 Zeilen der Strofe haben verschränkten Reim; in der vorletzten Strofe theilt der Reim das präfixe ה von dem nomen[4]).

Für den Hochzeit-Sabbat (N. 2 bis 9):

2. Jozer אומן באמון אמן מעשים, durchgehender Reim שים, 90 Zeilen, endigt מכל המעשים.
3. Ofan ברית כרות in vier Abtheilungen, jede mit einerlei Strofenreim, die Strofe zu zwei Zeilen mit Mittelreim; ist eigentlich für Beschneidungsfeier, endigt: ומשכילים יזהירו והחיות ישוררו וכרובים יפארו.
4. Ofan בנים לאביהם ישראל. Fällt zugleich eine Beschneidung vor, werden vier Strofen eingelegt, anf. התמימים בבשרם. — Endigt לאלהי הצבאות.
5. **Sulat** בת נדיב הנכלאה endigend עזרת אבותינו.
6. **Reschut:** a) מרשות אל אלהי ישראל Reim תו, b) ומרשות אמונת יומים, Reim אים, c) ומרשות לומדי התורה und d) ומרשות להקת הנועדים פה haben den Reim נים, und die letztere Hälfte der vierten Abtheilung hat Mittelreim. Endigt: a) ונתן לנו את תורתו, b) כתוך הבאים, c) ארוני הארונים, d) בני מאמינים.

---

[1]) zur Gesch. S. 55. 162. syn. Poesie S. 268. — [2]) gegen Gedalja Jachia 50b. — [3]) N. 21 im Akrost. יעקב הקטן יגדל בתורת האלהים אמן, vgl. syn. Poesie 110. 371. — [4]) syn. Poesie S. 104.

7. ביום טובה ונחמה, welches nach dem אתניה von dem Vorbeter rezitirt wird.
8. במקהלות ברכו בני ברית, ein Segen, gez. ברוך הקטן, endigt נורא נשאם נצח נכבדות.
9. אלהיכם ברוך סודו וברוך טעמו für die Keduscha Musaf, endigt ברוך שככה לו בעולמו.
10. Sulat אחרי נמכר für den Abschnitt ברר, in den meisten strofischen Versen ist נאל.
11. Klagelied אצבעותי שפלו, von R. Baruch [b. Samuel: cod. Paris 182] aus Mainz (cod. Vatic. 312).
12. Klagelied אתא בקר, die Glaubensverfolgungen berührend, endigt לנקום את נקמתו.

Selicha's:

13. אבקש אקשקש אנקש דלתות, variirt die Middot, deren einzelne Sätze, der Reihe nach, die strofischen Verse bilden; vier Worte in der Zeile.
14. איכבה אוכל וראיתי[1]), über die Verfolgungen in Speier (A. 1196) und Boppard, die Strophen beginnen איכבה, die dritten Zeilen ולמה, der Strofenvers endigt ה׳. Ende: ואברך את ה׳.
15. אין כאל ישרון[2]), Pismon in 5 Strofen, Refrän שיח הגיוני עד האלהים יבא. Ende: זה השער לה׳ צדיקים יבאו בו.
16. אליך ה׳ נפשי אשא Klagepsalm, meist vier Worte die Zeile, endigt בירושלם הבוחר. Darin: בראום בחרב, vgl. Ephraim in seinen Denkwürdigkeiten S. 3 וברא אותם בחרבותם (nach Ezech. 23, 47).
17. אם הותלנו בלא רחוקה in 44 Strofen, deren Schlüsse aus den Anfängen der Bibelverse bestehen, die die Introduction des Busserituals לך ה׳ הצדקה bilden[3]) Ist dreizeilig und endigt וסלחת לעונינו. Hat akrost. auch חוק ואמץ בתורה.
18. אמה אל אמה ממהלך Bussgebet, endigt רב העליליה.
19. [al. נפשי] אמרתי אל לבי dreizeilig. Die Strofenverse, ebenfalls alfabetisch, beginnen כי, daher fehlt, wie in ähnlichen älteren Selicha's, der Buchstabe Vav[4]), endigt כי ברוך הוא.

---

[1]) syn. Poesie S. 268. — [2]) das. S. 269. — [3]) das. S. 101. — [4]) oben S. 237, 270.

20. אני הוא השואל für den Sühntag, metrisch mit Strofenreim תי.
21. אש אבלה אש über die Martyrien, namentlich zu Blois (A. 1171), im Strofenverse אש. Stil und Form erinnern an Kalirs Klage אאדה; die Zeile hat fünf Worte; endigt באש אובלה בראש ההר.
22. בבני שריג וענב [al. מבושל] אשכל הכפר, Klagen und Hoffnungen im piutischen Stil, 14 Strofen, endigt ובניך לא תתן להעביר למלך אדיר ואמיץ ונאמן ואל מלך.
23. בעלבון הרואה אתה, nach der Melodie von און התן, Werth der Busse; zwiefach alfabetisch, die Zeile hat vier Worte.
24. בחר לך עליון, ein Tamid, endigt והכניסו רחמים.
25. בטרם הר וגבעה, Bussebetrachtungen, mit durchgehendem Reim בה, endigt והוא באמת רפואת התשובה.
26. בטרם נולדו הרים, eine Umarbeitung der vorhergehenden Nummer mit demselben Reim und zuweilen denselben Ausdrücken, für stille Andacht. Sie berührt die durch Nissims Werk bekannte Erzählung von Natan Zuzita.
27. בינות אריות in 4 Abtheilungen, jede schliesst אלהים חיים ה׳ אמת, das ganze in zwei stets gleichen abwechselnden Reimen[1]). Gegenstand ist der Jüngling Isaac der in Würzburg gerädert wurde, wie der Verfasser selber in einer Ueberschrift meldet. Schluss: טלאים רבים נחלאים הוצא ממסגר בגלוה בלואים בצל ידך יהיו חבואים אלהים חיים ה׳ אמת.
28. בכל מערבין ומשתתפין ähnlich der N. 22, meist zu fünf Worten die Zeile, endigt והסירה שמלת שביה וישבה בביתך (Deut. 21, 13).
29. בנין המזבח, Akeda, endigt רצנו כקרבן ומנחה מהודרים.
30. ה׳ אלהי הצבאות נערץ, Peticha, Reim סים, שים, zwiefach alfabetisch, endigt ופניך אנו דורשים.
31. לך ה׳ צדקה, Tachanun vor מכניסי in grösseren Abschnitten, ähnlich Ephraims N. 25, mit verschränkten Reimen, endigt בידך החזקה ובזרוע נטויה.

Die Nummern 15, 19, 21, 27 zeichnen ברוך, die übrigen

---

[1]) syn. Poesie S. 91.

15 Selicha's den vollständigen Namen. In H. h. 15 folgt N. 21 gleich auf N. 13, 14, 28; die N. 16 und 18 heissen ברוכה, N. 24 und 29 מבורך. N. 20, 24, 30 sind überschrieben מרבינו ר׳ ברוך. Zu N. 25 bemerkt der Verfasser: אחר הסבותי את זה לומר אף בדברים לעשרת ימי תשובה למחי ומסי, dessgleichen zu N. 26, dass sie zu den Bussetagen für eigene Andacht (ליחידים) sei. N. 19 ist in H. h. 16 und Opp. 1106 F. von den Nummern 17 und 13 umgeben.

Ob der Namen Baruch b. Samuel הספרדי (ש״מ zu Nedarim 34a) nicht einer Emendation bedürfe, ist fraglich; Isaac aus Wien (אבלות 427, vgl. Chajim א״ז Rga. 110) nennt übrigens einen Baruch b. Samuel aus Griechenland, gemeiniglich nur R. Baruch מארץ יון geheissen, der ein Zeitgenosse R. Tam's war.

Simcha b. Samuel[1]) in Speier, ein Neffe des Vorstehers[2]) Kalonymos, נר מערבי von einem Zeitgenossen angeredet, war im Sommer des Jahres 1223 noch am Leben[3]). Ausser dem Commentar des Sifra[4]) und den Tosafot zu verschiedenen Talmud-Tractaten, die vielleicht eins mit seinen פירושים und קונטריסין[5]) genannten Glossen sind, hat das Alterthum zwei Hauptwerke von ihm gekannt:

1. Rechtsgutachten, mitgetheilt oder erwähnt von Zidkia[6]), Isaac [Or sarua] b. Mose, Elieser halevi, Mordechai[7]), in Maimoniot[8]), den Rga. von Meir Rothenburg[9]) und sonst[10]). Namentlich stand er in Verbindung mit: Abraham in Regensburg[11]), Baruch b. Samuel[12]), Chija b. Tanchum[13]), Elieser halevi[14]),

---

[1]) zur Gesch. 36. 80. syn. Poesie 267. Ritus 27. — [2]) הפרנם (Or sarua: Rga. קנין 1. Mordechai Kama 240. ת״הר 341.). Simcha selber (bei Meir Rothenb. 932) schreibt: וקני; ודודי הרב bei Ascheri Kama c. 10 § 25 scheint fehlerhaft. — [3]) Rga. Moses Minz f. 18ab; vgl. Rga. Chajim א״ן 56, das im J. 1221 geschrieben ist. — [4]) א״ן Th. 1 § 336. — [5]) Chajim א״ן Rga. 118. — [6]) שבלי 86. 89 מעשה הגאונים 92, 199, 499. — [7]) Mordechai, Anm. כתובות 848. — [8]) אישות N. 33. — [9]) N. 573, 927, 931, 932 ed. Prag; ed. 3 N. 109 und 111. — [10]) Binjamin Seeb Rga. 88. Recanate 590. Chajim א״ן 92. Oefter in Or sarua — [11]) Zidkia אוֹה 46, מעשה הגאונים 452. — [12]) Meir Rothenb. Rga. N. 739, Th. 3 N. 60, Mordechai Batra § 837. — [13]) Chajim א״ן Rga. 118. — [14]) ראביה ms. § 920, א״ן § 690, 336, Chajim א״ן Rga. 91, Jos. Kolon Rga. 102, Sal. Luria Rga. 65. Meir Rothenb. Th. 3 N. 402. vgl. Einleitung zu כפתור ופרח ed. Berlin S. XXIX.

Ephraim[1]), Isaac b. Abraham[2]), Isaac b. Mose[3]), Jehuda dem Frommen[4]), Jesaia de Trani[5]), Joseph Gutkind[6]), Kalonymos b. David[7]), Meir b. Meir[8]), Meir b. Mose[9]), Meschullam[10]), Samuel aus Bamberg b. Baruch[11]), Tobia aus Burgund[12]). Dahingegen ist die Correspondenz[13]) mit Kalonymos b. Mose und Tamar erdichtet[14]). Die hie und da aus Rokeach angeführten Bescheide[15]) sind im gedruckten Rokeach nicht vorhanden.

2) סדר עלם[16]), ein in Paragraphen (סימנים) abgetheiltes Werk, nach Art der ähnlichen von R. Tam, Elieser b. Natan, R. Baruch, das Erläuterungen von Talmudstellen, sachliche Ausführungen und Decisionen enthaltend später als ס׳ יראים Elieser's aus Metz[17]), früher als Rokeach Elasar's verfasst, häufig benutzt ist in den unter 1 genannten und anderen Schriften; namentlich scheint alles was die Alten unbestimmt (כתב, פסק, הורה) auf R. Simcha[18]) zurückführen, wenn nicht den Bescheiden, dorther entnommen. Bemerkenswerth ist der öftere Gebrauch des palästinischen Talmud. Die Abschnitte über Benedictionen[19]), Buchstabenform[20]) so wie das noch vorhandene תקן שמרות[21]) waren vermuthlich Theile dieses Werkes.

---

[1]) Sal. Luria und die erwähnte Einleitung a. a. O. — [2]) Mordechai Kama c. 10, Mezia c. 9. — [3]) Or sarua Th. 1 §§ 213, 482, 707, 759 bis 765, 776, Th. 2 §§ 53, 89, 419. Vgl. Mordechai Jomtob, Chajim א״ן Rga. 26, Meir Rothenb. Rga. Th. 3 N. 165. — [4]) מעשה הגאונים 289. — [5]) Zidkia א״ה 93. — [6]) Meir Rothenb. Rga. ed. Cremona N. 148. Wahrscheinlich derselbe in pentat. Commentar ms. Wien (Verzeichniss S. 37). — [7]) Meir Rothenb. Rga. N. 7, Th. 3 N. 414 (Dav. b. K.). — [8]) מעשה הגאונים 228. — [9]) das. 369. — [10]) Mordechai Chullin c. 6. Zidkia מעשה הגאונים 502. Chajim א״ן 62, 64. Jerucham אדם וחוה 14c. — [11]) Mordechai Aboda geg. Ende, Chullin c. 8 § 1218, Chajim א״ן 56, 62, 63, ליקוטין zu Schaare Dura 48 b. — [12]) Zidkia שבלי ms. § 225, ed. N. 71. Asulai (ועד f. 19b Buchst. ט) hat irrig גרשם statt שמחה. — [13]) בשמים ראש [vgl. Ritus, Beilage VII] N. 369, 370, 183. — [14]) vgl. יראים 17, Rokeach 361, Maimoniot ציצית c. 3, wo das Gegentheil von dem gelehrt wird, was der Pseudograph dem R. Simcha unterlegt. — [15]) Maimoniot תפלה 5. Mordechai Chullin c. 8. — [16]) Note 30. — [17]) vgl. Maimoniot אישות c. 9. — [18]) In Piske Recanate ist eine solche Decision doppelt da, § 319 ist § 378. — [19]) שערים in Maim. ברכות c. 8. — [20]) in Maimoniot und ברוך שאמר. — [21]) Opp. 1174 Q. 658 F. vgl. Maimoniot גרושין c. 4, Menachem bei Chajim א״ן l. l.

3) die טעמים [1]), נמוקים [2]) und pentateuchischen Erklärungen [3]) scheinen ein eigenes Buch zu sein.

Von Simcha haben wir folgende Selicha's, sämmtlich in fliessender einfacher Sprachweise:

1. את חטאי אני מזכיר, dreizeiliges Bussgebet, endigt נא אל תשיבנו ריקם מלפניך.
2. Peticha כי על רחמיך [4]).
3. שמך הגדול יעמד in 11 Strofen, ein Hülferuf bei einer Verfolgung. Die N. 1 ist im Kölner und Nürnberger, die N. 2 im Wormser Ritus; N. 3 ist ungedruckt.

Salomo b. Abun genannt הנער, aus Frankreich [5]), vermuthlich um 1170—90 blühend.

1. Keroba für das Sühnfest, von der nur die beiden ersten Nummern (N. 6 und 7) bekannt sind.
2. Introduction zu Nischmat הנשיג ערוך שיר. Eingang und 5 Strofen mit Strofenreim [Metrum ◡— — ◡— — ◡— — — —]; Schlussstrofe: ברית אב חמונו ונעם שמו, יקים למענו לבן רְחמו, מעניו ביום יום בהלחמו, ויחיש פדות עם שמו יחלה.
3. Introduction zu Barchu שיר ושבח ערכו, Eingang und 6 Strofen, der strofische Vers endigt אלהים. Refrän: במקהלות ברכו אלהים (Ps. 68, 27); endigt ברוך ה׳ אלהים.
4. Dessgleichen שירו לאל נועם, Eingang und 5 Strofen, der strofische Vers endigt ה׳. Refrän המתנדבים בעם ברכו ה׳ (Richter 5, 9); endigt פניו יאר ה׳.
5. שרי עובדוהי aramäischer Reschut für die Uebersetzung der Haftara an Festtagen, Reim יָן [6])
6. אור לישרים נגלה Akeda, ursprünglich „Mechaje“ aus seiner Keroba, nach איק בכ״ר, die Strofenverse endigen יצחק. In der letzten Strofe wird auf die Tageslection Bezug genommen [7]). Ende: לאברהם ולוצחק.
7. אורח ממזרח Selicha für die Bussetage in einigen deutschen Riten; eigentlich „Magen“ zu der N. 6; alfabetisch mit Strofenversen die אברהם endigen. Die Schlussstrofe beginnt — ähnlich der N. 6 — בקראך אחרי מות und endigt זכור לאברהם.

---

[1]) Zidkia in הלכות מילה ms. — [2]) Maharil zur Pesach-Hagada (ed. Sabionetta 17a, 18a, 19a); vielleicht auch seine Erläuterungen des Midr. חרשא (א״ב א״ו § 44). — [3]) zur Gesch. S. 80, 93, 101. — [4]) syn. Poes. 267. — [5]) Siddur Mich. ms. N. 58. — [6]) Mittheilung von Jos. Almanzi, Nov. 1839. — [7]) כמעשה ארץ מצרים לא תעשו וכמעשה ארץ כנען בזוכרו

8. שלמיה בלי תרמית metrischer Pismon in 4 Strofen mit Mittel- und Strofenreim, endigt בוכות גם יקח נא. In Strofe 2 heisst es: כרות זרים ואכזרים והתיקם ליום טבח שמם ימח אוי תשמח אום ללעג היא נתונה.
9. (wahrsch.) Pismon שופט כל הארץ in 5 Strofen, die תמיד schliessen, gemeiniglich Gabirol, in einigen Mss.[1]) Raschi, im romanischen Machsor R. Salomo הקטן zuertheilt, unbekannt dem ältern spanischen Machsor, findet man in römischen und französischen Handschriften, die 600 Jahre alt sind, dicht hinter N. 8 in einem alten französischen Machsor.
10. Pismon שבויי פשעיהם לאל הקשיבו in 5 Strofen, endigt ובמקום אשמים אשר ישיבו.

Von den N. 3, 4, 5 geben die Mss. Sal. **b.** Abun als den Verfasser an. In N. 2 und 4 ist das Bild תולה כאשכל und letztere hat Anklänge an das Gedicht שאל להודות לך, welches unsern Dichter, falls er nicht selbst der Verfasser ist, geleitet hat. Der Commentator des Tarschisch-Gedichts führt bei dem Verse על פי ה׳ נשאו מונים etwas an, was er von R. Salomo b. Abun gehört[2]): ein Beleg für die Studien unsers Autors. N. 2, 3, 4, 6, 7, 8 und 10 zeichnen den vollständigen Namen. In N. 4 auch noch נער; N. 8 zeichnet שלמה נער בן אבן חוק, N. 9: שלמה נער חוק.

Samuel b. **Isaac.**

1. ציון שאריה בני יעקב תמימך Zionide in 38 Strofen, endigt ולפקוד שלום אנשי שלומך.
2. שובי נא מכל פנה Meora für einen Hochzeit-Sabbat, mit Mittel- und Strofenreim, endigt קול חתן וקול כלה.
3. שפתי אפטור ולא אפטור Ahaba zum Wochenabschnitt ואלה תולדות in 4 Strofen, welche den Segen, den Isaac dem Jacob ertheilt, poetisch ausschmückt, den Refrän bildet der Vers Genes. 27, 29 (יעבדוך bis לאמים); endigt אהבתיך אהבת עולמים.

Selicha's:

4. אליך נפשי אשא erfleht Vergebung und Rettung in gewohnten tautologischen Ausdrücken; endigt על כסא רחמים ישב.

---

[1]) cod. Paris Suppl. N. 13. cod. Saraval 60. cod. Rossi 1115: תחנון לר׳ שלמה מטרוויש überschrieben, daher dort Sal. Tarvis oder Trevisi. — [2]) H. h. 48.

5. שמעה צדק הקשב תפלתי in 9 Strofen, ein noch dringenderer Ruf um Befreiung aus der Haft und Abwendung der Gefahr; dreimal heisst es הוציאה ממסגר und בית כלא; endigt ישב על כסא רחמים שבחו לגדלה.

In beiden Selicha's: צור ישועתי, הפר עצת אויבים, מבטחי שמתי.

Der im Jahre 1162 in Worms gestorbene scheint nach der einfachen Grabschrift[1]) nicht der unserige zu sein, den ich überdies für jünger halte, da er eine Zionide gedichtet und seine Ahaba dem Bau von Ahaba שננו folgt. Nach den Anführungen[2]) zu schliessen lebte der Gesetzlehrer dieses Namens zu Ende des 12. Jahrhunderts. Wenn man in N. 4 in der letzten Strofe בן שלום für angedeutet hält, so könnte er der Sohn des Isaac b. Schalom (1150), mithin ein Oheim von R. Isaac aus Wien sein.

Salomo b. Abraham um 1220 correspondirte mit R. Baruch aus Mainz[3]).

אלהים חיים אצים בי נוגשים[4]) auf die Verfolgung in Erfurt, in 12 vierzeiligen Strofen, endigt וגואלנו ה' צבאות.

Isaac b. Jacob.

אמונת מלכים נחתה, Klage und Hoffnung. Der Strofenvers schliesst ישראל, das Ganze כפר לעמך ישראל. Ist von א' bis ס' vierfach alfabetisch. Ausser einem Schreiber dieses Namens vom J. 1193[5]) ist als Gesetzlehrer Isaac halaban[6]) in Prag bekannt, ein Zuhörer von R. Tam[7]).

Elieser b. Jehuda.

אשוכה עדיך משנבי alfabetisches Chatanu mit Ringworten, die Zeile, auch der Bibelvers, zu drei Worten. Der Verfasser lebte spätestens zu Anfang des 13. Jahrhunderts.

Antoli b. Joseph, vermuthlich derselbe, der an Maimonides geschrieben, verfasste ein Chatanu der 10 Märtyrer אבדה התקוה[8]). In der Akeda אביון אשר כפיו, deren 59 Zeilen im Abbasi-Metrum einerlei Reim haben, ist bloss אנטולי gezeichnet.

Abigedor soll eine Selicha אל מי נקרא verfasst haben.

---

[1]) גבר צדיק וטוב. — [2]) Piske Recanate 224. או"ק cod. Mich. 32 f. 148a. cod. Paris 95 zu אדיר דר. — [3]) Meir Rothenb. Rga. 560. vgl. zur Gesch. 93, 101. — [4]) syn. Poesie S. 26 u. f. — [5]) zur Gesch. 207. — [6]) das. 33. Ritus 73. — [7]) Hajaschar § 704. — [8]) Mittheilung Luzzatto's, Sept. 1852.

Sicherer ist ein Mann dieses Namens[1]), der אל ורבינו נועם für ברכו mit כו endigenden Strofenversen geschrieben hat. Nach derselben Quelle wird

Jehozedek hacohen, ein Zeitgenosse von Maimonides, als Verfasser einer sonst unbekannten Selicha יום באו ערלים genannt.

Jehuda oder Leonte b. Mose ist vermuthlich der Verfasser der hier folgenden 11 Selicha's; unsicher ist allerdings die N. 9, und die N. 7 dürfte einem älteren Leonte — etwa L. b. Abraham — angehören. N. 2 zeichnet Leonte b. Mose, N. 6 Leon b. Mose, N. 1, 4, 11 Jehuda b. Mose, N. 5, 7, 10 Leonte חזק, N. 9 Jehuda, N. 3 Jehuda עני. In N. 8 fehlen die Zeilen für den Namen des Verfassers und das Akrostichon gibt nur ברבי משה העני חזק, wodurch die Verwandtschaft mit N. 3 zu begründen wäre. In N. 5 und 8 kommt נגידות vor, in N. 1 und 4 שמינת. Zwischen diesen beiden befindet sich N. 9 in einem Machsor A. 1426. Mit grosser Wahrscheinlichkeit dürfen neun Nummern einem und demselben Verfasser, und zwar dem R. Jehuda b. Mose zugeschrieben werden, der im Namen der römischen Gemeinde die Lehrer in Mainz, namentlich R. Jehuda b. Kalonymos, angefragt[2]). Sein dortiges Schreiben beginnt לדעת חכמה ומוסר להבין אמרי בינה, und die Antwort: דברי למואל ובחכמתו אשר להבין משל ומליצה נתכונן.

1. ארון ראה יד אולת mit durchgehendem Reim[3]), endigt העיר נבנתה על תילה.
2. אדני אל באפך תוכיחני, endigt קרית מועדנו.
3. איך אשא את פני אדוני, Techinna zwiefach alfabetisch, durchgehender Reim ני, fünf Worte die Zeile, endigend חוקקיך בצרחת עניי הי עניי. Dem Reimzwange gehören die Bildungen פתרוני, חשלוני, סבלוני, נעווני, משוחים במדוני. דורך הענני (s. v. a. רוכב ערבות).
4. אלהים לנו מחסה ועוז zweizeilig; es heisst darin טפלי שקר ואליל דורך יחד עמם מאנתי להדריך; Ende: אתה קדוש יושב תהלות.

---

[1]) vgl. Ritus S. 194 und 216. — [2]) Zidkia או״ה 75, vgl. Asulai Th. 1 S. 68. — [3]) vgl. syn. Poes. S. 120.

5. אליך ה׳ שועתי ואקרא [1]) in 7 Strofen, die siebente zu 6 Zeilen [2]).
6. אנא ה׳ הביטה וראה zwiefach alfabetisch, 13 Strofen, endigend אל תניחנו.
7. אנחים במר יחידתי für den 17. Tammus, dreizeilig, drei Worte die Zeile, endigt קומה ה׳ באפך.
8. אנוש מכה דל מזור reimlos, endigt רבה רבבה רם ראה.
9. אשר עושיתי בסתר [3]) endigt כי עמך הסליחה.
10. לחש צקון הקשב [4]) in 5 vierzeiligen Strofen, drei Worte in der Zeile, der Refrän abwechselnd ושוב und והשב; endigt קבל תחן שיחנו.
11. תעלה רפואת ומזור reimlos nach תשר״ק, endigt זכרה לחסדי דוד עבדך.

In den N. 1, 2, 4, 5, 6, 8, 9, 11 hat die Zeile vier Worte. Sämmtliche Stücke gehören dem röm. Ritus; die N. 5 befindet sich jedoch auch in einer deutschen Handschrift (Ms. Luzz. und darin N. 35). Gedruckt ist nur N. 7.

Mose b. Joseph hacohen.

ארבעה אבות נויקין in 18 Strofen ist ein Hülferuf; die vier Monarchien welche Israel unterdrücken werden unter dem Bilde von Bär, Löwe, Pardel und Schwein dargestellt. Der Verfasser ist vielleicht derselbe, der A. 1196 in der Rheingegend den bedrängten Juden so hülfreich gewesen [5]). Um das Jahr 1250 lebte der Rabbiner Joseph b. Mose hacohen Chasan [6]), vielleicht der Sohn unseres Verfassers. Mose hacohen hiessen übrigens der Vater von Jehuda hacohen und ein Zeitgenosse des Chajim b. Isaac aus Wien. Ein Mose b. Joseph hacohen starb 1374 in Regensburg [7]). Die Selicha unseres Dichters war vor mehr als 500 Jahren bereits in den Sammlungen.

Mose b. Chisdai aus Tachau [8]) und in Wienerisch Neustadt begraben war vermuthlich früher in Regens-

---

[1]) das. S. 282. — [2]) onomast. S. 158. — [3]) angeführt syn. Poesie 11 Anm. c. — [4]) das. S. 281. — [5]) ס׳ זכירה S. 13. — [6]) Meir Rothenb. Rga. f. 112 c. — [7]) zur Geschichte S. 415. — [8]) תקו oder טקו (Isr. Brünn Rga. 278), טכווא (Isserlein 161).

burg[1]) wohnhaft. Er ist jünger als Jehuda der Fromme und älter als Elasar aus Worms[2]), war ein angesehener und wie es scheint betagter Mann als Nachmanides — der schon i. J. 1223 talmudisches geschrieben[3]) — den Traktat Gittin[4]) commentirte, und gab nach R. Simcha's Tode etwa in den Jahren 1225—30 ein Gutachten, als in Magdeburg R. Jacob gestorben und dessen Sohn Hiskia — מהר"ח der Zeitgenosse Jechiels aus Paris — sein Nachfolger werden sollte[5]). R. Isaac aus Wien, vielleicht eine Zeit lang sein College, überlebte ihn[6]).

Nächst Commentarien zur ersten und sechsten Mischna-Ordnung[7]), zu Tr. Schekalim[8]), Tosafot zu Nedarim[9]), Rechtsbescheiden[10]), rituellen Erläuterungen[11]) war er insbesondere durch eine Schrift כתב תמים bekannt, welche die Versinnlichungen der Mystiker sammt den Vergeistigungen der Karäer und der Theologen [Saadia, Abenesra, Maimonides, Einheitsgesang, Jehuda der Fromme, der Verfasser des ס' החיים und Schriften aus Worms] abweisend die talmudischen Aussprüche über das höchste Wesen und das zukünftige Leben buchstäblich aufrechthält, daher eben sowohl in einem

---

[1]) Or sarua מקואות § 336 רינגשבורק, Mordechai Nidda 1062: נרשפורק, Mordechai ms. in cod. Rossi 929 beide Mal גישפרק. Die Bescheide an R. Hiskia in Magdeburg scheinen aus Regensburg erlassen, wo Isaac b. Mose vor 30 Jahren gewohnt (א"ז, גטין 707, שבת 53). — [2]) dieser nennt ihn ס' החיים p. 20 und in שערי או"ה c. 20, wo er als Zeitgenosse von Elasar's Vater erscheint (וה"ר משה בר חסדאי אסרה [הריאה]). — [3]) ס' התרומות f. 210b. — [4]) והחכם הגדול ר' משה בר חסדאי מפולוניא שהיה ויאריך ימים כתב. — [5]) Or sarua Th. 1 § 115 (dasselbe in Meir Rothenb. Rga. ed. 3 N. 110 und 111, Mordechai ms. מגלה am Rande; im kleinen א"ז cod. Michael 32: ויחיד מוחה בחונות והרר משה בן חסדאי ז"ל הולק, dasselbe in ב"י zu Tur I 53 und האגור § 90). — [6]) Or sarua מקואות § 336. — [7]) כלאים und חלה (Chajim א"ז Rga. 8, 54, 193); טהרות, ידים, מקואות (das. 204, 135, 9). — [8]) שקלים, מגדל עז c. 3. — [9]) Eisak Stein zu Semag, Verb. 242. Isr. Brünn Rga 210, 245, 272. — [10]) א"ז Th. 1 § 115; § 740; § 741 an R. Jona, wohl die in Meir Rothenb. Rga. 601 berührte; Meir Rothenb. Rga. ed. 3 N. 114 (dasselbe in Chajim א"ז Rga. 179 und in א"זק § 163, s. Ozer nechmad Th. 3 S. 54). Isr. Brünn Rga. 24, 167. — [11]) א"זק ms., Collectanea in cod. Rossi 1131, Machsor-Commentar zum Neujahrfest (vgl. Ritus S. 63 Anm. d); über Pesach-Ritualien in Maharil ms Opp. 608 Q.

Buche המאסף[1]) gegen Philosophie ausgebeutet als anderseits, z. B. von Menachem aus Aquileja (um das J. 1370), herabgesetzt wurde[2]).

Als synagogaler Dichter ist er nur durch zwei Selicha's bekannt:

1. אבינו מלך אנקת עמך für Mincha des Sühnfestes. Die erste Zeile der Strofe beginnt אבינו מלך, die zweite ראה; bis auf die beiden letzten Strofen ist in jedem Strofenverse von Opfern die Rede. Die zweiten Zeilen zeichnen den Namen.
2. אזן אנקת נאנחים für Esther-Fasten, endigend נחו כהם היהודים.

Aus späterer Zeit werden uns zwei Mose Tachau (תקו) genannt: 1) A. 1291 in Goslar, der mit einem Mordechai einen Streit hatte[3]); 2) Einer, dessen Sohn A. 1443 in Wienerisch Neustadt wohnte[4]).

Elasar b. Jehuda b. Kalonymos, genannt R. Elasar aus Worms[5]), dem Frau und Kinder im Jahre 1214[6]) von Bekreuzten erschlagen wurden, hat sich in allen Wissensrichtungen, die den deutschen Juden damals geöffnet waren, bethätigt: er ist talmudischer und theosophischer Autor, studirte astronomische Schriften, schrieb Commentare zu den Gebeten und dem Machsor, zu mehreren biblischen Büchern und dem Buche Jezira, verfasste Sitten- und Handbücher und redigirte das Buch der Frommen. Er kannte Saadia, Donolo, Abenesra und verflocht deren Lehrsätze nebst ganzen Stellen aus ihren Schriften und aus dem ספר החיים eines Ungenannten, so wie aus den Büchern Jehuda's b. Samuel, in seine eigenen Werke, wo Hechalot und Midrasch, Philosophie und Zahlenweisheit, Aberglauben und Sittenlehre friedlich nebeneinander lagern. Allein den „Rokeach" ausgenommen, ist von seinen Arbeiten wenig gedruckt, das Wenige selten in ursprüngli-

---

[1]) H. Treves Tefilla zu הכל יודוך; das gedruckte Fragment aus כתב תמים scheint diesem Sammelwerk entlehnt. — [2]) cod. Rossi 755, wo der Verfasser einfältig und sein Buch כתב טמא heisst. — [3]) cod. Rossi 651 N. 527, Meir Rothenb. Rga. ed. 3 N. 476. — [4]) סדר הגט (hinter den Rga. von Juda Minz) f. 30 cd § 21. — [5]) zur Gesch. S. 36, 77, 126, 131—135, 161, 165, 172, 376, syn. Poesie S. 263. — [6]) nach andern Mss. im J. 1196 oder 1193.

cher Fassung, mehreres noch unbekannt. Besonders an seine kabbalistische Schriften lehnte sich eine Reihe Nachfolger an, die sie verkürzten und vermehrten. Aeltere Gelehrte haben einzelne seiner Abhandlungen ins lateinische übersetzt. Er war Rabbiner in Worms, früher wohl auch in Erfurt, an Fast- und Festtagen Vorbeter und verfasste an 60 religiöse Poesien, bestehend in 4 Maarib, 6 Hymnen und Tefillá's, 1 Jozer, 4 Ofan, 5 Sulat, 2 kurzen Keduscha's, 3 Klagegesängen, 35 Selicha's, fast durchweg in einfachem Stile, leicht verständlich und nie mit mystischen Vorstellungen oder Ausdrücken behaftet.

Maarib:

1. Neujahr. אשרי העם ידעי תרועה, das mittlere Stück hat dreizeilige שפר endigende Strofen und hebt an אלהים נורא עלילה.
2. Hüttenfest. אתה לבדך עטה אור; das mittlere Stück beginnt אורח חיים שבע שמחות ist grossentheils halachisch, Refrän בחג הסכות.
3. 8. Tag Azeret. ארחמך ה׳ חזקי nebst der Zugabe ארברה נא שלום, endigend שלום על ישראל. Das mittlere Stück beginnt אתה ה׳ לבדך אעימך, jede Strofe endigt ביום השמיני עצרת.
4. 8. Pesach. אמונה אומן. In dem mittlern Stücke אשירה לה׳ ist der Refrän ה׳ מי כמוך.

Vor und im Jozer:

5. המלך אל נקמה. Introduction zu המלך היושב, der strofische Vers endigt שמו.
6. מלך אחד ומיוחד, Hymnus vor שבח נותנים לו, alfabetisch.

7A. אהללה ה׳ בחיי, dessgleichen.

7B. Jozer für den Hochzeit-Sabbat את מי נועץ ויבינהו תבונה, endigt טוב להודות.

7C. Ofan שמע ישראל אשר בך אתפארה in 5 Strofen, deren Anfänge das Schemah bilden und die mit Bibelversen ואני schliessen, endigt שם כבודך.

8. Ofan אור ישראל וקדושו für den Busse-Sabbat, 5 sechszeilige Strofen, im Strofenverse קדוש, endigt מרום וקדוש.
9. Ofan אילי שחק עומדים für denselben Sabbat.

10. Ofan אף ארח משפטיך für Sabbat vor dem neunten Ab, endigt קדוש קדוש קדוש.

11. Sulat אדני מעון אתה für den Busse-Sabbat; in den meisten Strofenversen שוב, endigt וקומה בעזרתי.

12. Sulat אודה שמך עליון wegen der Rettung aus einer drohenden Gefahr; die zusammengerotteten Massen liefen wieder auseinander. Betrifft wahrscheinlich die Ereignisse des Jahres 1201, als Worms belagert wurde, die Elasar auch Rokeach § 196 und Menachems Gesang מצור[1]) berührt. Im Strofenverse עזר, endigt היית עוזר עזרת אבותינו.

13. Sulat אני ראשון ואני אחרון für den Sabbat der Haftara אנכי, im strofischen Verse נחם, endigt דברי ניחומים; eine eigene Strofe אשיש für den Fall, dass es zugleich ein Hochzeit-Sabbat ist, endigt הוא מנחמכם. Es heisst im Sulat: לשלוח לנו אליהו וזכרי בני ירוחם, eine Parallele zu dem von den Sens-Tosafot[2]) aus einem ältern Elialiede angeführten Fragment את אליהו בן ירוחם.

14A. Sulat ולתך אין אל צדיק ומושיע auf die Verfolgung in Erfurt, für den entsprechenden Sabbat in den Monaten Siwan oder Tammus; endigt קומה עזרתה לנו עזרת אבותינו.

14B. Sulat am Hochzeit-Sabbat אילה אהבים ויעלה חן, endigend חושה לעזרתי.

Musaf:

15. אלהיכם יוסיף כם יה } beide Keduscha's haben die
16. אלהיכם תפארתו ממעל } Ueberschrift לרי אלעזר בי ריבֿק.

Klagegesänge:

17A. בליל.זה סר נגהו Klagegesang am Abend des 9. Ab, endigt במוצאי שבת. In 3 Mss. ר׳ אלעזר בר יהודה הקטן zugetheilt.

17B. Zusatz zu der Klage מי יתן ראשי, welche von Speier und Mainz handelt, anfangend קהלות הקדש הריגתם היום בוכרה, und den Ermordungen in Worms (1096) gewidmet, mit demselben Reime und ebenso schliessend מבקר ועד ערב. Im cod. Rossi 586 lautet die Ueberschrift: את זה יסד רבינו אלעזר על הרוגי וורמיזא.

---

[1]) oben S. 296. — [2]) שטה מקובצת Mezia f. 175d.

18. ציון הלא תשאלי לשלום עלוביך Zionide. Die Namenzeichnung אלעזר הקטן העלוב אלעזר חזק fängt bei dem Absatze ארחה חביבין an. Ueberdiess wird er in cod. Vatic. 312 und Mich. 533 als Verfasser genannt, und letzterer Handschrift zufolge war die Ermordung von Frau und Töchtern in Erfurt die Veranlassung. Irrig wird sie in Machsor ms. der Dresdener Bibliothek Elasar Darschan aus Würzburg [1]) zugeschrieben.

Tefilla:

19. Hymnus אומר לך עליון זמר רננותי in 9 Zeilen, Epilog hinter des Verfassers Buch über die Seele (Sorbonne 156 und Ms. Luzz.), zeichnet אלעזר הקטן בן הרב רבי יהודה חזק.
20. Hymnus אין כמוך אלהים בשמים in reimender Prosa, Reim ־ךָ, endigt ה׳ אלהינו ה׳ אחד איחדך, die göttliche Einheit (Rokeach 6c).
21. Gebet רבון העולמים אתה הוא בעל הרחמים (Rokeach § 21) nach dem Zuschnitt des Gebetes N. 2 Jehuda's des Frommen, womit es in einzelnen Sätzen zusammenstimmt, daher wohl auch nach diesem [2]) benannt, sonst auch als „R. Elasar's Tefilla" am Hoschana-Tage üblich [3]).

Selicha's:

22. אבוא ביתך in 13 Strofen, der Strofenvers schliesst ישראל, ein Bussgebet, endigt אני ה׳ אענם אלהי ישראל.
23. אוברה מקדם פלאיך für Esther-Fasten in 8 Strofen, endigt וישועתי ראויתה.
24. אין כמוך בשמים ממעל mit Strofenversen die בקר endigen, endigt השמע קולי בקר.
25. ויקרא אל מלך יושב bis אל מלך יושב און, Variation des בשם ה׳ in 18 Strofen, der strofische Vers enthält וזכור, und das Ganze schliesst ואף את בריתי אברהם, ist nach א״כ und תשרק̄.
26. אלהים איך אבוא Peticha, durchgehender Reim, die Zeile vier Worte, endigt אמן מדותיך על רחמיך passend zu כי על רחמיך.

---

[1]) Note 31. — [2]) cod. Rossi 882. cod. Bisliches 68. — [3]) Minhagim ms. in H. b. 89. שושן סודות 41a.

27. אלהים אל תרחק dreizeilig, die Strofen beginnen mit einer Bibelstelle -- אלהים und endigen mit einem Verse der 'ה schliesst; 22 Strofen, die ersten Zeilen alfabetisch, die zweiten nach תשר״ק; die Verse bilden den Namen אלעזר הקטן בן הרב רבי יהודה.

28. אלהים אקרא וה׳ נסיכי, 22 Strofen, dreizeilig, der Strofenvers schliesst und die Strofe beginnt אלהים; das vorletzte Wort hat die Reimsilbe. Ein Hülferuf gegen Edom; endigt במקהלות ברכו אלהים.

29. אֱלִי צורי אחסה בצליו Chatanu mit Ringworten. Die Zeilenanfänge bilden dreifach das Akrostichon des Namens; endigt פשעינו אתה תכפרם.

30. אליך נקרא חונן nach את״בש, Bussgebet in 8 Strofen, zu vier Worten die Zeile, endigt ה׳ ה׳ אל רחום.

31. אליך ה׳ נפשי אשא in 15 Strofen, gegen Pest und Seuchen. Nach א״ב und תשר״ק. Der strofische Vers endigt טוב und die letzte Strofe, deren Zeilen sämmtlich טוב endigen, schliesst וחסידיך ישמחו בטוב.

32. אם עונינו ענו בנו, Bussgebet in 12 Strofen, im Strofenverse סלח, endigt סלחתי כדברך.

33. אנא האל הגדול למען mit Strofenversen die תמיד endigen, endigt ואמתך תמיד.

34. אנא השם הנכבד, kurzes Dankgebet für eine Rettung aus Gefahren, in 3 Strofen, endigt באורך נראה אור.

35. אנא ה׳ האל הגדול mit Strofenversen die היום endigen, endigt וכור את היום.

36. אנוסה לעורה פצתי reimlos, endigt מצאתי כופר.

37. אפפו עלינו רעות zum 10. Tebet, in 12 Strofen, endigt ענינו באמת ישעך.

38. אפפונו חבלי מות zum 17. Tammus, endigt נא הטה אלי אזנך והושיענו.

39. ארבעה פרקים, die Bussetage und deren Bedeutung; endigt ונשלמה פרים שפתינו.

40. אשריך ישראל für Gedalja-Fasten, in 11 Strofen, der Strofenvers beginnt למען und das nächste Wort gibt den Namen; endigt למען ידעו כל עמי הארץ את שמך.

41. אשיחה ואהמה[1]) in 12 Strofen, über Glaubensverfolgung. Im Strofenverse שמע. Endigt האזינה אל התחנני.

42. זכור מדותיך את mit Refrän ושוב ברחמים, ein Beschneidungs-Pismon in 5 Strofen, die Zeilenanfänge bilden akrostichisch den Namen nebst חזק u. s. w. Endigt ועם קרובך.

43. אתה אלהי מעוזי איום dreizeilig, in 12 Strofen. Der Strofenvers beginnt כי, das darauf folgende Wort bildet das Namen-Akrostichon nebst חזק, endigt כי קדוש ה׳ אלהינו.

44. אתה הוא האלהים, Akeda in 10 Strofen, in der es von Israel heisst רבקה בן אל חי ולא במת. Endigt אשר נשבעת.

45. אתודה חטאתי במורא, Chatann mit Ringworten, für Esther-Fasten; endigt אמיי על כסא רחמים.

46. זכור.... את ברית ביני für eine Beschneidung in den Bussetagen, mit den 2 Refräns ושוב und והשב, in 3 Strofen, der strofische Vers hebt זכר an. Endigt זכר רחמיך ה׳ וחסדיך.

47. ה׳ אל באפך תוכיחני ein Hülferuf, dreizeilig in 27 Strofen. Der strofische Vers, dessen vorletztes Wort die Reimsilbe hat und dessen erstes das Akrostichon bildet, schliesst ה׳, und ebenso meist mit einer Bibelstelle fangen die Strofen an. Der Namen ist dreimal gezeichnet. Letzte Strofe: ה׳ ראשון קבל תחן בניך, ה׳ יהלכון באור פניך, תקרב רנתי לפניך ה׳.

48. ה׳ אלהי אברהם יצחק, der strofische Vers schliesst מנחה; endigt בני ישראל את המנחה. Die 4 Nummern 24, 33, 35, 48 bilden ein Ganzes.

49. ה׳ אלהי ישראל für Sühnfest, zweizeilig; in den zweiten Zeilen ist der Name von 22, eine Nachahmung von Binjamin's אנא ה׳ האל.

50. ה׳ ה׳ אלהי בך, mit dem Eingang ה׳ ה׳ אלהי ישראל שוב. Techinna in 4 Absätzen von 6 Zeilen jeder ה׳ ה׳ anhebend und endigend mit Versen, die ה׳ schliessen. Eine Abtheilung derselben ist ה׳ ה׳ מעון[2]). Wird an

---

[1]) syn. Poesie S. 264 N. 1. — [2]) das. N. 2.

Fasttagen vor שומר ישראל rezitirt, endigt האוינה ה׳. In Mss. öfter vermehrt durch Stücke aus ähnlichen Gebeten.

51. מכניסי רחמים, ein illustrirtes „Machnise“: Gottesnamen, Engel, Väter, Heilige werden als Fürsprecher angerufen. 30 Strofen, die Zeile hat 2 oder 3 Worte; endigt להליץ כרוב רחמים.

52. תאות ענוים, der Strofenvers enthält שמע gleich N. 41, ist nach תשר״ק in 10 Strofen. Die nächste Veranlassung scheint eine Zusammenrottung[1]) gegen die Juden gewesen zu sein, ähnlich der N. 12; vielleicht die vom 28. Schebat A. 1188, wo bewaffnete Haufen in die Judenstadt in Mainz eindrangen[2]). Ende: ושמעתי כי חנון אני.

53. תבוא תחנתנו לפניך[3]) in 16 Strofen nach תשר״ק mit Strofenversen die למה anheben, und ebenso fangen die letzten 11 Zeilen an; ist voller Klagen und endigt למה תאמר יעקב ותדבר ישראל.

54. תשובה חשובה, nach תשר״ק, Bussgebet für Gedalja-Fasten, endigt אל רחום וחנון. Darin לחטוב, מלקטוב und כשושנה לרטוב wie in N. 45 und 31.

55. (viell.) אך כך לדל עֹוּרה zweizeilig, endigt תומים ואורים. Da der Name in N. 3, 12, 13, 22, 36, 43, 50, 52 durch עורה, עורי und dgl., in N. 1 und 4 durch אל עוזר gezeichnet ist, so kann ähnliches in den Anfangsworten auch hier statthaben.

Aus der mit Elasar's Akrostichon versehenen Ermahnung שמעו חכמים מללי (Rokeach § 28) ist eine Stelle (בני אל תחטא בעינים u. s. w.) im Buche שבט מוסר (c. 19) als Meliza des „Metatron“ aufgenommen. Ueber אלהים בישראל גדול יהודך s. oben S. 300.

Die N. 23, 39, 40, 41, 52, 54 haben 5 Worte die Zeile, אלעזר zeichnen N. 5, 8, 28, 31, 34, 36, 50, 51, 54, 55; nebst הקטן die Nummern 2, 4, 10, 13, 18, 22, 23, 25, 26, 29, 30,

---

[1]) וכרנוך בצרתנו עמים הר יקראו ויאמרו נהרג יעקב ועמך נתיראו —
[2]) Elasar in סוד התפלות ms. (Anc. F. cod. 172), ובא לנו עזר ממרום fügt der Autor hinzu. — [3]) syn. Poesie S. 265 N. 3.

35, 37, 38, 39, 40, 41, 43, 45, 46, 47, 48, 49, 52, 53. Den vollständigen Namen haben N. 1, 3, 7 A, 7 B, 11, 12, 14 A, 14 B, 24, 27, 32, 33, 42, 44.

Mehrere hymnenartige Gebete sind in des Verfassers ספר החיים mit dem Text des Buches verflochten. In die Hechalot hat er, wie er selber berichtet[1]), Lobgebete eingefügt. In verschiedenen Handschriften, insonderheit in einigen Siddur des 15. Jahrhunderts, werden ihm mancherlei prosaische Tefilla's und Jehirazon beigelegt, unter andern eine für Reisende anfangend רבון כל העולמים שתושיעני ותצילני היום ובכל יום ובכל יום ובכל עת וכו׳ mit Engelnamen; ferner die in Col bo 67 gedruckte Vidui אנא השם חטאתי עויתי פשעתי[2]). Von Elasar's Compositionen, die überhaupt nur in deutschen Gemeinden eingeführt waren, sind in neuern Zeiten 18 üblich geblieben: N. 34, als Anschluss an die Akeda (N. 27) Meir's b. Isaac, in den germanischen Synagogen, N. 36 im Ritus von Köln, N. 46 und 51 im polnischen, N. 4, 18, 55 im deutschen, N. 1, 2, 3, 8, 10, 11, 12, 13, 14, 38, 45 im Wormser Ritus.

Joseph b. Baruch.

אבואה בתחנון, Sühngebet für den Versöhnungstag ohne sonderlichen poetischen Gehalt. Der Verfasser zeichnet בירבי und fügt dem Namen des Vaters וצ״ל hinzu.

Um das Jahr 1211 lebte R. Joseph b. Baruch in Frankreich, der von dort sich nach Jerusalem begab und auch anderweitig bekannt ist[3]).

Mordechai b. Elieser, der mit Simson aus Sens correspondirte[4]), lebte 1216[5]).

באתי לפניך מלכי צורי auf den Märtyrertod des Uri b. Joel halevi, in 20 Strofen, die nach des Verfassers Namen im Akrostichon noch die Worte אלעזר בני יחי חזק ואמץ enthalten. Endigt כי לך הרחמים והסליחות.

---

[1]) כאשר כתבתי בפרקי היכלות בשבחות שלי (Fragment des סודי רזייא in cod. Sorb. 156). — [2]) cod. Rossi 62. — [3]) meine Note in Benjamin itiner. Vol. 2 p. 256, zur Geschichte 52. — [4]) Rga. zu ס׳ משפטים N 27. — [5]) syn. Poesie S. 28.

David b. Kalonymos b. Meir[1]) aus Münzburg[2]).

Stammtafel:

Kalonymos der Alte[3])
|
U. — Meir
|
Tochter ═══ Kalonymos in Speier[4])

Jehuda in Speier. — Meir[5]) in Speier. — David.

David stand in Verbindung mit Jehuda b. Kalonymos in Mainz[6]), R. Baruch[7]), Elieser halevi[8]), wird im ס׳ החכמה[9]) und in Or sarua § 720 angeführt und ist vielleicht der Verfasser des Wörterbuches über die Talmudisten[10]), welcher auch mit Baruch aus Regensburg, Ephraim und Jehuda dem Frommen correspondirte[11]). Seiner Einrichtungen — d. i. der Anordnungen vom Jahre 1223 — gedenkt eine alte Handschrift[12]). Ob R. David aus Würzburg, dessen Sohn R. Meschullam aus Würzburg um das Jahr 1240 lebte, derselbe sei oder ein anderer, ist zweifelhaft; in ersterem Falle müsste bei seinem Namen in Luria's Fragment ממינצבורק (statt מוירצבורק) verbessert werden. In dem Pismon N. 4 beklagt er die durch die christlichen Züge und Bauten geschehene Entweihung heiliger Orte.

1. אחד היה אברהם Akeda in 19 Strofen, endigt אל מלך יושב על כסא רחמים. Das Akrostichon, bald in den ersten, bald in den zweiten Zeilen angebracht, lautet: דוד בר רבן קלונימוס יחי חוק ואמץ אמן ואמן סלה.
2. ארוכה תצמיח צרי וסם יפה scheint bei herrschenden Seuchen geschrieben; die letzte Strofe ist לבבי לעד יאמן בר ומגפה ואל יבושו כי העמידוני מצפה שיתה שמרה לפי וצפה וציר אמונים מרפא. Hinter dem vollständigen Namen ד׳ ברבי ק׳ ist noch חוק ואמץ אמן סלה יחי לעד angebracht. In Allem 18 Strofen.

---

1) zur Geschichte 49, 93, syn. Poesie S. 108. — 2) א״ז § 720, Hagah. Ascheri נשין 2. Meir Rothenb. 753. — 3) oben S. 111. — 4) Mordechai Jebamot 125. — 5) zur Gesch. 53. — 6) Zidkia א״ה 98. — 7) Mordechai und Hagahot Ascheri כתובות c. 2. Meir Rothenb. Rga. 872. — 8) Mordechai Aboda sara c. 5. — 9) Meir Rothenb. Rga. 572. — 10) zur Gesch. 163. Steinschneider in Ozar nechmad 2, 29. — 11) H. J. Michael's Mittheilung. — 12) cod. Uffenb. 93 N. 4.

3. דברך האמן למקדש שומם[1]), metrisches Tamid, nach dem Zuschnitt von Meir's N. 42. Noch vor Eröffnung der Alfabete ist akrostichisch gezeichnet דוד בן רבי קלונימוס ברבי מאיר חזק ואמץ אמן סלה, endigt במכנם קיום לרחומים כנם.

4. ישראל כניתו רענן יפה פרי für den zehnten Tebet, Pismon mit verschränkten Reimen und mit Strofenreim. Ende: הפוך לששון אבלי מספדי לי למחול הצומות והעקתם וצום העשירי. 12 Strofen; das Akrostichon, welchem die Strofen 2 bis 11 gewidmet sind, lautet: ד' בן רבי ק' חזק ואמץ אמן סלה. Eine alte Selicha-Handschrift hat dazu folgende Ueberschrift: פזמון וה יסד רבינו דוד בר קלונימוס לעשרה בטבת, בנגון הורידה דרך השובה.

Elieser b. Joel halevi[2]), der Verfasser von אביעזרי und אביאסף, von Rechtsbescheiden und Tosafot[3]), mit grosser Verehrung von Isaac aus Wien[4]) genannt, war zeitweilig in Mainz[5]), Speier[6]), Köln[7]), Würzburg[8]). Als sein Wohnort wird לובין genannt[9]). Ein Schreiben an R. Isaac begann er damit, dass er die Antwort diktire, da von Weinen und Elend seine Augen gelitten[10]). Er wurde, wohl auf den eigenen Wunsch, mit den Schaufäden am טליח begraben[11]). Auf Verlangen eines angesehenen Mannes hat er eine Abhandlung משפט הכתובה oder פירוש הכתובה verfasst[12]). Der Bescheid in Maimoniot Rga. משפטים N. 15 ist von unserm Verfasser, nicht von Elieser aus Toul, dessen Angelegenheit er behandelt; derselbe war bei dem rühmlich bekannten Hiskia in Boppard Hauslehrer[13]). Dass R. Elieser halevi den Zunamen Jeruschalmi hatte, ist ein Irrthum de Rossi's[14]).

---

1) syn. Poesie S. 270. — 2) Vgl. zur Gesch. das Verzeichniss S. 583. — 3) א"ז in Rga. N 747, Maimoniot Rga. אישות N. 37. — 4) גבור בתורה, בעל מעשים und בעל הוראות (א"ז Th. 2 §§ 36, 94, 421). Vgl. die gereimte Anrede פתרון סגרון u. s. w. das. Th. 1 § 757. — 5) א"ז, ערב שבת § 34. — 6) Anmerk. zu שערי דורא 64. — 7) Meir Rothenb. Rga. Cremona N. 190, ed. 3 N. 165. — 8) א"ז, מילה § 107. — 9) das. שבת § 87. — 10) das. Th. 1 § 757. — 11) das. Th. 2 § 421. — 12) Zidkia א"ה 66, א"ז § 712, Chajim א"ז Rga. 238, Mordechai כתובות 315. cod. Rossi 563. — 13) Chajim א"ז Rga. 39. — 14) catal. Mss. Th. 1 p. 86. Am Ende eines Blattes im Ms. steht ירושלמי, auf die darauf folgende Stelle des jerusalemschen Talmud hinweisend.

Wir haben von ihm 3 Selicha's und einige Sulat-Strofen.

1. אל תפר בריתך, gedankenreich, die Beschneidung verherrlichend, zur Feier einer in der Bussezeit eintretenden Festlichkeit dieser Art. Der strofische Vers endigt ברית; gezeichnet: אליעזר הלוי und בני יואל יגדל בתורתך חוק אמן.
2. אלהינו אל שדי für denselben Fall am Fasttage, ein Pismon in 8 Strofen mit verschränkten Reimen; der strofische Vers endigt זבח. In den drei ersten Strofen ist אבי העזרי gezeichnet; den Verfasser geben alte Handschriften an.
3. אמרתי כבר יכברך שוע והלך, Akeda, mit dem vollständigen Namen. Von Israel sagt er: ויהי כבקר והנה היא לאה; eine ähnliche Anwendung dieses Namens (לאה „die müde") findet man in seines Vaters Klage יבכיון (בת לאה העבריה), in Selicha אל ימעט (מיגיעה לאה), in אלי אלי אזון Isaac's (נערי לאה). Endigt קראתי בשמך לי אתה.
4. Drei Strofen הרג רב, welche in den Sulat אלהים seines Grossvaters Elieser b. Natan eingefügt wurden[1]), vielleicht der Ueberrest eines vollständigen Sulat; sie reichen von Buchstabe ה׳ bis ע׳.

Jacob b. Jischai. In seiner Selicha אשתחוה ואברעה לפני ה׳, die in etwas schwerer Sprache geschrieben אמי על כסא schliesst, zeichnet er אני יעקב יצו דרשן ונוזר, vielleicht derselbe יעקב הנוזר, dessen Sohn Gerschom, gleichfalls Mohel, im Jahre 1215 lebte[2]). Da die letztere Notiz aus dem ס׳ אסופות stammt und die Selicha in einer französischen Handschrift befindlich ist, scheint der Verfasser aus Frankreich zu sein. In anderen Mss. jedoch ist dieselbe Selicha אני דוד ברבי ישי gezeichnet, würde also dem folgenden angehören.

David b. Jischai.

1. Hochzeits-Jozer אקדמה בתודה וזמרה, hat sechszeilige

---

[1]) cod Michael 534 am Rande jenes Sulat: וזלת זה יסד רבינו א׳בן ו״ל ושלש פסוקים הללו יסד ר׳ אבי העזרי בן בתו. In einem alten Siddur perg. ms. ist diese Einschaltung in Amitai's Sulat אהבתיך. — [2]) Luzz. in Ozar nechmad 2 S. 10 N. 12.

Strofen und zwei Kadosch-Strofen in peitanischem Stil, א״ב und Namen zwiefach. Schlussstrofe: המוני קדוש ורוני שרופים נופים בפני פרוחם יחיש לעיני ורויים עלות להר ה׳ קדוש.

2. Selicha אך בטוב אתה לישראל עבדיך, zu 5 Worten die Zeile, ist ein Noth- und Hülferuf. Hinter dem א״ב ist akrost. אני דוד ברבי ישי הקטן. Endigt להחנון תפלתם תהיינה קשובות אזניך.

3. (viell.) Selicha ארוכה בת עמי מדוע לא עלתה, eine Unglückskunde aus fernen Ländern beklagend.

Das Jozer war in französischen Gemeinden gebräuchlich.

Meir b. Elia ist Verfasser einer vierzeiligen Tochecha [aabb], welche die Ueberschrift hat מיסוד הרב ר׳ מאיר נע״ and מאיר בירבי אליהו gezeichnet ist; vermuthlich lebte er im 13. Jahrhundert im östlichen Frankreich oder nördlichen Italien. Ein Rabbi dieses Namens ist bereits im kurzen Or sarua angeführt[1]). Anfang: מקרה ברואים וסודם וספר תולדות אדם, endigt עזוב רשעה תעים ובחרה בחיים.

Simeon Cohen, vielleicht der in einem handschriftlichen Gebets-Commentar genannte[2]).

Pismon בקר אערוך קולי mit verschränkten Reimen, endigt למרבה המשרה.

Jehuda b. Isaac, könnte Jehuda aus Paris sein.

אל עוררה נא ולבוש ישע ein Pismon nach spanischen Mustern, endigt צדיק ונושע.

Menachem Vardimas (ורדימשי) b. Perez[3]), im J. 1224 gestorben — ob derselbe, welcher A. 1215 in Palästina reiste? — ist Verfasser einer Akeda אברם הוא אברהם in 45 Strofen, die im Hagada-Stil Abraham verherrlicht und die Nothzeit schildert; endigt מלך יושב על כסא רחמים. Nach Beendigung des Alfabets ist gezeichnet מנחם ורדימשי ברבי פרץ הזקן.

Aaron ist vielleicht der Name des Verfassers folgender Stücke:

1. Ahaba אל מהוללי, welche Numer 21, 14 u. s. w. zum Thema hat, zeichnet in den drei Strofen zwiefach ארן.
2. Selicha אל עבדיך המצא, die spätestens um das Jahr

---

[1]) ציון Th. 2. S. 111. — [2]) Ritus 201. — [3]) zur Gesch. 53, 193.

1200 geschrieben ist, hat in jeder Zeile vier Worte und schliesst: אֹרוֹן הַקדש וכלי האומניות חֹבתם וכור כשנים קדמוניות.

Abraham b. Isaac [b. Mose][1]).

1. אזכרה נגינותי בלילה, Hochzeitlied in 4 vierzeiligen Strofen, endigt ורב שלום בניך.

Selicha's:

2. אולו בכליון וחרץ, Chatanu in 26 Strofen, vierfach alfabetisch, der strofische Vers endigt ארץ, die Zeile hat drei Worte. Die Unbilden die Israel durch die Weltreiche erlitten und sein heutiges Elend.

3. איבת שקטה[2]), in 31 Zeilen mit durchgehendem Reim, Hülferuf gegen Uebermuth und Gewalt. Endigt תפארת ומצנפת.

4. אבין קרב וסרעפים, Chatanu in 12 Strofen. Der strofische Vers endigt שמים, die Zeilenanfänge geben die Namenzeichnung vierfach, die Zeile besteht aus drei Worten. Unter andern wird über schwere Abgaben geklagt. Ende קונה שמים.

5. אֱל אביר השוכני, Gebet um Erlösung, der strofische Vers endigt קדש. Die letzte (12.) Strofe schliesst להר צבי קדש.

6. אלהים אמצו פלאיך, Hymnus und Gebet für die Bussezeit. Jede Strofe hebt אלהים an und endigt מעשיך; nur die letzte (die achte) endigt ועד אחרית שנה.

7. הודו אדיר נורא[3]), Hymnus in 7 Strofen; Strofe und Strofenvers heben הודו an, das Ganze schliesst wie Ps. 100 (הודו bis אמונתו).

8. חסדו אלהי ירעף in 8 Strofen, Gebet und Klage; die Selicha gehört zur Variation von Ps. 107, 8, daher die Strofen חסדו beginnen und endigen.

9. טוב ה׳ לקויו für die Bussezeit; aus demselben Grunde wie bei N. 8 beginnen und endigen die Strofen טוב.

10. כי אקח מועד, Klagen und Hoffnungen in 10 Strofen, Strofe und Strofenvers heben כי an. Ende: ורב חסד לכל קוראיך.

---

[1]) syn. Poes. 311. — [2]) das. 320 N. 2. — [3]) das. N. 1.

Sämmtliche Nummern haben den vollständigen Namen, die N. 6 und 7 auch noch החזן, letztere mit dem Zusatz חזק בתורה ואמץ בחקות אל. Nur N. 3 zeichnet nach Beendigung des Alfabets und des Namens noch בן רב משה חזן חזק אמץ. Die Nummern 2 und 4, so wie die Nummern 8, 9, 10, worin besonders die starken Assonanzen hervortreten, haben denselben Verfasser; sehr wahrscheinlich gehören, ausser N. 1 die deutschen oder französischen Ursprungs ist, alle übrigen einem und demselben romanischen Dichter.

Jacob b. Jekutiel, vielleicht aus dem 12. Jahrhundert, ist nur durch eine Akeda bekannt, die bereits in Mss. aus den ersten Jahren des 14. Jahrhunderts sich befindet, auf. אברהם היה אחד, an die Selicha N. 1 von David b. Kalon. erinnernd; zweizeilig, die Zeile zu drei Worten; die Zeilen zwischen und hinter dem א״ב bilden akrostisch den Namen nebst einem langen Zusatze[1]). Ende: אמ״י עכ״ר.

Samuel b. Menachem.

1. אלהיכם שליט בעולמו für die Musaf-Keduscha.
2. אלהים אל דמי לך במאריכי, Gesera - Selicha nach א״אב, נג״ד, variirt Ps. 83, der auf die strofischen Verse vertheilt ist und dessen Anfang und Schluss auch Anfang und Schluss dieser Selicha bilden. Ausdrücke und Wortverbindung haben mit denen des Elia b. Schemaja Aehnlichkeit.

Wenn beide Stücke einem und demselben Verfasser angehören, was manches gegen sich hat, so kann es der gleichnamige Lehrer Meir Rothenburg's aus Würzburg[2]) sein.

Jehuda b. [Binjamin? Chanan?] halevi.

ידיו גלילי זהב הטוב, Chatanu in 12 Strofen mit Ringworten, das blutiger Verfolgungen gedenkt. Endigt אמ״י על כסא רחמים. Das Akrostichon ist יהודה בר ברבי חנן חיבנן חלוי חזק והוחם אמן[3]); ob חיבנן in בר חנן zu emendiren ist? Ein R. Jehuda halevi lebte um 1240 in Regensburg[4]), Isaac b. Jehuda halevi A. 1300[5]).

---

[1]) vgl. syn. Poesie S. 370 unten. — [2]) syn. Poesie S. 309. Ritus S. 217. Meir Rothenb. Rga. 188 [irrig 128 in allen Ausgaben des ועד לחכמים ש 42]. — [3]) נמונים, נמותה, ברדתה, יעמד, חטאנו צועקת — [4]) Or sarua Th. 1 § 413. — [5]) Jehuda b. Ascher Rga. N. 92.

Isaac b. Isaac reimt in N. 4 מלון und קלון zu שלום, ist daher wohl in Frankreich zu suchen, wo allein seine Compositionen üblich waren. Die Einschaltung in ein älteres Biccur (N. 1) und die lange Namenreihe im akrostischen Namen nöthigen uns, ihn dem Zeitalter der jüngeren Tosafisten zuzuweisen, womit auch die Sprache übereinstimmt, in der altpeitanisches nur selten begegnet; keinesfalls darf das Akrostichon in N. 1 dahin gedeutet werden, als sei der Verfasser ein Zuhörer des dem 11. Jahrhundert angehörenden R. Meir. Unser Autor mag der von R. Perez[1]) angeführte, in den Tosafot und an zwei Stellen in dem Semak[2]) ms. genannte Lehrer sein. Die N. 6 befindet sich in einer Handschrift vom Jahr 1278.

1. אומר אף אני, eine aus 4 Absätzen bestehende Einschaltung in Meir's אוכרה שנות (N. 15) vor der Stelle רעים למנויו, endigt נאכל למנוייהם und ist eine Beschreibung des Passahopfers. Akrostichon der Zeilen אני יצחק בן רבי יצחק משואבי מימיו.

   Die folgenden Nummern 2 bis 4 sind Maarib-Zuthaten, und zwar N. 3 für das Wochen-, N. 2 und 4 für das Hüttenfest.

2. אוכרה נגינתי לילות וימים, nach א״ב und תשר״ק, in 9 Absätzen, von denen der 7. und 8. den Namen zeichnen, endigt וברך בשלום את עמך ישראל.
3. ימות עולמים שנים, die ersten drei Abschnitte beschreiben die Darbringung der beiden Erstlings-Brote, die letzten drei sind ein Gebet; endigt בירושלם ובזמן הזה.
4. יספת ה׳ לגוי נכבדת in 5 Abschnitten, endigt משמיע שלום.
5. Maarib Thorafest: a) מפחד אצנו לסלדך ולעבוד בחילה bis לילה, b) שמיני לדור דורים bis הוגי שבחך כאישון ננצרים, c) קלוסך בפיהם מהללים ומשוררים, endigt טכום אדר מצות בארן, die Zeilen von ט bis ת heben שמיני an und endigen ביום השמיני, d) שמיני בחרת ראש לכל יצור bis בזהב צור, e) שמיני יפיתה דמיונו כאריה לאהלו bis וגואלו, f) שמיני קומם על משמרתו, endigend על שבעה ושמונה.

---

[1]) Rga. zu שופטים N. 17, Anm. — [2]) auch im Zürcher Semak. Dafür ed. 31b „Isaac b. David", und f. 33b vor והרבה גדולים gar kein Name.

6. יחיד רם ומתנשא, Selicha mit Strofenreim (ישה oder סה), endigt ישבו לך על כסא. Es ist unter andern darin von dem Bekenntniss der Einheit[1]) die Erde.

N. 2, 5, 6 haben den vollständigen Namen, erstere noch חזק, letztere יחי לעד אמן. N. 3 zeichnet Isaac b. Isaac b. Mordechai b. Jischai b. Mordechai b. Salomo חיא; N. 4 hat יצחק בנבת יצחק בר [2]) [צילי מאיר נע] בר מרדכי בר שלמה אברהם, ein vermuthlich an mehreren Stellen der Emendation bedürftiges Akrostichon, indess stimmen die beiden ersten und die beiden letzten Namen mit der N. 3, und die ungleichen Theile in beiden Akrostichen sind jeder 17 Buchstaben stark. Vielleicht dass im letzten Abschnitt der Name Abraham einem Verwandten gehört.

Natan b. Isaac.

1. Jozer des Hochzeit-Sabbat אלהינו מלך העולם אספרה, endigt יודוך ה׳ כל מעשיך.
2. Sulat dessgleichen אודה ה׳ על עוז נוראותיו, endigt ומשירי אהודנו.

Selicha:

3. איככה אובל וראיתי[3]) in 23 Strofen, Klagen und Verwünschungen, endigt ובקדוש ישראל תתהלל; darin die Redensart על אהבתך תמיד משגה nach Mose hadarschan bei Raschi Spr. 5, 19.

Der Verfasser von N. 1 und 2 war der Grossvater des Schreibers oder Ordners des Machsor Opp. 1570 Q. A; beide Stücke finden sich in Handschriften des 13. Jahrhunderts. Ich halte ihn daher für den Gesetzlehrer, der mit Elieser halevi correspondirte (אז, יבום 652) und mit demselben unter den Verordnungen des Jahres 1220 unterzeichnet ist und zwar neben Hiskia aus Boppard. Dass ihm auch die Selicha N. 3 gehöre dürfte kaum bezweifelt werden.

4. אלהים שלח עזרה, dreizeiliges Gebet um Hülfe, endigt וברכת ה׳ היא תעשיר; hat in der ersten Strofe Aehnlichkeit mit N. 1 Str. 20.
5. אנכי עפר ואפר in 26 Strofen, eine dreizeilige Tochecha

---

[1]) ויחוד יוצר להעידה. — [2]) statt der eingeklammerten Worte vielleicht nur צילמן. — [3]) syn Poesie S. 276.

[aaa], die Zeile zu drei Worten, endigt ועל עמך ברכתך סלה.

Die Nummern 4 (zeichnet נתן) und 5 (— נתן בר) stehen im Ms. nebeneinander und in H. h. 39 hat N. 4 zur Ueberschrift: מיסוד הרב ר׳ נתן בר יצחק וצל.

Mose b. Isaac.

1. אין כאל מעריצים במוראות alfabetische Illustration der ersten Keduscha, aus selbiger Alles von ואומרים קדוש an bis ימלוך ה׳ u. s. w. enthaltend.
2. אל נערץ על סביביו dessgleichen der zweiten Keduscha. Beide Stücke haben dieselbe Schlussstrofe [1]), die man auch am Ende einer Festtags-Keduscha אוכלה היא ואוכל איננו findet.
3. בצאתי מחדק מסוכה Pismon für Hüttenfest, dem Silluk vorangehend, endigt סדר ענייני.
4. מהוללת מהוללת rhythmischer Ofan mit Mittel- und Strofenreim, in welchem die Befreiung von dem Joche Aegyptens mit dem Engelsgesange in Verbindung betrachtet wird, endigt יספרו בעודם.
5. מעלות שיר בנעם, ein Barchu das יומשכו endigt. Der Anfang erinnert an ähnliche von Salomo b. Abun (N. 4) und Abigedor.
6. משרתי מרום ברעד Ofan, endigt מרופפים.

Selicha's sämmtlich mit durchgehendem Reim:

7. ה׳ ה׳ אל חנון Peticha, endigt לפניך מפילים.
8. מאריך אף ומשיב חמה Peticha für Esther-Fasten, endigt בטוחים על רחמיך הרבים.
9. מיכאל וגבריאל ממונים Techinna, endigt שארית ישראל.

Den vollständigen Namen zeichnen sämmtliche Stücke, N. 6 und 7 auch הקטן, N. 8 noch חזק ואמץ בתורת אמן. Die Nummern 1 und 2 dessgleichen die Selicha's haben denselben Verfasser, wahrscheinlich gehören N. 4, 5, 6 einem und demselben Autor. Der Verfasser der N. 3 scheint alt und hat vielleicht eine vollständige Keroba geschrieben. Die Identität für alle neun Nummern ist indessen nicht festzustellen. Den Namen Mose b. Isaac führen mehrere vor 1250 Lebende [2]).

---

[1]) ימלוך ה׳ לעולם בהר קדשו אלהיך ציון יעלה על שמחתו בראשו לדור ודור הללויה שבר עמו בהחבישו. — [2]) Note 32.

Schabtai b. Isaac.

1. שבועה הורים וכור ein Gedicht von 12 Zeilen, endigend כי אתה ה׳, das in einem alten Machsor unmittelbar der Ahaba ימי שנותי Joseph's sich anschliesst und vielleicht die letzte Strofe einer eigenen Ahaba ist. Das Akrostichon gibt שבתי בן יצחק חזק סלה. Hin und wieder mit Assonanz (חרשה לגרושה) oder Mittelreim (כך סברם אב רם).

2. אלהי כך בטחתי alfabetische Selicha in 13 Strofen, endigt ושמחת עלם על ראשם, gezeichnet שבתי בר יצחק חזק.

Isaac b. Natan betrauert in einer Gesera-Selicha אתה בחרתנו מכל העמים die Opfer in Fulda vom Dezember des Jahres 1235; die Strofen fangen mit Bibel- einige mit Talmudstellen an. Die Sprache ist rein und einfach, die Darstellung nicht ohne dichterische Schönheit; endigt אמיי על כסא רחמים.

Samuel b. Mose.

אשבה אל ארזי הראשון alfabetische Techinna vor מתי תקום תרחם ציון ומכי, hat durchgehenden Reim, endigt כי אתה מבטחי. Der Name und das Hinzugefügte ist in den je zweiten Buchstaben der 22 Zeilen gezeichnet[1]). Das Alfabet zwingt ihn zum Infinitiv משוה (נמש), der Reim zu מצחי נתמלא מרוק (st. פני) und לצחי (von צחה) statt לצמאי (Ps. 69, 22). Um 1150 lebte ein R. Samuel b. Mose im südlichen Frankreich, vermuthlich in Montpellier[2]); unser Verfasser ist jedoch wahrscheinlich ein Deutscher und wohl älter als das 13. Jahrhundert.

Natan b. Jacob.

1. אני אשוח לפניך, Israels Schmerzen und Hoffnungen[3]); die erste Halbstrofe beginnt אני, die zweite ואתה ה׳, der strofische Vers endigt ישראל. Die ersten beiden Zeilen der Strofe alfabetisch, die dritte gibt das Akrostichon[4]).

2. בשבור ישאף צלו Pismon in 5 Strofen mit verschränkten Reimen, endigt ברשן אותו רוה. Der Name des Vaters könnte in dieser Nummer Jakar sein, auch ist

---

[1]) vgl. syn. Poesie 112, 371. — [2]) meine Analekten N. 2 S. 308. — [3]) syn. Poesie 280. — [4]) das. S. 370.

die Identität mit N. 1 nicht sicher. Einen andern Dichter dieses Namens kennen afrikanische Riten.

Isaac b. Abraham.

ישבחונך בכל מפלל in 11 metrischen Strofen mit zwölfsilbigen Zeilen, ein Lobgesang auf das Werk der Schöpfung, für Thorafest oder den Sabbat nachher, endigt חמד אלהים לשבתו. Diese Composition war in burgundischen und lotharingischen Gemeinden üblich. Dahingegen hat das römische Machsor eine Selicha für den Sühntag הן יום בא לה׳ deren Strofenverse reimen, die ישראל עם קרובו schliesst und יצחק בן אברם יחי[1]) zeichnet. Männer dieses Namens sind mehrere bekannt[2]).

Pesach hacohen [b. Abraham?] ein Freund und Verwandter der in Fulda i. J. 1235 Gemordeten, verfasste zu deren Andenken folgende Selicha's:

1. אתה האל עושה פלא, worin die Opfer genannt werden. Der akrost. Name zwischen פסח בר und הכהן scheint אברהם; endigt וששון ושמחה ימצא בה.
2. פורה הדרוך לבדך Pismon in 8 Strofen mit Strofenreim, endigt בה׳ תשועת עולמים.
3. Chatanu פנה אל תפלת הערער, mit Ringworten, endigt ברית אבות.

Joseph b. Kalonymos der Punctator, der 1238 lebte[3]) — ein jüngerer gleichnamiger Schreiber blühete 1294[4]) —, vielleicht der anderweitig als Joseph Nakdan[5]) bekannte, hat verfasst:

1. אדיר במרום ה׳ ein Melech-eljon für Neujahrfest, endigend מושל בגבורתו עולם.
2. אמרר בבכי Klage für den 9. Ab, zwiefach alfabetisch in siebenzeiligen Strofen, die strofischen Verse heben כי an und endigen ה׳[6]); endigt כי חנון ורחום ה׳.
3. אועק חמם קורותי eine den Märtyrern von Fulda gewidmete Selicha. In den Strofenversen kommt שבר vor. Endigt שני רשעים שברת לה׳ הישועה.

In den Nummern 2 und 3 ist נקדן gezeichnet. Die Nummer 1 enthält ein französisches Machsor vom Jahr 1278.

---

[1]) nicht בן אשר wie onomast. S. 110 hat: Die Zeile יחיש muss der Zeile רם folgen. — [2]) Note 33. — [3]) zur Gesch. S. 111. — [4]) das. S 114. [5]) vgl das. S 111 und 113 oben.— [6]) syn. Poesie S. 98.

Jechiel b. Jacob aus Eisenach erlebte und betrauerte dieselbe Verfolgung in Fulda[1]), ist vielleicht der in den Maimoniot[2]) angeführte Rabbi aus Eisenach.

1. אסירים בשיר יצאו Klage am 9. Ab, Gegensätze zwischen der Zeit des Wüstenzuges und der der Zerstörung; die erste Halbstrofe hat Refrän בלכתי לדור חורב, die zweite: והר ציון חרב.
2. יום מצע קצר Meora in 19 achtzeiligen Strofen [aaab, aaaB], deren strofischer Vers יונה schliesst und mit welchem auch die vierte Zeile [b] reimt: das Wohlergehen und der Uebermuth der Feinde und das Elend und die Erniedrigung Israels; endigt הביאה האור ותבא היונה.
3. ימים ברחו ושובה לא ראו עיני Selicha, feiert die Märtyrer von Fulda, das Unglücksjahr durch למכה [95 d.i. 4995] bezeichnend. Im Strofenverse מלא. Hat 20 Strofen und endigt ומלאת מלוא אבן רועה ישראל.

Jesaia b. Mali aus Trani, berühmt als Gesetzlehrer, Tosafist und Commentator, Zeitgenosse von Isaac aus Wien, an welchen er Gutachten gerichtet. Die Peticha איכה שפתי ארוה פותה[3]) mit durchgehendem Reim, im Abbasi-Metrum und gekünstelter Sprache, vier Worte die Zeile, alfabetisch und alsdann ישעיה בירבי מאלי חזק gezeichnet, endigt קולו למשסני יהי נגח. Sie scheint nach Antoli's Akeda gearbeitet.

Mordechai b. Schabtai genannt ha-aruch (longo oder makros), obschon er sich einmal הצעיר zeichnet, war auch Schreiber und ist ein Dichter nicht gewöhnlicher Begabung; seine Sprache ist fliessend und klar, die Darstellung ermangelt weder der Schönheit noch der zum Herzen dringenden Innigkeit. In den Handschriften heisst er רבנא, und die deutschen wie die romanischen Riten, nicht minder die Karäer, haben seine Selicha's aufgenommen. Er gehört nach Italien oder Griechenland. Seinen vollständigen Namen zeichnet er in N. 7, 11, 13, 14, 15 und zwar in N. 13 הארוך hinter seinem, in den übrigen hinter des Vaters Namen; nur מרדכי הארוך haben N. 1, 2, 4, 5, 6, 8, 12; nur מרדכי בר שבתי hat N. 3;

---

[1]) syn. Poesie 29. — [2]) שחיטה c. 5: ביסוד ה"ר מאיזנבא — [3]) syn. Poesie S. 299.

die ähnlich gebauten N. 9 und 10 sind מרדכי gezeichnet, und erstere wird in Handschriften Mordechai ha-aruch und dem Verfasser von N. 2 beigelegt. In N. 11 liest man akrost. סופר, in N. 5 סופר יחי חזק ואמץ, in N. 8 חסון, das entweder aus הַסַּלּוֹנִי [aus Salona] oder aus הַסּוֹפֵר נרו abgekürzt ist. Die letzten Strofen von N. 7 [1]) und von N. 11 [2]) deuten vielleicht einen Ort an. Von einem Mordechai ha-aruch der über Kalender geschrieben ist in cod. Leyden 41 die Rede.

Die Selicha's unseres Dichters begegnen bereits in Mss. aus dem Anfang des 14. Jahrhunderts; seine N. 4, 5, 6 sind nachgeahmt von Binjamin [3]), Aaron b. Joseph, Abraham, Kaleb b. Salomo, Joseph [4]), Schabtai b. Kaleb, Samuel b. Schabtai und den Karäern Joseph b. Schabtai und Jehuda Maroli.

1. אהלל לנוטה בראשון Introduction zu לאל אשר שבת am Sabbat Bereschit, variirt אל ברוך גדול des Jozer.

Selicha's:

2. אהובה אשר אורשה Israel die verlassene Braut; alfabetisch, endigt ואחרי כן תבא אליה ובעלתה והיתה לך לאשה.
3. אלהי אם מעלתי מעל Bussgebet, in Ms. Luzz. f. 239.
4. בקר מפלטי Akeda, für die Frühstunde des Sühnfestes, die Strofen beginnen und schliessen בקר.
5. היום מלבי, 14 Strofen, die היום beginnen und schliessen.
6. לילה ממען für den Vorabend des Sühntages, die 8 Strofen beginnen und schliessen לילה.
7. מאנה להנחם [5]) eine rührende Klage, der strofische Vers schliesst לי, das Ganze ה׳ אור לי.
8. מאתך תהלתי für Neila, der strofische Vers endigt ערב.
9. מבית צבי ארמונה, Tachanun, die Leiden Israels unter dem Bilde einer verfolgten Taube, 5 zwölfzeilige Strofen [5ab, b A]; endigt: ועל ראשך העטרות והנזר אחבשה האבן הראשה תשואות חן חן לה.
10. מי גוי גדול, der strofische Vers schliesst בו.
11. מלאו מתני חלחלה [6]) Klagen und Hoffnungen. Die 14 Strofen endigen jede הוה.
12. מעונה·אלהי קדם, 10 הוא endigende Strofen; schliesst

---

1) ותופיע שפלותי קומם מהר· — 2) מקום שבתך מהר לטהר· — 3) בקר אערוך לך· — 4) בקר ייחד· — 5) syn. Poesie S. 297 ff. — 6) das. S. 296.

לחי אשה הוא, ist, gleich N. 5 und 10, für den Versöhnungstag.

13. מקוה ישראל ה׳ für den dritten Tag der Bussewoche.
14. מקצר רוח schildert die jetzige Erniedrigung Israels. Sämmtliche Zeilen reimen ־וה; endigt ושבה אל בית אביה בנעוריה.
15. משאת כפי für Mincha des Sühntages, der strofische Vers endigt מנחה.

Mose b. Chija (חייה) dichtet in der Weise der romanischen Autoren jenes Zeitalters, nicht ohne Gewandtheit, indess häufig nur der schönen Worte oder des Reims halber die Ausdrücke wählend. Einem handschriftlichen Tachkemoni Charisi's zufolge [1]) war er aus dem Orient gebürtig und hatte sich in Spanien nach den dortigen Mustern gebildet. Von seinen Compositionen, die fast nur in den griechischen Riten üblich waren, sind die folgenden bekannt:

1. מי כמוך משים נתובה, Mikamocha für den Hochzeit-Sabbat in 20 Strofen, der Strofenvers endigt לבנון, ist eine Verherrlichung des jungen Ehepaars.
2. (viell.) אודה צורי הפליא חסדו, Nischmat für Hüttenfest, dem poetischen Gehalte nach tiefer als die Stücke unseres Verfassers. Die Zeile achtsilbig, die Strofen 2, 3, 4 geben משה, Strofen 1 und 5 endigen חיה, Strofe 5 gibt בחירו, könnte בר enthalten.
3. אוברה אלהים ואהמיה, Chatanu auf die zehn Märtyrer in 44 Strofen.
4. אשכלות בשלו ואמללנו, Chatanu in 16 Strofen; der strofische Vers der ungeraden Strofen endigt לנו, der geraden חטאנו.
5. את פני מבין, Tochecha, dreizeilig, die strofischen Verse sind alle aus dem Pentateuch, hie und da Tedschnis-Reime.
6. מבטחי ונוחי בשיחי רוחי in 17 Strofen, der strofische Vers schliesst קדשו und das Ganze ימינו וזרוע קדשו. Die einzelnen Theile stehen untereinander nur in schwachem Zusammenhang.
7. קדוש מבין תבל לידות משטין [2]).

---

[1]) Mittheilung von Sen. Sachs. — [2]) Pinsker S. 127.

8. קדוש מסתתר במשכן רומו, Tachanun in 16 Strofen [1]), die gleichwie die Strofenverse קדוש anheben; nur in der dritten Strofe schliesst dieselbe קדוש. Ist für Sühnfest am Sabbat bestimmt und endigt קדוש יושב תהלות ישראל.
9. שחר מפלט לי אחישה für den Sühntag, zweizeilig, die Strofen beginnen und endigen שחר.

Die N. 1 und 3 bis 9 sind mit dem vollständigen Namen und חוק versehen; N. 1, 3, 5, 9 haben auch ואמץ; N. 8 hat חוק לעד, N. 4 אני voran.

Joseph Kalai (קלעי) b. Jacob hiess auch כרפאן [ob κορυφαῖος Vorsänger?] und nennt sich in seinen Compositionen Vorbeter (חזן) und Dichter (פייט); seiner Stücke bedient sich vornehmlich der griechische Ritus, einzelner auch die Ritus von Rom, Tripolis und der Karäer, zu welchen letzteren er selber nicht gehört hat [2]).

1. אגגי עליך בפשטו Jozer zum Sabbat Sachor, variirt den Amalek betreffenden Abschnitt Deut. 25, 17—19 in 8 Strofen א' bis ח'.
2. איכה אבי אשו בי הבעיר Klage für den 9. Ab. Sowohl die Strofenverse als sämmtliche Zeilen beginnen איכה.
3. את ה' דרשתי Sulat zum Sabbat Sachor, behandelt Saul's Krieg gegen Amalek, einige Vorschriften über die Lesung der Megilla einwebend.
4. ויאמר המן למלך Anschluss an N. 1, Zwiegespräch zwischen Haman und Ahasverus in sechs Absätzen; der König gibt trotz vieler Weisheit, die er spricht, plötzlich nach.
5. לקראת פני חתן Brautlied am Hochzeitstage, metrisch [viermal ——◡———], mit Strofenreim יך —
6. מה מתקו טעמי שבת Jozer für Sabbat am Neumond, ein Wettgespräch zwischen beiden Feiertagen.

Selicha's:

7. אגני כעם בך כאוור, der strofische Vers hebt כי an und die ersten drei bilden den Namen יוסף.

---

[1]) Die Strofe für ק in חוק (vgl. Pinsker S. 127 unten) fehlt in der mir vorliegenden Abschrift. — [2]) gegen Pinsker S. 82.

8. אהלי שדד ונתקן מיתרי Tachanun, die göttliche Strafe und die Sühne; alfabetisch in 9 Strofen.

9. איש צר ואויב variirt in 6 Strofen denselben Abschnitt wie N. 1.

10. אליך ה' מושיב יחידים variirt in 10 Strofen den Abschnitt Exod. 17, 8—16.

11. אני ארובה הייתי Vergleichung von ehemals und jetzt in 9 Strofen; der strofische Vers und die erste Halbstrofe beginnt אני, die zweite Halbstrofe ועתה, ähnlich der N. 1 von Mose b. Joseph dem Römer, hat בין כל אומה ולשון gleichwie N. 8.

12. ארוממך אלהי המלך Thema zu יחיד טרם הוית einem Chatanu für Neujahr, in der Form der Mostedschab, daher sämmtliche 19 Strofen מלך schliessen.

13. אשא אישן אישן ברגשן Chatanu in 9 Strofen, nach der Form des אריד בשיחי [1]).

14. אשא בשרי בשני Chatanu mit Ringworten, die Sündhaftigkeit nach Art der Tochecha's darstellend, 14 Strofen [2]).

15. את פניך ה' בבקשי variirt die Anfänge der ersten 10 Verse im Buche Esther, mit Benutzung der Hagada.

16. הלאל ירבו אומר Tochecha in 23 vierzeiligen Strofen [aabb] [3]).

17. יום דלה ונאנחה Tachanun in 6 Strofen [4ab, aA], der strofische Vers endigt טוב oder הטוב. — יחיד s. N. 12.

18. מדי ימים ימימה für den 17. Tammus; 8 Strofen.

Die Nummern 7, 9, 10, 15 und 17 sind für Esther-Fasten. יוסף קלעי zeichnen N. 8, 17, 18, mit חזק N. 5, 7, 15, und überdies אני voran die N. 2, 9, 10 und zwar folgt in N. 2, 15, 18 פייט hinter Joseph. N. 13 hat: אני יוסף חזן קלעי חזק, N. 14: אני יוסף כרפאן חזן חזק. Den vollständigen Namen „Joseph b. Jacob Kalai" haben die Nummern 3, 4, 6, 11, 12, 16, und zwar N. 3 noch פייט hinter des Verfassers, N. 12 noch כרפאן hinter des Vaters Namen. N. 1, ohne Namens-Akrostichon, geht der N. 4 unmittelbar voran und wird im Machsor unserm Verfasser beigelegt. Der dortige Ausdruck ויהי לעלק [4]) kommt in der That

[1]) syn. Poesie S. 90. — [2]) das. S. 293 ff. — [3]) das. S. 295. — [4]) vgl. das. S. 385.

auch in N. 9 und 10 vor; überdies herrscht auch sonst Verwandtschaft zwischen den Nummern 1 und 9: פשט כילק ist in beiden und in N. 3.

Samuel halevi b. Abraham genannt Bonfant, vielleicht aus Worms, blühete 1240, von einem ältern gleiches Namens verschieden.

1. Sulat אין לנו אלהים עוד זולתך die Metzeleien in Frankfurt im Jahr 1241 beschreibend.
2. שש אנכי האל Gedenk-Gebet mit den beiden Refräns שוב und והשב, wenn am Fasttage eine Beschneidung stattfindet. In H. h. 38 wird R. Samuel halevi als Verfasser genannt. Den Namen geben die Strofenanfänge 1 bis 5, das Uebrige die 6. und 7. Strofe[1]).
3. שהרנוך בקשנוך Peticha mit gleichem Reim. Im Akrostichon ist jedoch הלוי nicht ausgedrückt.

Ohne Grund macht ihn Heidenheim zum Verfasser der Ahaba [שננו] für den Abschnitt וירא (gedruckt וארא).

Meir b. Mose in Rom, nachher in Sizilien, stand in Verbindung mit Mose Rofe und Jehuda Rofe b. Binjamin, wird einigemale in den Werken Zidkia's genannt, verfasste die alfabetische Peticha אדני אלהי האלהים, die stetigen Reim hat und כי על רחמיך הרבים אנו בטוחים schliesst und in der über gewaltthätige Beamte geseufzt wird. Akrost. מאיר בן משה חזק ואמץ.

Ein älterer Meir b. Mose lebte zur Zeit Eliesers b. Natan in Frankreich; um dieselbe Zeit R. Mose b. Meir in Rom; im 13. Jahrhundert Meir b. Mose aus Ferrara und — vielleicht dessen Sohn — Mose b. Meir aus Ferrara[2]).

Perigors b. Kalonymos, Nakdan[3]): פסו אמונים גמרו חנונים nach der Weise von Ephraim's Selicha אני אני המדבר und mit gleichem Strofenreim endigt הצור תמים אליך ונשובה. Der Name Perigors kommt seit der ersten Hälfte des 11. Säculums in Frankreich vor.

Chakim. Selicha איה קנאתך וגבורתך[4]), zweizeilig und zwiefach alfabetisch, überströmt von Klagen und zeichnet

---

[1]) בְּרִית אוֹרָה בְּרִית יחידו הֹלֵךְ בְּמֵישׁוּר — — — וברית הַלֵּוִי — — — חֹק וְזֹכֶר — — — קִיּוּם — — — [2]) zur Geschichte S. 57 u. f. — [3]) das. S. 113. — [4]) syn. Poesie S. 277, 279.

חכים הקטן חזק. Chakim hacohen kam 1096 in Worms um[1]). Ein Alexander b. Chakim, wie es scheint ebenfalls aus der Rheingegend, wird um das Jahr 1070 genannt[2]); um 1290 lebte R. Chakim[3]) im südlichen Deutschland. In der Handschrift ist unsere Selicha überschrieben: כרי חכים בניגון אנוש ריכה. Sie endigt: יזריח על אוהביו.

Zemach.

1. אם ישבה לכסא[4]) für den Rüsttag des Neujahrfestes, 12 auf משפט ausgehende Strofen; endigt אשרי כל חוכי לו.
2. את דבר קדשך Akeda, in einer Zeit der Bedrängniss verfasst[5]), 23 Strofen; endigt תעסה דבר אליך הלאה.

Diese Nummer wird hie und da R. Menachem zugewiesen, vielleicht weil „Menachem Zemach" ein öfter vorkommender Mannsname ist.

Etwa zwölf nicht näher festzustellende Namen müssen hier ihren Platz finden, von denen nur so viel gesichert scheint, dass sie Dichtern angehören, die nicht jünger als das 13. Jahrhundert und nicht aus Deutschland sondern aus Spanien, der Provence, Italien oder dem Orient stammen.

Abbas, Abbasi. Den Namen Abbas (עבאס) führen ausser dem Verfasser der Akeda עת שערי רצון folgende Dichter: 2) Mose ibn Abbas, dessen der Diwan von Salomo Bonfed gedenkt, 3) Mose Abbas (1578), 4) Mose Jehuda Abbas (1660), 5) Jehuda Meir Abbas (Verfasser eines Gebetes ישמח צדיק בה' und vielleicht derselbe, dessen Asulai erwähnt) (1650—1660). Daher gibt diese Namenzeichnung keine Gewissheit über die Autorschaft, und noch geringere die Ueberschrift „Abbasi," welche zuweilen das Metrum bezeichnet[6]). Abgesehen von jüngeren und dem romanisch-germanischen Cyklus fremden Stücken[7]) kommen hier folgende Compositionen in Betracht:

---

[1]) das. S. 20. — [2]) Meir Rothenb. Rga. 875. — [3]) Chajim א"ז Rga. 171. — [4]) syn. Poesie S. 278. — [5]) עת צרה היא וצרתם נמשכת. Vgl. Ritus S. 130. Anm. d. — [6]) Luzzatto מבוא S. 37. Vgl. עבאסי bei Pinsker S. 121. 122. — [7]) z. B. אב הרחמים עננו (עבאש) (cod. Rossi 382, um A. 1600) Regengebet.

אוהב מעון ביתך
אלהי התעודדה } Pinsker S. 123.

(עבאס) עוזי מפלט לי
(עבאס) עמי קום נא } beide in einem Ms. aus Jerusalem, das etwa 160 Jahre alt ist. — עם אשר הם Pinsker a. a. O.

1. עב קל ממרומיך Neila-Gebet in 4 Strofen, endigt וראה בנים לבניך.
2. עבדי ומן אל יד im Ritus von Haleb.
3. על היכלי אבכה Klage in 5 Strofen, am Fasttage des 9. Ab beim Ausheben der Gesetzrolle. Die 3. Strofe hebt an אבכה בכי. Im sefardischen Machsor.
4. עמדי יחודתי Tachanun in 9 fünfzeiligen metrischen Strofen, strofischer Reim ךְת, endigt תהי בקורת.
5. עומדים בלילות על mit Eingang יום באחם לחלות, für den Busse-Sabbat.
6. עומדים בני יעקב כדל על דלת[1]).
7. ערכו התלות עז in 6 Strofen, im Machsor von Tripolis.
8. עת שערי רחמים in 6 Strofen, Tachanun, endigt והם יוסלחו.
9. aram. Purimlied: עדן בשר גומרי וצלי קדר, endigend: דובשא חלב ומשח לא יחסר. In einem provenzal. oder catalon. Ms.

Die Nummern 1, 4, 8 sind Selicha's im griechischen Ritus, N. 1 auch im römischen; N. 2, 4, 7, 8 sind für das Versöhnungsfest; N. 4, 6, 7, 8 haben gleiches Versmaass; mir scheinen N. 2, 4 bis 8 einem und demselben zuzugehören. Allen diesen Stücken ist eine Künstlichkeit der Bilder eigen; das Akrostichon ist עבאם (N. 1, 9; mit חזק N. 3), עבאסי (N. 6, 7; mit חזק N. 4), עבאסיה (N. 5, 8; mit חזק N. 2) und hinter demselben in N. 4 und 5 noch der Buchstabe ע.

Abun.

אביר יעקב לבב עקוב in 6 Strofen, endigend וקול רנה, für Schacharit (cod. II. h. 214).

Zwei Selicha's Abun's enthält das Machsor von Avignon[2]), deren Verfasser vielleicht Abun b. Saul geheissen. Abraham b. Isaac (אב בית דין) führt einen Schüler Alfasi's an, den frommen R. Abun aus Majorca[3]), vielleicht denselben, dessen Tod Mose b. Esra betrauert und identisch mit dem Verfasser des Nischmat-Piut עז אל מעידים[4]).

Ascher.

אלהים אלי אתה אשחרך Chatanu in 6 Strofen, je zwei

---

[1]) Pinsker S. 123. — [2]) Ritus von Avignon S. 291, 301, 480. — [3]) cod. Rossi 159. — [4]) Luzzatto in כ״ח 4 S. 31, 85, 86.

durch Ringworte verbunden. Die Strofenanfänge geben den Namen achtfältig. Ton und Ausdruck verweisen den Verfasser in die germanische Region, aus welcher in den Ritus von Tripolis, der diese Selicha hat, ähnliche[1]) eingedrungen sind. Scheint unvollständig. Endigt: רשא לכל חטאתי.

Asriel.

1. ארער בזכרי כה תמותה alfabetisches Chatanu mit Ringworten, endigt קריה נאמנה. Der Verfasser ist älter als das Jahr 1277.

2. אך טוב לישראל ארון עולם in verschränkten Reimen, endigend בני תמותה: die Namenzeichnung ist nicht völlig deutlich. Der Verfasser ist älter als das Jahr 1304. Beide Stücke in französischen Machsor.

Carcassone ist Verfasser eines in afrikan. Riten üblichen für Sabbat-Ausgang der Busszeit bestimmten Gebetes קדמתי חין ערבי in 7 נפשי endigenden Strofen [4ab, AB], deren Anfänge קרקשוני geben. Ein Sühnfest-Pismon des französischen Ritus עלי עשור בעשור, dessen 4 Strofen nur das Akrostichon ע קטן enthalten und כוכבים schliessen, heisst in einem alten provenzalischen Machsor: Pismon Carcassoni, so dass, wenn hierunter der Name des Autors zu verstehen ist, derselbe noch anders — etwa Esra — gelautet haben muss.

Chananja.

1. חי בכל ממשלתו für Gedalja-Fasten, 5 Strofen, endigend קלון וקדורניה.

2. הנוה אתכם יהוה Tachanun in 5 Strofen, der strofische Vers schliesst עליכם, das Ganze אשר דבר ה׳ אליכם ועליכם.

3. חצות לילה אקום Selicha für Gedalja-Fasten.

(Vielleicht) 4. בעשור לחדש ביום כפור[2]), dessen 4 Strofen בעשור לחדש anheben. Endigt ושמע קול תחנוני.

N. 1 und 4 hat der afrikanische, N. 2 der romanische, N. 3 der provenzalische [Avignon] Ritus; N. 1 hat שֶׁעָבוּר, N. 3 כחלצתם, מחולה, פלול; N. 2 Bildungen wie חֶשֶׁר ,חָשֵׁר; N. 1, 2, 4 haben spanischen Rhythmus.

---

[1]) איך אוכל ,אשיחה עם לבבי ,שפט כל הארץ ,ה׳ אלהי הצבאות —.

[2]) חמשת — נפשות נטהרות — יום הכפורים zu Anfang der Strofen 2 bis 4.

Die Introduction zu Nischmat חנון להודות לך [1]) scheint einem neuern Dichter anzugehören.

Chananel.

חסדיך תגביר על עון יצרי Sühntags-Pismon in 5 Strofen die אדם schliessen, hat Mittel- und in der ersten Strofe verschränkten Reim, endigt והולעה בן אדם.

Chisdai.

תרדתי ופחדתי מתגרת ein Pismon mit psalmartigen Bussebetrachtungen, die 4 siebenzeiligen Strofen haben Mittelreim. Ende: ואני ברב חסדך.

Der Dichter ist älter als 1270 und vermuthlich aus Frankreich. Ein Chisdai Nasi wird (in Mss.) als Verfasser des Stückes אשריך im Jozer Thorafest — wovon der vierte Abschnitt in den Ausgaben fehlt — angegeben; allein der richtige Name ist Chasadja. Schemtob [2]) gibt im Namen eines erdichteten Chisdai Nasi eine Erklärung der Worte חמדת ימים, die aus älteren Schriften bekannt ist [3]).

Eljakim, wie es scheint Italien oder Griechenland angehörig, verfasste:

1. איה רחמים נואמים Tachanun, das מכניסי in dreizeiligen Strofen variirend.
2. אתה אלהי יוצר עולם Variation des 51. Psalms.

Ephraim.

אקרא בצר רוחי eine Eröffnung zum Selicha-Vortrag in 5 Doppelzeilen mit einerlei Reim, endigend ולא אחדל, der Name ist zweimal gezeichnet.

Itiel.

תפלת משחרי פניך [4]) Bussgebet in 8 Strofen, endigt הצליחה נא היום.

Todros.

אקרא לך בצר לי für die Bussetage, hat 7 Strofen und schliesst והקבל ברחמים את תפלתנו oder קבל שועתנו ושמע תפלתנו, gezeichnet תודרוסי חזק. Von dem provenzalischen Dichter Todros ist ein Mikamocha für Pesach אבינו צור ישראל מלך רב מקשיב כל שואל ומיד חוק גואל אשרי הגבר יחסה בו.

---

[1]) אמרי נעם f. 69. — [2]) האמונות c. 14. — [3]) Hapardes 55d, Hamanhig 32a, vgl. gott. Vortr. S. 69 Anm. b. — [4]) syn. Poesie S. 289.

Mose b. Joseph in Rom.

1. אזכרה ואתמוגג ונפשי אמולה Israels Elend wird in 11 Strofen geschildert; die dritte Zeile jeder Strofe beginnt ועתה, der strofische Vers ואני; die beiden auf ועתה folgenden Worte befolgen das alfabetische Gesetz oder das des Namens - Akrostichons (ועתה בדלה נשלה, ועתה סבוה פינו, ועתה הדפוני ודחוני); endigt ואני בקול תודה אזבחה לך (Jona 2, 10).
2. אנו יצירי אלי vierzeilige Tochecha, meist mit verschränkten Reimen, endigt סלח נא לעון העם הזה (Num. 14, 19).
3. איך איבה שגבה אהבה, dem Inhalte von N. 1 ähnliche Klage in Strofen, jede איך anfangend, endigt כפר לעמך ישראל אשר פדית ה׳ (Deut. 21, 8).
4. יוסף אשר מקדם Klage in 11 Strofen, die יוסף anheben und endigen, mit talmudischen und peitanischen Ausdrücken, endigend ואנכי אעלך גם עלה ויוסף (Gen. 46, 4).
5. מצרי ערי יצרי Pismon mit Bussebetrachtungen, 7 zehnzeilige Strofen [4 ab, dann a A oder b A] nach spanischem Muster, vielleicht nach Jehuda halevi's יצרי ראשית צרי, jedoch kommen Bildungen wie העבר רבוי, כו עט (ausstreichen), יתקבל vor. Der Refrän ist Ps. 28, 2 bis אליך.

Die Nummern 1, 4, 5 haben den vollständigen Namen und N. 2 fügt בעיר רומי hinzu. In N. 3 scheint nach משה חזק noch ברומי העיר angebracht. Die Nummern 1 und 5 haben gemeinschaftlich die Ausdrücke: התמוגג, נפשי אמולה, סבת (statt הסבת). Die letztere Nummer ist in den Ritus der deutschen Frühandachten aufgenommen.

Mose b. Joseph.

אתה הקותי ותוחלתי Bussgebet in den üblichen Phrasen. Der Verfasser hat לנקי und רבאון[1]).

Von dem Vorbeter Mose b. Joseph, zubenannt כתב, der im 13. Jahrhundert blühete, sind folgende Compositionen da:

1. מרום תורוג חתן ריבא nach der Melodie des Hochzeits-Piut דבוק חתן.

---

[1]) vgl. syn. Poesie S. 377, 398.

2. Empfangs-Gedichte beim Aufrufen der Bräutigamsfreunde; die Strofenverse bilden die Worte קרב ,תבא, לבן ,גשה ,עלה ,רבן ,קום ,קרא.
3. מאר דת אש } ersteres für den Thora-, letzteres für
4. מצוא חתן כליל } den Genesis-Bräutigam am Thorafeste.

Ausser dem ältern Gesetzlehrer in Narbonne lebte ein Rabbiner dieses Namens um 1280 [1]).

Mose b. Matatia.

1. Chanuca-Jozer ארודה לשם משפיל ומרומם, dreifach alfabetisch; im italienischen Ritus.
2. ה׳ אליך אשפוך נפשי ein Gebet in 11 Strofen, die sämmtlich ה׳ anheben und schliessen, endigt מקוה ישראל ה׳. War bereits zu Anfang des 14. Jahrhunderts in der Bussewoche üblich.

Aus einem alten Ms. des Abot-Commentars wird in den Ausgaben — zuerst in לב אבות ed. 1565 f. 81 a — ein Zusatz von Mose b. Matatia mitgetheilt.

Mose Chasan.

הקם עלינו מלך יושב אליך אבותינו צעקו בצר להם, endigt עב״ר, ist ein Gebet für Verhaftete. Etwa 7 Männer dieses Namens sind aus dem 13. Jahrhundert bekannt.

Mose b. Natan.

1. Sulat אהבת עולם דודי אהבני, vermuthlich für den grossen Sabbat; schildert in 19 Strofen die Befreiung aus Aegypten, gleich den ähnlichen Sulat von Binjamin, Tobelem, Meir b. Isaac, Joseph b. Natan, Menachem u. A. Die Sprache ist alterthümlich und unbeholfen, jede Zeile hat vier Worte. Ende: ועל ואת תופפה יפה.
2. מה יצדק אנוש eine dreifach alfabetische Tochecha, endigt כשיתן דין לבוראו.
3. ממיצר צעקתי מחמת מציק כופשי [2]) Schilderung bekannter Leiden, dass man die Thora verbrannt und die Todesfurcht viele zur Taufe gebracht. Akrost. משה בר נתן יחי חזק. Das Alfabet ist nach der Ordnung איק בכ״ר, worauf die fünf Finalbuchstaben folgen.

N. 1 ist im deutschen, N. 2 im römischen, N. 3 im

---

[1]) Sal. Aderet Rga. Th. 4 N. 152. — [2]) vgl. oben S. 108.

französischen Machsor; die Identität ist nicht nachzuweisen; Der Verfasser von N. 1 gehört vielleicht dem 12. Jahrhundert an.

Isaac b. Abigedor wird in Selichot ed. Prag 1609 als Verfasser des Pismon ירצה צום — welcher spätestens aus dem Anfang des 13. Jahrhunderts ist — angegeben, weil in der vorletzten Strofe אב und גדר vorkommt. Sicher indessen ist nur יצחק בר, zweifelhaft לוי, die in einigen Handschriften fehlende Schlussstrofe vielleicht nicht die letzte. In französischen Machsor ist in dem Refrän das Wort מחר in היום umgeändert, weil, wie aus Ritus Troyes erhellt, die Selicha für Neila bestimmt wurde.

Ephraim b. Jehuda.

1. אדוני האדונים אתה Peticha in 26 Zeilen mit stetigem Reim, endigt ובטוחים על רחמיך.
2. אשמתי במעשי וברוע מעללי Sündenbekenntniss in 12 Strofen, deren letzte 6 Zeilen hat und מחיות בושים וחפירים schliesst.

N. 2 die nur „Ephraim" zeichnet folgt in einem alten römischen Machsor unmittelbar auf N. 1. Beide Stücke haben den nordfranzösischen Stil.

Ephraim b. Jakar ist nur durch אין פה להשיב bekannt, eine Peticha für Musaf des Sühntages, die der Vorbeter spricht; sie behandelt in einfachen Worten den fehlenden Dienst des Hohenpriesters und findet sich im Machsor um das Jahr 1300. Endigt מסורים ונתונים.

Jehuda hacohen.

1. איה ליך נפשי [1]) endigend מנחת ערב, scheint von Jehuda Maroli (kar. Siddur Th. 3 S. 224) nachgeahmt.
2. אנשי חסד נאספים, nach dem Vorbilde der „Männer der Treue" [2]), ist alfabetisch und reimlos, endigt ותגרע עמנו ברחמים und hat am Schlusse auch „Elasar" gezeichnet.

Männer dieses Namens aus dem 13. Jahrhundert sind Jehuda b. Mose, Judlin [3]) und andere, die zur Geschichte S. 42, 89 [4]) erwähnt sind.

---

[1]) syn. Poesie S. 311, 316. — [2]) das S. 154. — [3]) Luzzatto in Ozar nechmad Th. 2 S. 11. — [4]) vgl. Meir Rothenb. Rga. ed. Cremona N. 140 —

Jehuda b. Joseph, vielleicht auch Cohen [1]).

תאות נפש ולב נגעע ein Bussgebet nach zwiefachem תש״רק, theilweise in schwerem Stil, zu 5 Worten die Zeile.

Abraham b. Menachem, dessen für den 10. Tebet bestimmtes אבן הראשה im Bau der Nummer 20 von Baruch b. Samuel gleicht.

Salomo b. Menachem, vielleicht dem Osten Europa's angehörig, ruft in der nach אב״ג, גד״ר gebauten Selicha שלש עשרה מדות, am Rüsttage des Neujahrfestes die Fürsprache der 13. Middot an [2]). In der Strofe beginnt die erste Zeile אם, die zweite נא כל מדה נכונה, der Strofenvers למה. Die letzte Zeile des Einganges (מלטם u. s. w.) ist der Schluss der Nummer 4 von Elia b. Schemaja. Diese Selicha war schon vor mehr als 500 Jahren am Sühnfeste üblich.

Salomo b. Mordechai, möglicherweise der gleichnamige aus Köln dessen Sohn Mordechai hiess [3]); der Name Mordechai b. Salomo findet sich auch im Biccur Isaac's b. Isaac gezeichnet (oben S. 332).

[אתה] ה׳ אבינו אתה גואלנו ein Bussgebet in Bedrängnissen [4]), vermuthlich für einen ausserordentlichen Fasttag [5]), das אמ״י על כסא רחמים endigt.

Salomo b. Joseph.

1. Jozer אביעה פלאי נשא für Purim, endigt ויקר תפארת גדולתו. Die Zeile hat drei Worte, das Ganze 24 Strofen. Die ersten und dritten Zeilen sind alfabetisch, die zweiten geben den Namen, die vierten die Verse Esther 8, 15, 16.

2. אביעה מקרה קראני den Märtyrern באניוש gewidmet, gegen die das Ungewitter am Freitag im Monat Tammus losbrach. Rabbi Gerschom, Jacob, Chajim, Simson, Abraham, Asriel, Ephraim, Isaac, Joseph, Jehuda und die Frauen: Hanna (Gerschom's Frau),

---

1) כמליקה התרצה נא. — 2) syn. Poesie S. 147, Ritus S. 145. — 3) Sal. Luria Ṙga. N. 29. — 4) קראנוך בעת צרה; פיהם כי פצו אויבים עלינו — 5) vgl. מתענים וצמים — הסכמנו באחד שפוך שיח. — ותקל על

Esther, Mirjam, Flora, Rosa werden namentlich aufgeführt. Die 29 Strofen enthaltende Selicha endigt תשא את ראש בני ישראל.

3. אדיר ימין יעטף Chatanu, vierfach alfabetisch, die Strofenverse sind wie in Reschut אסתופף [1]) gebauet. Endigt תענה ה׳ אלהינו.

4. שאריה שביה שפל שחויה Tachanun vor מכניסי, die Zeile zu vier Worten, die alle mit demselben Buchstaben anheben, so dass sowohl in der ersten Strofe der Name, als in den folgenden das Alfabet vierfach ist.

5. שאריה שלמיך שבוים שוממים bis zu Ende des Alfabets ganz wie die vorhergehende Nummer gebauet, endigt חבלך הנעימים.

6. נפשי כי מה תהמי (Eingang), worauf שבעים לאנוש שנים Tochecha, vierzeilig [aabb].

In N. 1 und 6 ist das Akrostichon dasselbe שלמה בן התבר רבי יוסף חזק ואמץ, nur dass N. 1 noch שלמה יחי hinzufügt. Von N. 5 wird der Verfasser in der Ueberschrift genannt מאילון d. i. aus Avalon, und ihm gehört auch N. 4, obschon diese nur „Salomo" gezeichnet ist. Die auf eine Art gezeichneten Nummern 2 und 3 (Sal. b. Jos. חזק) gehören wahrscheinlich keinem andern Verfasser, auch ist der gleiche Anfang der Nummern 1 und 2 zu beachten. Unsicherer ist, ob die Verfolgung von N. 2 die Hirtenverfolgung oder die ein Jahrhundert ältere in Frankreich, und ob אנידש Anjou ist.

Mose b. Jacob b. Isaac.

סלח אלהים לעוני Chatanu in 26 Strofen, zehn Märtyrern die den Feuertod erlitten gewidmet. Die Namen sind: Elieser, Joseph, Salomo, Meir, Jehuda, Jacob, Binjamin, Menachem, Obadia; der 10. Name fehlt. Endigt חטאנו סלח לנו. Das Akrostichon bildet die Worte סליחה ואת אל משה בחיר יעקב ביר יצחק מיכ und scheint die zweite Hälfte des 13. Jahrhunderts anzudeuten. Dieses Stück befindet sich in einem burgundischen Machsor vom Jahr 1304.

Mose b. Jacob.

אכלונו המכונו צרים ist dem Märtyrer Abraham, einem

---

[1]) oben S. 85.

Proselyten der im Dezember 1264 in Augsburg verbrannt worden, geweihet, 17 Strofen; endigt אמ״י ע׳כר.

Levi b. Jehonatan.

1. אנשי חסד נאספו alfabetisch und zweizeilig, endigt כי עמך הסליחה.
2. ארצך הקדושה נטושה [1]), die Zeile zu fünf Worten, endigt והי בקרבם (in H. h. 15: לך להקשיבם).

Beide Nummern haben den vollständigen Namen, N. 1 בר und חזק, N. 2 בן.

Elia b. Schullam oder Samuel [2]).

אנא ארון צור עולמים Bussgebet, die Zeile zu vier Worten, endigt על כסא רחמים.

Joseph b. Chanan, genannt **Ezovi**, in Perpignan, ist vielleicht [3]) der Verfasser der יוסף gezeichneten Selicha איה נא חסדיך ה׳, deren Refrän אבותינו ספרו לנו פעל פעלת und deren Schluss בקרם כדבריך כמו בקרת רועה את עדרו ודרשת וחקרת ושאלת lautet. Die kunstlose fliessende Sprache Ezovi's herrscht in dieser Klage.

Jechiel b. Jekutiel, Schreiber in Rom.

1. במר נפש אהגה ואקונן ואהום Klage in 8 Strofen zu 6 Zeilen, über den Brand am 17. Elul 1268 in der Synagoge trastevere in Rom [4]). Der eigentliche Anfang ist יהי הלילה ההוא; jede Strofe schliesst אלהים, wozu der Refrän במר וכו׳ אוי אל הלקח ארון האלהים passt. Ende: יובלו שמחים אל בית האלהים.
2. יעקב אתה היית schildert die elende Lage des israelitischen Volkes in 14 Strofen die יעקב anheben und endigen; die zweite Hälfte der Strofe beginnt ועתה, ähnlich der Selicha Joseph Kalai's N. 11. Ende: ואמרו גאל ה׳ את עבדו יעקב.
3. ישראל אריות הדיחוהו behandelt in 14 Strofen denselben Stoff in noch trüberer Schilderung; die Strofen heben

---

[1]) syn. Poesie S. 276, wo der Verfasser Jehonatan genannt ist (bereits durch mich berichtigt im onomast. S. 80). — [2]) שמור והצדק ורע אמונים להודיע גבורתך לעיני העמים מרום כחסדך טהרינו מבתמים·

[3]) בקרם ועונים · אוי · חנון · ברוב· — [4]) Ritus S. 128.

ישראל an und endigen יהודה. Ende: ואאסף נדחי ישראל ונפוצות יהודה.

In allen drei Nummern ist nur יחיאל חזק gezeichnet. Von N. 1 gibt eine Handschrift den vollständigen Namen des Verfassers nebst der Veranlassung an; bei N. 3 nennt eine andere Handschrift: R. Jechiel der Schreiber aus Rom.

Binjamin b. Abraham in Rom aus der Familie degli Mansi oder Piatelli (מהענוים), zubenannt רופא, auch נביא.

Stammtafel [1]).

Abraham
|
Jechiel

Abraham harofe — Binjamin

Abraham harofe: Jechiel, Binjamin, Zidkia, Mose

Binjamin: Jehuda, Zidkia, Jekutiel

Jechiel
|
Salomo [2])
A. 1297.

Zidkia
|
Jechiel

Jekutiel
|
Jechiel [3])

Abraham
|
Menachem Zemach.

Binjamin, gleich seinem Bruder Zidkia ein thätiger Autor, verfasste: 1) ein Buch benannt ידידות, 2) einen Siddur, der wahrscheinlich seinen Commentar zu den Gebeten, der Pesach-Hagada und die Regeln des Schlachtens enthielt; 3) Kalender-Regeln nebst den 14 Pforten mit Tabellen und Memorialversen, vielleicht schon A. 1269; 4) das moralische Gedicht שערי עץ החיים, wo er Verfasser von 5) קריה עז genannt wird. Auch redigirte er das Buch יראים des R. Elieser aus Metz.

Habdala's:

1. בכור כל עם וממלכה mit Strofenreim, 14 Strofen, endigt להי המלוכה.
2. במצאי יום מלוכה mit Strofenreim, 15 Strofen, endigt והייתם ברכה.
3. ירושלים הבנויה, alfabetisch, mit dem Anfang אהל שאנן, endigt במהרה נעלה אליה.

---

[1]) vgl. Steinschneider catal. Bodl. p. 2767 ff. — [2]) cod. Foa 42. — [3]) Dieser oder sein gleichnamiger Vetter ist vermuthlich Ordner des תניא. Es gab auch noch Jechiel b. Binjamin (או'ר'ח ms. § 87 al. 92).

4. אבות עולם אמה אולם über die weggenommenen Talmude, der strofische Vers schliesst תורה; hat Mittelreim und 7 sechszeilige Strofen, die Zeile ist zwölfsilbig. Refrän: אי משנה וגמרא אי חכמה מפארה. Endigt כי נר מצוה ותורה.

5. אל מי אנוסה לעזרה[1]) Gebet gegen Angeber und deren Beschützer in 12 Strofen, der strofische Vers schliesst נפש; endigt למשיב נפש. Die je zweiten Zeilen geben den Namen.

6. אמנה אנכי חטאתי לה׳ eine Vidui mit durchgehendem Reim, endigt אל רחום וחנון ה׳. Nur im Reime der ersten und der letzten Zeile erscheint der Gottesname.

7. אנוש נבער מדעת vierzeilige Tochecha in 52 Strofen, der strofische Vers endigt אדם. Endigt בעיני אלהים ואדם.

8. במקדש אל והיכליו in 5 achtzeiligen Strofen, die bis auf die letzte ערב endigen; endigt אשרי תבחר ותקרב. Refrän: ותבוא עוד אליו היונה לעת ערב (vgl. Gen. 8, 11).

9. בצרתה לי בקראי[2]) in einer Gefahr drohenden Zeit, gegen den Götzendienst. Die 14 Strofenverse reimen: Refrän: נקדמה פניו u. s. w. (Ps. 95, 2), endigt והמשפטים והתורות. Der Name wie in N. 5 und ausserdem in der ersten und den beiden letzten Strofen.

10. בקר אערוך לך Akeda in 12 Strofen, die בקר anheben und schliessen; der Name wie in N. 5. Endigt תשמע קולי בקר.

11. בת עמי לא תחשה, 6 Strofen, die erste ausgenommen jede achtzeilig [3 ab, bA]. An die Erzväter wird erinnert, die Typen der drei täglichen Gebetszeiten. Ausser der dritten (דקה) endigen alle Strofen צדקה.

12. זכור ברית אורחי, endigt גמולם להם, } beide gleichgebaueten
13. זכור ברית איתן אב, endigt את אחיך עמך; }

Stücke, 6 Strofen stark, haben im Strofenschluss שוב oder השב. In jeder Strofe beginnt die erste Zeile

---

[1]) syn Poesie S. 313 N. 1. — [2]) das. S. 315 N. 3.

וזכור, die zweite Zeile in N. 12 וראה, in N. 13 אשר; die dritte in N. 12 ופקוד, in N. 13 ועתה. Akrostichisch geben in den Strofen 1 bis 5 die ersten Zeilen בנימן, die zweiten בירבי, die dritten אברהם; die sechste Strofe zeichnet חזק.

14. תפלה לעני כי יעטף in 6 Strofen, Refrän Ps. 24, 9 (bis עולם), endigt מעתה ועד עולם.

15. אהילה קירוה לבי über Confiszirung und Zerreissen der Thora in 14 Strofen, im strofischen Verse קומה oder קום, an die Verheissungen in Midr. Ps. 3 und 17 anschliessend; endigt mit Ps. 102, 14.

16. איה לי כי נרתי als Leichensteine zerbrochen und Grabstätten entweihet worden, endigt כי אתה אלהים בישראל.

17. אראלים צעקו חוצה wegen Glaubensverfolgungen, enthält 12 Strofen; endigt איה נא אלהיהם.

18. בטרם שמש בהדרו
19. בטרם שמש יבוא

} Der Strofenvers schliesst שמש; die Strofe hat zwölf Halbzeilen [5 ab, bA].

20. ביום תלבנה פשעי mit Refrän בחדש השביעי בעשר לחדש.

21. ביום כפרת עוני endigt היתה אורה ושמחה.

22. ביום שבתון עני יונה die [Strofe hat zehn Halbzeilen [3 ab, cc, cA] jede viersilbig. Refrän: ה׳ בקר תשמע קולי.

23. בני ציון היקרים [1] endigt וראו כלם נקבצו.

24. בעלות יום התקר mit sechssilbigen Halbzeilen, endigt שבתו יתן ורפא ירפא.

25. בעשר יום גילות endigt קרב הוות מראה הבקר והערב.

26. בקר אור ציוה 5 Strofen zu 12 Halbzeilen, endigend אשא אל שמים ידי.

27. בקרבי איש אוכלת, Refrän: שבתון שבת קדש לה׳ מהר, Ende: כי עלה השחר.

28. ברוך אלהי עליון, der Strofenvers endigt זה, das Ganze בעשר לחדש השביעי הוה.

29. איש ישראל נטע alfabetisch in 9 Strofen, am Schlusse ist der Name gezeichnet. Endigt שלמים לה׳ לרצונכם.

30. אלוף נעורי בצר alfabetischer Pismon in 6 neunzeiligen Strofen, mit reimenden Strofenversen, ähnlich denen

---

[1]) syn. Poesie S. 315 N. 2.

von Isaac aus Narbonne in Inhalt und Bau, endigt יוציאני למרחב מן המיצר. Ist nicht sicher.

31. בי ה׳ הצליחה endigt על כן יורה, Refrän ist Ps. 130, 4.

32. בני עמי במהלליו, die Strofenverse endigen בבקר, endigt לכל תשאירו ממנו עד בקר.

33. שבת ראש מקראים in 6 Strofen, endigt אשר לו אלהים קרובים.

34. (wahrscheinlich) אותותינו לא ראינו in 9 Strofen, im strofischen Verse אות, schliesst mit Ps. 86, 17 (עשה bis ונחמתני). Wegen der Kleiderzeichen-Dekrete[1]), vermuthlich derer des Jahres 1269.

Keroba:

35. Achtzehn-Keroba für Esther-Fasten, anfangend אזכרה אלהים ואהמיה אפיק הודו במקהלות in alterthümlicher Form.

Den vollständigen Namen zeichnen die Nummern 1 bis 7, 9, 10, 12, 13, 35 und zwar N. 4 hinter des Vaters Namen העניו, N. 35 הרופא, N. 6 הרופא נביא, N. 7 נביא[2]), ferner צעיר hinter „Binjamin"; בנימן die Nummern 8, 11, 14 bis 21, 23, 25 bis 34; בנימין nur N. 22, 24, 35. In einem Machsor ms.[3]) werden N. 8, 11, 14 unserm Autor beigelegt; eine andere Handschrift bemerkt zu N. 29, dass sie dem Verfasser der vorhergehenden — Binjaminischen — Stücke gehöre. Die Nummern 8 und 14 haben כפוף כמו חרמש, die N. 14 und 18 חטאי המיש: beide Ausdrücke sind Mose b. Esra's אלהים דר entlehnt. Den Ausdruck בטללי סליחה תרוה צמאון der N. 8 — ähnlich Isaac's Selicha ירך פשוט — findet man halb in N. 29, halb in N. 28 wieder. Man vergleiche ferner מי סליחתך יצמא (N. 23) mit ורצון סליחה צמא (N. 24); וסלחת חטא נואל (N. 19), סלח חטא נואל (N. 22), לסליחה נואל (N. 29), וחטאו נואל (N. 23); כפר חטא [עון] צמיך in N. 23 und 25; das Werfen der Sünde in die Meerestiefen in acht Nummern (בלב ימים N. 23, בלב ימים במצולים N. 33, במצול N. 8, בצול ימך N. 24, צולך N. 25,

---

[1]) על האותות והסימנין הנגזרין על הצבור Machsor ms. — [2]) Der Verfasser von N. 12 heisst in cod. Foa 42: בנימין נביא, auch wird daselbst אברהם הרופא נביא genannt; vgl. mein zur Gesch. S. 369 Anm. n. Jekutiel b. Natan נביא kommt vor in de Rossi catal. p 157 aus cod. 1371, Elieser נביא bei David b. Simra Rga. אה"ע 58a. — [3]) Mittheilung von Luzzatto.

במצולות .... ימים N. 19, תוך ימי und במצולות ים N. 22, ולחוך מצולה N. 29), viermal הוה in N. 23, 28, 32, עקר in N. 10 und 32, לרתאל N. 19 und מלתאל N. 22, מעברי nebst מעברי in N. 31 und 33; die Berufung auf die Königsgebeine aus Amos (2, 1) in N. 15 und 16, die ganz ähnliche Stelle יום הנאמר ברחיצה u. s. w. in N. 20 und 22. Ueberhaupt sind die meisten Selicha's in einerlei Ton und von gleichem Bau, gewöhnlich 5 oder 6 zehn- oder zwölfzeilige Strofen stark, mit verschränkten Reimen, Refrän und Strofenreim, grösstentheils für den Sühntag, namentlich sind N. 27, 28 für den Vorabend, 20 bis 26, 29, 33 für Schacharit, N. 11 für Musaf, 6, 8, 31, 32 für Mincha, 14, 18, 19 für Neila.

Binjamin.

1. המעשה אשר נעשה בקראי עניי אלי endigt המעשה אשר נעשה.
2. אל השמתו איבתו לי, der strofische Vers schliesst חסר.
3. ארכו הימים ואבד חזון, mit Strofenversen die אמת endigen.
4. את קולך אלהי שמעתי, der Strofenvers endigt צדקה.
5. אלהי קדם מעני in 6 achtzeiligen Strofen, endigt חסדיך יבואוני. Refrän למען שמך ה׳ וסלחה לעוני.

N. 1, 5 zeichnen בנימן, 2, 3, 4 אני בנימן חזק. N. 3 hat noch צעיר dem Namen hinzugefügt. Sämmtliche Nummern befinden sich in einem röm. Machsor. Ausser dem vorgenannten Binjamin b. Abraham lebten ziemlich gleichzeitig in Italien: 2) Binj. b. Mose [1]), 3) Binj. b. Jehuda [2]), 4) Binj. b. Salomo, 5) Binj. b. Joab, 6) Binj. b. Isaac harofe, 7) Binj. b. Jechiel [3]); der beiden letzten erwähnt auch Kalonymos in dem Purim-Tractat.

Abraham b. Joab, in einigen Handschriften [4]) R. Abraham der Alte genannt.

אבא היום בתפלה in 8 Strofen, ein Gebet für ausserordentliche Fasttage, ursprünglich für die Bussezeit.

Der Verfasser ist vermuthlich Abraham der Schreiber, der Vater der Phila, die 1288 in Rom lebte [5]).

---

[1]) Zidkia א״ח ms. § 11. — [2]) meine Analekten N. 6 S. 193. Zwei andere kommen in codd. Rossi 166 und 581 vor. — [3]) Analekten N. 5 S. 47, 54, N. 6 S. 198, 192. — [4]) Paris Sorb. 98. Saraval 60. Rossi 882. — [5]) meine Analekten N. 5 (Joab) S. 47. Benjamin de Tudela Vol. 2 p. 19. cod Saraval 27.

Zidkia b. Binjamin, der Vetter von Binjamin b. Abraham, der wie מעשה הגאונים § 95 berichtet einst mit R. Abigedor hacohen zusammen in Pesaro gewesen. Selicha's von ihm sollen in cod. Foa 42 enthalten sein.

Mose b. Abraham.

1. אבות עולם ישני מכפל über weggenommene und zerrissene Gesetzrollen; für den desshalb eingesetzten Fasttag verfasst, endigt אין כאל ישרון.
2. אריך דמעתי יומם ולילה in 14 Strofen, Klagen und Verwünschungen über einen Bösewicht, der Dekrete gegen das Talmudstudium [1]) herbeigeführt; endigt ומחה ה' אלהים דמעה מעל כל פנים (Jes. 25, 8). Binjamin's denselben Gegenstand behandelnde Selicha N. 17 (אראלים) steht in einer alten Handschrift zwischen den beiden von Mose, der vermuthlich dessen bei Zidkia [2]) genannter Bruder ist.

In beiden Nummern hat die Zeile sechs Worte und die Anfänge der zweiten Zeilen geben den Namen.

Ephraim b. Natan, der Zeitgenosse Meir Rothenburg's [3]), schrieb für Mincha des Sühntages die Selicha אתה אחד ושמך אחד, deren Strofenverse שלום schliessen; die Strofenanfänge geben ein aus 14 Worten bestehendes Akrostichon [4]). Sein College Isaac b. Jehuda halevi ist vielleicht der Verfasser des Commentars פענח רזא.

Gerschom b. Natan b. Gerschom [5]) zeichnet in der dreizeiligen Selicha אני בעת צרה seinen Namen zu Anfang der zweiten Zeilen und der Strofenverse, schildert Verfolgungen wegen des Glaubens. Endigt תרשיש ואיים.

Meir b. Baruch b. Meir oder Meir aus Rothenburg [6]), aus Worms gebürtig und dort beerdigt, seit dem Sommer 1286 als Geisel wegen jüdischer Auswanderer in Haft gehalten, zuerst auf dem Schlosse in Wasserburg, dann in Ensisheim, wo er den 27. April 1293 [7]) gestorben, ist die grösste Celebrität unter den deutschen Rabbinen aus der

---

[1]) syn Poesie S. 32. — [2]) א"ח ms. § 48. — [3]) Mordechai Chullin c. 7 § 1096. Rga. Th. 3 N. 108. — [4]) vgl. syn. Poesie 371 unten. Mittheilung Michael's vom 25. März 1838. — [5]) בן הרב רבי גרשם. — [6]) syn. Poesie S. 310. Ritus S. 22, 23, 29, 199, 213. — [7]) zur Gesch. S. 40, 92, 161.

zweiten Hälfte des 13. Jahrhunderts; ihm wurden die Ehrenbenennungen „Licht“, „grosses Licht“ [1]) verliehen, die man sonst nur Gerschom [2]), Raschi [3]) und ähnlichen Autoritäten [4]) beilegte. Ausser den seine Verhaftung begleitenden Einzelnheiten ist aus seinem frühern Leben wenig zu unserer Kunde gelangt. Er war in seiner Jugend in Würzburg, später in Frankreich, lernte dort bei Samuel aus Falaise, war zeitweise in Constanz, Nürnberg, Augsburg [5]), Mainz; er hatte noch bei seines Vaters Lebzeiten eine Tochter verheirathet [6]); innerhalb des Trauermonats über des Vaters Ableben ward ihm ein Sohn geboren [7]); eine Enkelin Rahel starb im ersten Jahre [8]). Ausser seinem Vater, der wie es scheint A. 1281 Nisan gestorben [9]), werden noch genannt seines Vaters Bruder Joseph [10]) und sein eigener Bruder Abraham [11]), der Verfasser des Buches סיני. Als mit ihm verwandt (קרובי) bezeichnet R. Meir folgende Männer:

Abraham (Rga. 983), Baruch (Adderet Rga. 839), Elieser (Rga. 1008), Jakar halevi (ed. Cremona 76, 125, 160), Jehuda hacohen (ed. 3 N. 179, 213), Menachem b. Natronai aus Würzburg (ed. Cremona 18, ed. 3 N. 108, 343), Samuel b. Baruch (ed. Crem. 8, 205. Maimoniot משפטים Rga. 7), Samuel in Eisenach (ed. Crem. 14).

Ausser Tosafot schrieb er auch Commentarien zu der ersten und sechsten Mischna-Ordnung [12]); am wichtigsten sind seine Rechtsbescheide, die nach allen Ländern abgingen und

---

[1]) מאור H. b. 59, מאור הגדול Maimoniot Rga. יבום N. 25. — [2]) לקוטים ms. aus Machsor Vitry (Hüttenf.) und Hiskia in הלכות ר״ת ms.: המאור הגדול ואף על פי ששמשת : 291 § מעשה הגאונים · מתקן לכולי גולה רבנא גרשם למדינה לפני המאור הגדול : 378 שהיטה, א״ז Derselbe in ·את המאור הגדול — [3]) Bechai Commentar Vorr., cod. München 5 bei Geiger in כ״ח 8 S. 42. Juchasin 130b. — [4]) Maimonides (יסוד עולם 4, 18), Abr. b. David (שבט יהודה 76a), Hai (cod. Vat.) u. A. — [5]) H. h. 184 באישבורק, dafür in תשבץ ed. § 207: באישפרוקא, eine andere Handschrift liest בורישפורק (Wiener Gesch der Juden in Speier S. 170). — [6]) Rga. ed. 3 N. 229. — [7]) Opp. 1284 Q § 158: מורי תר״ם היה בעל ברית תוך ל׳ של אביו ז״ל והחן בלילה. — [8]) Maimoniot Rga. אישות N. 26. — [9]) Rga. 500 in ed. 3, wo er הב״מ zeichnet, würde demnach in dieses Jahr fallen. — [10]) שמחות § 105, Maimoniot אבל c. 5. — [11]) Ritus S. 199. — [12]) Rga. ed. 3 N. 151; cod. Michael 837.

durch seine Zuhörer verbreitet wurden. Diese legten bald nach seinem Tode grosse Sammelwerke an, wozu auch die Handschriften gehören, aus welchen die erste und die dritte Ausgabe seiner Rechtsgutachten geflossen. In solchen wurden neben den Schriften und mündlichen Belehrungen Meir's aus älteren Sammlungen Auszüge gemacht; daher findet man in den genannten Ausgaben Stücke aus den Werken אבי העזרי, אביאסף, הישר, סדר עולם, אור זרוע, ראבן, ס' הדינין, die Verordnungen aus Frankreich und Deutschland, Collectanea von Sir Leon, R. Jomtob, Bescheide von Gerschom, Raschi, Jehuda hacohen, älteren französischen und deutschen Rabbinen, Tosafot-Excerpte und Gutachten der Zuhörer R. Meir's. Eine sachlich oder chronologisch geordnete Ausgabe von Meir's Bescheiden ist daher noch ein Desideratum. Unter den 1708 Nummern[1]) der drei Ausgaben sind ihm angehörige 1287, die zum Theil doppelt und dreifach da sind, und zu welchen noch hinzuzufügen die vollständig oder abgekürzt in Semak[2]), Taschbez, Maimoniot, Mordechai, Ascheri, den Turim und in den Bescheiden von Salomo Aderet (49 Nummern im ersten Theile) befindlichen, so wie die in zahlreichen Mss.[3]) vorhandenen, theilweise noch unbekannten, Gutachten.

Die grosse Verehrung, die dieser Mann schon bei Lebzeiten genossen, noch erhöhet durch seine letzten Schicksale, hat einzelnen seiner synagogalen Stücke eine bleibende Stätte im Gottesdienste bereitet, was namentlich für Sühnfest und neunten Ab mit jüngeren Compositionen kaum sonst noch in Deutschland stattgefunden.

1. אורות מאופל הוריה Jozer zur הפסקה des 16. Adar, mit zwei Kadosch-Strofen, dreifach alfabetisch, die Strofen ג' bis ע' halachischen Inhalts über die Tempelsteuer.
2. אופני הוד כרובי הדר, alfabetischer Ofan am Hochzeit-Sabbat in 14 Strofen, die Ausgänge ואני sind Bibelverse; endigt את כל הארץ.

---

[1]) Note 34. — [2]) f. 66a. — [3]) H. h. 235; 4 codd. Rossi, nämlich 214 (fast alle in den Maimoniot), 425 (mit 359 Nummern), 651 (s. Note 34) und 1282 (vom J. 1391 mit 438 Nummern); cod. Lips. ס' סיני, cod. Florent. 21 in Biscioni catal. p. 81; Opp. 764 F. in welchem die ersten 86 Nummern fehlen und viele andere von fremden Verfassern sind.

3. ארבירה מלין für den 9. Ab, endigt ואמר כל העם אמן. Von den Leiden der Gemeinde einer deutschen Stadt und dem Märtyrerthum eines Joseph, der mit seiner Frau getödtet wurde, ist die Rede.

4. אין מספר לגדודיו Ofan für den Sabbat des Mose-Liedes, alfabetisch in 12 Strofen, in dem strofischen Verse ist מרכבה; die Darstellung folgt meist den Hechalot.

5. אלהיכם משרתיו אש Keduscha für Musaf am Hochzeit-Sabbat.

6. אליך השקתי לשנך Jozer für den Sabbat vor dem Hüttenfeste mit 8 Kadosch-Strofen, jede מאיר gezeichnet. Dankgebet für die Sündenvergebung und Demuth vor Gottes Grösse.

7. אמת ויציב ונכון וקים Sulat, vermuthlich für den Sabbat von N. 4. In dem strofischen Verse kommt ים (Meer) vor. Endigt יעלץ השדה וכל אשר בו.

8. ארהמך ה׳ חזקי Jozer für Sabbat der Parascha ראה, nach dem Zuschnitt des Jozer Nachmu (N. 4) von Meir b. Isaac, endigt הודו לו ברכו שמו קדוש.

9 הורידו מאין הפוגות Klage am 9. Ab, 9 Strofen von 9 bis 12 Zeilen, die vorletzte Zeile jeder Strofe reimt mit dem strofischen Verse der ה׳ schliesst. Endigt עיר האמת והר ה׳.

10. התנערי מעפרים Meora in 4 zehnzeiligen Strofen: die ersten 6 Zeilen jeder Strofe haben die verschränkten Reime ־ִים und ־ָה, die letzten 4 nur יה, die Zeile hat meistentheils zwei Worte.

11. חי ממרומו יפרוש שלומו für עושה השלום zu Neila, nach dem Bau von Josifja's יפרח לנוהי, die strofischen Verse endigen שלום, Refrän ist ה׳ יברך את עמו בשלום (Ps. 29 Ende).

12. מי מצרף כאש Beschneidungs-Gesang.

13. ממך הוחלהי לא נבוכה Ahaba in 4 Strofen, der strofische Vers endigt אהבה.

14. מעט שיר מה יבילך Ahaba in 5 Strofen, der strofische Vers endigt ה׳, ähnlich gebauet wie N. 10. Endigt עד רון תמימים מכל העמים חשק ה׳.

15. מעלה מים אי חסדיך Geula, die Strofen gebauet wie: מחמד עיני שוב למלוני ביתי לפני מקדש ה׳ כוננו ידיך.

16. שאלי שרופה באש Klage über die öffentliche Verbrennung der Gesetzrollen in Paris im Jahre 1254, hat den strofischen Reim der Zioniden. In der Schlusszeile ist in יָאִיר לָךְ der Name מאיר angedeutet.

Selicha's:

17. ואור פניך תאיר mit den Refräns שוב und והשב, für den Tag vor dem Neujahrfeste, auch zur Beschneidungsfeier, endigt רבב נועם ידידיך.

18. ותיק[1]) והסיד אתה für Sühnfest, endigend יאמן רחומיך משרתיך.

19. ותערב פניעת תפלה der N. 17 ähnlich gebauet ist für Neila, endigt אור משביליך נהוריך.

Sämmtliche Selicha's haben durchgehende biblische Akrosticha[2]) und den auch anderweitig vorkommenden stetigen Reim ־יך[3]). N. 8 ist während der Haft in Wasserburg geschrieben[4]); die Abhängigkeit von den Dichtungen Jehuda halevi's zeigen am deutlichsten die Nummern 13, 15, 16. Den vollständigen Namen haben nur N. 2. 3, 7; die N. 19 zeichnet מאיר עבדך יחיה אמן ואמן; einige sind gar nicht, andere מאיר, מאיר הקטן, הצעיר מאיר (9) gezeichnet. Für alle Stücke indessen zeugen Ueberschriften alter Mss. zum Theile solcher [codd. Michael 533, 534], die bei des Verfassers Leben geschrieben sind, und zwar für N. 1 Mich. 534, H. h. 239, Orat. 37[5]); N. 4 Mich. 535, H. h. 12, H. h. 239, Opp. 1477 Q.; N. 5 Mich. 533; N. 6 Mich. 534[6]), Orat. 37 und H. h. 182a[7]);

---

[1]) syn. Poesie 312. — [2]) das. 111, 310. — [3]) Vgl. סלח נא אשמות, מי אדיר, Rahit אך אין לנו, אך אתים בחין, zwei Abschnitte in Silluk Schacharit, den ersten Abschnitt des Neujahrs-Silluk Simeon's und des für Musaf röm.; אל אמונה אתה Musaf ms., beide המכירים (röm.) und die Selicha's אני ברב חסדיך, אלהים בישראל גדול, אלהים איך אבוא und (grossentheils) אשריך ישראל. — [4]) H. h. 89 [vgl. ווישבורק Maimoniot שבת c. 6, verdorben ist ורשוביא bei Mose de Trani (Wiener: Juden in Speier S. 172)]: וזה היוצר יסד הרב ר׳ מאיר מרוטנבורק בן הרב ר׳ ברוך מגרמשא והוא עשה בווישרבורק בבית האסורין אשר מאיר אסור שם. Dazu passt: שבמי מסבל דוחקי וממוסרות עבות נתקי. — [5]) מיסוד מורינו הרב ר׳ מאיר בן הרב ר׳ ברוך וצו״קלהה. — [6]) מיסוד ה״ר מאיר שילי״ו vgl. zur Gesch. 312. — [7]) מורינו הרב ר׳ מאיר בן הרב רבי ברוך וצול [וצ״ל].

N. 8 H. h. 89; N. 9 cod. Vatic. 312; N. 10 bis 14 Mich. 534; N. 15 Mich. 534 [1]), H. h. 239; N. 16 Opp. 1066 F. [2]), Mich. 444, H. h. 37, H. h. 130, Machsor Prag ms.; N. 17 cod. Berol. f. 179 b.; N. 18 H. h. 59 [3]), Machsor ms. Breslau [4]).

David b. Simson.

Seine Akeda דם נורק יום, zum Andenken an die am Sabbat geopferten Märtyrer Joseph, Elieser, Jacob, Baruch und Simson, findet sich in einem franz. Machsor vom J. 1278 und endigt בה׳ במרוזי.

Salomo Simcha, genannt Salomo hasofer, beklagt in der Selicha שדי אביא הודה die Märtyrer in Troyes aus dem Jahre 1288 [5]). Die 9 Strofen haben verschränkte Reime und endigen קרשים oder קרושים; die Selicha endigt אלהים קרושים. Refrän ist כי כל u. s. w. (Num. 16, 3).

Meir b. Eliab.

Die Selicha אועק חמס קירות לבי הומה לי, endigend בקראם אליך באש ה׳ ה׳, ist ebenfalls den Märtyrern von 1288 gewidmet. Wir erfahren aus diesen beiden Gebetstücken, dass die Opfer an den letzten Tagen des Pesachfestes gefallen, der Ueberfall im Hause des Isaac Catalun geschehen und dass dessen mitverbrannte Schwiegertochter schwanger gewesen. Der Klagegesang יוצע על בשרי von Jacob b. Jehuda hat denselben Inhalt.

Elieser b. Ephraim, ein Rabbiner, an welchen Meir Rothenburg ehrerbietig schreibt [6]), ist Verfasser der Selicha אתנה אליך פני אה dreizeilig mit Strofenversen die אולי anheben, nur die vorletzte Strofe schliesst אם כל אלה ואולי; endigt אולי ישמעו בית יהודה.

Chajim b. Machir, wahrscheinlich in Regensburg, correspondirte mit Meir von Rothenburg [7]).

אנא ה׳ אלהי השמים ist der Verfolgung gewidmet,

---

[1]) קינה זו יסדה מורינו ה״ר מאיר בר ברוך. — [2]) מיסוד מורי ה״ר מאיר. — [3]) סליחה זו יסד מאורינו ה״ר מאיר מרוטנבורק על שריפת התורה בצרפת. — [4]) ואת הסליחה יסד מורי רבי מאיר בר ברוך ז״צל. — [5]) syn. Poesie 33. — [6]) Rga. in 4 N. 30, in fol. N. 243, 244; vielleicht der von Chajim א״ז Rga N. 10 angeführte. — [7]) Rga. N. 611, ed. 3 N. 425. Chajim א״ז Rga. N. 119. Sal. Aderet Rga. Th. 1 N. 386.

welche im Oktober 1285 die Gemeinde in München heimgesucht, hat 33 Strofen, endigt ה' צבאות חוק גואלם.

Seine älteren und jüngeren Zeit- und Namensgenossen waren: Chajim b. Jakar, Chajim b. Jechiel חפץ זהב, Chajim b. Baruch, Chajim b. Jacob, Chajim b. Isaac א"ז, Chajim b. Joseph, Chajim Paltiel b. Jechiel.

Natanel (der heilige) de Chinon b. Joseph b. Natanel, abbrev. ןחק"רן[1]), ein Märtyrer gleichwie sein mit noch anderen Juden im südlichen Frankreich am Neujahrfeste verbrannter Bruder Elieser[2]), der Lehrer Esthori Parchi's.

1. נתנו תמיד ניחל ein aus 20 dreizeiligen Strofen bestehender Reschut für Neujahrs-Musaf, ist ein Sühngebet. Die erste und die letzte Strofe sind dieselbe.
2. ה' אלהי צבאות מי כמוך Techinna, für die einzelnen Wochentage eingerichtet, reimt יה, ähnlich Ephraim's N. 25.
3. תמיד קרוב לעמך נדרש ein Tamid, nach תש"רק und אל"בם, zweizeilig, endigt למען משיחך שמך וימינך.

Die Nummern 2 und 3 zeichnen den vollständigen Namen mit אני voran, N. 1 nur נתנאל, allein das Ms. nennt den Verfasser: „der fromme Rab. Natanel de Chinon."

Jesaia b. Elia, Enkel Jesaia's de Trani, Verfasser von halachischen Decisionen zu mehreren Tractaten des Talmud.

1. שמע ה' קול תחנוני Tachanun mit Strofenreim [3 ab, b A].

Bloss Jesaia gezeichnet sind:

2. יום אחשבה דעת מציאותך Tachanun;
3. Selicha יציץ צור מחרבו in 5 zwölfzeiligen Strofen, [5ab, bA] in der Weise Binjamin's b. Abraham de Mansi nach Form und Inhalt. Diese letztere hat in cod. Rossi 882 die Ueberschrift: Peticha von Rabbenu Jesaia.

Nehemia, der als Verfasser der gedruckten Techinna על כי תלא[3]) angegeben wird, ist vielleicht von dem nächstfolgenden nicht verschieden.

---

[1]) Kol bo 114 gegen Ende. Aaron hacohen 46a. vgl. ס' כריתות 29ab, 32b, 33a, zur Gesch. 54, 205, cod. Rossi 963, Luzz. מגד 2 S. 71. — [2]) Parchi כפ"פ c. 10. — [3]) syn. Poesie S. 284.

Nachman b. Mose, ein Vorbeter.

1. הלא על כי אין eine Techinna, welche שובי שובי endigt; hat akrost. נחמן החזן בירבי משה חזק.
2. Gesang אלי חריש גואלי hat akrost. נחמן.

Mordechai b. Hillel, ohne Zweifel der bekannte in Nürnberg umgekommene Gesetzlehrer, betrauert in Selicha מה רב טובך אשר צפנת den Proselyten Abraham[1]) und die bei diesem Anlass ermordeten Glaubensbrüder[2]). Dieselbe besteht aus 19 Strofen und endigt וכל העם הזה על מקומו יבא בשלום.

Isaac b. Meschullam Chai.

1. ה׳ נסי ומחסי für die Bussewochen, die Strofen beginnen ה׳ und endigen בקר.
2. ירא[3]) לבי ורועד), bisweilen mit der zweiten Strofe יצרי חזין לבי anhebend, eine dreizeilige Tochecha in 20 Strofen, welche als Einleitung zu מה נדבר — das im romanischen Ritus dem Sündenbekenntnisse vorausgeht — auch Vidui genannt wird.

Der Verfasser war vermuthlich in Italien, und die Nummer 2 findet sich bereits in einer Handschrift Luzzatto's vom J. 1336. Ein Isaac b. Meschullam Rofe b. Abraham b. Joab lebte im Jahr 1396 in Perugia[4]).

Von den in diesem Kapitel aufgeführten Selicha-Verfassern, deren Zahl über 150 beträgt, sind nur etwa 100 mit Sicherheit oder wahrscheinlich einer bestimmten Heimat zuzuweisen: Deutschland nimmt 42, Frankreich 36, Italien 16, Griechenland 4, der Orient 2 in Anspruch. Von 42 Unbestimmten dürfte ein Drittel oder die Hälfte auf Deutschland kommen, die Uebrigen sich in Frankreich, Italien, dem Osten, wohl auch Provence vertheilen. In runder Zahl kommen auf die deutschen und französischen Juden dieses Zeitabschnittes einhundert Selicha-Dichter.

---

[1]) s. oben S. 350. — [2]) וכרת לבני ונצבא מסבלים ואלופים erinnert vielleicht an מתוך צוקות וצרות (Meir Rothenb. Rga. Cremona N. 80). — [3]) syn. Poesie S. 311, 317. — [4]) meine Analekten N. 5: Joab S. 61.

XI. KAPITEL.

Selicha-Dichter von J. 1300 bis J. 1540.

Mit dem Ende des 13. Jahrhunderts, welchem bald die periodischen Austreibungen folgten, schliesst die Reihe der französischen Selicha-Verfasser; auch Deutschland hat von da ab nur noch wenige Namen aufzuweisen; der Gottesdienst war ohnehin durch alte Selicha's befestigt, die grausamen Verfolgungen brachten meist nur Klagelieder hervor: Für stehende Leiden wurden die Prosagebete der Ausdruck. Die Quellen der Poesie versiegten. Aber der europäische Süden, Rom und Griechenland, trieben neue Blüten, obwohl mehr als einer nur in der gebildeten Sprache schreibt, „die für ihn dichtet und denkt."

Von den 74 Verfassern, die in diesem Zeitabschnitt namhaft gemacht werden, sind gegen 50 aus den griechischen und byzantinischen Ländern; 16 gehören nach Italien, 7 nach Deutschland.

Binjamin b. Joab, genannt de synagoga (מן הכנסת), aus Montalcino.

1. בקר אעיר אקראך metrische Introduction für Nischmat, am Pesachfeste, die Strofe hat 10 siebensilbige Zeilen [3ab, 4A], die letzte Silbe ist ein Jambus; endigt כי גבר עלי חסדך.
2. Selicha בקול תחנוני שמעה 5 Strofen [2ab, bA] mit Refrän und Strofenreim, endigend נא הצליחה.

Beide Nummern sind nur בנימן gezeichnet, aber in Mss. wird N. 1 dem B. de synag., N. 2 dem B. b. Joab zugetheilt: Da es Joab de synag. und Joab b. Binj. de synag. gibt, scheinen mir beide identisch zu sein.

Israel b. Isaac.

Die für Musaf des Sühntages bestimmte Selicha אני הוא המדבר, in 34 Strofen[1]), schildert in den Strofen 4 bis 15 die Aboda. Der strofische Vers endigt 'ה, und die Selicha קדוש ישראל ה'.

[1]) vgl. syn. Poesie 278 Anm. a, 279 (die Stelle „Mit Hoffnung" u. s. w. ist Strofe 22—25).

Mordechai b. Binjamin.

1. איי נא לי כי נוסף endigt על כסא רחמים.
2. איי נא לי מיום endigt תשועת עולמים.

Beide sind alfabetische Sündenbekenntnisse, gleichartig gebauet, die in gewohnten Phrasen sich bewegen. Ein Autor dieses Namens wird in einem Commentar zu dem aramäischen ארעא רקדא genannt[1]). Ein Mordechai Binjamin lebte im Jahre 1412, zwei Binjamin b. Mordechai in Italien um 1400[2]).

Salomo b. Mose b. Jekutiel. Seine ethische Disputation ist im כי ההדיר § 76 enthalten.

1. אל אשר הראיתנו wegen des Erdbebens in Ancona.
2. אלהים ונתתנו פרצתנו endigt לעשיה עמנו.
3. אלי אלי למה עזבתני.
4. ראה ה׳ שעה עמך mit Refrän ושב.

Salomo b. Mose Jedidja. Seine in einfachem Stile gehaltene Vidui oder Tochacha ist in römischen Handschriften. Die erste Strofe lautet: אודה עלי פשעי לה׳ אקדמה פניו יחד לבבי ליראה שמך ובלה, die letzte: בתורה רנני אלי ישא פני לענותי ולענוה עמך מהר יקדמונו רחמיך.

Joab b. Daniel.

ידוע ועד הוד פניך Gebet um Erlösung, 8 Strofen; die ersten 7 geben akr. יואב חזק, die letzte in den einzelnen Worten den vollständigen Namen. Endigt אבינו הרחמן הושיענו למען שמך.

Schemarja b. Elkana.

1. אלהים אשא נפשי אליך, die Strofen beginnen und schliessen אלהים.
2. שברה לבי אנחתי beschreibt Zedekia's Geschichte und Gedalja's Ermordung.
3. שמעו למלי עם אמוני dreizeilige Tochecha in 25 Strofen.
4. שקדו עם נדבא Chatanu mit צבאות schliessenden Strofenversen.

In allen Nummern ist der Name vollständig, in N. 4 vierfach gezeichnet; in N. 2 und 4 wird der Vater רבנא genannt; in N. 1, 2, 3 ist חזק ואמץ לעד angebracht.

Schemarja b. Elia b. Jacob, genannt Schemarja

---

1) Dukes in Ozar nechmad Th. 2 S. 199. — 2) meine Analekten N. 5: Joab S. 52 u. f.

Ikriti, aus Negroponte, ein um 1330 lebender theologischer Autor.

1. נודה ונשבח לעתיק יומין nebst anschliessenden aram. Gesang אקלם מלכא, zu rezitiren nachdem der Neuvermählte den Abschnitt ואברהם זקן gelesen; akr. שמריה בר רב אליה ברבי יעקב.
2. שחרים יחידתי, Peticha in 7 קדוש schliessenden Strofen, unserm Verfasser in zwei Handschriften [1]) zuertheilt.

Schemarja, vielleicht von dem ebengenannten nicht verschieden.

1. מי כמוך שוכן שמי ערץ Mikamocha für den Sabbat Para, die Strofen endigen מַיִם; endigt ועל מבועי מים.

Vier Hochzeitsgesänge:

2. עלה נא יהודה, die 6 Strofen schliessen ה׳.
3. שמך חתני אשיר, die 7 Strofen schliessen מלך; beide Nummern gehen der Lesung des erwähnten Abschnittes voraus.
4. שמך ששון משוחים in 5 sechszeiligen Strofen, der Eingang ist ישמח חתן בכלה.
5. שמש ביפיו הדר in 5 zweizeiligen Strofen [2]).
6. (viell.) Peticha נדיבי עמים, in 2 Zeilen akr. — שמר.
7. שים לב בני לחשוב שמי akr. שמריהו, endigt בעולמך [3]).
8. שדי שמרה נפשי Selicha in 8 Strofen, endigt שמח מעונך.
9. שטפוני דמעותי Bussgebet in 4 achtzeiligen Strofen, die Zeile zwölfsilbig.
10. שמע לאביונים מיחלת לך, der N. 9 ähnlich und höchst wahrscheinlich von demselben Verfasser, endigt: ודובן שיר אוי תשיב לקדמותו ותנני.

Daniel b. Jechiel aus Montalcino, vermuthlich der Verfasser der Gesänge דר בשמי אולמו, דרי מעלה und דשנת בשמן.

1. Selicha דרשנוך בכל לב, wird in einem 400 Jahre alten Machsor des brittischen Museums und in cod. Rossi 959 dem unserigen zuertheilt.

---

[1]) Pinsker S. 128. — [2]) der Refrän לדל חן (Imre noam 33a) dürfte orientalische Zuthat sein. — [3]) cod. Harl. 5583 f. 236.

2. Techinna נפש יקרה את ה׳ הללי metrisch, akrost. נאם דניאל בר יחיאל חזק [1]).

Immanuel b. Salomo der berühmte römische Dichter.

1. zehn kleinere Gebete [2]).
2. אפתח בכנור über die 13 Glaubensartikel.
3. Bakascha אלהים נפלו פני [3]).

Immanuel b. Salomo, der Sohn von Salomo b. Mose. אֱנוֹשׁ אֱנוֹשׁ הבל יפצה.

Matatia war im Jahre 1329 in Larippa in der Marca, später in Norzi als dort ein Erdbeben war; dies veranlasste seine Selicha:

מי לא ייראך מלך הגוים in 14 Strofen, gezeichnet מתתיה הקטן חזק. Er erwähnt darin auch der veranstalteten christlichen Betfeier. Ende: ישבו בנים לגבולם ובא לציון גואל.

Elia b. Jakar.

Selicha zum 17. Tammus אספו עלי רעות והכפו, endigt או יאמרו . . . עם אלה. Der Vatername ist nicht sicher: Die vorletzte Zeile lautet nämlich: אליה בְּרֹבִים קָרָאתִי סגוף היענות כאלה.

Matatia b. Joseph הפרנס.

1. מְהַלֵּל מלכך רעיה ערכי Gebet für Sühnfest-Abend, der strofische Vers endigt לילה.
2. מעי יהודה [in der zweiten Zeile: ערכי מְהַלֵּל מלכך]. Chatanu in 20 Strofen, die מלך endigen; von den zehn Märtyrern wird gehandelt, indess nur die ersten drei genannt. Den Ausdruck מעי יהודה hat Charisi c. 13.

Isaac b. Salomo.

אני הוא הגבר [4]) über geopferte Märtyrer, alfabetisch nebst vollständiger Namenzeichnung; alle Strofen schliessen עולה, endigt לו השה לעולה. In gewandter Form und eindringlicher Sprache. In der Ueberschrift זה הסליחה על הגזירות בשנת צ״ו לפ׳ muss vielleicht צ״ז gelesen werden, was die Verfolgungen von 1337 bezeichnen würde. Die drei letzten Strofen heben

[1]) Mittheilung von Luzzatto, Nov. 1844. — [2]) meine Analekten N. 6 [Rom] S. 197. — [3]) syn. Poesie S. 318. — [4]) daselbst S. 322.

mit den Worten יפרח, סמך, חוקה an, und der Verfasser wird im Ms. Isaac b. Sal. יפרח סמך genannt. Der in מנהגים ms. vorkommende (וראיתי את ר׳ יצחק ב׳ שלמה) ist wohl derselbe, an welchen Isaac aus Wien [1]) schreibt; ein älterer, um 1160 in Frankreich, wird in Harl. add. 11639 f. 254b genannt.

Jehuda b. Schemarja schreibt in correkter Sprache.

1. אבותינו חטאו ואינם [2]) Chatanu, die Strofenverse endigen חטאנו.
2. אמנם אלהינו אנחנו חטאנו Chatanu, der strofische Vers endigt abwechselnd חטאנו und ה׳, das Ganze יסלח ה׳.
3. אמת כי אחוני השבץ vierzeilige Tochecha [aaaa], endigt לעבדו שכם אחד.
4. יחידך צור ראה עצור metrisches Tachanun, Refrän השיבנו ה׳ אליך ונשובה, 5 Strofen, die nur יהודה zeichnen; die Ueberschrift eignet es unserm Dichter zu. Ein (Karäer) Schemarja b. Jehuda lebte 1354, 1356, ein anderer im J. 1402 (Orat. 83).

Baruch b. Jechiel hacohen in Deutschland.

1. אני הוא הקונן [3]) eine schöne Selicha für das Sühnfest. Beschreibung der Schrecknisse wegen der Brunnenvergiftungs-Beschuldigung des Jahres 1347 [יגון ובכי], zwiefach alfabetisch in 56 Strofen, der strofische Vers endigt מים, die Selicha ממעיני הישועה נשאבה מים.
2. (vielleicht) אחלי יכונו שפתי ein Bussgebet, der strofische Vers endigt ה׳, das Ganze אל רחום ה׳, 47 Strofen, die Zeile 2 bis 3 Worte stark.

Menachem b. Binjamin.

מלך לך יאתה המלוכה mit dem Akrost. מנחם הקטן ברבי בנימן חוק ואמץ [4]).

Für Menachem b. Binjamin in Rom wurde A. 1289 der jerus. Talmud abgeschrieben [5]). Denselben Namen hat Menachem Recanate. In cod. Opp. 1370 Q. befindet sich ein Commentar des hohen Liedes aus der Handschrift des הרב ר׳ מנחם בן רבינו בנימן נ״ע. Immanuel erwähnt zweier Menachem als Zeitgenossen; Riete (106b) rühmt Menachem aus

[1]) Or sarua § 771, 772. — [2]) syn. Poesie S. 321. — [3]) das. S. 41. — [4]) Mittheilung Luzzatto's, Nov. 1844. — [5]) catal. Leyd. p. 342.

Ancona, dessen „Gebete den Zorn beschwichtigen“ und einen heiligen Menachem; einen solchen kennt auch der Zürcher Semak. Im Buche התדיר § 84 wird Menachem de Finzi als Verfasser von Decisionen genannt.

Joseph b. Matatia.

1. Jozer für den Sabbat vor Neujahr אקרא לאלהים עליון, dreizeilig. An die Refrän- oder Kadosch-Strofe schliesst
2. Silluk אלכה ואשובה אל מלך an, aus drei Abschnitten die durch Ringworte mit einander verbunden sind bestehend. Die Aufforderung zur Busse bildet den Inhalt. Sowohl im Jozer als im Silluk ist am Schlusse יוסף gezeichnet; den vollständigen Namen geben in der Ueberschrift codd. Rossi 965 und 1212 und ein röm. Machsor, das ich i. J. 1852 gesehen.
3. Tochecha אדברה וירוח לי [abab], eine Art Gespräch zwischen dem Lebenden und dem Gestorbenen, endigt למען שמך.

Joel.

אמוני עתים אפסו בטלו reimlos, gezeichnet יואל חזק, endigt קרב לנו גאולה כי אין לנו גואל ומושיע אלא אתה. Befindet sich in einem röm. Machsor vom J. 1441.

Samuel aus Ravenna, auch zubenannt aus la Marca.

1. Nischmat-Introduction שמך נורא ואין בלתך מרום, welche ונשמתי תפאר לך בשירים endigt.
2. Selicha שעה צור אל אמרתי.

Samuel b. Chija.

Selicha איה חסדיך הראשונים אשר חמלת[1]).

Samuel b. Schabtai.

1. ברוב ארשה,
2. חסדך אדיר.

Strofen und Strofenverse beginnen in N. 1 ברוב in N. 2 חסדך, variiren zusammen Ps. 5, 8.

3. לילה אליך ה׳,
4. לילה אקדמה

beide für den Abend des Sühnfestes; die Strofen beginnen und schliessen לילה. N. 3 hat sieben, N. 4 acht Strofen.

5. שוכן עד מרום, Chatanu mit Strofenversen, die צדקה schliessen; im Machsor 18 Strofen, vermuthlich fehlen

---

[1]) Mittheilung von Luzzatto, Oct. 1852.

zwei, da das Akrostichon sein muss: שמואל ברבי שבת[י ח]זק לעד א׳.

Unmittelbar auf N. 1 und 2 und die Variation des Verses fortsetzend folgt:

6. Selicha אבוא אדרוש אל אל, Strofen wie Strofenverse beginnen אבוא, die Zeilenanfänge geben hinter dem Alfabet שמואל קיר; vielleicht ist in der Schlusszeile רופא angedeutet[1]); die Identität ist zweifelhaft.

Samuel Kir s. Samuel b. Schabtai.

Samuel b. Natan הפרנס, in Mss. רבנא betitelt.

1. חיים אבקשה ומאתך אדרושה alfabetisch.
2. חיים קבצנו מגלותנו, die Anfänge geben vor dem Namen nur die Buchstaben קר״שת.
3. חיים שאלתי ממך צור in 9 Strofen die חיים anheben und schliessen.

Samuel b. Abraham harofe, dessen Selicha's in dem römischen Machsor vom J. 1441 stehen.

1. שחר אקרב לפניך, dem שחר להודות לך nachgeahmt, 5 Strofen mit Strofenreim, gezeichnet שמואל.
2. שמעה תפלתי ה׳, 6 Strofen mit Refrän, gezeichnet שמואל חזק בר אברם.

David ha-Nasi.

אנחתי ונאלמתי Klagegesang zum 9. Ab in 32 Strofen, דויד בן נשיא gezeichnet, in ziemlich schwerfälliger Sprache, z. B. הודברתי, הוכברתי, הֻנְבכי (von נבוך), הרביכי — schon im Jozer הכל אנחו gebraucht —, הרחישי (dem Wortgebrauch bei Speiseopfern entlehnt).

Verschieden von diesem romanischen Dichter ist wohl der Verfasser von:

אמנם אלהינו אם עונינו Chatanu in 9 Strofen mit durchgehendem Reim לים, in gewandten Ausdrücken, gezeichnet דויד הנשיא יחי, welchem vielleicht auch die gleich darauf folgende Tochecha אמולה לבתי gehört, obwohl nur akrost. דויד zeigend. Von einem David Nasi enthält cod. Brody 47 drei Gebete.

Salomo שרביט הזהב b. Elia schrieb ein grammatisches

---

[1]) אבוא · ופי פערתי · · רחמיך

Werk (חשק שלמה), einen Commentar zu Abenesra's ס׳ השם, vielleicht auch einen zum Petateuch; das zweite Werk ist im Vatican und in Parma, das dritte scheint Elia Beschitzi in seiner Abhandlung gegen Elia Misrachi anzuführen, da er unsern Autor in Verbindung mit Mordechai Comtino nennt. Er blühete 1386 [1]), wird auch שרבית (ohne הזהב) genannt, während er in seinen Poesien auch זהב und מזהב allein zeichnet. Im 16. Jahrhunderte lebten R. Abraham und R. Schemarja שרבית הזהב, letzterer der Oheim des A. 1636 in Venedig gestorbenen R. Jacob halevi b. Israel. Israel b. Salomo שרבית הזהב, A. 1419 Schreiber eines Pentateuchs [2]), ist vielleicht der Sohn unseres Autors.

1. אפס וולתך בקרב נחלתך, Sulat zum 7. Tage Pesach in 8 Strofen, endigend לעזרת עם חרש.
2. מי כמוך שבת וחנכה נגשו וריבכן ein Rangstreit zwischen Sabbat und Channca, in einem stellenweise scherzhaften Gespräche beider dargestellt; der Dichter beschwichtigt sie. Aehnlich dem Jozer Joseph Kalai's N. 6. Akr. שלמה מזהב אני אני שלמה שרבית הזהב.
3. Ein langes Gebet für die Bussezeit, den ähnlichen Saadia's und Jehuda halevi's nachgebildet, nach den Versen ה׳ שפתי תפתח und ברוך אתה ה׳ bis לכל לראש anfangend יש ישות אמת eine grosse Stelle in Reimen, die göttliche Einheit in philosophischer Schulsprache; das übrige ist theils in Prosa, theils aus Bibelstellen zusammengesetzt, die Vidui wird variirt, die menschliche Sündhaftigkeit und die Bedrängniss der Juden lebhaft geschildert, endigend וקברתני בקבורתם אני וכל אוהבי וכל ישרותם.
4. Eine Introduction zu Saadia's Gebet ה׳ שפתי תפתח,

---

[1]) Dass in cod. Rossi 314 statt הא-ספר, wie de Rossi schreibt, הא-ספו zu lesen, wie ich in meinem Schreiben an Hrn. Perreau vom 1. Febr. 1865 vermuthete, ist bestätigt (vgl. hebr. Bibliogr. N. 43 S. 28); demnach ist 5000 (ה״א) und 146, d. i. A. 1386 das Jahr in welchem der Verfasser nach der Stadt Epheso kam. Assemani zum cod. Vatic. 105 gibt 1387 an, weil er האספו in 5+147 auflöste. Der Vers lautet: בעת גלה ובא אל עיר איפישו שנת הא · ספו גולים לגואל. — [2]) Pinner Prospectus S. 37.

anfangend תהלתך אין לה תחלה, die Berechtigung zu beten auseinandersetzend.

5. שדי הזכרתני Tachanun für Mincha, 4 zehnzeilige Strofen [2 mal abba, AB] mit Symbolisirung der Planeten, Refrän כי שמחתני ה׳ בפעליך.

6. שפל וגוע אני דל Tachanun, gez. שרביט הזהב (ms. Luzz.).

In der Sammlung Cstpl. 1545 befinden sich von unserm Verfasser zwei Gedichte:

N. 289: שער שפתיך ראיתיהו בצביוני.

N. 290: מריבה נהיתה בינות חברים, ein Streit der Buchstaben des Alfabets.

Elieser b. Josua.

המלך הנפלא בגדל רחמיך.

Tobia b. Josua.

אל הקדש פנימה Selicha, die zugleich eine kurze Aboda enthält, der strofische Vers endigt קדש, nur der letzte וקדוש.

Abigedor Kara, dessen Vater Isaac Kara[1]) 1352 lebte und — vielleicht A. 1389 — ermordet worden, war A. 1409 in Regensburg[2]) und ist 1439 im April in Prag gestorben. Er hatte einen Sohn Samuel[3]). Ob Menachem b. Jacob, dessen Bemerkungen Opp 1172 Q. enthält, sein Freund oder Halbbruder war — er nennt unsern Abigedor an zwei Stellen אחי — ist unbekannt. In dem אגור בן יקא der Sprüche fand Abigedor seinen eigenen Namen angedeutet. Er stand in Verbindung mit Salman Cohen (ז״ך) in Nürnberg[4]), war übrigens ein armer Mann, der in den einzelnen Gemeinden für sich Beiträge sammeln liess[5]).

1. אחד יחיד ומיוחד ein den jüdischen Glauben an einen Gott verherrlichender Gesang, der fast in alle Riten aufgenommen wurde. Er besteht aus 10 dreizeiligen Strofen. Es heisst darin: יהודי נוצרי ערבי בינה לא נראית לאל כל תמונה — גוף אין לו גם דם ובשר ובידי אדם לא נמסר.

---

[1]) ein jüngerer Isaac Kara in Prag wird Jos. Kolon Rga. 79 genannt. — [2]) עמק המלך 15a, hieraus in קסת יהונתן 7d. — [3]) Opp. 614 Q. — [4]) סדר הגט § 23 (hinter Rga. Juda Minz). — [5]) Goldberg in המבשר 1862 S. 207.

Selicha's:

2. אל נקמות הופיע[1]) ein Klage- und Racheruf, gezeichnet אני קרא חוק.
3. אפתחה במשל פי[2]), Peticha für Mincha, endigend: ורחמיך הרבים המה לנו היסודות.
4. אשתחוה פני ארון Tachanun, nach Baruchs אני הוא השואל. Die Namen der einzelnen biblischen Bücher sind die Ausgänge der Strofen.
5. את כל התלאה beschreibt das Gemetzel in Prag vom Jahr 1389.
6. ה׳ בקר השמע קולי nach א״ב, worin die 13 Anbetungen (השתחוואות) in Bibelversen angebracht sind[3]).

Mose Chasan b. Abraham[4]).

1. אדם אפר יסודו, 12 Strofen, Betrachtungen über den Menschen nach Art der Tochecha, alle Strofen beginnen und schliessen אדם; der erste und der letzte Vers gleichen dem ähnlichen Stücke אביר כפרח Salomo Gabirol's.
2. או הברת בחוון Akeda mit Strofenversen die הוא endigen.
3. איום ונורא שכלל in 3 Strofen, für Neila.
4. איומה עד מתי[5]) in 3 Strofen, für Neila.
5. אלהינו אדוני האדונים, Anfang und Schluss der Strofen ist אלהינו.
6. אמרי אלהותך ושמך 8 Strofen, die gleich den strofischen Versen אמרי anheben.
7. אנוש אל צור מעריצך vierzeilige Tochecha [abab].
8. אנוש בינה משפט הארץ dreizeilige Tochecha.
9. אתה אדיר נשגב ונורא alle Zeilen und Strofenverse beginnen אתה.
10. ברוך אלהים הנותן עז Strofen und Strofenverse beginnen ברוך.
11. הישועה מני קדם 7 Strofen, die alle gleich dem letzten Strofenverse הישועה anheben; der 4. Strofenvers beginnt ישעי, die übrigen הושיעה.
12. העולם אל נעלם, jede Strofe hebt העולם an, jeder Strofenvers schliesst עולם (auch העולם, לעולם, מעולם).

---

[1]) syn. Poes. S. 330 — [2]) s. das. S. 46. — [3]) מטה משה § 29. — [4]) syn. Poesie S. 325. — [5]) das. S. 328.

13. ונואלי אלי אתה 10 Strofen mit dem Anfang ונואלי, womit auch die Selicha schliesst; die anderen Strofenverse beginnen mit einem Wort der Wurzel גאל.
14. והגיון משרתיך 9 Strofen die והגיון anheben, das erste Wort des strofischen Verses ist ein Wort der Wurzel הגה.
15. ונפלאותיו אשר פעל Hymnus in 8 Strofen, deren Anfang und Schluss ונפלאותיו.
16. חיים מול אל ישראל, die Strofen beginnen und schliessen חיים (s. unten S. 379 Kaleb b. Mose).
17. ה׳ אדונינו אשתחוה Hymnus in 12 Strofen, die ה׳ anheben, die strofischen Verse beginnen und schliessen ebenso.
18. ה׳ משנאי רבו Strofen und Strofenverse beginnen ה׳.
19. יהיו אמרי פי, die 12 Strofen nebst den Strofenversen fangen יהיו an.
20. יודו אליך מיחליך, mit יודו heben die Strofen an, der strofische Vers mit יודו, יודוך, הודו.
21. לבי אעורר להגות [1]), 10 Strofen die לבי anheben und endigen.
22. לבני אמוניך הופיעה in 8 Strofen, die gleich den Strofenversen לבני anheben, nur der Vers der 7. Strofe beginnt בני עבדיך.
23. להי׳ אמיץ כח Hymnus in 11 Strofen.
24. להי׳ מרום ונשא Hymnus in 13 Strofen, Strofen und Strofenverse beginnen in diesen beiden להי׳.
25. לפניך אודה, die 12 Strofen beginnen und schliessen לפניך.
26. לרצון מיחלים היום, 7 Strofen die לרצון anheben, ebenso die strofischen Verse.
27. מנחת מרחשת für Mincha des Sühntages, 11 להי׳ schliessende Strofen.
28. על אלהים נורא 13 Strofen, die gleich den Strofenversen על anheben.
29. עמך אלהים ביד מונים Schilderung der Leiden in 11 Strofen, die gleich den Strofenversen עמך anfangen.

---

[1]) syn. Poesie S. 329.

30. פי אפתח להללך, 10 Strofen die פי beginnen und schliessen.

31. צורי מחסי נסי, Strofen und Strofenverse heben צורי an.

Die Nummern 5, 6, 10, 15, 17, 20, 22 zeichnen „Mose“, N. 1 fügt חזק, N. 12 לאב חזק hinzu. Diese neun Stücke gehören zu den 24, welche aus vier Variations-Gruppen bestehend einem und demselben Verfasser angehören, und zwar N. 5, 10, 12 zur ersten, 1, 15, 20, 22 zur zweiten, 6, 17 zur vierten Gruppe. Es variirt nämlich die erste Gruppe (N. 10, 9, 18, 5, 12), in welcher das Wort מלך von Kaleb behandelt ist, die Benediction ברוך אתה ה' אלהינו מלך העולם; die zweite (N. 20, 24, 15, 22; 1), in welcher das Wort חסדו Abraham b. Isaac bearbeitet hat, den Vers Ps. 107, 8 (יודו u. s. w.); die dritte (N. 23, 11, 28, 29) den Vers Ps. 3, 9 (לה' u. s. w.); die vierte (N. 19, 26, 6, 30, 14, 21, 25, 17, 31, 13) den Vers Ps. 19, 15 (יהיו u. s. w). Die übrigen Nummern tragen die unzweifelhaften Acrostichen unseres Dichters: den vollständigen Namen die N. 16, 18, 24 (dreifach), 25; mit Hinzufügung החזן die N. 7 (אני משה החזן בן הרב אברהם חזק ואמץ אמן), 9 (ohne אני und אמן, aber זצ"ל hinter Abraham), 28 (wie N. 9, ohne חזק); mit Hinzufügung des הממונה die N. 8, beide Epitheta hat N. 11. Ohne den Vaternamen ist חזן gezeichnet in den N. 3, 4 (in beiden אני משה חזן), 13 (dreifach), 21 (משה החזן חזק ואמץ), 23 (dreifach nebst חזק), 26, 31; הממונה in N. 19, 14, 30; N. 29 zeichnet משה הממונה החזן. Die Bezeichnung בן הרב אברהם findet sich in sechs Nummern (7, 8, 9, 24, 25, 28); wir dürfen daher unbedenklich die beiden dem Sühntage gewidmeten Stücke (N. 2 und 27), in denen nur משה בן הרב חזק — in der letztern Nummer vierfach — angebracht ist, unserm Verfasser zuertheilen, der sie wahrscheinlich noch bei des Vaters Leben ausgearbeitet hat; auch scheint er, als er die beiden ersten Gruppen verfertigte, noch kein Vorgesetzter oder Ephorus gewesen zu sein. In N. 9 kommt hinter dem Akrostichon noch einmal משה זרע אברהם vor, und damals war der Vater bereits gestorben, während am Schlusse der gedachten N. 27 זרע יצחק vielleicht auf den Namen des Grossvaters hinweist. Möglich das Abraham b. Isaac, der an der zweiten Gruppe sich betheiligte, ein naher Verwandter war.

In den beiden Tochecha's und den für den Sühntag bestimmten vier einfachen Compositionen zeigt unser Verfasser mehr poetisches Talent als in den meisten Variations-Stücken, zu denen auch N. 16 gehört, in welchen dem Geschmacke jener Zeit gemäss Schwulst und Wortklang öfter Seele und Anmuth ersetzen müssen.

Mose b. Elia.

1. אל חצריך עמך für Esther-Fasten, ist bis auf die erste und die letzte Strofe durchweg halachisch; der Name ist zu Anfang der Zeilen dreifach und am Schlusse noch in einzelnen Worten gezeichnet.
2. מעון קדשך עמך für den Abend des Sühnfestes, daher die Strofenverse לילה schliessen; die Strofenanfänge geben den Namen.

Mose ha-Parnes b. Elia, am Rande von cod. Mich. 414 genannt, war etwa um A. 1360 in der Krim, Mose b. Elia Kapsali in Kandia um 1480.

Mose hacohen.

מה לקוני מכרני הפילני, gezeichnet קירשת משה כהן חוק; ähnliches ist bei Samuel b. Natan N. 2 der Fall.

Mose Kilki.

עורי איומתי für Sühnfest-Abend, 4 Strofen im Abbasi-Metrum, akrost. משה; ein Ms. Luzz. gibt in der Ueberschrift den Beinamen an. Diesen hatten auch 2) Elnatan b. Mose A. 1340, 1370 in Constantinopel[1]), ein Zuhörer von Jesaia b. Immanuel, dessen Schrift אבן ספיר im 11. Abschnitt vom Gebet handelt; 3) Jehuda Kilki, der Dichter, 4) David[2]) (A. 1582) und 5) Elia[3]) Kilki (A. 1621), beide in Chios.

Jochanan b. Ruben [ברי״ר ו״ל], Verfasser eines Commentars der Scheeltot, vermuthlich derselbe, welchen Menachem Tamar im Supercommentar zu Abenesra anführt, nennt als Zeitgenossen Isaac Zarfati und R. Chajim, zitirt die Turim, ibn Schoaib, Schemarja [Ikriti], Sohar und Recanate. Ihm ist die Bezeichnung der Kabbalisten mit בעלי העבודה geläufig, einem Ausdruck der seit dem Buche מערכת אלהות (c. 7) auch

---

[1]) Orat. ms. 91 und 92. Munk: Abulwalid p. 79. — [2]) Salomo Cohen Rga. Th. 1 f. 52. — [3]) Joseph Trani Rga. אח״ע N. 44.

in den Schriften שרשן סודות, פליאה, ציוני (5d, 18a, 50c, 81b, 97c) vorkommt, und die חכמי הקבלה (Abulafia, Recanate), בעלי שמות (Mose de Leon), בעלי סוד (Buch התמונה) und בעלי הספירות (Abulafia) ablösend, den „Kennern der absoluten Wahrheit" den חכמי האמת den Weg bahnte, — einer Benennung, die in Bechai's Zeit nur den Talmudisten gegeben wurde. Unser Autor bedient sich in seinen Hymnen der philosophischen Schulsprache [1]). Frühestens darf derselbe daher A. 1400 angesetzt werden, gehört aber wahrscheinlich erst der zweiten Hälfte des 15. Jahrhunderts an.

1. אין כמוך גדול Hymnus in 10 Strofen, endigt יהיו לרצון.
2. ה׳ במי ידמוך über Gottes Grösse und Einheit in 5 Strofen, endigt ה׳ אחד.

Mordechai b. Chija hacohen.

מול ערלה לב העקוב.

Jehuda b. Menachem.

אהלה פני אלהים Chatanu, alfabetisch; 6 Strofen hat das romanische Machsor, das Ganze ein Ms. (Pinsker S. 127).

Mordechai b. Isaac.

אני הגבר בוכרי ודוני dreizeilige Tochecha mit Reminiscenzen aus Gabirols שכחתי, vielleicht auch aus את פני מבין von Mose b. Chija.

Mordechai b. Jonatan.

1. חסדיך אלהים זכור.
2. ה׳ מלכי [al. אלהי] מחסי וקדושי. Beide Gebete nur mss.

Mose b. Mamal hacohen, zubenannt הוורדי.

איך הושלכת משמי מרומך für den 10. Tebet, endigt וזכרון בירושלים.

Der talmudische Name Mamal begegnet uns in Jehuda b. Ascher Rga. 15a.

Zacharia hacohen, wahrscheinlich der Grossvater Menachem Tamar's und derselbe, der als Verfasser einer Vertheidigung des Maimonides (ס׳ המצות) gegen Nachmanides schon A. 1451, auch als Lehrer Schabtai Cohen's genannt

---

[1]) בהשיגך, אין ריקות, עלה לעלולים, אחרוהך פשטה, לשלול העדריים עצמך.

wird, lebte demnach um 1430; cod. Vat. 249 nennt ihn Philosoph und העני.

1. אנא אדון עולם ובורא שחק, endigt עקדת יצחק.
2. ובח ומנחה נעדרו, endigt בתקע שופר.

Beide Stücke heissen Tachanun und haben die Bestimmung, am Neujahrfeste vor dem Posaunenschall rezitirt zu werden.

Kaleb b. Eljakim.

1. אנשי לבב עוצו Gebet für den Schluss des Sühntages in 12 Strofen.
2. מלך אליך ה׳ אתחנן ואקרא für die Bussezeit in 11 Strofen, die מלך anheben und endigen.

} In Mss. und Editionen hie und da mit unrichtigen Lesearten, so dass אחיקם[1]), אליהים, אלהקים als Akrostichon angegeben wird. Das richtige hat cod. Foa 42 N. 28.

Kaleb b. Mose.

1. חיים אשאלה ממך,
2. חיים אתנה לפניכם

} beide nach Art der Mostedschab zu dem Thema מי האיש החפץ חיים (Ps. 34, 13); 8 solcher Compositionen hat der romanische Ritus, die Strofen beginnen חיים und eben so schliessen die strofischen Verse. In beiden Nummern zeichnet der Dichter den Namen seines Vaters mit dem vollen Worte, in N. 1 mit בעבדי במשה, in N. 2 mit משה עבדי; jede besteht aus zehn Strofen.

3. אליכם אישים אדבר Aufforderung zur Busse, 9 Strofen, gezeichnet כלב ברבי משה חוק ואמץ.

Kaleb b. Salomo.

1. איך ארמון היכלך dreizeilig, für den Fasttag des zehnten Tebet, die Anfänge der Strofen geben אני כלב ברבי שלמה.
2. איכה ראש הפסגה, 12 Strofen, alfabetisch;
3. היום אמרר בבכי, 10 היום beginnende Strofen;

} beide, ohne sonderlichen poetischen Werth, sind für den 17. Tammus.

Aaron halevi b. Jehuda oder **Gumprecht Kassel**, wahrscheinlich Arzt, schildert in seinen Poesien die Leiden

[1]) Pinsker S. 127.

und Martyrien aus dem Hussitenkriege und der östreichischen Verfolgung des Jahres 1421.

1. אפעל זו ליום נקדשו Klagegesang mit durchgehendem Reim ים; das erste Wort, dessgleichen in der Schlusszeile der Anfang יהוקן כל und die letzten Worte וידידי החסידים haben den Zahlenwerth vom J. 181 d. i. A. 1421.

Selicha's:

2. אידה אספרה עצמו mit ערב schliessenden Strofenversen, endigt הוגה לעת ערב.

3. אהלה למלכי בינן נפשי für die Fasttage Montag, Donnerstag, im J. 1417 verfasst, akr. אהרן קשלא הזקן רופא לוי; endigt כחלב ודם.

4. אלהים הוא חילי והומך מעגלי, endigt גוי חרמך.

5. אמרתי אשמרה דרכי mit היום schliessenden Strofenversen; die ersten Worte der 29 Strofen geben das Alfabet und Gumprecht, die zweiten Worte אהרן ברבי יהודה הלוי קשלא נ׳ חזק ואמץ. Ein Nothruf der geängsteten und flüchtenden Juden (אוכלי לחם העצבים פרודים ופזורים לרוח היום). Endigt לעשות כדת היום.

6. אפילה נא תחנתי Pismon, Bestimmung und Abfassungszeit wie N. 3, endigt שני וחמישי.

7. אקדם בבכי ארשת שפה, deren Anfangsworte die Zahl 179 d. i. das Jahr 1419 bezeichnen, ist ein i. J. 1421 verfasstes doppelt alfabetisches Tachanun, endigt בחוק מובח.

8. קונה שמים לשבתו אנקתי, deren erste vier Worte das Akrostichon קשלא geben, endigt למוקש ולאיבה.

Schealtiel's אודך בעמים (N. 2[1]) hat er mit einer Strofe וסתך versehen, die auf מה פשעי ausgeht, so dass Pe das Vav vertritt.

Aaron hacohen.

1. Vidui אני אשמתי ותרביתי, doppelt alfabetisch, der Anfang der Zeilen ist abwechselnd אני, אתה. Von Verfassern dieses Namens sind ferner:

2. Sabbatlied אשליך יגון ואנחה.

---

[1]) oben S. 270, vgl. S. 237.

3. Gedicht אצילי טהר וחכמה [Akrost. אהרן הכהן חזק] am Ende eines pentat. Commentars (cod. Paris 102 a. F.).

Aeltere Autoren Namens Aaron hacohen sind: 1) der in Hapardes 26c, auch von Abenesra angeführte Gaon [b. Joseph] [1]), 2) [b. Meschullam] in Lunel, um das Jahr 1200, 3) der Vater Samuel's, den Zidkia citirt, 4) der in Tosafot, bei Isaac aus Wien und sonst genannte [2]), 5) [b. Chajim] A. 1227 [3]), 6) [b. Joseph] [4]), 7) [b. Jacob] Verfasser des ארחות חיים [5]), 8) dessen hebr. Wörterbuch in der akademischen Bibliothek von Madrid iegen soll, 9) ein Commentator der Hagada, angeführt in cod. Rossi 177.

Ruben b. Jochanan, der Sohn des oben genannten Autors.

רומה אלהים והושיענו Bussgebet in 8 Strofen.

Chananja b. Schelachja (vgl. Chananja oben S. 344).

1. ארגה כיונים הגיון Chatanu für den 17. Tammus, dessen ציון endigende Strofenverse die alfabetische Ordnung, die vierfach ist, befolgen, z. B. נשגב צורי ומלכי נודע להאיר חשבי נפלאותיו יחיש כי נדחה קראו לך ציון.
2. אפיקי מים נחלים, dessgleichen; die Strofenverse endigen ירושלם. Dreifaches חזק.
3. ישראל חלו פני אל für Sühnfest, die Strofen beginnen und schliessen ישראל, alle drei Nummern haben gleichen Bau.
4. צבאות חילי מגדולי hymnenartiges Bussgebet, die Strofe beginnt צבאות, der strofische Vers endigt קדשו, die Zeilen geben dreifach den vollständigen Namen.

Abia b. Joktan הפרנס.

אשחה במר שיחי Chatanu über die zehn Märtyrer, der strofische Vers endigt אלהים.

Schabtai b. Kaleb.

1. אל אלהי אעתר die Strofen und die Strofenverse heben אל an.
2. אמתך שחקים יעידו, die 7 Strofen beginnen und endigen אמתך, dreifach gezeichnet שבתי חזק.

---

[1]) vgl. meine Bemerkungen in Geiger Zeitschrift Th. 4 S. 389. — [2]) zur Gesch. S. 47, 97. — [3]) Ritus S. 194. — [4]) zur Gesch. S. 99. — [5]) Ritus S. 31.

3. בנים אמיץ אונים, Strofen wie Strofenverse heben בנים an.
4. גדול אדיר הנשגב, die Strofen heben גדול an, der strofische Vers schliesst גדולה.
5. הוא אחד ומיוחד, Strofen wie Strofenverse heben הוא an, ist nach אא״ב, נגיד u. s. f., hat nebst שבתי חזק vielleicht auch noch רב כלב.
6. חי אל אלהים, Strofen und Strofenverse beginnen חי.
7. חי שופטי מלכי, die Strofen heben חי an, die Strofenverse schliessen חי; 12 zweizeilige Strofen.
8. יודיע שמו הנשגב, die Strofe hebt יודיע an, der strofische Vers יודיע oder יודע.
9. יודך אדיר נפלא, die Strofe hebt יודך an, der strofische Vers אודה oder אודך, der letzte יודך.
10. כמוני שפל ברך die 7 Strofen beginnen und endigen כמוני, gezeichnet שבתי חזק.
11. לילה שקד עמך zweizeilig, für den Abend am Sühnfest, die Strofe beginnt לילה, der strofische Vers endigt מהר.
12. שכנך איתי לנהור Chatanu, die Strofenverse endigen טהור.

Die Nummern 6, 7, 5, 9, 10, 3, 8, 1, 2 sind zusammen die Variation der einzelnen Worte von Jes. 38, 19, aus welchem nur die Wörter היום אב übergangen sind. Verschieden ist der karäische Dichter Schabtai harofe b. Kaleb und ein A. 1534 in Arta lebender Schabtai b. Kaleb. Indess ist Schabtai harofe auch im roman. Machsor, woraus ed. 1545 Cstpl. und der karäische Siddur durch Versetzung der Strofen Tischbi gemacht, vgl. Ritus S. 161 Anm. t.

Schabtai Chabib b. Abischai hat die philosophische Schulsprache in seinen Piutstücken[1]).

1. אני שקד בכל מאדו, von der 6. Strofe an halachisch, die Anfertigung und Lesung der Estherrolle anlangend.
2. שעלים מחבלים קמים in 5 Strofen mit Strofenreim.

Ausser diesen beiden Selicha's, die für Estherfasten bestimmt sind, hat das griechische Machsor noch die folgenden Stücke:

[1]) קנין המדות (N. 3), פשוטים und מורכבים (N. 4), מחויב המציאות (N. 7).

3. מי כמוך שוכן בשמי für Sabbat Para, theilweise halachisch.
4. מי כמוך שמים כוננת für den 8 Tag Azeret, wie N. 3 gezeichnet, der strofische Vers endigt 'ה.
5. מי כמוך שמר עמך ישראל für Sabbat Hachodesch, der strofische Vers schliesst ישראל.
6. שעה אלי אלי שועי metrische Eröffnung für Sabbat Hachodesch mit durchgehendem Reim, endigt לקרב משיחנו בניסן ראש חרשים.
7. ששוני רב בעמדי metrisches Kaddisch für Wochenfest in 12 Reihen mit durchgehendem Reim.
8. שירו נאמני משבילי Eröffnung für Pesach in 9 Strofen, der strofische Vers endigt 'ה.

Ausser den Nummern 1 und 5 haben die übrigen nur שבתי חביב.

Schabtai b. Joseph wird in einem Ms. als Verfasser folgender drei Selicha's genannt. Ein Joseph b. Schabtai קלצוני der auch Dichter war lebte A. 1336; vielleicht derselbe, dessen Selicha's im karäischen Siddur[1]) befindlich sind.

1. שחקים נטה, nicht näher bekannt.
2. שחרי אל החרדים Tachanun für die Bussezeit in 4 Strofen, im Charakter spanischer Pismon, gezeichnet שבתי, endigt על משכבי בלילות.
3. שולחה ממעונה יונה, in Ms. Luzz. überschrieben: תחנון לר' שבתי תנצ״בה, endigt וה' יסלח לה und ist für den 10. Tebet.

David b. Elieser aus Kastoria. Ein Vorbeter Elieser aus Kastoria lebte um 1400, wie aus dem Commentar Dosa's b. Mose erhellt; der Abschreiber Elieser b. Abraham aus Kastoria im Jahre 1467[2]). Unser Verfasser, רבנא דויד aus Kastoria in den Handschriften genannt, führt in seinen Compositionen akrostichisch auch die Namen אביהו, אחיה und da er häufig auch חי ונושע zeichnet, so vermuthet Luzzatto, dass er in einer schweren Krankheit, von der er genesen, jene andern Namen bekommen. Man übersehe nicht, dass דויד, אחיה, אביהו

---

[1]) Th. 3 S. 286: לילה יהוו לרצון, 212: אחלי לבבי לשוב. — [2]) Verz. hebr. Mss. in Wien 1847 S. 109.

denselben Zahlenwerth haben, dass die Composition אבחיה die einmal vorkommt pater sanavit heisst, im Buchstabenwerth dem Tetragrammaton gleicht. Dass diese Bezeichnungen keinem verschiedenen Dichter gelten, geht aus den Mss. von Constpl. und Luzzatto hervor, die so gezeichnete Selicha's dem R. David zuertheilen.

1. אדרשה אלהי ושובו. 2. אלהי בליותי וסעיפיהם, genannt: Gebet David's.
3. אלהי קדם מעונה, Chatanu. 4. אלהים לשבים.
5. אה מי ישעה. 6. אהיו עם אל קרוים.
7. אחיו שבו בפחד wohl eine Nachbildung von Jehuda's אחיו אמונים.
8. ברוך אור בהיר בעם. 9. דברתי אני עם לבי, in der Ueberschrift שירה genannt. 10. דרשי נות ביתי פני Techinna. 11. חיים דרשתיך מצרה, vermuthlich endigen die Strofen חיים. 12. ה׳ אמר לשכן בתשואות. 13. חנן לשוני אמרתך Peticha.

Die Nummern 2, 5, 9, 10, 11 zeichnen den Namen דויד; N. 1, 3, 4, 7, 13 אביהו, N. 8 und 12 אחיה, N. 6 אבחיה, und von diesen führen die Nummern 1, 6, 7, 13 in den Mss. die Ueberschrift לדויד. Ausser N. 5 und 10 mit der Ueberschrift תחנה לדויד haben sämmtliche Stücke auch den Vaternamen. חי ונושע findet sich in N. 6, 7, 12, 13[1]), eine ganze mit נושע beginnende Phrase in N. 8[2]). Ueberdies zeichnet N. 12 חזק, N. 2 חזק — אני; חזק לעד אמן סלה haben N. 3, nebst ואמן N. 9, ohne סלה N. 1.

Elkana b. Schemarja הפרנס, vielleicht der Sohn von Schemarja b. Elkana.

אלי מרומים ein Hymnus in 16 Strofen, nach der Art wie אמיצי שחקים des Sühnfestes, nur wortreicher; die je ersten Zeilen beginnen אלי מרומים, die zweiten ובני הרומים, die dritten ואני גבר, der strofische Vers endigt לך.

R. Elkana war um 1400 in Kandia, wie aus Dosa b. Mose[3]) erhellt.

---

[1]) unrichtig חויא bei Pinsker 126. — [2]) Pinsker a. a. O. — [3]) Commentar ms. Parascha וישב.

Elnatan hacohen.

1. אל יסיתך נפשי eine dreizeilige Tochecha in 13 Strofen.
2. אם יאמר לי קוני dessgleichen in 12 Strofen.

Vier Strofen haben in beiden Stücken denselben Anfang, die letzte Strofe der ersten Nummer lautet wie die zehnte der zweiten; in beiden kommt חתימה vor.

Leon b. Michael הפרנס.

1. הללו לדר נהורא Hymnus in 11 Strofen, der erste Strofenvers beginnt und der letzte endigt הללויה, alle übrigen heben הללוהו an. Der Dichter bedient sich mitunter aramäischer und talmudischer (נגב abtrocknen, תיק Gehäuse, טמע), auch peitanischer Ausdrücke (עָלו, מגמע).
2. שמו אחד ומהולל Hymnus mit dem Akrost. לאון חזק; שמו beginnen alle Zeilen und endigen alle Strofenverse, der Schlussvers ist das aus Tr. Soferim stammende אחד אלהינו u. s. f. Es kommt vor: הטבותו חטוב שפלים ושחים (niedergedrückte und müde), בכל צר נפנים, נדאב synonym dem ältern דאוב (Ritus 239).

In italienischen Mss. ist ein Hochzeitsgesang לך אקרא בקול וזמרה, dessen Strofen theils רה, theils לה reimen, mit dem Akr. ליאון חזק ואמץ, derselbe schliesst תחיש ישועה וגאולה. Offenbar ist Jehuda, der Verfasser des auf לה reimenden Hochzeitliedes שיר אשא לרם ונשא, derselbe Leon; in beiden Stücken heisst es ולי המזמר בקול וזמר.

Schelachja b. Chananja, vielleicht der Sohn des oben S. 381 genannten.

אשא עיני אל ה׳ בתחנוני für den Sühntag, in 8 Strofen, endigt בעשור לחדש ביום הכפורים.

Raphael זני b. Isaac aus Faënza verfasste in der Busswoche des Jahres 1450 (am 6. Tischri) ein Tachanun (cod. Rossi 802) als Introduction zu der Akeda von Abbas, anf. אל חי דלתי רצון היה פותח, endigend תשבי ומשיח אתי שולח. Die Strofen geben akrostichisch אני רפאל זני בכמ״ר יצחק יצ״ו חזק. Vielleicht gehört demselben Rafael di Faënza das Gedicht zu Ehren der Galantina in cod. Rossi 420.

---

[1]) Nach Luzzatto's Mittheilung.

Menachem b. Elia aus Kastoria[1]).

1. מה יקרו רעים בקום אשמרה, Petiche.
2. מען אהיה אשר אהיה Gebet und Tochecha. In beiden Stücken ist מנחם בן כ״ר אליה מקשטריה וליחה gezeichnet.
3. Gebet (תפלה) genannt שירה היד החזקה oder מלביאל; anhebend mit Ps. 100 (vollständig), 118, 19, Richter 5, 3 worauf folgt: האנכי הריתי את המון המדבר הנאוה הזה אם אנכי ילדתיהו הלא ה׳ אלהי הוא הבורא נבוהים אמרים ומי כמהו מורה מגידים וישרים וכו׳. In dem eigentlichen Gebete, zu welchem Vorhergehendes die Eröffnung bildet, sind für jeden Buchstaben des Namens 10 Zeilen zu 5 Worten jede verwandt, und alle 50 Worte fangen mit je einem und demselben Buchstaben an, also z. B. Buchstabe מ׳: מלכי מקדם מהולל מכל מעשך משמים מקורים מגולות מתנות משרתיך מארצוה וכו׳. Das Ganze gibt: מנחם בן כ״ר אליה ד״ל. Ein Erlösungs-Wunsch nebst Bibelversen beschliesst das Gebet, das 20 Blatt einnimmt.

Menachem Jehuda.

מקושרת מר.

Menachem Bulgari, ist nach der Ueberschrift Verfasser von:

אקדה בידי ובזה אבות, alfabetisch.

Menachem.

אתהלל אהלה[1]) Hymnus und Gebet in 10 Strofen.

העת אפגעה[2]).

Abtalion b. Samuel Mejuchas.

איה לי שהטאתי Chatanu in 20 Strofen, durchgehend mit Ringworten, ausgenommen zwischen der 3. und 4. Zeile. Die Anfänge der ersten 6 Strofen geben אבטליון; den vollständigen Namen die Ueberschrift im Machsor. Der Name Mejuchas (εὐγενής) erscheint seit etwa 500 Jahren unter den byzantinischen Juden. Mejuchas b. Elia ist Verfasser eines pentateuchischen Commentars, den Elia Misrachi (zu Levit 11, 38, Numer. 7, 16)

---

[1]) irrthümlich einem Karäer Noa zuertheilt bei Pinsker S. 25 und 128, vgl. meine Berichtigung das. S. 226. — [2]) das. S. 127.

anführt; Mejuchas b. Jehuda lebte etwa 1400 auf Kandia; Samuel b. Josua Mejuchas war 1529 Richter in Arta[1]); Pinchas b. Schabtai Mejuchas 1579 in Janina[2]). In neuerer Zeit führten diesen Namen der vor 100 Jahren in Constantinopel lebende Verfasser der Rga. בני אברהם, Abraham b. Jehuda, dessen Bruder Natan und dieses Natan Sohn Jehuda; Abraham b. Samuel, Verfasser von שדה הארץ und dessen Bruder Mejuchas Rabbiner in Jerusalem, der mehrere talmudische Werke geschrieben, ferner Mordechai Mejuchas von dem 1794 ein Buch erschienen, u. A. m.

Jehuda b. David, in den Mss. auch Gur Arje[3]) genannt.

1. בחון לבי והגיון, Peticha des 6. Tages, gezeichnet יהודה.
2. ברכי נפשי את ה׳ ... גדלו וכרי, Peticha des 9. Tages, gezeichnet גור אריה[4]).

Vielleicht gehören ihm auch die Peticha's:
כלבי ורעיוני (2. Tag),
יה חון עמך (7. Tag),
יום אפתחה דלת (10. Tag),
die in demselben Ms. sich befinden und den Namen Jehuda zeichnen.

Elia b. Samuel b. Parnes aus Stepanow[5]) am Pruth, correspondirte mit Mose Kapsali, Salomo dem Grammatiker, seinem Schwager Abraham, stand mit Männern in Iscopia in Verbindung, lebte vermuthlich in Widdin, vielleicht später in Constantinopel. R. Joseph Kolon (N. 83) erwähnt des R. Elia Parnes in Constantinopel. Zeitgenossen von Elia Misrachi[6]) waren Parnes b. Elia und Schmarja b. Parnes. Nach Samuel Algasi[7]) hätte Elia b. Parnes aus Kreta bereits A. 1390 einen Commentar des hohen Liedes verfasst.

Unser Verfasser schrieb i. J. 1469 seinen pentateuchischen Commentar genannt ס׳ הזכרון[8]) und ausserdem verschiedene synagogale Lieder und Gebete[9]), als:

---

1) Binjamin Seeb Rga. 422. — 2) Samuel Kalai Rga. 68. — 3) גוע המחבר רבנא דוד ז"צל s. Pinsker S. 127. — 4) Mittheilung Luzzatto's, Okt. 1852. — 5) שטיפן, שטיפו (El. Misrachi N. 80), אישטיפו (Jacob Berab Rga. 71 b), daher unser Autor השטיפאני. — 6) a. a. O. — 7) תולדות אדם. — 8) Opp. 278 Q., 220 Bl. — 9) Mittheilung Steinschneiders.

1. מי כחתכם אין ערוך לו אין דמוה לו nach der Melodie מי כחתכם.
2. אמרו תורים לבני שרים zum zweiten Kaddisch am Sabbat, Abends, Akrost. אליהו הקטן חי.
3. ארוממך ארון כל העלולים Eröffnung der Megilla-Lection, kabbalistisch.
4. ארוממך אלהי כל נשמה ähnliche Eröffnung.
5—7. Gedichte für Barchu, Kaddisch und für den Neuvermählten.
8. אלהים אליך נשאתי Selicha nach א״ב, jede Strofe beginnt אלהים.
9—12. Tachanun: אני שכנתי; אספר נא [Melodie שני חיי]; את הקץ אשמר (אני אליה); אקום להודות zur Akeda [Mel. שחר קמתי].

Elia b. Abraham aus Kastoria, in der Ueberschrift von N. 1 רבנא אליה genannt.

1. עיני ולבי ברעיון אשא Chatann.
2. אמרו לאל תודה, am 8. Azeret vor לאל הברוך נעימות üblich, eine schwache Illustration der Salomonischen Tempelweihe, ist dreizeilig und zeichnet אליהו העלוב חזק ברבי אברהם מ״ב.

Mose b. Jacob, der Exulant genannt[1]), weil er im Sommer 1506 von den Tartaren in Lida gefangen genommen und nach der Krimm geführt wurde, ist im J. 1448 Nov. in שארוב geboren, schrieb Erläuterungen zu mehreren biblischen Büchern, zum Commentar Abenesra's, eine hebräische Grammatik und das Buch ששן סודות; dieses letztere ist gedruckt. Er lebte noch am 28. Adar (15. März) 1515, an welchem Tage er in Alt-Krim sein Buch אוצר נחמד (zum Abenesra) beendigte. Zweimal wird von ihm sein Schwiegervater Abraham Zarfati angeführt. Für die Synagoge von Kaffa hat er in Verbindung mit Ascher Cohen und Kalman aus Deutschland verschiedene Einrichtungen getroffen. Von seinen synagogalen Stücken ist nur die Selicha אלהים חי ואל נורא in 11 Strofen bekannt, die גם שיבה endigt. Vielleicht gehört ihm die Zionide ציון מעוז קרית מלך.

Elia b. Binjamin halevi, Schüler von Mose Kapsali,

---

[1]) הוצא מגלות כיוב — הגולה (Siddur Kaffa); syn. Poesie S. 362 zu berichtigen; s. A. Firkowitsch in הכרמל Jahrg. 2 S. 31 ff., 39, 407.

seit 1526 Rabbiner der Romanioten in Cstpl., vor 1539 gestorben, der Ordner des romanischen Machsor, hat viele Gedichte und religiöse Poesien verfasst, die zum Theil in nicht weiter bekannt gewordenen drei Werken (תוכחת מגולה, שבט המוסר, מי זהב) niedergelegt waren. Das romanische Machsor enthält folgende Stücke:

1. ein Gebet für die Bussetage, das der Verfasser בית הלוי[1]) genannt; eine misslungene Nachahmung der Gabirolschen Königskrone bestehend aus 1000 mit dem Buchstaben Bet anfangenden Worten, in 20 kleinen Abtheilungen jede zu 50 Worten; diese Abtheilungen sind den Chatanu ähnlich durch Ringworte mit einander verbunden; bei einzelnen Ausführungen, z. B. dem Sündenbekenntnisse, ist die alfabetarische Wortfolge in dem je zweiten Buchstaben der Wörter beobachtet, z. B. באמרנו, באמונתך בבריתך, באנסם בבשתם, בבטויינו, באשם בבצע, oder nach תשרק (בתהומות בשחתם), den alten Litanien des Busserituals nachgeahmt. Der Anfang lautet: בראשית ברא בוראנו, vorausgeht eine Introduction אנוש בתשובה.
2. אישי חתני זה Reschut für den am Thorafeste den Pentateuch beginnenden, worin das Schöpfungswerk mit den einzelnen Planeten verglichen wird, durchgehender Reim רה und gezeichnet אליה הלוי חזק ואמץ.
3. אל לך עז ועטרת poetisches Barchu für Thorafest, 5 Strofen [3ab, AB] mit ברכה endigenden Strofenversen.
4. אשר נודע בישראל metrische Eröffnung für das Hüttenfest, 8 Reihen.
5. חזקו ואמצו כשלי ברכים nach Beendigung der Lection des Thorafestes, eine Begrüssung der beiden חתנים, im Abbasi-Metrum und mit durchgehendem Reim; Akrostichon wie in N. 2.
6. לבי למואב Klagelied für den 9. Ab, nach dem Metrum der Zionide Jehuda halevi's und mit durchgehendem Reim ־ינו.

---

[1]) im Buche עת קץ 47a irrthümlich dem Grammatiker Elia Levita zugeschrieben.

Selicha's:

7. אב לבנים יודיע in 6 Strofen, von welchen die ersten 5 אב anheben, so wie auch die Strofenverse אב schliessen; Variation des im Cyklus des Schabtai b. Kaleb übergangenen Wortes aus dem Bibelverse, mit welchem daher gegenwärtige Selicha schliesst.

8. אברכה את אדוני metrische Bakascha mit durchgehendem Reim, alfabetisch, so dass sämmtliche Wörter der Reihe mit demselben Buchstaben anheben; auf gleiche Art ist in den letzten vier Zeilen der Name (אליא) gezeichnet.

9. ארון אשר רוכב Tachanun für den Rüsttag des Neujahrfestes in 4 Strofen nach dem Abbasi-Metrum, Refrän: אב רם וכור אב רם עקדה יצחק.

10. אלהי עז היה כמעז, Sühntagsgebet nach dem Zuschnitt des יצו האל Jehuda halevi's, 5 Strofen mit Mittelreimen.

11. אשקטה ואבישה Chatanu für den 17. Tammus mit Strofenversen, die ירושלם endigen, im Akrostichon ist auch בר בנימן angebracht; 16 Strofen stark.

Abraham b. Abigedor, in Prag am 7. Oktober 1542 gestorben, nachdem er länger als 20 Jahre Oberrabbiner gewesen.

אנא אלהי אברהם [1]), ein Nothruf in schlichten Worten, beginnt und schliesst mit den Namen der drei Erzväter. In der Selicha-Ausgabe Prag 1535 ist diese noch nicht vorhanden, und bezieht sie sich vielleicht auf die im Frühling 1542 befohlene Vertreibung der dortigen Juden. Sie wird gegenwärtig an dem kleinen Sühntage rezitirt.

Ascher b. Simeon.

אשרה פניך אל עליון להלות פניך in 15 fünfzeiligen Strofen, endigt כונן ירושלם עיר ציונה, akrost. אשר הקטן ברבי שמעון הגדול, worin er für die Regierung seines Königs betet, gemäss der erhaltenen Lehre [2]). R. Ascher aus

---

[1]) syn. Poesie 57. — [2]) כי כן קבלתי מזקני ומורי להתפלל בשלום מלכות אדוני — ואת מלכות אדוננו רומם

Frankfurt als Verfasser einer kurzen Vidui wird von Joselmann (A. 1547) erwähnt[1]).

XII. KAPITEL.

a) Selicha-Dichter unbestimmter Namen; b) Spanier.

Neben den zahlreichen anonymen finden sich, wie überhaupt in der synagogalen Poesie, viele Selicha's, die zwar akrostichisch einen Namen zeichnen, aber einen jener allgemein gebräuchlichen und auch unter den religiösen Dichtern so häufig vorkommenden, dass bei dem Mangel jeder nähern Angabe, nur dieser Name, nicht die Person des Autors, gekannt ist. Die Erforschung der Quellen, minder noch der einzelnen Stücke, ist noch nicht so weit gediehen, dass von einer kritischen Arbeit bestimmte geschichtliche Ergebnisse zu erwarten wären, und müssen wir uns bescheiden, solche Selicha's nur zusammenzustellen, um sie nach allgemeinen Kriterien den verschiedenen Epochen und Ländern zuzuweisen. Die Namen, die hier vorkommen, sind Abraham, Binjamin, David, Elasar, Elia, Isaac, Jacob, Jehuda, Joseph, Meschullam, Mose, Salomo, Samuel, Schabtai.

Abraham.

1. אברכה את ה׳ Peticha in 6 Strofen, der strofische Vers endigt אברהם.
2. אי מזה באת Techinna mit durchgehendem Reim, endigt וכחי הודה.
3. איך אוכל שברי להחביא Chatanu für den 17. Tammus, endigt מאכלת אש.
4. איך נפלה חומת in 8 Strofen, für den 10. Tebet, endigt אמ״י עב״ר.
5. אילותי לעזרתי חושה נא Klageruf in 7 Strofen, endigend חושה לעזרתי אלהי תשועתי (Ps. 38, 23).
6. אך לא בעי בי Klagen, die an Isaac's Opferung, die drei im Ofen und an Daniel erinnern, zwiefach alfa-

---

[1]) אומץ יוסף § 483.

betisch, zeichnet אברהם הקטן. Ende: ישב ירחמנו יכבש אשמים אמי׳ על כיר.

7. אל נכספתי in 6 Strofen mit verschränkten Reimen, ein Mostedschab.

8. אל רחום על'¹).

9. אל כפים נשאה לבבה für den Sühntag, die 4. Strofe hebt משמן בשרי an; Refrän בערב הוא באה. Wird im Ritus Troyes empfohlen.

10. אלה מכין תבל für den 10. Tebet, 4 Strofen mit verschränkten Reimen, der Strofenvers endigt ירושלם.

11. אלה סליחות במעללי in der Selicha-Woche, endigt כי לך ה׳ הוחלתי.

12. אלהים אתה צוית für den Sühntag, 8 Strofen die אלהים anheben.

13. אמל יצרי in 5 grösseren Abtheilungen jede von 10 Zeilen mit Mittelreim, endigt ישר תנחום תניקני.

14. אעירה אשר על דברתיך, irrthümlich Abenesra zugeschrieben.

15. אפפו אמונים für den 10. Tebet, 8 Strofen, endigend וסלחת לעונינו ולחטאתנו ונחלתנו.

16. זכור אב רץ אחריך Gedenk-Gebet für Esther-Fasten, endigt מימי קדם.

17. ה׳ שמעה תפלת השחרית
18. ה׳ שמעה תפלת המוספים
19. ה׳ שמעה תפלת המנחה
20. ה׳ שמעה תפלת הנעילה

für die vier Tefilla's des Sühnfestes; in jeder Strofe beginnt die erste Zeile ה׳ שמעה, die zweite ה׳ סלחה, die dritte ה׳ הקשיבה.

21. לטהר אתכם יוה 4 Strofen, die erste zu sechs, die anderen zu zwölf Halbzeilen. Die Strofen 2 bis 4 geben אבר.

22. לה׳ ארוננו יום Hymnus in 9 Strofen, jede beginnt לה׳, so auch der Strofenvers.

23. קול יעקב קורא ²) so beginnt jede der sechs Strofen, hat strofischen Reim.

24. אלהי עליון קונה in 5 Strofen [3ab, bA], endigt עלות בהמון ובתודה. Refrän וערבה לה׳ מנחת יהודה (Maleachi 3,4).

---

¹) Pinsker S. 126. — ²) syn. Poesie 328.

Alt sind N. 4, 14, 15; N. 6, 13, 17 bis 20 stammen aus Frankreich; N. 11 aus Deutschland, N. 7 und 9 vermuthlich aus Spanien. Die übrigen weisen auf Italien oder Griechenland hin und scheinen höchstens ein Alter von 600 Jahren zu haben.

Binjamin[1]).

1. אביר עליון בהגיון mit Mittelreim z. B. השמותי נקלותי בגלותי לכל עמים, endigt ותענה בחמלתך.
2. אלהי אבי צור משגבי zu zwei Worten die Zeile, am Schlusse: בטל נגעים יסורים מנגעים חוק גועים מצוא מרגועים. Endigt אל רחום וחנון.
3. אלהי נצרה דלות שפתי metrische Bakascha, nach א״ב, schliesst ואם לא ארע התחנך אלהי נצרה דלות שפתי.
4. בניך אנו ואב אתה לכולנו einfaches Bussgebet in 6 Strofen, das hauptsächlich Regen erbittet, akrost. בנימין. Endigt כי אתה ה׳ עליון על כל הארץ (Ps. 97, 9).
5. בת אהובת אל Bakascha [ababccb]. Refrän שיר לך מהללת למנצח על אילת השחר. Der Reim b meist nur Ein Wort.
6. בת ציון עד אנה die ersten 6 Halbzeilen jeder Strofe haben beliebigen, die letzten beiden, ועתה anhebend, den Strofenreim, durch לחננה des Refräns (Ps. 102, 14) bedingt; 11 Strofen. Endigt ועתה אחרי זקנה היתה לי עדנה.
7. בתודה עליתי לבית התפלה hat Ausdrücke wie נפשי נחונה, עון מיוחם. Ende: ההולך בראשם.

N. 1 und 7 sind im französischen Machsor und älter als J. 1277; N. 2 und 3 scheinen einen und zwar italienischen Verfasser zu haben; N. 4 ist vielleicht älter als J. 1200; N. 5 und 6 sind spanischer Herkunft.

David.

1. אליך נשאתי את עיני Techinna mit Strofenversen die שמים endigen.
2. אערה לועם אשר בו היום eine Ermahnung gegen die Eitelkeiten, hat stetigen Reim und endigt עולה וכליל.
3. דלתי שמי שחק פתח Gebet zu Neila, in 4 Strofen.

---

[1]) Note 35.

4. דלתיך בלילה פתח[1]).
5. דלתיך הלילה לשבי פשע gleich N. 4 zum Vorabend des Sühnfestes, 4 Strofen.
6. תבוא לפניך אנקת אסירים, Klagen in der Bedrängniss, zwiefach תשרק, endigt דורש דמים אותם זכר (Ps. 9, 13).

Nummern 1 und 2 gehören Italien und sind aus dem 12. Jahrhundert; N. 3 bis 5 vermuthlich dem Süden Europa's, N. 6 Deutschland und ist nicht jünger als das 13. Jahrhundert.

Elasar.

1. אתה לי כאלהי. 2. אתן לעפעפי בכי eine religiöse Betrachtung, der Strofenvers endigt לילות, das Ganze יעצני אף לילות.
3. אל אלהים ה׳ Chatanu für Gedalja-Fasten, mit Ringworten, endigend סלח לנו אבינו כי חטאנו. 4. אל אמונה.
5. התבשרי עניה. 7. אלהי הצבאות. 6. אלה דר בשמי הדר.

N. 1, 4 bis 7 werden in einem Ms. aus Damaskus[2]) verzeichnet, theilweise dem Elasar Babli zugeschrieben; N. 2 ausgenommen, das wohl französischer Heimat ist, gehören die anderen nach Griechenland und dem Orient.

Elia.

1. אוי לי ביום צאתי Erlösungs-Wunsch in 8 Strofen.
2. אל הסתר צורי Pismon, endigt צור מלכי לבריך.
3. אל תעזבנו ה׳ ואל דמי לך Hülferuf in 7 Strofen.
4. אליך צורי כפי שטחתי Chatanu, zwiefach alfabetisch.
5. אנה אלך מרוחך Bussgebet, endigt וכפר על חטאותינו.
6. אפיל תחנתי[3]) Tachanun des Sühntages, 5 Strofen in 10 Halbzeilen [4ab, AB].
7. את אשר חטאתי zweizeilig, in 48 Zeilen, endigt יעקב ויצחק ואברהם בחוניך.
8. באמרי פי והגיוני[4]).
9. כנסת ישראל צועקת Techinna für den 17. Tammus in 8 Strofen.
10. תעוב שמלות zweizeilig, gleich der N. 9 mit talmudischen Ausdrücken, behandelt die sündige Menschennatur und endigt נספר תהלתך.

---

[1]) Pinsker S. 121. — [2]) das. — [3]) syn. Poesie S. 326. — [4]) Pinsker S. 126.

11. (viell.[1]) [al. כשה] תעינו כצאן, die langjährigen Leiden und die gegenwärtige Noth wird geschildert, nach תשׁרק.

Die N. 1, 6, 8 sind im griechischen, N. 2 im französischen, N. 7 im italienischen Ritus, die übrigen in den deutschen Mss., die N. 3 und 9 auch im römischen Machsor. N. 3, 4, 5, 9, 10, 11 sind älter als 600 Jahre.

Isaac.

1. אונך הטה והקשב die Verse der Middot (Exod. 34, 6. 7) variirend.
2. אל מסתתר בעו חביונים zweizeilige Peticha, schliesst על רחמיך הרבים.
3. אל צדיק יהי חסדך variirt in 8 Strofen die Phrasen וכתבנו בספר [aus „Abinu malkenu"], ופקדנו בפקודת [aus der Musaf-Tefilla des Neujahrfestes], die Anfänge der ersten Strofenzeilen geben zwiefach יצחק הקטן. Jede Strofe beginnt אל צדיק. Ende ופקדנו בפקודת שלום.
4. אלהים·אליך באו מיחליך 3 Strofen für Neila, endigt לך בשמחה אכול לחמך. Akrost. אני יצחק חזק.
5. אלי אלי אזון אנקתי reimlos, die Zeile zu vier Worten gleichen alfabetischen Anfanges und eben so am Schlusse die Namenzeichnung. Endigt קול קורא קשבה קשב.
6. אלכה ואשובה אל אישי הראשון Israel die verlassene Geliebte. Nach א״ב.
7. אמונה אמן עצות Akeda mit durchgehendem Reim, endigt וביד חזקה, akrost. יצחק חזק.
8. אמנם עוינו ופשענו[2]), mit Refrän ושוב, והשב, zu drei Worten die Zeile.
9. אמונה אני ועמוה in 9 Strofen, in der letzten ist vielleicht ברבי ישוע[3]) gezeichnet, endigt עננו באמת ישעך.
10. אריבה לי את בת ריבי das Elend Israels und der Völker Wohlergehen, Berufung von der Strenge zur Gnade: endigt קולי שמעת והט אונך לי.
11. את פניך ה׳ נבקש, endigt רצינו כמאז נרצית, Akrost. יצחק חזק.

---

[1]) die letzte Zeile lautet: אלינו הט אונך ה׳ שמעה. — [2]) syn. Poesie S. 200 und oben S. 254. — [3]) ברב ישועתך קבל.

12. אתה האל עושה פלא hofft Befreiung aus Noth und Haft, endigt ותתעטף בהתמוך ותתאזר בהנינותך.

13. באשמורת הבקר קראתיך[1]) Pismon mit Strofenreim.

14. חקר הכל ופוקד Pismon, die Strofe zu 9 Doppelzeilen, die letzte jeder Strofe reimt zu dem Verse des Einganges ה׳ בקר — תשמע קולי.

15. ידידי אל עליון מבניסי, der strofische Vers der 5 Strofen hebt כי an. Endigt כי שמע אל אביונים.

16. ידך פשוט ופתחה für Mincha, in der Weise Binjamins degli **Mansi.**

17. ידענו שלש עשרה מדוה, der Besserung und dem **Gebete** wird die Gnade zu Theil; der Name ist nur in den Schlusszeilen תולדות יצחק יתמלטו עד התמרמרם תתן אמת ליעקב חסד לאברהם enthalten.

18. יה עושה נפלאות Hülferuf gegen Gewalt, 5 Strofen mit Strofen-, theilweise mit verschränktem Reim, endigt ושור כי נפשו קצה מעשק ומרוצה עליו גדול העצה ורב העליליה.

19. יום זה עריצים ואכזרים für den 17. Tammus, in 5 Strofen, mit Ps. 23, 4 (שבטך u. s. w.) schliessend.

20. יום יום אותך אדרשה dreizeilig, der strofische Vers beginnt אלהי; endigt אלהי פלטני מיד רשע und zeichnet יצחק הקטן.

21. יום כפורים זה variirt die ältesten Formeln על חטא, **hat** Strofenreim. Refrän ist Kohelet 7, 20.

22. יושב בסתר עליון Pismon in 8 Strofen, vielleicht fehlen 3[2]); den Namen gibt die erste.

23. יושב משמים מפשעיהו Pismon in 6 Strofen mit verschränktem und Strofenreim, endigt שבע שמחות אודיעהו.

24. ימותי על צבי עדיו für Gedalja-Fasten, 7 metrische Strofen nach א״ב mit peitanischen Ausdrücken, zeichnet יצחק חזק.

25. יעתרו חברים[3]).

26. יצוה ה׳ חסדו dreizeilig, endigt יהללו שמו במחול.

27. יציר הומר התאמר Betrachtungen in 6 grösseren Absätzen, schliesst ועתי עמך לפניך עשה כרצונך רצונו למענך אם לא למענו.

---

[1]) syn. Poesie S. 286 N. 2. — [2]) dann wäre akrostichisch יצח[ק] חזק י[צח]ק. — [3]) Vgl. oben S. 254.

28. לחטאתינו כל תדרש ישאף צל עבר endigt.
29. ישני חברון[1]) in 5 grösseren Abtheilungen mit strofischem Reim, in einfacher Sprache.
30. מוחץ ורופא[2]) Techinna mit durchgehendem Reim, scheint in den Zeilen 2 bis 4 יצחק zu zeichnen[3]).
31. מלאכי רחמים משרתי עליון 5 Strofen, der strofische Vers hebt אולי an. Ende אולי יראה ה׳ בעניי.
32. תכלת ממנו אפך ותמתך eine Litanie nach Art derer des Bussrituals, alfabetisch und ohne Reim, jede Zeile hebt mit תכלת ממנו an. Ein Machsor ms. hat dazu bie Ueberschrift: תחנון דר׳ יצחק.

Die Nummern 1, 2, 10, 12, 20, 22 sind aus deutschen, N. 3, 5, 11, 15, 17, 18, 23, 26, 27, 28 aus französischen, N. 8, 16, 25, 32 aus römischen; N. 4, 19, 24, 29 aus griechischen Machsor; N. 9 ist im karäischen Siddur; die N. 6, 7, 13, 14, 21, 30 und 31 in verschiedenen Riten. N. 21 und 25 befolgen א״תם[4]). Die N. 1, 5 bis 8, 12, 13, 21, 31, 32 sind alt, auch fast alle übrigen nicht jünger als das 13. Jahrhundert.

Jacob.

1. ארא׳ מחטאתי zum 17. Tammus; dem Texte zufolge zwischen den Jahren 1068 und 1168 geschrieben.
2. אהרן ישר ישר für Musaf, Aarons Tempeldienst zeichnen die 6 Strofen deren jede אהרן anhebt; im Strofenverse כפרת.
3. ישן בערש נעימים Aufforderung zur Busse, 4 Strofen [3ab, bA], endigt חלצה נפשי מרשע חרבך (vgl. Ps. 17, 13).
4. שארית בר für Musaf, 3 metrische Strofen, der strofische Vers endigt כפורים.

Die Nummern 2 und 4 sind aus dem romanischen Machsor, wahrscheinlich von einem Dichter und nicht alt; N. 3 stammt aus Spanien, N. 1 aus Deutschland.

Jehuda.

1. אדם ותנף בקום Chatanu für Esther-Fasten, in 8 Strofen mit Ringworten, endigt זכור לנו ברית אבות. Vielleicht

---

[1]) syn. Poesie S. 287 N. 3. — [2]) das. S. 286 N. 1. — [3]) H. J. Michael. — [4]) s. oben S. 169.

steckt in der Schlussstrofe[1]) der Name Natan, so dass Jehuda den Vater bezeichnete.

2. אלה אזכרה Chatanu über die zehn Märtyrer; ohne Ringworte.

3. אליך אלהים אודה אשמתי jeder Buchstabe des א״ב vierfach hintereinander, endigt חפין ובהו קדיש קננו, gezeichnet יהודה חזק.

4. אנא האל הגדול zweizeilig, zwiefach alfabetisch, schildert grosse Noth, die Schlusszeile lautet: יהודה תושיע תשעה עולמים מ״י עב״ר.

5. אתיו אמונים בפחד Mostedschab (Thema: Ps. 47, 3 כי ה׳ עליון נורא ומלך גדול), Ermahnung für die Neujahrs-Nacht. Alle Strofenverse endigen גדול. Ende: כי זבח לה׳ בבצרה וטבח גדול. Hat die Ausdrücke: אברי, שלשה ישני חברון, אערבב, שער חירות[2]).

6. בלבי ורעיוני Busse-Ermahnung, in 6 Strofen, der strofische Vers endigt ה׳.

7. המלך ה׳ רום Hymnus zum Posaunenschall am Neujahrfeste in 5 Strofen, uneigentlich zur Selicha verwandt.

8. חיים יוצרי ונוחי zum Thema Ps. 34, 13 in 6 Strofen, die חיים beginnen und schliessen.

9. יה הבט מילת מעירנו in 3 Strofen, ein Gedenk-Gebet, wenn am Fasttage eine Beschneidung statt hat, zeichnet יהודה הקטן יגדל. Ende: בנין עירך כקדם להיות.

10. יה חון עמך Peticha in 5 mit רחמיך schliessenden Strofen.

11. יה נורא ואיום dreizeilige Tochecha in 16 Strofen; der Name ist doppelt angegeben.

12. ה׳ אלהי תהי קשבה für häusliche Andacht, zweizeilig, gezeichnet יהודה יחזק; endigt ולראות את ישועתך.

13. יום אפתחה דלה, Peticha.

14. יום עמדי לפניך Pismon am Fasttage, 5 Strofen, Refrän הקשיבה u. s. w. (Ps. 17, 2), hat verschränkten und Strofenreim und endigt ועלינו נעמך אלהי צור ישועתי.

15. תופסים עמך אמונות für ausserordentlichen Fasttag, 12 Strofen, die Zeile zu vier Worten, doppelt תשר״ק, endigt: למען שבתך תעלה התנתי שמעה תפלתי ה׳ ושועתי.

Die Nummern 1, 4, 9, 15 sind aus dem 12. Jahrhundert,

---

[1]) בכפל רעוה — — תניחנו רנותנו. — [2]) Vgl. oben S. 397.

N. 2 ist vielleicht älter; N. 7 gehört dem Machsor von Catalonien, N. 14 scheint aus Spanien oder Provence zu stammen; N. 3 befindet sich in französischen, N. 12 in römischen, die Nummern 5, 6, 8, 10, 11, 13 sind in griechischen Machsor.

Joseph.

1. ואאנח אזכור zum 10. Tebet, peitanischer Stil; gebauet auf Ezech. 24, 1—3, endigt אבוא בעני שואל על פתח.
2. אֵל היכיל צבא רומה Tochecha [abab], alfabetisch; die zweite Halbstrofe ist meist eine Bibelstelle. Die letzte [26.] Strofe lautet: פנה אל עני והלך המבקש רחמיך ויתבשר ממך לך אכל בשמחה לחמך.
3. אלהי אבותי מלכי וקדושי Pismon in 8 Strofen [3ab, bA] mit reimenden Strofenversen, Klagen und Vertrauen; endigt אוי יעבר מלכי בראשי.
4. אקרא לאלהים עליון mit Ausdrücken wie אילני, זריזי, קטרוג, שגוי. Ende: חמול וזכרי קדושתך שבן שחקים.
5. ארכו הימים ורבתה[1]) hat die Bildungen: קשיון, ציגתם, עגומים. Ende: פוצחים לפניך מדות שלש עשרה.
6. אתה אלהינו ואין צור בלעדיך doppelt alfabetisch, endigt לישועתנו יושב הכרובים.
7. אתה תקום תרחם ציון (cod. Foa 42 N. 29).
8. באשמרת הבקר [al. הלילה[2]) קראנוך] dreizeilig, Ruf nach Vergeltung und Freiheit. Das א״ב beginnt mit אול חומן. Endigt ויענו ויאמרו אך יש אלהים בישראל.
9. בקר ייַחד שמך für den Sühntag, בקר ist Anfang und Schluss der 7 Strofen, endigt וישכם אברהם בבקר.
10. (wahrsch.) יה אמצה יגוני ist in der Handschrift defekt.
11. יה אשר גאה גאה, 4 Strofen, die erste in 10 Halb-, die übrigen in 10 ganzen Zeilen. Ein Nothruf[3]), endigt ואת אויביך תורה לארץ לא נושבה.
12. יה נפשי נבנעה Pismon in 7 Strofen [3ab, bA], der Gedanke an den Tod und die vielen Bedrückungen beugen des Dichters Gemüth. Die Strofenverse reimen. Schluss: ובכל עת אודך חטאתי הפעם.
13. יה רוכב על עב קל Pismon in 4 Strofen endigend שלם ישלם.

---

[1]) syn Poesie S. 213 N. 2. — [2]) das. N. 3. — [3]) פתחיך דפקנו מכבי ואנקה ראה כי כל גבולנו הקיפה הצעקה.

14. יה רום ותהת קונה in 7 Strofen [3ab, bA] schliesst כי לך נסו לעזרה וישבו איש מדרכו או יאמרו רעה ברכנו ה׳ עד כה.

15. יה רועי וקוני Pismon in 9 grösseren Absätzen mit Strofenreim, reine Sprache und schöne Gedanken. Der Verfasser betete vor[1]). Endigt בך כסלי שמתי.

16. ה׳ אורי וישעי Akeda, alfabetisch, in 14 Strofen, endigt אלהים יראה לו השה.

17. ה׳ על אשמתי יבכיון Bussgebet in vier 12- oder 16zeiligen Strofen [5 oder 7 mal ab, bA], der erste strofische **Vers** endigt תחנוני, die drei andern פני.

18. ה׳ עמך נכר ונסגר Pismon in 7 Strofen, endigt וישוב אל ה׳ וירחמהו.

19. יום יעלה נקראה 5 Strofen [4ab, aA], für Sühntag-Abend, hat den Refrän von N. 11[2]).

20. יושב בגבהי מרומים Chatanu in 7 achtzeiligen Strofen.

21. יחידתי בצרתי metrischer Pismon für den Sühntag in 4 Abtheilungen, jede 6 bis 7 Langzeilen stark [4 mal ⏑ — — —], endigt כהוד שמך עלי עמך יהי שלום לבניך.

22. יערב לפניך מעמד השחר 4 Strofen mit Strofenreim, endigend איש תמים גם מובחר.

23. יערב מיעוט דמי Pismon in 7 Strofen [3ab, bA], der Strofenvers schliesst ה׳. Busse wird Erlösung bringen. Endigt אשר עבר על פניו ויקרא ה׳.

24. יצמח ה׳ הישועה Pismon in 4 Strofen, endigt ארץ אלהים יסדה.

25. יצרו מאד תריעות Pismon in 8 Strofen, der strofische Vers endigt מלך. Ende: לא יכחד מן המלך.

26. ישועתך גלה לעדה alfabetisch, 9 Strofen mit peitanischen Ausdrücken; im Strofenverse שוב oder שובה.

27. ישמעני אלהים alfabetisch, peitanische Sprache; die Strofenverse beginnen טוב und ausserdem kommt טוב oder טוב 10 mal vor; vermuthlich für einen Fasttag um fruchtbares Jahr.

28. שבת למכון כסאך ויד, 5 Strofen, endigend והוא יכלכלך.

29. **האות** אדם ממון ובנין vierzeilige Tochecha nach ה״שרק;

---

[1]) בעברי פני ארון. — [2]) Esther 2, 14: בערב היא באה ובבקר היא שבה.

die letzte Zeile der Strofe hebt an - - אוי לו מ. Ende: ושטרי חובותינו קרועים להיות.

30. אודה עלי פשעי במרץ Chatanu mit Ringworten und Strofenversen nach der Form גֹּם כנו דֹּבר (oben S. 85), defect bei שפתי ידבר פי.

Schlussstrofen zu älteren Selicha's beginnen[1]): a) יהמו נא, b) יודע טובך, c) ירח טבת.

Die Nummern 3, 4, 5, 9, 12, 14, 16, 18, 20 zeichnen יוסף חוק. N. 2 bis 6, 8, 10, 12 bis 18, 21 bis 25, 28 sind in französischen, N. 7, 11, 19, 26, 27, 29 in römischen Machsor. Die N. 22 hat auch das Machsor von Tlemsan, N. 27 das von Tripolis. Dem romanischen Machsor gehören N 1 und 9, dem deutschen N. 20 und 30. Die Nummern 1, 4, 5, 20, 26, 27, 30 sind alt, die übrigen älter als 600 Jahre.

Meschullam.

1. אולת יד אום נהלאה[2]) Klagen in 12 Strofen in einfacher Sprache, ohne Bibelverse; nach אא"ב, גג"ד u. s. f. Endigt ישב על כסא.
2. אל ימעטו לפניך כל התלאות, die Verfolger von Assur bis Edom schildernd, zwiefach א"ב. Endigt כעפר כפושים.
3. את פניך ה׳ אשחרה Bussgebet im peitanisch-hagadischen Stil. Der Name ist zu Anfang und am Schlusse gezeichnet. Endigt הקשיבה לקול שועי.
4. במתי מספר Pismon für Esther-Fasten, nach תשר"ק.

Diese Selicha's gehören vermuthlich vier verschiedenen Verfassern, N. 4 dem ältesten, N. 1 dem jüngsten. Vgl. oben S. 161.

Mose.

1. ארון השקיפה ממעון קדשך.
2. אומללנו בנפש אנושה[3]) Chatanu für Musaf [romanisch für Mincha] in 8 Strofen mit Ringworten.
3. אחינו אחינו האספו über das Wegnehmen der Gesetzrollen.

---

[1]) Ritus 145. Der Zusatz שגיא כח zu אנגי כהעמיקו, in Machsor Avignon und Carpentras, ist nicht von Joseph. — [2]) syn. Poesie S 192. — [3]) Ritus S. 116.

4. אין דורש ואין מבקש, in den Strofenversen שאל, endigt ויתן לך משאלות לבך.
5. אלה כל בריות in 24 zweizeiligen Strofen, die letzte lautet: חוקנו ואמצנו בוכות התמימים אל מלך יושב על כסא רחמים.
6. אלהים אתה צורי.
7. אלהים דר מרומך für Neila, 4 Strofen [5ab, bA], der strofische Vers in Strofe 2, 3, 4 schliesst פניך; die zweite Strofe hat Aehnlichkeit in den Ausdrücken mit der fünften Strofe von Binjamins תפלה לעני.
8. אלהים מלטני מיד בני נכר, die strofischen Verse beginnen כי, das nächstfolgende Wort der Reihe nach mit ד׳, ע׳, ל׳, א׳, ד׳ anfangend.
9. אליך שבו ופשע עזבו für Neila in 3 Strofen, hat einerlei Reim und Mittelreim.
10. אליכם אקרא נמהרים Chatanu für Schacharit in 10 Strofen mit Ringworten; im romanischen Ritus für die Bussezeit, gezeichnet — משה קטן.
11. אני הכרם שירת דודי Tachanun, doppelt alfabetisch und mit einem Verse ככתוב (Zachar. 8, 12) schliessend.
12. אני לבדי נלבדתי für den 17. Tammus, endigt כל קצוי ארץ ויום הקום.
13. אנקת מסלדיך תעל Pismon in 7 — den stehenden Refrän zugezählt — vierzeiligen Strofen, mit einerlei Reim.
14. אסמך היום על רחמי für Neujahr; der Verfasser als Vorbeter [1]). Endigt וברני הי ברצון עמך.
15. ארכו הימים עזבתני [2]) Klagen in 12 Strofen; der strofische Vers der ersten 11 beginnt מדוע. Ende: ויודע איפוא כי מצאתי חן בעיניך.
16. ארשת שפתינו האזין קולנו dreizeilig, endigt וענגך עליו פרשתה. Ist nicht sicher.
17. אשאלה ממך את ישע עמך Chatanu mit dem Strofenschluss מלך, dreifaches א״ב, hat peitanische Ausdrücke. Schlussstrofe: הסדיך עיני תראינה ועקותי עת תצאנה קרבנה גם תבואינה בהיכל מלך.
18. את מי נצדק [3]) zweizeiliges Bussgebet mit talmudischen

---

[1]) עמדתי לפני הארון. — [2]) syn. Poesie S. 12. — [3]) das. S. 208.

Redewendungen, endigt ואת לנו חכוי תוחלת ובטחון קויך כי לעולם תרחם ותחון.

19. אתאנו לך היום für den ersten Bussetag, daher Strofenverse in denen „anfangen“ vorkommt gewählt sind. Endigt יהודה לתפלה.

20. גואל דמי דומי Verherrlichung der Märtyrer in 9 Strofen, gezeichnet גינת אגוז משה; in 8 Strofen enthält der strofische Vers das Wort „Blut“. Ende: האר פניך צדקה מרפא לתמימים ואם זרחה השמש עליו דמים.

21. המן נלחץ ein Purim-Gesang in 3 Strofen [4 ab, aA], die Strofenverse endigen רשע; für Esther-Fasten.

22. מגדל עז שם ה׳ für Neila, in 3 Strofen, mit dreifachem Akrostichon des Namens; im Strofenverse חתם.

23. מגורותי סבבוני אוי für den zehnten Tebet, endigend והיה קדש.

24. מוגב או בראשית בא für Esther-Fasten, in drei sechszeiligen Strofen mit Mittelreim; das Metrum ist 4mal ◡———, endigt במשפחות ולשמחות בכהני ולנשיאי.

25. מחטאתי אראג [ob die von Mose b. Esra?].

26. מלך מיני in 4 Strofen [3 ab, cccA] endigt ילדי אביא בבית תפלתי, gezeichnet משה הקטן.

27. מלפניך משפטנו יצא für Neila in 4 Strofen, der strofische Vers schliesst ערב.

28. ממרום הבט נא für Neila in 3 חיים endigenden Strofen, der Name wie in N. 27 dreifach gezeichnet.

29. מעונה אלהי קדם הקשב Gebet.

30. מקדם ימים חשבתי [1]) Chatanu für die Bussezeit in 10 Strofen; nach je zwei Strofen endigt der strofische Vers חטאת.

31. מקוה ישראל לטהר für Schacharit, 4 fünfzeilige Strofen, der strofische Vers endigt קדש.

32. מרי שגיון metrisches Gebet für Schacharit in 4 Strofen, die Strofe ist, den Refrän mitgezählt, achtzeilig, die erste hat 2 Zeilen weniger; die Zeilen sind zwölfsilbig und haben Mittelreim.

33. משכנותיך לבקר.

---

[1]) syn. Poesie S. 325.

34. משול יצר עבוד יוצר Tachanun für den Abend des Sühnfestes, 6 vierzeilige Strofen, gleicht im Versbau der N. 32. Endigt ודבקה בו ובנתיבו ואז ייצרך יארכך.
35. מִתי שכל Hymnus in 4 sechs- bis achtzeilige metrischen Strofen mit Mittelreim.
36. עדה ה׳ נפרוש כפינו.
37. שָׁבר על פשע ולא Pismon in 7 Strofen, endigt רום נשא ידידו. In den Strofen 2 bis 7 hebt die zweite Zeile וכור an.
38. שפתי אפתח.

Die 4 Gruppen: a) N. 2 und 10 die ursprünglich catalonisch; b) N. 4, 8, 14, 17 und 19 die sämmtlich im Machsor von Tripolis; c) N. 22, 27 und 28; d) N. 24, 32, 34 und 35 scheinen jede einem gemeinschaftlichen Autor anzugehören. Die N. 10 ist vielleicht von Mose b. Esra, N. 21 wahrscheinlich von Mose Gerundi. Ob der Verfasser von N. 20 Nussgarten geheissen? Aus romanischen Siddur sind N. 2, 6, 9, 10, 12, 21 bis 25, 27, 28, 30 bis 35, 38 [N. 6, 25, 33, 38 aus Mss.]; aus römischen N. 1, 3, 7, 11, 26, 29, 36; aus deutschen N. 5, 13, 15, 16, 18, 20. N. 37 ist im französischen Machsor. N. 2 hat אני משה, N. 9 אני משה חזק; משה חזק zeichnen N. 1, 3, 11, 13, 17, 18, 27, 29, 34, 37, nebst ואמץ N. 5, 31, dahinter noch סלה hat N. 15, כתורה N. 36.

Salomo.

1. אגידה ואערכה עצמו, die letzten beiden ausgenommen enthalten alle Strofenverse das Wort נפשי; endigt וישעך תתן לנו.
2. אויל יעץ על ביתי zum 10. Tebet, endigt ומאחרי לא תשובי.
3. אנא עוררה ארכתך nach א״ב, נג״ד, ist Vorbereitung zum Neujahrstag. In dem strofischen Verse kommt „Bruder“ vor.
4. אנוש אנוש metrisch, endigend ויעלצו בך חפצו ויהלצו ידידיך.
5. ארח משפטך ה׳ קוינוך nach א״ת ב״ש mit talmudischen Ausdrücken, die Zeile meist zu 5 Worten, ein Bussgebet, endigt חזק ואמיץ יושב על כסא רחמים.
6. אשמתינו כי רבה mit der Introduction זכור ברית und den

Refräns ושוב, והשב, 13 Strofen, zu drei Worten die Zeile; endigt ויפוצו אויביך כעשן.

7. ה׳ שמעה שפלותנו לבקרה endigend התחוננה. Die Anfänge der Zeilen werden von den Worten Dan. 9, 19, der Stelle עמך ונחלתך (aus dem Busseritual) bis והסליחות und Ps. 5, 2 gebildet. Das Akrostichon gibt die Worte: שלמה הקטן יגדל בתורה אמן ואמן נצח סלה.

8. יונתא דבי מלכא aramäische Introduction zu מרן דבשמיא, Israel's Schicksale unter dem Bilde der Taube, in längeren reimlosen Zeilen, endigend ובכל למקרך דא אתינן.

9. כשמך כן תהלתך beginnt die Eröffnung eines Tachanun in dreizeiligen Strofen mit Refrän ואיה כל נפלאותיך. Das א״ב hebt an איה איפוא תוחלת. Letzte Strofe: שתנו בבור תחתיות להעלות מְתי האותיות יחשו דום הפיות.

10. לך אלי ימי הבלי metrisch, Betrachtungen, endigend ותמשל בעדתך.

11. צור ישראל גואלנו, endigt וכפר אדמתו עמו; hat verschränkte Reime und zwar reimen die Zeilen nach der ersten Hälfte des Schlussverses, ebenso die meisten folgenden Nummern.

12. שאול ידיתני יום נטשי בור, der Strofenvers endigt בור, das Ganze אסיריך מבור. Zu מנוסי wird שלחתי אסי — ריך gereimt.

13. שארית שביה שפל שהויה die erste Strofe zeichnet שלמה, die folgenden beobachten תשר״ק. Hat peitanische Formen und in den Schlussstrofen scheint מאיר angebracht[1]).

14. שבטי ישורון זרע תמימים 7 Strofen mit Strofenreim; endigt ה׳ לארך ימים.

15. שבטי שעשע בכל מאוים endigend בני תמותה הותר in 10 Strofen, in denen die zweite Hälfte stets הלא anhebt, die Zeile hat vier Worte; die Selicha beklagt Israels unwürdige Lage. Akrost. שלמה הקטן.

16. שבת אולם כם רוּם עליה 7 Strofen auf — בוכר עניית ausgehend, schliesst mit דוד ושלמה בנו בירושלם.

17. שדי כפר אשכול, endigend אלהים ברב חסדך.

---

[1]) Vgl. jedoch oben S. 350.

18. שחק כעוני מול פני mit verschränkten Reimen, der Dichter sagt ואם לא תשבי להאיר תהל מה קצי כי אאריך נפשי. Der strofische Vers schliesst נפשי, das Ganze רמי נפשי.
19. שיכן אוירים שעה עתירות, endigt קורא רורות.
20. שוכני חלדים ישבי לחצון mit Strofenversen die צאן endigen. Es heisst darin למחשך לילות ימים נדמו כי צאן עלוה בשפל נדמו ובני עולות רמו ושמו אה המקלוה לעיני הצאן. Endigt ואת שלום הצאן.
21. שלום שלום תקרא in 3 Strofen, die zweite zu 12 Zeilen; endigt אשר התאים יורה.
22. שם הוא הורק שמן, endigt ראשון לציון הנה הנם und zeichnet שלמה הקטן.
23. שמע עליון לקול אביון ומרה Bussgebet, ein Pismon in 4 Strofen mit Mittel- und Strofenreim, die erste Strofe zeichnet den Namen, die folgenden gehen von 'א bis 'ל, Schluss: והיום מחול להעתרש
24. שמריו שקק שורד שרוץ, die Zeile zu 4 Worten. Nach der Zeichnung von שלמה הקטן folgen 7 Strofen nach doppeltem א״ב, doch im Ms. nur von 'א bis 'נ, schliessend נכונך לקבל אל תקוץ.
25. שעה רם שיח מעני in 5 Strofen, endigt ואל תבוח עעת עני.
26. תרום יד ותעוז ימין [1]) Klagen und Hoffnungen, 11 Strofen nach zwiefachem תשר״ק. Ende: אל תמאס יגיע כפיך ובבור כפיך ימלט אי נקי.
27. תשובי אמר אלי für den 10. Tebet.

Der grösste Theil der angegebenen Selicha's (Nummern 4 bis 6, 10 bis 22, 24, 25) ist aus dem französischen Machsor; N. 1, 3, 7, 8, 9, 23, 26 sind aus deutschen, die N. 2, 27 aus griechischen Siddur. N. 27 hat keine Namenzeichnung, allein ihr dem Schluss von N. 2 entsprechender Anfang und die Uebereinstimmung im Charakter und in einzelnen Ausdrücken lassen die Identität der Verfasser vermuthen. Gleicherweise scheinen N. 13 und 24 Einen Verfasser zu fordern, dessgleichen die N. 14 bis 20 und 25; vielleicht auch die N. 4, 10, 11. Sie sind sämmtlich aus dem zwölften, die

---

[1]) syn. Poesie S. 250.

jüngsten, die spanischen Zuschnitt haben, spätestens aus den ersten Dezennien des dreizehnten Jahrhunderts. Die Nummern 6, 15, 22 werden bereits in einem Machsor des Jahres 1227 commentirt; den Anfang von N. 22 erläutert Elasar aus Worms [1]).

Samuel.

1. אבלה נבלה תמה Gebet bei Kinder-Krankheiten in 9 Strofen.
2. אגיד נפלאותיך איום ונורא nach einer überstandenen Gefahr; die dritte Strofe muss anheben ועקנו והרדנו. Die Strofenverse bilden zusammen 1 Chron. 29, 11 bis 13.
3. ארון משפט בקרבך Chatanu mit Ringworten, dreifach alfabetisch.
4. אתה ה׳ אלהים für den 17. Tammus, endigt: לשמך הגדול קנא ורבה נא עצמה לאין אונים חוק ונקום נקמה.
5. אחינו ישראל הסעורים Hülferuf in der Noth, 7 Strofen. Ende: והוציאם ממסגר היות לך מרוממים אל מלך יושב על כסא רחמים.
6. איה אלהיך באמור אלי [2]) über Hohn und Druck, 6 Strofen; mit רופאי אלל [3]) (Strofe 3), reimend zu מהולל und אתפלל, ist Raschi Hiob 13, 4 zu vergleichen.
7. איך ימצא כפר vierzeilige Tochecha [aabb], alfabetisch und חוסה על עמלך schliessend; vielleicht ist hinter dem Namen כ״ץ (hacohen) gezeichnet.
8. איש גבריאל לבוש הבדים Techinna mit durchgehendem Reim, zwiefach alfabetisch, vier Worte die Zeile, endigt ישוררו באודם ישורון בכבודים.
9. אל רופא רחמן zweizeilig, Gebet bei Seuchen.
10. אל רחום וחנון Bussgebet, einfache Sprache in 6 Strofen.
11. אלהים אלי אתה Bussgebet in 7 Strofen. Ende: ולא נצא מלפניך בושים ונכלמים אל מלך יושב עב״ר.
12. אלופי דת für Esther-Fasten in 7 Strofen.
13. אליך אקרא דודי Klagen in 8 Strofen; die Strofenverse

---

[1]) Rokeach f. 6c: אהיה באת"בש ודאי שמן תורק שמך כמו ד׳ אותיות שמך. — [2]) syn. Poesie S. 273. — [3]) כקיפה ואלל hat Elia b. Schemaja N. 26.

der ersten vier beginnen עד אנה, der letzten vier עד מתי. Endigt בתפלת עמך.

14. (viell.) אודה עלי פשעי, s. oben S. 231 N. 93.

15. אמנם אלהים חטאנו לך Bussgebet.

16. אנא מלא רחמים ähnlich der N. 10; endigt: שמור נוטרת ברמים אל מלך יושב עב״ר.

17. אנחנו אשמנו במעשינו ähnlich der N. 11; in beiden kommt an derselben Stelle der Schlussstrofe בעל הרחמים vor. 7 Strofen endigend וקבל שועתנו ממרומים אמיי עב״ר.

18. אספו אבות ובנים, bei Bedrängnissen, Gefangenschaft oder Belagerung von Städten.

19. אתה האל עושה פלא (zweifelhaft) für Esther-Fasten, zweizeilig.

20. אתה האל פלא עושה, 24 dreizeilige Strofen, die letzte: אליך ה׳ אקרא רם על רמים תם ותהם על מעשי עמים מלך יושב על כסא רחמים; חסר und רחם kommt jedes zehnmal vor.

21. הנה כעיני עבדים u. s. w. (Ps. 123, 2). Anf. אורה כשר תועים, dreizeiliger Pismon mit Refrän כן עינינו u. s. w. Endigt להושיעו.

22. ה׳ ה׳ אל רחום וחנון.

23. ה׳ שמעה תפלת הלילה für den Abend zum Sühntage, der strofische Vers enthält das Wort לילה; die Strofenanfänge geben den Namen. Endigt להאיר להם.

24. מלאכי אלהים שומרי הוכלו ein „Machnise“, Hymnus in 6 Strofen mit Strofenreim, endigt בכל יום מספרים כבוד גדלו.

25. ששנת ורד Peticha, über die verlorene Herrlichkeit, 6 Strofen; in den ersten fünf hebt die zweite Zeile an אשר, die dritte ולמה.

26. שוכב מעצב בבור nach spanischem Zuschnitt, endigt יען בריתי היתה אתו.

27. שלומי עליון[1] Techinna in 5 fünfzeiligen Strofen, gleichen Inhalts mit Isaac's ישני חברון.

28. שעה דל מאין כח, endigt ישלח לחמוני.

29. שעה עליון לעם metrisches Bussgebet in 4 Strofen mit Mittelreim. Endigt לקהלת חסידיך.

---

[1]) vgl. Luzzatto מבוא S. 27, syn. Poesie S. 92, 447.

30. שעה שועתי בשקרי mit Refrän ביום מחר (Gen. 30, 33), endigt רחם על בניך; 3 Strofen, vielleicht defect.
31. פתח [al. צדק] שערי שמים ein Gebet für Neila in gesuchten Bildern, 6 Strofen 8 bis 10zeilig [3 oder 4 ab, bA], endigt ונסלח לו.
32. שקדו עלי משמר für den Sühntag, 5 sechszeilige Strofen mit Strofenreim.

Zwölf Nummern (2, 5, 9 bis 12, 15 bis 20) haben den Schluss אל מלך יושב על כסא רחמים; denselben die Samuel gezeichnete Schlussstrofe zu Isaac's Selicha אונך הטה, in welcher wie in unserer N. 20 מעוטי עמים vorkommt, ein Ausdruck der seit dem Jozer Sachor nicht selten ist. Die Nummern 3, 4, 6, 8 bis 11, 14 bis 17, 20, 21, 23, 25 sind in deutschen, N. 1, 2, 5, 12, 18, 19, 22, 27, 28, 30 in römischen, N. 7, 24, 26, 31 in französischen Sammlungen, N. 13, 29, 32, welche die jüngsten scheinen, im romanischen Machsor. Vier Nummern (N. 1, 3, 21, 25) haben akr. שמואל חזק.

Schabtai.

1. אנוש מה כי יזכה Betrachtungen über die nichtige Lebensdauer, dem אדם איך יזכה nachgebildet, nach א״ב und mit stetigem Reim, endigt שלא לבראותו. Akr. שבתי חזק יחי.
2. אנוש רמה בחייך behandelt in 6 metrischen Strofen wie nothwendig bei der Kürze des Lebens rechtzeitige Besserung sei. Akrost. אני שבתי חזק.
3. את חטאי אני מזכיר Bussgebet und Ermahnung in 9 Strofen, der Strofenvers endigt לך, das Ganze מודים אנחנו לך; gezeichnet שבתי חזק.
4. שאל לאסורת כבל für den 10. Tebet, endigt קומי ירושלים.
5. שכם אחד für Sühnfest, 4 Strofen mit verschränkten Reimen. Der strofische Vers endigt in 1 und 3 הוה, in 2 מוה, in 4 לטהרם הוָה.
6. שבן עד וקדוש שמך in 4 Strofen [3 ab, AB]. Statt כמה שנים [ed.] liest Ms. ביד מונים.
7. שמע נא צעקת עם Klagen in 11 Strofen, der Strofenvers endigt חסד, das Ganze רגע ממך ובחסד. Akrost. שבתי הקטן חזק.

N. 1 und 6 sind aus röm. Mss., die übrigen aus dem griechischen Machsor.

Auf die 14 Collectiv-Namen vertheilen sich demnach 242 Selicha's, die innerhalb eines halben Jahrtausends geschrieben mindestens siebzig Verfasser voraussetzen, indem die Beschaffenheit der Stücke und ihre Stellung in den Riten nicht weniger als 2 Elasar, 2 Schabtai, 3 Binjamin, 3 Elia, 3 Jacob, 4 David, 4 Meschullam, 5 Jehuda, 6 Joseph, 7 Abraham, 7 Salomo, 8 Isaac, 8 Mose, 8 Samuel anzunehmen nöthigen. Selbst wenn mehrere der hier aufgeführten Selicha's bereits genannten Autoren zugehören sollten, darf immerhin zu deren Anzahl 70 hinzugefügt werden.

Unter diesen Dichtern sind wenigstens 8 spanischer Herkunft, nämlich Abraham (N. 7 und 9), Binjamin (N. 5 und 6), Isaac (14), Jacob (3), Jehuda (7, 14), Joseph (15), Mose (2, 10, 21) und Salomo (N. 10). Nächst diesen und den anonymen haben von Isaac und Abraham Gerundi zwei Compositionen in französischen, römischen und deutschen Gebetbüchern Platz gefunden. Von

Isaac b. Serachja halevi Gerundi[1]):

יהודה עקיבך ברוך[2]) vierzeilige Tochacha [aabb] in 37 Strofen, die auch in die römischen und französischen Sammlungen übergegangen.

Von Abraham Chasan Gerundi — vermuthlich **Abraham** b. Isaac[3]), der während Nachmanides noch in Spanien lebte gestorben ist — der Neujahrs-Pismon ארוח קטנה[4]), 8 Strofen[5]) mit achtsilbigen Zeilen und verschränkten Reimen, der in die deutsche Gebetsammlung לקוטי צבי aufgenommen worden.

Allen diesen Entlehnungen vorausgingen etwa 90 Selicha's von den ältesten und grössten spanischen Dichtern, welche Eingang in die Machsor und Ritus der germanisch-romanischen Länder gefunden. Nachdem durch vermittlende

---

[1]) zur Gesch. 446, syn. Poesie 10, 80, 133, 217, 290, Ritus von Avignon (1838 S. 608, 1839 S. 11, 290, 291 N. 22, 679). — [2]) zur Geschichte 369. — [3]) syn. Poesie S. 311. — [4]) übersetzt in Plessner's Apokryphen Th. 1 S. 146. — [5]) Um das אברם ח'ן zu ergänzen hat man in Machsor Livorno 1791 f. 43b eine Strofe הוקם משפלות interpolirt.

Autoren und Uebersetzer auch die Poesie Andalusiens und Castiliens sich den Weg nach Provence und Italien gebahnt, und deren Schätze und Kunst noch entfernteren Gegenden zugeführt, entlehnte man Spaniens Diwanen und Machsor die Ausschmückungen der Festzeiten, Gebete für besondere Andachten, Lieder und Pismon oder verwandte zu Selicha's deren Compositionen. Einzelne Stücke von Joseph Abitur haben einen Platz in den Machsor von Provence, Griechenland, Polen, Abenesra's Aboda hat bei italienischen und französischen Gemeinden eine Stätte gefunden; Gabirol's Königskrone, Jehuda halevi's Purim-Epos und Zionide wurden vom gesammten Israel aufgenommen. Die Bakascha Isaac's ibn Saul ist in römischen und romanischen Ritus, Bechai's Ermahnung in das röm. Machsor übergegangen. Entlehnungen dieser Art sind nicht ohne merkbaren Einfluss auf die Dichter jener Gegenden geblieben.

Von Salomo Gabirol enthalten die Machsor nichtspanischer Gemeinden folgende meist [1]) seinem Maamad entnommenen Stücke als Selicha's: die Nummern 1, 11, 13, 14, 16 hat der französische, 1, 9, 12, 14, 15, 17 der deutsche, N. 2, 5, 9, 11, 14, 15 der römische, 1, 3, 4, 6, 7, 8, 10, 11, 12, 14 bis 18 der griechische Ritus; N. 1, 9, 10, 12, 15 haben auch die Karäer.

1. או בהר מור Akeda. 2. אלהי אני מפיל לפניך ist die Sühnfest-Keroba וארץ אשפיל ואפיל, übersetzt in der synag. Poesie S. 222 ff. 3. אלהים אלי אתה Reschut Nischmat in 31 Strofen; nur 20 Strofen daraus sind im romanischen Machsor; die 12 des spanischen Machsor übersetzt von M. Sachs S. 30. 4. ה׳ אלפת שמך. 5. ה׳ מה אדם Pismon in sechszeiligen Strofen (röm. Machsor cod. Sorb. 102), übersetzt von M. Sachs S. 33. 6. ה׳ שם איום ונורא, schliesst vermuthlich an N. 8 an. 7. כל שנאן ושרף in 5 Strofen, jede Zeile beginnt כל, übersetzt in der synag. Poesie S. 224. 7. מעון אדיר מאז ראשון. 9. שבית ענית in 4 achtzeiligen Strofen, eine

[1]) N. 1 bis 8, 11, 12, 15. Ueber N 4, 6, 7, 8, 18 vgl. Ritus S. 109, 115 und oben S. 191.

Freiheits-Elegie, ursprünglich eine Geula. 10. שבת משושי ורבו יגוני Tachanun in 5 Strofen mit verschränkten Reimen, der strofische Vers endigt חי, in Tripolis für Gedalja-Fasten; endigt וישב עם חי. 11. שובני בחי חמר Tochacha [aabb], übersetzt in Dukes Ehrensäulen S. 72. 12. שממתי ברוב יגוני Tochacha [aaa]. כי מעלה (statt במעלה) lesen der romanische und der karäische Siddur, das Machsor von Aragon und die Selicha-Ordnungen von Nürnberg und Schwaben. 13. שחר קמתי וגם נבלמתי in 4 Strofen mit Zwischenreimen. 14. שחר קמתי להודות, 6 Strofen. 15. שער עלי בערים Tochacha [aaa], übersetzt in Dukes Ehrensäulen S. 70. 16. שני חיי ומאויי Gebet des ergebenen Frommen, 4 Strofen, metrisch mit Zwischenreimen. 17. שעה נאסר אשר נמסר metrischer Pismon für den 17. Tammus (Griech. ms.). 18. אמרה גולה וסורה alfabetisches Mostedschab. Gabirol's Autorschaft bezeugt der Lexikograph Joseph b. Chajim [1]).

Von den den deutschen Gemeinden fremd gebliebenen Compositionen Isaac Giat's findet man in anderen Riten: 1. אבאר שם, 2. בליל צאת המועד für den Fasttag Gedalja, 3. ידידי אל ברכותו, 4. יום שבת וכפורים, 5. יוספים שנית, 6. יושב הכרובים על ארון, 7. יושען עבדיך, 8. ירצה עם אביון, 8. לא בקשתי אל.

Die Nummern 1, 5, 8 sind aus der Keroba des Sühnfestes; N. 1, 4, 5, 7 hat das romanische Machsor, N. 2 eine Handschrift griechischer Heimat, N. 3 und 8 das römische, N. 4, 5, 6, 8, 9 das französische Machsor.

Die meisten Selicha's hat den Machsor von Frankreich, Italien und Griechenland Mose b. Esra geliefert; nur zwei (N. 1 und 18) dem ältern deutschen Ritus. Dahingegen sind von den hier folgenden sämmtlich den Ordnungen für Bussemonat und Sühnfest entnommenen Stücken in französischen Riten die Nummern 2, 3, 6, 8, 10, 11, 12, 16 bis 19, 21, 23 bis 27, 29, im römischen N. 4, 7, 20, 22. Das romanische

---

[1]) Dukes שירי שלמה S. 94 und Sal. b. Gabirol S. 12 Anm. 4; die dortige Stelle bereits syn. Poesie S. 445.

Machsor hat die N. 5, 6, 8, 14, 15, 19, 27, griechische Riten N. 4, 9, 12, 13, 28, Kaffa N. 10.

1. אלה כאר פתרון, eine kurze Aboda [1]), 2. אנקת אסיר שמעה, 3. בלבב בר, 4. בליל על משכבי, 5. בני ציון [2]), 6. בנשף קדמתי, 7. יקרע כל איש, 8. להודות באתי, 9. לפני המלך, 10. מבית מלוני, 11. מדי חירות, 12. מדמי [3]), 13. מחסי לשחר, 14. ממרום קול [4]), 15. מערכות ישראל, 16. מפחד מפני, 17. מפני פחד ה׳, 18. מצעק מעלות, 19. מרעיד פני צורו, 20. משכימי שחר, 21. משכנות מבטחים, 22. משל ברוב אונים, 23. מתי ישני דעה, 24. נורא מכל, 25. עבד לילו [5]), 26. עובר על פשע [6]), 27. קראתי מצרה, 28. מחטאתי אדאג, 29. מלך מכל על. Ueber die 4 Nummern [7]) מתי שכל, משול יצר, מרי שגיון, אומללנו s. oben S. 401 ff.

Was aus der Schatzkammer Jehuda halevi's über die Gränzen Spaniens in die Selicha-Siddur entführt worden, beschränkt sich auf folgende zwanzig Stücke:

1. און ורענו zum Thema אבל אשמים אנחנו (Gen. 42, 21). 2. אליך אלכה. 3. ברכי אצולה Hymnus, die Strofen heben ברכי an und endigen ה׳. Von Nachmanides und Späteren angeführt. 4. ידי דלים für Neujahrfest, ein Kaddisch mit Strofenversen die ישראל endigen. 5. ידידיך מאמש חין (angeführt bei Aaron hacohen כ״י 48) für Neila, der Refrän ist ein Segen [8]), endigt דברים לפני כשרו. 6. יה למתי צפנת Verlangen nach Erlösung, endigt ולעירך ועמך. 7. יה שמך ארוממך für Kaddisch, ein metrischer Hymnus, endigt במופלא ובמכוסה. 8. יום להטיב תקרא Sehnsucht nach Gott, der strofische Vers endigt בך, das Ganze נכבדות מדבר בך. 9. יום הגישו נקבצו המוניך für Sühnfest am Sabbat, endigt דבריהם. 10. יום רכב על עב קל für Esther-Fasten, mit dem Refrän כמעט (Ps. 73, 2), achtzeilig, endigt וחדש כנשר נעורי. 11. יעירוני רעיוני Gebet in der Nacht des Fasttages, endigt אשר כחול משקלו. 12. יעלו לאלף ולרבבה Pismon für Neujahr, der strofische Vers endigt ארץ und das Ganze לעולם ירשו ארץ. 13. יצו האל לדל שואל

---

[1]) Ritus von Avignon S. 381. — [2]) syn. Poesie S. 229. — [3]) M. Sachs S. 73. — [4]) Dukes S. 36. — [5]) syn. Poesie S. 230. — [6]) das. S. 228. — [7]) Dukes a. a. O. S. 63—66. — [8]) תזכו לשנים רבות תענו ותעתרו.

Eitelkeit menschlicher Herrlichkeit, metrisch, mit Mittelreimen in achtzeiligen Strofen, endigt והם על ברגו בם מפותחות. 14. יצרי ראשית צרי Bussgebet, endigt רחם תוכר. 15. יקרה מיקר. 16. ישן אל תרדם, der strofische Vers schliesst אלהיך. 17. משתחוים להדרת קדש für den Vorabend des Sühnfestes, der strofische Vers endigt ישראל, das Ganze את נר ישראל, 18. נודע בכל המון Ahaba [1]). 19. ה׳ נגדך כל תאותי Bakascha. 20. ידעו הבנים השובבים [2]), die göttliche Gnade gegen den Bussfertigen; endigt ומעריב ערבים.

Die Nummern 1, 3, 4, 5, 6, 13, 14, 16, 17, 19 sind aus den Ordnungen für den Sühntag, die Nummern 7 und 12 aus dem Machsor für Neujahrfest [3]). Im französischen Ritus sind N. 1, 6, 8, 13 bis 17; in dem von Asti N. 17; im alten deutschen N. 1, 3, 11; im deutschen N. 3 und 7; in dem römischen N. 2, 3, 6, 7, 9, 13, 14, 16, 18, 19. Das romanische Machsor hat die N. 3, 4, 5, 6, 8, 10, 11, 13, 14, 19, Kaffa N. 15; griechische Riten haben N. 12 und 20, die Karäer N. 1, 3, 11, 13. N. 3, 15, 16, 19 sind von M. Sachs (S. 88, 93, 94, 97), N. 1, 2, 16 in der syn. Poesie (S. 233, 236, 232) übersetzt.

Noch geringer ist Abenesra's Antheil an den germanisch-romanischen Selicha-Ordnungen; die ältere deutsche hatte nur zwei Nummern (N. 7 und 13), die heutige hat weder von ihm noch von den übrigen Meistern, Gabirol ausgenommen, eine Selicha aufzuweisen. Im Ganzen sind es 13 Stücke, die in nichtspanischen Siddur unter den Selicha's sich finden, nämlich:

1. Mostedschab אוביר קצה נוראות [4]), 2. Tochacha אין מלה בלשוני [5]), 3. אל אחד ואין שני [6]), 4. אל חי בכל עצר [7]), 5. Geula אל ישראל [8]), 6. Pismon אל בית המלך, eine sinnvolle Ansprache an das Gemüth, 7. אלהי קדם מענה die Leiden und Hoffnungen Israels, 8. אמונים עומדים für Sühnfest am Sabbat, 9. Tochacha אני בעודי [9]),

[1]) oben S. 205. — [2]) angeführt syn. Poesie S. 19 Anm. b. — [3]) Ritus S. 42, 112. — [4]) M. Sachs S. 115. — [5]) s. Ritus S. 115. — [6]) syn Poesie S. 238. — [7]) das. S. 239. — [8]) oben S. 213. Ritus S. 144. — [9]) syn. Poesie S. 240.

10. Tochacha יאריב עם רעיוני[1]), 11. אשלש תפלות[2]) aus der Mincha-Keroba, endigend ויהי כעלות המנחה, 12. das reimlose Gebet אשתחוה אפים[3]), 13. Mostedschab צמאה נפשי לאלהים[4]).

Der französische Ritus hat N. 2, 6, 7, der römische N. 3 bis 9, 12, 13, der griechische N. 1, 6, 10, 11, 12, der romanische N. 5, 7, 11, Kaffa N. 12, der karäische und der ältere deutsche N. 7.

XIII. KAPITEL.

Die Selicha-Dichtung

der zwei neueren Jahrhunderte (1540—1760).

Das Zeitalter der den öffentlichen Gottesdienst gestaltenden Selicha, für die französischen Städte schon seit 1300 abgeschlossen, endete für Deutschland und Polen um 1400, für Provence, Italien und die byzantinischen Länder um 1520. Im Jahre 1540 war in allen Synagogen die Gebetsordnung, was Selicha's betraf, ein durch die Autorität der Ritualien wie durch die gedruckten Siddur abgeschlossenes; neues konnte hier schwer eindringen. Ueberdies fehlte trotz der Fortdauer mittelalterlicher Zustände zu neuen Compositionen die Energie: Weh und Grimm war in den alten genug zu finden. Als wegen der blutigen Verfolgungen des Jahres 1648 in Polen, R. Lipman Heller, damals Rabbiner in Crakau, zur Anfertigung von Selicha's, dergleichen er dreissig Jahre früher in Prag verfasst, aufgefordert worden, machte er darauf aufmerksam, dass dort der böhmische Krieg aber keine Judenverfolgung der Anlass gewesen, dass man in Crakau an den drei Tagen — Zwischentage Passahfest, 25. Nisan, Thorafest —, an welchen Gesera's stattgehabt, keine neue, sondern alte Selicha's bete. Er hat sich nur bewegen lassen in ein älteres Gebet ein Stück einzufügen, das die neuen Leiden namhaft macht. Es haben noch mehrere andere Rabbiner des 16. und

---

[1]) Sachs S. 113. — [2]) vgl. Ritus S. 114. — [3]) Sachs S. 109. — [4]) oben S. 209 N. 14.

17. Jahrhunderts Pismon, Selicha's, Klagen geschrieben, doch meist wegen Seuchen und Kinderkrankheiten, wegen Dürre oder Feuersbrünste, wegen Kriege und Todesfälle; besonders traurige Ereignisse wurden weniger der Stoff von Selicha's als von Klageliedern und Seelengedächtnissen. Je mehr in Deutschland und Polen die Poesie in Verfall gerieth, in Italien in moderne Formen überging, desto mehr flossen Selicha, Klage, Tefilla in einander. Bei der starken Zunahme der Sündenbekenntnisse, der Jehirazon, der Prosa- und Friedhofs-Gebete, der אל מלא רחמים, der Mitternachts-Klagen und der Compilationen in den Sammlungen (תקונים), ging der eigentlichen Selicha, selbst wenn sie in der häuslichen Erbauung noch einen Platz gefunden hätte, der Inhalt verloren. Hiezu kamen Büchercensur und Revision, Angeberei der Abtrünnigen und Aufsicht boshafter Beamten. Dies verscheuchte jeden Gedanken der nationalen Ausdruck hatte; man hatte an der Aufgabe, sich in der Irre verstümmelter Gebetbücher zurecht zu finden, Arbeit genug. Für kriegführende Despoten oder gegen ägyptische Pest in Selicha's zu beten hatte keine Gefahr.

Dennoch sind, obwohl nicht gerade für unmittelbaren Gebrauch der Synagoge, auch in jenen Jahrhunderten noch, selbst auf Anlass von Noth und Verfolgung, Selicha's und ähnliche Compositionen angefertigt worden, meist in der Form von Ermahnungen und Bussgebeten, theils für die Privatandacht, theils im Auftrage frommer Vereine. Fassen wir für diesen Zeitabschnitt Selicha als Bezeichnung für einen ausgedehnteren Gebetskreis auf, der ausser der eigentlichen Selicha auch Klagen, Andachten, Seelengedächtnisse einschliesst, so begegnen uns innerhalb der deutschen und slavischen, der italienischen und romanischen Gemeinden mehr als hundert genannte Verfasser, wovon die Hälfte auf Polen, Böhmen und den Osten, gegen 40 auf Italien, 12 auf das eigentliche Deutschland kommen; auch einige Dichter spanischer Abkunft haben beigesteuert. Eigentliche Selicha's sind von 55 Verfassern da; Klagelieder von 18, Techinna's und Seelengedächtnisse von 14, Vidui und Bakascha von 11, Prosagebete von 7, poetische Psalmen von 2. Aus der zweiten Hälfte des 17. Jahrhunderts sind auch 8 Anonyme aufgeführt.

Salomo Luria b. Jechiel (מהר״של), im Nov. 1573 in

Lublin gestorben, hat ausser einer gereimten Pesach-Ordnung und 9 mit seinen Erklärungen versehenen Sabbatliedern eine Techinna[1]) אל מלך עליון אין בשיעור verfasst. In dem Elia-Liede אליהו פדה משכון sind alle Erzählungen berührt, die der Talmud über Elia mittheilt.

Asaria de' Rossi b. Mose, der berühmte Verfasser des מאור עינים, 1577 in Mantua gestorben; von ihm sind folgende Stücke gedruckt:

1. Sabbatgesang für den Abend, Eingang und 10 Strofen, anfangend מזמור ליום שבת קדוש לאל נורא, endigt וידו לעולמים בנו שמו נקרא; die erste Hälfte zeichnet עזריה, die letzte 'א bis 'ה.
2. Eröffnung zu „Barchu" in 6 Zeilen: ארוממך אלהים המרומם[2]).
3. metrische Bakascha mit stetigem Reime אל חי אדון עולם תמים הדעת חנון מהולל כל בצדקתך. Metrum:
   — — ◡ — — — ◡ — — — — ; endigt אשמור
   — — ◡ — — — ◡ — — —
   דרכיך ומשמרתך; dahinter noch 4 Zeilen, anfangend שמע קולי in dem altüblichen Bakascha-Metrum. Ist für jemanden, der nach Palästina auswanderte, angefertigt.

Samuel Arzt aus Castiglione wohnhaft in Mantua.

Pismon שכולה גלמודה [5ab, 5A] mit gleichmässigen Ausgängen der Strofen, die dem כי אנו עמך ואתה in der Tefilla des Versöhnungstages entlehnt sind. Die 5 Strofen zeichnen שמואל הרופא. Wie es scheint war der Verfasser A. 1587 noch am Leben (röm. Machsor ed. 1587, Th. 2f. 162b). Ein R. Samuel aus Castiglione, vielleicht der unserige, lebte um oder vor dem J. 1538 (הפליט S. 22 N. 15). Diese Selicha ist auch bei dem deutschen Frühgebetsverein in Venedig üblich (ed. 1635f. 52a).

Samuel Archevolte b. Elchanan Jacob b. Samuel Josua, bekannt als Grammatiker, Sonettendichter und Ver-

---

[1]) s. seine Rga. N. 64 Ende — [2]) nach der Ueberschrift im römischen Machsor ed. 1587 Th. 1 f 192b, s. meine Bemerkung in כ"ח 7 S. 119.

fasser von Musterbriefen, war A. 1551 schon Autor; der Vater lebte noch im Sommer 1563[1]). Er selber starb in Padua im Jahre 1611 und ist Verfasser folgender Stücke:

1. אנא אלה הסליחות והרחמים אשר לזרע ידידיך, ein Gebet in Prosa.
2. חבוש אל נשברה כְפרה Eingang und 6 Strofen.
3. לך אלי יחודתי eben so, für die Frühandacht.
4. שרידי עם אשר נפעם Selicha in 6 Strofen.
5. לך נִבי עדי ערבי ויומי metrische Bakascha mit stetigem Reime.
6. חונך ועזבונך קְנה vierzeilige [abab] Tochacha in 5 Strofen.
7. שכן מרומים לך תכסוף vom Gottvertrauen; stetiger Reim, endigt ורצפת רביר להיות משקה.
8. על מקדשי אל ארעימה Klage, Eingang und 4 Strofen.
9. שרירי בשרם יהיה וזרח Erlösungs-Hoffnungen, mit Commentar.
10. קְחי כנור שאי גילה Hochzeitlied, Eingang und 4 Strofen; in der letzten kommt vor עם אשר נפעם (vgl. N. 4).
11. ארזי לבנון יפרחו zur Beschneidungsfeier, Eingang und 5 Strofen.
12. ציון צבי ופאר 8 Zeilen, besingt Zions Verherrlichung.
13. צורריך ידיד Distichon.
14. מיום אשר היה ein Sonet: die vollkommene Musik der messianischen Zeit.

N. 1 befindet sich in ספר חמשה סדרים Vened. 1732 f. 35, N. 2 bis 6 in סליחות Ven. o. J. f. 54b—58b, N. 7, 8, 9, 12, 13, 14 in seiner Grammatik c. 32; N. 10 und 11 in סדר מברכה Mantua 1670.

Elieser Aschkenasi b. Elia, ein von del Medigo geschätzter Autor und in mancher Beziehung seiner Zeit vorausgeeilt, verliess seine Heimat Aegypten im Jahre 1561, hatte ein wechselvolles Leben, war in Cypern (1566), Prag (1564), Venedig, Padua, Constantinopel, Cremona (1576), Posen[2]), Gnesen (1580) und starb, 73 Jahre alt, im Jahre 1586 in Crakau. Seine oft gedruckten 8 Selicha's waren vornehmlich

---

[1]) cod. Bisliches 66. — [2]) in den Rga. שארית יוסף N. 19 als dortiger Rabbiner ר' ליזר genannt.

in Prag üblich. Die Techinna אב המון גוים hat stetigen Reim. Der hauptsächlichste Inhalt sind Bitten um Abwendung von Krieg, Krankheiten und Misswachs. Eine Selicha, אלהים לנו מחסה, erfleht Sieg für den König und die Wohlfahrt des Staates, ein Pismon feiert die Niederlage der Feinde, und eine eigene Selicha erbittet den Beistand des Himmels um Gunst bei den Mächtigen zu finden, und Israel vor gefährlichen Beschuldigungen zu schützen. In einem Lublin 1613 erschienenen Buche[1]) befindet sich seine Bakascha אל תשכחי נפשי תהי זוכרת, ein Zwiegespräch zwischen Seele und Körper.

Jehuda Muscato, um 1590 in Mantua gestorben, als Commentator des Kusari bekannt, hat ein Gebet in Prosa, gegen Dürre, verfasst[2]), ferner, vor dem Jahr 1572, eine Techinna (Sonett[3]).

Israel Nagara b. Mose b. Levi, der begabteste Dichter seines Jahrhunderts, der alle Gattungen der mittelalterlichen Poesie und nicht ohne Glück anbauete, ist mit mehreren seiner Compositionen in verschiedene Ritus, mit dem Sabbatgesang יה רבון עלם in alle Gemeinden eingeführt worden. Der Vater, Mose, starb 1581 als Rabbiner in Damaskus; der Sohn starb als Rabbiner in Gaza und folgte ihm im Amte sein Sohn Mose. Die Zahl seiner gedruckten Stücke beträgt 470, von denen in deutsche und italienische Siddur und Andachtsbücher folgende Gebete aufgenommen sind:

2. יגלה כבוד מלכותך der strofische Vers endigt מלך.
3. ידיד חלך לו לרום ובולו, 6 Strofen.
4. יה אל מבין כל מורשי ein künstlich geformter Hymnus.
5. יה אלה מלכות aramäisch.
6. ה׳ ידיד גדול ונורא mit חדש schliessenden Strofenversen, für die kleinen Versöhnungstage.
7. יחיד שוכן ברום שמי ערץ bei Regenmangel, die Strofenverse endigen מים.
8. יהמה לבבי בראותי צרי in 4 Strofen.
9. ישפולנה שוכן רום.
10. שימי רעיה בעצבון Klage zum 9. Ab, der strofische Vers schliesst חשבון.

---

[1]) Onomastic. S. 19. — [2]) אילת השחר f. 161. — [3]) Luzzatto in hebr. Bibliogr. B. 5 S. 102.

N. 2, 3, 5 hat das Machsor ed. Livorno 1800 Th. 1; N. 2 und 9 findet man am Ende von נפן יחידית ed. 1722; N. 4 und 8 in עת הזמיר, N. 6 in מעירי שחר, N. 7 in Selichot Vened. 1712 f. 122b, N. 10 in סדר תעניות Wien 1822 Ende.

Scheftel Hurwitz ist Verfasser eines grossen Sündenbekenntnisses, anfangend רבון כל העולמים קודם כל דברי mit einer Variation der Vidui.

Akiba b. Jacob Neuss aus Frankfurt a. M., woselbst er bereits A. 1568 ein Rabbinatsamt hatte, ein Enkel von Akiba b. Elasar und 1597 gestorben, verfasste 5 Sabbatlieder, 1 Chanuca-Lied[1]), Klage על הר ציון אש אוכלה, deren Strofenverse **אש** schliessen und Zionide ציון הורידי כנחל, endigend אבני אקדח שעריך, beide auf den grossen Brand in Posen am 9. Siwan (11. Juni) 1590, welchem das Judenviertel mit aller Habe und 70 bis 80 Gesetzrollen nebst 15 Menschen zum Opfer fielen, ausserdem folgende Gebete:

Vidui אתה נשמה לך כמה בשרי in 64 תי reimenden Strofen; die Variation der Vidui אשמתי beginnt mit der 25. Strofe in Echo-Reimen אשמתי שמתי כאלו חלמתי תפלתי, בגדתי נדתי בלא דעתי מלאתי חטאתי וכו׳.

Betrachtung עיר קטנה יש במעונה, endigt: צדקה תציל רש ואציל פעם ממשאות ואת נופי בלי דופי בטוב ויופי שמרה ואת.

Gebet in Prosa zur Bewältigung der bösen Begierde: ולא תעלה על לבי אוי לי לעולם יציר מחשבות לבי, endigt ולא תעלה על לבי אוי לי לעולם.

Vier Andachten für Morgen, Mittag, Abend, Nacht mit entsprechenden Strofenversen ausgehend **auf** בקר, צהרים, ערב, לילה; die erste hebt an אקרא עיני בגרון מול ארון, die zweite עיר ציון ועמה, die dritte ענני ה׳ ענני באמור אלי קומי רוני לשוכן מעונה, die vierte בלילה אפילה גדולה; die ersten drei endigen mit einem Strofenverse (ביום השלישי בהיות הבקר, ואפלתך כצהרים, והיה לעת ערב), während die vierte durchweg also auch am Ende (ויאר את הלילה לגאלה כבתחלה) noch einen Reim hinzufügt.

Israel b. Mose hat in seinem Lublin 1593 erschienenen kabbalistischen Commentar zu den Psalmen und den Sprüchen

---

[1]) Luzzatto in hebr. Bibliogr. B. 5 S. 102.

eine Bakascha, anfangend: ירנן שפתי רנה אל אל חי תנחיל דתו לתפארת ישראל.

Mose Mordechai Margaliot b. Samuel, ein Zuhörer Salomo Luria's, Gegner derer, die über kabbalistische Contemplation (כוונות) öffentliche Vorträge halten, besorgte 1584 die Correctur der Selichot ed. Crakau; im J. 1589 erschien daselbst sein Buch חסדי ה׳ über die Middot mit einer durchweg auf כים reimenden Introduction בשם ה׳ מלך מלכים. Einige Jahre war er Rabbiner in Wien [1]). Aber 1603 corrigirte er die Ausgabe des מדרש הנעלם Crakau. und in demselben Jahre erschien in Lublin seine Selicha אלהים למדתני מנעורי, zum Andenken an die in Warschau 1596 grausam hingerichteten Märtyrer, die Brüder Mose und Jehuda b. Jekutiel. Er starb den 20. Nov. 1616 in Crakau, wo sein Leichenstein sich befindet.

Salomo Ephraim Lentschüz b. Aaron, berühmter Redner und Moralist, Verfasser von sechs Werken und als Rabbiner von Prag daselbst im März 1619 gestorben.

1. אלה אזכרה ואשפכה עלי נפשי, endigt שוכן מרומים.
2. לך ה׳ הצדקה כי שמת בנפשינו Pismon, Nachahmung der Selicha חנינו von Salomo Babli.
3. תולעת יעקב אל תראי nach zwiefachem תשר״ק, fast nur gereimte Prosa.

Alle drei Selicha's feiern den 2. Adar (15. Febr.) 1611, wo ein Heer Passauer über die Brücke von Prag in die Altstadt rückte und ein heftiger Kampf statt hatte, sie sind A. 1613 verfasst; der Tag ward auf ewige Zeiten zum halben Fasttag eingesetzt.

Samuel Raphael Marli [d'Arles][2]) b. Mazliach, Rabbiner von Mantua (1610, 1617).

1. לכבד שכינה ושבת עדינה Sabbatlied im Metrum der Gabirolschen Asharot, endigt ומצות תלויות בארץ סדרים.
2. שמע נא תחנה Gebet in demselben Metrum, 7 Strofen akrost. שמואל מארלי.

---

[1]) Vgl. פלגי מים 12b mit מקוה ישראל 81a (הגאון מרגלית מויאינה und בית דין ויאינה), 78a (מויאינה). — [2]) Luzzatto in hebr. Bibliogr. B. 4 S. 97, B. 5 S. 46.

3. שמע שבב למוסר אל Ermahnung in 5 Strofen, endigt ויראני ישעתו.

4. אנא אזון שעתינו תענן
5. כהושעה נח וביתו מהמבול

beide Selicha's wurden bei einer A. 1610 stattgefundenen Ueberschwemmung verfasst.

Um 1560 lebte Joseph Marli, derselbe welcher das heftige Schreiben gegen Immanuel di Cropulo erlassen [1]).

Salomo b. Mordechai aus Meseritz, Verfasser des Buches מזבח הזהב (1602), schrieb eine Techinna gegen die Pest, als diese in Ostra erschien die aus 22 dreizeiligen Strofen bestehend הועלדו לציון משכן כבודיך anhebt und ארון כל הנפלאות endigt; ausserdem ein Chanuca-Lied in 5 Strofen, nach der Melodie des מעוז צור, anfangend שיר עני ומרודי und endigend מושיע חשמנים רבה שקמים דים כמים יהושרה.

Jacob b. Joseph Kitzingen aus Strim, ein Zuhörer von R. Salomo Luria, Rabbiner in Meseritz.

1. ein grosses Lehrgedicht über die Ritualien des Passah-Abends, anf. סדר ביום שלהנא.
2. Selicha אתאנו לבקש את מחולתך, endigt אימי על כסא הרחמים, für den 5. Bussetag.

Baruch b. Mose ibn Baruch 1599 in Venedig.

1. Vidui für den Rüsttag des Sühnfestes (vor dem מלקות).
   a) Eingang in 8 Strofen die ה׳ אלהי anfangen und mit ה׳ schliessenden Strofenversen endigen. Anfang: ה׳ אלהי נוף האילן ששכשך אהוה אשר על ראשך עתה באתי, Ende: שמעני ברוך אתה ה׳. Dieser Eingang ist ohne Nennung des Verfassers und mit geändertem Anfang [ה׳ אלהי נשען על החמיך] als ein Chatanu in den Tikkun für Neumonds-Rüsttage (Vened. 1732 f. 15) übergegangen.
   b) leises Gebet in 4 Zeilen וידוי נעים בן ארבעים bis אנא האל נקני.
   c) Sündenbekenntniss in 40 Strofen mit Strofenreim, dreimal hintereinander eingefasst von dem 13 Worte

---

[1]) vgl. הפליט cod. 79 mit ארי נוהם c. 29, wo irrig Immanuel aus Benevent als Empfänger des Schreibens genannt ist. Derselbe wohl in cod. Almanzi 140 V.

starken Verse והוא רחום יכפר (Ps. 78, 38) und zugleich die Vidui אשמנו variirend. Anfang: והוא את ולך ה׳ הוחלתי וכרכי כורעת, Ende חטאי אני מזכיר.

2. kurzes Gebet מי לא יראך.

Mose Alschech b. Chajim, Rabbiner in Safet, blühete in den Jahren 1549 bis kurz nach 1591. In alle italienische und deutsche Ritualien hat sein Klagegesang הקבצו ושמעו בני יעקב כלכם, 10 Strofen stark, Aufnahme gefunden.

Chananja Eljakim Riete b. Asaël Raphael, genannt Graziadio, ein Schüler Jehuda Muscato's, lebte in Mantua woselbst er vor 1626 gestorben; ist Verfasser von eilf Werken, von denen jedoch nur zwei näher bekannt geworden: מנחת חנניה (cod. Mich. 472 bis 474) und מעורר ישנים, Gebete für Festzeiten und Frühandachten enthaltend, aus denen Einzelnes in die Sammlungen אילת השחר (1612) und מקיץ רדומים für den Hoschana-Tag (1648) übergegangen ist. Ausserdem enthält cod. Mich. 341 vier Klagelieder, nämlich: אריד בשיחי ואהימה, גולת יהודה מעוני, חברים נאספים, בכה נפשי, אבכה ואבכה במר נפשי. Das אילת השחר hat 9 Selicha's unseres Verfassers: 7 in der ersten, zu denen zwei ארון עליון תנה פדיון endigend לאל חי מאל עליון und נקראו בנים, endigt ימלא טוב בקשתכם, in der zweiten Auflage hinzugekommen. A. 1615 verfertigte er ein kurzes Gebet wegen Raphael Modena und Abraham Jaghel Galico (cod. Mich. 851).

Joseph Jedidja b. Binjamin Jekutiel Karmi, seit 1612 in Modena, ward im Jahre 1623 bei der dortigen Synagoge der Brüder Ausilio als Vorbeter und Lehrer angestellt, und ungeachtet um dieselbe Zeit sein Schwager Aaron Berachja eine Gebetsammlung für Frühandachten angelegt und herausgegeben, unternahm er für den Verein der erwähnten Synagoge eine ähnliche Arbeit, nur dass er lauter eigene Compositionen — mit Ausnahme der gereimten Prosa sämmtlich metrisch — brachte und auf eigene Kosten drucken liess (Ven. 1626). Sie berühren alle Wochen- und Festtage und sind vom Verfasser mit einem Commentare versehen, was bei der Künstlichkeit der Sprache und der hagadisch-mystischen Färbung nicht überflüssig schien. Die Wochen- und Sühntage sind mit Klageliedern, Selicha's, Sündenbekenntnissen und Ermahnungen, auch in aramäischer Sprache, ausgestattet. Eine ganz auf kabbalistischem Unterbau ausgeführte Vidui, in welcher der Reihe nach die menschlichen Glieder, die Buchstaben sammt Vocalen und Accenten vorgeführt werden, nimmt mit der Erklärung 37 Quartseiten ein: sie ist A. 1620 verfasst, hebt an אליכם אישים אקרא כי המלחמה כבדה und schliesst mit einer Variation der Middot.

Meschullam b. Isaac Salem b. Joseph war gleich seinem Vater Correktor in Druckereien von Mantua und Venedig und zwar bereits im Jahre 1589, versah einige Drucke mit Lobgedichten und verfasste folgende religiöse Gebete:

1. נורא בביה עם רם ואש בוערה in 8 Strofen, endigend ובו נדגלה, zur Erinnerung an den Brand vom 28. Siwan (19. Juni) 1610 in Mantua, der die Porto-Synagoge sammt 37 Gesetzrollen verzehrte.
2. מרום וקדוש שכן מרומים über den Auszug aus Aegypten mit vierfachem Namens-Akrostichon.
3. Selicha יעקב אליך ה׳ נושא עיני, vierfach alfabetisch, die Strofen beginnen und endigen יעקב.

Mordechai Jare b. Berachja Reuben, dessen Vater Reuben Jare 1581 in Mantua [1]) Lehrer war, ist der Ordner des Buches אלה השיר, in welchem von ihm, unter der Chiffre שימי [2]), folgende zwei Stücke abgedruckt sind.

1. Bakascha לך אלי תשוקתי für Sabbat, metrisch mit durchgehendem Reim.
2. Selicha אהיה אשר אהיה in eilf fünfzeiligen mit einem Gottesnamen anhebenden Strofen. Ist auf Verlangen von Joab Galico im Sommer [3]) verfasst.

Aaron Berachja b. Mose b. Nehemia de Modena, von seiner unterrichteten Grossmutter Fioretta erzogen, die hochbetagt in Safet gestorben, ein Schüler Hillel's aus Modena der in Viadana seine Grabstätte hat, ist der Ordner des סדר אשמורת, welches er 1616 in Modena einzuführen begonnen, das unter dem Namen מעירי שחר bekannt von ihm selbst ange-

---

[1]) Steinschneider catal. Bodl. p. 1666. — [2]) שלי מרדכי ירא — [3]) der angegebene Vers ist aus Parascha בהעלתך [Monat Juni], das Jahr ist nicht hinzugefügt.

führt wird [1]). In der Sammlung sind auch von ihm verfasste Stücke [2]), diese jedoch nicht näher angegeben. Er starb den 26. Tammus (28. Juli) 1639, 8 Tage nachher wurde die Trauerrede gehalten, und der Rabbiner Abraham Graziano verfasste ein Klagelied. Uebrigens ist er, von der Mystik Cordovero's und Loria's beherrscht, ein Feind der Philosophie; drei Werke von ihm sind noch ungedruckt.

Jacob Segre [b. Isaac], Rabbiner in Casale Monferato, schrieb poetische Approbationen zu dem Glossar חשק שלמה (1588) und dem Commentar des hohen Liedes von Isaac Alatrino (1605), war A. 1617, 1629 noch im Amte.

1. יקום יעקב כי קטן הוא ein Neumondslied in 5 Strofen, zeichnet יעקב סגרא.
2. ובכן רבונו של עולם רואה כל נעלם ein langes Gebet in Prosa.
3. ה' אלהינו ה' אחד ורוב אונים Selicha, die Strofen eröffnen und schliessen 'ה.

beide (2. und 3.) zur Zeit der Belagerung von Casale (1629) verfasst.

Menachem Mannes Chajus [3]), Sohn des Isaac Chajus, der 1584 Rabbiner in Prag war und auch Festlieder verfasst hat, hielt sich 1590 in Prag, 1603 in Prosnitz, 1605 in Dresniz (Mähren) auf, wurde später Rabbiner in Torbin (1618, 1620) und starb als erster Rabbiner in Wilna im Jahre 1636. Ausser zwei handschriftlichen Werken schrieb er auch Gedichte und Festgesänge, deren er bereits im Jahre 1605 eine ganze Sammlung hatte. Bekannt sind daraus nur drei und nur zwei davon gedruckt.

1. Sabbatlied, anfangend מזמור שיר ליום השבת; die Strofenverse endigen שבת.
2. Klagelied מקום מקדש מרום מראש, mit Strofenreim und נקרב עולה endigend, das ausser der allgemeinen Bedrängniss den oben (S. 420) erwähnten grossen Brand in Posen und den frühzeitigen Tod seines Bruders

---

[1]) ed. 2 f. 219a, מעבר יבוק 29a. — [2]) Vorr. f. 5: סדרים אשר ערכתי כפי ששת ה' וכפי מה ששת ה' לפנידם מפי סופרים וספרים. — [3]) Vgl. פני יצחק Kracau 1591, כבושרות Kracau 1608 f. 37b, סדר הדורות Register Art. חקת עולם; קריה נאמנה S. 63 ff.

Samuel, der im Dezember 1590 in Prosnitz erfolgte, betrauert.

3. Chanuca-Lied מלשי כבבל, 4 Langzeilen akrost. מנחם; in jeder Zeile ist der Zahlenwerth der ersten 3 Theile: 89 (= חנוכה), 44 und 36 (Zahl der Chanuca-Lichte), der des Schlusssatzes beträgt 365 [A. 1605] das Jahr der Abfassung bezeichnend.

Obgleich das Gedicht weder Reim noch Metrum hat, so erklärten doch dem Verfasser seine Bekannten, dass keiner unter den Zeitgenossen so etwas zu verfertigen im Stande sei. Auch die Ausgabe vom עין יעקב 1603 hat er mit einem Lobgedichte ausgestattet.

Meir b. Abraham Angel aus Sofia, Rabbiner in Belgrad, in Safet gestorben, hat in sein Buch מסורת הברית (Cracau 1619) folgendes Klagegedicht eingerückt, das er in jüngeren Jahren verfasst:

נפשי ורוחי תפקתי עינים in durchgehendem Reime, endigt לבנות רביר קדש והומותים. Hieran anknüpfend 6 Zeilen des Trostes מה תהמי נפשי bis כשמחה תשמחי תתעלסי.

Jomtob Lipman Heller b. Natan Levi, geboren 1578 in Wallerstein, gestorben in Crakau im Sommer 1654, wurde von seinem Grossvater Rabbiner Mose Wallerstein erzogen, bekleidete Rabbinatsämter in Nikolsburg, Wien, Prag, sass von Angebern und Jesuiten verfolgt A. 1629 40 Tage in Wien in Haft, woraus ihn eine Strafsumme von 10 tausend Gulden befreiete, ward hierauf nach Nemirow (1631) und Wladimir (1634), endlich nach Crakau (1643) berufen, und ist hauptsächlich durch seine Tosafot zur Mischna berühmt geworden. Während seines Aufenthaltes in Prag brach der Krieg aus, der 30 Jahre Deutschland verwüstete, und in dem Jahre, das ihn beendete, erlebte er in Crakau die Trauerzeiten des Aufstandes in der Ukraine, der so viele jüdische Gemeinden vertilgte. Beide Ereignisse hat Jomtob durch Selicha's verewigt.

1. אנוסה לעזרה עדיך erwähnt der Besorgnisse, als am 22. Mai 1618 der Aufstand in Prag ausbrach, die kaiserlichen Räthe aus dem Fenster geworfen wurden und man einen neuen böhmischen König wählte.

2. ארכו הימים ותלאה רבתה, die Angst der Bewohner während der Schlacht am weissen Berge (1620, 8. Nov.)

und das Gerücht sich verbreitete, die siegenden kaiserlichen Truppen würden plündern. Sie wurden jedoch vor der Plünderung durch Truppen geschützt, und daher der 14. Cheschwan (10. November) als jährlicher Selicha-Tag eingesetzt. In beiden Nummern beginnt der Strofenvers כי.

Die folgenden 3 Stücke schildern die Schrecknisse von 1648 und sind im Jahre 1650 verfasst.

3. פולין ארץ מלוכה, anschliessend an einen Theil des Sulat Elieser's b. Natan N. 14.

4. אלה אזכרה ברמעות שליש, nach את״בש.

5. אל מלא רחמים שוכן מרומים המציא מנוחה נכונה Seelengedächtniss, endigt כוליה צבורא אמן; macht eilf erschlagene Rabbiner namhaft.

Nur in N. 1 ist der vollständige Name, auch der Grossvater, in allen יום טוב לוי הנקרא ליפמן העלר, in N. 3 sogar תוספות יום טוב gezeichnet; N. 5 hat nur יום טוב.

6. מי שברך für Sabbat, worin die Worte יום שכולו ארוך גם טוב seinen Namen andeuten, ist ein Segen für denjenigen, der Gebet und Lection nicht durch Sprechen unterbricht.

In Crakau wurden die neuen Selicha's für den 20. Siwan, an dem die Gemeinde von Nemirow heimgesucht worden, eingesetzt. An den Tagen, an welchen Crakau ähnliche Verfolgungen durch Gebete verewigte, — die Zwischentage Pesach, der 25. Nisan und Thorafest — wurden zwei alte Selicha's rezitirt.

Samuel [Edeles] Elieser halevi b. Jehuda (מה״רשא) aus Crakau, berühmter Talmudist, Rabbiner in Posen (1609)[1]), war im Sommer 1631 noch am Leben[2]) und starb in Ostro. Sein Bruder Saul Simeon war im J. 1627 Beisitzer des Gerichts in Lublin. Seine Selicha אל אלהי דלפה עיני auf die Märtyrer in Warschau (1596), in deren Schlussstrofe der vollständige Name akrost. angegeben ist, ist bereits A. 1608 gedruckt[3]).

Jehuda Arje di Modena b. Isaac (1571—1648) in

---

[1]) Daher R. Samuel Posen genannt bei Jomtob Heller zu Sanhedrin c. 3. — [2]) s. das Vorwort zu חדושי אגדות Crakau 1631 Ende Elul [Sept.]. — [3]) Steinschneider catal. Bodl. p. 452.

Venedig, Archevolte's Zuhörer, ein reich ausgestatteter Kopf, der viel gedacht, gelesen und geschrieben, ein Feind des Schlendrians und des kabbalistischen Wahns, bereits Schriftsteller in seinem 24. Jahre. Er verfasste A. 1618 eine Gebetsordnung für Kranke und Sterbende, schrieb Gebete für jeden Tag der Woche, für Reisende und andere Vorfälle des menschlichen Lebens, Bakascha's, Selicha's und Klagegedichte. Die bekanntesten sind:

1. יפקד אלהי הרוחות } Gebete für den Begräbnissplatz,
2. ישני תוך אדמת עפר } 1598 gedruckt.
3. אשר אזנך פתוחות לשמוע Gebet eines Verhafteten, endigt כי חפץ בי.
4. יום זה יהי משקל Selicha für den kleinen Versöhnungstag (Vened. 1614) die in alle Riten aufgenommen ist.

Jesaia Hurwitz b. Abraham halevi, durch sein Werk של״ה gleich berühmt wie der eben genannte, jedoch verschiedener, fast entgegengesetzter Richtung: Frömmigkeit und Kabbala sind seines Lebens und seiner Schriften Inhalt. Auf Fleischspeisen genoss er Milch erst nach 24 Stunden[1]). Er bekleidete Rabbinatsämter in Posen, Frankfurt a. M. (1614), Prag (1618, 1620), wo sein Grossvater Scheftel begraben ist, und begab sich im Jahre 1621 über Venedig, woselbst er im Sommer geweilt[2]), nach Jerusalem; er kam Freitag den 19. November dort an. Im Jahre 1625 war er 19 Tage (13. September bis Neujahrfest 2. Oktober) in Haft, entfloh im Januar 1626 nach Safet und starb 1628 in Jerusalem.

Ausser einem grossen Sündenbekenntnisse, das sein Hauptwerk enthält, verfasste er 2 kurze Gebets-Eröffnungen ישתבח הבורא akrost. ישעיהו, und אבינו מלכנו פתח שער השמים, und 3 kabbalistische Selicha's, eine Art Seelenmesse, die man anstatt einer Trauerrede auf seiner Grabstätte rezitiren solle; in den beiden ersten kommt in jeder Strofe sein Name vor; sie heben an:

1. אנא אהיה אשר אהיה, alfabetisch.
2. אל ה׳ ויאר אור לצדיקים, nach אלב״ם.
3. יש עולמות יה הנחיל in 6 Strofen, akrost. ישעיהו.

---

[1]) יוסף אומץ 137. — [2]) Rga. נחלת יעקב f. 2a und N. 50.

Samuel Bacharach.

Stammtafel[1]).

Akiba Cohen aus Ofen, starb in Prag

Gerschom | Tochter = Schabtai Hurwitz

Simson | Abraham

Isaac st. 1624 = Vögele st. 1629 Tochter von R. Löwe | Jesaia [של״ה]. | Isaac

Chajim st. in Posen | Naftali st. in Lublin | Eva = Samuel Bacharach geb. 1585, gest. 1651 in Sofia

Isaac Cohen[2]). | Simson st. 1670 | Tölzel = Tewle R. in Schneitach

Jair Chajim 1628—1702.

Samuel b. Isaac Bacharach aus Bunzlau, zuletzt Rabbiner in Worms, geboren 1675 in Böhmen, starb am 26. Mai 1615 auf der Flucht vor der A. 1614 in Frankfurt und 1615 am Pesachfest in Worms ausgebrochenen Bewegung der Zünfte gegen die jüdische Bevölkerung. Folgende 2 Gebete, die er verfasst, haben sich erhalten:

1. Chanucalied, A. 1605 in Kollin verfasst: שדי סלעי ומצודתי, nach der Weise des üblichen מעוז צור in 13 Strofen, in der letzten Strofe bittet er um Hülfe gegen das מלכות הרשעה.
2. eine dreizeilige Selicha אנא מארץ חיים תשרש endigend שרינו ומלכנו הטו עלינו אל מלך יע״כר, worin es heisst: חסדם ואל תבוא נפשם בסודם ובקהלם אל תחד כבודם[3]) מהרה חושה ועמים הדבר ואוהבינו המושלים חיילים תגבר ומלכות זדון מהרה תשבר, also wie es scheint bei Gelegenheit eines Aufstandes, vermuthlich des erwähnten, gedichtet.

Natan Jedidja b. Elieser aus Orvieto, geboren 1607, übertrug in Siena im Jahre 1625 die Vidui Bechai's (ברכי נפשי) in hebräische Terzinen, anfangend ברכי את ה׳ נפשי נא,

---

[1]) vgl. Lewysohn Epitaphien S. 51 ff. Zeitschrift הנשר Jahrg. 4 N. 28 S. 112 ff. — [2]) vgl. gottesd. Vorträge S. 239 Anm. a. — [3]) diese Stelle führt Salomo Uffhausen (Theriak f. 31 a) als aus einer Selicha an, die auf Ereignisse des Jahres 1338 verfasst sei.

und zwar nach der poetischen Uebersetzung seines Grossvaters Jochanan Jehuda Alatrini; von den beiden andern im römischen Machsor üblichen Vidui (Nissim's und במה אקדם) ist die Uebersetzung gleichfalls in italienischen Terzinen (Strofe 61—99, 100—164) hinzugefügt. Im dem 1628 gedruckten Buche sind von unserm Verfasser noch 3 Sonnette hebräisch und italienisch:

1. אלי אלי היום ארך אפים Retto signor.
2. קטן כבף ילוד צעיר ימימה Col ferro.
3. אל תלבי רועה יהודתי למה Era'l bel raggio; ferner
4. Klagelied על שממות מקדשי אצעק אוי לי ראשי in 8 sechszeiligen Strofen. Vgl. catal. Bodl. p. 2035.

Ruben Tewle b. Ezechiel Troppau, der in den Jahren 1606, 1619, 1626 an verschiedenen Orten als Correktor beschäftigt war, scheint zuletzt in Crakau gewohnt zu haben. Für den Leichenbestattungsverein schrieb er folgende Selicha:

אנא אלהי השמים האל הגדול fast nur Prosa in Reimen, endigt עם ארבעה חרשים; besteht aus 22 Strofen, deren letzte Zeilen den Namen akrost. geben.

Israel Samuel b. Salomo Rofe, im J. 1621 in Crakau, ist Verfasser zweier Werke מלה עמוקות und ישמח ישראל. In dem letztern befindet sich seine Techinna mystischen Gepräges אליך ה׳ אקרא כי תעני, die stetigen Reim ני hat, nebst noch einigen Gebeten.

Salman b. Jacob Posen lebte 1626 in Prag.

1. Techinna אסתכל בשלשה שלשה.
2. Bussgedicht נפשי תיפי בתשובה פעמיך.

Beide Stücke begleitet der Autor mit seinem Commentar.

Mose b. Jesaia Mendel aus Crakau, wo er 1604 ein Buch seines Vaters herausgab, war Rabbiner in Frankfurt a. M. (1605, 1612), Prag (1622 bis 1626), Posen (1636) und ist vielleicht identisch mit dem R. Mose b. Menachem Mendel in Wladimir, an welchen im Sommer 1619 Binjamin Aaron Salnik, der mit ihm verschwägert war, ein Schreiben richtete. Seine Selicha משל בעליונים אתה ידעת ist gegen Pest und Kinderblattern gerichtet; von der zweiten an heben alle Strofen אם an und nennen eine Sünde, zuletzt noch die des goldenen

Kalbes. Befindet sich in den Selichot von Posen, Prag, Worms und vom Elsass.

Natan Nata (נטע) Spira b. Salomo in Crakau (1585—1633), Verfasser des Buches מגלה עמוקות, ordnete einen Bettag an, als Anschel b. Mannes den 11. Ab (9. August) 1631 gefoltert wurde und verfertigte zu dem Zwecke:

1. eine Betordnung für ähnliche Tage der Bedrängniss;
2. Selicha אלהים באו גוים בנחלתך כרו לי זדים שוחה endigt ושלח לנו גואל ותוציא יציאות שבת שתים;
3. Pismon, nach der Melodie von ישמיענו סלחתי, aufangend: אם עונינו ענו בנו ה׳ עשה למען שמך, endigt שוב כתולת ישראל עם קרובך שוב מחרון אפך והנחם על הרעה לעמך.

Beide Gebetstücke haben akrost. den Namen und zu N. 2 ist ein Commentar hinzugefügt. Der Sohn des Verfassers, Salomo, Rabbiner von Satanow, starb um 1651.

Hirsch b. Mordechai aus Pudheiz in Lublin. Zwei Unschuldige, Mordechai und Nachman wurden gemartert im Sommer 1636; der letztere, vergeblich zur Taufe überredet, wurde geviertheilt und sein Kopf auf eine Stange gesteckt. In dem Landtage hatte man zur Vertreibung der Gemeinde Anträge gestellt. Diess veranlasste unsern Verfasser eine Selicha zu verfertigen, die אלהים אל דמי לך ואל תחרש anhebt, אני צבי הנקרא הירש endigt und akrost. zeichnet תמיד תמלך עלינו בן אבי אד״מר ה״ר מרדכי ז״ל חזק.

Simeon Auerbach b. Meschullam Salman Fischhof aus Wien.

> Die Selicha אם אבות אכלו בסר gegen Krankheiten der Kinder erschien zuerst Lublin 1639; auch in diesem dem des Mose Mendels nachgebildeten Gebete heben die Strofen mit אם und zwar mit אם בעון an.

Die Frau eines Salman Fischhof aus der Familie Auerbach starb 1654 in Wien (Grabschriften N. 202). Meschullam Salman Fischhof b. Jacob Elasar Auerbach in Nikolsburg gab im J. 1711 in Frankfurt a. M. die Selicha seines Vorfahren mit Commentar heraus.

Josua b. Jehuda, ein Enkel von Jechiel Michel Marowtschik (1576) verfasste alfabetische Sündenbekenntnisse, die unter dem Titel ס׳ המרקחת handschriftlich in der Oppenheimerschen Bibliothek sind.

Mose Birgel b. Jischai Joseph, Eidam von Jehuda Wezlar, der 1616 in Bonn[1]), später in Friedberg Rabbiner **war**, hat über die Leiden der Juden während des dreissigjährigen Krieges, insonderheit in Mähren[2]) im Monat Elul (16. August u. ff.) des J. 1643 einen Klagegesang verfasst:

אצפצף מארץ כאוב ודמעה על לחיי אשאוב zwiefach alfabetisch mit Strofenreim ־רי, worin er die Zeit der Abfassung viermal angibt. Namentlich wird der Ermordungen und Plünderungen gedacht, welche die Gemeinden von Kremsir, Brod, Tagitschau, Prosnitz und Helleschau heimgesucht haben. Es folgen als Nachtrag zwei Klagen: 1) הבאים לקרות הקנה Ansprache an die Leser und Trauergedicht über den Sohn von 37 Jahren, den er am 4. Tebet verloren und der den betagten Vater verwaist zurückgelassen, akrost. בירגל; 2) מערן מערן in 8 ויום reimenden Zeilen, akrost. משה בירגל; zum Gedächtnisse an die getreuen Brüder Mährens.

Raphael b. Michel Mengburg, 1655 in Amsterdam[3]), vielleicht der Vater oder sonst ein Verwandter des Selicha-Verfassers Uri (s. unten S. 436).

Klagegesang ראה ה׳ ובושה פלצות, für den 9. Ab.

Aaron **b.** Elieser **in** Zempelburg.

Techinna אלהי דלפה עיני (Amsterdam 1646).

Liebermann Sofer in Prag, dessen Vater Löb Rofe Prediger in Mainz daselbst 1644 gestorben ist, hat in zwei Gebetsammlungen[4]) die er veranstaltete auch eigene und unter anderen folgende Stücke:

1. אשירה נא לידידי למלך הכבוד Sabbatlied;
2. במוצאי יום שבת קודש } für Sabbat-
3. אשת חיל מי ימצא רחוק מכל פנינים מכרה } Ausgang;

---

[1]) בריח אברהם S 23. — [2]) synag. Poesie S. 343. Vgl. כוכבי יצחק B. 14 S. 84. — [3]) catal. Bodl. p. 2126. — [4]) vgl. catal. Bodl. p. 475. 965.

4. ה׳ אלהי השמים } Gebete auf dem Friedhof; der-
5. שלום עליכם נשמות } gleichen noch zwei (N. 46 und 48) in מענה לשון befindlich sind.

8. אלהא דאלהיא מרא דארעא mit vollstandiger Namenzeichnung.

Eine Reihe deutscher und polnischer Verfasser hat, grösstentheils als Augenzeugen und Leidensgenossen, über die Drangsale in Polen 1648 bis 1656 in Klagen und Selicha's sich vernehmen lassen. Dazu gehören: **Jomtob Heller** (s. oben), **Ephraim** aus **Chelm**, **Schabtai Cohen**, **Henoch**, **Joseph** und **Jacob** b. **Naftali** alle drei in Gnesen, **Scheftel Levi**, **Mose Cohen**, **Gabriel**, **Isaac** b. **Abraham**, **Joseph** aus Prosnitz, **Mordechai Kremsir** und Ungenannte.

Ephraim aus **Chelm**, Sohn von Joseph Jawrower, Schüler des David b. Jacob aus Schebrschin (gest. 1604), lebte 1601 in Mähren, 1602 und die folgenden Jahre in Crakau. Später ward er Rabbiner in Wreschen, lebte noch 1646. In seinem dem Gebetswesen gewidmeten Buche בכושרות finden sich für Sabbate, Fest- und Trauertage zusammen 22 Stücke, bis auf die Selicha's sämmtlich mit Commentar, dessen sie auch bedürftig sind, versehen. Statt der Schönheit und erhebender Gedanken herrschen Kabbala, Reim- und Zahlenspielerei. In einem Gedichte ארבר שיר endigen die Strofen רים und die vorausgehenden Buchstaben bilden ein Akrostichon, z. B. אבירים d. i. ארים ,כעופרים ,בשפררים ,בחירים. וזמרים, u. s. f. In dem Chanuca-Liede אבא בחין hat er nicht nur, gleich Mannes Chajus, Zahlensummen versteckt, sondern auch Reim und mehrfache Akrostichen untergebracht. Folgende Stücke sind der Klage und der Busse gewidmet:

1. אתה אלי צור מפעלי Eingang zu der Techinna אשא קינה קרית חנה; Reim עיר.
2. אני הגבר ראה שבר Klagegesang, Reim ין, so dass der vorausgehende Buchstabe das alfabetische Gesetz befolgt אין מבין מגין דין u. s. w.
3. אף לזאת יחרד לבי feiert das Andenken der zehn Märtyrer.

4. מזהיר כמו כוכב in 10 Absätzen, deren einzelne Zeilen akrost. die 10 Sefira's geben.
5. אשמתי בצווי מורהיך Vidui, akrost. der Name von 42.
6. ערב וידעתם בקר וראיתם, abwechselnd beginnen die Strofen ערב und schliessen לילה, beginnen לילה und schliessen ערב.
7. היום אבוא לפניך, ebenso abwechselnd mit היום und מחר.
8. ערב אליך ה׳ שועתי, ebenso mit ערב und בקר.
9. אבינו מלך השיב תנחם על הרעה in 29 Strofen, verfasst als in Lundenburg und Umgegend die Pest herrschte. Die letzten 4 Nummern sind Selicha's.
10. Seine Selicha über die polnischen Ereignisse beginnt אף לזאת יחרד לבי, zeichnet aber nur Ephraim [1]), während anderseits die Ermordung des R. Ephraim Rabbiners von Wreschen A. 1655 gemeldet wird [2]).

Schabtai Cohen (שך) Verfasser des שפתי כהן, Sohn des Meir Rabbiners von Mohilew, geboren 1622, gestorben 1663 in Hellischau, hat seine Selicha's mit einer geschichtlichen Einleitung versehen, die Leiden und Schrecknisse der Jahre 1648 ff. darstellend, die mit einer Betrachtung endigt:

1. שנים אשר קויתי לגאולה durchweg mit den abwechselnden Reimen לה und תי, schliesst ברחמים רבים שבותי.
2. ישראל אין מלך ואין שר, die Strofen heben an und schliessen ישראל.
3. אלהים באו גוים בקרב variirt das „Abinu malkenu" in 44 Strofen.
4. אלהים באו גוים בנחלתך Chatanu mit Ringworten.
5. ציון אל ירפו ידיך, die Strofen beginnen und endigen ציון.
5. ארים קול ילך כנחש, der strofische Vers hebt הוי, אוי, einmal איה an.
7. ארץ אשר ה׳ אלהיך דורש, die Strofen beginnen und endigen ארץ.

Henoch b. Abraham in Gnesen.

Klage הצון ה׳ וצדיק.

---

[1]) Vgl. Steinschn. catal. S. 1243. — [2]) Sel. Abraham's Cohen und אל מלא רחמים N. 5 (unten S. 436).

Joseph, ebendaselbst; sein אל מלא רחמים שוכן בגבהי מרומים gedenkt der in Nemirow Erschlagenen.

Jacob b. Naftali, Landschreiber, ein Vetter des Vorgenannten, der verschiedenes gedichtet, hat ausser zwei Gesängen (אומר לשם המלך bei Gelegenheit der Schenkung einer Gesetzrolle [1]) und יושר ונאמן שמו) drucken lassen:

1. Selicha אני אל אל אדרוש mit einem Eingange יגעתי באנחתי.
2. Pismon ארים יגוני בפי שנוני.

Scheftel der Sohn von R. Jesaia Hurwitz, dem Verfasser des של״ה, der als Oberrabbiner in Wien 1660 gestorben.

Selicha שבתי בבית ה׳ לארך ימים in 25 Strofen, mit vollständiger Namenzeichnung (auch הורויץ).

Mose Cohen Nerol b. Elasar aus Crzeminiec, in Metz A. 1659 gestorben.

Gebet אל מלא רחמים חופף בכנפי יונה.

Gabriel b. Höschel in Reischa schrieb eine eigene Abhandlung über die Jahre 1648 u. ff. worin drei Selicha's mit einem zum Theil geschichtlichen Commentar sich befinden:

1. יפקוד ה׳ אלהי הרוחות nach א״ב, endigt וביום הששי הכין ה׳ ובת הקדיש קרואיהם.
2. איכה אשא פנים וארים ראש mit vollständigem Namens-Akrostichon, endigt תראנו נפלאות.
3. תא שמע מהימנא רעיא aramäisch, nach תשר״ק, endigt ומשיחא משה רעיא מהימנא.

Isaac b. Abraham Mose Israel, Rabbiner in Lissa.

Selicha אדברה במר נפשי ואספרה [2]) erzählt die Schandthaten der Kosaken und Russen in Ukraine, Podolien.

Joseph b. Lipman aus Prosnitz, den die Schweden aus seiner Wohnung gejagt, verfasste über die Verfolgungen in Kremsir (1643), Ukraine und Litthauen, in jüdisch-deutschen Reimen, eine Klage und ein Seelengedächtniss [3]).

---

[1]) nicht „in Erinnerung an die Gesetzgebung" wie Wolf T. 3 p. 518 hat, נתינת ס״ת für מתן תורה nehmend. — [2]) abgedruckt in Landshuth onomast. Zugabe N. 7 S. XIII. — [3]) catal. Bodl. p. 572.

Aaron b. Man Bacharach in Posen, seit 1627 Vorbeter daselbst, verfasste eine Techinna:

אשמורת הבקר קמתי לעבודתי, vierfach alfabetisch, endigt כי קצתם לדראון ועמנו אל. Ist 1653 nebst noch einigen anderen desselben Verfassers im Druck erschienen.

Mordechai b. Hirsch Kremsir (1660), ein Commentator des Targum.

שמע אלי קול בכי וקנה Klage mit zwei abwechselnden Refräns, die 120 tausend Märtyrer der polnischen Unruhen insbesondere Litthauens beweinend, endigt ישועה תהיה לנו.

Hieran schliessen sich ungenannte Verfasser an von hebräischen und deutschen Klageliedern, so wie Dichter der nachfolgenden Jahre, die die Opfer ihrer und der Zeit von 1648 namhaft machen.

Ungenannter אל מלא רחמים שכן במרומים [1]) spricht namentlich von den Schrecknissen in Grosspolen im J. 1656. Man hatte im Jahre 1648 die Erlösung erwartet [2]), und als man so bitter getäuscht ward demselben andere bezeichnende Epitheta gegeben, die die Zahl [5] 408 darstellen [3]). Unser Verfasser nennt als Opfer: die Rabbiner Ephraim (Wreschen), [Israel] Levi (Slotowa), Selig [b. Mose aus Crakau] (Lobsenz), Isaac (Rogasen); Arje Jehuda Jacob b. Joseph Darschan und Abraham Jacob b. Pinchas Isaac, beide in Posen am Sühnfest gemartert.

Simson b. Jona verfasste gegen das Jahr 1648 ein Klagegedicht, aufangend שנה התיה רומה איה und endigend נריעה בשירות, das von Krieg und schweren Zeiten im Allgemeinen spricht.

Uri b. Raphael Mengeburgo [4]) schrieb vor 1654 [5]) eine Selicha, eine Reihe von Verfolgungen während dieses langen

---

[1]) onomastic., Zugabe N. 5 S. X. — [2]) הזאת = 5408, bereits im Sohar, vgl. עמק המלך 68 b. Das Buch קול מבשר ed. 1605 bestimmte A. 1656. [3]) 1) Vers Genes. 27, 46 (קצתי . . . . הח), 2) פרץ התל [i. e. ת"ח לפ"ק], 3) חבלי משיח, 4) כי נפלו בחרב, 5) יון וקדר כאחד, 6) החק מני, 7) שנה לא טובה. Das 8) נאוקרנא enthält „Geschrei" in „Ukraine". — [4]) Das Akrostichon ist אורי בן לא"א החבר רבי רפאל ז"ל מענגבורגו. R. Israel Mengburga war um 1700 Richter in Cleve (אור הישר f. 110 b). Vgl. oben S. 432.

[5]) er sagt בעל התוספות י"ט נ"ח.

Exils schildernd; der Strofenschluss ist der Name eines talmudischen Tractates nach der Reihefolge. Der Verfasser hat einen Commentar beigefügt. Der Anfang lautet: אוֹרִי וישעי אליך אזעק על גלות המר האריכות בית תפארתך מיום שחרב נתרבו תשבי הבא להרץ קושיות; der Schluss: הקללות ונתמעטו הברכות ולהשוות המחלוקת ולעשות בעולם שלום כי ידבר שלום אל עמו ה׳ יברך את עמו בשלום.

אזכרה ימים מקדם hebt ein 10 Seiten grosses Gebet in dem Buche החיים an, das Simeon Frankfurter (Dec. 1712 in Amsterdam gestorben)[1]) herausgegeben; dasselbe berührt zwar die allgemeinen Leiden, schildert aber in's Einzelne gehend die des Jahres 1648 und ist vielleicht älter.

Ungenannter.

אל מלא רחמים וחסד אזור über die Metzeleien in Kremsir.

Simson b. Samuel Bacharach, 1607 in Porlitz (Mähren) geboren, später in Prag, Brod, Leipnik, von 1650 bis an seinen Tod (19. April 1670) Rabbiner in Worms, hatte an allen Orten die Leiden des 30jährigen Krieges getragen und selber ein Verzeichniss von den Märtyrern der Jahre 1628 und 1629 angefertigt. Er hat Gebete, Selicha's und Gesänge verfasst, die zum Theil noch handschriftlich vorhanden, einige hat sein Sohn veröffentlicht, darunter befinden sich:

1. אחר כבודי לא אתן כי אם לאל המיוחד Hymnus, im Jahre 1626.
2. אזכור נפלאות ה׳ שמרנו 5 Langzeilen, als Brod von den Truppen Mansfeld's (איש שדה) befreit worden, die einzelnen Worte bilden ein langes Namen-Akrostichon.
3. נורא אלהים ממקדשך Ermahnung, als Inschrift in der Synagoge zu Geding, vom Jahre 1629; mit ähnlichem Akrostichon.
4. שדי שומרי ומגני Pismon, als er den Gefahren in Geding entgangen. Die 7 Strofenverse bestehen jeder aus sechs Worten, von welchen das dritte ה׳ ist.

---

[1]) catal. Bodl. p. 2610.

5. Selicha אך אוברה מקדם פלאיך אשר הראיתני mit אך beginnenden Strofenversen, das zweite Wort darin nach der Folge von א״ב, feiert die Rettung in Leipnik A. 1642 und wird daselbst am 17. Tammus vor dem üblichen Pismon rezitirt.
6. Selicha אביר תהלות ה׳ בעל כל אשר נמלטו über die Belagerung von Prag A. 1647.
7. שירו לה׳ שיר חדש in 9 Zeilen, Dankgebet beim Abzuge der Spanier aus Frankenthal 26. Ijar 1652.
8. שמע בני קח ברכתי היום ein Tischsegen für den Sohn, als derselbe im Spätsommer 1656 nach Coblenz übersiedelte, durchweg gleich reimend, die je zweite Zeile ist ein Vers oder eine Gebetsstelle die „Chajim“ endigt, und folgen diese nach alfabetischer Ordnung aufeinander.
9. Selicha שמעה ה׳ צדק הקשיבה לקול.
10. Pismon הללו אל בקדשו עז ותפארת.
11. Selicha אשרי אל מלך גדול בתשבחות למאד נעלה mit אשרי anhebenden Strofenversen für den Tag vor dem Rüsttage des Neujahrs.
12. Pismon שדי שמדי ומגני אליו חוס.
13. מי יתן ואוכל לשאת כל היסורים Ermahnung an sich selber für den Bussfertigen, 7 dreizeilige Strofen die מי יתן anheben.
14. Trauergedicht auf den Tod des Vaters ארפלש באפר mit 2 Refräns, wie in den Klageliedern.

Ausser den bisher angegebenen Stücken sind noch 3 Sabbatlieder, 4 kurze Gebete mit akrost. Gottesnamen und 5 längere Techinna's in gereimter Prosa vorhanden.

Aaron Simeon Spira b. Wolf b. Michel, Rabbiner in Prag und daselbst im Dezember 1679 im Alter von 80 Jahren gestorben, hat über die Bedrängnisse der jüdischen Gemeinde während der schwedischen Belagerung (1648 bis 1650) Selicha's verfasst, die nach der Versicherung seines Sekretärs, Löb b. Josua, im Druck erschienen sind.

Abraham Abele b. Chajim halevi, in Gumbinnen geboren, woselbst seine Eltern 1655 um's Leben kamen, gestorben in Kalisch zwischen 1675 und 1692, ist der Autor des bekannten Werkes מגן אברהם und einer Klage für den 9. Ab: ארץ ישראל היו בה עשר קדושות in 22 Absätzen.

Mordechai b. Jacob Przibram, vermuthlich aus dem 17. Jahrhundert:

Zionide ציון ממלכת גברת היית in 25 ציון anhebenden Strofen, Reim ַיִךְ auch in den Halbstrofen. Ende: ציון מבשר שלום כי יבוא לך לפני בוא משיחך קול ששון ושמחה ישמע ונסו יגוניך.

Abraham Cohen b. Elieser, vermuthlich in Lobsenz[1]), nennt in seinem poetischen אל מלא רחמים שוכן בגבהי מרומים[2]) das er A. 1692[3]) verfasste die Märtyrer: Rabbiner Selig, den man aus dem Fenster gestürzt, Israel (Slotowa), Ephraim (Wreschen) und Isaac, den Vorbeter Mordechai, den Vorsteher Jehuda, Matatia aus Crakau, Isaac und Oser in לבשין.

Samuel b. David Auerbach, der in Lublin 1656 kaum dem Tode entronnen, zählt in einem jüdisch-deutschen Seelengedächtnisse[4]) die 1691 hingerichteten auf, nämlich Salomo b. Sanwel aus Kreschow, Jehuda b. Aaron, Abraham b. Jehuda aus Lublin, Wolf b. Naftali, Selig b. Jacob, Pinchas b. Mose aus Tomaszow.

Ein Ungenannter[5]) in einer deutschen Klage macht gleichfalls Matatia aus Crakau, Abraham Maschzisker und Pinchas aus Tomaszow nahmhaft.

Ein anderer Ungenannter[6]) führt drei Männer auf: Ezechiel, Mose, Abraham, die A. 1691 in Wilna hingerichtet wurden.

Was Pöbelwuth im Grossen, das leisteten Kirche und Justiz im Einzelnen, und andere Dichtungen konnte der Zeitraum von 1620 bis 1691, wenigstens von Polens Juden, nicht erwarten. Auch in Italien verstummte die hebräische Muse beim Anblicke des kirchlichen Medusenhauptes, und wenn sie zu singen anhob wurden es kabbalistische Dissonanzen. Se-

---

[1]) er nennt R. Selig (s. oben S. 436) den Oberrabbiner seiner Gemeinde (אב"ד דקהלתנו). — [2]) onomast. Zugabe N. 6 S. XI. — [3]) die ersten Worte der 3 letzten Strofen כצבי חם לפרט bedeuten כ"ץ (Cohen) und das Jahr ביתם=452 [A. 1692]. — [4]) catal. Bodl. N. 3691. — [5]) das. N. 4030. — [6]) das. N. 4028, syn. Poesie S. 348.

licha's und poetische Gebete sind während der zweiten Hälfte des 17. Jahrhunderts nur von wenigen italienischen Verfassern da.

Isaac halevi ist Verfasser der Selicha יהי נועם עתה in 5 Strofen mit verschränkten Reimen, die למען שמך ופדנו endigt. Vielleicht ist er Isaac b. Jacob de Levitis, ein Enkel von Jehuda di Modena, der 1621 geboren und um 1661 unter der Chiffer ימ״ה Dichtungen herausgab.

Elia Recanate in Romagna, um 1660 bereits in vorgerücktem Alter, schrieb eine Vidui in gereimter Prosa, anfangend רבונו של עולם גלוי וידוע לפני כסא כבודך, כי מקדם מאז עלה בדעתך, בראת עולמך, היית מביט ומסתכל בישראל עמך u. s. w. Der Inhalt ist eine Klage über Krieg, Hungersnoth und Pest, die zugleich die Gegend heimsuchen; den Schluss bildet die Variation des Sündenbekenntnisses אשמנו במחשבה בדבור ובמעשה u. s. f.

Jechiel Ventura, | die Collegen des Vorgenannten;
Isaac Mondolfo, | ihre zu verschiedenen Zeiten verfassten Gesänge und Klagelieder besass Ghirondi in Padua. Einen Isaac Ventura in Pesaro nennt Schabtai Beër N. 102 (vgl. N. 66 wo nur ר״י), zwei andere gleichnamige cod. Bisliches 46, den vierten Lamperonte (א f. 112). — Um dieselbe Zeit lebte in Ancona Matatia b. Joseph Levi Mondolfo, Verfasser religiöser Gesänge (cod. Almanzi 322).

Raphael Mondolfo[1]) in Mantua. Als daselbst und in benachbarten Städten (Modena, Verona u. a.) Seuchen wütheten schrieb er:

Selicha אל היושבי בשמים in 6 Strofen, endigt מתן בסתר אף יכפה.

Der Oheim von Schabtai Bëer hiess Schabtai Raphael Chai Mondolfo[2]).

Jechiel Mondolfo, vielleicht des Vorigen Bruder, schrieb gleichzeitig Selicha שעה עליון לקול אביון in 4 sechszeiligen Strofen, endigend עין בעין נרוה.

Mose Zacut lebte und starb in Italien, ist aber spanischer Abkunft und in Amsterdam um 1625 geboren. Er lernte in seiner Jugend in Posen, war später in Padua, seit 1645 in Venedig. A. 1654 schrieb er ein Klagegedicht auf den Tod Jomtob Heller's, A. 1656 beschäftigte ihn die Correktur einer

---

[1]) cod. Wien XXIII, 90. — [2]) באר עשק N. 82.

Machsor-Ausgabe; im Sommer 1663 wollte er nach Palästina auswandern, blieb jedoch in Venedig, liess sich im Sommer 1673 in Mantua nieder, wo er Anfangs Oktober 1697 gestorben. Die Hauptbeschäftigung seines Lebens und der einzige Inhalt seiner Briefe und Gedichte ist Kabbala, und war er der Zuhörer von Binjamin halevi, der A. 1659 aus Safet nach Italien gekommen und dessen Lehrer Chija harofe ein Schüler Chajim Vital's gewesen. Bei aller sprachlichen Gewandtheit, selbst mit dichterischem Talent ausgerüstet, ist er doch nur selten geniessbar; die Höllenstrafen hat er in einem eigenen Werke ausgemalt und 40 Tage soll er gefastet haben, um Latein wieder zu vergessen. Von seinen 47[1]) synagogalen Sachen ist Einzelnes in den öffentlichen oder den Dienst der Vereine übergegangen, fast nur der spanischen und italienischen, — in Allem etwa 15 Gedichte[2]), die in Gebetbücher, die seit 1660 in Italien und Amsterdam erschienen, Aufnahme gefunden. Als Curiositäten sind zu bemerken: ein Gedicht aus tausend Wörtern, jedes mit dem Buchstaben Alef anhebend; ein aramäisches für Wochenfest, ganz in der Weise der mittelalterlichen, anfangend מלכא שלים הורמן דעושנין. Zu den einfacheren gehören die Selicha את כפי שטחתי mit היום schliessenden Strofenversen und die Klage ארים בקול בכיה für den 9. Ab.

Abraham b. Isaac Auerbach, Rabbiner in Coesfeld, war auf die Angeberei eines Löb mit seinem Sohne Isaac verhaftet aber nach kurzer Zeit wieder in Freiheit gesetzt worden. Zum Andenken setzte er den 23. Schebat [A. 1674] für seine Kinder zum jährlichen Fasttage an und verfasste dazu 5 Selicha's die er mit Commentar herausgab; ohne solchen wäre namentlich das Chatanu אודך ה׳ כי אנפת בי בימי הקיסר לאופולטי unverständlich. Der Pismon אור מופלא ist nach den 10 Sefira's eingerichtet.

Wolf b. Löb b. Elia aus Rosienicz, 1676 in Pudheiz, hat in seinem Sittenbüchlein[3]) folgende drei Compositionen:

1. אל מלא רחמים אל נקמות דורש דמים, endigend ובא לציון גואל אמן, den Märtyrern von Podolien aus dem J. 1676 geweihet.

---

[1]) in onomast. S. 216—221 aufgezählt. — [2]) N. 5, 23, 29 bis 32, 34, 40 bis 47. — [3]) נפן יחידית.

2. Sühngebet ומתי אור בעדני, akrost. זאב [Wolf] gleichwie in N. 3.
3. Purimlied זאת אומר בגנינה לאל שכן מעונה mit jüdischdeutscher Uebertragung: „Seht ich begehr".

Abraham Flesch, Rabbiner in Wien [1]), hat eine Vidui verfasst, die dem Buche מנחה יצחק (Amsterdam 1688) beigefügt ist, sie soll אריד בשיחי ואהימה anheben. Indess ist eine alfabetische vierzeilige Vidui desselben Anfangs, die eigentlich eine Tochacha ist und זבחי אלהים רוח נשברה endigt, am Ende der Herzenspflichten (Amst. 1716) eingerückt, und der Herausgeber, Isaac Schwerin b. Mose Israel, will sie aus einem alten Werk תולדות יצחק abgeschrieben haben. Ein Abraham Flesch lebte Anfangs des 17. Jahrhunderts in Wien; seine Enkelin starb 1636, seine Tochter 1656[2]).

Am 21. Juni 1689 brach in der Altstadt in Prag eine Feuersbrunst aus, die in wenigen Stunden 2000 Häuser, darunter einen grossen Theil der Judenstadt, in Asche legte und mehrern hundert Personen das Leben kostete. Unter den Opfern befanden sich auch der Dajan Salman b. Möschel sammt seiner Frau Mirjam. Es verbrannten eilf Synagogen, viele Gesetzrollen und hebräische Bücher. Der dortige Bischof drohete den Christen, welche in ihre Häuser Juden aufgenommen, mit Entziehung geistlichen Beistandes. Zur Erinnerung wird noch jetzt am 3. Tammus in Prag ein Gebet rezitirt, anfangend אל מלא רחמים שכן במרומים המציא מנוחה נכונה, welches diesen Unfall beklagt; es reimt durchweg auf רים.

Joseph b. Uri aus Kobryn schrieb im Jahre 1698 drei Selicha's, veranlasst durch die Leiden der Juden in Polen [3]), nämlich:

1. אלוף בטוח אל אמונה, jede Strofe beginnt mit dem Namen des Buchstaben nach der Reihenfolge des Alfabets, also die zweite בית, die dritte גמל. Ist mit einem Commentar versehen.
2. הרפו ממני ואספדה מצוק קראני eine Klage über die im Sommer jenes Jahres der Blutbeschuldigung gefallenen Opfer in Kaidan und Zausmer.

---

[1]) Steinschneider catal. Bodl. p. 1128 und bei Landsh. onomast. p. 10. — [2]) Wiener Grabschriften N. 105 und 212. — [3]) syn. Poesie S 349.

3. יעצוני כליותי ובלבבי הגיתי.

Samuel b. Mose רדלוגטש[1]) aus Grodno hat einer Bibel-Ausgabe (Amst. 1699) folgende Compositionen beigefügt:

1. Klage איכה אנה ומילל אב המון בני גלו בשבי לשממון גיל, alle Strofen heben איכה an.
2. Klage zum Thema שבה לקחו בבבליים אוי מרוב צערי ירדו זכר ה׳ מה היה לנו דמעות כפליים mit den 2 üblichen Refräns אוי u. s. w.
3. eine Ephraim's תא שמע nachgeahmte aramäische Selicha mit durchgehendem Reim und vierfachen א״ב, beginnt איבעיא להו אי אותיבו בתיובתא אנא אפרק מבירא עמיקתא, endigt: שאיהו מותיב ומפרק אוף ללא עבדית פקודתא.

Joseph Fiammetta b. Salomo, der als Rabbiner von Ancona 1721 gestorben, hat für die Betvereine eine Ordnung zusammengestellt, in welcher von ihm folgende Stücke vorhanden:

1. Vidui רבונו של עולם גלוי וידוע לפני כסא כבודך mit einer Variation des Sündenbekenntnisses אשמנו[2]), ist eine Introduction zum אשמנו באומר ובפועל.
2. רבון כל העולמים בעל הסליחות והרחמים Gebet bei herrschenden Krankheiten, mit sinniger Einflechtung von passenden Bibelstellen.
3. רבון כל העולמים וארוני האדונים תבוא Gebet, veranlasst durch die in der Nacht zum Sabbat 30. Dezember 1690 in Ancona stattgefundene Erderschütterung, die vier Personen das Leben gekostet. Es wurde der 20. Tebet als Fasttag und der darauf folgende Tag als Freudenfest eingesetzt. Da nach einigen Jahren die Stösse wiederkehrten, wurde ein zweites Gebet
4. אנא ה׳ אלהי ישראל תכלית חפץ מעון השואלים verfasst,

---

[1]) vielleicht לאקטש (Wolf 3 p. 673). — [2]) vollständig in תקון שובבים Mantua 1732 f. 36; in Selichot Vened. 1712 f. 127 fehlen einzelne Stellen, z. B. תקעתי כפי ולא קומתי ,אבלתי חוץ לסכה בימי החג u. a. m., dort ist unter jedem Buchstaben des Vidui-Alfabets immer nur Ein Satz da. Allein in אור בקר 1741, שבר במצרים 1742 und שבחו תודה 1743 fehlt die Variation gänzlich.

in welchem auch über Kriegs-Drangsale geklagt wird, vermuthlich des Krieges in Piemont oder des Erbfolge-Krieges, da die Leiden als in allen Ländern vorhanden dargestellt werden. Die bisherigen 4 Nummern sind in schlichter oder gereimter Prosa.

5. חסדי ופלאי אל אני אבירה ein mit Musik-Begleitung aufgeführtes Duett zwischen Gnade und Wahrheit, in das zum Schluss die Gemeinde einfällt. Hierauf beginnt ein poetischer Bericht vom Erdbeben:
6. ברכי עדתי אל חפץ תהלות עמו in 24 zweizeiligen Sätzen, jeder schliesst mit einem עַמִּי endigenden Verse.
7. מלכי ואלהי הנה באתי לפניך Bakascha für den kleinen Versöhnungstag in dem Stile des Bussegebetes aus der Königskrone. Die einzelnen Abschnitte heben מלכי ואלהי an.
8. Vidui für die Bussezeit, dreizeilig: רבונו של עולם חשבתי בניב לחשי בערבי ושמשי, schildert Sünde, Tod und Gericht und endigt mit אשמתי u. s. w.
9. Klage über Mose Zacut's Tod, ein Duett zwischen Tod und Leben in 18 Absätzen, jeder von 4 Strofen mit Strofenreim; der Tod spricht die Absätze 1, 3, 4, 7, 9 und im letzten bereut er seine That; das Leben trägt Absätze 2, 5, 6, 8, beide zusammen tragen das Uebrige vor. Anfang: על מה בני תבל בוכים ברוב אבל כבנהרות בבל נשמע קול יללה, Ende: הוועים דמעה יקצרו ברנה.

Jochanan Geron war über 33 Jahre Rabbiner in Florenz und hat von Samuel Aboab 15 Rechtsbescheide erhalten; auch er hat auf Veranlassung eines Erdbebens, vielleicht des vorerwähnten, ein Gebet verfasst:

מצלאין אנחנא וכו׳ המלך היושב על כסא רחמים.

Salomo b. Jesaia Nizza, Rabbiner in Venedig (1680, 1715).

Selicha שבין ארוני עצמי חרו in 8 metrischen Strofen mit verschränkten Reimen, endigt נשא ידיך.

Ist im Schacharit des römischen Ritus üblich.

Joseph b. Michael Ravenna, Rabbiner in Alessandria (1701).

Pismon ה׳ יהמו רחמיך על ערתך mit שלום schliessenden Strofenversen, endigt למועדים טובים האמת והשלום, darin wird der göttliche Schutz in Kriegeszeit erbeten.

Naftali b. Isaac Cohen, ein Enkel des oben (S. 429) erwähnten Naftali b. Isaac, war Rabbiner in Ostro, Posen. Frankfurt a. M. (1704—1711), und starb auf der Reise nach Palästina an demselben Tage (24. Tebet) in Constantinopel (1719), an welchem acht Jahre früher in seiner Wohnung das Feuer in Frankfurt ausgebrochen, das ihm seine dortige Stelle gekostet. Die seit A. 1702 gedruckten Sammlungen seiner Gebete enthalten deren mehr als dreissig für alle Tage und Festzeiten, grössere Sündenbekenntnisse, ein vergrössertes על חטא, sammt einem aus mehr als 400 Sätzen bestehenden אם נתחייבתי. Das Elia-Lied zählt Elia's Thaten auf, die biblischen und auch die der Sage. Die 5 Selicha's heben an:

1. Akeda אנא הבט בצדקת אבינו, 2. אנא יה היה תהיה, 3. ה׳ הוא שמי וכבודי, 4. Pismon נדבות פינו תרצה, 5. קומה באפך. Fast Alles nur gereimte Hagada. Ein Gesang bei Schenkung einer Gesetzrolle beginnt: אנחנו ליה אנחנו נשירה ונזמרה כדיצות.

Samuel Schotten b. Joseph Cohen, Rabbiner in Frankfurt a. M., verfertigte über die erwähnte dortige Feuersbrunst (14. Januar 1711) die Selicha אשאג אל אל נורא, zweizeilig, endigt תרחם ציון ותבנה ירושלים.

David b. Schemaja Sogers aus Prag schrieb damals über dasselbe Feuer ein jüdisch-deutsches Klagelied in 37 Sätzen, anfangend „איכה wie soll ich anheben zu singen."

David Oppenheimer b. Abraham, Gründer der berühmten Oppenheimerschen Bibliothek, verfasste zu einer Zeit (1713), wo Prag von Krankheiten heimgesucht war, zwei Selicha's für Montag, Donnerstag und die Bussezeit — den Tag vor dem Neujahrfeste ausgenommen —, die folgendermassen eingerichtet sind:

1. אערוך שועי בבקר שועי, endigend כבפת הירדן, ist nach א״ב und תשרק, welches letztere immer durch zwei verbundene Buchstaben (תשוב, רק, צפה u. s. f.) dargestellt wird; gegen Ende ist in den Worten דוד אופנים, ימליצו תנוחים der Name gezeichnet.

2. ה׳ ה׳ קודם שיחטא endigend ריח ופרוח auf die Middot, die Räucheropfer-Bestandtheile und die 5 pentateuchischen Bücher gebauet, die Perioden beginnen אם גולנו, אם פשענו, אם קלקלנו, אם מרדנו u. s. f., ähnlich der Selicha Mose Mendels.

Elia Cohen Sofer ist am Ende einer Selicha gezeichnet, die Regen erbittet und mit Genehmigung von David Oppenheimer und Abraham Brod 1708 in Prag gedruckt worden. Der Anfang lautet:

אתה זן מקרני ראמים עד ביצי כנים מסך הכל ומידך כל התשובות נתונים. Die letzte (23.) Strofe:

היום שמע קולנו ארוננו
כהן אליהו עם גואלנו שלח לגאלנו
סעדנו ונושעה פדינו החמנו
חי ורע קדש גאל במהרה בימינו.

Wie es scheint ist Elieser Aschkenasi's Selicha אתה הוא מלכנו benutzt; jedoch ist das Alter des Verfassers zweifelhaft.

Mose Eisenstadt b. Chajim in Prag verfasste über die Pest, die im zweiten Halbjahr 1713 daselbst herrschte, ein deutsches Klagelied:

„Allmächtiger Gott in Deinem Himmelreich.“

Ungenannter.

Selicha אין תשרה לחביא כי אול כסף ist in Prag, vielleicht um dieselbe Zeit, gedruckt. (catal. Bodl. p. 2794).

Ungenannter.

Techinna מאזין קול רנה ומקשיב תחנה endigend שלש עשרה מדות רחמיך ist für Montag, Donnerstag und Fasttage in Ferrara üblich (אילה השחר ed. 2 f. 30a).

Samuel Heckscher b. Meir in Altona schrieb über die dortige Feuersbrunst von Montag Nacht 5. November 1711 ein Klagelied in hebräischer und deutscher Sprache; das erstere hebt an אשא קול מר תאניה אניה ובכיה.

Abraham Cohen b. Schabtai in Zante, 1670 geboren, stammte aus Kandia, wo sein gleichnamiger Grossvater Schreiber war; er starb 1729, heisst auf seinem Bildnisse Arzt und

Philosoph. Seine poetische Bearbeitung des Psalmbuches die vor 1719 geschrieben ist dreifacher Art: 1) jedem Psalm geht eine Strofe voraus, den allgemeinen Gedanken darstellend: akrost. theils א״ב, theils des Verfassers Namen bildend. 2) jedem der 5 Psalmbücher ist ein Gedicht mit stetigem Reim hinzugefügt, welches in der Capitelzahl entsprechenden Zeilen Anfang und Inhalt angibt, z. B. für Cap. 19:

שמים מגידים הוד אל ויחוו דעת לרואים.

3) Jeder einzelne Psalmvers ist in eine gereimte Strofe, mithin jeder Psalm in ein grösseres Gedicht verwandelt; bei den alfabetischen Psalmen ist dies Gesetz auch für die paraphrasirenden Strofen bewahrt. Auf gleiche Weise hat er die einzelnen Sätze des פרקי שירה in 91 metrischen sechszeiligen Strofen bearbeitet, als Huldigung, welche die Geschöpfe dem Schöpfer und David darbringen.

Jacob b. Isaac b. Abraham, Rabbiner in Posen, woselbst auch sein Vater (Isaac, gest. A. 1682) und sein Sohn Isaac (A. 1751) Rabbinatsstellen bekleideten, hat eine Selicha für den dort üblichen Fasttag des 5. Ab verfertigt. An demselben wird die Erinnerung gefeiert an das Gemetzel und die Entweihung des Gotteshauses am 5. Ab 1716, wo die Polen die Stadt eroberten und zugleich an das Feuer, das am 5 Nisan 1717 ausgebrochen und Synagoge sammt Lehrhaus zerstört hatte.

יום זה לנו לזכרון כזכרון תרועה ושברים. Von der 8. Strofe an beginnt in jeder die 3. Zeile אם dem ein Wort der Vidui אשמנו folgt, die 4. Zeile אתה begleitet von einem Worte der 13 Middot oder einer passenden Bibelstelle. Auf dichterische Schönheit macht das Gebet keinen Anspruch.

Binjamin Cohen b. Elieser, Rabbiner in Reggio, Schüler und Freund des Mose Zacut und 1730 gestorben, ist Verfasser der

Selicha אל תתן מנוחה die nach תשר״ק gebauet und את תפלתנו endigt. Mehreres von ihm enthält die Sammlung עת הזמיר Ven. 1707.

Jehuda Mazliach b. Abraham Padova, am 10. August

1728 in Modena gestorben, Verfasser von תוכחת מגולה und einem kabbalistischen Buche אוצרות שלג.

1. eine Techinna רבון כל העולמים מאציל כל נאצל.
2. Gebet ואתה היודע ועד יצר לב יצוריך, dessen einzelne Worte akrost. den Namen von 72 bilden und das ותרצה מעשנו endigt.
3. Ueber die Sterblichkeit des Menschen, 6 Oktaven, genannt עולם הפוך, auf dem Friedhofe zu Pinale[1]) befindlich.

Simson Cohen Modon, geboren 1679 in Mantua und daselbst 1727 gestorben, verfasste ein aus 300 Worten bestehendes Gebet, die sämmtlich mit dem Buchstaben Schin anheben, und nannte dasselbe שנין שמשון oder בקשה שן שינן; ferner A. 1722 eine Elegie auf Jehuda Briel's Tod, die ציר הצירים überschrieben ist.

Simson Morpurgo b. Josua Mose, der Schwiegersohn Joseph Fiammetta's, als Rabbiner von Ancona daselbst im April 1740 gestorben, hat für die frommen Besucher des Friedhofes ein Gebet verfasst: אנא ה׳ האל הגדול הגבור והנורא שומר הברית והחסד, endigend המה יראו כבוד ה׳ הדר אלהינו.

Abraham Segre b. Jehuda (רב איסי), Rabbiner in Casale, nach 1730 in Turin gestorben, vielleicht ein Nachkömmling des Jehuda Segre b. Abraham, der im Jahre 1627 Vorsteher in Chieri[2]) war, schrieb um 1713 ein Gebet gegen Seuchen, das in 4 Abschnitten die Middot variirt, so dass die einzelnen Textworte die Abschnitte eröffnen und schliessen; es hebt an: ה׳ ה׳ מלך מלכי המלכים עמוד, endigt ולדתם חטאה ונקה; dahinter noch כדבר שכתוב והעותי את אשר וכו׳ יהיו לרצון וכו׳ . . . . נואלנו.

Jacob Daniel Olmo b. Abraham, als Rabbiner von Ferrara daselbst am Wochenfeste 1757 gestorben, hat ausser mehreren Pismon, von denen zwei angegeben, im Jahre 1720 eine dichterische Beschreibung des Paradieses in 277 Strofen verfertigt, die 1744 im Druck erschienen. Sie schildert die Visionen und Entzücken des sterbenden Frommen und hat die Bestimmung, in den drei Trauerwochen beim Mittags-

---

[1]) catal. codd. Lips. p 299. — [2]) אות לטובה.

Gottesdienst (תקון חצות) der Versammlung vorgetragen zu werden.

Mose Chajim Luzzatto b. Jacob, berühmt als Mystiker und Dichter, als Denker und Stilist, in Padua geboren, kaum 40 Jahre alt im J. 1747 nach unruhigem Leben in St. Jean d'Acre gestorben, begründete eine neue Epoche der hebräischen Poesie, die auch in seinen synagogalen Stücken deutlich wird. Es gehören zu diesen ausser seiner 1726 begonnenen Psalmen-Bearbeitung:

1. ein aramäisches Gebet und eine hebräische Bakascha, jenes an Gott, diese an die Schechina gerichtet.
2. ein Friedhofs-Gebet, noch jetzt in Padua üblich, dem der Verfasser einen langen mystischen Commentar beigefügt hat.
3. Klage אֱלִי תבל ועריה auf den Tod Binjamin Cohen's in Reggio.
4. Gesang über den Auszug aus Aegypten in 15 Oktaven. Anfang משל בעז עולם ואמיץ כח, Ende נשמח בך תגל ותשמח בנו.
5. Gesang über die Gesetzgebung am Sinai in 10 Oktaven.
6. Klage beim Hinscheiden des Rabbiners Menachem Raphael Cracovia in Venedig, 327 Verse stark.
7. Lieder zur Einweihung der spanischen Synagoge in Padua.
8. Klage auf Isaac Chajim Cohen de Cantarini (1644 — 1728) in 24 Strofen.

Mose Chajim Schabtai, der Sohn Simson Morpurgo's, verfasste ein ähnliches Friedhofs-Gebet wie sein Vater; er war A. 1741 noch am Leben.

מלך בורא בראתנו לעשות רצונך in 4 מלך anhebenden Abschnitten, deren letzter die Erlösung erfleht und ועין בעין נראה באור פני מלך schliesst.

Isaac b. Ascher Pacifico (שלום), als Rabbiner von Venedig daselbst im Frühling 1746 gestorben, hat bereits in Selichot ed. 1712 folgende Selicha's:

1. אלהים אל תשחת עמך ונחלתך gegen Kinder-Krankheiten; die beiden anderen bei Regenmangel.

2. אלהי כל יצורים nach dem Rhythmus von Ephraim's יעש שרותיכם מאה שערים, endigt אלהי העברים.
3. אני אל אלהים אקרא כבודי ומרים ראשי, endigend ועמקים יעטפו בר.

In Nummern 1 und 2 zeichnet er Isaac שלום,, in N. 3 Isaac Pacifico.

Joseph b. Samuel von den Exulanten aus Ofen (1687) hat A. 1731 in Wandsbeck ein Bändchen Lieder und Gebete herausgegeben.

Jacob London, in Wesel geboren, aber schon als Kind mit seinem Vater Jehuda nach London gekommen, war später Vorbeter in Lissa, wo er zwischen den Jahren 1728 und 1734 seinen allegorischen Krieg zwischen dem bösen und dem guten Willen verfasst hat. Die Herausgabe des Buches תורת von Nachmanides (Livorno 1745) brachte ihn in Piemont in Lebensgefahr. In seinem erwähnten Werke, das 1737 in Amsterdam erschienen, befinden sich (Bl. 66 bis 68) von ihm 12 alfabetische Selicha's, deren letzter Vers überall תודה אתן לך anhebt, die jedoch nirgend eingeführt sind.

Jechiel b. Jacob hacohen in Ancona, der nahe 100 Jahre alt geworden, hat verfasst:

1. Gebet אנא ה' אלהי ישראל שליט בעליונים ובתחתונים bei Gelegenheit von Erschütterungen im Herbst 1733.
2. ברכו אחי את שם האל, der N. 6 Joseph Fiammetta's nachgebildet, betrifft eine gelöschte Feuersbrunst 1740 in der ersten Nacht des Hüttenfestes.
3. Bussgebet אבינו מלכנו רחם עלינו הבט נא משמים auf dem Friedhof zu beten.

Aaron Chai Volterra[1]), Rabbiner der Gemeinden von Massa und Carrara, verfasste im J. 1735 eine Bakascha aus 700 Worten bestehend, die sämmtlich mit dem Buchstaben Schin anheben. Die sehr nöthigen Erläuterungen hat er selber hinzugefügt, und in der Vorrede entschuldigt er die gewaltsamen Wortbildungen mit der Schwierigkeit seines Unternehmens, auf das Beispiel der alten Piutverfasser und die allgemein geltende poetische Licenz sich berufend. Das Gebet hebt an

[1]) Ghirondi (S. 30) nennt ihn den Grossvater von Chajim Volterra, der indess schon 1743 in Sinigaglia Rabbiner war.

שלט שלטים שטתנו שאלתנו und endigt שדי שוכן שחקים שונא שקרים. Auch talmudische Wörter sind mit aufgenommen.

Ein zweites Gebet aus 17 Zeilen, das der Verfasser nach Jedaja Penini's Rehuta אמרתי אשמרה anfertigte, anfangend אליכם אישים אקרא, bildet im achtfachen Akrostichon seinen Namen. Beide sind gedruckt in בקשה חדשה Livorno 1740.

Nachum. Unter dieser Chiffer hat ein Vetter des Vorgenannten eine metrische Bakascha in 16 Doppelreihen geschrieben. Anfang: אלי לך נפשי כמהה היא ושוקקה, Ende: אומך און חוכל דביר להיות מגשקת.

Maleachi b. Jacob Cohen Rabbiner in Livorno, Verfasser des für talmudische Methodologie wichtigen Werkes יד מלאכי, hat als die gedachte Stadt am 22. Schebat (27. Jan.) 1742 von einer heftigen Erderschütterung, die später sich wiederholte, betroffen wurde, einen Fast- und Bettag eingesetzt und für denselben gegen 20 Stücke [1]) in Versen und in Prosa angefertigt. Die Introduction ברכי נפשי את ה' ist den Fasten-Keroba's nachgebildet; von der vierten Strofe an bildet das Uebrige 5 Abtheilungen, jede בעשתי עשר חדש anhebend, die zweiten Zeilen fangen בשנים ועשרים לחדש an. Die Peticha ה' אלהים צבאות ist zweizeilig. Der Name ist indessen nur in wenigen gezeichnet, die Sprache ist einfach und nicht ohne dichterischen Schmuck.

Raphael b. Elasar Meldola aus einer seit etwa 1600 in Mantua und Livorno ansässigen ausgezeichneten Familie, 1686 in Livorno geboren, verheirathete sich mit einer Cousine kurz vor seines Vaters Tode (1702), war 16 bis 17 Jahre (1713 bis gegen Ende 1729) in Pisa und 12 Jahre (1730 bis 1742) in Bayonne Rabbiner, worauf er bei einer Gemeinde in Livorno angestellt wurde. Er war erst kurze Zeit in dieser Stadt, als die Erderschütterungen daselbst Schreckens- und Fasttage hervorriefen. Er gab eine Beschreibung der dortigen Ereignisse heraus, deren 22 Absätze jeder mit einer Benediction, der letzte mit ברוך גואל ישראל endigt.

David b. Abraham Meldola, Vetter und Schwager des Vorgenannten, verfasste zu dieser Gelegenheit eine kurze Vidui: רבון העולמים ואדוני הארונים חוסה על עמך.

---

[1]) Landshuth onomast. S. 173ff.

Ascher Lemel b. Jehuda Selke Levi aus Glogau schrieb während der Belagerung dieser Festung (1741) ein Gebet in vierzeiligen Strofen אנא ארון העולמים וזכור בריח אבותינו הקדומים, welches פועל ישועה endigt. Vgl. seines Bruders Joel דברי האגרת f. 15.

Zum Andenken an eine Feuersbrunst, die Freitag Abend den 18. Mai 1754 in Prag 4 Synagogen und hunderte von Häusern zerstörte, bei welcher Gelegenheit viele verlassene Wohnungen geplündert wurden, ist damals ein Klagegedicht verfasst, mit einem Eingang der ירעדו המתנים ויזלו העינים ממקור דמעה¹) anhebt; das Gedicht selbst, nach א״ב, beginnt אך ותדי״ש כימי נעורנו שבת משוש קהלה פראג זה פעמים und endigt ובא לציון גואלנו אמן. Ueber denselben Brand dichtete Abraham Mose b. David Laz ein deutsches Lied in 28 Strofen.

Menachem Asarja Padova, der Sohn Jehuda Mazliach's, Rabbiner in Florenz, 1773 noch am Leben, hat unter anderen Gebeten auch ein Sabbatlied, welches den Abschnit ויכלו variirt, verfasst.

Simson Chajim Nachmeni, Rabbiner in Modena, im Sommer 1779 über 72 Jahre alt gestorben, ist Verfasser einer Klage zum 9. Ab und eines Hüttenfest-Gesanges, anfangend סוכה באור בינה.

Simcha Calimani in Venedig, 1784 am 2. August gestorben, hat im Sommer 1772 für die spanische Gemeinde, als wegen vielen Regens und Ueberschwemmung ein Fasttag angesetzt worden, eine Techinna angefertigt, die einer ältern gegen Dürre ähnlich aber kürzer ist; sie hebt an ובכן יהי רצון מלפניך ה׳ א״א לשמוע תפלתנו ולעשות בקשתנו הטה נא אזנך ושמע, und schliesst mit etwa zwölf Bibelversen. Ausserdem gibt es von ihm Klagegedichte und Synagogen-Gesänge.

Pinchas b. Kalonymos aus Mattersdorf, der im Jahre 1765 in Brünn lebte, ergänzte Mose Mendels Selicha משל durch eine neue in 21 Strofen, die alle אם בעון anheben, bis auf die letzte, welche אם גבר beginnt. Anfang אם בעון פרקתי על תורה, Ende שעשה פנחס. Jeder Strofe letzte Zeilen heben mit dem Buchstaben Schin an.

---

¹) Die ersten 4 Worte sind aus Simson Bacharach's Techinna אל נערץ.

Hier ende das Selicha-Zeitalter. Zwar standen Inquisition und Tortur, Spiessruthen und Ghetto's, Judenzeichen und Leibzoll, Wahnglauben und Despotie, Zunft- und Raubstaaten noch aufrecht: aber in den Köpfen der Auserwählten bildeten sich bereits die Elemente des Sturms, der nunmehr ein Jahrhundert wehet, um Junker- und Pfaffenthum, Sklaverei und Tyrannei sammt Judengesetzen und Rache-Selicha's über Bord zu werfen.

XIV. KAPITEL.

Piut-Dichter von J. 1140 bis J. 1300.

Der Abschluss der peitanischen wie der klassischen Epoche um die Mitte des zwölften Jahrhunderts heisst nicht Abschluss von Piut und Dichtung. Abgesehen von der steten Jugend neuer Geschlechter und der nicht versiegenden Leidensquelle, wurden auch neue Lagen, veränderte Vorstellungen, andere Bedürfnisse die Motive für neue gottesdienstliche Gestaltungen. Gleichwie die Männer des römischen Zeitalters in Stammgebeten — Schemah nebst Jozer, Keduscha, Kaddisch — und Benedictionen, in Nischmat und der Neujahrs-Tefilla ihre Ueberzeugungen gegen die Gewalt der Römer, die Unsittlichkeit der Griechen und die Lehre der Nazarener aussprachen, gleichwie die Leiter späterer Geschlechter durch den Gottesdienst die Ideen der Hagada und des Midrasch neu belebten, — wurden nun der Ertrag des Gesetzstudiums, Sittenlehre, Mystik und philosophische Betrachtung der Stoff, die Vorbilder der Meister die Form der synagogalen Stücke. Die Männer frommer Askese schrieben Hymnen, Andachten in der Gestalt verlängerter Achtzehn-Gebete; die der Geheimlehre oblagen verfassten רבונו של עולם, für praktische Bedürfnisse eingerichtete Jehirazon; von den Moralisten erschienen Vidui und Tochacha. Bei den spanischen Autoren, z. B. Schemtob Palquera, David d'Estella, Isaac Sahola, Isaac Abuab, wurde Sitte, ihre Werke mit Hymnen und Bakascha's zu eröffnen, und die schon seit Jahrhunderten beliebte Weise, praktische Lehren, Sätze der Masora u. d. gl. in Versen oder reimender Prosa zusammenzufassen gewann durch die synagogalen Dichtungen an Ausdehnung. Neben ritualen und halachischen Vorschriften wurden in der Gestalt von Gedenksprüchen auch kalendarische und diätetische Regeln dem Siddur einverleibt, oder gingen als Asharot und Rezitationen in den gottesdienstlichen Piutkreis über. Die Lesung der Dichter und das allgemeine Beispiel brachten das Reimen in die Mode, man verfasste in Reimen die Beurtheilung neuer Bücher, Anreden und Briefe, Bannflüche und Begrüssungen, Nach- und Grabschriften; um so weniger durften für synagogale Feierlichkeiten die Gedichte zurückbleiben. Vorbeter verfertigten dergleichen für alle Stadien der Hochzeitfeier, der Trauer wie der Freude und nicht selten galt es einen Wettkampf. Auch hier zeigte sich nach dem Vorgange wirkungsreicher Schöpfungen die Periode des Nachstrebens und Nachahmens: Piut und Poesie liessen die Dichter nicht schlafen, ihre Anzahl nahm zu und nicht bloss in Castilien und Andalusien machte eine Schaar von Nachfolgern die fortzeugende Kraft der Meister offenbar. Länger als ein volles Jahrhundert wetteiferten spanische und provenzalische, französische und süditalische Dichter es in der synagogalen Poesie den Klassikern gleich zu thun: selbst deutsche, römische und arabische Juden versuchten sich in den neuen Weisen und Rhythmen. Fasttage, Bussemonat, festliche Sabbate, häusliche Feier boten für neue Arbeiten hinreichenden Anlass. In der Provence entfaltete der synagogale Reichthum **sich** erst mit dem Anfang dieses Zeitabschnittes; Frankreich und Deutschland lieferten Jozer, Ofan, Sulat u. s. w., Maarib, Zioniden, Einheitsgesänge, Reschut, Purim-, Hochzeit- und Tischlieder. In Italien wurden Festjozer, Introductionen u. dgl. verfasst; die geläuterte Poesie wird seit dem Anfang des 13. Jahrhunderts auch in Mittelitalien, Griechenland, Haleb und Fas sichtbar. In der zweiten Hälfte dieses Jahrhunderts, wo ein reinerer Geschmack und sprachliches Wissen auch bei den französischen und deutschen Vorbetern nicht selten war, beseitigte man hie und da minder correkte Stücke. So meldet der Verfasser des Ritus Troyes, der manches von Vorbetern in Perpignan gelernt, dass sein Vater die Kaduscha's אלהיכם אני פצחה und חיות בערות und andere Sachen nicht vorgetragen habe, weil sie weniger guten Stiles seien: Man zog Abenesra und den Kastilier den heimischen Dichtern vor.

Unter den Selicha-Dichtern dieser Epoche hat der dritte Theil, etwa 48 an der Zahl, auch Piutstücke verfasst. Diesen sind nunmehr, ausser den Dichtern Spaniens, der Provence und des Morgenlandes, noch solche des germanisch-romanischen Kreises hinzuzufügen, die nur Piut, keine Selicha, geschrieben, so dass dieser Zeitraum verhältnissmässig an poetischen Erzeugnissen ergiebiger erscheint als der peitanische. Die besseren Dichter in Süd- und Nordfrankreich, mehrere gute spanische und italienische, deutsche und griechischn Autoren fallen in diese Epoche, wenngleich bei einigen, insonderheit aus den nichtspanischen Kreisen, der peitanische Zuschnitt die Gränze beider Zeiträume nicht deutlich erkennen lässt, indem mehrere Productionen des 12. Säculums eben so wohl älter wie jünger als das Jahr 1140 sein können. Namentlich fallen in diesen Zeitabschnitt die Zioniden, die künstlicheren Sündenbekenntnisse, die Asharot für spezielle Tage; überhaupt ist, Sühnfest-Keroba's und Aboda's ausgenommen, jede Gattung des Piut angebaut worden, vorzugsweise Lieder, Eröffnungen, Mikamocha, Bakascha, Tochacha, Mostedschab, zum Theil auch von ungenannten Verfassern. Von den Genannten kommen 32 auf Deutschland, 25 auf Spanien, 22 auf Frankreich, 20 auf die Provence, nur 7 auf Italien und byzantinische Gegenden; unbestimmter Heimat gehören 14 Verfasser.

Mose hasofer b. Binjamin aus Rom.

Pesach. A. grosser Sabbat:

1. Jozer אוה המלך יופי מלפנים ומראש, endigt נאה להללו בשירים.
3. Sulat אהבה קשורה אתבני חתני, endigt ועל זאת רצו ושבחו אהובים.
4. Reschut כך גורו רבותינו מלאי שכל ומדע, in drei auf רה, נים, מים reimenden Absätzen, von welchen der erste אומץ גבורות עוטה אורה anhebt.

B. Passahfest:

5. Jozer ארומם לבעל פשרים מוציא אסורים בכושרים.
6. Ofan גן נעול אמוץ ברימוצך שכן מעונה, endigend לעומת תרשישים.

7. Meora יפה מקטרת und Ahaba בפלה רמון, beide kurz und mit Versen כבתוב schliessend.
8. Sulat אדרת הוצאה יפה מפרך עגלה יפיפיה, endigt מי כמכה פתחו בהרווים.
9. Die beiden Sätze ברח דודי אל מקום על הרי בשמים und ויהי בשלם סכו מה נורא, jeder zu 4 Strofen, endigend ומעונתו בציון.

Wochenfest. A. grosser Sabbat:

10. Jozer אמרי נועם צוף דבש, endigt משה מורשה.
11. Zweites Jozer אמנני דודי תעצרי נגדי, mit der Kadosch-Strofe משהעשעה הייתי endigend. Die strofischen Verse sind Spr. 8, 22 ff. und 31, 22 ff. entlehnt.
12. Ofan מתנות אילי קדש יקותיאל בעלת in 5 Strofen. Endigt כל חיילי שפרים.
14. Reschut כך גורו רבותינו מלאי שכל ומדע משיבו מלחמה שערה שורה מעגלה מאירי עין worauf zwei Absätze, die erste אמון מריבע בתגדלה לנאמניך anhebend reimt ניך, die zweite רי.
15. bis 17. Die Keroba beginnt ארון אצלו אימני בארבע שעשועים auf ואתה קדוש יושב u. s. w. folgen:
18. עשר נסיונות נתנסה אברהם die Prüfungen Abraham's, meist nach der Elieser-Baraita c. 26; aber seine Mutter wird עתריי genannt, nicht Amaltea, wie dort und im Talmud. Das ganze Stück hat durchgehenden Reim רה, und endigt שיהי רצון שיעורר ישועה ויגאלה מהרה רא בגורה חי וקים נורא מרום וקדוש.
19. מארכת ימים פתאים מחכמת beschreibt gleich den ähnlichen Stücken bei Kalir, Simeon u. A. wie die Thora im Gespräche mit Gott alle früheren zurückweisend den Mose auserwählt. Abraham wird, wie bei Jochanan hacohen [1]), der Vorwurf gemacht, dass er zu grausam gewesen [2]), er hätte beten sollen, während N. 18 ihm die Opferung als Verdienst anrechnet. Besteht aus 16 Abtheilungen, meist von 10, einige von 11 oder 13 Zeilen mit stetigem Reim, die ersten 13 Abtheilungen auch mit gleichem Anfangsbuchstaben jeder

[1]) oben S 98. — [2]) ולא להתאכזרה — היה לחנך ולפלל עתירה.

Zeile, behufs der Namenzeichnung. Endigt שבחר בעמו והנחילם אמון ארוסתו לנוצרה ולשומרה.

20. ובכן אלה המצות אשר צוה ה' את משה, anhebend אשורר לצורי שירה עריבה, ist eine Illustration des Dekalogs.

21. Silluk אשוחה לפי מיעוט חולי קצות נוראות רב עלילה.

B. am Wochenfest:

22. Jozer אמתיה שלישיה נתעלה בחכמה, endigt מאלפי זהב וכסף.

23. Sillnk מאלפי זהב וכסף יקרה אבן הראשה, endigt המאיר ארץ ולדרים.

24. Ofan משוי הוריד אמרים mit stetigem Reime, endigend כמתפארים מתחדשים לבקרים.

25. Sulat מוקדש נגהו כהגיהך mit dem Dekaloge (לא תשא, כי ששת ימים und dgl.) entnommenen Ausgängen, endigt כגאלה את אבותינו.

Sühnfest:

26. Reschut מתני אחוו zu Kalir's Keroba.

Chanuca-Sabbat:

27. Sulat אתנה תוקף כפוף ווקף zu zwei Worten die Zeile, schliessend עזרת אבותינו אתה.

Der Autor, wenn nicht älter, gehört dem zwölften Jahrhundert an, wie nicht bloss die Keroba zum grossen Sabbat, sondern seine Compositionen nach Anlage, Stil und Inhalt und die peitanischen Wortbildungen [1]) beweisen. Den vollständigen Namen Mose b. Binjamin zeichnen N. 1, 3, 4, 8, 10, 14, 15, 22 (הקטן), 24, 25, 26, 27; N. 8 hat auch משה מעיר רומא; N. 11 fügt dem Namen (M. b. B.) noch מעיר רומא חזק und N. 17 und 23 הסופר מעיר רומא hinzu. Das Akrostichon der N. 19 lautet: משה ברבי בנימן הסופר חזק ואמץ בתורה ובמצוה אמן.

Der Verfasser heisst in Mss. zu N. 22 R. Mose hasofer (cod. Rossi 767), zu N. 26 R. Mose hasofer b. Binjamin (codd. Rossi 254 und 959, cod. Sorbonne 91, Machsor A. 1441), zu N. 15 u. ff. R. Mose (cod. Turin 29).

Nachum ein Dichter aus unbekannter Zeit, vermuthlich des zwölften Jahrhunderts, dessen Stücke für Wochenfest der alte cod. Turin 29 enthält und dessen Heimat wahrscheinlich Italien ist.

---

[1]) Note 36.

1. Jozer אני אל ראשון שמע אחרון וראשון, endigt אשריך ישראל.
2. Silluk אתה הוא אדיר אדירים, endigt קדוש בפירים.
3. (viell.) Ofan כבודו איהל כהיום על הר סיני, endigt לעומת שרפים בסיני.

Ausser diesem und dem jüngern afrikanischen synagogalen Dichter sind etwa 8 Männer, die diesen Namen führen, geschichtlich bekannt [1]).

Elia b. **Jehuda**, genannt R. Elia aus Paris [2]), der Zeitgenosse R. Tam's und von ausgezeichneter Frömmigkeit [3]).

Maarib-Zuthat für Wochenfest in 2 Abschnitten, der erste hebt an אומץ יום הבכורים, der zweite ברוב עם עוזך und endigt ובאו לציון ברנה; akrost. nach dem א״ב: אליה הקטן ברבי יהודה.

Isaac b. Schalom. Stammtafel [4]):

Schalom [הרכר ר]
|
Isaac um 1150
Mose — Samuel (?) [5])
|
Isaac aus Wien 1240
Chajim [Elieser] — Tochter = Samuel b. Schabtai — Tochter = Baruch
| |
Isaac um 1310 — Schalom [6]).

Isaac schrieb den Sulat אין כמוך באלמים, worin der Verfolgungen des Jahres 1147 gedacht wird. Er war als Jüngling der Zeitgenosse von R. Kalonymos b. Jehuda.

Jacob b. Simson der Erklärer der Baraita Samuel, der Abot und des Buches Jezira [7]), auch Verfasser eines Calendariums, hat drei aramäische Illustrationen zum Dekaloge commentirt, sogar seine eigene des zehnten Gebotes, welche אי חבל אמאן דחמיד anhebt und יתיהיב ליה רוח מלך וגבורה endigt (cod. Rossi 159).

In **cod.** Opp. 627 Q. findet man im 4. Kapitel der Abot ein Gedicht das akrost. den Namen unsers Autors

---

[1]) Note 37. — [2]) zur Geschichte S. 49, 326. — [3]) vgl. Ittur Th. 2 (ed. 1800) **f. 32 d**; dasselbe **in ס' יראים § 17** und Rokeach § 361. — [4]) Or sarua § 769. Chajim א״ן Rga. 167. — [5]) oben S. 313. — [6]) Chajim א״ן Rga. **105**, 138, 152. — [7]) Opp. 1483 F. **Vgl.** zur Geschichte S. 51.

gibt. Dass er R. Tam's Lehrer gewesen [1]) ist durch nichts begründet. Im Vitry-Machsor § 200 (Opp. 668F.) steht sein Name statt desjenigen von Raschi; in Mordechai י״ט c. 2 und Likkute Pardes 12b heisst der Vater irrthümlich Simeon.

Joseph b. Menachem, vermuthlich derselbe welcher an R. Samuel b. Meir [2]) eine Anfrage richtete in Gemeinschaft mit R. Jacob Israel, dem Correspondenten R. Tam's.

Sabbatgesang יוצר ארץ ועושה תנה עשו למשסה, endigend וחסון הוא כאלון, hat den Strofenreim לון und akrost. יוסף ברבי מנחם הקטן (Vitry § 349).

Meir b. Jehuda b Joseph b. David aus Münzburg, in cod. Saraval 11 R. Meir Darschan genannt.

1. Maarib 7. Abend Pesach. a) ה׳ צבאות מלכותו הופך לבקר צלמות ויום לילה bis בכל משלה ברוממותיו b) ומשמרו את דברים bis שמעולם התנה הגיעו לתועה השבועה, c) in 70 יָם schliessenden Strofen, daher in der Handschrift (H. b. 40 c) הים הגדול ורחב ידים genannt. Die erste Strofe lautet: אדבר בנויו ושבחו משך דודי עלי תשוקתו עלי לספר, die letzte אבירים בכחו רגע הים שפתי צדקתו בגלי הים, d) זמרוהו חסידיו טורדי ים כבודוהו, e) מלאו או יחודים תרועה, f) הטביע צרים, g) ein Schlussstück in 5 sechszeiligen Abtheilungen, anfangend מקום כסא כבודך מרפיד גליליך, endigend יחזיק במעוזי יעשה שלום לי.

2. Klagelied אעירה שחר בבכי ויללה, in 42 dreizeiligen Strofen, nach dreifachem א״ב der Name zweimal gezeichnet, ganz vollständig das erste Mal mit יחזק וירבה, vollständig das zweite Mal nebst סודרן חוק. Wenn diese Worte zu Jehuda gehören, betreffen sie vielleicht R. Jehuda b. Joseph einen Verwandten Eliesers b. Natan [3]). Nicht weit vom Jahr 1140, doch vor 1168, verweisen den Autor sowohl die Sprachweise als die Angabe, dass das Exil länger als tausend Jahre dauere. Ende: וכינו כולנו לנחמת ציון קרבינו וחבבינו וחנינו עליון.

Josua ein älterer Peitan, dessen Maarib für den 7. Pesach

---

[1]) כתב תמים S. 59. — [2]) Brief Luzzatto's, Sept. 1840. — [3]) ראב״ן § 5.

in dem röm. und romanischen Ritus üblich, aus folgenden Sätzen besteht: a) יה שלח אורו, b) המון עם שלוהים, c) ולא נחם אלהים, d) שמרי מצות רגלים, e) עמדו מים כחומה, f) יודעי הלבה ותורה. Endigt על עם נברא. Der Name ist zweimal gezeichnet. In einem Machsor vom J. 1441 wird dasselbe für eine Arbeit von Rab und Samuel ausgegeben; der ältere Turiner cod. 29 hat die Ueberschrift מעריב דר׳ יהושע.

Joseph Kimchi b. Isaac[1]), der Vater von David Kimchi.

1. יסוד הכל אשר אין לו תחלה Purim-Gesang in 18 metrischen Zeilen. Ende: וברך צור עלי מקרא מגלה.
2. יום שבת וזכור השמיע בסיני in 10 Strofen und gleichem Reim, endigend למי אמשלהו ולמי ארמהו.
3. יום שבת שמור הוהיר עם בחורב, endigend ירפא מחלידם.

   beide am Vorabend eines festlichen Sabbat; N. 2 introduzirt die Worte שאין במהו, N. 3 לרגיח להם in der Tefilla (מגן אבות).
4. יהיד חולתו עורי מאין ונראה בלבבות in 7 zehnsilbigen Strofen, ein Hochzeitlied, endigt ברוך משמח חתן עם כלה.
5. יתן לי בשאלתי Mocharach für Sabbat Sachor, 3 Strofen, endigt יום גאלת את נשמתי.

N. 1 zeichnet den vollständigen Namen, N. 2, 3, 4 יוסף [בן] קמחי, N. 5 nur יוסף wird ihm im Ms. zuertheilt.

Joseph b. Amitai um 1200 oder älter.

Sulat אלהים לך אל דמי בקש ודרוש דמי. dreizeilig, nach je zwei Strofen der Refrän אל תחרש אל; endigt תמלוך אתה לבדך יהמו או סורדיך הראנו ה׳ חסדיך.

Serachja halevi Gerundi b. Isaac, der in Lunel lebende Verfasser des Maor, hat mehrere Gedichte verfasst, und pflegte ungeachtet seines grossen Talentes keines abzuschicken ohne es zuvor dem Urtheile Jehuda Tibbons vorzulegen. Von seinen religiösen Poesien, deren einige noch jetzt in afrikanischen, spanischen und provenzalischen Synagogen üblich sind, haben sich folgende Stücke erhalten:

---

[1]) Die im onomasticon aufgeführten 51 Nummern beruhen, 4 ausgenommen, auf Irrthümern oder unbegründeten Voraussetzungen.

Sabbat Schekalim:

1. Mechaje ויו כבודך תמוץ.
2. Pismon זבוד יה זכר טוב mit Mittelreim.

Purim:

3. Pismon זכר פורים לא יעבור in Mowaschech-Form.
4. Mikamocha זכרון לדור אחרון in 4 grossen Abtheilungen, jede mit stetigem Reim, theilweise halachisch, schliesst: כן ירצה עוד ויפצה מיד צר עם סגלה אל נושא חטאתם ונוקם על עלילותם.
5. מהרו קרואים משתה לעשות
6. זרש יום במר לב תצרח } drei Pismon.
7. ועום אל וועמה

grosser Sabbat:

8. Asharot אמרת ה׳ צרופה ויראתו עומדת לעד טהורה in 41 Strofen, א״ב und Name dreifach. Endigt וראה בטוב ירושלם. Die Strofen schliessen mit Bibelstellen.
9. Pismon זמרה עם נבאה ורפה ידים, endigt כימי צאתך מא״ץ מצרים ככתוב וכו׳.

Wochenfest:

10. יום יצאה כלת ערנים in 5 Strofen.

Neunter Ab:

11. Klage זאבי ערב in 6 sechszeiligen Strofen, die Zeile achtsilbig [aaaaAA].
12. Techinna ה׳ ועקתי בצירי, die Strofenverse endigen אש.
13. Selicha זבחי אלהים אשר לא תבוה, die Strofenverse endigen זה. Die letzte (6.) Strofe lautet לרחם המוני ויתר אמוני רוכב מעוני ישא פני בסור חזיוני מהר לעיני יעשה ה׳ הדבר הזה.

17. Tammus:

14. Techinna ה׳ ועקתי כחבלי, der Strofenvers endigt מאד.

Neujahr:

15. Sulat וך הכיר תמים דעים hat im Strofenverse אשרי.

Sühnfest:

16. Mostedschab für den Vorabend וועק בקראו גרונו נחר, (Thema ה׳ הקשיבה u. s. w.), der strofische Vers schliesst מהר; das Akrost. dreifach.
17. Ermahnung an die eigene Seele: מה תהמי נפשי in 37 metrischen Zeilen [6 mal — — ⏑ —] mit steti-

gem Reim, endigt עד אחליף כחו בצור נוחו ומבטחיו ורוחו כחזוה אחו תחו.

Die Nummern 3, 11 und 13 zeichnen זרחיה לוי, N. 1 und 12 זרחיה הלוי חזק, den vollständigen Namen N. 15 (לוי בן) und 16 (הלוי ברבי).

Mose b. Maimon zeichnet die sogenannte kleine Akeda: אני מזכיר היום und wird sie Maimonides zugeschrieben, was trotz seiner Abneigung gegen Piut möglich wäre. Sonstiges wird ihm indessen ohne Grund beigelegt: die Geula אמרו בני אלהים במה אתן gehört Abenesra; über den Mocharach s. Nachmanides. Fraglich bleiben die Angaben Jacob Roman's (syn. Poesie S. 218 Anm. h).

Mose Kimchi, den bereits Palquera zu den vorzüglicheren Synagogal-Dichtern zählt, ist ohne Zweifel der Grammatiker und Commentator, den schon Zeitgenossen besingen [1]), der Sohn von Joseph Kimchi, wiewohl in seinen Stücken der Name des Vaters nicht angegeben ist. Folgende Mostedschab zeichnen אני משה קמחי, die N. 1 und 2 auch חזק.

1. אבוא להתבונן בגבורות יוצר [Thema: ואני ברב חסדך אבוא ביתך].
2. איר ישעך יגיה חשכי כי אין מועיל [Thema: וכרה לי אלהי לטובה]. Letzte Strofe: קדוש תענה על בניך הסובב ליפה נוף אותם השבב שמחים ושבי לב על כל הטובה.
3. אנחנו אשמים קדחנו אישון עין לא פקדנו [Thema: אל שדי יתן לכם רחמים], Reim מים, vierfaches א״ב. Letzte Strofe: אחריך נברים ירוצו מתגוממת שירות הקיצו קדוש כתורם חבוש יעריצו להי אלהינו הרחמים. Die Bilder verrathen den arabisirenden Dichter, z. B. „aus seiner Thaten Gewebe hast du ihn gekleidet, ihm zu essen gereicht was seine Hände geknetet“ (N. 2); „den Sack seines Zornes lud er auf ihre Schulter“ (N. 3).
4. Ein Gebet אנא אל נאדר für Neujahrstag zeichnet nur קמחי.

N. 1 ist in cod. Bodl. 613 N. 440, N. 4 in cod Günzb. 2 N. 89; N. 2 und 3 enthält das Machsor von Tripolis.

---

[1]) Ozar nechmad T. 2 S. 193.

Berechja b. Isaac halevi, der Bruder des Verfassers des Maor.

1. Keroba für Sabbat Para: a) Magen בוחן לבות יועץ ומי יפר. b) Pismon בני אל עליון בהר ציון, c) Kerudsch בניהם רחם כמאז, d) Mechaje בנים מבית עבדים פדוים, e) Pismon בן פרת שיקוֹץ שׂוּם, f) Kerudsch ה׳ ברנו רחם, g) Meschalesch בסוד אלהים אין לחקור מה, h) Pismon יום לך רעיוני נגהים, k) Silluk אל נערץ בסוד קרושים zum Theil halachisch, endigt ופרה ורב תרעינה, hat akrost. אני ברכיה הלוי ברבי יצחק ירונדי זכרו לברכה. Auch Abtheilung g hat den vollständigen Namen; a, b, h nur ברכיה.
2. Asharot zum Sabbat vor dem Hüttenfeste: אורה אתכם ביד אל מצות סכה הנחיל עם נודד, ist dreifach alfabetisch.

Isaac b. Serachja halevi Gerundi[1]).

Den anderweitig[2]) angegebenen 20 Nummern für Schekalim, Hachodesch und Sühntag sind noch etwa 14 hinzuzufügen, nämlich:

Sabbat Schekalim:

21. Rundgedicht ימי פרישה וזמן קרשה, endigt והנה אני אלמנה או גרושה und zeichnet doppelt יצחק.
22. Rehuta ילבש צדקה כשריון, akrost. יצחק לוי.

Sabbat Sachor:

23. Pismon אסיר מְשׂנאיו קַוה, endigend אל תימן, akrost. אני יצחק לוי.
24. Kaddisch, hebr. und aram. abwechselnd. Anfang: גדול אל באדמה קדיש בשמי מרומא ישרו ישיר ישורון ועירין יקלסון ויאמרון, endigt ובתם המלחמה יהא שמיה רבא בעלמא.

Sabbat Hachodesch:

25. Pismon יוצק יום יום לחשו, endigt וישבח רישו.

Wochenfest:

26. Ahaba[3]) beginnt wie folgt: והב והב והב יחשבו עורי רהב האומרים לי הב הב וחקו אל אני אהב הנחמדים מזהב. יומם ולילה הם שיחתי. Der strofische Vers schliesst זהב. Endigt יעקב בחר לו יה וישראל אהב.

---

[1]) oben S. 410. — [2]) Ritus von Avignon; Landshuth onomast. S. 117 u. f. — [3]) angeführt syn. Poesie S. 10.

Thorafest:

27. מי עלה שמים יקותיאל פעמים, endigend יענה ויעמד לגודלו.
28. למי נתן צור מתן לקח איש דת ימינו, endigend וגן עדנו.
29. יראת ה׳ טהורה, endigt בת ירושלם, worin למלט מחב הב.
30. יעלו על לב יושבי אדמה[1] in 7 Strofen. Ende: ראש שבטי ישראל למות מסרי אל.

N. 24 bis 30 haben akrost. יצחק לוי (הלוי).

Unserm Autor gehören wohl auch:

31. Silluk Schekalim כי אתה יוצר גוהים, 4 Strofen die כי אתה beginnen und יצחק zeichnen.
32. Schalom für Sabbat Hachodesch ישעו יהיש אלהיכם, 4 Strofen, von welchen die ersten 3 akrost. יצי, vielleicht Stücke von יצ[חק לו]י. Die Schlussstrofe endigt שבו לכם לאהליכם.

Selicha's:

33. ישאו קולם הרדים בנעם עז,
34. יכן שיח שבים וחן בנים, beide יצחק לוי gezeichnet. Nur fehlen in der Handschrift der ersten Nummer die Strofen וי, der andern die Strofe ק.

Von den Nummern 16, 17, 18 ist noch zu bemerken: Sulat יקר חסדך hat im Strofenverse גאל; die kurze Aboda ייקר hat dreizeilige Strofen und zeichnet hinter dem vollständigen Namen noch וכרו לברכה אמן חזק קולי, sie endigt תעשה כאשר דברה; die Introduction zur Aboda beginnt אציר לספר חק תעודה und hat im Strofenverse עבד.

Jehuda aus Speier, s. oben S. 282.

Abraham b. Meir.

Klage אשאו מרומה לבי schildert die Heimsuchung einer jüdischen Gemeinde, dergleichen im 12. und 13. Jahrhundert in England und Deutschland nicht selten waren. So hiess ein Zeitgenosse von Abraham b. David (ראב״ד), der החסיד zubenannt wird[2].

Samuel b. Ruben, der Dichter[3]) aus Chartres[4]).

Aramäischer Reschut zum Targum der Haftara des Wochenfestes אתא ודוגמא ברבוהא וקדושהא בריבבתא in 60 auf תא reimenden Halbzeilen, gezeichnet שמואל חזק[5]).

---

[1]) Ritus von Avignon (N. 72 S. 290). — [2]) אסיפות ms. § 27. — [3]) הכתבי cod Lips. 7, cod. Ancona in Rovigo (Mittheilung Luzzatto's vom J. 1852). — [4]) צרטרש (H. h. 240). — [5]) nicht חזן wie catal. Lips. p. 277 hat.

Ende: זכאי וקשיט רב מנדעתא וכי לי טעים ועיטתא קמי רגי אריותא ואמיר דאיתמר כנבואתא. Wird im Ritus Troyes genannt.

Samuel Dewlin (דוולין) in Erfurt, woselbst er wegen des Glaubens getödtet worden[1]), auch R. Samuel Chasan genannt, wird bereits um 1280 als verstorben angeführt.

1. שבח מי יגמור ליוצר אור zu Nischmat am Hochzeit-Sabbat, in 6, hie und da in 8 Strofen, die קדש schliessen; endigt נור הקדש.
2. שפרם רם ברוהו וברך יום מנוחו Introduction vor מגן אבות (Freitag Abend), der strofische Vers schliesst כמהו und das Ganze מאין כמהו.
3. אור ישורון בני ישורון ויפארון שמך Meora für Parascha חקת. Ein eigener Absatz — der fünfte — והתחן חן נתן wenn es zugleich ein Hochzeit-Sabbat ist; im Ganzen 5 Absätze im Bau der Ahaba אל מהוללי und mit demselben Refrän aus Numer. 21, 17. Der strofische Vers endigt לה, der 4. Absatz ברוך יהי אור נגהי לציון היא כזוג נשמר ולא אמר כל אשר תאמר דורש אין לה, der 5. יתן לה.
4. Geula שיר יסודתו בהררי גניזות für Sabbat בראשית in 5 siebenzeiligen Strofen, jede schliesst מי כמוך und das Ganze מי כמוך לפארך ואתה האמרתם במאמרך מי כמוך אשריך ישראל מי כמוך. Hat in den ersten 5 Zeilen zuweilen verschränkten, in den beiden letzten Zeilen stets Mittelreim.
5. (viell.) Meora für Purim שיר אל נעלם, deren Verfasser in Opp. 1072 F. R. Samuel aus Magdeburg genannt wird. אל הנעלם ist auch in N. 3.

Chasadja s. oben S. 345.

Abun b. Saul s. oben S. 343.

Abraham Chasan Gerundi s. oben S. 410.

Todros s. oben S. 345.

Jehuda b. Jakar, vielleicht der Lehrer von Nachmanides und der Commentator der Gebete.

---

[1]) cod. Rossi 586 N. 52 und 109. cod. H. h. 17 [vgl. Ritus S. 201]. Dukes in Orient 1844 S. 232. ר' שמואל הנהרג in Ms. Soave ist sicher derselbe. cod. H. h. 239 f. 35 zu N. 3: S. aus Erfurt; zu N. 4. S. Chasan, eben so zu N. 2 in cod. Mich. 534.

Maarib Neujahrfest:

a) רגל מהודים שבך בקר וערב bis ארוממך אליך קרב, b) אשריך אמרת כי נער ישראל ואהבתו bis מרבבה עמך רצוי, c) ביום הזכרון ישראל מי כמוך in 26 mit schliessenden Langzeilen, die letzte lautet: קרנות צדיק תרוממנה וכפיו אלהים חיים ומלך עולם רב, f) מדוד העבורנה ביום הזכרון בקש אבודינו לקבץ מאדום עלילה ה׳ מלך bis zum Schlusse וישמעאל וראה בטוב ירושלים ושלום על ישראל. Die Abtheilung c zeichnet den Namen [יה גואל — דרך המלך — מרבים נסיך — קרנות צדיק] (Machsor Nürnb.).

Meschullam b. Abraham.

Reschut für den Sabbat vor dem Wochenfeste: a) Introduction כך גזרו רבותינו מביני מדע, endigt שוכן עליונים, b) אמונה אצולה מכמניך in 3 Abschnitten, jeder mit durchgehendem Reim (בי, רה, ניך), von welchen die ersten beiden die Sinai-Offenbarung hagadisch, der dritte das Elend des Exils schildern. Endigt ויפרח פרח לבלובי בימינו ובימיכם ובימי כל בית ישראל ואמרו אמן. Der Name ist viermal gezeichnet. (röm. mss.).

Meschullam b. Isaac hat einen סדר קרשה verfasst (Abschrift Israel Breslau's vom Jahre 1782).

Antoli Kasani b. David, hebr. Serach (Aufgang, ανατολή) genannt.

1. Eröffnung für Pesach לרנן המדך תערג אלהים, strofischer Reim כה, Schluss: לך ה׳ המלוכה. Akrost. לאנטלי בן רבי דוד קואני חזק ואמץ א.
2. Reschut zur Haftara-Uebersetzung אבע שבחתא בבעיתותא בבסני רהתא ובאימתא, 10 Strofen mit stetigem Reim תא, endigt בקל משרוקיתא. Ist von Delmedigo[1]) angeführt. (Beides in Harl. 5583).

Esra.

1. Maarib für Pesach in 8 mit Bibelversen schliessenden Sätzen, Anfang ליל שמורים לעמך עם נחלתך ומוצאי ערב ובקר, endigt ישאו הרים שלום לעם.
2. Maarib für Wochenfest in 14 sechszeiligen Sätzen, in welchem die Tempelopfer des Festes behandelt

---

[1]) מצרף לחכמה 91b.

werden, Anfang: ביום הבכורים אומתך בצביון, פניה יהודשו כגלגל חמה בוהיון, יפה כלבנה מקדש חדשים בהגיון Ende: יצר סמוך תצור שלום שלום ה' יברך את עמו בשלום.

Beide Stücke sind Zuthaten (תוספת) zum üblichen Maarib. (cod. Paris suppl. 139).

3. Ofan עזוז אדירירון אדני in 5 Strofen, mit mystischen Gottesnamen, endigt על התורה ועל המצוה (Machsor Nürnb. und ed. 1585).

4. Ofan יה יושב בכם ובולו nach spanischen Vorbildern, endigt ואלפי שנאן למולו רכב רבותים (Vitry).

N. 1 und 2 haben denselben Verfasser; N. 3 und 4 gehören zwei verschiedenen an, jedoch sind alle drei Autoren dem 13. Jahrhundert zuzuweisen.

Isaac Nakdan.

1. Kaddisch ידעתיך ידידות כל סגולה, worin es heisst: חויתיך בעין לבב ועיני שופתך בכח הפעולה, welches so wie das Metrum die Einsicht in spanische Werke verräth. (Mich. 534 N. 52).

2. Kaddisch יה צור מחסי עז מגדל in 4 Strofen, endigt יהא שלמא (das. N. 53).

3. Barchu ישרו מסלות בשרו תהלות (das. N. 64).

4. Geula ירום נופל ונשוף אפל in 4 Absätzen, endigt לולי ה' עזרתה לי כמעט שכנה ונפשי דומה (H. b. 239).

5. Einheitsgesang אלי אביר יעקב ועזרתו, metrisch mit Mittelreimen und stetigem Reim תו. Hieran schliesst an ein das eigentliche Thema behandelndes Gedicht gleichfalls metrisch und mit durchgehendem Reim, dessen Anfang jedoch zu fehlen scheint; es hebt an: ישובב את שבות יעקב ויהיה לגוי עצום ולאלף צעירו und endigt יצו חסדו לכל זרע בחירו (cod. Canon. 1).

Klagelieder befinden sich in cod. Canon. 70[1]).

Mose Sofer, vermuthlich um das J. 1200 oder nicht fern von dieser Zeit. Sein Hochzeits-Ofan כבודו אפר להנשא schliesst jede Zeile שלום.

Isaac b. Mose hat folgende Klagelieder verfasst:

---

[1]) Steinschneider catal. Bodl. p. 2177.

1. איכה הוי אריאל העים יקפו, dessen letzte Strofe lautet: לשמך תן כבוד ויראו עמים, וידוך שבם אחד נואמים, הוא אלהים מלך עלמים ויבן מקדשו כמו רמים.
2. איכה יעיב באפו הגאוה והמענה. Letzte Strofe: מארך התלתי ואל אבושה, שם קדשך משגבי ומבתו אנושה, הרם קרני ואויבתי תכסה בושה כי אתה אל חי תשעתך לעזרתי חושה
3. איכה יעם והב ביה קדש להב. Letzte Strofe: חזקו ויאמץ לבבם המיחלים כי טוב הי לעולם חסדו לבני אלים לא יפול מכל דברו הטוב למשכילים לנצח לשמו על כל פעלים.
4. על ההרים אשא בכי ואניה אבל, dessen letzte Strofe: כגן הוא לכל חוסיו שמו הגדיל כי הפליא נסיו נודע ביהודה אלהים ובישראל גדול שמו במעשיו, וישמח ישראל בעשיו (cod. München 88).

In den ersten drei Stücken, welche die Versanfänge von Klagel. c. 1 bis 3 variiren, berührt er auch die Abschlachtungen die damals stattfanden; im vierten beseufzt er das durch die Eroberungen der Christen verunreinigte heilige Land.

Ausser denen des 11. Jahrhunderts [1]) und R. Isaac aus Wien führten diesen Namen: 4) ein Zeitgenosse des letztern [2]); 5) ein Rabbiner in England [3]) vor dem Jahre 1281; 6) ein in Köln lebender der mit R. Joel halevi in Verbindung genannt wird [4]); 7) ein deutscher Rabbiner i. J. 1447 [5]); 8) ein Abschreiber vom J. 1415 [6]).

Jechiel.

Reschut für einen Neuvermählten Namens Jacob:
מרשות ידידים אלה, der strofische Vers endigt יעקב (Mich. 533 N. 158).

Jechiel b. Zadok.

1. המלך יושב על כסא מלכותו, Reim הו, endigt ראשית ממלכתו.
2. שבח יום ליום יביע für Neumond am Sabbat, in 13 Strofen, mit חדש endigenden Strofenversen, preist die einzelnen Monate und endigt והיה מדי חדש.

Beide Stücke, in נשמת einzulegen bestimmt, zeichnen den vollständigen Namen, letzteres noch חזק ואמץ (cod. Opp. 1570 Q. A).

---

[1]) oben S. 154. — [2]) Or sarua § 779. — [3]) Tovey Anglia jud. p. 59. — [4]) Or sarua § 413. — [5]) Isr. Brünn Rga. 218 B. — [6]) Wolf 4, 789.

Jehosifja auch **Josifja der Proselyt**, von Jehuda b. Elieser (1313) und Mose Riete genannt, um oder noch vor 1200 in Frankreich. Aus älteren Gutachten führt R. Isaac aus Wien [1]) einen החבר ר׳ יוספיה an.

1. ידבר אל שר שלום אל רב שבטיו für עשה השלום, worin die Stämme genannt werden.
2. יה בשר שר צבאיך Segen am Hochzeit-Sabbat, mit einer Aufforderung an den jungen Mann, gegen den Dichter freigebig zu sein. Refrän ברוך אתה בבאך וברוך אתה בצאתך, hat 6 dreizeilige Strofen mit verschränkten Reimen, endigt ימלא ה׳ כל משאלותיך.
3. יום שקם שבט תומכי שת גבהות צר היה לראש für Purim (cod. Paris suppl. 139).
4. יחדו בלב נשלם שם אלהי עולם ברכו Barchu, endigt יכרעו וישתחוו ויברכו.
5. ימין אל הנאדרת גפן האדרת Introduction zu ואלו פינו im Nischmat, der strofische Vers endigt ים, der Refrän lautet ואלו שירה כים אין די. חי וקים. Schlussstrofe: חוקה מכל תעודה תהלתך החמודה ארכה מארץ מדה כל פיות לא דים ורחבה מני ים.
6. יפרח לנוחי שר משיחי für שים שלום mit שלום endigenden Strofenversen. Endigt ככסא אבי עד שר השלום.

In cod. Rossi 586 wird ihm zugeschrieben אלהיכם מלכי ודודי צרור המר für einen Sabbat mit Beschneidungsfeier. N. 1 bis 6 haben akrost. יוספיה, N. 1 hat הקטן, 4 und 5 חזק, 6 חזק לעד.

Meir b. Elasar auch genannt **Meir Lombard der Darschan** [2]), scheint um 1200—1220 geblüht zu haben. Der Name Darschan und das Maarib erinnern an Meir Darschan b. Jehuda.

1. Maarib für Pesach 7. Abend hat folgende Theile: a) בערב היא באה ובבקר bis ה׳ מלך במתכבדים נתגאה להתיקר. b) ישיש עליך ברנה bis טייבך כללך מצות. c) אדיר במרום תולה in 44 ים schliessenden Strofen, die Buchstaben מ נ צ פ כ doppelt, endigt יודו לה׳ חסדו המעלם מים. d) בגאון ה׳ צהלו מים bis צלח איתנים. e) מלך נראה כגבור אשר יאמר כי הוא זה bis ריכים ונגעים. f) גאולי bis גוים

---

[1]) א״ז, סכה 306. — [2]) syn. Poesie. S. 110.

ה׳ אשר גאלם. g) Zuthat in 7 sechszeiligen Absätzen אהל אפדנו שלם סכת מגני ושמשי nach א״ב, wohinter der vollständige Name folgt. Die letzten drei Zeilen lauten: וכים נוירך למדיך מריך אריך לעלום רבך יראום ושלמים בסכת צור לעילום רורש טוב לעמו ודובר שלום.

2. Zionide ציון צפירה פאר, endigend פאר בגדי חמודיך, zeichnet מאיר חזק.

3. אית הוואה דהנבא in 6 vierzeiligen Sätzen, alfabetische Introduction zum Targum Exod. 13, 21 (aus der Lection des 7. Tages Pesach) in welcher das Israel voraus- und von ihm ausgehende Licht verherrlicht ist. Endigt הנרעין לבני ביקרא.

Samuel b. Kalonymos der „Reimer" (החרזן), Zeitgenosse Elasars aus Worms [1]) an welchen er eine Anfrage gethan.

David.

1. דמי הבן ומילתו wenn eine Beschneidung am Festtage ist, Gesang vor dem Schlusse der Tefilla, in 5 mit שלום schliessenden Strofen, Refrän לרחוק ולקרוב שלום שלום (Opp. 1477 Q).

2. דמי ובחי ה׳ כמים נשפכו vor Beginn der Lection, am Sabbat vor dem Wochenfeste, an die Metzeleien der Kreuzzüge erinnernd; endigt ה׳ מחסרו.

Joseph aus Chartres, durch seine Disputationen mit französischen Geistlichen bekannt [2]), war der Schwager von Joseph b. Natan aus Etamps, einem Enkel von R. Tam's Zeitgenossen Meschullam b. Natan in Narbonne, blühete demnach um 1200—1210.

Die Klage אלהים בעלונו ולוקך אדונים schildert die Metzelei in York 1191 und die seit der Krönung Richards in England verübten Thaten; namentlich genannt werden die Lehrer Jomtob, Jacob, Mose, Joseph, Elia [3]). Ende תנוח בצרור החיים אבקתם ואת נחלת עבדי ה׳ וצדקתם (frz. ms.)

Jehuda b. Abraham, nach den peitanischen Ausdrücken in den Jozer ist deren Verfasser unfern dem Jahr 1200 anzusetzen.

---

[1]) סה״ר 55b. — [2]) נצחון ms. oder תשובות יוסף המקנא §§ 24, 56, 88. vgl. zur Gesch. S. 86. — [3]) vgl. zur Gesch. S. 49.

1. Jozer für Sabbat בראשית: הכל יאמירוך אל אמונה, endigend אל אשר שבת מכל המעשים (Saraval 60. Rossi 959).
2. Jozer für den Busse-Sabbat ארון המרומם על כל ברכה, endigend אליך ונשובה (Opp. 1570 Q. A).
3. (wahrsch.) Jozer zum Sabbat ויגש: אחלך ביראה וברעדה mit Ausgangen der Versanfänge, endigt וישלחני אלהים לפניכם (Saraval 60).

Die N. 1, 2, 3 scheinen von einem und demselben Autor zu sein, ungeachtet N. 3 nur יהודה חזק zeichnet; von einem verschiedenen Autor ist Selicha יאמרו אלהים נטשו אויבי. Männer dieses Namens sind: 1) der Oheim des Abraham b. David in Nimes [1]), 2) ein Zeitgenosse Samuels b. Meir in Paris [2]), 3) einer zur Zeit von Abigedor hacohen [3]), 4) der in einem Commentar zur Neujahrs-Tefilla in cod. München 346 genannte.

Jehuda Charisi b. Salomo.

אנא אדון עולם } zwei Gebete in Tachkemoni c. 14.
אלהי בושתי ונכלמתי }

5 kurze Gebete in c. 50: חסין, שוכן שעה, אלהי יעלה, ארון עולם, חצר בית, גבורות.

Das Mose-Gebet, anfangend צבאות שחקים (c. 15). Ausserdem wird ihm in Ms. Fas Luzz. ein Mostedschab für Mincha des Sühnfestes, יום תקומם כתי ומגרשי, zugeschrieben.

Jehuda b. Samuel.

1. Kaddisch יתגדל עו׳ מגדל לאביון (Ms. B. Niederhofheim f. 54 b).
2. Jozer אל ארון אביר שבחך והלולך am Sabbat vor dem Hüttenfeste, endigt לזכרון לפני ה׳ (Opp. 1477 Q).
3. Sulat אלה אזכרה בפני רב וצעיר für den Sabbat vor dem 9. Ab; die zweite Halbstrofe hebt ועתה an, den Gegensatz zur früheren Zeit darstellend. Ende: ועתה אל גבולם תשיבמו לזבולם עורת אבותינו אתה הוא מעולם.
4. Musaf-Keduscha für Sabbat נחמו: אלהיכם יוסיף ידו יקבץ.
5. Gesang für Sabbat-Ausgang: יציאת המקודש נשיר לאל

---

[1]) תמים דעים N. 11. cod. Rossi 166. — [2]) א"ז § 476. — [3]) Zidkia א"ח § 43.

mit dem Strofenschluss במהרה, endigt אמן במהרה (Vitry-Machsor).

N. 1 ist unsicher, da die Handschrift nur 2 Absätze gibt, von welchen der zweite, מלאכים נמלכים שמו anhebend und וגם בורכים ברב אימה endigend, nicht der letzte ist. Der erste Absatz zeichnet יהודה. Die N. 2 bis 5 haben den vollständigen Namen. Vielleicht gehören die übrigen 5 Musaf-Keduscha's von Jehuda ebenfalls unserm Autor an. In cod. Rossi 1274 wird die für Sabbat Bereschit אלהיכם ישביל עברו in der Ueberschrift irrig dem Jehuda Kastelin [halevi] beigelegt.

Samuel b. Jehuda b. Natanel, der ältere Bruder Isaac Seniri's.

Die Keroba zum 10. Tebet besteht aus 9 בחדש העשירי anhebenden Absätzen, welcher aus der Keroba zum 9. Ab der erste Absatz (וארץ שפל רומי ונקלה כבודי) vorausgestellt ist. Anfang: בחדש העשירי אאנח בשברון מתנים; die zweiten Zeilen heben הוא חדש טבת, die dritten בעשור לחדש an. Akrost. S. b. J. b. N. חוק לעד Ende: ואשיר רננות על שגיונה מענו אם שב ישיבני ה׳.

Isaac ha-Seniri b. Jehuda[1]) b. Natanel, Vorbeter in einem Orte der Provence, ein Dichter, der die Abendröthe der klassischen Poesie darstellt. N. 1 und 8 sind A. 1208[2]), N. 9 ist A. 1220 geschrieben.

1. אב אחד לכלנו die Composition für den Hoschana-Tag in zweizeiligen Strofen, die je zweite Zeile ein Vers in welchem in den einzelnen für die sieben Umzüge verfassten Abtheilungen die Zahlwörter eins bis sieben vorkommen. Das Akrostichon 24 Worte gross, gibt Verfasser, Ort und Zeit an (Siddur Carpentras).
2. אבודה מפינו אמונה[3]) reimlose alfabetische Rehuta mit Ringwort[4]), die Zeile zu drei Worten, endigt ואתה תשמע ה׳.
3. אבל חטאתי בדבר פי Mostedschab, Variation des Sünden-

---

[1]) zur Gesch. 316, 466, 469, 475. Ritus von Avignon. syn. Poesie 110, 290. — [2]) syn. Poesie 110. — [3]) ist gleich den folgenden — wenn keine andere Quelle angegeben — aus dem Machsor Avignon. — [4]) z. B.

פודה מצירות צורתו צורנו לקוראיו קרוב קרוב ואין רחוק

bekenntnisses אשמתי, dreifach alfabetisch; die Strofenverse schliessen ה' und geben akr. אני יצחק השנירי בן יהודה חזק אמן, endigt אמן כן יעשה ה'.

4. אתה אלהים כמה אחרו Ruf nach Erlösung; die je dritte Zeile beginnt ועמך, die vierte, ein Bibelvers, ואתה; ist eine Rehuta in 11 Strofen, endigt ואתה תשמע השמים.

5. אתה נפשי הברע reimlose Rehuta, fast in biblischen Stellen, endigt ואתה תענה ה' אלהי.

6. אחדש לקדש אבירי Introduction zum Silluk des Neujahrfestes; die strofischen Verse der 20 Strofen reimen alle ־ֵ־ח, dem Schluss מלך מוחל וסולח gemäss.

7. אלהים אל אמת אל טוב וסלח eine metrische Bakascha in 22 zweizeiligen Strofen mit dem Strofenreim לח, für Neujahrfest. Gleich der N. 1 ist im Akrostichon חשוכן בהר שניר (Rossi 997, Harl. 5794).

8. אלהים ה' חילי Sulat für Sabbat Sachor, halachisches über Purim enthaltend (Siddur Carpentras).

(wahrsch.) 9. אמת אבאר הלכות סכה Sulat für Hüttenfest, halachisch, zeichnet zweimal יצחק.

10. אתה שלום וביתך, Schalom für den 8. Azeret, wahrscheinlich unvollständig; die letzte Strofe hebt an שְׂנִיר יְמִיר und endigt בשמחה תצאו ובשלום.

11. בעוד ארני אפרנו Neujahrs-Hymnus zu ה' מלך; die 3 Zeilen jeder Strofe beginnen בעוד, ומרם, ואחר, das Ganze schliesst ואחר תחית המתים ורבים מישני אדמת עפר יקיצו ה' ימלך לעולם ועד.

12. האל הערה Kaddisch in 6 Strofen, endigt ושמי יתגדל (Mss. und Algier).

13. האל יסלח לכל ודון[1]) Rehuta, 8 Strofen mit Strofenreim, endigend ברית שלש עשרה.

14. האל מעון לכל נברא, die Strofenverse endigen קדם und das Ganze במו שהודעת לענו מקדם, ist gleich N. 13 und 17 Introduction zu אל מלך יושב.

15. האל נתן לי נקם Schalom für den Sabbat Sachor, fünfzeilig; das erste Wort der dritten Zeile reimt mit den ersten drei Zeilen.

---

[1]) syn. Poesie 291.

16. תריסה יד מרוממה 'ה Techinna für Esther-Fasten, der strofische Vers endigt עמלק. Endigt מלחמה להי בעמלק.
17. יושב קדם בחביון Gebet um Regen, mit dem strofischen Reim מים, endigt אל מלך יושב על כסא רחמים.
18. יהודה החטאה Tochecha [aabb[1]]. Ende: אליכם אקרא אישים יחדו כראשים כרשים לעבוד פני אל קדם כי זה כל האדם.
19. יסר יצרך ונעיר Mostedschab (Thema: Hosea 14, 2 שובה.... אלהיך), endigt כי ערך אלהיך, 15 Strofen. Statt des bekannten צקון לחש sagt unser Dichter וצוק לפניו לחשך (Tripol.).
20. יעיר לבבי רציוני Mostedschab (Thema: Ps. 119, 55 זכרתי בלילה שמך), endigt ארוממך אודה שמך, 14 Strofen (Tripol.).
21. יקר יה בשירי Mikamocha für den ersten Passah-Tag, der strofische Vers schliesst טל.
22. כל פה צח בפסח Meora für den siebenten Passah-Tag, schliesst עד קרן משיחו יצמח יהל נר יקרו השך אהלוך עת יצמח על ראשי לאורו.
23. מי צור בצורנו Meora für Wochenfest, endigt ותורה אור (Mich. 443).
24. נפש נקיה מרום עליה Introduction für Nischmat in 5 Strofen, ein Mowaschech, endigt כי אל שמך יפקד עת התחיה (frz. Machsor ms.).
25. נשמת הדופים רדופים für Passah, den Namen geben die Anfänge der Strofen: הדופים — שרידים נודדים — השרידי בוטח — צבאות — יהודים — יראיך יודעיך d. i. יצ[חק] בן[ן], es fehlen mithin mehrere Strofen.
26. נשמת ידידים חרדים für Wochenfest in 6 Strofen.
27. נשמה שש במתן תורה dessgleichen (Ms. Kopenh.).
28. עמך בית ישראל, Tochecha [aabb], im Strofenverse סלח, Sühngebet. Ende: צדקתך או בקהל רב אבשר ואומר אקרא לאל רם וגדל כח כי ירבה לסלוח.
29. קולי במוסר ארים, Tochecha [aaa], Inhalt ähnlich dem von N. 18. Ende: והאריך ימי מנעמי והיה לי כמרומי אמת ושלום בימי.

---

[1]) syn. Poesie 136.

30. אנוש להבל דמה, Tochecha [aabb], im strofischen Verse הבל, endigt ימי חיי הבלך.
31. שנה שנה האל יוצר בראשית Einleitung zu „Barchu“ am Neujahr, in welchem die ersten Worte aller Zeilen einer Strofe reimen [1]), die Verse der 5 Strofen endigen שנה.
32. שמים כסיל כל בני קדר, Ofan der כבודו לעולם endigt: „der Nabatäer vertrauet den Sternen, der Araber der Lehre eines Verrückten und Uz zwei Balken [2]).“ Aehnlich in N. 1 [3]). (Mich. 443).
33. שעיר חטאת, 5 Zeilen, endigend רצון צור יוצרה ותהי; Andacht ersetzt Opfergabe (Wiener Verz. S. 49).
34. שפתי אפתח ברנני Introduction zu dem Busse-Ritual, der strofische Vers schliesst אבינו, das Ganze כפתחנו לפניך היום סלח לנו אבינו.
35. אש יבער בהגיגי Klage am 9. Ab, die Zeilen schliessen abwechselnd בחדש השלישי und בחדש החמישי (cod. Rossi 485).
36. שדה צען לצור נושא עדניו endigend רוחו בחפניו (ed. 1545 N. 34).
37. יקר שירי הגשתי in 5 Strofen die נפשי schliessen; endigt ה׳ מלטה נפשי (cod. Günzb. 2 N. 134).
38. אחד אתה האל נדרש לכל שואל Silluk Neujahr in Absätzen, die אֵל endigen (cod. Günzb.).

In 9 Stücken (N. 1, 5, 8, 17, 18, 19, 20, 21, 29) ist der Name des Grossvaters [4]) angegeben; in N. 6 und 13 נרו, in N. 8 auch חב״ם [5]) hinter dem Namen angebracht. N. 2 zeichnet השנירי שץ, N. 10, 32, 33, 36 שנירי, N. 22, 24 nur שניר, N. 26, 37 haben יצחק שנירי, N. 30 יצחק השנירי הנדכה, N. 35 אני יצחק השנירי. Von seinen Compositionen ist nur N. 12 — abgekürzt — in das ältere Machsor der Deutschen übergegangen. N. 30 hat auch der französische Ritus.

Bechai.

1. Bakascha ארון הכל אשר לו הגדלה in 30 Zeilen, akrost. בחיי חזק א״ב und.

---

[1]) syn. Poesie 103. — [2]) ועוצים שני עצים למחסם, vgl. עצי עוצי im Reschut יבש בעצר. — [3]) אומה משולשת מקוששת שנים עצים. — [4]) fehlt in der Ueberschrift in שפתי רננות ed. Livorno bei N. 18 und 20. — [5]) zur Geschichte 333, 369.

2. Bakascha ארוממך אלהי כל ימותי.
3. Tochacha ביום למשפט אקרא הסרך יה יקרה למול, dreizeilig.
4. Techinna ה׳ בהעצר שמי והכלא גשמי bei Regenmangel.
5. Pismon בנפש לך שוקקה.
6. (viell.) Mostedschab אות היא ביני וביניכם (Thema מזמור שיר ליום השבת) zeichnet אברהם.
7. Reschut בצר פקדנוך וזכר בריה 5 Strofen, für Pesach.
8. Barchu נעים שמך להודות על רוב חסדיך, für Wochenfest. Eingang und 4 Strofen [3ab, 2AB].
9. Elia-Lied הנה כעב של בציה. Refrän אנכי שולח לכם את אליהו.

Charisi.

1. Ahaba für Thorafest: חולת צבי למה
לבך כים סוער
לבי באיד נדמה
2. חסדך זכור שדי.
3. חצות לילה קמתי.
4. Mostedschab אשאלה משובבי סנה סליחה פשעי ועוני (Thema כה אמר ה׳ צבאות אני ראשון) endigt ואתם התרישון.
5. Selicha מושב, wie es scheint für Passah-Abend am Ausgang des Sabbat: אחד חשף זרוע לעם הנכחד שדי mit אחד schliessenden Strofenversen. Refrän ה׳ אחד ושמו אחד. Ende: מלך עליהם ורועה אחד.
6. Selicha אליך כפיתי ופניך חליתי.
7. Poetisches Tischgebet נודה לאל על מפעלו endigt הוא משה רבינו.

N. 1 ist in einem provenzal. Machsor ms., 2 und 3 verzeichnet Pinsker, N. 4 im Tripoli-Machsor 4. Ausg., 5 und 6 in cod. Bodl. 613, N. 7 im karäischen Gebetbuch (Th. 4 N. 147) wo es R. Jehuda Charisi zugeschrieben wird, von dem wir aber schönere Verse gewohnt sind.

Chija zeichnen folgende Selicha's[1]) spanischer und provenzalischer Riten:

1. אלהים ממעוניך שעה שעה.
2. בקר והנפלתי mit Strofenversen die ה׳ schliessen. Ende: התום בעבור הענו והעובר על פניו ויקרא בשם ה׳.

---

[1]) Von בכל הארץ יהוון העצומך (onomast. S. 64), einem Gebet für Neujahr, ist der Verfasser nicht angegeben.

3. היום נקראתי ארח והלך Pismon für den Vorabend des Sühnfestes, endigt באשר תלך.
4. חטאותי ואשמותי מנעורי endigend ואפלה על פני.
5. חטאי מנשוא גברו endigt ולא נאבד, hat zu Anfang Anklänge an N. 2.
6. חרדיך נכלמו בהתיצבך לריביהם, Introduction (נמר) zu לך ה׳ הצדקה.
7. חשתי לחלותך מתוך מצוקתי endigend רוחי ונשמתי, ein Reschut des Vorbeters.
8. לכו נפיל פנינו endigend מארבע הרוחות, Refrän לה׳ אלהינו הרחמים והסליחות.
9. Keduscha גבהי שמים endigt הבו לה׳ כבוד, wird in Ms. Fas dem Chija Daudi zugeschrieben.
10. אין מנחה רקוחה[1]).

Die Nummern 3, 8 und 9 zeichnen חיא, die übrigen חייא. N. 1 und 4 sind in catalonischen oder provenzalischen, N. 2 ist im Avignoner Ritus, N. 3 und 6 in cod. Bodl. 613, N. 5 im Machsor von Tripolis, N. 7 in dem von Oran, die Nummern 8, 9 und 10 im ältern sefardischen Machsor.

Scheschet.

1. Klagelied איכה יעיב.
2. (zweifelhaft) Nischmat für Wochenfest שבטי ישורון לישעך שואפים[2]).
3. für Hüttenfest: Geula רחמי ידיד כליל הוד אחוה ואדל, endigt את עבדך גאל ישאל ישאל. In der Ueberschrift: בן ששת (Mose b. Scheschet?).
4. Meora שאלו ידידי בעדי in sechssilbigen Halbzeilen, deren 10 in jeder der 4 Strofen sind. Ende: הוציא לפרח הודי שרש ועשה פרי.

Die Männer Namens Scheschet, die meist in Aragon und Catalonien, auch Provence, zu Hause waren, s. in den Noten zu itiner. of Benj. de Tudela B. 2 S. 3ff.

Abraham halevi b. Chisdai in Barzellona.

האל אשר מדד in 7 Zeilen gleichen Reimes (Prinz und Derwisch c. 29).

---

[1]) Dukes in נחל קדומים S. 61. — [2]) die Strofen geben akr. ששתאי, ob ששת oder שבתאי?

Mose b. Nachman Gerundi [רמבן], in Gerona geboren, ansässig in Barzellona, in Palästina gestorben, bekannt unter dem Namen **Nachmanides**, ist vielleicht der erste, der Ausdrücke kabbalistischer Metaphysik in den Piut einführte.

1. Mostedschab מראש מקדמי שלמים (Thema אמר אני מעשי למלך) für Neujahrfest (Catal.).
2. Ofan מידך יה כבודך in drei Strofen mit Mittelreimen, Strofenschluss כבוד. Endigt ישאו זמרה למורא תנו לה׳ כבוד.
3. מקדש מלך ובית מלוכה. } Klagen.
4. ירושלים עיר הקדש צאי in Prosa. } Klagen.
5. הילילו הה ליום הוקבע בו בכיה לדורות auf den Tod seines Vetters Jona b. Abraham, vielleich ist dort die von Jacob Gavison angeführte Stelle.
6. Techinna ה׳ רפא שבריה כי מטה, für die drei Trauerwochen vor dem 9. Ab.
7. העיר הרתה וילדה Seelengedächtniss für Abraham Chasan b. Isaac (cod. Rossi 1221).
8. Rehuta, von Simeon Duran erwähnt.
9. Mocharach, desgleichen [1]), und zwar daraus die Stelle:

    כך רוח בשם נקבה
    חוה כשגל נצבה
    ממקור החיים חוצבה

    die keinesfalls von Maimonides herrührt.
10. Gebet für Seefahrer, anfangend אנא האל הגדול הגבור והנורא [2]). Eine Stelle aus einem Piut von Nachmanides führt Schemtob Gaon an [3]). — Zu den ihm untergeschobenen Prosa-Gebeten [4]) gehört: Reisegebet אנא עלת העלות והחלת (Siddur ital. ms.)

Jehuda hacohen b. Mose, deutscher Rabbiner um 1240 und ff., wie aus den Rechtsgutachten jener Zeit hervorgeht [5]), hat Klagelieder geschrieben; die Autorschaft beruht auf Ueberschriften in den Mss.

---

[1]) מגן אבות 84a. — [2]) wird in הכרמל Jahrg. 2 S. 93 für unbekannt gehalten. — [3]) מאור ושמש 46b: כשחק ביום סגריר כבלה יפיפיה דמות לה והוא הרבי וקשתי ביום נשה. — [4]) onomast S. 237. — [5]) Meir Rothenburg 112c. Chajim א״ן N. 103, 221.

1. ואתאונן ואקונן מרה über die Ermordungen in Frankfurt vom Jahre 1241 (cod. Rossi 585 Vol. 2).
2. איכה בדד ישבה עיר ירושלים חרבה } (cod. Mich. 444).
3. תשר"ק נפלה נפלה עטרת ראשנו nach }

Kresbia Nakdan, wahrscheinlich b. Isaac [1]) der im Jahre 1242 lebte, verfasste Asharot nach der Ordnung der Gebote bei Maimonides, denen ein kurzes Gebet vorangeht:

ארוממך ה׳ מלכי וגואלי, 6 Strofen mit אלהים ה׳ anhebenden Strofenversen, akrost. אני קרשביא שמי הנקדן חזק (Vgl. Dukes in Ozar nechmad Th. 2 S. 102, ישרון 4. Jahrg. S. 18).

Mose de Coucy b. Jacob, der Verfasser des „Semag", hat eine Bakascha für Büssende und Reuige verfasst, die schon zu seiner Zeit verbreitet war [2]) und die er auf den Knieen zu beten empfahl. Sie findet sich Opp. 654 O.

Kalonymos Nasi.

Asharot für den grossen Sabbat, die Observanzen für's Pesach-Fest beschreibend, anfangend בנים שמעו לי; die 2. Strofe את מועדי ה׳ eröffnet das Alfabet und das Thema; in Allem 39 Strofen die auf Bibelverse ausgehen und mit dem Pismon ימינך אל נגלתה schliessen, dessen 7 Strofen שמחה endigen; das Ganze schliesst רנו ליעקב שמחה. Der Name ist zweimal gezeichnet; „Nasi" erscheint in der Ueberschrift des Siddur Carpentras. Bedarschi betrauert den Tod des Don Kalonymos. In Charisi's Zeit lebte Kalonymos Nasi in Beaucaire.

Jehuda b. Schneor, auch genannt Jehuda הזקן [3]), ein Zeitgenosse von Jacob b. Salomo aus קורשן [4]), der um 1260 lebte [5]), ist Verfasser der Zionide ציון הלא תדרשי לשלום ידידיך, welche die grausamen Martern schildert, denen die Juden unterworfen wurden. Der Name ist nach Beendigung des Alfabets vollständig gezeichnet. Enthält 45 Strofen. Er wird

---

[1]) zur Geschichte S. 82, 114. — [2]) Semag Gebot 16, auch angeführt von Abraham b. Ephraim in dem Auszuge (סימני סמ"ג ms.). — [3]) cod. Vat. 312. — [4]) zur Gesch. S. 42. Meir Rothenb. Rga. ed. Cremona N. 79. — [5]) das. N. 144, 146, ed. Lemb. N. 450. Ein jüngerer in Ascher Rga. 4, 10.

Semak 153 und bei Aaron hacohen (שבת § 324) angeführt. Ein älterer dieses Namens fiel 1096 in Worms.

Joseph b. Ascher.

Ahaba יונה נשיאה בכנפי נשרים in 8 Strofen, von denen die erste, dritte und fünfte Israel, die übrigen Gott spricht. Der Strofenbau ist 3ab, cccA. Strofe 7 lautet: שמעו יחזמו אתם ואמכם כימי שמי יעמד שמכם ומיד קמי אדחש רמכם אשיב נקם לצרי אל חיקם ודרבי ריקם לא אשיבה. Ende: ואתגך ברזכה ועדי משכה כרבלי אהבה. (Vitry § 299).

Joseph b. Jehuda, von Bedarschi als Dichter genannt, verfasste:

1. Neujahr-Keroba.
   a) אדר היקר העיר מבולו nebst Kerundsch יושיע וישב.
   b) יונת אלם מזה האור nebst Kerundsch יראה ויוקשב.
   c) צמח צדיק אצפצף; die Strofenverse endigen in a Abraham, in b Isaac, in c Jacob[1]).
2. Mostedsch. יהל ישראל אל ה׳ (Thema לישעתך קויתי ה׳) zeichnet auch noch קרדי.
3. יחיד באחד יוצא משנים Barchu mit Refrän, in räthselhafter Sprache, daher in der Handschrift mit einem Commentar.

N. 1 ist im catalonischen Machsor, N. 3 in cod. Rossi 166, der nach Monpellier hingehört; N. 2 enthält Bodl. 613 N. 666.

Joseph [Jehoseph] Ezovi b. Chanan b. Natan in Perpignan, um 1270[2]).

1. Sulat Wochenfest אגיד חסדי האל mit vollständiger Namenzeichnung.
2. אזכור ימים מקדם, Rehuta den zehn Märtyrern gewidmet, zeichnet אני יהוסף האזובי, enthält 28, im gedruckten Text 27 Strofen[3]).

---

[1]) syn Poesie S. 82 Anm. e. — [2]) zur Gesch. S. 465. oben S. 361.

	[3]) cod. Michael 443	אשכורות Avign. f. 48 a.
Str. 24.	למות ר׳ אלעזר, Elasar b. Dama	אעיר נהי, Jehuda b. Dama.
— 25.	אוי כי נשפך דם Jehuda hanachtom	(fehlt).
— 28.	יודע ומבין	Str. 27 ה׳ רם ונשא.

Abraham b. Chajim, dessen Sohn Levi das לויה חן geschrieben, ist Verfasser der in Avignon und Carpentras üblichen Keroba zum Sabbat Para:

a) Magen אספרה אל חק, א' bis ח', endigt וזאת חקת התורה, nebst Kerudsch ישראל יושע אל.
b) Mechaje טהור עינים, ט' bis ע', endigt ונתתם אותה לאלעזר, nebst Kerudsch הפרה עוד יגל אל.
c) Meschalesch פרות שלח, פ' bis ת' und noch eine Schlussstrofe עומד למערב die מדמה באצבעו endigt; akrost. אברהם בר חיים הרב.
d) Silluk אלפתנו להטהר zweizeilig, mit vollständiger Namenzeichnung, die 5 letzten Strofen haben Ringworte, endigt וזאת אלהי ישראל יעריצו.

Schemtob Palquera b. Joseph, der ethische und philosophische Schriften geschrieben und 1290 noch am Leben war, verfasste im J. 1264 u. ff.:

1. Bakascha לך יוצר לך נפשי צמאה, Klagen über Gewalt und Sittenlosigkeit.
2. Gebet אשר ברא בריאות in 10 רים reimenden Strofen.
3. Betrachtung מה ארומם אל נורא עלילה שברא in 52 reimenden Strofen, nach dem Versmasse der Gabirolschen Asharot, schildert die Menschen nach der Stufenfolge ihrer sittlichen und geistigen Stärke. Endigt: אשר להיותך לה לאור תתאו כמה.

Todros halevi [b. Joseph] [1], gestorben zu Sevilla im Jahre 1283, wohl derselbe den Joseph Naamias einige Male in seinem Commentar zu den Sprüchen anführt.

Vidui רבונו של עולם לא במקרה לבבי המם ימם, in welcher nach der Variation des אשמתי der Schlusstheil anfangend ועתה ה' ידעתי כי חטאתי מני ים רחבה und endigend אות כאות תיבה בתיבה einerlei Reim hat. Das Ganze in dem damals üblichen freien sogenannten Meliza-Stil.

Isaac b. Jehuda Gerundi auch genannt ן' פשאר; der Titel הנדיב scheint dem Vater zuzugehören. Möglich dass er selbst der Isaac Nasi in Barzellona ist, dessen Charisi er-

[1] zur Geschichte S. 432.

wähnt. 17 Nummern seiner Composition für das Neujahrfest [1]) sind im onomasticon (S. 120 u. f.) verzeichnet, wozu noch gehören:

18. Pismon יגלה צור ישעך, gleich den Nummern 8, 16, 17 nur יצחק gezeichnet.

19. Hymnus אדירי ישרון [2]) mit Refrän ה׳ מלך u. s. w.

Isaac b. Samuel hat gleich dem nächstfolgenden für catalonische oder provenzalische Gemeinden gedichtet.

1. Pismon יראה טהורה יראו דגיא mit stetigem Reim, endigt ביד נביא אליה איש הבשורה.

2. Mikamocha für Wochenfest אלהי קדם נעלה על כל גבוהים, der strofische Vers schliesst תורה, endigt ויכתוב משה את התורה (cod. Günzb.).

Isaac b. Samuel halevi, wohl der in שטה מקובצת Ketubot 29a genannte, wo er החכם הגדול heisst.

1. Asharot für den Sabbat vor dem Sühnfeste ארברה בראשון מביני, dreifach איב.

2. Pismon ירב גדולתך יוצרי רצונך (cod. Paris suppl. 13).

Mose de Scola Gerundi b. Salomo, der Neffe von der Frau des Nachmanides, der seiner Gedichte gedenkt.

1. Kaddisch für Sabbat Sachor מחדש שיר כעת הדש שיר חדש, endigt ואוי תקדיש.

Pismon für Purim:

2. שיר ארכה חדש שירו לאל.

3. (viell.) המן נלחץ ומרדכי נושע.

N. 1 zeichnet משה בר שלמה und hat im Ms. die Ueberschrift לר׳ משה ששקולה ז״ל; N. 2, in cod. München 407 לר׳ משה בשקולה גירונדי überschrieben, משה; N. 3 משה חזק. Ich lese überall דאשקולה oder דישקולא, wie dieser Name in cod. Kenn. 425, cod. Wien N. 117, cod. Turin 145, cod. München 343 lautet. Vgl. deutsch-morgenl. Zeitschrift B. 18 S. 175.

Salomo b. Isaac Gerundi, ein Zuhörer von Nachmanides [3]), um das J. 1250—1270.

1. Sulat שב מן הפסילים, das Leben Abrahams verherrlichend, der strofische Vers schliesst אלהים. Der voll-

---

[1]) vgl. syn. Poesie S. 82 Anm. d. — [2]) Ritus S. 43. — [3]) Salomo Duran Rga. 456.

ständige Name im sechsfachen Akrostichon. Ist in cod. Rossi 860 irrthümlich Jozer überschrieben.

2. אל נגלה במדות variirt die 13 Middot.
3. שובבה לא שבה Klage für den Sabbat vor dem 17. Tammus, die auch die zehn Märtyrer aufzählt, in 7 Strofen, endigt ובישועה מרעה יעש לבלתי עצבך (Ms. Baer).
4. שבורה ולא מיין, Klage für den 9. Ab, zeichnet zu Anfang שלמה.
5. Tochacha אנא אלהי משפט [aaa] endigend מוסרי צוארך.

Der Salomo b. Isaac, welcher ein Gebet für Abr. Abulafia verfasste [1]), zeichnet ברבי (nicht בן) und macht andere Verse als der unserige.

David b. Alexander.

Klage אזכרה נגינותי mit abwechselnden Ausgängen.

David hacohen. Von den folgenden Stücken sind N. 1 und 2 im Algierischen, N. 3 ist im französischen, N. 4 im Avignoner Machsor.

1. Kaddisch יחד בני עליון רננו, endigend ויאמרו תמיד יגדל אלהים, der strofische Vers schliesst אלהים.
2. Barchu השתחוו וברכי לפני צור מעוני, endigend בברכי נפשי את ה׳, der strofische Vers schliesst ה׳. Die letzte Strofe ist im Algier-Machsor einem fremden Barchu des Sabbat Sachor angefügt.
3. Ofan אופנים וחיות יחדשו שיר לאל, endigend כלם לך קדשה ישלשו.
4. Selicha דלת חסד ושערו, endigt הבא את האנשים, die Strofenverse endigen אנשים.

Sämmtliche Stücke haben je 5 Strofen und sind auf gleiche Art gebauet, nur fehlt der Selicha die Introduction. Der Dichter schildert mit besonderer Liebe die Grösse und Unergründlichkeit Gottes, dessen Lichtglanz den Forscher blende יחשיך אור רב יעור בעורים יגששו (3), מלהטי שלהיו סנורים בעיני בהלו מהביט בהודו (2); man kenne die eigene Seele nicht und wolle Gott ergründen, u. s. w.

---

[1]) הפליט S. 34.

Daniel [oder Durbel?] b. Jacob, vermuthlich unfern den Jahren 1200—1240.

Maarib 8. Azeret אעיר לך תפארה והלל.

Ruben Liebkind.

Ahaba אמונתך בגולה für den Hochzeit-Sabbat.

Dunasch.

1. Barchu ברכי יהידה את הוד לבושו (ed. 1545).
2. Sabbatlied דרור יקרא, im Vitry-Machsor.

zur Hochzeitsfeier:

3. דבוק חתן ברוך endigt וגם ברוך בצאתך. Wurde beim Aufrufen gesungen.
4. דוי הסר, vor dem Tischgebet. Die drei letztgenannten haben gleiches Metrum und sind älter als 600 Jahre.

Dunasch b. Jesaia hat das Machsor von Oran

Mose b. David halevi.

Das antichristliche Gebet מום השמיני יגדל יפשה, im Uffenbachschen Katalog p. 300 u. f., scheint dem 13. oder dem Anfange des 14. Jahrhunderts zuzugehören. Männer des Namens Mose halevi s. zur Geschichte S. 101. 439, Ritus S. 195, Luzzatto in Ozar nechmad Th. 2. S. 12. Ein Abschreiber lebte A. 1467 (cod. Rossi 102).

Abraham b. Samuel; einen Commentator dieses Namens nennt zur Geschichte S. 79.

אל מי מגואלי דם hat weder Reim noch alfabetarische Ordnung, ein Bussgedicht, welches die menschlichen Glieder und Neigungen als die Feinde und Verführer darstellt. Ist aus dem spanischen in die Ritus von Avignon und den byzantinischen Gemeinden übergegangen. Wird in Harl. 5583 irrig Abenesra zugeschrieben.

Elia b. Zadok.

Maarib Hüttenfest. a) אומתך סודרת bis ואמונתך בלילות, b) ברצף ענני כבוד bis את האהבה, c) אתן רוממות, א׳ bis ש׳ jeder Buchstabe zwiefach, Refrän בחג הסכות, anknüpfend an die vierzeilige Strofe המלא בסכות bis ויברכנו. d) ברכה בקרב הארץ bis עשות עמנו, e) דורך בים bis וקדושו,

f) חוצב להבות bis סכת שלומך. Akrost. in a und b und ebenso in den letzten 4 Strofen: אליהו בר צדוק חזק.

Irrthümlich hatte Heidenheim den Vater יצחק, Almanzi den Sohn אברהם genannt, Landshuth (onom. S. 13) den richtigen Vaternamen übersehen. Die in einigen Mss. vorkommenden 3 Schlussstrofen אנא באזרוע u. s. w. gehören einem andern Verfasser (Isaac) an.

Menachem b. Aaron.

Maarib für Purim ליל שכורים הוא זה הלילה. In dem mittleren Theile vor בגילה hebt jede Zeile פורים an und endigt בליל חג פורים. Dahinter lautet der Schluss wie folgt: ארור האיש אשר אוכל פולין כהושים, מפי המלך והנשיא והראשים כל בית ישראל יעלו עליו חמושים לגרשו מתוך קהל קדושים. Offenbar war diese Parodie der Festmahls-Freude, nicht dem öffentlichen Gottesdienste, gewidmet.

Jechiel b. Isaac, genannt Michelmann aus Zülpich, vermuthlich im 13. Jahrhundert, und nicht zu verwechseln mit dem gleichnamigen des Jahres 1381 (onomast. S. 101) der הכהן zeichnet.

Maarib Hüttenfest:

1. ישמחו im gedruckten polnischen Machsor.
2 a) אנוה אלי, b) דגול מרבבה, c) אביעה בניב והגיון zwiefach alfabetisch mit Refrän בירח האיתנים בחג, d) וכרון חכת שלם, e) כעב תעופינה, f) צורי אחסה. Das sechszeilige Schlussstück beginnt אעלך על ראש שמחתי, endigt וידעת כי שלום אהלך und zeichnet nach Beendigung des א״ת ב״ש: הצעיר יחיאל בר יצחק חזק (Mich. 542 = Bodl. 73).

Jacob Menu (מנוי), auch genannt Jacob Chasan (cod. Rossi 1326), ist Verfasser der Habdala במוצאי יום מנוחה in 12 Strofen, die Zeile zu 6 Silben. Die römische Rezension hat 2 Strofen mehr (ראה עניי und זה אלי), dagegen fehlt ihr die Strofe 11 במוצאי יום גילה, die vermuthlich, wenn Sabbat zugleich Festtag war, statt der ersten gesungen wurde.

Jerachmiel b. Salomo hat Keduscha's verfasst für Orte, wo der Gottesdienst nicht mit der erforderlichen Zahl von 10 Grossjährigen abgehalten werden kann.

1. יה נכתיר לראשך in zweizeiligen Strofen mit Schlusssätzen aus Keduscha נעריצך. Ende: יראו רבים חוק מלכותו אום אשר בחר לו יה nebst ימלוך bis הללויה.
2. לבדו ימלוך עליכם וקולו ישמיע יחיד בכל שמשך, endigend באזניכם אני ה׳ אלהיכם. Für Festtage noch ein Absatz לאלהינו ה׳ עבדו ביראה, schliessend יגדל רום הכן מלכות אלהים בתחת ובעליה (a. F. 174 f. 238).

Jischai b. Mordechai.

Sein Gesang איש חסיד היה findet sich in den jüngeren Rezensionen des Machsor-Vitry. Man begegnet diesem Namen unter den Vorfahren des Dichters Isaac b. Isaac, s. oben S. 332.

Jehonatan.

Sabbatlied יום שבת קדש הוא in 9 Strofen, jede siebenzeilig, die sechste Zeile mit Mittelreim, nach der Form aaab, bccb; nur in der achten Strofe (זה האות) hat die Schlusszeile den Reim a.

Mordechai b. Isaac, vielleicht noch Levi.

Sabbatlied מה יפית in 8 Absätzen, jeder von 3 Strofen, von welchen die ersten zwei Strofenreim haben, die dritte, zuweilen mit Mittelreim, hat die Form abba, nur einmal gleichen Reim [aaaa]. Einen Rabbi dieses Namens nennen die Tosafot Nidda 36a (zur Geschichte S. 34).

Mordechai b. Joseph, entweder der ältere, ein College R. Elasar's in Worms[1]), oder der jüngere A. 1294 in Worms gestorbene[2]).

איכה אשיבה אל אישי הראשון כי נוהמתי Klage wegen Mainz, wo die Juden aus den Wohnungen gestossen, ihre Habe geplündert und mehrere erschlagen wurden; wie es scheint ist von einem Märtyrer Ephraim, auch von einer Frau die Rede, die sammt ihren Kindern und ihrer Schwester umgekommen. Vgl. synag. Poesie

---

[1]) Rga. Chajim א"ז N. 222. — [2]) Rga. Meir Rothenb. N. 11, Rga. Ascher 42. Vgl. כתובות zu הגהות § 818, 846, המגיד Jahrg. 3 S. 142, Rga. Sal. Aderet Th. 4 N. 152 (wo b. Joseph halevi).

S. 32. Die Strofenanfänge sind die ersten Worte der Verse von Klagel. c. 1. Endigt ברחמים רבים ככתוב וכו׳ (Vat. 312. Mich. 444).

Joseph b. Meir, vielleicht der Oheim Meir's von Rothenburg.

Klage ארמון נוטש עוזב טוב soll bei Gelegenheit der in Paris verbrannten Gesetzrollen verfasst sein, 32 dreizeilige Strofen; endigt תודה וקול זמרה.

Joëz b. Malkiel hat 3 Klagegesänge verfasst:

1. את ישראל ויושע ואויבי כגדי לשסע בצאתי ממצרים nach dem Muster von אש תוקד, endigt ונוה קדשך תכון בשובי לירושלם.
2. אבכה ואילילה ברמע וביללה על שבר בת עמי, Reim מִי, endigt mit על שבר בת עמי.
3. טַף ונשים את התמוז מבכות, dreizeilig, endigt מהרה הפכם כסדום ועמרה, betrifft die Ermordung von sieben Unschuldigen in Weissenburg im Jahre 1270. Die Nummern 1 und 2 haben den vollständigen Namen, N. 3 folgt dicht hinter jenen und ist zwei alten Handschriften zufolge desselben Verfassers.

Nehemia b. Aaron החבר [im Akrostichon noch: חזק ואמץ בתורה].

Maarib-Zuthat für den 8. Tag Pesach, die das Mose-Lied in sechszeiligen Strofen variirt: ויושע ה׳ נשואים מיד נפתוחים, endigt אודך בנועמיך טובים דודיך מיין למנצח וטעמך תפרוס עלינו סכת שלומך (Opp. 1568 Q. A).

Binjamin Sofer um 1277.

שות השערה שיתו Trauergesang in 5 Strofen auf den zum Feuertode verurtheilten Simson, endigt בבית אלהים לנצח.

Jakar halevi b. Samuel, der Zeitgenosse Meir Rothenburg's, in Köln und Mainz ansässig, dessen Randglossen zum Abot-Commentar noch in Mss. vorhanden sind und der von einem älteren gleichnamigen zu unterscheiden ist[1]), verfasste:

1. Jozer für den Hochzeit-Sabbat אקדם ואיכף בשירה ערבה, endigt שבת ענג וקדוש ה׳.

---

[1]) vgl. Mordechai Mezia c. 9.

2. Ofan אל נערץ במרומי זבולים mit durchgehendem Reim, endigt אופני גלגלים.
3. Sulat אהבה כלולה משוכה חסדים, endigt בימי נעוריה.
4. Keduscha אלהיכם יחיד ונשא ומכל נעלם.
5. Sulat אלהים נעתי אזכרה den Märtyrern von Pforzheim gewidmet.
6. Keduscha אלהיכם יצרי טבען לחיות בריותי אתי in 11 gleich reimenden Zeilen, endigt קבוץ טלאיו יחיש ותנשא מלכותו.
7. Geula ישינך אלי גואלי רוממת חסיר מדוה מסוה כלימה, in drei Strofen, jede zu 5 und 5 Zeilen. Endigt ה׳ צורי וגואלי.
8. Zionide ציון ה׳ לכם בחר מעניך, der Name ist in zwei Strofen angedeutet [1]); cod. Mich. 542 nennt den Verfasser הרב רבינו יקר הלוי. Akrost. noch: העלב. נחם ציון אמן חזק סלה.

In Pforzheim wurden, vermuthlich 1271, R. Samuel halevi und dessen Sohn Jakar erschlagen, wie die Klage אזעק beweist, und in cod. Michael 534 wird bei Nennung des Verfassers vom Jozer N. 1 וצ״קל hinzugefügt.

Natan.

איש יולד עליון Schlussgesang am Hoschana-Tage, zweizeilig, endigt בבנין בית המקדש. Den Namen geben die Worte nach dem ת: תשועות נתן — תחן נשבע — ורע קדש (Ms. A. 1290).

Meir b. Jechiel aus סולי, dessen Stücke nur im mittleren Deutschland üblich waren.

1. Ahaba für den Sabbat des Mose-Liedes (ש׳ שירה) in 11 Strofen, deren Refrän אשירה לה׳ כי גאה גאה (Exod. 15. 1).

   Die erste Strofe: מעודד ענוים חום בקע במים רבים צרים שקע והעביר נלאה אשירה.

   Die letzte: לציון יקדש ונשיר חדש קריה יחדש ובית המקדש בנויה בנאה אשירה.

2. Geula für den Sabbat des Dekalogs in 12 Strofen, jede עשרת הדברים schliessend.

---

[1]) יחמו קרבי — בנים — רכו — שכלו מתים ואל — הלמו וניפצים.

Die erste Strofe: מלא רחמים כוקן נגלה תורות תמימים תורה בגלה כאחת אמורים עשרת הדברים.

Die letzte: חסודה מאהבתך ושקוי לעצמות וכיתה לעדחך קרומה בקדימות חביבים יתרים ע״ה.

3. Klage in 10 Strofen.

Erste Strofe: משכנותיך אלהים החריב מחרימי הרג ולא חמל על גפן כרמי מי יתנך כאח לי מנחמי כי נמכרנו אני ועמי.

Letzte Strofe: למלכות ודון מהרה תעקר וכור עניי ומרודי מותי לבקר בוחן כליות ולב חוקר נאמר מי יתן בקר.

In cod. München 17 hat das bekannte ארזי לבנון dieselbe Ueberschrift wie N. 1: דה״ר מאיר, ist daher vielleicht in einigen Ausgaben des Machsor unserm Verfasser zuertheilt.

Jacob b. Isaac.

Geula יַשרי יונה סָלול אָרחך mit stetigem Reim, endigt קבץ אקבץ נדחך ממערבך ומורחך (ms.).

R. Isaac aus Wien [1]) erliess ein ausführliches Schreiben an R. Jacob b. Isaac, der bei ihm angefragt hatte, ob man einen Mann, der unvorsätzlich einen Menschen getödtet, als Vorbeter anstellen dürfe. In einem Commentar zu אדיר דר מתוחים (Rossi 655) wird R. Jacob b. Isaac der erschlagen worden angeführt.

Salomo Nasi b. Isaac Nasi Cail (קאייל), A. 1285 in Marseille [2]).

Gebet מי לא יראך מלך הגוים in gereimter Prosa, mit 12 אנא anhebenden Sätzen und einem Sündenbekenntnisse, endigt וזה חלקי מכל עמלי שמה יעלה חבלי יהיו לרצון אמרי וכו׳ (Machsor Avign. ms.).

Jacob b. Jehuda Volateranus [3]).

Klage über die im Jahre 1288 in Troyes verbrannten 13 Märtyrer [4]), anfangend יוצע על בשרי שק ואפר כלו בעשן מלמדי ספר מאורי זיקות.

Jacob b. Natan.

Hochzeitsgesang קול דוד יונה תמה in 9 zweizeiligen Strofen (Anf. ישמע בערי יהודה); die je zweite Zeile ist ein קול anhebender Vers, die ersten Zeilen geben akrost.

---

[1]) א״ז § 112. — [2]) Isaac de Latas Rga. S. 98, wo jedoch „Nasi" nicht vorkommt. — [3]) Catal. Assemani zu cod. Vat. 322. — [4]) syn. Poesie S. 33, oben S. 362.

יעקב בר נתן, Ende: נורא בהוד יהדר קל ה׳ בהדר (Vitry. cod. Lips. 25 N. 9).

Ein Rabbi dieses Namens lebte gleichzeitig mit R. Isaac aus Wien [1]), wie es scheint in Oestreich und ist wohl derselbe, der in den alten Tosafot [2]) und am Rande eines Semag ms. mit R. Salomo correspondirend vorkommt.

Hassan.

חשק לבבי להלל בניבי | beide für Pesach in einem ca-
חושה חסן יה לבשרי | talonischen Ms. des 13. Jahrh.

(viell.) חדש ששוני אל נא, bereits im Vitry-Machsor Sec. 13., eine Habdala.

Ein Peitan Salomo ibn Hassan wird in jew. chron. 1847 N. 88 aufgeführt.

Melgueiri, von Abr. Bedarschi genannt [3]).

Mocharach zum Thorafest מנחה טהורה אקריב לפניך, ein Mowascheeh das die Hoheit der menschlichen Seele schildert, schliesst קרבן אמרים יתן בעד נפשו היקר בומרה נפשי בעינך (Algier).

Joab b. Binjamin in Rom, 1280 u. ff. [4]).

Kaddisch יה מלכי מנעה מכבי in 8 Strofen, endigt ושמו למשגב לי ותוחלה, wird in den Handschriften dem Rabbinen (הרב) J. b. Binjamin zuertheilt.

Abraham Abulafia b. Samuel aus Tudela, als mystischer Schriftsteller und Prophet bekannt.

1. Bakascha תהי ידך לעזרני.
2. אשתעשע במשול (Harl. 5583. ed. 1545), wie Benjacob in einer Note ms. glaubt.

Abraham halevi, so hiess ein Zeitgenosse des Elieser b. Natan [5]), ferner einer des R. Ascher [6]) und der Vater R. Samuel's halevi. Drei andere gibt zur Gesch. S. 60, 93, 114 an. Dem Assemanischen Kataloge zufolge ist eine Zionide ציון מכון שבתך נהרס von R. Abraham halevi.

Abraham der Astronom (החוה), ihm wird die Zionide ציון קחי כל צרי גלעד zuertheilt, die eine Bekanntschaft mit Mondlauf und Kalendersätzen zeigt.

---

[1]) א״ז, ו״ט § 329. — [2]) zu Sabb. 21 a. — [3]) zur Geschichte 463, 472, 481, vgl. 557. — [4]) meine Analekten, Joab S. 46 ff.. — [5]) אבן העזר 7 d. — [6]) Rgs. 99.

Das Buch ס׳ המצות (cod. Mich.) oder שערי המצוות (cod. Luzz.) von R. Abraham החוזה, aus welchem Elasar's ס׳ הנפש grosse Stellen anführt, ist Abenesra's יסוד מורא[1].

Abraham b. Baruch, der Bruder R. Meir's aus Rothenburg.

אזעק במר לב Klage über die Märtyrer von Pforzheim (1262 und 1271) in metrischen Zeilen mit Strofenreim; besonders hervorgehoben ist das Andenken an R. Samuel und dessen Sohn Jakar, die erschlagen wurden. Endigt ויז נצחם עלי בגדי.

Abraham Bedarschi b. Isaac[2], des Todros halevi Zeitgenosse, Dichter und Lehrdichter, besang seines Sohnes Jedaja Mem-Gebet in folgendem Distichon:

בני חוצב להב בטורי מי והב ראה ערכם ורהב בהמגע כפרם
ראה אם מימיך אוי בא דומך היאמר עמך ונתתי מכרם

Er selber verfasste:

1. eine Bakascha für Sühnfest, die er בתי הנפש auch בית אל nannte, weil sie aus 412 (בית) Worten besteht, in denen nur die Buchstaben Alef bis Lamed (אל) vorkommen, daher sie unter dem Namen Lamed-Gebet bekannt ist. Anfang: לך אלי בגלגלי וכולי, hat Metrum und durchgehenden Reim. Der Autor widmete seiner Arbeit folgende Verse:

בית אל מים שיר משיתי חפץ לראות אור יראנו
דורש תכלית פלא בנעים זמר בית אל ימצאנו.

2. ein Gebet genannt אלף אלפין, anspielend auf Daniel 7, 10 weil es aus tausend mit Alef anhebenden Worten besteht, es beginnt אלהים אלי אתה אשחרך אל אמונה ארך אפים אל אלהים אדני, endigt אשבע או ארעב אלהי אליך איחל אמות או אחיה אשבר אל אמתך אבאב או אשמח אליך אני אבטח. Auch diesem Gebete gehen zwei Zeilen תכון תפלתי[3] voran.

Joseph b. Abraham.

Klage für den 9. Ab: ירושלים הנאהבה, mit Refrän

---

[1]) Mittheilung Luzzatto's, 14. Oct. 64. — [2]) zur Geschichte S. 463. — [3]) כ"ח 4, 57.

איכה היית עיר נעזבה, endigend כי הנני בא, mit kabbalistischen Vorstellungen durchwebt[1]), so dass der Verfasser wahrscheinlich Joseph Gecatilia ist[2]), dem in cod. H. h. 210 die Ermahnung ישנים הקיצו וציצו מהרך zugeschrieben ist; diese enthält 10 Strofen mit Strofenschluss דרך und endigt ומלאכי מרומים ישים בדרך.

Pinchas halevi b. Joseph[3]).

1. Asharot zum Sabbat vor dem Neujahrfeste אלהים נצב בעדה אל נורא על כל אלהים ומשלו על עפר, dreifach א״ב, die Sätze schliessen mit Bibelstellen, endigt אשמעה קול שופר. Vidal de Tolosa führt diese Asharot an[4]).
2. Hymnus אסיר תקוה לקץ ימן לא יאמין כי יספר in 7 siebenzeiligen Strofen, deren Schlüsse שופר. Refrän Jes. 18, 3 כנשא bis שופר. Ende: לשום שפלים למרום במופתים ובמוראים במופתים ובמוראים בחצוצרות וקול שופר (Catal.).

Rechabja.

Barchu רוממו אל חוסיו in 12 Strofen mit peitanischer Ausdrucksweise, die ersten 8 Strofen geben akrost. רחביה חזק, endigt מתגרכים בעם ברכו. Vgl. zur Gesch. S. 55 und 93. (Opp. 1570 Q. A. Rossi 1033 im Register N. 104.) In cod. Foa 1 wird zu Tekiata אפדר R. Rechabja angeführt mit einem Ausspruch Namens R. Schemarja.

Nachum spätestens um das Jahr 1300, vermuthlich im südlichen Spanien oder in Fas, ein Dichter nicht gewöhnlichen Talents. Die drei ersten Nummern sind Mowaschech.

Meora 1. נאוה בעז התאורי [N. 1]
2. הסתוו ארח ארח מעצבי [N. 2][5])
Geula 1. גדד וברכם צץ בנני [N. 3]
2. ימין עד אי ואי הסוך [N. 4]
Techinna 5. ה׳ נתתנו לשמה ביד בוז ושנה, der strofische Vers endigt דוד. Ende: חסדי דוד
6. ה׳ גולו עיני ונפלו פני endigt והבט פני משיחך (ms. Kopenh. und cod. Leyd. 94).

---

1) והיא מושבת לכל התחתונים בכתר עליון קשורה — והיא סוד ספירות לדת יומים. — 2) Dukes rel. Poesie S. 148. — 3) zur Gesch. S. 474. — 4) onomast. S 307. — 5) N. 2 und 3 übersetzt in Sachs relig. Poesie S. 131 bis 134.

Matatia.

Sulat für den 3. Sabbat nach dem Passahfeste אלהים אין בלתך למה ארונים וולתך לחצו את רעיתך in 24 dreizeiligen Strofen mit Klagen über die Zumuthungen zur Taufe. Ende: חדש לשמך רוממות כתופפו בתוך עלמות בתתך ים לערימות (Machsor Nürnberg).

Chajim b Jakar.

Meora für den Hochzeit-Sabbat חבוש פאר ציון מלך עליון endigt ואשירה בקול ואקרא בחדוה וצהלה וקול ששון וקול שמחה קול חתן וקול כלה.

Chajim b. Baruch genannt Chajim Paltiel, vermuthlich in Erfurt oder Magdeburg.

zum Sabbat des Mose-Liedes:

1. Jozer ארנן לבקר מופתים וחסדי אל, endigt עיר אלהי משכני עליון קדוש, variirt den Text.
2. Ofan חסין יה הוה והיה וכל נהוה יעידהו in 4 Strofen, endigt דרשו והיו לבי ועיני. Refrän: קדוש קדוש קדוש ה׳.
3. Ahaba חצי יונים עשר מונים mit Mittelreim. Schlusszeile: חי חי יקודיך ואף ידודיך הן יודוך עמים כלם.
4. Sulat חסר צו״ לבי אומר, endigt עמך פראים לנו קומה עורתה לנו.
5. Geula גאוני תהום שתו והיו יבשה גאולים שבחו שירה חדשה, endigt חגה וחדשה.

zum Sabbat des Dekalogs:

6 Jozer אודה יוצר חסד נוצר, endigt חבל ה׳ ישראל מפיו אמר האל קדוש.
7. Ofan חלק ה׳ עמו בצבאיו הוא אות in 6 Strofen, endigt המה כל עת קוראות. Refrän: קקק ה׳ צבאות.
8. Ahaba אני אלוף רנו אלוף כבבש אלוף וכעדר נשבה mit vielen Völkernamen und Assimilationen, offenbar der Ahaba שננו nachgebildet. Die Abtheilung hat 10 Strofen, das Ganze 7 Abtheilungen. Schluss: עוד עזובה; Refrän ist לא יוכלון כבות אהב כאשר עזה כמות אהבה.
9. Sulat חזק עמי לבך מופתי הראיתיך, endigend עורי מעם ה׳ עשה שמים וארץ.
10. Geula אני ביום עברה איד נכון לצלעי, endigend או חללת עלה יצועי, hat verschränkte Reime. Refrän: מימי אירא ה׳ אורי וישעי.

Die Nummern 2, 4, 6, 9 zeichnen den vollständigen Namen; 1, 3, 5, 7 חיים; 8, 10 אני חיים. (Opp. 1072 F. 1569 Q. München 69 und 88).

Abraham b. Joseph, A. 1298 im südlichen Deutschland getödtet.

1. ציון הלא תשאלי לשלום אמוניך, endigend כי תמו עניך. Er sagt: אתנה במרה ולא ארע במתקה עדי אראה אריאל ביד האל ארניך.
2. Hochzeits-Reschut, jede der 4 Abtheilungen hat durchgehenden Reim:
   a) קראתיו בצדק מרשות אב ורם אל עליון nach אב, endigt עד הנה בא יבא ברנה.
   b) עלה ומרשות אחורה ושמורה לאלף דור נשורה, endigt אלי ההרה.
   c) האמר שר ומרשות אבלי בעה גבורה nach אב, endigt צבא הי עתה באתי.
   d) במזבח לו העלה במעלות, endigt ומרשות איתנים. (H. h. 239).

Die Abtheilungen a b d haben den vollständigen Namen.

Menachem, der Vater des Tamar.

Klage אני מנוחה לא מצאתי בעון, vierfach alfabetisch mit Ausgängen aus Klagel. c. 4, endigend לעם עני ואביון תם עונך בת ציון. In der Handschrift (H. h. 130 N. 44) fehlen alle Strofen von ב' bis ש'. R. Menachem b. Tamar lebte um 1310[1]) und ist der unserige oder dessen Enkel.

Tamar b. Menachem, des R. Ascher[2]) Zeitgenosse.

Klage אספדה ואלילה ואספוק כף mit stetigem Reim רה, endigt וחשב עלבונם ושברונם כובחי שלמי תודה ואת תורת העולה היא העלה על מוקדה. Schildert die Abschlachtungen vom Sommer 1298 im südlichen Deutschland.

Mose Cohen b. Elasar.

Klage מה קול הצאן הזה באזני über dieselben Abschlachtungen, bestehend aus 4 Absätzen, jeder mit stetigem Reime. Endigt וכל בית ישראל יבכו את השרפה (H. h. 37).

---

[1]) Chajim א"ז Rgn. 69. — [2]) Rgn. 3, 7.

Arje.

1. Reschut Nischmat רמות כסא כבוד לך בהדום Introduction und 5 Strofen, ein Hymnus in Form der Mowaschech, endigt ורוח כל בל עדיו לבלום (Machsor Oran ms.).
2. אל שוכן שמים הופיעה מזבולה (Ms. Fas).
3. אש ומים איך דבקו die Kraft der Elemente und die Kraft der Liebe (תקון מדות הנפש f. 6).

Ephraim b. Jehuda.

Sulat Pesach ויהי בחצי הלילה אמיץ הגר חמה, variirt in den Anfängen und Ausgängen der Strofen die Festlection (Exod. 12, 29 — 42); vielleicht wird der Verfasser von Jerucham (אדם וחוה 15, 5 § 10 f. 134 c) angeführt. Vgl. oben S. 348.

Arje Jehuda hajarchi b. Levi.

1. באו ימי פקודתכם dreizeilige Tochacha für den Tag vor dem Neujahrfest, in den Strofenversen kommt מעשה vor, akrost. אריה יהודה הירחי ב — לוי חיתו באור תראה — אמן אמ.
2. אסירים המקוים für Sabbat Para.

Berechja. So zeichnet zuweilen Berechja halevi, welchem wohl N. 1 und 2 zuzutheilen.

1. Kaddisch ברום גלגל.
2. Purimgesang המן על העץ ומרדכי יועץ, die strofischen Verse schliessen עֵץ.
3. אשמתי ואשמו נאות משבני mit יום schliessenden Strofenversen, illustrirt die Vidui.
4. בנים בלבב נבלם } Sühngebete; die N. 3, 4, 5 enthält
5. שובו שובבים } das Machsor von Tripolis.
6. ברבות עתים וימים eine Habdala, Refrän אליהו הנביא, scheint von einem andern zu sein.

Schealtiel b. Levi.

Geula הן בכל יום ויום שאגת אריה וקול שחל ולביא, endigt להללך אהועד; 3 Strofen. Refrän: ה׳ ימלך לעולם ועד (Opp. 1072 F. N. 44).

Schemaja.

שבט יהודה ברחק zweizeilige Bakascha.

אודה לאל לבב חוקר mit Strofenversen die בקר schliessen; für die Reinheit der Seele Sorge zu tragen.

נפלה עטרה כתר ראשנו zum 9. Ab, אל יחוננו (Machsor Fas ms.) oder כתר ראשנו (ed. Livorno 1800 Th. 1 f. 118) endigend.

Machir.

Reschut zur Keroba 8. Pesach מסוד מלומדי תורה (frz. ms.).

Mose Samuel, ein provenzalischer Dichter[1]), ist vermuthlich der Verfasser des אחלה ליוצרי, das dem Neila vorausgeht und ואל — אני משה gezeichnet ist. (Avign.)

Mose b. Salomo halevi.

Eröffnung אודה ה׳ בכל לבי אספרה כל נפלאות משגבי (Poc. 74).

Mose Levi Chasan.

Ofan מהלך וכלין אלי ירושה משמע ודומה endigt כלם באימה אומרים קדושה (cal. und Ms. hisp.).

Elia Levi.

Klage בת ציון שמעתי in 7 Strofen, zeichnet אליהו לוי חזק (cal. und röm.).

. . . . Nakdan b. Samuel.

Musaf-Keduscha für Chanuca-Sabbat אלהיכם נערץ בקדש ועל בכור עשר ספירות mit durchgehendem Reim, endigt הגבורות, akrost. נקדן בר שמואל (Machsor ms. Prag).

XV. KAPITEL.

Piut-Dichter von J. 1300 bis J. 1540.

Die letzten zwei Jahrhunderte des Mittelalters haben wenig jüdische Dichter von Bedeutung aufzuweisen: die kühle Speculation vertrat der Poesie den Weg in Spanien; in Provence und Katalonien sank die Kunstfertigkeit zu Buchstaben-Bakascha's herab: der Meliza-Stil verband Poesie mit Philosophie. In Deutschland verfiel die Kenntniss der Sprache; die gottesdienstliche Dichtung wurde weniger von hervorragenden Autoritäten als von Vorbetern ausgeübt, die mitunter den Trova-

---

[1]) zur Geschichte S. 474.

tore's und Bänkelsängern ziemlich ähnlich waren. Da nicht jede Gemeinde im Besitze von Machsor und Sammlungen war, so veranlasste dieser Umstand den Vorsänger zu eigenen Arbeiten, zumal wenn fremde Vorbeter spanischen Piut, den man nachahmen wollte, eingeführt hatten. Als solche werden genannt Mose Catalano in Italien, früher 24 Jahre im Vorbeteramte zu Barzellona[1]); Aaron ebendaher, der in einer italienischen Synagoge die Benediction für die Loskaufung des Erstgeborenen einführte[2]); Elasar aus Catalonien, der in Neapel einen Piut von Jehuda halevi vortrug[3].) Aus den Vorbetern, die meist auch Abschreiber waren, bildete sich ein eigener Stand, auf welchen die talmudkundigen Rabbiner etwas vornehm herabsahen: grösstentheils arm, auf Spenden bei Lectionen und Hochzeiten und auf öffentlichen Beifall angewiesen, verfertigten sie Empfangsgedichte und Lieder; die lustige Feier an Purim und am Tage der Gesetzesfreude gab hie und da ihren Erzeugnissen einen Beigeschmack von Spassmacherei. Daher aus כתבי, כתב, das im 13. Säculum Dichter und Epigrammatist, im 14. Abschreiber bedeutete, der Ausdruck כתבות für Scherz- und Räthselschrift wurde, dergleichen z. B. Isserlein (1440), Joseph b. Mose (1470) für Chanuca anfertigten. Der letztere, um כתבות zu retten, verwahrt sich gegen diese Bezeichnung für Räthsel, die קטפות, nicht כתבות, heissen![4])

In Italien war im 14. Jahrhundert Dichten eine Kunst, ein Gewerbe, in welchem Unterricht ertheilt wurde[5]). Die besten Gedichte lieferten damals noch Spanien und die Provence, minder gutes die italienischen und griechischen, das wenigste die gedrückten und verfolgten deutschen Juden. In der ernsten Poesie und in den Prosa-Gebeten vernimmt man bald kabbalistische Mystik, bald die Schulsprache der Aristotelischen Scholiasten: manches Gebetstück ist ein gereimtes Compendium von Sätzen aus der Sittenlehre, der Himmelskunde und der Grössenlehre, — ebenso unverständlich den Nachkommen, als der schwere Saadianische Piut den Vorfahren. Uebrigens wurden fast alle Gattungen der gottesdienstlichen

---

[1]) cod. Sorbonne 8. — [2]) cod. Paris a. F. 183. — [3]) cod. Rossi 965. — [4]) cod. München 405 (Steinschneider's Excerpte). — [5]) meine Analekten N. 6: Rom S. 198.

Poesie auch jetzt noch angebauet, sogar Pesachjozer. Die grösste Zahl der Dichter lieferte Spanien (44). Dann kommen Griechenland (25), Deutschland (17), Italien (15), Provence (11), Africa (8), der Orient (4). Etwa von 13 Verfassern ist die Heimat unbestimmt.

Jedaja b. Abraham Bedarschi, genannt Enbonet Abram, als Philosoph und Stilist bekannt, ist Verfasser des Mem-Gebets מרום מראשן, das mit Gott und dem Geiste beginnt und mit dem gebrechlichen Menschen und den Leiden Israels endigt; ferner einer Rehuta[1]) in 22 Zeilen, jede der ersten 20 Zeilen hat 8 Worte, die alle mit demselben Buchstaben anheben, so dass sie akrost. die Worte אני ידעיה הפניני בר אברה herstellen; die beiden letzten Zeilen geben ם בדרשי — חזק. Anfang: אמרתי אשמרה ארח אבותי, Ende: ושמעת אל תפלת עבדך.

Abbamare Jarchi b. Mose in Monpellier, von wo er 1306 sich nach Arles, später nach Perpignan wandte.

Klagelied אבא לאסף מצוה in 6 Strofen, schliesst ראה אני הגבר.

Ruben b. Isaac[2]) richtete eine Anfrage an Binjamin b. Jehuda[3]), lebte um 1300 und höchst wahrscheinlich in Monpellier oder doch in jener Gegend. Die Verjagung aus dem südlichen Frankreich im J. 1306 hat wohl seinen Techinna's Stoff und Farbe gegeben. Sie sind für Montag und Donnerstag jeder Woche bestimmt; von den 50 die er verfasst[4]) sind 46 gedruckt[5]). Das erste Wort nach ה׳ hebt durchgehends mit dem Buchstaben Resch an; sie zeichnen sämmtlich den Namen Ruben, einige den vollständigen Namen. Alle haben Strofenverse, die auf ein bestimmtes Wort ausgehen, so z. B. die erste ה׳ ראשן den Schluss ארץ, die zweite ה׳ רב העליליה den Schluss לפניך, die dritte ה׳ ריבה את יריבי den Schluss נפשי, u. s. f. Zweifellos desselben Verfassers ist die Techinna für Gedalja-Fasten ה׳ רבו משערות ראשי, zumal bereits vier der erwähnten Techinna's ה׳ רבו anheben.

Ruben.

Pismon רנתי לפניך צור, endigt ייטב לך משור פר.

---

[1]) aus einer A. 1836 benutzten Handschrift. — [2]) Ritus von Avignon S. 680. — [3]) cod. Rossi 166. — [4]) H. h. 134. — [5]) סדר התמיד (Avignon 1767) Th. 1 f. 70—90. Wolf Th. 3 p. 983

Salomo Aderet b. Abraham [רשבא], 1308 in Barzellona gestorben, schrieb ein längeres Gebet, das nach einigen Bibelstellen (Ps. 102, 1 und andern) anhebt: ואביון לעליון יתן קולו וישיב אליו נשמתו ורוחו ואשר מחומר קורץ, hat eine schöne Sprache und drückt in poetischer Form schöne Gedanken aus, eine Art Königskrone. Nach der Versicherung Schemtob's ibn Gaon in בדי הארון 1, 5[1]) hat R. Salomo es zu eignem Gebrauche verfasst.

Joseph b. Salomo Jachia.

1. talmudische Decisionen in poetischen Strofen, eine Art Asharot, die in einer Feuersbrunst untergegangen.
2. Trauergedicht auf den Tod R. Salomo Aderet's in Barzellona, durchgehends mit Echo - Reimen, Anfang: קרחה מלהרחיב כנשרים שרים חושו ותחה שיר אמרים מרים.

Joseph b. Scheschet ibn Latimi in Lerida verfasste A. 1308 ein tausend Worte starkes Gebet, in dem jedes Wort mit 'א anhebt, mit sehr künstlichen Akrostichen. Anfang: אאמיר את אדוני אותותיו אפרשה.

Joseph ibn Suli[2]) b. David, der in N. 2 und 9 auch Chasan zeichnet, ohne Zweifel der Schreiber in Toledo vom Jahre 1306[3]).

1. Ofan ישב משמים לילו ויומו in 5 Strofen, endigt 'ה ממקומו.
2. Mechaje zum 9. Ab: ירדתי להתחתיות ואבד, zeichnet יוסף בן סלי חוק חזן.

Mostedschab:

3. יחיד לבקש רצונך עמדתי ובצל (Thema: צדק ומשפט מכון כסאך), endigt ישלח דברו וירפאך, akrost. יוסף בן שול.
4. אריד בשיחי ואהימה (Thema: כפר לעמך ישראל), endigt ונסלח לכל עדת בני ישראל, akrost. אני יוסף בן סולי, eben so in N. 6.
5. יחיד יושב הכרובים (Thema: ה' אחד ושמו אחד).
6. לך אמר לבי בעודי (Thema: חצות לילה אקום להודות לך), endigt קנה לך.

---

[1]) Munk zu cod. Orat. 65. — [2]) Dass ich ihn für älter als Mose b. Esra angesetzt ist ein Irrthum des onomast. S. 95. — [3]) Sen. Sachs Verzeichniss S. 48.

Tochacha:

7. אל ישב רך שבי נפשי לקונך והבלטי מעונך [aabb], endigend נבלם, akrost. יוסף בן שלי יחי.

8. יום תשפט המונך אם תבאם בדינך [aaa], zeichnet יוסף בר דויד ניע בן אלבנשולי הי [ק]. Die Ueberschrift zu N. 4 lautet in ed. 1519 ebenfalls לרבי יוסף אלבנסולי ז"ל, ebenso zu N. 7 in Ms. Fas Luzzatto. Vgl. N. 9.

9. Klage לשבת איך משכני עליון für einen Sabbat in den Trauerwochen, endigend באלהים דבקו, zeichnet אבן אלבנסולי הזאן.

(viell.) 10. Thorafest-Gesang ישישו בו כל חוסיו, zweizeilig, zeichnet יוסף בר דויד.

Abraham Kortabi.

1. Techinna für Esther-Fasten ה' אלהי אברהם יצחק, endigt וראה את שוממותינו, akrost. אני קרטבי, Ueberschrift לר' אברהם קרטבי ז"ל.

2. Reschut אכסוף לימים היוה כבוד; ebenso überschrieben.

3. Pint אם הזמן יעברני, gezeichnet קרטבי.

Kartib. Introduction zu שפרוה: קחו עמכם דברים ושבו אל אל נערץ ברום ובולו ist dreifach קרטב gezeichnet.

Abraham de Carpentras, vielleicht Abraham b. Isaac aus Carpentras, genannt Don Abram de Monpellier [1], der 1306 lebte und ein Schreiben an Abbamare b. Mose gerichtet hat.

לב חלל בהליל Eingang zu den Asharot (cod. Günzb. 10).

Joseph Bonfos b. Jischai.

Reschut zum Neujahrfest יהיו לרצון אמריה ישוחר, endigt ענק על צוארון.

Chija b. Josia.

יחד עשיר ואביון vierzeilige Tochacha, endigt כי ענק הסליחה (Avignon).

David b. Jehuda [2].

1. Techinna für den 9. Ab: ה' דרכי חכמה ושבילי לבנה, endigt ואנחנו לא נושענו.

2. Selicha ובכן שובו בנים שובבים שובו אל אביכם mit Strofen-

---

[1] מנחת קנאות N. 92. — [2] syn. Poesie S. 218.

reim, endigend יושב הכרובים, ist ein Mostedschab in 14 Strofen.

Esthori Parchi b. Mose aus der Provence, der Verfasser des כפתור ופרח, hat in diesem seinem A. 1322 in Beisan in Palästina vollendeten Werke (c. 6) ein kurzes Gebet in Prosa zur Erinnerung an den zerstörten Tempel zu Jerusalem, anhebend ארון יחיד אל הבית הזה und mit Reimen schliessend, endigt כי תתנהו לשם ולתהלה.

Kalonymos b. Kalonymos hat im אבן בחן, das er Ende 1322 geschrieben, folgende zwei Gebete, beide in poetischer Prosa:

1. Hymnus mit daran anschliessender Ermahnung, anfangend מה רבו מעשיך ה׳ עושה פלא.
2. eine Variation des Sündenbekenntnisses (אשמתי אשום אשם לה׳) mit Einleitung und Schluss שומע תפלה חנני.

Abraham Cohen b. Marino, vielleicht aus dem 13. Jahrhundert und in Corfu heimisch, verfasste für Sabbat Sachor zwei in Nischmat einzufügende Stücke:

1. vor ואילו פינו: אמיץ ברב גדלו הפליא in 9 Strofen, endigt בנה בית אל מים.
2. vor כל עצמותי: אבי אבי לך אקרא, endigt לך לך מארצך.

Joab b. Jechiel aus Rom, zubenannt מן הכנסת oder מבית אל, vermuthlich der von Immanuel angegriffene Dichter Joab [1]), der ein שיר היחוד [vielleicht die N. 8] verfasst.

Pesach:

1. Jozer אשא קולי וארים יוֹם יום אַבִּיע אמרים אספר גדלו לדור דורים שיר השירים; Ende: תאר שבינתו עליו אסף עמודיו עשה כסף.
2. Silluk צאינה וראינה את זהר בית הבחירה; endigt נגה אורו יאיר כשני אורים.
3. Ofan, zwiefach alfabetisch, ראשו אפודת כסאו מה נורא, endigt ברוך כבוד ה׳ ממקומו.
4. Sulat אתבת השם מעודך, endigt יעלה שם קטרת סמים על הרי בשמים.
5. Die beiden Abtheilungen: a) על הרי בשמים מקום דירת

---

[1]) meine Analekten [Joab] in Geiger's Zeitschrift.

אותנו in drei Sätzen, endigend כי נאה נאה; b) ברח דודי אל מכון מקדשי in drei Sätzen, endigend גאלנו מעולם שמך.

Wochenfest:

6. אל פלאי מקדם אומר für נשמת.

Neujahr:

7. אברע אקוד לפני מלכי für נשמת.

Sühntag:

8. יה נמצא ולא נרצה, Kaddisch.

N. 1 zeichnet J. b. Jechiel מן הכנסת und ist überschrieben Joab מבית אל (Sorbonne 91. cod Rossi 740). Dieselben beiden Bezeichnungen sind bei dem Namen „Jechiel de Betel b. Jekutiel de Synag." (in der Unterschrift des cod. Sorb. 90) ferner bei „Abraham harofe de Synag. b. Joab de Betel" im J. 1396 in Perugia. N. 4 und 8 haben den vollständigen Namen; in Handschriften wird N. 6 dem Joab de Betel, N. 7 dem Joab de Synag. zuertheilt [1]); beide haben akrost. nur Joab.

Joab b. Natan b. Daniel aus Rom, auch genannt Joab הקטן. Sein Piut für das Passahfest hat folgende Theile:

1. Jozer אמת צדק ומישרים יהגו שפתי ישרים אטופף לפניו בשרים שה״ש.
2. Sillük צאינה וראינה ישרת יקרה מפנינים.
3. Ofan ראשו אוור עטרת hat 6 Absätze.
4. Sulat ארום אשר מלך יאמר לפורי קהלך, endigt על הרי בשמים.
5. a) על הרי בשמים in 3 Sätzen, b) ברח דודי in 3 Sätzen und פלא יועץ אל גבור endigend.

Die Nummern 1 und 2 haben eine vollständige Namenzeichnung auch mit ממדינת רומא [2]).

Israel b. Israel dichtete verschiedene Stücke für das Sühnfest und ist vermuthlich identisch mit Israel b. Joseph (Ritus S. 30) dem Bruder des Astronomen Isaac.

1. בריח או ברתו האל für Mincha Sühntag am Sabbat, worin auch die vorletzten Worte der Zeile reimen. Ende יום שכולו שבת (H. h. 205). Ebenfalls nur ישראל gezeichnet sind:

---

[1]) Luzz. מבוא S 23, 26, cod. Saraval 60. — [2]) Luzzatto מבוא S. 23.

2. מה נכבד היום לפני שוכן עליה in 4 Strofen, endigt וראה אותו וחיה (Rossi 1377 N. 82).
3. ישוב כיום אנוש לבוראו (das. N. 175).
4. ירדתי פלאים (Bodl. 613 N. 89).
5. יודעי תרועה קולכם השמיעו für Neujahr.
6. יגיעי כח נקיים וטהורים eine Tochacha für Mincha, die ונסו יגון ואנחה endigt.

Jachiun in Daroca.

Tochacha מלך חפץ בחיים אל נורא ואיום [abab] (Bodl. 613 N. 12).

Ahaba יונה שבחה קנה בין für die Trauerwochen (cod. Michael 443).

Israel und Salomo ibn Jachiun werden einige Male von Gedalja Jachia (51b, 61a und sonst) genannt. Israel lebte im 14. Jahrhundert, Jacob Jachiun im J. 1290.

Joseph ibn Vakar b. Abraham in Toledo [1]), ein bekannter Mystiker, Verfasser eines Werkes, worin die Uebereinstimmung der Kabbala mit der Philosophie versucht wird.

Mostedschab אספרה כל נפלאותיך האצלה אלהי (Thema: אל אחד ושמו אחד), ein Einheitsgesang in 27 Strofen, dem der Verfasser selber einen Commentar hinzugefügt hat.

Schemtob.

Mostedschab für Neujahr אליכם אקרא זרע אמוני (Thema: הודו לה׳ קראו בשמו), endigt ולברך בשמו, akrost. אני שם טוב חוק נצח.

Schemtob Ardotiel b. Isaac, der Uebersetzer von Israel's Ritualwerk (um 1330).

1. Vidui רבונו של עולם בראותי בחורותי leidet theilweise an dem Wortschwall des Meliza-Stils, der auch in seinem Kriege zwischen Feder und Scheere, in Sahola's Parabelbuch und anderen Erzeugnissen jener Epoche hervortritt. Die Stelle von dem Kampfe der Elemente wird in einigen Gemeinden weggelassen [2]).
2. Bakascha מרום מראשון מסתתר מאישון besteht aus zweitausend mit dem Buchstaben Mem anhebenden Wörtern.

---

[1]) Narboni zu More 1, 28. — [2]) תפלת ישרים Livorno 1800.

Israel halevi b. Joseph in Avignon, ein Arzt, genannt Krescas Kaslari, um das J. 1327.

מי כמוך יוצר שם רוח אדם Mikamocha für Purim, die Geschichte des Buches Esther erzählend, der strofische Vers schliesst מה, enthält etwa 240 Strofen.

Isaac b. Joseph ibn מניר, um 1330 in Tudela, schrieb בארות יצחק talmud. Commentar und verfasste unter andern eine Geula in dem Metrum von Nachums נרד וכרכם (ms. H. Schorr). — Joseph b. Isaac und Isaac ibn מניר waren des Isaac b. Scheschet (Rga. N. 79, 80, 396) Zeitgenossen; Schemtob ibn מניר lebte A. 1569.

Isaac b. Joseph b. אלנקף.

Sulat 7. Pesach אתה האל עושה גדוליה mit Strofenreim, endigt זה אלי ואנוהו; der Verfasser lebte vielleicht schon im 13. Jahrhundert.

Isaac b. Israel[1]).

1. Tochacha הנשמה לך והגוף פעלך, vermuthlich für den Vorabend des Sühnfestes.

Vidui:

2. Schacharit אהודה ליוצר בראשית פעם שניה בלב חרד ונפש רמיה (cod. Rossi 1377 N. 51), ist in cod. H. h. 205 f. 412 für Musaf und endigt אהודה בעדי ובעד כל הקהל הקדוש הזה אשמנו בגדנו וכו׳.

3. Musaf רבונו של עולם אוסיף להרים קול במוסף קול גדול (das. N. 109).

4. Mincha רשע ויתר בעלות המנחה בהעלותי על לבבי (span. Machsor).

5. Neila רבון העולמים חתמנו לחיים (das.).

Immanuel b. Joseph.

Klage אקונן במרה בצום עצרה für den Sabbat vor dem 9. Ab, 19 Strofen mit Strofenreim, endigend עם אל קרואים, schildert erlebte Verfolgungen, vermuthlich aus dem 14. Jahrhundert in spanischen Ortschaften (cal.).

Faradsch (פארג).

פזורי נדר נוון für den zweiten Sabbat der Trauer-

[1]) zur Geschichte S. 425.

wochen (Haftara שמעו), 5 Strofen, endigt קרושה ירננו (cal.).

Isaac Kimchi b. Mordechai in Salon, genannt Mestre Petit de Nions, ist der Verfasser der in Avignon und Carpentras üblichen auf נים reimenden Asharot; vgl. Steinschneider in Landshuth's onomast. S. 124 und meinen Ritus von Avignon (Zeit. d. J. S. 679 u. f.). Er hat auch die Asharot Gabirol's erläutert und lebte noch im J. 1341 [1]).

Serachja aus Barzellona s. unten Serachja.

Elasar b. Jacob.

1. איך העלים אוניך (Ms. Damask.),
2. אל נערץ בינות צבא גלגליו (das.),
3. אלהי הצבאות (das.).
4. אלהינו לך יאתה מלוכה Eröffnung für Chanuca-Sabbat, 8 Zeilen, endigt כי לך מלוכה (Romania).
5. אליך מושיע וגואל באו צבאות המוני, der strofische Vers schliesst ה׳, das Ganze מדי עלותי בית ה׳ (Ms. Damask. und Ms. Africa [2]).
6. אנא אלהים את עונותינו כפר וסלחת לחטאתינו, im Abbasi-Metrum, endigt ובנה דבירנו ועזרתנו (in denselben Mss. und in einem dritten [3])).
7. אתה הודעת משפטי יום השבת וחקו, wenn am Freitag Abend Pesach, ist eine Variation von ישמח משה und wurde nach ויכלו השמים rezitirt; endigt וכתוב בהן שמירת שבת (Harl. 5583).
8. איש איש על דגלו [welches aber nicht der Anfang], endigt על השמים כבודו (Ms. Africa); ist vielleicht ein Theil von עת שערי רחמים פתיחן לנו, welches sich gleichfalls in dem erwähnten dritten Ms. befindet.

Die Nummern 1, 2, 4, 7 zeichnen den vollständigen Namen; N. 3, 5, 6, 8 werden R. Elasar הבבלי zuertheilt, und zwar N. 5 und 6 nur im afrikanischen Ms. Ms. Brody 47 enthält Gebete von Elasar הבבלי b. Jacob Chasan, welchen ich für denselben und identisch mit dem unserigen halte: die Gebete selber sind nicht angegeben.

---

[1]) Isaac de Latas Rga. S. 93. — [2]) Orient 1842 (oben S. 104). — [3]) Luzzatto מבוא S. 37.

Josua.

1. יהו ישלום בחילנו 6 Strofen, endigt בקרב כל ישראל.

2. ירושת נחלה לשם טוב, 5 Strofen, endigt במושב וקנים. So die ed. 1545, das karäische Gebetbuch und das von Cochin; im romanischen Machsor sind die Strofen zu akrost. ישועה umgestellt.

3. ישיב בשמך zum Hochzeit-Sabbat; die beiden vorhergehenden sind zur Beschneidungsfeier.

4. ישגיב כח אל ויגדל für Kaddisch mit einzelnen aramäischen Redewendungen (H. h. 239). — Ein unbedeutendes Purimlied יקרבנו ה׳ לעבודת בית המקדש, gezeichnet יאשיע, ist vermuthlich aus dem 17. Jahrhundert (sefard. Tefilla Wien 1819 f. 208a, wo מורים עושי רשעה aus מיד מלכות מרשעה, wie das Ms. liest, geworden ist).

Menachem b. Aaron b. Serach, in Toledo begraben, dessen Blüthezeit in die Mitte des 14. Jahrhunderts fällt, theilt in seinem bekannten Werke[1]) zwei Vidui für Schacharit und Mincha des Sühntages mit; ob er der Verfasser wird nicht angegeben. Die erstere beginnt תפלה לעני כי יעטף בעבד אל ארוניו צופה, die zweite רבישע יודע כל נעלם יוצר היצורים כלם, beide dreizeilig und in dem Meliza-Stile jener Zeit geschrieben; die letztere erbittet die Fürsprache aller Weisen, der gesammten Natur, der Engel und der Sefira's.

Meir b. Isaac Aldabi, ein Enkel R. Ascher's, lebte 1360 in Toledo. In seinem שבילי אמונה befinden sich folgende religiöse Gedichte:

1. לבו אישים ברו שביל אמונה, welches die Hauptlehren des Judenthums und zugleich die zehn Abschnitte seines Buches darstellt.

2. עורה נרדם למה תישן, Ermahnung, Reim רים.

3. בראשית כל יסוד תכן יסודך, welches, nur ausführlicher, den Inhalt von N. 1 und gleich dieser das Metrum der Bakascha's hat.

Hiskia schrieb ein Gedicht, welches die 13 Maimonidischen Glaubensartikel aufzählt, es hebt an נמצא ויחיד באין גוף וצורה und endigt עליו ברכה ערובה שמורה (cod. Rossi 997).

---

[1]) צדה לדרך 4, 5, 17.

Natanel b. Levi.

אלכה שולל קרני עולל Klagegesang in 26 Strofen, endigend ישפר עלך.

Nissim b. Ruben (ר״ן), A. 1376 in Barzellona gestorben. Klage נרדם שכור יען שבע מרורות.

David b. Jacob b. Jeschuah.

Pismon für Neila אליך קוני נשאתי עיני.

Daniel b. Jehuda Dajan, dessen Enkel Daniel b. Samuel harofe im J. 1383 in Italien lebte, ist zwei alten Handschriften zufolge[1]) Verfasser des יגדל אלהים חי, worin wie es scheint einzelne Ausdrücke einem ähnlichen Gedichte Immanuels entlehnt sind.

Meschullam.

1. Reschut für Sabbat Sachor מופת ואות נאמן, endigt ישפר לך מלבי (cod. Günzb. 4).
2. Selicha מלא רחמים ונשא עון, der strofische Vers endigt עון und das Ganze מי אל כמוך נשא עון (Tripolis).

(viell.) 3. Geula בעונש נחשבה אורה של עדתך, endigt פדות שלח לי למחיה; die Strofenanfänge rückwärts משלם = ביאב [nach אלבים].

4. Selicha מרום וקדוש.

Meschullam Sofer aus Perugia.

Geula מושיעי לעתות צרה גאולת עמך הואל in 4 fünfzeiligen Strofen [3ab, 2cA]. Der eigentliche Anfang ist מרום שבתו; endigt ושרידי עמך הושע והשיב גולת אריאל. Akrost. משלם, aber die Ueberschrift in Mss. nennt den Verfasser סופר; derselbe gehört sehr wahrscheinlich der ersten Hälfte des 14. Jahrhunderts an. Die Sprache ist einfach, den christlichen Priester (Cardinal) bezeichnet er durch לובש רקמה ותולע.

Dạvid b. Salomo Nakdan.

Klage אנחתי כבדה ולבי לבשה חרדה, endigend השיבנו אל הנחלות במהרה בימינו mit den abwechselnden Refräns אויה und אוי מה היה לנו, die man auch in שרפו הבירה, Baruch's אצבעותי, Jehuda hacohen איכה בדד und זכור ה׳ (span.) findet.

---

1) Luzzatto מבוא S. 18.

Jechiel b. Joseph, der Vater war der Sohn des berühmten Mordechai b. Hillel, der in Nürnberg getödtet wurde.

Klagegesang זכור איכה אדמון יפה נוף, dessen Schluss רגב הציון הבליה הנדודי אקרא בקול איום הלילו הוה ליום zeigt, dass derselbe vor der Klage הלילו zu rezitiren bestimmt war. Ist zehnfach alfabetisch mit Anfängen und Schlüssen aus den biblischen Klageliedern; die auf das א״ב folgenden Wörter der Zeilen bilden das 114 Buchstaben starke Akrostichon: יחיאל הצעיר ברבי יוסף בן הקדוש הרב רבי מרדכי ברבי הלל בר הלל בן בתו של רבינו אליעזר אבי העזרי חזק ואמץ מאד לשמור ולעשות את כל התורה אמן ואמן סלה.

Jacob b. Uri.

Meora יתיר אל ישראל für Chanuca-Sabbat, in 3 Absätzen, endigt ואז ארוך יתרצה אור, akrost. im letzten Absatz יעקב בן החבר רבי אורי (Ms.).

Samuel Fischlin b. Rechabja, ein Deutscher, in einer an dichterischen Talenten armen Zeit. Seine Compositionen zum Chanuca-Sabbat erheben sich wenig über hagadische Prosa.

1. Jozer אודך כי עניתני ותהי לי לישועה עז מגדלי, endigend ובירושלם הכל יהיך קדש, im Bau und Stil dem Joseph's aus Carcassone nachgeahmt, jedoch ist das א״ב nur einfach und die 3 Theile jedes Absatzes haben jeder eigenen Reim. Akrost. שמואל ר״ג קטן בן רחביה חזק.
2. Meora הכיר ביה שתיל ויה in 5 Absätzen, endigt והשמנה לסוף ישנה קבעם ימים שמנים, akrost. ר״ג קטן.

Der Name Fischlin, der als jüdischer Vorname A. 1338 in Urkunden vorkommt, hebr. ר״ג קטן, war der Begleitname von Samuel[1]). (Wien cod. 60).

Isaac b. Elieser, Verfasser des Buches רגן, ein jüngerer Zeitgenosse von Mose b. Elieser Darschan[2]), meldet (§ 7), dass er fünf Techinna's angefertigt.

Simcha.

ציון אשר הללוך תמיד אבותי eine Zionide (Reim ביך), endigend nach dem א״ב:

תודה וקול זמרה ששון וגם שמחה נמצא בתוכך וכל צעיריך ורביך
חוקי ואמצי והתנחמי ואז יאמרו נחם ה׳ בני ציון קרוביך

(cod. Münch. 88.)

---

[1]) ס׳ שמות 67 a. — [2]) vgl. Note 31.

Ephraim genannt Guldenkind oder Gotpreis schrieb einen dem אלי ציון nachgebildeten Klagegesang:

אלי נפשי ביללי׳ה, welcher wie folgt schliesst:

עלי אשל פרי מתק והוא אומלל בגיליה ועל גודל פרי זהב והם היו בצליה
עלי עשר נסיעתה השוב אל גבוליה ועל שלום ימי אבל תנחם כל אבליה.

(cod. München 88).

Susslin [1]) in Erfurt, eigentlich Israel b. Joel, verfasste Tosafot zum Alfasi. Er lebte 1353 und hat die Verfolgungen jener schrecklichen Zeit in einer Zionide geschildert, in der 22 Orte, 6 Länder, 13 Rabbiner als Märtyrer namhaft gemacht werden

ציון אריוך בכי in 111 auf ליך reimenden Strofen, in der letzten (יודו ויקרו אל יה ויאמרו זה אל אחד וישראל ישמח בגיליך) hat er seines Vaters Namen und den eigenen angebracht.

Simson b. Samuel, ein in Jerusalem wohnender Deutscher, schrieb im Jahre 1350 Asharot, auch talmudische Vorschriften umfassend, in 72 Abschnitten, die im Jahre 1597 in Venedig gedruckt sind (יריעות עזים).

Jehuda b. Salomo Natan [2]).

Gedicht über die 13 Glaubensartikel in eben so vielen metrischen Zeilen: אגודה זו ואלו הקשרים אשר מפז ומזהב יקרים, endigt ושמשו יעריב והר מאורים.

Mose Kapuzato [3]) genannt der Grieche, lebte mehr als 60 Jahre nach Aaron b. Joseph, dessen Blüthe in das Jahr 1294 fällt. Er ist Verfasser eines Commentars zum Pentateuch, oft angeführt von Elia Beschitzi b. Mose [4]).

Eröffnung für Pesach אמרי הגיוני אשיר, endigt חסדי ה׳, akrost. nur קפצתו, ist aber in der Ueberschrift genannt.

---

[1]) Ein Gutachten von Isr. b. Joel Susslin ist in Rga Meir Rothenb. 1021 und Rga. Mose Minz 104 abgedruckt. Seiner Alfasi-Tosafot, die cod. München 358 enthält — vielleicht auch Opp. 649 Fol. —, gedenkt Maharil (שבת und עירובי חצרות). זוסלן in Piske Isserlein 113, מה״רז in Rga. Maharil 31 und 174 (wo irrig זולמן), זוסיל in den Anmerkungen zu Tyrnau's Minhagim (Ende סכות), sicherlich auch Israel Sussli A. 1353 in cod. Rossi 73 ist unser Autor, der als Verfasser der Zionide (מה״ר זושלין) in cod. H. b. 37 Klage N. 45 angegeben ist. — [2]) meine Analekten N. 7 S. 202 ff. — [3]) הקפוצטו in Steinschn catal. Leyd. p. 392. — [4]) אדרת אליהו Vorr. und f. 6cd, 22d, 35a, 42 abc, 63 a, 64 cd, 65 a, 68 b bis 69 b.

Serach Barfat, vermuthlich in Catalonien, verfasste A. 1364 einen versifizirten Hiob, welcher mit einem 39 Zeilen starken Gebete anhebt und schliesst; dasselbe beginnt:

ארון עולם מהולל בכל ותולה ארמה על בלימה שם ארנים und endigt חוק לבי ותן תורה לבורא ארמה על בלימה שם ארנים.

Die 12 Zeilen des schliessenden Theiles, welcher אלהים ישב לראש פנה עדיך לחך אבן נטאם לבונים anfängt, zeichnen akrost. אני זארק ברפת חוק, aber in der Nachschrift des Schreibers vom Jahre 1452 heisst der Verfasser מרנו הרב זרח ברפת; auch betragen die Zeilen bis zum Schlussgebete 215 d. i. זרח. Die Introduction (איש היה בארץ עוץ) reicht von Zeile 28 bis 50 zugleich die Behauptungen Hiob's umfassend, hierauf folgen die Meinungen von Elifas (51—67), Bildad (68—81), Zofar (82—102), zwei Uebergangs-Zeilen, der Vortrag Elihu's (105—153), die Theophanie (154—183 und 188—202) und der Schluss. Das Ganze, mit durchgehendem Reime und im Bakascha-Metrum, ruhet auf dem Grunde älterer Betrachtungen über den Charakter der in jenem Buche entwickelten Ansichten. Der Verfasser gibt Zeile 221 seine Zeit an.

Menachem aus Lutra.

מרב אפיר אפתח מנעול versifizirt die 13 Glaubensartikel in 14 gleich reimenden Zeilen von sehr geringem poetischen Werth. (catal. Lips. p. 295).

Mose b. Jekutiel in Rom, Verfasser des Ritualwerkes ס׳ התדיר, schrieb gleichfalls ein Dogmen-Gedicht, anfangend משך נא אל חסדך תנה לי מהודך.

Menachem b. Abraham in Imola, im Sommer 1385 noch am Leben, wie des Schreibers Nachschrift beweist.

Pesach:

1. Jozer אהבה נעורים אהבני משפיל ומרים, אפתח שפתי בשירים ,שיר השירים zwiefach א״ב; letzte Strofe: היכל הקדש עין כל כוסף ראות מלאכתו בזהב ובכסף, הור הקרב יאסף עמודיו עשה כסף.
2. Silluk mit stetigem Reim צאינה וראינה בני ישראל עולים, schliesst ובבית ה׳ שתולים.
3. Ofan גן נעול כבודה בת מלך נאה והדורה mit stetigem Reim, endigt ונקבל בהם שכר שמירה.

4. Sulat ארובת אל בכל מאדך איך נהפך dreizeilig, hinter dem א״ב noch 18 Strofen, endigend תשניח ותבט ממרומים על הרי בשמים.
5. Geula על הרי בשמים הלא צבא לשוב לשכן דביר קדשך, 3 Sätze; endigt אתה ה׳ אבינו גואלנו.
6. ברח דודי לבוא בארמנותיה in 3 siebenzeiligen Sätzen. Endigt תודה וקול זמרה.

Folgende in demselben Codex befindliche Stücke sind nur Menachem gezeichnet:

1. Jozer für Sabbat vor dem Neujahrfeste מענה רך ישיב חימה אען לקדיש בשמי מרומא, hat 8 Strofen ausser zwei Kadosch-Strofen, endigt מה נאוו חמוקי מבשר ישראל האל קדוש.
2. Reschut Nischmat für Sühnfest מעונה אל ארון יושב כרובים, endigt בלא דמיון וערך.

Das Pesach-Jozer hat akrost. מנחם ישירו ברבי אברהם ולה״ה, und da die Handschrift für ihn selbst angefertigt ist — der Schreiber ist Mose b. Matatia b. Mose —, so ist dasselbe vielleicht nur in dieser einzig vorhanden (Sorb. 98).

Israel.

1. Reschut für den מפטיר am Hochzeit - Sabbat: יפטיר שפה יניע ראש, 5 Zeilen, endigend וזאת הברכה.
2. Gesang יום זה מכובד.
3. Mostedschab אני אל אלהים אשם דברתי (Thema: ואני תפלתי לך ה׳ עת רצון), akrostisch אני ישראל ה[ק]ט[ן] נ״ע . . .
4. Mostedschab יראיך לחצרות קדשך נכספו (Thema: חצות לילה אקום להודות לך), akrost. ישראל [הק]טן חזק.
5. יום פורים רנה פצחו ein Schalom in 4 neunzeiligen Strofen [ababb, ccAA], endigt עגלה שלישיה ינון ואליה (Ritus Carpentras).

Die Nummern 3 und 4 haben vermuthlich denselben Verfasser, vielleicht Israel b. Israel oder den nächstfolgenden Israel Nakawa. Das Schalom scheint einem jüngern Autor zu gehören. Der Gesang N. 2, bereits in der ed. Cstpl. 1545, zeichnet vielleicht in der letzten Strofe הגר.

Israel b. Joseph el Nakawa, der 1391 um's Leben

gekommene Verfasser eines Sittenbuches (מנורת המאור), aus Toledo gebürtig.

1. Tochacha יום מועד לדין גבורים, akrostisch ישראל ברבי יוסף חזק.
2. Bakascha אשחר אל וקומתי בכפיפה, ist im Jahre 1358 oder 1368 (תניקה) verfasst und hat im Akrostichon: אני ישראל ברבי יוסף נוחו עדן בן אלנקאוה טליטלי חזק.

Salomo Nasi b. Jischai Nasi, der sich in der N. 3 Jedidja zeichnet: ich halte ihn für den Jedidja Nasi b. Jischai b. Salomo, welcher sich dem Dekrete des David Nasi in der Angelegenheit des R. Samuel aus Schlettstadt angeschlossen [1], und identisch mit Salomo Nasi b. Jischai Nasi, der A. 1388 in Brusa lebte [2]. Der cod. Rossi 997 enthält von ihm eine Vidui (N. 1) und drei Bakascha's:

1. אודך בנוראות אשר ידעתי, steter Reim תי, endigt כי לך הודיתי.
2. שחר אקומה להודות לפניך in 42 Strofen, איב und השיקק.
3. אעירה לבי לפאר ליוצרי in 24 Strofen.
4. אלהי אשחרך אל אבושה in 31 Strofen.

Die Bakascha's haben vierfältig איב.

Abraham b. Isaac, ein in Jerusalem lebender deutscher Rabbiner, der in der erwähnten Angelegenheit R. Samuel's demselben eine Empfehlung mitgegeben; in dieser sind zwei kleine, die Sehnsucht nach Zion ausdrückende, metrische Gedichte:

הלו פני אל פרשי כפים in 4 Zeilen und לציון שאפה נפשי והוהי in 5 Zeilen, beide durch einige Bibelstellen mit einander verbunden.

Abraham halevi b. Isaac, in Gerona im Monat Oktober 1393 gestorben, verschieden von dem Verfasser des Commentars zum hohen Liede, der in Jerusalem gelebt.

1. Passah-Ordnung, anfangend אזכור מקור חיי בידו רוחי, von der die ersten 16 und die letzten 7 Zeilen allgemeineren religiösen Betrachtungen, nur die mittleren 20 dem Rituale des Passah-Abends gewidmet sind. Hat stetigen Reim und endigt: אוכל בשר פסחי ותע ובחי

---

[1] חמשה קנטרסים 110 a. — [2] Wolf bibl. Th. 3 S. 1048.

ויז נצחם לרצון לב בקיר מזבחי, darauf folgt noch folgendes Distichon:

לחי צורי תעלה נרי
ולעם סגל תרים דגל
ולקול נואל לעלות בית אל
ישראל אברהם יגל

(cod. Harl. add. 14761).

Klagelieder:

2. אתן קולי בבכי, endigt ירוץ כצבי, ist wie die folgenden אברהם הלוי gezeichnet.

3. אל חי עד מה שכנה דומה

4. מפני חרב היונה (cod. Michael 443).

Mose b. Schabtai [b. Menachem b. Mose b. Binjamin][1]), vielleicht der im J. 1342 (cod. Rossi 573) vorkommende und der anderswo [2]) theologischer Philosoph heisst.

Religiöses Gedicht עדן החיים, dessen erste Strofe lautet: מעשי אל הנוראים מדבש לפי מתוקים שם ספון חלקת צדיקים כי הם ישועת החיים (cod. Rossi 129 N. 2).

Hiervon scheint Binjamin harofe's Gedicht das Vorbild.

Matatia b. Isaac aus Bologna [3]), der grosse Weise [4]), wohl der von Riete [5]) genannte, der Vater und Sohn rühmt und die Stadt לוצינייאנו [Tossignano?] als ihren Geburtsort angibt, vielleicht identisch mit dem Verfasser des יסוד חכמה [6]).

1. אפתח נא שפתי vor Eröffnung der Gesetzlade, 7 Strofen, endigt ויהי בנסוע הארון.

2. שירו לאל הודו לשמו Reschut zu Nischmat für Hüttenfest, ein Mowaschech mit achtsilbigen Zeilen. Die letzte (5.) Strofe endigt נשמת כל חי תודה לשמו גואלנו הוא אות בצבא. N. 1 und 2 sind die in cod. Rossi 804.

3. בקר אור אשיר עוך dessgleichen für Sabbat Sachor, die 5 Strofe endigt תודה שמך (cod Rossi 767).

Isaac b. Scheschet aus Valencia, in Algier gegen das Jahr 1406 gestorben, verfasste [7]) folgende vier Klagegesänge:

---

[1]) vgl. meine Analekten N. 4 Ende S. 330. — [2]) ליקוטים ms. eine Stelle über die Kräfte der empfindenden Seele הראשון הוא החוש המשותף — [3]) cod. Rossi 1028. — [4]) Machsor A. 1441, Wochenfest. — [5]) 106 a. — [6]) cod. Rossi 806. — [7]) Mittheilung von Baer aus Heddernheim vom J. 1853.

1. אניה בלב ים.
2. ארץ הפץ נהחוך.
3. יגדל מספר וקינים.
4. לשוד עירי גחל כים שברי.

Isaac ibn Sabara um 1400.

Zionide ציון התרעי ומן (Mich. 443).

Selicha זכה בן אבין hat akrost. nur זברה (cod. Günzb. 2 N. 218).

Einen Dichter Sabara führt bereits Bedarschi an, vermuthlich Joseph Sabara den Verfasser des ס׳ שעשעים, er lebte im J. 1305 [1]; den ältern s. oben S. 218.

Jehuda b. David Jachia, um 1400 in Castilien.

1. Klage יהודה וישראל רעו mit durchgehendem Reim. Von der fünften an beginnen sämmtliche Strofen mit dem Worte חסרה; der Name ist in den ersten vier und in der letzten angegeben.
2. אל אשר ברא כל יש אשר נברא [2]).

Menachem Corizzi b. Mordechai הפרנס, aus Otranto, bearbeitet die Hagada in einem schwerfälligen Stil, ist vermuthlich aus dem 14. Jahrhundert.

Für den 8. Tag Pesach:

1. Jozer אביל אלף שמי מכמים סלה רגני, zeichnet M. b. M. haparnes חזק, endigt תמיד משבחים המונך וברוב גאונך.
2. Silluk מהודר בכס וברוב גאונך in 64 Zeilen, von denen 1 bis 8 רה, 9 bis 28 מות, 29 bis 48 לה, 49 bis 64 רים reimen. Akrost. מנחם הקטן ברבי מרדכי הפרנס חזק אמן קוריצי שמקהל אודרנטים יחי ויגדל בתורה ובמעשים טובים אמן.
3. Ofan כבודו מלא רום ושלש שליש mit stetigem Reime, endigt: להוכירו אחר שלש תיבות משלשי, zeichnet מנחם קוריצי המכונה nebst יחי ויגדל u. s. w.
4. Sulat או לקהל המוניך zeichnet wie N. 1. Endigt: תוף ושמיני ועד מנצחים בנועם להעיד ה׳ ימלך לעולם ועד (Sorbonne 94. Machsor Korfu ms.)

---

[1] zur Geschichte S. 463. — [2] ר״ת לבני יחיא S. 12.

Jacob b. Elasar.

1. Most. אלהי אודך בקהל אמוני ולשמך אומר (Thema: מלכותך מלכות כל עולמים), endigt לטוב לנו כל הימים.
2. Most. אלהים כצל חסדו החביאני, der strofische Vers schliesst יעקב. Endigt ולשבי פשע ביעקב. Beide Stücke für das Neujahrfest.
3. aram. Reschut zur Haftara (Pesach) יהא שמיה רבא בשמי רקיעייא והדומייא mit Reim ־ייא, endigt לידונתן נון לויתן נבר חבים בנביאייא; akrost. יעקב בר הרב אלעזר ו׳, so dass vielleicht ו׳ in לוי zu ergänzen wäre.
4. Eröffnung für den Zwischensabbat Pesach: אשר שפר רקיעי רום, Reim ־תיו. endigt כנבכי צול תבאותיו. Akrost. אני יעקב בן הרב חזק. Der Verfasser von N. 3 und 4 ist von jenem der N. 1 und 2 verschieden und in romanischer Gegend zu Hause, vielleicht mit dem des theosophischen גן העדות im Vatican (cod. 221) identisch.

Serachja. Die Ritualien von Tlemsan u. s. w. enthalten für die Bussefeste folgende Stücke:

1. לך ה׳ הצדקה ואת אשיב אל לבי, endigend לקבל שבים.
2. זדון בן נושא אב כחמלתו, endigt וישב מעניו ביום אשמתו, hat 5 Strofen.
3. זדון בנים ומריהם, endigend מעל שלחן אביהם.
4. והב אופיר יצאו קרואים.
5. וחלים מתנפלים פני קוננו in 4 Strofen, endigt ותהיה יראתו על פנינו.
6. וחלים פקודות מורדים מרדו in 4 sechszeiligen Strofen, endigt וטלם ובעלות.
7. זמירות עם נענה, wie die vorhergehende Nummer gebaut und בעמור מיכאל מלאך גואל endigend.
8. וזרע בת׳ נושע [1]), ein גמר zu חטאנו צורנו, 4 Strofen mit Ringworten, vierfach akrost. זרחיה. Endigt עון ישראל ואיננו.
9. ארון הארונים תעותי סלח Eingang und 7 zehnzeilige Strofen [⏑̄ — — ⏑ — — — ⏑ ⏑ — — ⏑ —], endigt למען שמי ארבה גדולתך.

---

[1]) ist das breve carmen Zerachiae Levitae bei de Rossi zu cod. 860, in welchem die Ueberschrift זרחיה הלוי nennt.

10. יום זה על ידי משה, 4 Strofen, endigt ויעשה להם במדין.

Das Gebet welches R. Serachja (רבינו זרחיה ז״ל) übersetzt (cod. Rossi 997) hebt an תבורך ראשון הראשונים ונצחי נצחים und endigt ומושל בכל וכל ויכול כל הקדמון לא יעשו לפני רוממים, ist demnach das dem Sokrates beigelegte, das verschiedene Male gedruckt ist. Vielleicht ist der Uebersetzer jener Serachja b. Isaac aus Barzellona, der um 1290 in Rom gelebt hat.

Simeon b. Samuel, der im Jahre 1400 in Deutschland schrieb (הדרת קדש), eröffnet seine Erläuterungen der Dogmen mit einem Hymnus שמע תפלה עדיך der אשר דבר משה אלה הדברים endigt; den grössten Theil seines Buches nimmt ein von ihm selbst erklärtes Gebet ein, dem allerdings Originalität abgeht.

Abraham Cohen.

1. Betrachtung, aufangend:

שמעני ויקח את מאמרי
כתוב על לבך את כל דברי

die letzten Zeilen lauten:

אני באתי רצון האל מהלל
כבוד הודו נעימותו אמלל.

2. Das Dogma von Gott האל אשר המציא לכל נמצא in 6 Doppelzeilen; der Verfasser hat eine Erläuterung hinzugefügt. (cod. Rossi 997).

Mose b. Menachem hat Gebete in cod. Brody 47. Vgl. zur Geschichte S. 80.

Asaria.

על משכבי גם בלילה, zeichnet den Namen und חזק (ed. 1545 N. 211).

ענה עמך אלי ושמע תפלוה mit Introduction יום באתם für Sühnfest (Ms. Haleb).

Tòbia.

אל לחתני זה הרשה תנה כה Segensprueh über den Neuvermählten, 6 Strofen [aaaA], endigt וברו לכל ביה יבון כירח (roman.).

Jochanan.

יומם יצוה לך אבל Klage zum 9. Ab, 5 Strofen. Endigt

צריק בתמר. Ist in einer Sammlung spanischer Klagelieder enthalten (cod. Rossi 485).

Joab der Grieche [1]), der sich auch שאעא — diesen Namen allein in N. 2 und 5 — und שעאה zeichnet, hat in einem Gebetbuch aus Haleb folgende Selicha's:

1. שוב אדם לצור קדם ורוץ להלוך in 6 Strofen.
2. שלום שלום לזרע שלום.
3. שקדו עלי דלת.
4. שחקי רום גבהו.
5. שירו לעם זה שלום לכם.

Die ersten beiden Nummern sind für den Busse-Sabbat, die übrigen für den Versöhnungstag.

Jehuda ibn ul Draa.

Poetisches אשרי עין (cod. Bodl. 602 N. 67).

Jehuda Esra (zw.).

Mostedschab אמיץ פודה וגואל לפדות עמך (Thema: כי לה׳ המלוכה ומשל בגוים) eine Introduction zu den Königsversen am zweiten Neujahrstage, zeichnet אני יהודה עז; vielleicht עז in עזרא oder אלעזר zu ergänzen, wenn nicht in חזק zu emendiren.

Mose Natan [vgl. zur Geschichte S. 474]. Man kennt: 1) b. Natanel, 2) b. Jehuda, der A. 1354 lebte und wohl mit dem Vorsteher in Catalonien aus demselben Jahre identisch ist.

Klage מי גם בכם ויסגר דלתים, 6 sechszeilige [aaabab] Strofen, endigt שישו אתה משוש ששון ושמחה ימצא בה תודה וקול זמרה.

Mose b. Jehuda Binjamin [in cod. Rossi 581: M. b. Jeh. b. Binjamin hasefardi] [2]).

1. Einheitsgebet אל אלהי אמת דין אמת הוא ושמו אחד ואין לו שני (cod. Rossi und cod. Vat. 80 N. 4), ist eigentlich eine Interpolation der Tefilla von אתה חונן bis שומע תפלה mit Jehirazon und השת בטוחות חכמה anhebend.
2. Gebet אתה ה׳ יחיד ומיוחד בורא הברואים (Machsor A. 1441).

Joseph b. Israel, vermuthlich der Familie Israel in Toledo [3]) angehörend.

---

[1]) Ritus S. 56. — [2]) zur Geschichte S. 473. — [3]) daselbst S. 425 ff., 428.

Tachanun יחיד לתחנה אָנָך in 4 Strofen, endigt בהקריבה טעיך (Kar. Th. 3 S. 251).

Salomo b. Ruben Bonfed, ein begabter Dichter.

Reschut Pesach שבוטה בי נשמה, zeichnet שלמה חזק.

Klagelieder:

הלעד יהו מבי שאוה, akrostisch שלמה בונפיד חזק, endigt אותו הזיה (Mich. 443).

מעי מעי אחולה, endigt תעדי כליך (das.).

אלו יללה אגלים.

שאלו בוכים.

אלהי קדם שיכן עד die 13. Glaubenssätze.

Schabtai b. Mordechai.

Jozer am Hochzeit-Sabbat, ein Zwiegespräch zwischen Gott und Israel, zugleich Stellen des hohen Liedes variirend. Anfang: מה נכספו שעשעי חתן ומה נחמדו תענוגי כלה, worauf 6 Abschnitte folgen abwechselnd mit den Anfangsworten והען הכלה und ויען החתן, dahinter 2 Strofen von דודי ברח bis ולדרים עליה (roman.).

Elia Philosoph b. Elieser in Candia[1]), der verschiedene Abhandlungen, unter andern eine Logik[2]), verfasst hat.

1. יציר נבוה בלי עון ואשמה in 31 Zeilen, und
2. אקדמך בניב נפש קדושה; beides metrische Bakascha's mit stetigem Reim. Die folgenden Nummern sind Gebete in Prosa.
3. אלהי האלהים ואדני האדנים אלהי.
4. וראשן מכל התחלה אתה אחד בסוד רוממותיך ומיוחד endigt מאד נעלה.
5. ירים ה׳ אוא שתשימני מן האנשים אשר ישמעו ויאוינו, anderthalbmal den Raum der vorhergehenden füllend. Dem Ms. zufolge befindet sich dieses letztere Gebet hinter dem Abschnitt הפרישה in des Verfassers Werk, das jedoch nicht näher bezeichnet wird. (cod. Rossi 997).

---

[1]) Munk catal. ms. zu cod. Oratoire 106. — [2]) vgl. Steinschneider catal. Leyd. p. 239 u. f.

Elia Tschelebi hacohen aus Anatolien.

1. Asharot, anfangend אברך לאל נורא ורואה ולא יראו mit dem Strofenreim תָיו.
2. Jozer Sabbat Schekalim ארח חיים לצדיק מישרים aus 12 Absätzen, meist jede zu 3 Strofen bestehend. Die Schlussstrofe lautet: קדוש שוב והנחם על הרעה וזכור לנו ברית ושבועה והאר פניך ונושעה קדוש.
3. Kaddisch אם לבבי בעצתו endigt לטוב ותברכני.
4 Lied משכתני כלולת חן.
5. Lied אהובתי כמו סהר. Sämmtlich in den Romanischen Gebetsammlungen gedruckt.

Jehuda Kilti b. Aaron. Von einem Joseph Kilti um 1460 ist in Josts isr. Annalen Jahr 1839 S. 163 die Rede.

Sabbat Schekalim:

1. Eröffnung אדון עולם אשר נעלם באלים, 8 metrische Zeilen; endigt כמקדם לכפר בשקלים.
2. Mikamocha מי כמוך אל אלהי הצבאות עושה גדולות ונוראות, halachisch. Der strofische Vers schliesst ה׳.

Sabbat Para:

3. Eröffnung אשר יצר שחקים על אדמה, 9 metrische Zeilen; endigt שמיה רבא בעלמא.
4. Mikamocha מי כמוך אל אלהי הרוחות יודע, halachisch. Der strofische Vers schliesst משפט.

Sabbat Hachodesch:

5. Eröffnung אשר נקדש בסוד שרפי קדושים, 9 metrische Zeilen; endigt ראש חדשים.

Pesach:

6. Eröffnung אשלם לאל חי נדרים ebenso; endigt וקבץ הפזורים.

Die Nummern 1, 3, 5, 6 zeichnen nur אני יהודה, werden aber in der Ueberschrift unserm Autor zuertheilt. N. 2 und 4 zeichnen den vollständigen Namen nebst נ״ע (roman.).

Elasar אלמברן

Klage אבכה ואקונן אלי בלב מר endigt עבודתך לירושלם, akrost. אלעזר (cod. Mich. 443; in der Ueberschrift ist dem Namen נר״ו beigefügt).

Jechiel.

1. Sabbatgesang יפעת אלי אמר (Siddur ed. Ferrara 1693 p. 34).

2. Geula יה נורא ואיום מתי יהיה יום, 4 Strofen, endigt נראה בנהמתה (am Ende in cod. Rossi 767).
3. Bakascha ארון עולם אשר נעלה ונעלם alfabetisch (cod. Bodl. 613 N. 697).
4. Klage ואה גוי חטאתי, nach cod. Vatic. 312.

Jechiel b. Ascher.

1. בן ירא וירעד מרב עוניו gleich dem folgenden Stücke für Mincha des Sühntages.
2. אדם ילוד אשה פקח נא עיניך ein ermahnendes Gedicht in 14 Absätzen, jeder mit אדם ילוד אשה anhebend; endigt ותנוח בעדנך.
3. דרור לשבוים תקרא für Neila, Pismon in 4 Strofen, endigt קח משענתי ולך (cod. Rossi 1377).
4. יהלל פי לאל אין לו נויה, wo dem vollständigen Namen noch בן אשר hinzugefügt ist, gleichwie in מעשה ענה unseres Dichters.
5. תמה בעה אזכרה אויל דמעותי Klage in 25 Strofen über die Verfolgung des Jahres 1391 in Sevilla, Cordova, Barzellona etc., endigt ויקץ לצרותי (H. h. 205 f. 218). Dass deren Verfasser unser Dichter sei wird in הכרמל (Jahrg. 2 S. 385) behauptet.

Joseph b. Labi genannt Vidal b. Benbenaste in Saragossa, der Uebersetzer der medizinischen Schrift גרם המעלות.
Most. אני קראתיך למעוז (Thema: רפאה נפשי כי חטאתי לך) in 24 Strofen, endigt וסלחת לעבדך אשר חטאו לך. Die Anfänge der Strofen akrost. אני יוסף בן לביא פשעי מרדה ועוב; die letzte Strofe zeichnet ביראל בר בנבנשת (cod. Rossi 313).

Lipman aus Mühlhausen, Verfasser des Nizzachon.

1. בלי חבור בלי אסוף בלי פירוד והתמורה 14 Zeilen, endigend והוא צופה והוא עורה, Einschaltung in ארון עולם nach den Worten ולו העז והמשרה; eilf Zeilen hiervon findet man in Ephraims בבורשרות Th. 2. f. 18. Der Grammatiker Schabtai Sofer verfasste dazu einen Commentar, s. שומר ציון הנאמן 1852 N. 125.
2. יי׳ מלפניך השם המקודש שלש עשרה ein Gebet, die Wichtigkeit der Dreizehn-Zahl hervorhebend, wird von Jesaia Hurwitz im Namen von מביומי mitgetheilt[1]).

[1]) של״ה f. 60. תפלה שער השמים 4 b.

Elia b. Mose Kapuzato.

1. מי כמוך אלהי קדם מעונה für Wochenfest, der strofische Vers endigt 'ה und das Ganze מי כמוך באלים ה'. Akrost. Elia b. Mose קפוצטו.
2. אספר נפלאות יוצר שחקים Kaddisch in 10 Zeilen, endigt בפי עוללים ויונקים.

Mose aus Forchheim.

Klage אלף נהי ולא ומר betrauert die im Sommer 1417 verübte Zerstörung eines jüdischen Begräbnissplatzes, die Denksteine wurden zerschlagen, die Särge entweihet. Die Strofen beginnen mit den Namen des hebr. Alfabets, als: אלף נהי, בית חיים, גמל מעני, דלה פהחו u. s. w.; letzte Strofe: מבורך חיים אויב תאביד בביאת אליהו ובן דוד במהרה בימינו (H. h. 33).

Joseph b. Mose משייח (?) um 1400 in Catalonien schrieb einen Hymnus und eine Betrachtung über die Unbeständigkeit der Zeit, beide nach א״ב. (Verzeichniss der Wiener Mss. S. 127).

Simeon Duran b. Zemach (רשב״ץ) in Algier (1361—1444) hat die folgenden 44 Stücke verfasst:

Wochenfest:

אלה מתימן יבא 7 achtzeilige Strofen, Refrän תורת ה' תמימה.

Hüttenfest:

Sulat שדי המהולל ממורח שמש, endigt ועזרת אבתינו.

Sühnfest:

אדני חוקי ארחמך.

Techinna's:

a) 32 für 25 Sabbate des Jahres, anfangend mit Parascha נח (ה' שלום לנו תשפות להרים), endigend bei Parascha שופטים (ה' שובנו אלהי ישענו), fast alle haben Strofenverse mit bestimmten Worten; Techinna ה' אמרי האזינה (ויחי) hat die zwölf Stämme, Techinna ה' שלום לנו תשפות ואביונים (בשלח) die Worte des Mose-Liedes zu den Schlüssen der Strofen. b) 5 für besondere Anlässe:

Gegen Dürre: ה' הקשיבה רנת אמונים, Strofenschluss מים,
ה' שאגה לי כלביא „ רביבים,
ה' שועת יום ויומים „ גשם,

Wider das Heer der Christen: ה׳ שאנו צוררים ריק ידעו, Strofenschluss גבור.

Wegen der Pest: ה׳ חנינו לך קוינו זכר שומע תפלה; die Strofen schliessen צרה.

Mostedschab gegen die Pest, Variation des Verses אל נא רפא נא לה, vierfach alfabetisch mit dem Strofenschluss לה. Introduction וכבן רפאה נפשי כי חטאתי לך; die erste Strofe lautet:

אל נא ארץ מלאה הארץ תהלתך
רפא נא אהלה ימלא פיה תהלתך
אין מושיע לה ואלהים זולתך
אין מנהל לה.

3 Klagelieder [1]):
אבסוף לספר כבוד ארץ מקודשה.
שדד אהלי רגע וריעותי.
שביה עניה ביד שוביה.

Meir aus Sezze um das Jahr 1403.

Reschut Nischmat für Hüttenfest מלך עליון על כל רמים אל רגתו חם אגנך יושבי בסכות אהלים רחמם כי הם עמך, endigt אל גדל חסדך (am Ende von cod. Rossi 61).

Meir Astruc Schalom verfasste in Trani eine Fasten-Ordnung (Mich. 545).

Joseph b. Isaac גיגיליה, ein Arzt, schrieb 5 Stücke für den **13.** Schebat [2]), worunter:

Mostedschab יום ולילה (Thema: ה׳ יברך את עמו בשלום).
Bakascha אברך אל מרומם (**Mich.** 443 f. 167 b).

Joseph b. Abba [ein Rabbi dieses Namens in Oran erhielt ein Gutachten von Simeon Duran Rga. Th. 2 N. 137]. Selicha אקום להודות לאל בשיר ידידות ואעריך תהלותיו נכספה נפשי לאל חי קדושי לשכן בחצרותיו, zeichnet אני יוסף בר אבא, endigt עזי וזמרתי בצר הרחבת לי חנני (cod. Rossi 860).

Leon s. oben S. 385.

---

[1]) Ms. Baer. — [2]) Ritus S. 129.

Mose Remos aus Majorca, im Alter von 24 Jahren, weil man ihn fälschlich eines Giftmordes beschuldigte, zum Tode verurtheilt, in Palermo begraben, um 1430.

1. Keduscha מלך עולם[1]).
2. Gesang לאל עולם אשר נעלם zur Hochzeitfeier von Jechiel und Hanna, 14 Zeilen; endigt ישמח חתן עם הכלה.
3. Klage über sein eigenes Geschick, anfangend מי האמין כי כמוה נבל mit mehrfachem Akrostichon des Namens. Alle Sternbilder und Planeten, die Elemente, die Seelenkräfte, die Werke der Exegese, Philosophie, Kabbala, Mathematik u. s. w. betrauern diesen frühzeitigen, ungerechten Tod, dem er durch die Taufe entgangen wäre.

Mose Gabbai [viell. b. Schemtob].

Bakascha ארוני לך אקוה כל ימותי, der Name ist hinter dem א״ב gezeichnet. Die Handschrift scheint dem 16., der Verfasser dem 15. Jahrhundert anzugehören. Vgl. zur Geschichte S. 518 u. f.

Menachem Zion b. Meir, vermuthlich der aus Speier gebürtige, Verfasser des Ziuni um 1430, dessen Gedichte, mit denen dieses Buch eröffnet wird, gleichfalls hierher gehören würden.

1. מי ימלל גבורות אל גואלנו ein Gesang für Sabbat, die verbotenen Arbeiten aufzählend, endigt ושמחה וששון ליהודים (תפלות Diehrenf. 1690 f. 58 und früher in תקון שבת).

(viell.) 2. Zionide ציון מעון חשקי, in welcher auch מלא דבר gezeichnet ist, vgl. jedoch syn. Poesie S. 110.

Jacob b. Abraham Rofe זצ״ל aus Ascoli, lebte gegen Ende des Jahres 1436 in Camerino. Riete[2]) preist einen gelehrten Jacob aus Ascoli, vielleicht den unserigen; er schrieb zwei Reschut zu נשמת:

1. für das Sühnfest: יודו לשמך עליון מורה דרך לשוב לך רוממים לך כל חי, endigt נשמת כל חי.
2. für Hüttenfest: יפרוש גואל סכת שלום על עם בחר מכל עמים, endigt נשמת כל חי תהלל יה וירוממוהו כל האמים.

---

[1]) vgl. Steinschneider in החלוץ 4. S. 67. — [2]) f. 106b.

Isserlein b. Petachja kam von Marpurg nach Neustadt, woselbst er gegen Ende des Jahres 1460 gestorben, ist der Verfasser von תרומת הדשן.

1. eine Pesach-Ordnung in 5 grossen Absätzen, jeder mit stetigem Reime; die ersten vier beginnen wie folgt: a) שני ימוּג בשאלו כבוס ישעות ושמחה, b) יקדש מה נשתנה, c) רהוצה ידים מצה לעשה כבה, d) אך עליון לשבחו ולגמר הלולו. Akrost. ישראל. Dieselbe wird angeführt von Sal. Luria Rga. 85 und befindet sich in den Bibliotheken von Parma und München.
2. das Gebet für Besucher des Begräbnissplatzes (cod. München 405 f. 85) ist vermuthlich das צדיקים יסודי עולם ייר שהדא מנוחתכם כבוד, welches R. Isserlein zugeschrieben und in ספר חמשה סדרים (Venedig 1733 f. 34) abgedruckt ist.

Ephraim Nakawa, A. 1442 in Tlemsan gestorben, ein Enkel von Israel Nakawa.

1. Pismon ארון עולם אשר נעליה, endigend נוי סכל עם נפלא. akrost. אפרים, eine Introduction zu אשרי.
2. Kaddisch אלה מהימן די ברא זמן aram., endigt תקוף רנוך ברון שדר יתגדל ויתקדש ויתנשא ויתהדר; akrostisch אפרים חזק.

Salomo b. Simeon Duran [רשבש] in Algier.

Klagelied שמים לבשו קדרות, akrostisch שלמה בן הרב רבי שמעון[1].

Mose Riete b. Isaac, wie es scheint A. 1452[2] noch am Leben, in Rom.

1. Ein Abschnitt seines Werkes מקדש מעט, anfangend מעון השואלים תכליה חפין, ist ein Gebet in der Art der längeren mit Sündenbekenntniss ausgestatteten Betrachtungen, für welche Gabirol das Vorbild gegeben. Dasselbe besteht aus 118 Strofen und so vielen Zeilen als שנה (355) beträgt. Das Ganze ist mehr philosophischer Meliza-Stil als Poesie.
2. Klage auf den Tod seiner Frau Zilla, eine Anrede an ihren Geist, anfangend עורה קול שאוני ואעורה אבלי עולם

---

[1]) In Ms. Baer. — [2]) vgl. cod. Vat. 260.

חלולי כל סופדים ונהי ההספדים ויושבי חשך; es heisst darin. dass sie 70 Jahre alt geworden und 52 Jahre mit ihm in der Ehe gelebt. Die Handschrift bricht ab bei den Worten לא אחשה אוכיר את שמך כאיש.

Jacob, vielleicht der nächstfolgende.

Mikamocha zum Hoschana-Tage אשריך ישראל מי כמוך mit ערבה schliessenden Strofenversen berichtet gegen Ende von einer vereitelten Verfolgung, die einige Bösewichter gegen die Juden in Avignon beabsichtigt hatten. Der Tag der Rettung war jener Festtag des Jahres 1443 (15. Sept.), was in der vorletzten Strofe bemerkt wird. Die letzte lautet:

יגל יעקב ובא לציון גואל בעת ההיא יעמד מיכאל אזי ישיר
משה ובני ישראל ישושום מדבר ותגל ערבה.

Jacob b. Chajim, genannt Comprad Farissol, im Sommer 1453 in Avignon.

תכן תפלתי לאל ישועתי für den Rüsttag des Sühnfestes, ist ein Tamid. Die Strofenausgänge schliessen שחר, die letzte Strofe hebt אמה ליעקב an und endigt בעפעפי שחר.

Jehuda Messir Leon b. Jechiel in Mantua, der im Jahre 1454 zwei seiner Werke beendigt.

Introduction für Barchu: ישורון קול תנה אל צור יצרך in 5 Langzeilen, endigt וברכו את ה׳ המבורך Akrost. nur יהודה, allein der Verfasser wird in der Ueberschrift (cod. Rossi 970 und cod. Luzz.) angegeben.

Abraham b. Jacob aus Kastoria.

Mikamocha zum grossen Sabbat מי כמוך אל נורא תהלות mit ישראל schliessenden Strofenversen, hat 48 Strofen und endigt לכונן בנין אריאל ועלו מושיעים בני ישראל. Er bedient sich des Wortes אורנום (Himmel) und fügt dem vollständigen Namen יגדל בתורה אמן אמן hinzu.

Mordechai Komtino b. Elieser aus Constantinopel, der verschiedene Schriften von Maimonides und Abenesra, den Pentateuch und die 49 Middot commentirte und um 1460 in Adrianopel lebte.

1. Hochzeitlied ממעונו אור זרח wurde gesungen wenn der Bräutigam nach der Synagoge geleitet wurde. Refrän והיית אך שמח.

2. Gesang מה מבקש ממך אל in 6 Strofen, der strofische Vers endigt ה׳.

N. 1 zeichnet מרדכי, wird als des unserigen bezeichnet in **ed.** 1545; N. 2 hat akrost. auch כמטוני.

Menachem Tamar b. Mose, der in der zweiten Hälfte des 15. Jahrhunderts Abenesra (zum Pentateuch) und einige biblische Bücher commentirte, verfasste:

1. Asharot, anfangend משך נא חסדיך מרוטם בעבדך, die er selber mit Einleitung und Erklärung versah.
2. Zionide ציון הלא תרעי לבית אבליך endigt ואז כדבר ה׳ יהי שלום בחוליך, erinnert zuweilen an die ähnlich schliessende ציון קדש משבני עליון.
3. Für Purim: Eröffnung שוררו לאל ידידים, Eingang und 6 Strofen, endigt עד כקדם וכומן ישבה שקטה בבטחה.

Alle drei Nummern zeichnen den vollständigen Namen [ohne תמר]; **N.3** wird ihm in **ed.** 1545, **N.** 2 im romanischen Machsor zuertheilt. Bekannt sind: Michael Tamar, Matatia Tamar um 1525[1]).

Mose b. Abraham aus Nimes, in Avignon ansässig, schrieb im Jahre 1466:

Tochacha אלהים ברא בצלמו, deren Strofenschlüsse der Reihe nach den pentateuchischen Parascha's entlehnt sind.

Schalom b. Joseph Enabi (ענבי) in der zweiten Hälfte des 15. Jahrhunderts, der die Arithmetik des Abulhassan Kuschjar ben Lebhan aus dem arabischen ins hebräische übertrug und **mit** einem Commentare versah, hat folgende im Ritus von Griechenland und Kaffa übliche Stücke geschrieben, die zum grossen Theile versifizirte Astronomie und Metaphysik sind.

Eröffnung:

1. Sabbat בראשית: אשורר הלולים לדר באולם in 3 Strofen, endigt ושם אות נעלם, akrost. אני שלום חזק; scheint unvollständig.
2. Sabbat Para: שיריה אקדמה אל אל ישעתי, 5 kleine Strofen, endigt גדלו לה׳ אתי, zeichnet שלום חזק.

Ofan für Sabbat Schekalim: לאל הברוך נעימות נותנים; der

---

1) אהלי תם N. 148.

eigentliche Anfang ist שדי המפליא, 5 Strofen, Ende כי לבדק הבית פונים.

Mikamocha.

1. Sabbat בראשית: שמים נטית בגבורה die ersten Abschnitte des Schöpfungs-Capitels variirend, endigt שבחוק שבת קדש מי כמוך נאדר בקדש.

2. Sabbat Chanuca: שמים כוננת בתבונה, der strofische Vers endigt אור oder מאור, das Ganze הללוהו כל כוכבי אור.

3. Sabbat Schekalim: שמים נטית כיריעה, der strofische Vers endigt ה׳, das Ganze ואין כמעשיך ה׳.

4. Sabbat Hachodesch: שמים כונן בגבורה, der strofische Vers endigt ה׳, das Ganze למלך עוזר דלים מי כמכה באלים ה׳.

5. Pesach: שלום מי כמוך שוכן עד אחד בלי אחדות מיועד mit schliessenden Strofenversen. Endigt ואיש על מקומו יבא בשלום.

Verkündigung des Neujahrfestes. Auf das einleitende כך גזרו רבותינו bis בחשבון רבותנו folgen 4 Abtheilungen: a) או בסבות נבוני לחשים endigend החדש הזה לכם ראש חדשים, b) וזאת התורה למנה endigt לחדשי השנה, c) או בהיות בית דין מחשבין וסופרים endigt פקודי ה׳ ישרים, d) שיהי רצון מלפניך אל endigt ובא לציון גואל. Jede Abtheilung hat durchgehenden Reim; die erste hat akrost. אני שלום ענבי בן יוסף, während der Ofan und die Mikamocha nur שלום zeichnen.

Mit dem Zunamen ענבי sind bekannt: aus dem 16. Saec. Joseph b. Schalom (cod. Vat. 105 N. 12), Mordechai (אהלי תם N. 14); jünger ist David (Jechiel Basan Rga. N. 125).

Jehuda Kilki [vgl oben S. 377].

Eröffnung zum Hüttenfest:

ישורון עמך היום ירוחם 10 Zeilen im Bakascha-Metrum, daher der Schluss dem Anfange gleich.

Jehuda hacohen b. Jechiel.

Klage אם עונינו ענו בנו בעבור שמך הגדול יעמד לנו endigt והלבן כצמר אודם, auf eine Verfolgung, wie es scheint vom J. 1478, verfasst (Mich. 444).

Gedalja b. David Jachia, gestorben 3. Tischri (20. Sept.)

1487 in Constantinopel, verfasste eine poetische Vidui und mehrere Gedichte[1]).

Abraham Jagel aus Rimini, lebte 1481 und ist vielleicht der am 24. Tammus (22. Juni) 1508 in Bologna gestorbene Abr. Jagel b. Isaac[2]).

1. אלהי אקרא יומם והענה Barchu, endigt וברכו את ה׳ המבורך. für Pesach. 5 Strofen.
2. אברך את ה׳ נאדרי für Wochenfest, 5 Strofen.
3. Klage או בחטאנו חמה יצאה ובעונותינו על ראשנו חל סער מתחולל שתינו כצינו את קבעת כוס התרעלה u. s. w. (Ms. Luzz.).

Elkana[3]).

אשיר בננינים ומר בתוך רוננים am Hochzeit-Sabbat (ed. 1545 N. 145).

Isaac b. Abraham haparnes, genannt כלבי.

Mikamocha zum 8. Tag Pesach ה׳ אלהי ישראל בנה ושכלל אריאל in leichtem Stile, die Strofenverse endigen שלום, behandelt die Schöpfung, die Väter, den Auszug. Ende ועל ישראל עמך תשפיע רב שלום (Ms. Korfu).

Abraham b. Marinus.

Mikamocha für Sabbat Bereschit: מי כמוך אדיר שלים ונעלם die Vorschriften über das Untersuchen des geschlachteten Thieres angehend. Die Strofenverse endigen היא und das Ganze שירה חדשה היא.

Isaac Arama b. Mose, Verfasser des Buches עקדה, das er in Calatajud beendigte.

Bakascha ארומם רם ברום עולם כבודו.

Abraham b. Meir abi Simra[4]), der als Dichter einen grossen Ruf hatte, ging bei der Vertreibung aus Malaga nach Oran und von dort nach Tlemsan; er verfasste in Oran im J. 1493 eine Tochacha נפשי למתי תסבלי הרך ואך לא תשכלי nach dem Metrum der Bakascha's mit stetigem Reim: Eine Ansprache an die eigene Seele zur Stillung der Sehnsucht nach dem wahren und ewigen.

Mose Alaschkar b. Isaac, in Andalusien, Tunis,

---

[1]) ר״ה לבני יהוא S. 17. — [2]) zur Geschichte S. 418. — [3]) vgl. oben S. 384. — [4]) zur Geschichte S. 424.

Aegypten, später in Patras und Jerusalem, lebte noch 1531 und wurde über 75 Jahre alt, er verfasste:

fünf metrische Bakascha's:

1. מחול חובי ושא פשעי ה׳,
2. ארון הכל וכל הכל מכלכל, im Jahre 1495 geschrieben,
3. בכל מהלל אהלל לאלהי,
4. ארון עולם לך עיני נשואות,
5. יאלהי בלתך אין לי מנחם[1]).
6. Gebet, anfangend כמה אקדם ה׳ אכף לאלהי מרום אם ימדו שמים וגלגליהם ויחקרו זרועות עולם וכל הכוכבים, ist eine Nachahmung der ähnlichen von Jehuda halevi, Salomo Scharbit u. A.
7. Hymnus מרומם על כל ברכה ותהלה, eine Nachahmung des שלשים ושתים נתיבות und mit demselben Refrän יעידון, zu welchem der Schluss ועמך כלם כאחד hinleitet.

Serachja b. Salomo Salmati (זלמטי).

Mocharach zum Hochzeit-Sabbat זהר יקרך יאר לעולמך נשמת כל חי תברך את שמך worauf 4 Strofen; endigt: נחה נא עמך לבית אולמך.

Der Verfasser reimt בִּים mit בֶּם, wie Luzzatto, dem ich diese Mittheilung verdanke, bemerkt, nach dem Beispiele der Araber, die im Kesre e und i gleich setzen, habe daher vermuthlich in Afrika nach A. 1500 gelebt. Dies wird zum Theil durch das Machsor von Oran und noch anderweitig bestätigt: Serachja Salmati in Tlemsan correspondirte mit Salomo Duran (Rga. N. 313, 430); Salomo b. Maimon Salmati gab Geld her zur Herausgabe der Bibel Ixar 1490, vielleicht identisch mit Salomo Salmati in Xativa (Zemach Duran Rga. N. 125). Im Jahre 1532 schrieb Salomo Salmati den Meiri zu Tr. Megilla ab, aus welcher Handschrift die Ausgabe Amst. 1769 geflossen. Wir begegnen mithin in der zweiten Hälfte des 15. und der ersten des 16. Säculums beiden Namen unseres Dichters, der vielleicht der Sohn eines der genannten Salomo ist.

---

[1]) onomast. S. 211 N. 7 ראה עניי ist der letztere Theil von Bakascha N. 5.

Joseph b. Mose Alaschkar aus Malaga, später in Tlemsan [1]), verwandt mit Jacob Gavison, ist Verfasser einer Bakascha, von welcher nur einige Schlussworte mitgetheilt sind, ferner eines Gebetes, anfangend ובולי שים בולי.

Immanuel.

Reschut עד ישמח היום, wie es scheint zum Sabbat der Hochzeitwoche, 5 Strofen akrost. עמנואל. Endigt שהשמחה במעונו אברך במקהליה בומרוה עם תהלוה. In ed. 1545 N. 110 und Imre noam f. 42a unvollständig.

Salomo b. Nasi.

Beschneidungs-Gesang שמש וירח באור כבוד ורח (ed. 1545).

Mose b. Nachum oder **b. Nachman.**

צור ישעתנו סלה, endigt משיש וגילה מעם נורא עלילה, ein Gesang nach der Beschneidung (ed. 1545).

Abischai.

איך ולמה תמומה לא יעצתני בחכמה, 5 Strofen, endigt עד ישעה קץ התמומה, Sehnsucht nach Befreiung. (ed. 1545 N. 199). In derselben Sammlung (N. 210) ist ein zu Ehren Abischai's verfasstes Lied תנה לי כוס אשר יגים יגנים.

Isaac Messini b. Joseph, ein Arzt, vielleicht der Bruder von Jesaia Messini.

Mikamocha für Sabbat כשיב המציאה הגיבן, endigend רוח אפנו משיח הי (roman.)

Joseph Vivas.

בא יבא נושא ברנה zur Beschneidungsfeier (ed. 1545). So heisst [b. Josua] der Uebersetzer des מלות רציין (A. 1370), ferner der Autor eines ס׳ היסודות ms. Unser Dichter ist vermuthlich der A. 1509, 1522 in Cstpl. lebende R. Joseph b. Joel Vivas.

Masaltob b. David.

1. Ofan ארוממך גדול ונורא für den 8. Azeret, zeichnet den vollständigen Namen.

---

[1]) Ozar nechmad Th. 3 S. 107.

2. מעון ומעולם נשגב ואל נעלם.
3. Barchu מקורך ממקור חיים גוורה.

Diese drei Stücke gehören dem Vater Salomo's Masaltob an (ed. 1545 **N.** 285—287).

4. Introduction zu **Kaddisch:**

מה רבו נפלאותיך
חי פודה וגואל } , endigt תקבץ שה פזורה בבנין אריאל.

Dies letztere ist **dem Rabbiner** und Arzt Elieser di Mordo in Korfu gewidmet und **scheint das** Werk eines jüngern Verfassers.

David b. **Simra** (רדב״ז) **b. Salomo** hat Gabirol's Königskrone nachgeahmt.

Salomo Lachmi.

Barchu שפתי אפתחה קרב המוני (ed. 1545).

Den Beinamen Lachmi führen noch: Abraham ein Dichter zur Zeit Israel Nagara's; Abraham ein Commentator; David [1]); Isaac A. 1746 [2]).

Mose Meborach, einer der Ordner des Ritus **Kaffa,** vermuthlich aus der ersten Hälfte des 16. Jahrhunderts.

Eröffnungen:

1. für Lesung des Buches Esther מה גדלו מעשי האל והסדיו.
2. **für** Sabbat Nachmu ארון עולם ארון כל הגדולות.

Sason halevi b. Mose, wohl derselbe, welcher als Schreiber in dem Wiener Handschriften-Verzeichnisse (S. 97) vorkommt und **von** dem Dichter Sason halevi [3]) nicht verschieden, lebte im Orient, vermuthlich in Haleb oder Damaskus, wie es scheint um **1500** — 1540. Dortige Gebetsammlungen enthalten folgende, **meist** für die Bussezeit bestimmte Stücke:

1) אלהי האלהים, 2) אלהים אל דמי לך, 3) אנוש נלכד,
4) ארומם צור מעון המציא והארץ הדום רבעי, 5) בכפור ובינא
6) הקיצוני כית רבונגא aram., 6) הללי אוורה בעו אלי, 7)
יראים עבותות אהבתך, 8) ההתחננו גוי צדיק, 9) זה עני קרא, 10)
סגולת נורא מרוב מעלם, 11) נפשי קדשי צורך וקונך, 12)
סמר בשרי ממך צורי, 13) סגולתי בשובכם לדרכי, 14) עלילה,

[1]) zur Geschichte S. 461. — [2]) Rga. בני אברהם zu Tur III N. 40. — [3]) Orient 1842 L. Bl. 44 S. 694.

15) שים יום הדין לעמתך: עזוב בן אדם ענך. 16) ציון נדריך אבנה ועריך, 17) תכון תפלתי קטרה. 18) אנא אל נא תמיד סביבה סלתה לאום דלה ונאנחה, endigt תמיד סביבה.

N. 4 und 5 haben den vollständigen Namen, erstere ohne הלוי, N. 2, 6 und 18 zeichnen Sason halevi, die übrigen nur Sason, aber die Mss. theilen die N. 12, 14, 15, 16 Sason halevi und N. 13 R. Sason דל zu, der offenbar derselbe ist. N. 4 ist in cod. Mich. 807, N. 10 und 17 in Ms. Haleb Bodl., die übrigen enthält cod. Damask. bei Pinsker; nur N. 13 und 15 befinden sich in beiden Handschriften.

Salomo b. Masaltob, vielleicht aus Italien stammend[1]), lebte (1513—1540) in Constantinopel, war Schriftsteller, Dichter und Drucker; als letzteren bezeichnet er sich selbst in den Nachschriften des Hamanhig (1519) und der Vorträge ibn Schoaib's (1520). Verschiedene aus seinen oder sonstigen Druckereien hervorgegangene Werke versah er mit Empfehlungen in Versen und in Prosa: das Gedicht vor dem Midrasch der 5 Megilla's beginnt אענה בשירים (1520); die Ausgabe des נהר פישון (1538) bedachte er mit zwei Gedichten (אשיר לאל נערץ und אריה נאזר) und einer Empfehlung im Meliza-Stil. Abraham Trewes (ברכת אברהם) und David Vital (כתר תורה) gab er auch solche Empfehlungen. Ob er A. 1545, als Elieser Soncino die Sammlung poetischer Gebete in Constantinopel druckte, noch am Leben war, ist zweifelhaft. Er selber verfasste ein Buch über die Gebote und Verbote: der erste Theil hiess תורי זהב, der zweite vermuthlich רביד הזהב; ausserdem ein Werk ירישת שלמה, das Gedichte enthalten zu haben scheint, und eine ziemliche Anzahl synagogaler Poesien. In der erwähnten Sammlung sind von ihm 58 Stücke, darunter eins über das Schachspiel[2]), eins (N. 272) über ein durch Räder getriebenes Wasserwerk, die übrigen bestehen in einem Gebete für Sultan Solyman (240), drei Introductionen zu seinen Schriften (252, 293), einem Gedicht über die 13 Artikel

---

[1]) Der Name מזל טוב ist für beide Geschlechter in Italien üblich. Ein Mordechai b. Masaltob Maza, der Apulischen Gemeinde angehörig, lebte A. 1534 in Arta (אהלי תם N. 168 Ende). 300 Jahre älter ist R. Masal [טוב?] in Or sarua Th. 1 § 768. — [2]) abgedruckt in דברי חפץ (London 1853) S. 6.

des Glaubens (263 שירה לאל מצוי), 2 Eröffnungen (250, 290), 3 Reschut (264 bis 266), 2 Bakascha's (258, 259), 4 Pismon (249, 251, 256, 262), Kaddisch (254 שוכן זבול נעלה במרכבתך), 2 Barchu (260 שלומי אל, 261 שרפים עומדים), Geula (274 יונה מקננת אל הישימון), Mikamocha für den 8. Azeret (294 מי כמוך אלפי שנאן מרכבתך), 9 Liedern für Hochzeits- und Beschneidungsfeier (71, 72, 73, 84, 109, 115, 116, 117, 123). Die übrigen 26 sind Gebete und Gesänge verschiedener Bestimmung, die meisten nach türkischen und anderen Melodien verfasst und wahrscheinlich für eine Synagoge in Constantinopel geschrieben. Folgende Stücke sind auch in die Ritualien anderer Gemeinden übergegangen:

N. 109 שירת דודי שירת כרמו אשירה gleich den übrigen Nummern Messias-Hoffnungen, zwölf zweizeilige Strofen, endigend דוד (¹ צח אדמון אצלו אמון (Kar. Th. 4 N. 143). 116 שובי השולמית (span. Thorafest). 233 אחר נוגנים (das.). 234 עורי יונתי יפתי (Imre noam f. 72). 235 שיר לאילת אהבים (span. Thorafest). 242 הר שניר חבור וחרמון 6 Strofen, jede zu 6 Halbzeilen, Refrän החוק מנו וצנה יה פדנו משבי (Kar. das. N. 76). 243 שמע עליון לקול אביון in 10 Strofen mit Strofenreim (das. N. 75). 244 שולמית שובי נא (span. und Cochin.). 245 שדי אשר אתה בוחר לבן ישי (Imre noam f. 70). 253 שובי אסו״ת שבי (das. f. 67). 270 שיר אחדש בין אמונים (das. f. 61).

David b. Joseph Jachia, A. 1543 in Imola gestorben. Klagegesang über die Vertreibung aus Portugal: אעורר יגונים ואפליג בקינים in 49 Strofen [2]).

Abraham de Leon.

אל רם על כל Siegeslied über die Einnahme von Rhodus im J. 1522.

David Vital b. Salomo, ein Enkel des Arztes Isaac Schullam und Eidam des Rabbiners in Korfu David Cohen, lebte in Patras, seit 1532 in Arta.

1. Gebet aus tausend mit ה anfangenden Worten bestehend. Anf. האל הגדול הגבור, Schluss המונם הנה הנם.

---

¹) צח אדמון auch in N. 84 und 250. — ²) ד״ה לבני יחיא S. 29.

2. Die 13 Glaubensartikel אחד אלהינו ונורא הוא mit stetigem Reim.
3. für Kaddisch אקרא לאל בקול רחשי.
4. Bakascha ארוממך אדני אל.
5. Beschneidungsgesang אברך שם אלהינו במלה.
6. Hochzeitlied אל חי יתברך in 9 Strofen.
7. für Purim אודה אדני ועמי, endigt היום בכוסי בכיסי.
8. Barchu רביר קדש, endigt אדני המבורך.
9. Bakascha אלהים חי שמע שועי.

Akiba b. Elasar, um 1530 in Frankfurt a. M., der Grossvater des A. 1597 gestorbenen Akiba Neuss b. Jacob.

Klagegesang עם קדשך נפלו mit abwechselnden Refräns כבצאתי מירושלים und כבצאתי ממצרים. Ausser der Tempelzerstörung werden noch die Jahre 1096, 1349 und die Verfolgungen von Oestreich, Breslau, Trient, Passau, Endingen, Hagenau und Pforzheim erwähnt. An letzterm Orte wurde ein Wirth mit seinen Gästen verbrannt. Akrost. עקיבה בן מורי הרב רבי אלעזר ז״ל הקטן יגדל בתורה אמן סלה.

Salomo Molcho, den man A. 1533 in Mantua verbrannt hat.

שרשא שמיר משמירין aram., abgedruckt in חסד לאברהם Abr. Asulai's (ed. Constpl. 106a).

Simeon II b. Zemach Duran, 1531 in Algier.

Ofan Wochenfest נעשה ונשמע אמרו בסיני, 9 Zeilen.

9 Klagelieder [1]):

שמשי חשכה קדרה
תנוני רעי לכם אשאלה
מכתי נחלה על זאת רוחי חבלה
שבת משוש לבי
אצרח ואריע בקול מר ואביע
ארים כמו חולה במר קולי
אעורר קול במר אזעק כחולה
אקרא מרוב שבר
אחי מודעי בכו ספדו

[1]) Ms. Baer.

Abraham b. Daniel aus Modena verfasste innerhalb der Jahre 1536 bis 1552 während andauernder körperlicher Leiden über tausend poetische Gebete aller Gattungen und Formen, darunter 6 aramäische. Geboren im Sommer 1511 ging er im Winter 1530 in die Fremde, zuerst nach Mantua, wo er sechs Jahre bei vier Familien Lehrer war. Später finden wir ihn in Arezzo, Ferrara, Forli. Seine drei Brüder hiessen Isaac (gest. 7. Ab 1543), Menachem, Jacob; der letztere verheirathete sich im Jahre 1545. Abraham war 1541 in Viadana, 1543 in Modena, 1544 und 1547 in Rivarolo. Im Jahre 1539 Oktober heirathete er seine Cousine Hadasa; ein Gebet האל הגדול hat akrost. deren Namen. Seine Mutter Pomena schildert er als eine gottesfürchtige Frau. Mehrere seiner Gebete sind Gelegenheitsgedichte für Freunde, oder in Anlass öffentlicher Angelegenheiten, päbstlicher Bedrückungen, herrschender Krankheiten u. s. w. geschrieben.

Abraham Sclamah, im J. 1540 in Damaskus, später in Constantinopel[1]).

ארץ הקדושה יקרה המודה eine Verherrlichung des heiligen Landes [Strofenbau: ab abb c cA].

Jehuda Usiel, A. 1543 in Algier[2]).

Techinna ה׳ יום יום אשחרך צמאה לך deren Strofenverse חדש schliessen.

Simeon Labi, 1549 in Tripoli, ist Verfasser des בר יוחאי נמשחת אשריך.

Isaac Mandil b. Abraham abi Simra, um 1540—1560 in Algier, wird als der bedeutendste Dichter jener Zeit geschildert: Lonsano nennt ihn neben den spanischen Meistern. Er hat für Sabbat, Fest- und Fasttage, auch für den 9. Ab Stücke verfasst, die in Oran, Algier, Tetuan und sonst üblich sind. Darunter sind nur folgende namhaft gemacht:

1. מה לאסיר תקוה בבור נאלח. 2. מלך מרומם ונעלם מעין
3. נביאים ורואים. 4. משוכני סנה אש מענה. מלך רם ורם

---

[1]) אבקת רוכל 113, מאמץ כח 7 a. — [2]) vgl. עמר השכחה 29 ab und Orient 1849 Lit. Bl. 42. Die daselbst N. 24 im Ms. des Kohelet-Commentars befindliche Jahreszahl ist 302 (חבקר) d. i. A. 1542. Das Jahr 1543 (גשה) hat ein Commentar ms. Nissim's zur Genesis.

על רמים. 5. Klage מרפא אל ציר נאמן. 6. Klage מימים ימימה. 7. Klage מבליגיתי עלי יגון השביה משרשי המני נגל פירק. 8. מה תעשי רעיה כי שני תלבשי.

N. 8 zeichnet מנדיל ברבי אברהם א"ו חזק, welches א"ו Luzzatto[1]) richtig in אבי ומרה entziffert. N. 5 hat akrost. מנדילא בן אבי ומרה. die Nummern 6 und 7 haben nur מנדילא[2]). N. 1 zeichnet מנדיל אבי ומרה, N. 2 מנדיל חזק[3]).

Im Machsor von Algier ist für den letzten Tag Pesach eine Geula anfangend תביאמו ותטעמו, die zu einem grössern Stücke zu gehören scheint, deren letzte Strofe יצחק zeichnet und folgendermassen schliesst: חזק גלותכם אם נשלם אלף וחמש מאות שנים ושרים תהיו גאולים לשנה הבאה בירושלים, demnach kurz nach A. 1568 verfasst und vielleicht von Mandil ist.

XVI. KAPITEL.

Dichter unbestimmter Zeit.

Mehr als einhundert und dreissig Namen von Piut-Verfassern geben für eine Zeitbestimmung so wenig Anhaltspunkte, dass es angemessener scheinen dürfte, sie alfabetisch vorzuführen. Es zählen dazu: 1) jene häufig vorkommende Namen (Abraham, Joseph u. s. w.) sammt manchen spanisch., arab. und provenzal. Familiennamen (Albalag, Aschbili, Gelil, Sabara u. dgl.), bei denen die Person des Dichters nicht zu ermitteln; 2) eine bedeutende Zahl von Autoren, deren Alter durch Mss. und Ausgaben allein nicht mit Bestimmtheit festzustellen ist. Die meisten gehören zwar den Jahren zwischen 1300 und 1500 an; jedoch dürften mehrere der Klasse 1 einer ältern, einige der Klasse 2 einer jüngern Epoche zuzuweisen sein. Von den 120 bestimmteren Namen kommen 27 auf Spanien, 23 auf Afrika; 10 gehören Italien, 12 Griechenland, 19 dem Orient, 6 der Provence, 5 Deutschland; 17 sind unbestimmter Heimat. Im Ganzen genommen würde, wenn man die nicht nach ihrem

---

[1]) Mittheilung vom Nov. 1844. — [2]) Mittheilung von S. Baer vom Jahr 1853. — [3]) onomast. S. 177.

Wohnsitze bekannten Verfasser nach den Verhältnisszahlen der bekannten vertheilt, die Zahl von 375 bestimmten Namen der Piut-Dichter des Zeitabschnittes von J. 1140 bis 1560 sich für die einzelnen Ländergruppen wie folgt gestalten: a) Spanien 110, Afrika 35, Orient 25; b) Frankreich und Deutschland 87, Italien und Griechenland 76; c) Provence 42; mithin den germanisch-romanischen Ländern fast dieselbe Zahl als den spanisch-arabischen zufallen.

Aaron Chaber (חבר) hat im Machsor von Tripolis 5 Selicha's; möglich dass N. 3 auch כלץ zeichnet. N. 4 und 5 sind Mostedschab.

1. אנא נותן מנוחה ולצדקה endigt אשר פיו ימרה.
2. אהלי רון ברעדה בואו „ לבנות בית לאלהינו.
3. אכן בעבדי לך „ ברכת ויתן לך.
4. אשא לב ועין לך הרועה „ ויפק רצון.
5. אחר נוגנים שירו „ ינון שמו.

Aaron halevi b. Samuel.

Bakascha אמרי קח בני וראה בטובה zeichnet auch נ״ע וולה״ה חוק ואמץ.

Abbamare.

אחו על דל מהלל ולא אחדל, [Metrum ⏑ — — — — — — ⏑ — — — —] hat Eingang und 5 Strofen, ein Mowaschech, endigt ואנא אל תוכר אשר נואל. Ob die Worte פרי יוסף in der letzten Strofe den Namen des Vaters (Joseph) andeuten? (כ״ח Th. 4 S. 30).

Abbamare b. Joseph ibn Caspi.

ה׳ ענני ושמע שועי.

Ein Abbamare b. Joseph lebte A. 1416 in Venedig [1]).

Abinadab.

1. ה׳ אלהים אומר ונומר } (Pinsker S. 121).
2. אנא ברב חסדיך }

Abraham.

אבי מלכי Klagegesang; die beiden Strofen geben nur . . . אבר.

אבי אבי מתי תביא את אליהו הנביא Habdala, zeichnet אברם (ed. 1545 N. 221).

---

[1]) cod. Rossi 409.

אבינו יתומים בלי אב Sulat für Sabbat vor dem 9. Ab, in 9 Strofen, die vier Exile schildernd und an den Klagegesang (אמרה ציון[1]) anschliessend, der um eine elfte Strofe, die ואם יתומים היינו אתה ה׳ אבינו endigt, vermehrt worden. In den ersten 5 Zeilen haben auch die anfangenden Wörter die Reimsilbe, also: היינו בתרשים אלמים ולא נפתח פינו. Endigt אתה הוא מעולם (Avignon).

אני קם לאמר ידידים Purimlied in 5 zweizeiligen Strofen, Refrän: בפרים עם נרדים ישתו וישכרו דודים (Cant. 4, 13. 5, 1).

ארני השקיפה והקשיבה Techinna (cod. Rossi 382).

ארון מעונך בחסד נרפד Introduction für Musaf Neujahrfest, 4 Zeilen, jede zu 4 Worten, endigt אישר, gez. אברם.

ארון נערץ ונורא metrisches Gedicht vor der Lection des Dekalogs am Wochenfeste, 10 Zeilen mit stetigem Reime. Darin: הדרה, רמיזה, התחלה und andere Ausdrücke späterer philosophischer Bücher. Endigt בתורה המאירה (Kar. 2, 171).

אדיר תאדר במרומי (Thema ה׳ יברך u. s. w.) Mostedschab, zeichnet אני אברם.

ארם להבל דמה Tochecha, gezeichnet אני אברהם חזק, ist vierzeilig [abab].

אודה לאלי הרחמן Purimlied in 6 Strofen, dreizeilig, Refrän: אשרי העם שככה לו (Kar.).

אודה תמיד את שם האל, Introduction zu Nischmat am Passahfest, 5 Strofen, endigt יוסיף העצום במהללה (cod. Saraval 60 f. 393 von jüngerer Hand).

אורה המאירה beim Vorzeigen der Gesetzrolle am 8. Azeret, 9 Zeilen (Kar. 2, 229).

אות אל נאה Tischlied in 5 Strofen, der strofische Vers schliesst מאד. Endigt גדול ה׳ ומהלל מאד (ed. 1545).

אותה נפשי על משכבי Gebet in 4 zweizeiligen Strofen,

---

[1]) in welchem die Strofen 3, 4, 5, 7, 8 in der Avignon-Rezension die Strofen 7, 8, 3, 5, 4 bilden.

eine eigene Strofe באמור צרור מור dient als Refrän. Endigt אז ימלא שחוק פינו (Kar.).

או מקדם קדמוני Mostedschab (Thema: השיבנו ה׳ אליך), die 10 Strofen zeichnen אני אברם חזק (Tripolis 6. Nacht).

אזכיר צדקתך לבדך Mostedschab für Neujahr (Thema: תפלה למשה איש האלהים), endigt בבית אלהים.

אחוו אלים metrischer Ofan nach Art der Mowaschech in 4 fünfzeiligen Strofen, in welchen auch die Anfänge der Zeilen reimen und zwar in den beiden letzten Zeilen aller Strofen mit der Reimsilbe des Einganges (וו von אחוו), der strofische Vers endigt שמו; zeigt astronomische Kenntnisse und ist vielleicht von Abenesra. (roman.).

איום בקראי (Pinsker S. 121).

איומתך בסוף מגן אהדים (ed. 1545 N. 214, wo nur 2 Strofen).

אכלו משמנים Tischlied an Chanuca, 5 Strofen mit verschränkten Reimen nebst einer Refrän-Strofe.

אל אחד מה רבו עדיך, Streit zwischen Sommer und Winter (ed. 1545 N. 297).

אֵל אלהים רחבים יקטוב Segen nach der Trauung, introduzirt durch הודו לה׳ כי טוב, endigt mit zwei Reihen griechisch: או בשיליש מון בשיליאון u. s. w. bis פשין טוטין יבורכו חתן וכלה (ms.).

אל ברב חסדך תחיה.

אֵל אליך תערג Techinna für öffentliche Fasten (cal.).

אל יחיד יושב gezeichnet אברם.

אל צור קדושי in 5 Strofen (Tlems.).

אל חסדך יחלנו in 4 Strofen, die אהמם zeichnen, Refrän רעני לאברהם בהר המוריה (Avign.).

אלה רם בכל עלה Purimlied in 5 Strofen (Kar.).

אֵלה שלש עשרה הם עיקרים in 5 Strofen, die 13 Glaubensartikel, endigt יחיה מתים (עת הזמיר ms. f. 32 b).

אלהי עולם הקשב לחשי, jede Strofe endigt נפשי; die 4 Strofen zeichnen אברם, vielleicht Abraham Chasan, dessen אחות קטנה darauf folgt (Tripolis).

אלהַי צורי Selicha in 6 Strofen, der strofische Vers schliesst בבקר; darin: זכות, למחל, רנני. Endigt וישכם אברהם בבקר (Kar. Th. 3).

אלהַי אעלת כובבי (Pinsker S. 121).

אלהַי פנה אלי (das.).

אלהים יסעדנו Lied für Sabbat-Ausgang in 5 Strofen.

אלי עלי חטאיך (Pinsker S. 121).

אלי אליה הנביא הבא נא Habdala in 5 Strofen, endigt אל אברהם הקרה נא (ed. 1545, Cochin f. 26).

אלי באף סר שבילי Klagegesang, akrost. אברם (א"נ 145 a).

אלי מלכי ישע תבלי philosophischer Hymnus in 6 Strofen, endigt כי אין בלתך זולתך (Kar.).

אליה לשביה בא יבוא בבשורה rhythmisches Elia-Lied in 4 Strofen, endigt ולילה כיום יאיר בחשכה באורה, hat Mittel- und Strofenreim (cod. Saraval 60).

אליך נשאתי את עיני Selicha für den Schluss des Sühntages, jede Strofe schliesst ערב; darin הרהורי und זכות. Endigt לפניה ערב (Kar.).

אמון ישמח Erlösungs-Lied, 5 Strofen, endigt גאלנו מעולם שמך (Cochin).

אמוני צעקו לאל Techinna, endigt וכבוד ה׳.

אמונים רננו Nischmat am Sabbat vor dem 9. Ab.

אמונתך נודעה ביום שבה (Kar., bei Pinsker S. 137).

אמנם כי רברך לדור ודור קיים Selicha für Musaf, das Gebet Jona's, endigt לכל עמו, akrost. אני אברהם ני (Uri 302. H. h. 205 f. 414b. Ms. Fas Luzz.)

Ob von Abenesra?[1])

אמן נרודים ורע ידידים Techinna, endigt מחר חדש (cod. Leyd. 94).

אמרי הקשב (ms. Damask. bei Pinsker S. 121).

אמת האל לישראל metrische Selicha für den Sühntag in 5 fünfzeiligen Strofen, mit Ausdrücken wie ללו, כלל, והסבימו, הודיה. Endigt: להגדילם להנחילם נעימותיו ומטובותיו. Refrän ist Ps. 130, 8. (Kar. Th. 3. S. 170).

---

[1]) Ritus S. 114 N. 26.

רעני ליצחק על אנא שעה שה פוורה Selicha mit Refrän גבי מרבחא. Die 3 Strofen haben akrost. אהם; ist vermuthlich von dem Verfasser der Selicha אל חסדך (Avignon).

אני ראשון Mostedschab (Thema: ה׳ אל צבאות).

אני אמה לאמה (Pinsker S. 137).

אסדר נהי וקנה לנוד Klage, endigt תן חנינה (cod. Leyd. 94).

אסיר יצרו לבבו רך (Pinsker S. 121). Zwei Stücke Abenesra's (oben S. 212) beginnen אסיר.

אעמד לקרא בן המוני Selicha am Vorabend des Sühnfestes (cod. Rossi 570).

אפתח שפתי בחיל ופחד Introduction in 5 zweizeiligen Strofen endigend ולחוות גדלו אהבתי, worauf mit Ps. 26, 8 fortgefahren wird. (Kar. Th. 3).

אפתח שפתי בנגינותי.

אצילי קום קרא vor der Lection am Thorafest, in 5 Strofen, der strofische Vers endigt משה.

אצילים בראש בנים קראתם Selicha für Gedalja-Fasten, in 5 Strofen, endigt קח נקמתם (Tripolis).

אקוד לך אלי ואומרך (Pinsker S. 121).

אקונן במר נפשי Klage (Ms. Fas Luzz.).

אקרא אל לבי ברצונך Most. (Thema: כי שם ה׳ אקרא).

אקראך בליל ראשון Habdala in achtzeiligen Strofen [ab ab aa aA], von welcher die Handschrift indess nur den Eingang und die erste Strofe enthält, welche יושב הכרובים הופיעה endigt.

אשחרך כי טוב חסדך (onomast. S. 11 N. 28).

אשיר במישרים את שיר ה׳ Sabbatlied, der strofische Vers endigt ה׳; endigt כן יעשה ה׳ (Vitry §. 315).

אשיר לה׳ שיר חדש.

אשישות דם (Pinsker S. 124).

אשמתי ואשמותי für den Sabbat der Bussewoche (Ms. Fas Luzz.).

אשר יחדיו עם ידידיו metrische Meora den Priestersegen illustrirend; vielleicht ist am Schlusse auch שמואל gezeichnet (Machsor Nürnb.).

אשרי אדם בוטח בך Most., alle Zeilen heben בך an (Tripol. und cal.).

את שאלתנו ה׳ תנה Sabbatgesang (cod. Paris suppl. 139)

במוצאי יום מכובד במובאי יום מעבר Habdala, endigt מאור שמשי תוריח, gezeichnet אברהם חזק (Sorb. 116).

בקר אקר ואשתחוה בפחד Selicha, die Strofen beginnen und endigen בקר (cod. Rossi 997).

בשיר אענה metrische Habdala in 4 achtzeiligen Strofen, Refrän אליהו התשבי מתשבי גלעד (roman.).

בשם ה׳ אל עולם שוכן Most. (Thema: עזרנו בשם ה׳).

האל הקדמון האריך für Wochenfest (ms. Oran Luzz.).

הבוחר בשירי זמרה אקרא Kaddisch am Hochzeit-Sabbat, gezeichnet אברם, endigt בדרך הישרה (Harl. 5583).

היום יזל מים Klage zum 9. Ab, endigt עיר משמים (cod. Leyd. 94).

ואשביעך נאמני begleitet die Lesung des Abschnittes ואברהם זקן am Hochzeit-Sabbat, 5 dreizeilige Strofen (roman.).

ה׳ אחד שלא ישנה שמך Most. (Thema: ה׳ שמך לעולם) (Tlems.).

ה׳ איה חסדיך הראשנים Techinna, der strofische Vers endigt עמנו (span. ed. 1519).

ה׳ אל מושיב יחידים Techinna für die Bussezeit, der strofische Vers endigt בלילות oder לילות (cal.).

ה׳ אלהי מפעליך אומר Techinna (Bodl. 613 N. 175).

ה׳ ארבו בגלות חיי, endigt קדש ה׳ (cod. Leyd. 94).

ה׳ ברחמיך הדרש לנו והואל, endigt לאברהם: ה׳ so viel als ארני. Zeichnet אברהם חזק (das.).

ה׳ הייתי כנבר אין איל Techinna, das Akrost. אברם ist nicht sicher (cod. Rossi 382).

ה׳ מה נעמה אהבתך Techinna, endigt ה׳ והנני; alle Zeilen heben ה׳ an (Tripolis und Fas).

ה׳ שמך.

ה׳ שמע נא קולנו (Pinsker S. 121).

יום בשם בן יאיר קרא 6 Strofen als Eröffnung am Sabbat vor Purim, endigt לך יובל שי למורא.

יום נרשעו גאולים.

יום קנה היום Klage zum 9. Ab, endigt ואל שובו (cod. Leyd. 94).

יוצר בחכמה רוחי, zeichnet אברהם קטן חזק (Siddur ed. Wien 1819).

לא בצדקתי Bussgebet in 6 Strofen, in denen die erste Zeile לא בצדקתי, die zweite ולא בישרי, die dritte כי anhebt. Darin: פלולי, רנוני, ישרות; endigt לשארית נחלתו.

לאלהינו נאמר בחבר לבבות Mostedschab (Thema: הוא oder רוממו ה׳ אלהינו), endigt ובכן לך תעלה קדשה u. s. w., akrostisch אברהם חזק (Fas, Tlemsan).

מי זה בא מלבנון Gesang an dem festlichen Sabbat der Hochzeitwoche, im karäischen Ritual (1, 158). Unter der symbolischen Bezeichnung von Bräutigam und Braut wird die Ankunft des Messia in Israels Mitte besungen. 7 Strofen.

מי כמוך באלים ein Mikamocha, dessen eigentlicher Anfang מי כמוך אופני מעוני ist; die 5 Strofen heben מי כמוך an und schliessen קדש. Wird im roman. Machsor Abenesra zuertheilt.

מתי לציון ישוב ה׳ Klage, endigt ברכו ה׳ (cal. und Fas).

מתגרת הדין שלהבת בלבבי für Sühnfest (cod. Rossi 1377 N. 172).

נעלה ברוב אונים Kaddisch (roman.).

עד מתי צור Schalom in 4 Strofen mit sehr kurzen Reimzeilen oder Worten [aab, aab, bbbA, cccA], endigt והשורה בהדרה למורא יובילו.

לאלהינו נאמר s. רוממו ה׳ אלהינו.

תעה לבבינו eine Variation von תמהנו מרעות (Tlems.).

אשרי האיש אשר עמד אודך על כי נוראות אדני שמעה בקולי אילת אהבים תשתבלי אתה אלהי תאיר נרי אמת שמשפטי ה׳ ארוממך אלהי המלך בקול	Gedichte jedes von 4 Zeilen, die an den 7 Tagen des Pasahfestes den einzelnen Abschnitten des 119. Psalms vorausgehen, sämmtlich gezeichnet אברהם (Kar. Th. 2 S. 73 — 80), vielleicht von Abraham hasefardi.

Abraham b. Joseph בהראן (Oran).

Kaddisch אלהים על שבח רמת für den Sabbat des Algierschen Purim, 6 Strofen; die Strofen 1 bis 5 zeichnen אברהם, die 6. hat akrost. בן יוסף בהראן חזק.

Ende: ולא ידל ולא יהדל שמך לעד אבל יגדל עלי כל חי ויתגדל ויתקדש מאד.

Abraham halevi.

1. Selicha יום עין נשאתי mit אלהים schliessenden Strofenversen (Tripol.).
2. Klage אל תרום בת עיני, endigt כי גלה מכעי (א״ג 130b).

Abraham b. Levi.

מלך אל עליון דר שמי רום תכין zu Neujahr, die Strofen 1 bis 3, 4 bis 6, 7 bis 9 beginnen der Reihe nach מלך, זכור, שופר (א״ג 50).

Abraham melammed.

איל כשמתה ורון (Pinsker S. 121).

Abraham b. Menachem.

Eine romanische Gebetsammlung (Ms. Luzzatto) enthält sein Klagegedicht אם אין מנחם לה בלי תמלה יהודה הגא דבר אם אין מנחם לה פלאים. Endigt: עד אין מנחם לה ישקיף ירא מנחם לה.

Abraham b. Natan **Nasi.**

Techinna ה׳ ארכו שני בגלות וביד מעני, die strofischen Verse endigen אברהם.

Abraham Chajun b. Salomo.

Gebet für Sabbat Sachor und Purim אביר חסדי אל נאמן mit Strofenreim, endigt וכל ימי יהיה עזרי. Die Anfänge der Strofen akrost. אברהם חיון בר שלמה נ״ע. Hiervon hat Kar. Th. 4 N. 33 nur die ersten 5 Strofen, endigend בעשירי. In ms. Jerusalem **ist** das Ende אשר השב צוררי. Vermuthlich dasselbe ist Piut אביר in Steinschneiders hebr. Bibliogr. Th. 4 S. 49. (Siddur Kaffa f. 151b bis 152b).

Abraham b. Salomo ibn ישיא.

ארון שוכן מעוני (cod. Bodl. 613 N. 368).

Abraham b. Sisa verfasste für den Sabbat vor dem Sühnfeste ein מקדמה oder Selicha in 11 Strofen, deren strofische Verse שבת schliessen; die erste Strofe lautet: ארנן לבקר חסדך ואוכיר שמך לבדך ואשיר שיר נגדך מזמור שיר ליום השבת. Endigt הנחלתני מועד ושבת.

Achia.

Habdala השב על כנם בנים גורשים מקנם, endigend הנה הנם (Kopenh.)

Albalag.

Mostedschab für die 20. Nacht אספרה גבורות אל נורא (Thema: כרן יחד ככבי בקר), endigt שבענו בבקר. Die 3 letzten Strofen zeichnen חזק, die vorhergehenden in Ms. Tlemsan und Ms. Benj. Niederhofheim אבן אלבלג, in Bodl. 613 אבר כמבלג, in Machsor Carpentras ed. 1739 f. 99 nur אבנא.

Aschbili.

Der Gesang אמרו לאלהים שיר על צלצלת zeichnet akrost. אשבילי (Michael 443).

Benbenasté b. Chija schrieb metrische Bakascha's:

1. אלהי מלטה נפשי ועצמי.
2. בחסדך אל עון עבדך סלחה.
3. ברחמיך אלהי רחמני והט און.

Binjamin.

1. אבי הביא נביא Habdala in 9 Strofen, endigt אל בית אבי.
2. אנא ה׳ הושיעה נא, ein Brautgesang in 6 Reihen, dessen eigentlicher Anfang בשמים יושב ist (roman.)
3. אני בה׳ אעלוזה Habdala mit stetigem Reime, endigt דבוקה לשמו כבחור עם בתולה כבחוב כי יבעל בחור וכו׳.
4. בני גדולי נסוכה alfabetische Litanie für Mincha Thorafest (Cochin).
5. בורא עד אנה יונתך Geula für den Sabbat vor dem 9 Ab, in 6 vierzeiligen Strofen: 3 Zeilen eilf-, eine fünfsilbig.

N. 1 und 3 sind in röm. Mss.; vgl. die oben S. 356 genannten Römer dieses Namens.

Binjamin b. Jehuda.

Klage אש בהגיגי בוערה abwechselnd im Schlusse der Strofen בששה לחדש und בתשעה לחדש; endigt אל הר נחלתך (cod. Rossi 1205). Vermuthlich sind desselben Verfassers die dicht daneben befindlichen, nur אני ב׳ חזק gezeichneten: אעשה מספד כתנים und אשא נהי ילל וקנה.

Dass es der römische Commentator aus dem Anfange des

14. Jahrhunderts sei, wie de Rossi behauptet, ist unerwiesen.

Chabib.

1. משחרך תורה [oder חיים] חתן, akrost. noch חוק לשוב gezeichnet.
2. Klage קול ארלה תחפה (span.).
3. Reschut לך להודות מרים ראשי, 5 Strofen die נפשי endigen, Schluss כי בך חסיה נפשי.

Chabib b. Isaac hat folgende Selicha's im Machsor von Tripolis:

1. אגדיל כים נחמתי, Chatanu, der strofische Vers hebt אולי an.
2. אנא ה׳ לצעקי הקשב, der strofische Vers endigt דבר, jede Strofe hebt אנא ה׳ an.
3. מבשר ואומר יתן ה׳, die Strofenverse endigen ה׳.
4. טהרה שרה כבודי עורה, endigt רוח נשברה.

Den vollständigen Namen hat nur N. 1, N. 2 akrostisch חבי—ק ist vielleicht abgekürzt.

Chajim.

1. השתי ולא התמהמהתי Pismon mit Strofenversen die ה׳ endigen (sefardisches Machsor ed. 1519).
2. עת דודים כלה בואי לגנה Hochzeitlied (ed. 1545, Kar.).

Chajim b. Salomo.

חולי נפשי לדינך ונורי Tochacha.

David, ein Dichter byzantinischer Heimat.

1. אוי כי פקד עון, endigend אלהים בישראל } für den
2. איך אבלה ואומללה העיר, endigend באפיקים בציה } Vorabend des 9. Ab (Harl. 5583).
3. דופק פתחי ישנה Eröffnung für den 8. Azeret, 3 sechszeilige Strofen mit dreizeiligem Refrän.
4. דר חביון Ofan am Hochzeit-Sabbat, in 5 Strofen.
5. ראשון לציון Eröffnung für Sabbat Hachodesch, in 5 Strofen, endigt פקדתי אתכם.

Elasar.

1. אגיל ואשמח בלבבי Gesang am Ausgang des Sabbat (ed. 1545).
2. אופני עז וחיות (Pinsker S. 121).
3. אור המאורים והיו כשרים zum Kaddisch am Hochzeit-Sab-

bat, die strofischen Verse endigen 'ה. Ende שלח ה' (Harl. 5583).

4. איומה לנוף ירדה Eröffnung für Sabbat Hachodesch (roman).

5. איך אשבח במעלי Erlösungs-Hoffnungen, 5 Strofen, ein Mowaschech (Cochin).

6. אולת אהבים חבשי פארך Eröffnung für Sabbat Sachor, endigt ואסתר המלכה (Harl. 5583).

7. אלה נאמן בבריה zum Hüttenfest (sp.).

8. אמת לא שלחך אל zu Nischmat, endigt בלי כלי (röm. Machsor A. 1441).

9 אסורת גו כלואה באפלה Bakascha mit stetigem Reim, endigt ברכה ותהלה (Harl. 5794 vom J. 1514).

10. אשחרה לעורי בטעם für Nischmat, der strofische Vers schliesst 'ה, das Ganze נשמת כל חי (cod. Paris 258).

11. Für den Zwischensabbat Pesach: a) Jozer אשירה ואומרה שמו; b) Silluk קול אופנים וגדודים; c) Ofan גן אראלים בחיות ואופנים endigend וגן אופנים; d) Sulat אדר למלכך תאות לבבות עזוזות אהובות מים רבים לא יוכלו endigend תני לבבות.

12. את חתן ליום חתונה mit Refrän anfangend יפרו וירבו, bei der Hochzeitfeier.

13. בת ברורה in 6 Strofen zu 3 Zeilen, Anf. עורה, beim Aufrufen des Thora-Bräutigams.

14. ויהי נועם ה' עליכם ורע איתני Sabbatgesang (cod. Paris suppl. 139).

15. זה אלי זה אלי zum Hüttenfest (sp.).

16. ורע איתני אתי Kaddisch in 8 Strofen, die איעזר חזק zeichnen, es sei denn, dass die zweite Strofe לרעם (st. ירעם) anhebt; endigt אליו כרוב גדלו אשרי שככה לו מללו (Vitry).

17. מתי יבושר עם am Thorafest[1]) (ed. 1545 N. 89).

18. סגלתי איומה נשאתי Ahaba in Zeilen von 2 bis 3 Worten, ähnlich gebauet der Ahaba סגלתי מלוכה von Meschullam[2]) und gleich dieser nur noch — בר gezeichnet, woraufin beiden nur eine Strofe noch folgt, indem

---

[1]) nicht von Esra, wie onomast. S. 301 hat. — [2]) vgl. oben S. 161.

hier die Strofe אבלוני mit ihrem abweichenden Zeilenbau einer andern Ahaba entnommen scheint.

Aelter als J. 1500 sind sämmtliche Nummern: N. 1, 16, 18 wohl aus dem 13. Jahrhundert. Die Nummern 3, 4, 6, 8, 9, 11 gehören vielleicht Elasar b. Jacob (oben S. 505), N. 14 und 16 scheinen identisch.

Eli.

לעשה גדולה עד אין חקר (Pinsker S. 123).

Elia.

1. אבא בשיר ערב, Eröffnung am Sabbat, metrisch (ed. 1545).
2. אדם לדכל דמה 4 Strofen, Ritual bei Leichenbestattungen.
3. ארוה מפלאיה Kaddisch für Pesach.
4. אלה שב פקוד Eröffnung am 8. Azeret in 8 Strofen.
5. אלה נעלה על כל תהלות desgleichen am 8. Tag Pesach.
6. אשר נתן למלכי עם desgleichen für Neujahrfest.
7. אשרו המגני לבבכם desgleichen am Sabbat Para, 6 Strofen jede von 14 Halbzeilen [5 ab, 2 AB].

Die Nummern 3 bis 7 sind im romanischen Machsor, N. 3 bis 6 haben das Metrum der Bakascha.

8. אתכם אוביר Gesang am Thorafest (röm.).
9. ה׳ שמר את עמו (Pinsker S. 121).
10. שלום כפי ולבי חולה am Sabbat vor dem 9. Ab, Mowaschech. Der Dichter betrauert den Tod seines Sohnes Isaac[1]), zeichnet אליא (Ms. A. 1540).
11. שלום לך מכל עבריך Hochzeitlied in 5 Strofen (Kar. Th. 4 N. 47).
12. שמן ששון משחיך Hochzeitlied (ed. 1545).

Eljakim[2]).

1. ארון הכל ובורא כל Kaddisch für den ersten Sabbat nach dem Hüttenfeste, metrisch, endigt ויתקדש שמיה רבא בעלמא.

---

[1]) letzte Strofe: אם תחפצו לדעת גֶבר ראה עֳני אני
מי יחשק נשוק פי קֶבר קראו והנני
כי הוא לבר צרי אל שֶׁבר יצחק בני בני
נדד כצל ומלאו נקלה הרוד והחלי
אבלו ונבלו כעלה השיר והכלי·

[2]) vgl. oben S. 345.

2. und 3. אור נגה על דרכיך Empfangsgedichte für die zur Thora gerufenen Brautführer, 8 Strofen (cod. Mich. 533. Uri 303 Band 2, Ms. B. Niederhoffheim. Im Vitry-Machsor §. 261 nur Strofen 1, 2, 6). Die Strofen 1 bis 6 חן endigend zeichnen den Namen, und die 6. Strofe endigt איש כברכתו גמוליהן. Strofe 7 אחם נצבים חוט המשולש reicht bis לפניכם היום ברכה und Strofe 8 חוט המשולש לא bis מעין ברכותיהן.

4. איתן יהי מושב מקומך Gesang beim Hochzeitmahl, 6 metrische Strofen.

5. אֵל נטה שמים בשכלו Jozer-Silluk für Thorafest, endigt אין כאל ישורון (Mich. 446).

6. אלהי עז תהלתי metrische Bakascha in 6 Strofen (ed. 1545).

7. אמונתך ואמרתך (Pinsker S. 121).

8. (wahrsch.) אמרתי בשמחה אנסכה Jozer Thorafest mit alterthümlichen Ausdrücken (נתכנה, הואגר, ניאומים), endigt ברוך מרחיב גד.

9. אמת אתה ארוני הארונים Kaddisch im Bakascha-Metrum, 6 Zeilen. Ende: לך מופתים ועדים נאמנים.

10. אמת תורת ה׳ היא תמימה für den Sabbat des Dekalogs, nach dem Metrum von N. 1 und 9, vor Nischmat. Ende: מבורך הוא בפי כל הנשמה (Siddur Kaffa).

11. אצילים סגלה zur Hochzeitfeier, 6 Strofen, der strofische Vers endigt מלך.

12. ארץ רעשה mit Refrän רנו שמים, ein Dekalogs-Hymnus in 11 metrischen Strofen [ababab AcccA].

13. את אויבי אֵל Kaddisch für den vorletzten Sabbat vor dem 9. Ab, 4 Strofen (ed. 1519).

14. אח כוס ישועות אשא Habdala in 6 metrischen Strofen (ed. 1545).

15. משה עלוז ושמח בקונך eine Verherrlichung Mose's zum Thorafest, alfabetisch mit durchgehendem Reim, metrisch [—— ◡ —— —, — ◡ —— — — zweimal]. Schlusszeile: מה טוב ונעים חלקך על כן משה עלוז ושמח בקונך (cod. Saraval 68, Ritus Candia).

16. קחה מוסרות תעודת אל auf die 13 Artikel (ed. 1545 N. 218).

17. שמחו איתני כי חג פסח הוא לה׳ als Refrän, der eigent-

liche Anfang ist אמרו לאלהים מה נעלה, eine Eröffnung in Mowaschech-Form und 6 Strofen die ה' schliessen. Ende גם יתנו כבוד לה'.

Die Nummern 1, 4, 9 bis 12 und 14 bis 17 stammen aus Handschriften und Riten byzantinischer Gegenden und zwar N. 4, 11, 12 aus dem Siddur der Karäer; ihre Verfasser scheinen aus dem 14. Jahrhundert. Dahingegen sind N. 5 und 8 älter, und dem mittlern oder südlichen Italien zuzuerkennen. N. 6 und 13 haben vermuthlich einen spanischen, N. 2 und 3, in Machsor des 13. Jahrhunderts vorhanden, einen französischen Verfasser.

Eljakim b. Michael כתמפילו.

Sulat für Sabbat Schekalim ארבדה בצר רוחי in 6 Strofen, der strofische Vers hebt אלה an; ist ein in einfachem Stile gehaltenes Erlösungsgebet. Ende: המכים את מצרים (roman.).

Ephraim hacohen.

Bakascha אלהים אשר נדרש לדורש, akrost. אני אפרים הכהן חזק (Bodl.).

Esra b. Salomo.

Techinna's für Esther-Fasttag:

1. עמלק כפיר נוים אמר להכחידי, der strofische Vers schliesst רשע (cod. Günzb.).
2. ה' אלהי ישעתי פלטה נפשי מרשע (Mich. 545).

Ein Schreiber dieses Namens lebte 1469 in Lissabon [1]). Bekannter ist der hundert Jahre ältere Commentator Abenesra's in Agramonte, von welchem wohl auch die Erläuterung der Hagada's bei Assemani cod. Vat. 185 ist.

Faradschi scheint aus der Mitte des 16. Jahrhunderts zu sein.

1. אשאל ממך מענה Erinnerung an die ehemalige göttliche Liebe in einer Anrede, die tröstend von Gott erwidert wird, 8 fünfzeilige Strofen. Schluss: עוד נפשך ידידתי עם נפשי נקשרה. Der Refrän hat 2 Zeilen. Das Akrostichon ist אני פרגי חזק.
2. Sabbatgesang שומר שבת מחללו ה' ישלם פעלו welche

---

[1]) Ozar nechmad Th. 3 S. 109.

Worte den Refrän zu den 7 Strofen bilden, die אני פרגי zeichnen. Schluss: אשרי העם שככה לו.

3. בר יוחאי בוצינא קדישא (in הלולא רבא 43a) zeichnet wie N. 1.

Farchi s. Perachja.

Gabriel hat zwei Klagegesänge zum 9. Ab verfasst. Ein Glossator dieses Namens (zur Gesch. S. 95) war ein Zeitgenosse von Mose aus Paris[1]).

1. אם אמרי אשכחה שיחי.
2. גבר דרכו ירום מלכו, endigt מצפה אוחילה (cod. Rossi 485).

Gedalja.

Techinna ה׳ גבוה על כל גבוהים zum Thema: ה׳ אלהי ישראל u. s. w., befindet sich in cod. Rossi 382, einer gegen Ende des 16. Jahrhunderts veranstalteten Sammlung, wie es scheint in einer afrikanischen Gegend.

Gelil (Mose?).

עם בחרתם עת נגאלו Barchu für Wochenfest, das im Schlusse מחמד שירים הללו ברכו שם יה גדלו vielleicht akrost. משה שמי birgt (Alg.). Ein Joseph ibn Gelil war im J. 1287 in Fas[2]), etwas später Samuel Gelil im südlichen Frankreich[3]). Gegen 1400 wohnte Aaron b. Jacob Gelil in Musteganem[4]), A. 1437 in Alexandrien Salomo b. Mose hacohen ha-Gelili[5]).

Gerschom, Verfasser zweier Tischlieder zur Hochzeitfeier:

1. גיל יגילון אהובים ידודים (ed. 1545 N. 200).
2. אתה חתן תתפאר, der Name ist hinter תשרק und א״ב angebracht (Ms. Luzz. Bl. 335).

Immanuel Chai b. Usiel aus Camerino.

Reschut עבדיך ידידיך לדורך, endigend את ה׳ המבורך, nach dem Zuschnitte von Isaac's יעידון כל (Siddur ital. ms.).

---

[1]) Berliner in Frankels Monatsschr. 13 S. 223. — [2]) Asulai s. v. כנ״הג zu אה״ע, השמטות 218 b. — [3]) מנחת קנאות Br. 49 und 59. — [4]) Isaac b. Scheschet Rga. 104. — [5]) Orat. 34.

Etwa 30 Nummern gehören dem 13., darunter einige noch dem **12.** Jahrhundert an, nur wenige, etwa zwölf, dürften unter J. 1500 hinabreichen.

אב חי החנן עדה Kaddisch in 7 Strofen, mit Strofenreim דל zu יתגדל passend (א״צ 8b).

אבי כל הנביאים Sulat Wochenfest mit alterthümlichen Ausdrücken (כהזבר, המרותק, הָתָק), endigt ואתה הוא מעולם (Mich. 443). Vgl. oben S. 199 N. 29.

ארין לכל בשר חק לעמו מסר gereimte Halacha, wie es scheint aus dem 14. Jahrhundert (Opp. 1481 Q.)

אדיר ונאור בורא כל קרבים Silluk für den 8. Azeret. Die Handschrift hat nur א׳ bis ד׳, ס׳ ע׳ צ׳ bis ש׳, endigt שלוש קדושה בכוון לב מטיבים (cod. Günzb. 4).

אהובתי יקרה מאד בעיני Ahaba in 4 Strofen die abwechselnd אהובתי und כלתי anheben. Der Name ist vierfach gezeichnet. Endigt קהלת יעקב מורשה תורת אמת (ms. B. Niederhofheim).

אודה לאל בוסר מתוק für Purim, endigt יעמדו על פרקן ((cod. Günzb. 4).

אורתא והון נהורין בימנא aramäische Illustration des achten Gebotes, endigt הסן האי עלמא ודאתי יריה (cod. Rossi 159).

אביר רהב ובבל Klagelied in 23 Strofen, aus dem 12. oder 13. Jahrhundert. Das unvollständige טמן רשתו (in Machsor edd. Salonichi, Cremona) ist theilweise aus Stellen dieses Liedes zusammengesetzt.

אוברה מקדם פלאך Sulat nach אלבי״מ, die Zeile zu 6 Worten, für den Sabbat vor oder in dem Hüttenfeste.

אוברה נגינתי לילות וימים Zugabe in 9 Absätzen zum Maarib des Hüttenfestes. Der Name ist hinter dem א״ב und תשר״ק zweimal, dazwischen בילו oder בילבי und dahinter noch חזק אמן angebracht. Ende: הקם עליו השר מיכאל וברך בשלום את עמך ישראל (französ. Machsor ms.).

אחי הוכירוני (Pinsker S. 139).

איכה ישבה בדד העיר **איה** הקרי״ב Klage (H. h. 205 f. 223 a).

אוי אליל על נדחיך Klage, endigt או בחזיוני (cod. Leyd. 94).

לאל אשר שבת אל אדון על כל המעשים אמר ויהי eine vor שבת zu rezitirende Variation des Hymnus אל אדון, endigt: תהלהו יצחצחו קהלות עם קדש תפארת וגדלה וכו׳ (franz. ms.).

אל אלהים ה׳ כמקראו Maarib Hüttenfest, vom Verfasser der Zugabe אזכרה. In dem dreizeiligen mittlern Stück (אנעים שיחי ויערב) ist eine Zeile (זכור כאז מעבר והאמיר נדלך) aus Mose's Pismon N. 37 (עובר oben S. 404). Endigt: חדש קומם בית אריאל ופרוס שלומך על כל ישראל.

אלהי כך שמתי תוחלתי Hoschana, endigt וכאו ציון ברנה, akrost. אני יצחק בהנר (cod. Paris 180).

אלהי עולם אשר תהלה in 7 Strofen, endigt גאולים ברנה וחדוה (cod. Rossi 1377).

אלהיכם יצחצח קדושתו zu Musaf, wenn an Chanuca ein Hochzeit-Sabbat ist, zeichnet יצחק חזק ואמץ (H. h. 182 b).

אלי אלי למה עזבתני, die Anfänge der Strofen bilden אני יצחק (א״נ 36 b).

אם אשכחך ירושלים Sehnsucht nach Jerusalem, 4 Strofen; in jeder reimen nur die ersten 3 Zeilen, die vierte Zeile lautet überall: אל ראי בקראי רפאני נא (Kar.).

אמוניך מתחננים Hoschana auf Bibelverse die ה׳ anheben. Vgl. indess oben S. 183.

אנא באורוע גדלך הרגילנו drei letzte Abschnitte eines Maarib für Hüttenfest, in den Mss. zuweilen als Ergänzung des Maarib איומתך aufgeführt [1]), akrost. hinter dem א״ב: יצחק הקטן יגדל חזק.

ארים על שפאים קולי Klagelied, endigt אשיר בשירתי (Fas, Alg.)

אשא ראשי אברך קדושי Eröffnung zu Barchu in 6 Strofen, Strofen 1 bis 5 fangen mit „Alef" an, der strofische Vers endigt ה׳; Refrän אמרים ברכו את ה׳,

---

[1]) oben S. 485.

Schlussstrofe: יה צור תמים חקר התמימים יענו נאמים ברוך ה׳ (frz. ms.).

אה יום השמיני Maarib für den 8. Azeret, die 3 letzten Abtheilungen, so wie die Strofen des mittlern Stückes heben שמיני an.

בחר אלי מקום רבצי Erlösungslied in 5 metrischen Strofen (Kar.).

היכל ה׳ היכל ה׳ Klagelied, ursprünglich Kaddisch für den Sabbat vor dem 9. Ab. Die Strofen zeichnen nur יצחק—מ.

המבדיל בין כפור לפורים.

המבדיל בין קדש לחל Habdala für den Ausgang des auf Sabbat fallenden Sühnfestes (Vitry), als Gebet am Tage selber im span. Siddur (ed. 1600 f. 207). Zeichnet יצחק הקטן. Erhielt später fremde Zusätze[1]).

וזכור ברית אבותינו, 5 Strofen, zur Beschneidungsfeier, hat verschränkte Reime und endigt כי יד על כס יה (ed. 1545).

יאבתי פצות פה בשבח ורננה in 8 dreizeiligen Strofen, Refrân נשמת כל חי; endigt נצח ישראל בשמו תברך. Akrost. dreifach יצחק הקטן (frz. ms.).

יבטלו תורתם בעלי אסופות Hochzeitlied, endigt קרנם למעלה (Vitry. Harl. add. 11,639).

יבשר עם אביון zur Aushebung am ersten Tage Pesach, 1 Strofe akrost. יצחק (Avign.).

ידידי אל תנו זמר Barchu in 4 metrischen Strofen mit Strofenreim (roman.).

ידידך צורי חמדו alfabetisch (Bdl. 613).

ידיד נפשי הבוב רוחי (Pinsker S. 139).

ידך תהי רמה zur Hochzeitfeier in 4 Strofen, Begrüssung des Bräutigams, Refrân שלום לך מכל u. s. w. (Harl. 5583. Kar.).

ידעתי ה׳ כי לריב am Sabbat-Abend vor dem Sühntag (Ms. Fas Luzz.).

ידעו כל מתי תבל, Tochacha (Bdl.).

יה אדיר ונורא für Thorafest, 4 Strofen, endigt בצאתה מחדרה.

---

[1]) Abraham halevi in כ״ח 9 S. 144.

יה השב אל הר (Ms. Jerus.)

יה השב לבצרון in 4 Strofen, bei Oeffnung der heiligen Lade in festlicher Veranlassung (span. und ed. 1545).

יה זכור ברית (Ms. Jerus.).

יה להלל ביום וליל für Musaf des Sühntages (Fas).

יה ראשון בלי ראשון Kaddisch.

ה' אלהיך לפניך (Pinsker S. 124).

ה' אלהיכם לכל קוראיו Selicha für Neujahr.

ה' יהמו נא רחמיך Techinna.

ה' יונה כחונה Techinna.

ה' לארך ימים Kaddisch, 3 Strofen (תפלות ed. Amst. 1740 in 32 f. 190).

ה' רמה ידך s. Note 33.

יהלל פי בשירים (Ms. Jerus.)

יהמה לך לבי Hymnus in 4 metrischen Strofen (1661 ed. Amst.).

יודו לאל-חי לבי וטוחי zu Nischmat, endigt בנשמת כל חי (cod. Paris suppl. 18).

יום זה לישראל Sabbatlied in 5 sechszeiligen Strofen [ab ab bA].

יום אחד בשנה יום בואו Chatanu (cod. Rossi 570).

יום צאת נשמתי Mahnung an das Gericht nach dem Tode, Strofenreim מת. (א״נ 128, wo 4 Strofen יצחר und einige vermuthlich fehlen).

יונתא בכן תרים קל aram. Klage über die Mutter der 7 Kinder, in 9 Strofen, akrost. ישחק, endigt ערב טב יהא ערבהא (H. h. 205).

יוצר מידו עשר וריש Meora; in Buchstaben zerlegte Worte bilden die Strofenschlüsse [1]). Endigt: עו ידך הראה נון אלף וין ריש, ובאורך נראה אלף וין ריש (cod. Bisl. 59).

יונה תמה כשלג לבנה היי Tochacha (Bdl. und cod. Rossi 1377 N. 151).

יזכר אנוש ראשיתו Tochacha (Bdl.).

יזכר ביום זה ברית für Neujahr.

יזכרו לחיים נוע für Neujahr (Bodl.).

---

[1]) syn. Poesie S. 309 Anm. a.

יחוו נעימותם יונקי ויולדיהם für שים שלום, endigt בריח שלום (Opp. 1570Q. A).

יחודו מטלדים שרפים עומדים Ofan in 4 Strofen, endigt בולם כאחד ליחיד ומיוחד; Refrän קדק ה׳ צבאות.

יחיד בנו יהודה Eröffnung zu Nischmat (Vitry).

יחיד חי העולמים Introduction zu לך ה׳ הצדקה (Bdl.).

יחידתי התבונני ולשוא אל תתאונני Tochacha [aabb], zeichnet יצחק הקטן, endigt חוסה על עמלך (cal. Bdl.).

יחידתי תני שבח לצורך Bakascha (Bdl.).

יין הטוב רטוב השקני Israel, die göttliche Braut hofft. 5 Strofen mit Refrän אחותי כלה חיש u. s. w. (cod. Mich. 807. Kar.).

יסוד הסוד ושד היסוד Kaddisch in 6 Strofen für die Bussefeste, endigt ויתפאר ויתרומם (Tlems. Bodl.).

יעידון כל עבדיך zu Barchu, in 4 metrischen Strofen, mit Strofenreim (roman. röm.).

ישרב לך ניב לשוני Wunsch der Erlösung (wohl unvollständig) (אמרי נועם 60a).

יפה כלבנה (Cochin).

יפתח וירחב לבבי für Thorafest, in 5 Strofen, deren Schlussverse משה endigen (Awign.).

יפצירו ישפתי תהלה Morgengesang in 7 Strofen mit Strofenreim (Kar. und Ms. Jerusalem).

יפעת ספיר כתם אופיר Hochzeitlied (ed. 1545 N. 128).

יפרח בשושנה צמח Zionlied in 4 Strofen mit Strofenreim, gezeichnet ישחק (Kar.).

יצוה ה׳ חסדו für Ausgang des Sühnfestes, 5 Strofen mit Refrän זרענו ירבה כחול aus dem Gesange המבדיל (Avign. Provence; cod. Paris suppl. 13 [1]).

יצוה ישועתנו (Bodl. 611 N. 69).

יצר בך סמוך אל סמכו für שים שלום, in 4 fünfzeiligen Strofen, ein Mowaschech, endigt חבור כתום לבב התהלכו תומכו חכי אך בלהך סומכו.

יקוש בעניו, Geula in 4 Strofen hin und wieder mit verschränkten Reimen.

יקר הורמיז דרים ועזיז בגוארתא aram. Kaddisch, endigt ביבשתא וימיא (cod. Günzb. 4).

---

[1]) vgl. Geiger Zeitschrift 5, 407 N. 132 und oben S. 396 N. 26.

ירוצצו כברקים Ofan in 5 Strofen, der Name ist vierfach, הקטן einfach gezeichnet.

ירחם ינחם עמו Tröstung für den 9. Ab.

ירננו צדיקים לשוכן für Thorafest (griech.).

ירעפו ברכות כמים Pismon in 5 dreizeiligen Strofen mit stetigem Reim, zum Thaugebet, endigt מדרך תשית לרגלים (Ms. Almanzi 328).

ירעו עמים בטוב מרעם ein Segen in 4 Zeilen, deren erste Hälften auf נעם reimen und deren zweite שלום schliessen; Schluss Spr. 3, 17 (Kar.).

ישורון בני מלוכה Purimgesang in 5 Strofen, endigt בקדוש יושב תהלות ישראל (cod. Paris suppl. 139).

ישרון צא וחיש zu Barchu, in 4 metrischen Strofen mit durchgehendem Reim רך, passend zu המבורך (roman.).

יתברך שם כבודך אל zu Nischmat (Mich. 807. Cochin 32b).

לאלהי יעקב צדקו דין zweiter Neujahrstag (cal.).

ליום חגנו zweiter Neujahrs-Abend (cal.).

לירושלים הנאמנה Klagelied in 6 Strofen.

מה לך יצרי in 7 zweizeiligen metrischen Strofen, an die böse Begierde (ed. 1661).

מלכותך מלכות eine Hymne ה׳ מלך für Neujahrfest in 5 Strofen, endigt ה׳ ימלוך ליו, רוח נשברה (cal.).

נפוצותינו כנס אל עיר נאמנה für Thorafest, hat im sefardischen Machsor nur 3 Strofen, akrost. יצ — ק.

נשמת יוצאים לאורות מחשבות zum Passah-Sabbat, gezeichnet ישחק נ.

נשמת יראיך עורכי הגיון[1]) für Neujahr; wohl von Isaac b. Jehuda (Paris suppl. 13. Tunis, Alg.).

עורי עור צור אך צר Ahaba in 6 Strofen nach Art der Mowaschech. Endigt: ולאהבת ראשונים בוחרי אני ארבי ארב ומשחרי (frz. ms.).

על מה גרש מנאץ Meora für den Sabbat vor dem 9. Ab (span.).

---

[1]) angeführt syn. Poesie S. 434.

עני שם נורא אל Bussgebet mit Strofenreim, vielleicht auch קטן gezeichnet (אינ׳ 7b).

עמי לקונן בליל זה Klagelied.

שיר והלל עמי תערכו עם אשר יה ברך Barchu, endigt ;zeichnet vielleicht auch ספר (cod. Paris suppl. 18).

אשר נערץ בשרפי מעני פי אמלא רנני Barchu, endigt.

שבוע שב בא für Sabbat-Ausgang (Machsor Constantine).

שרי שובבה Klagelied.

Isaac de Capestan[1]).

Ahaba יהע לבבי כי בלי יהע, endigt ולהדך (Harl. 14761).

Isaac b. Salomo.

Mostedschab יְחיד הבוחר בבני ישרון (Thema: ישבו עדי בכל לבבכם).

Isaac Kansi (כנזי oder כנזינו) ist der Autor folgender Selicha's:

1. יום באתם לחלות פני אל, endigt ומשלתו תכון לארך ימים. Die 9 Strofen haben Strofenreim.
2. יבן בעינו ואת לחצנו mit abwechselnden Refräns ראה ה׳ und רצה ה׳. Endigt שאריה ישראל רצה ה׳.

Isaac תרפן.

אל אלהי הרוחות לכל בשר ein Gebet gegen die götzendienerischen Verfolger, in 36 Strofen, der strofische Vers schliesst זה. Endigt למועד הזה.

Isaac Valenci schrieb zwei Mostedschab:

1. יעיר יום משכני (Thema: והרבה bis יעיר Ps. 78, 38) (Bodl. 611 und 613).
2. הלא זה יום יחיד (Thema: הלא זה צום אבחרהו), jede Strofe hebt הלא זה יום an. Endigt אל תשוחחהו (Machsor Tripol. ed. 4).

Israel b. Abraham wird als Verfasser eines Klagegesanges אקרא לאלהים עליון שמע צעקת ישראל bei Assemani zu cod. Vatic. 312 N. 21 angegeben.

Israel Mozali.

ארגפל אשתוחה אפים (Bodl. 613).

Abenesra's Meschalesch für Mincha השכם והערב wird

---

[1]) im Ms. קשטין. Ebenso heisst der Ort קבסטין in מנחת קנאות, vgl. das. Brief 93 S. 172 und 173.

in cod. Rossi 1377 N. 137 irrthümlich unserm Dichter zugeschrieben.

Jachia.

Klage über die Unglücksfälle in Spanien קול כחולה כל ישראל חברים שמעתי בכי מכל עברים 6 Strofen, endigt (H. h. 205 f. 269b).

Jacob. Der grösste Theil der hier aufgeführten 61 Gedichte gehört spanischen Autoren [bekannt sind J. b. Elasar, J. ibn Sahl, J. b. Joseph, J. aus Castilien]; einige haben französische Urheber.

אדני הארנים לך המלוכה Bussgebet in 5 Strofen [3ab, aA] für Neujahr, endigt מי כמוכה (Tlemsan).

אור פניך ימין תפנה (wahrsch.) Morgengebet am Sabbat, Eingang und 6 Strofen, die akrost. איינקב, wohl statt אני י—קב, geben (א״נ f. 16b).

אוי כי חרב ביה Klagegesang, akrostisch — אני יע (Avignon).

אחד בעין לבי ראיתיו Ausführung zu „Schemah" am Sühnfest-Abend, 8 Zeilen (Tunis).

אוני צללו אל קול שמעו Geula für den 7. Tag Pesach, ein Mowaschech, endigt הגאלם כאשר נגאלו (Machsor frz. ms.).

איליל במרר לכבות בכי אגלים Klagegesang, endigt מאור שמים (Fas).

אל שוכן מעונים חון על אביונים mit Strofenversen, die מים schliessen (cod. Rossi 382).

אלהי קדם מעונה Introduction des לך ה׳ הצדקה, zeichnet אני יעקב חזק (Bdl.).

אם קמי לחרדתי עלי נוסדו יחד Geula in 5 metrischen Strofen [3 ab, AB]; die drei Feinde sind: Griechen, Edom und Araber (ms. Kopenh. und Alg.).

אנא ה׳ חתמנו לחיים Pismon zu Neila (Ms. Luzz.).

אסיר בכלוא מצוקה Mostedschab (Thema: שובה ישראל עד ה׳ אלהיך) in 10 Strofen, akrost. אני יעקב חזק (Tripolis, Fas, Carpentras, Tlemsan).

בי אל דבר יום קרבני bei der Prozession des Wochenfestes (ס׳ כתובות, Smyrna 1658).

בינו נא זאת ידידי, endigt לשתות כפלים (Mich. 546 vom J. 1457).

בנוצאי יום קדש והכנסה ראש חדש am Sabbat-Ausgang, wenn Sonntag Neumond ist. (Costantine ms.).

ועוני ומר חכי נדחי וגרושי Erguss des Frommen. Mowascheeh, endigt ואשבע בתוך סבי דנגי והירושי (Vitry).

ידהון ידהון שנאני שלהבת Ofan in 4 Strofen mit Mittelreim, akrost. יעקב.

ידועי שם בבור נשם Ofan in 5 Strofen mit Mittelreim, der Name ist zweimal gezeichnet.

ידידים יוצאים מפרך עגמים Asharot zu Pesach, mit Strofenreim ־מים, endigt מבניע קמים (cod. Leyd. 94).

יה אקראה יומם ואהמה ערב Meora, Schluss: אויבי לחו צרי נחו התמהמהו וענו כהו כי ליהודים היתה אורה (cod. hisp. N. 142).

יה נא צור אל תעבור Erlösungs-Wünsche, 4 Strofen [4 ab, dann aA oder bA], endigt וישכח רישו (Tlemsan, Oran).

יה קום וגלה צפוני ומגי טלי יקר ידעפו או בגני Geula für Pesach. Schlusszeile: אל נא תהי הצביה טרף לגורי לביאה וגאל אסורה בארץ נשיה (Kopenh.)

יה על רשעי ועל Selicha (Bodl. 613 N. 95).

ה׳ לך אחנן וקולי ארים Techinna, endigt קהלה יעקב (Fas).

ה׳ ידינו קצרה Techinna (Bdl. 613 N. 441).

ה׳ יודעי הרועה באור פניך Techinna für Parascha נח, endigt בא נח (Fas).

ה׳ יושב תהלה שמע Techinna, endigt ושמעת השמים (Fas).

יום נגלה צור מעלה Meora für Wochenfest, den Dekalog variirend in 5 Absätzen, hat Mittelreime und ist vielleicht von R. Tam. Ende: וצור מגן הוא יגן עליכם כל קהלתי להצילכם להושיעכם יוסיף שנית ידו (Ms. frz.).

יהי שדי מקבל אל ה׳ Messias-Hoffnungen in sieben Strofen (Kar.).

יושב על כסא דין
יושב קדם אשר לו הוים } zwei גמר für Neujahrfest.

יום שביעי שבת השמור (א״נ f. 16).

יומם וליל אבכה ועיני zu „Baruch scheamar“, in der

Trauerzeit vor dem 9. Ab, endigt ברכות יגונתי ארים קולי (cod. hisp. N. 127).

יוצרנו כל מסתרים יודע ein גמר für Neujahr (cod. Günzb.).

יוצק דמע ברכות חבליו Leiden und Hoffnungen, 4 Strofen [3 ab, aA; in den beiden letzten Strofen ist der Reim der siebenten Halbzeile nicht beobachtet]. (Tripolis).

יוצר הכל מרומם על כל Gesang in 5 Strofen, wenn der Neuvermählte zur Thora gerufen wird, endigt קן לה (Harl. 5583. cod. Saraval 68).

יחיד ערץ יסד ארץ Ofan in 4 Strofen mit Mittelreim.

יכונו אמרי על שפתיך in 4 Strofen, die Vorschriften der מזוזה enthaltend (Cochin).

ימותי ומרת שני für Neujahrs-Abend (cal. und Bodl. 613 N. 340).

ימי הבלי וכל חלדי (Bdl.).

יסוד הכל והוא בכל Eröffnung in 4 metrischen Zeilen für den Zwischensabbat des Hüttenfestes (Alg.).

יערה רוח ממעונים (Bdl.).

יפקד לפניך [al. יראה] Introduction zu Binjamins Musaf Neujahr (oben S. 137).

יפה נועם Eröffnung in 4 metrischen Strofen für den Zwischensabbat des Hüttenfestes (Avignon).

יצו לך אל עילום מבשר ממרום für שים שלום, endigt רגלי מבשר משמיע שלום (Ms. vom J. 1264. Ms. Luzz.).

יצמח צבי צדקנו, 4 Strofen, Erlösungslied (Kar.)

יצר האל את העולם Sabbatlied in 4 Strofen, endigt כי אחד הוא יחדוהו (Kar.)

יקרה אורה לך zum 9. Ab, endigt שמן למאור (Ms. Fas).

יקודי אש כידודי אש Ofan, im Rhythmus von ידועי שם und zeichnet ebenfalls יעקב, hat Reminiscenzen aus den Ofan ידודון ,ייחוד[1] und ידועי[2]).

ישיבוני סעיפי טוב אמירה Reschut für Wochenfest, endigt לאל גדול ונורא (Kopenh.).

מה לך בן אדם נשמת באפו über Sünde und Vergäng-

¹) ירימון ויעצימון, יקדישון וישלשון. — ²) קול ינופפון, סדר und נסדר.

lichkeit alles Irdischen. 5 Strofen [3 ab, siebente Zeile beliebig], endigt ובונן טרפו (Tlemsan).

מי יודע שבטים מלופה לנגדך Introduction zu Nischmat, die Zeilen מי und אתה lösen einander ab wie Frage und Antwort. Ende לנגיד על ישראל. Akrost. יעקב .בני .הקטן יגדל בתורה אמן.

מהלל מהלל אשיף לצור לבבי Mocharach, ein Mowaschech, endigt וכל רוע מעלל (Ms. Almanzi 328).

נשמה ילדים השוממים für die Sabbate der Trauerzeit (cal.).

נשמה יראים יראוך בלבה שתוח, 4 Strofen, endigt מעתה ועד עולם (ms. B. Niederhofh.).

עד מה תסלד בחילה Geula. (cod. hisp. N. 129 mit der Ueberschrift לר׳ יעקב נ״ע, א״נ 143 a).

עיני עששו צרי החששים Meora, ein Mowaschech, zeichnet יעקב חזק. Endigt קמי ינשו טובה עת האיר נרי גם יתרעשו (Machsor franz. ms.).

על גלותי מעיר קדשי Introduction zu Nischmat am Sabbat שמעו, endigt עד לא תבושי (cal., unvollständig in א״נ 141 b).

על משכבי בלילה אותי für den Früh-Gottesdienst, 5 Strofen mit נפשי endigenden Versen [abab bAA]. (span. Gebetbuch 1648 in 32. Siddur Wien 1819 f. 13).

שיר אעורר לקראת אלהי ואמר Selicha, die Strofen beginnen und endigen שיר (cod. Rossi 997).

שירו לאל נכוני für Neumond am Sabbat, 5 Strofen, strofischer Vers endigt ה׳ (roman. und span.).

השבי צרי לבבי וברו כצוף ומן Habdala (Mich. 443, cod. Bislich. 50, ed. 1545).

Jacob aus Castilien, Schulmeister in Fas.

אליך ה׳ נשאתי עיני שמע קול תחנתי ותן לנו מים. Ende: הרעים ה׳ על מים, ist ein Gebet bei Regenmangel (Ms. Fas).

Jacob halevi.

אני הגבר ראה עני Klage in 9 Strofen (cod. Rossi 485). Mehreres enthält Michael 608.

Jacob b. Joseph.

Tochacha איש בוש להרים מצח (Bdl. 613 N. 189).

Jehoseph.

1. ארומם אל רם Sulat zum 7. Tage Pesach, alfabetisch, zeichnet אני יהוסף הקטן בן (Kopenh.).

2. לפני אלהים חי רוחי ונשמתי Reschut (ed. 1545 N. 100).

(Vielleicht) 3. Mostedsch. ישראל כלכם היום בתשובה (Thema: מכל חטאותיכם u. s. w), dessen 4 Strofen יהכש Trümmer von יהוש—ף sein könnten (Tripolis ed. 4 f. 159b).

Joseph Ezovi und Joseph de Montelez (A. 1651) zeichnen zuweilen Jehoseph.

Jehoseph hanagid.

1. יה הפלא הסריך להושיע עמוסיך besingt in 4 Strofen die Wunder der Schöpfung, endigend כפי עצם כבודך.

2. יחפים בצום העשור für Sühnfest. (Beide in cod. Rossi 1377).

Jehuda.

Unter den 86 Stücken gehören etwa 25 älteren spanischen Dichtern, 6 bis 10 neueren Jahrhunderten; 9 stammen aus deutschen und französischen Mss., die andere Hälfte aus romanischen Siddur.

אבכה בבכיה Klagegesang (Pinsker S. 139).

אברך יוצר המאורות (עת הזמיר ms.)[1].

אדיר השוכן מרומים für Neujahr, zeichnet אני יהודה חזק (cal.).

אל עורה בצרה (Pinsker S. 122).

אל תחרש אלהי תהלתי Mostedschab (Thema: ה׳ אלהי שועתי אליך); zeichnet אני יהודה חזק (Bdl.).

אלהיכם יביא אלהיכם יוריח אלהיכם יחזיר שכינתו[2] אלהיכם ישיב אלהיכם ישביל	Musaf-Keduscha's [3]).

אמיץ פודה וגואל לפדות עמך Mostedschab (Thema: כי לה׳ המלוכה) für Neujahr, akrost. — אני יהודה חז (cal.).

אשיר נא לאבי מחול חובי Habdala (cod. Bisliches 50).

אשפכה שיחי ואהימה Gebet um Regen in 16 Strofen (ms. Fas).

בין יין ובין מים ריב אין כמהו Weinlied (ed. 1545 N. 227).

בצל השבת מימי נח Sabbatgesang, 6 Strofen nebst Eingang, ob von Jehuda halevi? (Cochin).

הרשע אום בך נושע (Pinsker S. 122).

המלך תי s. oben S. 398 N. 7.

שובית מאל אמירה ברב ששון וגילה (ed. 1545 N. 114).

יבוא ידידי בנו Hoffnung auf den Messias, 5 Strofen (Kar.).

יגל עם אל כי תהלל נפשי, Eröffnung am Sabbat Sachor (Harl. 5583).

ידיד רוחי ונשמתי (ms. Tetuan Luzz.).

ידיד עליון שמע הציון Ahaba in 5 Abtheilungen, metrisch, das Rituale der Tefillin lehrend.

ידידי במר לבי Klage (cal.).

יה אל דר, gezeichnet יאודה חזק (ms. Jerus.).

יה אלי וגואלי in vier Strofen, Introduction des אשרי zu Musaf an den drei Hauptfesten (deutsches Machsor).

יה הקשב נא Erlösungsgebet in 5 Strofen mit Strofenreim (Kar.).

יה רם נשבעת Pismon zur Aushebung (ed. 1545 N. 64).

יה זמרתי צוה אהבם Sabbatlied in 5 Strofen, die Strofenverse reimen, scheint jüngern Ursprungs (Kar.).

יה תרשך לטוב Gebet für Neumondstag [ababbA] (ed. 1661).

יה יבנה בימיך Hochzeitsgesang (Pinsker S. 139).

יה שכן בשמי ערץ Segen an die Neuvermählten, 5 vierzeilige Strofen (roman., auch in Karäischem Siddur ms. bei Pinsker S. 139).

יהדון כל צבא שחק הדרך, Barchu (ed. 1545 N. 192).

יי אלהא רבון עלמיא aramäischer Pismon (Bodl. 611 N. 73).

יי אלהים קבל שועתנו Gebet am Neujahrstage in 5 Strofen, endigt והטאתינו הלבינה (א"ג 49b).

יי יבואונו רחמיך kurze Techinna für Donnerstag (cal. und ed. 1661).

ה׳ ידידך צועקים Techinna für Regenfasten (ms. Fas).

ה׳ יום אירא לך Techinna für Purim-Fasten in Algier, wahrscheinlich von Jehuda Usiel (H. h. 134).

ה׳ יושב קדם מעונה Techinna für Donnerstag, gezeichnet יהו — חזק (cod. Leyd. 94).

ה׳ יחיד לבוח Techinna für Montag (sp.).

ה׳ יצרת היצור Techinna für Regenfasten, gezeichnet — יודה ל (cod. Leyden 94).

ה׳ יריבי תריב Techinna (Mich. 545).

יהי חסדך לנחם Gebet in 4 fünfzeiligen Strofen; die vierte und fünfte Zeile durch Ringwort verbunden (Kar.).

יום השביעי אל קדש Sabbatlied in 5 Strofen (Kar.).

יום זה מוכן für Neujahr (sp.).

יום שבתון אין לשכח Sabbatlied in 5 Strofen (Vitry, Tripolis).

יונה פותה יקושת Tochacha (Bdl.).

יוסיף אל ממרומו Tochacha (Bdl.).

יושב תפלות צור נערץ Kaddisch (ed. 1545 N. 178).

יושבי סביב שלחן Tischlied mit peitanischen Ausdrücken (להדריר, תחן, מתן), endigt ביחד נצמדים (Vitry § 311).

יחיד אל מרומים Gebet in 5 Strofen (Kar.).

יחיד בגבהי מרומיך Mostedschab (Thema: אתה האל עושה פלא) (Bdl. 613 N. 240).

יחיד ונשגב ואין Einschaltung in das Tischgebet bei festlichen Gelegenheiten, 20 Zeilen in 3 Absätzen, nach Art der kurzen Keroba's, mit Ringwort (Aaron hacohen א״ח 36 d).

יחיד נורא קומה ähnlich dem יחיד אל, in 8 Strofen (Kar.).

יחידה יפה משולה לאל חי, gezeichnet יהודה חזק (ms. Tetuan).

ילד אשר יולד בתוכנו zur Beschneidung, Eingang und 4 Strofen, endigt לפני ארוננו (Kar.).

יללת בני הגבירה (Pinsker S. 125).

ימהר איום ונורא Erlösungsgebet, 5 Strofen, der strofische Vers schliesst ה׳ (Kar. Th. 4 N. 107).

ימלא פי תהלתך אל אלהים, Erlösungsgebet (Kar. Th. 4 N. 96).

ינהלני על
ינחני להצרותיו | (Ms. Jerusalem).

יקירים אדירים משרתי אל Ofan, gezeichnet יהודה בר — — —, endigt כבוד ה׳ ממקומו, wahrscheinlich älter als das 13. Jahrhundert. (Harl. 5583, Opp. 1570 Q. A, cod. Paris suppl. 22).

יקר האל אטבבה, ein Reschut (cod. Lips. 2).

יקר הודך תע[1]) Ofan in 3 metrischen Strofen, Refrän:

אומרים קקק ה׳ צבאות, gezeichnet יהודה בר (roman.).

יקרב לפניך שועי ורנתי Eröffnung für Festtage in 8 Strofen, zweizeilig (roman.).

יקרב צור מהוללי Gebet in 5 vierzeiligen Strofen (Kar. Th. 4 N. 106).

יקרה התנני לעיניו Hochzeitlied (Kar. Th. 4 N. 45).

ירדתי פלאים פתע (viell.) Klage, akr. א . . . יה (אג 142b).

ירושלם כרמא די אלה עלמא Meora zu Sabbat דברי [in den Trauerwochen], Refrän ויהי ליך ה׳ לנהור עלמא; bricht zu Anfang der 5. Strofe הא שבינתי ירושלם — — — תתירביך ab (cal.). Ob von Jehuda halevi? Vgl. Sachs relig. Poesie S. 302.

ירושלים ראמי המעק ציון Klage, endigt ילין בכי (Harl. 5583).

ישרון כל בני איתן ein Barchu im Metrum der Bakascha, 8 Zeilen, Gottes Allmacht in der Schöpfung (roman).

ישמיע נעים שירות für Neujahr, gezeichnet יה (cal.).

ישרים התבוננו בראשיתכם Most. (Thema: דרשו ה׳ בהמצאו) (Bdl. 613 N. 331).

ישא עון וצחן, Reschut zu Neujahrs-Musaf (ms. franz.).

לך יעריצון רבוא רבבן Ofan. Refrän und 6 Strofen, endigend וקרא זה אל זה ואמר, vielleicht von Jehuda halevi (Ms. Almanzi).

לך אדר ויקר ואורה Mostedsch. (Thema: לך ה׳ הגדלה), endigt בבל משלה, alle Strofen heben לך an (cal.).

---

[1]) vgl. oben S. 207.

לנוחלי רחך חקים ישרים (Pinsker S. 124).

נשמת יושב הרומים אדיר ונאור, akrost. — יהו, für Pesach (Ms. Sizil.).

ענני ה׳ ענני (Pinsker S. 122).

ציון בעת זכרי חבלך וצירך Zionide endigend כי למאר עצם שברי בעת זכרי חבלך וצירך, zeichnet am Schlusse יהודה חזק ואמץ (H. h. 37).

ציון כיונה הגי Zionide (Kar. Th. 2).

קדוש אין בלתך Tochacha (Bdl.).

שארית יוסף ייחלון קץ הפלאות Most. (Thema: אולי יחנן ה׳ צבאות), alle 5 Strofen heben שארית יוסף an. Endigt לחזות הנוראות (Tripol. ed. 4).

שדי נעלה על זבול (Mich. 807).

שיר אשא לרם ונשא s. oben S. 385.

שעו מני אמרר על Klagegesang (Mich. 443).

שער הרחמים לעם Gesang für Neumond [abab, bAbA] (ed. 1661).

Jehuda hacohen[1]).

1. בנר חנוכה אודך für den Chanuca-Sabbat, Eingang und 5 Strofen, endigt לא תזכרי.
2. ידידי אל ישראל Beschneidungsgesang in 7 Strofen, der strofische Vers schliesst ה׳.
3. Todtenklage ידום לנגן חליל mit Strofenreim.

Jehuda b. Jacob.

Klagelied יומם ולילה אבכה hat zum Inhalt die Mücke des Titus, woran die Tröstung חסדי האל אקו den Anschluss bildet. (Machsor Carpentras).

Jehuda b. Joseph Sidschilmesi (סגלמאסי).

Tochacha מה אעשה לצידתי יום אסע לאדמתי [aabb] für die 25. Nacht. Schlussstrofe: קרבי נפשי ומעי יהמו על רוב פשעי כבוקע ופולח לאל מוחל וסולח.

Jekutiel b. Hassan.

Neila-Pismon יה שביר מבקר מביתך לא ימש (Ms. Fas Luzz f. 170).

Jeschuah hat im Tripolis-Machsor für den Vorabend des Sühnfestes zwei zusammengehörige Stücke, Pismon und Mostedschab, die beide solche Strofenverse, die קדוש schliessen, variiren. Der Pismon beginnt יערב שיחי לפני קדוש und zeichnet

[1]) vgl. oben S. 348.

zweimal ישעה; das Mostedschab zum Thema ה׳ הוא הקדוש fängt an רביט לבב אמוני, endigt אמרי קדוש und hat akrost. אני ישעה חון.

Jischai.

יושב בסתר עליון הקשב Elialied in 3 Strofen, endigt רשלח לבלילה ישי אליהו הנביא (catal. Uffenb. p. 305).

Jomtob.

1. יום הפקוד בחמת Ermahnung in 4 Strofen, akrostisch —יומט, vielleicht abgekürzt (אמרי נעם 120b).
2. יושב בצל שדי בטח ויתלונן Reschut für Hüttenfest, endigt היקו דרבנן (ed. 1545 N. 42).
3. יונה יקושה תוך פחים (Michael 608 N. 537, Ms. Jerus. N. 139).

Aehnlich ist לך אלי קראה יה (ed. Atias 1661 f. 117) und wie es scheint auch von Jomtob. Im 16. Jahrhundert lebten im Orient die Dichter Jomtob Chabib und Jomtob Hamon.

Joseph.

Der grösste Theil der hier folgenden Stücke ist spanischen Ursprungs, indem 49 Nummern spanischen, 41 afrikanischen und 6 provenzalischen Riten entlehnt sind; der Rest kommt zur Hälfte auf Sammelwerke (שירים ed. 1545, מעירי שחר, אמרי נעם), zur Hälfte auf griechische (10) und französische (9) Handschriften und jüngere Siddur des Orients (4). יוסף חזק zeichnen N. 7, 51, 60, 79, 98, 112, 115, 125, 132, 141; אני יוסף N. 1, 15, 16 und wohl auch N. 5; אני יוסף חזק N. 9 und wahrscheinlich N. 55. Die Nummern 58, 94 haben akrostisch יוסף הקטן.

1. אדיר במרום ושכן את דכא Mostedschab (Thema: לך ה׳ הצדקה) (Bodl.).
2. אוביר חסדי ה׳ אשר גמלנו בוברי תגמולות Jozer an Sabbat, an dem eine Beschneidung statt hat, in 4 קדוש schliessenden Absätzen, von denen die beiden ersten (א׳ bis ל׳) Joseph zum Verfasser haben (Harl. 5583).
3. אוברה מזמור התשועה והפדות אשר הושר Jozer am Hochzeit-Sabbat, in welchem עֲלוֹ, מְחוּטָב und כב (כבת) vorkommt (Harl. 5583).
4. איכה לבדד Klage, Strofenreim רה (Fas).

5. אין די בדמי Klage in sechszeiligen Strofen, die 3 Strofen zeichnen איפ, vermuthlich verkürzt aus אני יוסף (Avign.).
6. אל נר כדרור מהר מר דרור Habdala, endigt יום מטות שבור (cod. Günzb.).
7. אלהיכם יחיד בעולמו Musaf-Keduscha am Hochzeit-Sabbat, endigt חבל נחלתו (Orat. 37).
8. אליך אקרא מבור עני Selicha (cod. Rossi 570).
9. אמרי נצור עמי בנעימים אם תשמור חקי הרשומים oder Mostedschab (Thema: אם תשיב משבת רגלך), endigt מעל רגלך (Bodl. 613 N. 461). In Machsor Tripolis fehlen die Strofen חוק und endigt das Stück mit מעגל רגלך. Ms. cal. hat nur die Strofen אני וק.
10. אני ישן ולבי ער וקול דופק בלב סוער metrisch (ed. 1545 N. 229).
11. אנקוט בריש הרמנא aram. Reschut zur Haftara, Reim נא, endigt פריש מילייא דכל נביאייא (cod. Paris suppl. 139).
12. אצפה לאלי וידלני in 5 fünfzeiligen Strofen, endigt נהיה בחצרות אלהינו (Tripol.).
13. אשירה נא לידידי für Sabbat Sachor (span. ed. 1712 f. 167b).
14. את יום השבת במיטב für Sabbat in der Bussezeit, alle 5 Strofen heben את יום השבת an (Tripolis).
15. אתה שעלך מים מדד Most. (Thema: ואתה מרום לעולם) (Bdl. 613 N. 644).
16. אתי למקדשא אודה לקדישא aram. (Mich. 807).
17. אתם בני עליון שוגים Gedicht über die 13 Artikel des Glaubens (הפליט S. 20).
18. באור בקר לך קמתי Gebet für Neujahrfest, 7 Strofen nebst Eingang [2ab, 2aA], endigt יקדישון יעריצון (ms. Algier).
19. בה׳ אצפה אל רם על כל אל (Bdl. 613 N. 508).
20. בלילה תקדם für die 22. Bussenacht, endigt תיסר בספירים (Tripolis).

ברכת אל חי s. ילך חתן.

21. בת בני בת בכורי התנערי נא ועורי Meora, endigt על פניך ואורי (cod. A. 1264. Kopenh. ms.).
22. בהחלת התנוני הבאתי לך מלה endigt והכח והגדלה (Trip.).

23. גדול אתה ועושה נפלאות אתה אלהים Introduction zu Kaddisch, endigt ועלי כל אות יגדל אלהים (cod. Paris suppl. 18).
24. רוחי לצבי א דומה[1]), 4 Strofen (מעירי שחר).
25. רה אלהים צלך אשכן Mocharach zu Nischmat, 4 Strofen und Eingang, endigt ומי ימשילך (Alg. Sizil.).
26. היום בהתבוסס בדמיך Gesang zur Beschneidungsfeier, 8 Strofen (auf. ילד אשר יולד) nebst Eingang, endigt רה שלומך (Harl. 5583). Hat im Gebetbuch von Cochin f. 78b nur 4 Strofen.
27. ולבי ורעיוני für Barchu, Eingang und 5 Strofen, der strofische Vers schliesst :ה. (א״ג f. 66).
28. וזמירות אפצחה בתוך קהל Eröffnung zu Barchu, Eingang und 4 Strofen [3ab, ABB]. Metrum: ⏑ — — — ⏑ — —, ein Mowascheeh (Alg.)
29. חנן הגחיל מנוחה מאתי dreizeilig, 5 Strofen (Tripol.)
30. חנון ורחום ה׳ על עם כבודו Selicha für Esther-Fasten, 4 Strofen, endigt לבית ישראל הפלא (Alg. ms. Avign.).
31. יאמר נא לצרותי די (Mich. 807).
32. יבוא מאסף הולי Geula, endigt ושנה גאולי לגולי (cod. hisp. N. 157).
33. יביא ישעתי יחיש מנוחתי (Mich. 807).
34. ידבר פי בסוד אלפי metrisch, endigt עבור אבי לך אביא אה שה עולותיך (Tripolis).
35. ידין היתא עם כלתא aram. Begrüssung an das junge Ehepaar, zeichnet יוסף חזק יחי, endigt שב על ביומין (ms. A. 1290).
36. ידידי את ארוב לבי Gesang in 4 Strofen, für Thorafest (span.).
37. ידידים חיש נבואה Eröffnung für Neujahr, 8 Strofen (מעירי שחר).
38. ידיכם צבאות ה׳ שאו נא für den Busse-Sabbat, endigt כה׳ שמחה (Tripolis).
39. ידך להרוממך הטה משמיך (Bdl. 613 N. 328).
40. ידעתי הי גואלי ואליו משפט הגאולה Geula (Kopenhagen, frz. ms.).
41. ידעתיך מרומם ולא Eingang zu Nischmat (frz. ms.).

---

[1]) lies ידמה,

42. יה לאסירים שערים יפתחו, endigt לך תודות יזבחו (Trip.).
43. יה משגבי בעטף לבי (Bodl. 613).
44. יה על מי für die Bussezeit 5 Strofen, gezeichnet יוסף נרו (afrik.).
45. יה שמע אביוניך Selicha für Sühnfest (Harl.).
46. יה שמע קולי ורחם (ed. 1545 N. 230).
47. ה׳ אקרא יומם ולא תענה (cod. Rossi 382).
48. ה׳ ידך.
49. ה׳ ה׳ אל רם על כל אל Pismon für Sühnfest, endigt לבדו ממקומו. Vgl. N. 19. (Tlemsan).
50. ה׳ יהמו מעים לפקוד, endigt קול חתן (cod. Leyd. 94).
51. ה׳ יחיד ומיוחד נקראת Techinna, endigt יבא בשלום (cod. Leyd. 94).
52. ה׳ ימינו חדש ושובינו (Bdl.).
53. ה׳ ישעך תחן לנו Techinna in 5 Strofen, endigt התחנה הזאת (cod. Leyden 94).
54. ה׳ פודה וגואל צור ישראל (Bodl.).
55. ה׳ שמך ארנן ברנני Mostedschab (Thema: וכור רחמיך ה׳), akrost. איפח sind wohl Trümmer von אני יוסף חזק.
56. יהי נעם אֵל על עם für Neujahrs-Abend (cal.).
57. יהי שם האל מבורך Eröffnung für Chanuca in 3 Strofen, die dritte muss ספי אולמו anheben (מעירי שחר f. 94).
58. יהיו לרצון הגיוני für Neujahrfest, ein Most. (Thema: הראינו ה׳ חסדיך) (Tripol.).
59. יהירים כהכניסו צלם למעוני Klagegesang (Fas).
60. יהמה לבבי על ציון בעת אוכר Klagegesang für Sabbat דברי in 7 Strofen, endigt מבור אסיריה (cal.).
61. יודע נסתרות kurzer Hymnus für Wochenfest, 5 Strofen, gezeichnet — יוסף ח (א״נ 46 a).
62. יום אעמוד למוד דין מפעלי (Bodl. 613 N. 599).
63. (wahrsch.) יום אעמוד מולך Eröffnung für den Pesach-Sabbat, ist unvollständig. (Avign.).
64. יום אשר כליתי אל (Bodl. 613 N. 78).
65. יום התנפלנו בבור כפים (Bodl. 613 N. 507).
66. יום יום לך אקרא (Mich. 807).
67. יום לדין תעמד לשפוט עמים (Bodl. 613 N. 365).
68. יום ליל שמתי כַפִי, der strofische Vers endigt לך (Tripol.).

69. יום נחלה מעיר תהלה für Gedalja-Fasten, endigt בשכן ישׁשן (cod. Rossi 570).
70. יום פרותי בעדו כל שואלי Geula zu Pesach, 4 Strofen [3 ab, 2 A B], worin צוּף זמן an תשבי (von Jacob) erinnert; endigt ונאל לך את נאולתי (Alg.).
71. יום שבת ומשמריו באנו mit Strofenversen die תמיד schliessen (Tripolis).
72. **יום שבת קדש יכבד** כל איש, die zweite Strofe fängt mit dem Buchstaben ס an (cod. Bodl. 602 [1]).
73. יומי ולילי ארום בדילי (Bodl.).
74. יומם יצוה צור מרומי (Bodl.).
75. יונה לדאנתך מלידה zur Beschneidungsfeier, 4 Strofen, [3 ab, aA] (Cochin).
76. יונה נכספה למצוא מנוחה Ahaba in 4 Strofen [aaa, 2 AB] (Alg.).
77. יונה תמה עלי Sabbatlied in 7 zweizeiligen Strofen, wahrscheinlich unvollständig, gezeichnet יוסף ברח, vielleicht J. b. Natan (Vitry).
78. יוצר הכל הקדים Introduction zu לאל הברוך für Sabbat Sachor, 4 sechszeilige Strofen.
79. יוצר כל מבשר השלח Habdala (Machsor Costantine).
80. יוצר כל היקומים Introduction zu לך ה׳ הצדקה (Bodl.).
81. (vielleicht) יושב ברום שמי Hymnus in 2 Strofen, die akr. יי geben (א״צ 61 b).
82. **יושב** משמים בעד ען. Vgl. die יושב משמים anhebenden Stücke von Joseph b. Suli und Isaac. (Bodl.).
83. יושב רום עליוה Bussgebet in 4 Strofen (Tlems.).
84. יחד קרבי בי הצהלנה Kaddisch, Eingang und vier auf גדל ה׳ ausgehende Strofen, ein Mowaschech, endigt עם אלה תגדיל ה׳ (Alg., frz.).
85. יחדיו בשיר מעלוה [2]) für Barchu, die 5 Strofen endigen jede אלהים, das Ganze schliesst כי כל במאמרו ברא אלהים (Vitry).
86. יחונן צור בחמלתו Gesang in 7 Strofen, zur Beschneidungsfeier (ed. 1545. Cochin).
87. יחונן צור להשיב (Ms. Tetuan Luzz.).

[1]) vgl. onomast. S. 99 N. 21. — [2]) angeführt Ritus S. 241.

88. יחיד עולם Eröffnung für Pesach, 5 metrische Zeilen (Avignon).
89. יחידה חצובה (Bodl.).
90. יחיל לבי בקרבי für Neujahrs-Abend, der Strofenvers endigt לו (Tripol.).
91. יחיתנו מיומים Gebet um Brod und Freiheit, Eingang und 3 Strofen [2 ab, bA] (א״נ 63 a).
92. ילד אשר יולד בעורו יחי האל Lied zur Beschneidungsfeier (roman.).
93. ילך חתן mit dem Eingang ברכת אל חי Hochzeitsgesang in 4 Strofen, meist achtzeilig [6a, 2 A] (Cochin).
94. ימי קלו מני רץ ושני נדדו, Chatanu mit Ringworten, scheint alt (Tripolis).
95. יעלת אהבים שמחי ורני Meora, Eingang und 4 Strofen, ein Mowaschech; Metrum der geraden Zeilen: — — ◡ — — — — ◡ — —; der ungeraden: — — ◡ — — — — ◡ — (Alg.).
96. יעלה צבי תכסוף Ahaba in 3 Strofen [3 ab, 2 AB] (Kopenhagen und ms. frz.).
97. יען כי חרב בית המנוחה Selicha (cod. Rossi 860).
98. יעקב חבלי לעם Reschut für den Busse-Sabbat (Machsor Amst. 1642).
99. יערב לפניך כמו קרבן für Musaf des Sühnfestes, 4 Strofen, akrost. יוסף אבי ist vielleicht in אביתור (J. Abitur) zu ergänzen (Avignon).
100. יערב מעמדנו באשמורת (Bodl.).
101. יערב שיח נדח ותחנוניו in 4 Strofen, auch die vorletzten Wörter der Zeilen reimen (Fas, Tlemsan). Hat in cal. und Oran ms. 5 Strofen (קצרה לשוני).
102. יערב שיחי ותקח הגיוני für Neujahrs-Abend (cal.).
103. יעריצון אלי מלכי בקדש Ofan, Eingang und 4 Strofen [3 ab, bA], der strofische Vers endigt קדש (Alg.).
104. יפו דודיך אחותי 4 Strofen (מעירי שחר).
105. יפיפיה השבויה für Neujahrs-Abend (Tripolis).
106. יפתה עלמת חן ומעין נעלמה Mocharach, endigt הללו יוצר כל נשמה (Ms. A. 1264 N. 196. Ms. Almanzi. cod. Mich.).
107. יצא דבר המלכה Sabbatlied in 3 Strofen (frz. ms.).
108. יקיר גלה כבודו (Bdl.).

109. יראי אל ועושי רצונו (Bdl.)
110. יראתו מאימת משפט für Neujahrs-Nacht, akrost. — יוסף ח endigt וצדק לפני יהלך (Tripolis).
111. ישרתי תפלתי אל ה׳ הבאתיה feiert den Sabbat, endigt לשלם הוא נחלה לו ומיד אל קניתיה (Tripolis).
112. ישאו אמוני אמרים גברים (Tripolis).
113. ישאו ישרים ידיהם מעלה, endigt ומכה נחלה (Tripolis).
114. ישראל אשר בך חוסה Most., zeichnet יוסף יקר ישוי; ob יהודה קרדי? aus יקר (Bdl.).
115. ישראל בחורי לעם בחרתיך Most. (Thema: שובה אלי כי גאלתיך), endigt אף המכתיך (Tripolis).
116. ישראל מכל עם בחר ה׳ ברכה feiert den Sabbat (Tripolis).
117. יתר רבו ויתר הפלשה Geula in 5 Strofen, endigt כל איש על רגלו (cod. hisp.).
118. לחתני מרמר עיני Eröffnung für den Hochzeit-Sabbat. Eingang und 4 Strofen, anfangend יה יהוה (roman.).
119. לעורכי התעוגים (Bdl.).
120. מי כמוך ים בדבריו נוהר Mikamocha für Neumonds-Sabbat, der strofische Vers endigt שלום, die Strofen geben יפ nebst א׳ bis מ׳ und ש׳ (roman.).
121. מים שרורים (Bdl.).
122. מלך אשר רמותו Jozer für Neujahr, vgl. oben S. 179.
123. (viell.) נשמה יפה עלמה (Ms. Almanzi).
124. סורו יענים Klagelied zum 9. Ab in zwei 10- oder 11-zeiligen ungleichartig gebauten Strofen, akrost. סב. Ist nach Simeon Duran vom Verfasser des יפיפה N. 106.
125. פרשו עלי מיו שכינתך beim Ausheben der Thorarollen, Eingang und 4 Strofen [ababAA] (span.).
126. פתחו תהלות אסירך פתחו, endigt לא בחרבם וקשתם יבטחו, hat gleichen Eingang mit N. 42 (Tripolis).
127. קדש ישראל והבל נחלתו (Bdl.)
128. קומו ברנה Pismon für Thorafest, 4 Strofen, die Strofenverse endigen ה׳ (cal.)
129. קומו התני bei einem Umzuge mit Thorarollen am Wochenfeste; Eingang und 3 Strofen [3ab, A], der Strofenvers endigt ה׳ (א״נ 70a).
130. רחקו במעלי ימי פרות וחפש Introduction des Nischmat in den Trauerwochen, endigt והיה למשיב נפש (cal.).

131. שובב בורחי ראש עם נאמני Ofan, endigt כבני המוני (roman. ms.).

132. שירו נא לאל בשחר Frühgebet in 8 Strofen (א״נ f. 6).

133. שירות ותושבחות אתנה Frühgebet für Sabbat, Eingang und 4 sechszeilige Strofen [ab, ba, aA] (spanisch ed. 1661. In א״נ 17b fehlen Strofe 2 und 3).

134. שכינה צועקה Klagegesang, die stufenweise Entfernung göttlicher Majestät aus dem Tempelgebäude, in sieben Strofen (cal. und ed. 1519).

135. שם ה׳ הודו Bakascha für Neujahr (Algier).

136. שמור חתן וכלה Hochzeitsgesang in 6 metrischen Strofen, gezeichnet שמי יוסף קף (roman.).

137. שמך להודות לבי לא אחר, endigt כי ישאלך בנך מחר (Tripolis).

138. שמעי בת וראי Meora, Eingang und 4 Strofen, endigt ולאורי תצאי (Kopenhagen).

139. שנה בשנה ארננה Klagegesang (cal. und ed. 1519).

140. תפלה לעני יעטוף רוחו für die Bussezeit, Eingang und 4 Strofen, die sämmtlich תפלה לעני anheben (Tlemsan).

141. Ein Gesang, dessen erste Strofe fehlt; die zweite hebt an: ובני אלהים יחד כבוד, ist eine Geula (Uri 276 zu Anfang).

Joseph Caspi b. Schalom dichtete Klagelieder und Mehreres für den Hochzeit-Sabbat, unter andern:

1. יחיד ורם לו הגבורה, Mocharach, akrost. יוסף בר שלום אבן כספי חזק (Mich. 608 N. 39).
2. אמרות ה׳ חשקי Piut zu Barchu (Mich 608 N. 78).
3. אשיר לאלי בנעים חלילי desgleichen (in cod. Wien 115 N. 4).
4. יענה היום לשוני
5. יד רוממה

} zwei Klagegesänge (Ms. Baer).

Deren Verfasser scheint dem 16. Jahrhundert anzugehören. Nur „Joseph Caspi“ gezeichnet sind:

1. בנים שמחו וצהלו Piut bei der Aushebung (Mich. 608 N. 114).
2. יעלת אהבים רעיה בת נריבים für Barchu (Algier-Machsor ms. N. 19).

3. אל ארון אחד ברא עולם eine Variation des אל ארון, mit durchgehendem Reim לם;
4. יחיד ואין שני, beide nachgetragen in cod. Rossi 860.
5. יוצר עולם נעם נעלם (aus cod. Michael bei Steinschneider im Art. Joseph Caspi [Hallische Encycl.] S. 72).
6. אקום להלל צור המהולל ein aus 9 Strofen bestehendes Gebet mit Refrän בצר u. s. w. (Ps. 4, 2), in einigen Handschriften mit der zweiten Strofe (אשא רעי אל צור ישעי) beginnend.

Joseph hacohen.
Barchu ידידי אל לצורכם ברכו נא endigt נותנים תהלה (Harl. 5583. ed. 1545 N. 195).

Denselben Namen führen die Verfasser von folgenden Stücken, die jünger scheinen [2 Rabbinen dieses Namens lebten im 16. und 17. Jahrhundert im Orient]:

יונה אלם צבי עדנה für Pesach (Kar. Th. 4 N. 26).
יונה בת נעימה
יה הטה און לקול } (beide in Ms. Jerus.).

Joseph hacohen b. . . . .
ציון במשפט לכי eine Zionide. Den Namen des Vaters findet der Commentator Ascher b. Joseph in den Worten ברכה החיים (Chajim).

Joseph halevi.
1. Techinna ה' ירים קרן משיחו (Bodl. 613 N. 320).
2. Gebet לדלתי ביתך רעני in 13 Strofen, endigt על הדוכן (Machsor Algier ms.).

Joseph b. G . . . .
Mostedschab ה' אלהי הצבאות יושב הכרובים (Thema: ה' אחד ושמו אחד), endigt שבם אחד (Machsor Tripol. ed. 4 f. 151a).

Joseph b. Meir b. Esra.
Mikamocha:
1. für den 8. Azeret. מים אלהים בטרם נהיה אדם mit schliessenden Strofenversen, hat akrostisch אני יוסף בן מאיר בן עזרה מכב קטן, von welchen nur die punktirten Buchstaben in Strofenanfängen vorkommen und zwar an offenbar lückenhaften Stellen.

2. für Zwischensabbat Pesach יד עמך לראות אפקח עיני in 41 מצרים schliessenden Strofen. Ende: עושה גדולות במצרים (Ms. Korfu).

Joseph Sahala.

יראיך אליך באים באשמורות Selicha für den 19. Tag des Bussemonats in Ritus Oran.

Joseph b. Salomo.

Techinna ה׳ ישעך הקריבה ורחם.

Josifja.

ימים רבים לישראל העיר ציון נבוכה in 4 Strofen, Trostgedicht für Mincha des 9. Ab, endigt כן ברצוני אושיע אתכם והייתם ברכה (ms. Algier).

Josua s. oben S. 506 N. 4.

Josua Kaslari scheint nicht lange nach 1540 gelebt und folgende Klagelieder verfasst zu haben:

1. איומה המומה, endigend יאהבני אישי.
2. יונה גרושה מאישה 8 Strofen, endigend מן המצר.
3. יונה נודדת מקנה 4 Strofen, endigend כמו חיות ונחשים.
4. יונה נמרטו כנפיה 5 Strofen die ארץ schliessen. Hinter dieser Nummer heisst es: לי אני יהושע קשלארי (Machsor Avignon ms.).

Kaleb.

כונן דוק הנורא העוטה האורה ein Gebet in 4 Strofen, nach der Trauung. (griech. Ritual ms.).

Labi.

1. Mostedschab אני המעלה רפואה (Thema: אני ה׳ רפאך), endigend וירפאך, scheint akrostisch אני סנאן לביא zu zeichnen (Tripolis).

2. Geula בֿן ישי רכבו כושש. Endigt בֿן מלכי צדק לובש. Die 4 Strofen heben an: נֿרחי, לֿעג, בֿו, יֿש אֿנחיל, so dass akrost. בן לביא erscheint. Vgl. (oben S. 520, 535) Joseph b. Labi, Simeon Labi. (Ms. Almanzi 328).

Levi b. Mose.

Dieser Autor gehört vielleicht in das 16. Jahrhundert. Eine von Dukes verzeichnete, wie es scheint aus Palästina stammende, Sammlung von Poesien enthält folgende Stücke desselben:

1) אל חי שוכן וכל אערוך שיר, 2) אומר לך אל ידידי וגואל, 3) לפני ושבחה, 4) לאל חי אשיר. 5) לדוד נפשי שבן רומה, 6) נשמה אל חי בירעים. 7) קדמו עיני אשמורות, 8) לויה חן, 8) נשמה להקה אותך. — Mose b. Levi hiess Israel Nagara's Vater.

Maimon.

1. אלי אליך בקרב היכלך Rehuta, der strofische Vers endigt פשע. — die Namenzeichnung ist nicht sicher.
2. לאומר ועושה Mostedschab für Gedalja-Fasten, nur bis ל. — die Namenzeichnung ist nicht sicher.
3. Geula מלכי עד מתי, endigt תהיו כאשר בתחלה.
4. אברך ברנני עדתכם Sabbatsegen über die Gemeinde, in 12 Strofen, endigt אלהי ישראל.

N. 1 und 2 gehören nach Avignon, N. 3 nach Rom, N. 4 nach Fas.

Makluf [מכלוף].

Habdala נשמע בהר קדש בארץ יה (cod. Bisliches 50).

Der um 1610 geschriebene cod. Michael 808 enthält unter anderen Gedichte von Makluf. Gleichzeitig nennt ihn Lonsano[1]) neben Nachum. Um 1410—1430 lebten der Vorsteher Makluf b. Honein in Musteganem[2]) und Makluf der Grieche, Arzt in Polizzi[3]). Ein älterer Makluf, der bei Fas ermordet worden, kommt bei R. Ascher[4]) vor.

Makluf b. Joseph, vielleicht den neueren Jahrhunderten angehörig, ist Verfasser eines unbedeutenden Gebetes אירהץ שיר ארוממך אלהי בניבי, welches mit Psalm 33, 20 endigt. (Ms. Tetuan Luzz.).

Makluf halevi.

Techinna ה' מלך מיוחד, endigt ביום השני (cod. Leyden 94).

Makluf Omar, wie es scheint aus dem 17. Jahrhundert, ist Verfasser der zwei Gebete אעמד להלות und קמתי להלל לצור in Machsor Algier ms., die am Neujahrfeste vorgetragen werden. Sein Sohn David war Vorbeter in Algier.

---

[1]) שתי ידות 137 b. — [2]) Simeon Duran Rga. Th. 1 N. 13. — [3]) zur Geschichte S 517. — [4]) Rga. 50, 1.

Manzur.

1. משפיל מרים בברית הורים }
2. יום השבת אין כמוהו } Sabbatgesänge.
3. מאמש עבדיך הם בתפלה צועקים für Sühnfest.

N. 1 und 2 sind in der Sammlung 1545, N. 2 auch in dem Gebetbuch von Cochin, dem spanischen Machsor ed. 1661 und Siddur Wien 1819. N. 3 hat cod. Uri 290 (Haleb) im Nachtrage.

Mashir.

1. בשם אלהי für den Busse-Sabbat.
2. ביום כפור פשעים מלך חי לכם, zeichnet מזהיר חזק.
3. בך בטחו אל נורא, akrost. (?) מזהיר חזן.

N. 1 ist aus Ms. Haleb, N. 3 aus Ms. Damaskus, die N. 2 findet sich in beiden Handschriften.

Masud.

היום דרשנוך (Pinsker S. 122).

Dichter Masud b. Jeschuah und Masud Salomo kennt Luzzatto aus seinem Ms. Tetuan.

Matatia, vermuthlich in Italien und vielleicht aus dem 16. Jahrhundert.

1. אני גבר ראה אונים }
2. אויה לי כי גרתי משך } Klagegedichte (cod. Rossi 1205).
3. אומלל שולל חלל }

Der von de Rossi (cod. 378) als Verfasser einer Pesach-Ordnung aufgeführte Matatia b. Jechiel — ein sonst unbekannter Name — beruht wohl auf einem Missverständniss, da der dortige Seder der von Tobelem ist, den daselbst Samuel's aus Falaise Commentar begleitet.

Mazliach.

בהקיצי ישיחני לבי, endigt אשא כנפי שחר (Tripolis).

Meir.

1. Schalom מחה כעב וכפר פשעים, endigt וישם לך שלום (Harl. 5530).
2. Meora für Thorafest שדי קדושי ושמחת גילי, endigt אויבתי מה השמחי לי ומה הגילי כי אשב בחשך ה׳ אור לי ככתוב וכו׳ (Ms. Kopenhagen).
3. Introduction zu אשרי: מה ידידות משכנותיך, 5 Zeilen,

mit dem Verse אשרי bis סלה endigend (Ms. B. Niederhofheim f. 52).

4. In der Selicha für Gedalja-Fasten אזכרה היום רובי תלאות ist in der letzten Strofe, die אלהים לא תבוה endigt, מאיר gezeichnet (cod. Rossi 570).

Michael נמר b. Jehuda.

Hochzeitlied מה נעמו דודים מרוש חתן כנף השמלה (griech. Machsor ms. Luzz.).

Michael b. Perez lebte früher als 1550. Er zeichnet Michael ביהר Perez und bedient sich des seit Gabirol üblichen Ausdrucks ילדי הזמן [1]).

Zionide ציון מנת שלום deren Strofen ציון anheben, endigt והוא יצב גבוליך.

Mordechai. Die Identität der Verfasser dahingestellt, dürfen die folgenden Stücke nicht später als die Mitte des 13. Jahrhunderts angesetzt werden:

1. שבח נותנים כל צבא מרום לגלו für Nischmat, am Beschneidungs-Sabbat, endigt שיח שרפי קדש (cod. Rossi 586 N. 107).

2. מגן עמך ישעם Barchu, endigt ויעים עם ה׳ (Opp. 1570 Q. A).

3. אלהיכם מושבו וממשלתו Musaf-Keduscha für den Busse-Sabbat (Opp. 653 O.).

4. מסלות לבבי אתה עולה zur Hochzeitfeier, 4 Strofen mit künstlichen Reimen, endigt תהלות לאל עליון (cod. Rossi 586 N. 108).

5. מתעלה ברוב פלא Kaddisch, endigt כנפיו אהבה (Harl. 5583).

6. מעוז צור ישועתי Chanucalied.

Die Nummern 3 und 5 zeichnen מרדכי, die übrigen auch חזק. Vielleicht ist in N. 4 auch בר מאיר angegeben; N. 6 dürfte M. b. Isaac angehören.

Mordechai b. Chanin b. Jonatan.

Sulat zum Thorafest מראש מקדמי ארץ נסוכה behandelt die Hagada von Mose's Tod in freier Diction und reimenden Zeilen. Enthält 25 Strofen. (Avignon ms.).

---

[1]) Dukes שירי שלמה S. 14.

Mose.

1. אדני דרך עדותיך Mosted. (Thema: זכרנו ה׳ ברצון עמך) (Avignon).

2. אהלל למפיק מאויי Mostedschab, (Thema: אודך ה׳ אלהי) (Bdl.).

3. אוהבי אחי ורעי Gebet in 6 Strofen mit verschränkten Reimen und stehender Schlusszeile, gezeichnet משה הקטן (Kar.).

4. או בקום הצר Sulat für Chanuca-Sabbat, das Wunder mit dem Oele beschreibend, endigt ואו אקרא לעיני כל מוני ראו נא כי אורו עיני (Ms. A. 1264; in אילת f. 77 ist eine Schlussstrofe).

5. אזור נא קנאות Sulat in 6 achtzeiligen Strofen, die Zeile zu 3 Worten; ist für die 7 Wochen nach Pesach, endigt וזמירות לדר כרובים קומו ושבחו אהובים (Machsor ms.).

6. אזכור מעללי יה Sulat für Chanuca-Sabbat, die Thaten Matatia's und seiner Gefährten besingend; je zwei Strofen haben einerlei Reim, Strofe 3 bis 10 ebenfalls; endigt ועל זאת שבחו ארובים (röm.).

7. אזכרה מקדם פלאות נוחי Sulat in 19 achtzeiligen Strofen, der die schützende Gottheit aus der israelitischen Geschichte darstellt, gezeichnet משה הקטן יחי und חזק; endigt ועזרת אבותינו.

8. אזכרה שש חנכות s. oben S. 202.

9. אומר לאל המיוחד Illustration des „Schemah" am Sühnfeste Musaf, 4 Strofen, der strofische Vers endigt אמת (Catal.).

10. (wahrsch.) אומרה למפיק מאויי [vgl. N. 2] Illustration des „Schemah" am Sühnfeste Schacharit, nur 3 אני gezeichnete Strofen, der strofische Vers endigt חיי (Catal.).

11. (viell.) איום מבראשית Jozer für Chanuca-Sabbat, mit 7 Kadosch-Strofen, zählt die 6 Tempelweihen auf (vgl. N. 8). (roman.).

12. אכוף קומתי alfabetisch (Pinsker S. 140).

13. אל יברככם עם הקדש, Barchu für Pesach, endigt אדמת הקדש (Harl. 5583).

14. אל ממרומו יקרא לעמו für שים שלום, 10 שלום schlies-

sende Strofen, gezeichnet אני משה קטן חזק (Kopenh. Avign.).

15. אל נורא עלילה für Neila, Pismon in 7 Strofen. (ed. 1519. Tripol.). Zusatz-Strofen haben die Machsor von Algier, Tunis, Tlemsan. Ms. Fas hat eine alfabetische Selicha desselben Anfanges.

16. אל עם לא אלמן קץ, endigt ופלג שין (Mich. 546).

17. אנא רצני אל בעמדי לפניך am Hochzeit-Sabbat, endigt תעניך (Harl. 5583, ed. 1545 N. 176).

18. אנא שרי לחרורי aram. (Bdl.).

19. אעורר רעיוני (Pinsker S. 125).

20. אעירה שחר לידי Bakascha in 12 Strofen, gezeichnet אני משה נרחבם סים, vielleicht ist נרחבם in בן אברהם zu ergänzen (בקשות ed. Cstpl. s. a. N. 27).

21. אפתח ספר (Pinsker S. 140).

22. אראה את פני אלהים ברנני für Barchu, 7 Strofen, der strofische Vers schliesst ה׳, mit verschränkten Reimen; endigt תבימו ושעמו כי שב ה׳ (frz. ms.).

23. ארומם צור יצר וברא Hymnus (Mich. 807).

24. אשחר פניך מלכי für den Hochzeit-Sabbat, endigt רחד עבדך (Harl. 5583, ed. 1545).

25. את פני מלך אתיצבה Jozer für die zweite הפסקה am 16. Adar; die alfabetische Reihenfolge der Strofen wird in fast gleichen Zwischenräumen von zehn Strofen unterbrochen, die beiden Kadosch-Strofen abgerechnet, in welchen משה (mehrere Male), ברבי und שץ akrost. zu erkennen sind.

26. אתה בראה אמון נוה Most. (Thema: ושמרו בני את השבת) (cal.).

27. אתה הוא ה׳ לבדך, alfabetisch. }
28. גדול ישברי } (Pinsker S. 123).
29. זרע הקדש }

30. ה׳ אלהים צבאות Sulat für die zweite הפסקה; die Strofe für die Buchstaben שת fehlt, die letzte zeichnet שמי משה חזק יחי. Vgl. N. 25.

31. ה׳ אם כאם מאסתנו ולעד ונחתנו Techinna für 17. Tammus, der strofische Vers endigt זה. (cod. Rossi 570, Alg. ms. und cod. Leyd. 94; in letzterem nur akrost. אני ו, of-

fenbar verkürzt von ושקוה, den Strofenanfängen der zweiten Hälfte).

32. ה׳ משכן שילה כזוו חילו Techinna, endigt הואת לה׳ (ms. Fas).

33. ה׳ עד מתי האל תבנה Techinna in 4 Strofen, endigt הגדיל ה׳ (ms. Fas).

34. יחי ברוך מקורך (Pinsker S. 124).

35. יחי הילד לאביו ולאמו zur Beschneidung, 8 Zeilen mit einerlei Reim (roman.)

36. יענה מקורך בנך in 3 Strofen, eine Kaddisch-Introduction für Thorafest (Cochin).

37. כל מקדש שביעי alfabetischer Sabbatgesang, in welchem die letzten vier Buchstaben keine eigene Strofe haben (Vitry).

38. לאל נערץ בסוד קדושים Ofan in 4 Strofen mit Mittelreimen und acht Engelnamen, endigt באון ועצמה חשים (roman.).

39. לאל עליון אומר שיר תהלה metrische Bakascha, enthält 40 Zeilen, was der Verfasser selber gegen Ende bemerkt. Strofen 33 bis 37 geben akrost. משה הנעים[1]). (Bdl. 613 N. 696. Siddur ed. 1661 f. 12—14).

40. לבי לכה נשוב אלי יוצרנו
41. לך נשאתי לבי ועיני } für das Sühnfest (Haleb ms.).

42. למבצע על ריפתא aram., beim Beginn der Mahlzeit am Sabbat, 4 Strofen, gezeichnet למשה.

43. לשמך אתהלל für Thorafest (cal.).

44. מבורך זה היום Selicha für den auf Sabbat fallenden Sühntag, 5 sechszeilige Strofen, endigt חבלים בנעימים (Catal.)

45. מבין שיחים[2]) שושן חוחים Brautlied in 3 Strofen mit Mittelreimen (Vitry § 355).

46. מה אדבר ואצטדק (Pinsker S. 122).

47. מהר ישעי צור מושיעי Erlösungsgebet in 5 Strofen mit Mittelreimen (Kar.).

---

[1]) Isaac הנעים bereits bei Mose Gecatilia, s. Dukes Mittheilungen S. 181. Abbamare נעים vor A. 1400 (hebr. Bibliogr. N. 46 S. 85). Jacob ibn נעים um 1680 in Smyrna (Asulai S. 95). — [2]) N. 45 und 56 sind abgedruckt in Dukes Mose b. Esra S. 80 und 61.

48. מזמור שיר ליום השבת (ed. 1545).
49. מחטאתי אדאג Chatanu für Mincha Sühntag, 6 Strofen; im strofischen Verse kommt רעד vor (Catal.).
50. מחשב תבונתי מנום יקצני Reschut (ed. 1545).
51. מי כחכם ומי שם פה לאדם (ed. 1545 N 201).
52. מי עלה שמים וירד für die Lection am Wochenfest, 4 Strofen, endigt ירוך יקרישך יעריצך (Korfu ms. ed. 1545 N. 216).
53. מיחד כל יום Illustration zu „Schemah" für Mincha Sühntag, in 3 Strofen; im strofischen Verse שמע (Catal.).
54. מירדים שם ראל für den dritten Tag des Hüttenfestes, bei den Umzügen, 2 Strofen (span.).
55. מכתם לשירה במעלות [al. איומה] am Hochzeit-Sabbat, bei der Aushebung, 3 Strofen, Nachahmung der Mowaschech, Refrän: מי להי נדלו אתי ונרוממה יפוי שמו יחדו, endigt קול נשאו יחדו (Mich. 534 N. 86. H. b. 239).
56. מלאכים ממליכים מעריצים Ofan in 3 vierzeiligen Strofen mit Mittelreimen. Refrän: אומרים קק״ק ה׳ צבאות (roman.).
57. מלך אדיר כביר (Pinsker S. 127).
58. מלך משפטיו צדק (Pinsker S. 140.)
59. מלך משרים אם צוה Purim-Gesang (Ms. Jerus.).
60. מלך עולם עליון נורא (Pinsker S. 124).
61. מלכי עולם בורא Introduction zu אשרי in 4 Strofen, für Sühnfest (Alg.).
62. ממחצית שקל Eröffnung für Schekalim (roman.).
63. ממלכה הכרעים עמדי תהוי אמון Gesang bei der Einhebung, für den Hochzeit-Sabbat, mit verschränkten Reimen. Endigt: כאשר ירים ידו (Opp. 1477 Q.).
64. מנוחה ושמחה אור ליהודים Sabbatlied in 5 Strofen (ed. 1545).
65. מנחי וכוסי מנוסי ומחסי (ed. 1545).
66. מעון מקדם הביטה בענינו Most. (Thema: תקע בשופר גדול להרותנו) (Bdl.).
67. מקבץ המוני für Sabbat hachodesch in 3 Strofen [3 a b, A B] (roman.).
68. מקום אדירירון עלום Ofan in 6 Strofen mit Engelnamen, für Thorafest, endigt יענו ויאמרו בקולם (anc. F. 174. Ms. B. Niederhofheim). Vgl. oben S. 263.

69. מקימי מעפר דלים Psalm in 6 dreizeiligen Strofen mit stehender vierter Schlusszeile, akrostisch משה וקב (Kar.).

70. מרום מראשון ein Gedicht vor Ms. Sorb. 187 Sec. 15.

71. מרום שוכן עד für den fünften Tag des Hüttenfestes, bei den Umzügen, 2 Strofen (sp.).

72. משאגת כפירים וקול פראים Klagegesang in 6 Strofen mit Strofenreim, die ersten Zeilen beginnen מ׳, die zweiten ש׳, die dritten ה׳; endigt עשאום כשירַיִם (roman.).

73. (viell.) משחא דרבו דביא בשמשא aram. Meora, endigt ויהגיה בוכריה ישלח כאמור לעושה וכו׳ (cod. hisp. N. 141).

74. משכן הדר הצור Ofan, endigt שמו וגם טובו (hisp. N. 139).

75. משל רומה רוקע zum Aufrufen des Neuvermählten (Harl. 5583).

76. משתחוה אני לך (Mich. 807).

77. מחוק דבר תורה ממן für Kaddisch, 3 Strofen, jede von zwei Zeilen (roman.).

78. מתי יבוא משיחי Habdala (Machsor Costantine ms.).

79. מתי יבא שילה ויקהת, endigend איומה (nachgetragen in cod. Uri 269).

80. (?) נוצר מטיט יון Tochacha (Bdl.).

81. נשימה נא שקים Klagegesang, gezeichnet משה הרב (Pinsker S. 140).

82. נשמת אוהב צדק ותום לא ימש, für Chanuca-Sabbat (cod. Günzb.). Vgl. oben S. 202.

83. נשמת מחנות מקהלות צבאך, 6 Strofen, akrostisch [ms. Kopenhagen משה הני [שני, für den 8. Azeret (Algier).

84. נשמת מלאים חמת ה׳, 6 Strofen (ms. Fas Luzz.).

85. קומי בת ולכי ein Elialied, Mowaschech in 3 Strofen (cod. Lips. 25. Vitry § 352).

86. שמור דת חובה s. oben S. 203.

87. תרומה הרמנו שיר לאל Introduction zu Nischmat für Sabbat Sachor, Eingang und 4 Strofen, ob von Mose b. Esra? (ms. Kopenh. Algier).

Die Nummern 4, 5, 8, 9, 11, 25, 30, 37, 68, 86 sind

spätestens aus dem 13. Jahrhundert. משה חזק zeichnen N. 5, 6, 15. 22, 23, 47, 52, 62, 68, 78, 79, 84; אני משה N. 1, 9, 24, 27, **31,** 82.

Mose עלמא. Seine Klagegedichte enthält cod. Rossi 1205.

Mose b. Abraham ibn קטה.

Gebet אקוד ואשתחוה לארין אפים.

Mose b. Abraham Rofe.

Gebet in Prosa אנא אלה סלידות חנון ורחום הושיעה נא בזמין, endigend באיי שמע תפלה. Der Verfasser schrieb es im Gefängnisse, lebte noch 1413 (cod. Rossi 598).

Mose Falcon.

Klage über die Gesetzrollen אללי לי אללי אוי ואבוי אללי ולא יאמרו קולי אוי **ואבוי** אללי, endigt אשאל עוד לקונן, akrostisch אני משה פלכון. Ist vermuthlich um 1350—1400 verfasst. (cod. H. h. 205 f. 268 b).

Mose Chaber.

Purimlied מזמור שיר המן (Ms. Jerus.).

Mose b. David.

Metrische Geula für Pesach, 7. Tag: עברו העברים בים, eigentlicher Anfang: מרכנה אל למשה קרא; in 9 Strofen, mit Refrän und Strofenreim, endigt ונשיר כעל ים שירים (roman.).

Mose Cohen melammed b. Schemaja.

Introduction zu Nischmat: מה רב טוב אל על ישראל ein Mowaschech, endigt רוכב שלום לכל זרעו (cod. Rossi 62).

Mose Cohen b. Saadia.

Desgleichen: מי העומד בהראה (röm. Machsor ed. 1587 **Th.** 2 f. 87).

Mose רנעים
Mose ושקיה } s. oben S. 583.

Mose b. Jehuda Nagar.

1. ein Gebet, genannt השתחויה, mit Ringworten, beginnend: אזכרה בלילה נגינתי נגינתי לאלהי ישועתי ישועתי תשתרני וכו׳, endigt אי״מי עב״ר (Ritus von Tlemsan).
2. Klage איכה במלונה במקשה היתה akrost. משה נגר חזק (Ms. Baer).

Mose Scheni.

1. חלקי חוקי endigt או ישיר משה שני.
2. גש וקבל לי רם.
3. נשמת מחנות (oben S. 585 N. 83).

N. 1 und 2 aus einer um 1700 geschriebenen Sammlung; andere enthält das Machsor von Oran.

Natan b. Isaac.

Techinna ה׳ נין בווה für Esther-Fasttag (Avign., dieselbe in cod. Rossi 1117).

Obadia.

1. ומירות אשיר
2. טוב להודות לה׳
3. טרם אעמוד אבין לבבי

(1–3: Pinsker S. 123).

4. עם נאסף פני מחוללו Selicha in 5 Strofen, der strofische Vers endigt מחר, das Ganze אשר ישאלך בנך מחר (cod. Rossi 860).

Oheb.

Reschut für Thorafest אשר לבי ובליותי וטוחי (ed. 1545). Bekannt aus späterer Zeit sind: Joseph Oheb, der 1553 in Italien verbrannt wurde; Salomo Oheb, der Verfasser von שמן הטוב 1609 in Ragusa [1]).

Perachja oder Farchi.

Hymnus des Neujahrfestes zu ה׳ מלך, anfangend קדם פעל וקנה, zeichnet פרחיה קטן (Tripolis).

Perez.

1. ליל עשרים ושלשה
2. מלכי לך שמחתי

(1–2: zwei Maamad im Machsor von Tripolis.)

3. הן רעיונה טוב לקחה Sabbatlied, schliesst אסיר עוללות (Vitry-Machsor).
4. איכה אוכל ואראה צר Klage in 5 Strofen, endigt כי כה אמר.
5. אבחת חרבי וסגור לבי desgleichen in 9 Strofen, endigt שלח סגרון פסקון אטמון.
6. אוכירה צוק העתים desgleichen. Der Verfasser der Klagelieder ist jünger. (cod. Rossi 485).

Perez Jechiel b. Natanel schrieb Klagen zum 9. Ab:

---

[1]) Chajim Schabtai Rga. N. 27.

1. אני פרץ יחיאל בן החבר נתנאל חזק, akrost. אבן מקיר תזעק אמין אמן.
2. איכה ישבה בדד קריה רוד רבה.
3. אני ישן ולבי ער (cod. Rossi 485).

Petachja.

Reschut Nischmat für den 8. Azeret אודה ה׳ מכר כפי (cod. Rossi 236 Ital. Ritus).

Petachja bacohen החבר.

רחום רחם המוני (Pinsker S. 123).

Ramati birgt vielleicht den Namen Samuel[1]) oder Ruben[2]) und bezeichnet: aus Monpellier oder Marseille[3]).

ברוך לא נחקר, Barchu für Sabbat Sachor, dessen vier Strofen

רבי תורתך
מה יקרו
תמונתך ידעו
ישועתך גלה

mit Versen aus dem Buche Esther, die יהודים endigen, schliessen (Algier).

Salomo.

Die Hälfte der folgenden Stücke stammt aus spanischen Kreisen, einige und 20 Nummern sind französichen und deutschen, nur wenige romanischen Quellen entlehnt. Zu den älteren gehören N. 5, 6, 13, 16, 20, 29, 32, 33, 40, 42, 46, 47, 57, 58, 61, 62, 63; von **Gabirol** dürften die Nummern 10, 23, 24, 29, 34 sein. Die Nummern 17, 21, 44, 66, wohl auch 14, zeichnen שלמה חזק.

1. אל אחד ומיוחד (Pinsker S. 125).
2. אל עורי העזר Sulat, endigend הביאם נדודים, akrost. אני שלמה (frz. ms.).
3. אנא זוכר הבריה חן Selicha mit Strofenversen, die בך schliessen, endigt כי חפץ ה׳ בך (Tlemsan, Oran).

---

1) vgl. רבינו שמואל הרמתי [רשב״ם] in אבן העזר 143d; Steinschneider catal. Leyden p. 242 u. f. — 2) eine Schrift von Ruben Ramati befand sich unter den Mss. B. Foa's. — 3) ס׳ התרומות 203 b: השופטנו הרמתה.

4. אני הגבר אקונן Klage, akrost. שלמה רמאק (sefard. Machsor ed. 1519).
5. המלך שיר נדבות ישוררו Introduction in 5 Strofen, endigt ה׳ שמו (Opp. 1570 Q. A).
6. ויושע ה׳ אבן ישראל Maarib des 7. Pesach, dessen mittleres Stück aus 22 dreizeiligen Strofen besteht, die abwechselnd ויושע ה׳ und וירא ישראל anheben. Das Schlussstück שובב כקדם bis ואותנו תכסף zeichnet שלמה (frz. ms.).
7. יה קצנו אל תנשהו (Machsor Costantine ms.).
8. ה׳ אלהי אויתיך בלילה Techinna (Bdl.).
9. ה׳ רם ידך לא הקצר Techinna, endigt ישראל לחיים (ms. Fas).
10. ה׳ שועי שעה ולחשי Techinna, endigt חסדיך, ist vielleicht Gabirol's ה׳ שעה oben S. 190. (ms. Fas).
11. יחודתי לאל תדרש 5 Strofen, endigt להשיבו כקדם אליו (Kar.).
12. יעידון יגידון, Eingang zu שלשים ושתים (oben S. 188), ist vielleicht aus dem 13. Jahrhundert (Mich. 534. Opp. 1570 Q. A. Vgl. Luzzatto מבוא S. 17 u. f.).
13. יפה את s. oben S. 115.
14. ישמח מתחיל für Thorafest, zeichnet שלמ . . . . ח . . (cal).
15. לזמן הוה צור הגיענו für Neujahr, eigentlicher Anfang שמך לעד נרוממך, akrostisch שלמ . . . (H. h. 205 f. 300 b).
16. נשמת חוגגי חג המצות in 6 Strofen, die ח — שלמ — פפ zeichnen; die beiden letzten Strofen scheinen aus einem Nischmat Joseph's[1]) eingelegt das ה von שלמה verdrängt zu haben (Algier).
17. נשמת שאר יעקב אשר בערות in 6 Strofen, für Neujahr.
18. נשמת שארית עמך ישראל מקוננים zum Sabbat vor dem 9. Ab, endigt על טוב ורע אל חי וקיים אומרים ואילו פינו וכו׳ (cod. hisp. N. 160. Ms. cal.).
19. נשמת שמרי משמרת חג הפסח in 5 Strofen, die שלהפּ zeichnen, jedoch ist die letzte Strofe dieselbe wie im Nischmat חוגגי, Strofe 2 beginnt לאום מחויק und

---

[1]) s. oben S. 185.

Strofe 4 העבד אל, das vielleicht Abdallah andeutet (Alg.).

20. שם אל הללו Kaddisch, endigt יחיד נא יום יאמרו אך שקר נחלו (Vitry § 282).

21. שורי ע ישעתי יחיד כל נעלם, 6 Strofen, die עולם endigen, endigt מעתה ועד עולם (Tlems. Oran. Bodl.).

22. שאר יעקב שאו קנה במר נפש Klage (Harl. 5583).

23. שביה בת ציון 7 Strofen, endigt בן לישי (Opp. 1568 Q. A. Vitry).

24. שרודים נדודים Mostedschab zu אתה תקום תרחם ציון (Ps. 102, 14). 5 Strofen (Avignon). Ohne die letzte Strofe und ohne die Strofenschlüsse, mit verändertem Strofenreim und einem Zusatze חיש קל im deutschen Ritus als Geula, bereits zu Anfang des 14. Jahrhunderts.

25. שדי אל בה נורא Pismon zum Beginn des Gottesdienstes, 8 Strofen, endigt ותוכו בנועם האל (span.).

26. שדי משמיו להתן באסמיו יפרה, die Strofen schliessen שלום, das Ganze החיים ושלום (cod. Rossi 586).

27. שדי עולם סובל (Bodl.).

28. שדי ראה להצנו ושלח משה Eröffnung für Pesach, endigt ולא יאריך עד קצנו (Fas, Harl. 5583).

29. שוכב בלילי לראש בית הכלילי Geula, hofft die Wiederherstellung des Tempeldienstes, endigt ונשיא המלוכה ונביא וגם פליל (a. F. 174 f. 109).

30. שובנו אלהי ישענו Chataanu in 9 Strofen, akrost. שלמה בר (Tripol.).

31. שלמות בה איתן ארובך, akrost. ...שלמ (Bodl.).

32. שלשה חולה אהבה שירו Klage in 4 Strofen [abab, baab], endigt באתי באש לתשוקתי. Refrän: מי נאוה לא יכלו לכבות את האהבה (H. h. 37 f. 187).

33. שחורה ונאוה כאהלי קדר Ahaba in 4 Strofen, Refrän וקוי ה׳ יחליפו כח. Endigt ועל רוב פשעי ברוח (a. F. 174 f. 106).

34. שחק וכל המון וכול metrisches Barchu, endigt יחיד אשר תברך תבורך (Alg.).

35. שהריך הלילה להודות לשמך Pismon vor Kaddisch, endigt הענו והעתרו (Tripol. f. 162 b).

36. שיר ידידות שירו (cod. Rossi 581).
37. שיר ידידות שיר רעים
38. שיר ידידות טוב להודות
39. שיר אשא לרם ונשא
} Hochzeitlieder (a. F. 183).

40. שירו להי׳ הודו לו zur Beschneidungsfeier (Vitry § 507).
41. שירו להי׳ הללו וגבורותיו für Purim (Kar.).
42. שוכן מרום אליך קויתי zum Sabbat-Ausgang (Vitry § 221).
43. שוכן עד לא יתם eröffnet לך ה׳ הצדקה, endigt לאפס נצבים (Bodl.).
44. שוכן רומה לבש נקם 3 Strofen, Eröffnung zu המלך (Vitry).
45. שוכן שחקים אלהי קדם.
46. שלוש קדוש המקודשות Ofan in 4 Strofen, endigt מתפללים ומתחננים (Opp. 1568 Q. B).
47. שְׁלַח מְהֵרָה גואל, endigend מקום נורא, Sabbatlied (Vitry § 312).
48. שְׁלַח צירי בנה עירי, endigend אל דַר מעוני (Kar.).
49. שם אל קמתי לברך, עלי פשעי אשתוממה, endigt הגויה והנשמה (Tripol. f. 255).
50. שמך יגדל ולא יחדל (Bodl. 613 N. 84).
לזמן s. שמך לעד.
51. שמע תפלה שְׁמַע אל קולנו, mit dem Refrän achtzeilig, endigt ועל אדום ופלשת אשליך נעלינו (Tlems. Oran).
52. שמעה תפלת עבדך (ed. 1545 N. 231).
53. שמעי קול תורה Klage, endigt היא לכם לחבל (H. h. 205 f. 262).
54. שמעתי שמעך צורי יראתי
55. שומר נפשות חסידיו לא יתמו חסדיו
} zwei גמר (Bodl.).

56. שמרו מצות שופר כרצון אל (H. h. 205 f. 298b).
57. שמרו שבתותי Sabbatlied in 5 Strofen [ababAA], Refrän שבת היום להי׳.
58. שמש וירח וכוכבי שמים Klage in 4 Strofen über die Verbrennung der Thora, endigt שבח חנות אל (Machsor Salonichi).
59. שעה שועת דלים 4 zweizeilige Strofen, für Musaf vor

רחום וחנון חטאנו (sefard. ed. 1740 f. 313b, ed. Isaac Gerson).

60. שעני צור ישעתי (Pinsker S. 123).

61. שפר ישפר מלכי קדם מהי ריבי aram. Haftara-Reschut (Vitry § 176). Man hat dergleichen von Salomo b. Abun, Sal. b. Isaac, Sal. b. Samuel.

62. שקלי דמם על הייחוד Geula in 4 Strofen, Refrän: ה׳ אלהינו ה׳ אחד, den Märtyrern gewidmet, endigt וכלם מודים לה׳ המיוחד (s. F. 174. Münch. 88).

63. ששים ושמנים Ahaba, s. oben S. 115.

64. שתול עמי אל ושרש, endigt לא תחסום שור בדישו (Tripol.).

65. שתגי בבר Ofan (Mich. 443).

66. שמני ראש על כל איבי Purimlied, endigt השיבני על כני. In der Schlusstrofe heisst es: בזכות יצחק ידידך (Ms. Jerusalem).

Cod. Turin 105 verzeichnet einen Klagegesang von R. Salomo.

Salomo Chasan.

1. אל רוחה לכל בשר מגדל עז לי endigt רועשים על גאולתך
2. בורא יצורים מה מאר גדלה

(Mich. 545).

Salomo b. Isaac.

1. Gebet bei einer Pest-Epidemie (Biscioni catal. p. 124).
2. Gesang für Sabbat-Ausgang שומר יגיה השבי בלילה כי אתה שומע, endigt הנה אימה חשכה גדולה. (ברכת המזון Amst. 1702, Prag 1703 und 1708, Diehrenf. 1709, Frankf. a. d. O. 1711 und sonst).
3. Zusatz zur Selicha אלהים אל דמי von David: שבורי הצרות שבעי הרוגים למה לנצח תשכחנו תעזבנו לאורך ימים
מלטנו מכל צרה ומחלה ומחליפות הזמנים המלא רחמים על העניים והאביונים. (cod. Sorbonne 90).

Die 3 Nummern sind von verschiedenen Verfassern.

Salomo b. Isaac Schalom.

Mostedsch. אעמוף לפניך כדל שואל (Thema: ה׳ נגדך כל תאותי) endigt כל האותי ואנחתי, zeichnet אני S. b. Is. S.

חוק. Den Reim bestimmt in jeder Strofe die erste Hälfte des Schlussverses (Oran, Tlemsan).

Salomo b. Jacob.

Mostedsch. אקוה חסדך וישעך אחכה (Thema: לישועתך קויתי ה׳) endigt ישראל נושע בה׳, in Ms. Tlemsan für die 25. Nacht, akrost. אני שלמה בן יעקב דל הקטן חזק.

Samuel.

Zu den älteren gehören N. 7, 9 bis 12, 23, 26, 32, 35, 39, 45, 54, 69. שמואל חזק zeichnen N. 8, 9, 12, 20, 31, 35, 41, 50, 54; die Nummern 8 und 41 auch אני voran, N. 35 אמן hernach.

1. אודה לאל לבש הדר והוד Mocharach mit מאד schliessenden Strofenversen, endigt ה׳ אלהי גדלת מאד.
2. אודך ולחסות בצלך אקרב Most. (Thema: ואני ברוב u. s. w.), akrost. אני שמואל הקטן ח-ק - א (Bdl. 613 N. 446).
3. איה ארץ צלצל Klagegesang in 4 Strofen, ein Mowaschech (Avign.).
4. אזכרה שיר ממשוררי מקדש [אשירה] Gebet in einfacher Sprache, א״ב und Name dreifach, endigt כי לעולם חסדו (cod. Rossi 997. Pinsker S. 128).
5. איחדך ואזכר חסדך gezeichnet אני שמואל (Pinsker S. 125).
6. איחל צורי טובך Most. (Thema: ענני אלהי כי טוב חסדך), akrost. אני שמואל (Bdl. 613 N. 161).
7. איכה ארץ צבי נמסרה Klage in 23 Strofen, zwiefaches א״ב, endigt והושה לנחמם באחרית הימים (Machsor Nürnb.).
8. אל ראשון והוא אחרון, Eröffnung (Bdl. 613 N. 479).
9. אלהיכם שבנו שם am Hochzeit-Sabbat, (H. h. 182 b).
10. אלהיכם שמים שת רכובו endigt ויתנשא במסיבו (Oratoire 37).
11. אלהיכם שמש ומגן ה׳ (Mich. 533 N. 172).
12. אלהיכם שופט צדק am Busse-Sabbat.

(9.–12.: Keduscha's für Musaf.)

13. אנוש נבונה איך לא חשבה Most. (Thema: מי יודע ישוב), akr. אני שמואל הצעיר ח — (Bdl. 613 N. 432).
14. אקד לפניך ואשח, gezeichnet אני שמואל (Pinsker S. 123).
15. אקדמך בלב נשבר עתירה metrische Eröffnung am Wochenfest, 13 Zeilen im stetigen Reim, endigt וכח עם גבורה.

אשירה s. אזכרה.

16. אשמנו בכל פועל Variation der Vidui, aber nur von א׳ bis ד׳. Die Schlussstrofe zeichnet den Namen (Kar. Th. 3 S. 244).
17. בכל רגע אדון נפשי (Pinsker S. 125).
18. הבנת מאז התשובה (Pinsker S. 123).
19. ה׳ן אראלים צעקו חוצה, die drei Strofen nach dem Eingange zeichnen — א — שם (אוצ׳ 144 b).
20. הן מאד מר לי מר Klage, endigt אלהיכם אמר (cod. Leyd. 94).
21. התבשרו הזוכים (Pinsker S. 125).
22. הופף עלינו כל היום Ahaba für Hüttenfest, Eingang und 4 Strofen, endigt עדה יארבנו (Kopenh., Algier).
23. ידידי אל עדה לאומו Gesang vor der Aushebung am Thorafest, Eingang und 5 Strofen, endigt ויאדירך בפימו. Refrän: גדלו bis יחדו שמו (ms. frz.).
24. ה׳ אבלו נערים וזקנים Techinna bei Regenmangel, akrost. אני שמואל (cal.).
25. ה׳ אלהי ישראל מושיע וגואל Mostedschab (Thema: נפשי איותיך בלילה), endigt יום צעקתי בלילה.
26. ה׳ עד מתי תעשן Techinna für Gedalja-Fasten. 7 dreizeilige Strofen (cal., ed. 1519).
27. ה׳ עזי ומעזי ומנוסי Techinna. (Bodl. 613 N. 403).
28. ה׳ שארית פליטה אריאל Techinna, die Strofen endigen רחמיו (Bodl. ms. Fas).
29. ה׳ שעת עמך הקשיבה Techinna für den ersten Selicha-Tag mit Strofenversen die אדר endigen.
30. ה׳ שור לחצי תעניי Techinna. (Bodl.).
31. ה׳ שמע אנקת שבויים Techinna. (Bodl.).
32. ה׳ שעה נודד Techinna, dreizeilig, der strofische Vers schliesst לילה (sp.).
33. ישמח התני בקהל אמוני Anrufen des jungen Ehemannes zur Thora, 3 ה׳ endigende Strofen, vielleicht ist auch לוי gezeichnet. (ed. 1545).
34. ישראל שתולי ביתי Introduction zu איכה תפארתי (röm.).
35. כבודו אופנים מנשאים Ofan für Chanuca-Sabbat, alfabetisch, die Zeilen endigen קדש (ms.).
36. (viell.) לך הכל לך ארקא (Bodl.).

37. לנו שחת צר und לנו שלות בחרון Introductionen zur Klage איכה אזת und zu איכה אצת (röm.).
38. נשמת שרודים נרודים für den ersten Sabbat der Trauerzeit (span.).
39. נשמת שוכני סנה ראה עני zum Hüttenfest (ms. A. 1264 N. 198).
40. (viell.) צורי ומלכי בין גוי מהלל קדשי Mocharach für Sabbat vor dem 9. Ab, in 4 Strofen, endigt פדה בשלום נפשי (cal.).
41. רחמיך אבקש אל אלהים Selicha, die Strofen heben רחמיך אבקש an und schliessen רחמיך (Kar. Th. 3 S. 285).
42. שבטי יה נחלתך für Beschneidungsfeier, 5 Strofen (Mich. 546. מעירי שחר 201).
43. שבת היום להי Sabbatlied, in der ersten Strofe und in den Strofenanfängen ist der Name gezeichnet.
44. שבת מה טוב להודות mit Strofenversen die ישראל schliessen (Tripolis).
45. שבת האל ממעשהו Sabbatlied, endigend אשביעהו (Vitry § 318. Mich. 542).
46. שבתו צהלה ורנה Kaddisch in den 3 Trauerwochen (cal).
47. שגה כהבלי תאוה עורה Tochacha (Bodl.).
48. שדי מגיד לנו מתחלה מה Hochzeitlied, endigt והיו לבשר אחד (Opp. 727 Q. Harl. add. 11639).
49. שדי שוכן מעונים (Bodl. 613 N. 114).
50. שוב לב רמו עיני (Pinsker S. 124).
51. שובה אלהי שבות (Mich. 546).
52. שובו שובו מחטאות (Bodl.).
53. שובי ליוצרך נפש Tochacha (Bodl. 613 N. 87).
54. שוקיו עמודי שש Ofan, endigt כחיות ואופנים, 3 Strofen (roman.).
55. שח לבי תוך קרבי (Bodl.).
56. שוחרי רצון אל, endigt אשר היא מגמתכם (Tripol.).
57. שיר ורון מגרון אשמיעה (Pinsker S. 123).
58. שירים ערבים יהגה פי לענות zu Nischmat am 2. Tage des Hüttenfestes, 5 Reihen, endigend ואת סכות בנות (Ms. Korfu).
59. שוכן מעונה שובב לעדנה (Pinsker S. 125).

60. (viell.) שוכן עד וקדוש שמו.
61. שכונים בבור עלשה (Bodl.).
62. שמו לעד נרומם nur eine Strofe mit dem Schlusse ה׳ מלך u. s. w. (Algier zu Schacharit).
63. שמע שדי שועתי ברפקי (Bodl. 613 N. 1).
64. שמעה צורי קולי (Bodl. 613 N. 266).
65. שמעו אלי אנשי אמונה (Pinsker S. 125).
66. שמעו והאזינו Eröffnung für den Sabbat der Haftara שמעו (span.).
67. שמעתי אלהי קולך בחוטי mit Strofenversen die אנכי schliessen (Tripolis).
68. שמרו שבת עדה אל Sabbatlied. (cod. Lips. 25).
69. שננו לשנם בני אנם[1] Ahaba zur Parascha וירא, die erste Strofe zu 7, die folgenden vier zu je 9 Langzeilen.
70. שעה אלהים שועה סגולה (Bodl.).
71. שעה עליון לקול אביון Selicha in zwölfsilbigen Zeilen. Die 4 Strofen haben akrostisch שם — אל; endigt לעם נושא אימך (Avignon).
72. שפכו נפש מול אלהיכם, endigt בעד חטאתכם (Tripolis)
73. שפל מאד בעיניו kurze Introduction zu dem poetischen Tamid תכן הפלתי (Avignon).
74. שפל רוח אני אומלל metrische Introduction zu לך ה׳ הצדקה (Avignon).
75. שרקתי וקבצתי für den 17. Tammus, 5 zwölfzeilige Strofen mit Mittelreim (Avignon).
76. שאו כפכם בפרישכם וברכו Intonation zum Priestersegen, endigt כי טוב לו קרבתכם (Opp. 1569 Q. N. 94).
77. שאו קנה במגינה Klagegesang für den 9. Ab, 8 Strofen mit Mittelreimen; vielleicht ist auch לוי gezeichnet.
78. תחזה אל ויחודו Reschut zu Nischmat in 4 Strofen (span.).

Samuel Rofe oder Roman.

אותותינו התמהמהו Habdala, alfabetisch, Elia's Thaten preisend, bereits im Machsor Vitry und zum dritten Theile in Siddur Cochin. Aber im סדר מברכה edd.

---

[1]) syn. Poesie S. 452.

Ferrara und Mantua sind hinter dem א״ב 5 Strofen, akrost. שמואל nebst רופא oder רומאן, jedenfalls jünger

Samuel b. Nissim מסנות, vermuthlich derselbe, von welchem ein A. 1483 geschriebener Commentar zum Buche Hiob vorhanden ist[1]).

Bakascha שעה שועי ורפא מחלתי ist eine Variation zu Jehuda halevi's Bakascha ה׳ נגדך, die darin vollständig enthalten ist und deren erste Halbzeilen in jeder Strofe den Reim bestimmen.

Schalom מסנות lebte um 1480 in Fas[2]); Samuel b. Nissim war um 1218 Vorsteher in Haleb.

Samuel b. Zadok ibn Schoschan

Mikamocha für den Sühntag mit Strofenversen die ה׳ schliessen. Anfang: מי כמכה ואין כמכה עם ה׳ מי כמוך עם נושע בה׳ שמעה עמי ואדברה את דבר ה׳ שובה ישראל עד ה׳; endigt: שיר חדש שירו לה׳ (cod. Rossi 1377 N. 40).

Sar Schalom b. David, eine Damaskus-Handschrift enthält von ihm 8 Stücke[3]).

Schabtai.

1. את חתני צור קונו Eröffnung am Hochzeit-Sabbat, die Composition beginnt שלמי את נדרך, hat vier metrische Strofen, jede zu 4 siebensilbigen Zeilen.
2. במבטא הכל יצר Eröffnung am Sabbat בראשית, Eingang und 4 Strofen, der strofische Vers schliesst אור.
3. וידי אדיר שחקים Jozer für einen festlichen Sabbat, von dem nur die ersten 3 Strofen nebst der Kadosch-Strofe übrig sind.
4. יתגדל שמך ממכון כסאך, Kaddisch für den letzten Tag des Passahfestes (Harl. 5583).
5. כמה אלהי טובות גמלתני Eröffnung zum Passahfest in 4 metrischen Strofen, zu 9 Silben die Zeile [— — ⌣ — — — — ⌣ — — —].
6. מה יפית ומה נעמת Gesang, wenn der junge Ehemann nach der Synagoge geleitet wird.
7. שארית תם metrisches Barchu in 4 Reihen, endigt המבורך.

---

[1]) cod. Uri 89. — [2]) Simeon b. Salomo Duran Rga. N. 8. — [3]) Sinsker S. 124.

8. שבת עמך שבה versifizirt Ps. 126. (תקון היום Amsterd. 1666. f. 93).
9. שעה אל נורא תהלוה zur Beschneidungsfeier.
10. Klagelied איכה אוברה ימי קדם בהיות in 24 dreizeiligen Strofen; die letzten beiden lauten:

שוממתי מעל אהלי ברוב מעלי תן סר צלי הרבש שברי ורפא מחלי.

יכנס לציון עדה קהלי חוש מהרה לנחם אבלי וקוף קרן משיחי גואלי (Machsor Nürnb.).

11. שמעה תפלתי ה׳ Kaddisch in 5 Strofen, endigt שמיה רבא.

Scheerit.

שירו לאל חי בני שלשה הרים zu Kaddisch, endigend ותהיש ארוכה לנכפה וחולה zeichnet שארית. Dieser Name kommt zu Anfang des 13. Jahrhunderts in Syrien [1]) vor.

Schemarja b. Aaron hacohen, vielleicht derselbe Schemarja hacohen in Candia, welchem im Jahre 1447 die Cohen-Würde bestritten ward und dessen sich damals mehrere angesehene Rabbiner annahmen [2]).

Klage שמם נתיב גלגל mit Tedschnis-Reimen (roman).

Schemarja b. Natan.

שרותותי כמו וילל (Pinsker S. 124).

Simcha.

Zwei Gesänge שבר קרקר שעיר und שיר אערך לקראת ראשי צביה enthält cod. Lips. 25 N. 45 und 46.

Urschrago.

Musaf-Keduscha אלהיכם אור עשר ומזיו מלית endigt ועמך לברכימו (cod. Rossi 586 N. 95).

Zacharia. Ein Oberhaupt dieses Namens in Asien, der Gedichte verfasst, wird von Charisi genannt.

1. אשע אל אלי vierzeilige Tochacha, endigt והי בראשנו.
2. ורע ידידי לי בהרתותו Selicha, endigt ביאת אליהו.
3. ועירא ורבא קדמך הבנא aram.
4. אשחרך קוני.

N. 1 und 2 hat das Machsor von Tripolis, N. 3 und 4 das Ms. Damaskus (Pinsker S. 122).

Zadok Imani hat im Machsor von Tripolis folgende Stücke, sämmtlich zu 5 Strofen, bis auf N. 3 mit 13 Strofen,

---

[1]) Tachkemoni c. 46. — [2]) זקן אהרן N. 1.

die N. 3, 4, 7, 8 für die Sabbate im Bussemonat. Nummer 3 zeichnet צדוק עמאני, N. 7 עמאני, die übrigen צדוק.

1. אל היכל קדשו endigt וחק נתן למו.
2. לבית אל באנו endigt ה׳ אלהים דמעה.
3. Most. לה׳ את יום השביעי ברך וקדש die Strofen heben לה׳ an und schliessen mit ה׳ endigenden Versen (Thema: כי שבת היום לה׳).
4. מחולל כל בקו ישר. Ende: בזויות יהיו ונמאסות.
5. עֹורי יביא אל מֹאֹן mit עֵין schliessenden Strofenversen; vielleicht ist zu Anfang עֹמֹאֹני angedeutet.
6. על רוב עוני endigt ושמחת גילי.
7. עמך לשחרך קמו endigt אמור להם.
8. Mostedsch. כי בו אלהים דבר בקדשו, die Strofen heben כי בו an und schliessen תו nach dem Thema כי בו שבת מכל מלאכתו; endigt משר ארצכם בעתו.

Zedakah[1]) verfasste: 1. צדקות יתנו לך, 2. צו אל הסדיך לעם דתך im Abbasi-Metrum, 3. צר ומצוק מצאוני.

Zoref, der Zuname eines wie es scheint provenzalischen Dichters; ein solcher, vielleicht schon im 13. Jahrhundert üblich[2]), ist später[3]) und in neuerer Zeit[4]) öfter: Isaac b. Mordechai Matatia **Zoref** war vor etwa 300 Jahren Rabbiner in Italien[5]).

1. Barchu צור לבבי רב חסדים, Sehnsucht nach Befreiung, endigt והריקותי ברכה.
2. (vielleicht) Mocharach צורי משגבי ארודנו בעודי hat ausser dem Eingange nur noch eine פועל בוממו anhebende Strofe, scheint unvollständig.

N. 1 hat Machsor Algier und ed. 1545 N. 188, N. 2 Avign. ms.

---

[1]) Pinsker S. 123 und **meine** Anmerkung daselbst S. 225. — [2]) siehe unten Zusätze zu S. 406. — [3]) Luzzatto in Ozar nechmad Th. 2 S. 14. — [4]) הפליט S. 16 N. 37. Wiener Grabschriften N. 81. Wolf Th. 2 S. 1323, Th. 3 S. 1125. Machsor Oran ms. Luzz. — [5]) gesammelte Rga. ms. Asulai S. 106 N. 340.

Noten.

1. [S. 3].

Die Sterbetage sind bekannt von Isaac Alfasi (1103), Raschi (1105), Abraham b. Isaac (1158), Abenesra (1167), Jacob b. Meir [Tam] (1171), Abraham b. David (1198), Menachem b. Jacob (1203), Maimonides (1204), Joseph ibn Schoschan (1205), Baruch b. Samuel (1221), Mose hacohen b. Aaron (1240), Meir halevi Abulafia (1244), Mose halevi Abulafia (1255), Samuel ibn Schoschan (1257), Isaac aus Corbeil (1280), Meir aus Rothenburg (1293), Israel Israeli (1326), Ascher b. Jechiel (1327), Joseph b. Abraham b. Sason (1336), Abraham ibn Schoschan (1339), Jehuda b. Ascher (1349), Elasar halevi (1357), Jacob Möln (1427), Joseph b. Jochanan Treves (1429), Abigedor Kara (1439).

---

2. [S. 5].

Der Grosse wurden genannt: 1) Chasadja (Donolo in der Vorrede), 2) Abun (Salomo Luria Rga. N. 29), 3) Leon (Gedalja Jachia 42a) oder Leontin der Alte, 4) Simeon b. Isaac, 5) Meschullam (Vitry und Salomo Luria, cod. H. b. 17 und H. b. 182a; auch Maharil S. 29) oder M. b. Kalonymos, 6) ein jüngerer Meschullam (zur Geschichte S. 71, 72, 80), 7) Isaac b. Menachem (Hapardes 4b), ist רבינו ר׳ יצחק הגדול in מעשה הגאונים 247, wofür in Hapardes 16a nur ר׳ יצחק), 8) Elasar b. Isaac (zur Geschichte S. 63, 124, 567; Luzzatto in Meged Th. I S. 10), 9) Elieser, Vater des Tobia, Verfassers von לקח טוב, 10) Joseph Tobelem, 11) Binjamin b. Serach, 12) Jehuda aus Speier, Märtyrer des Jahres 1096, 13) Simcha, Grossvater des Verfassers von Machsor Vitry (ein Ms. vom Jahre 1333 enthält: שמעתי על זקני ר׳ שמחה הגדול ז״ל שהיה אומר [במנחה] פטום הקטרת כמו בשחרית), 14) Abraham aus Regensburg. Der Titel הגדול ist in späteren Jahrhunderten selten, z. B. bei Ephraim b. Isaac (Semag Verbot 141), Jechiel [b. Joseph] (ב״ים c. 5), Jochanan Treves (Riete S. 104, cod. Bisliches 61 N. 14). Der Ehrenname הגדול vor dem eigenen Namen, der in der folgenden Zeit gebräuchlich ward, ist hiervon zu unterscheiden (zur Geschichte S. 205). Im talmudischen

Zeitalter findet man הגדול — zuweilen mit רבה der „ältere“, oder der „Grossvater“ gleichbedeutend — bei den Namen Acha, Chanina, Chija, Elieser, Hoschaja, Nechonja, Prata.

---

3. [S. 25].

Thierkreis und Mondlauf haben bei westlichen und bei östlichen Völkern die Zahl zwölf für Volksstämme begründet; ausser den Israeliten hatten Nachor, Ismael, Edom (j. Targ. Numer. 7, 87) und Kananiter (vgl. Sam. b. Meir zu Deut. 32, 8; die Commentare דעת זקנים 87 d, הדר זקנים 75 c, Ascher 76 b) zwölf Stämme. Bereits die Genesis vergleicht Jacob's Söhne den Sternen; Targum, Hagada und Piut folgen. Aber man hatte ausser den 12 Sternbildern auch 2) 12 Tagesstunden, 3) 12 Stunden der Nacht, 4) 12 Monate, 5) 12 Edelsteine im Priestermantel, 6) 12 Länder, 7) 12 Versetzungen des אהיה, 8) 12 Hauptheile des menschlichen Körpers, 9) 12 Schaubrode, 10) 12 Notabele der Gemeinde, 11) 12 Genossen des Lehrhauses für gesetzliche Functionen, 12) 12 hasmonäische Helden, 13) 12 Engel des Thrones.

Den Sternbildern parallel erscheinen die Stämme in j. Targ. Numer. 7, 84, Targ. des hohen Liedes 5, 14, Schemot rabba c. 15 f. 130 a, Jalkut Exod. § 418, Genesis-Agada c. 72. Spätere Schriften vertheilen die Sterne auf die einzelnen Stämme oder machen sie zu deren Vorgesetzten (Ziuni 74 d, תקונים N. 18).

Mit N. 1 und N. 2 gehen die Stämme parallel in Vaichi rabba c. 100 f. 115 b; mit N. 1, 2, 3 im Tana Eliahu c. 5; mit N. 1, 2, 3, 4 in der grossen Pesikta c. 4; mit N. 1 und 4 in Soferim 21, 9; mit N. 1, 2, 3, 4, 5 in Tanchuma (Ende Genes.); mit N. 1, 2, 3, 4, 6, 7 in Akiba's Alfabet S. 24; mit N. 1, 4, 8 im Buche Jezira; mit N. 1, 4, 8, 9 im Midrasch תדשא c. 10 S. 174 und in der Parallelstelle Bamidbar rabba 262 b werden den Sonnenmonaten noch Mondmonate hinzugefügt; mit N. 9 allein bei Schemaja aus Soissons (Ms. in Frankel's Monatsschr. 13, 228). Mit N. 1, 4, 10, 11 geschieht die Vergleichung in Soferim 19, 10; mit N. 12 im Midrasch חנוכה S. 135; mit N. 13 in Bechai zu במדבר, der die 4 Abtheilungen des israelitischen Heeres mit den 4 göttlichen Lagern parallelisirt, nachdem bereits Jalkut Exod. 418 diese Abtheilungen den vier Gruppen des Zodiacus, nach den einzelnen Bildern, gegenübergestellt hatte.

Gleicherweise wurden die Verdienste der Vorfahren und der jüd. Institutionen Sternbildern und Monaten (אבא גוריון S. 8) oder Monaten allein (zweites Targum Esther 3, 7) gegenübergestellt, den Zusammenhang des Weltenbaues mit der Lehre Israels begründend. In der grossen Pesikta N. 27 wird es nur bis zu den ersten 5 Monaten fortgesetzt. Später, vielleicht als Einfluss astrologischer Vorstellungen, wurden mit den Sternbildern die 12 Lebensstufen des Menschen bezeichnet (gr. Pesikta N. 20 und daraus Tanchuma האזינו). Endlich verkündet der Machsor-Commentar zu המלך היושב, dass täglich und stündlich die zwölf Sterngruppen sammt Israel Gott preisen.

---

4. [S. 27].

Persische Ausdrücke für Gewässer, Gebirge, Erde, Himmel.

A. Gewässer:

מרודים Jose Aboda. שעולים Kalir Dekalog, Salomo Pesachjozer, Schabtai Ofan Pesach u. A. שעולים המרודים Binjamin Jozer N. 2. ארומים Kalir Busse-Sabbat, Abitur N. 1, חבואים Salomo N. 4, מטמנים Kalir Geschem, Salomo N. 4. כנוסים Salomo Aboda, שוחה Jozer אור נכון.

B. Gebirge:

מוצקים Rabit לך אדר. פלוסים Kalir Schekalim, אז כאו (Neujahr französ.); פלוסיך hat Leonte im Silluk וכל לוהט, רקועים David b. Gedalja Jozer Wochenfest.

C. Erde:

טבועה Kalir Geschem, טבועות Salomo N. 3, פצומה Simeon Wochenf., רגובה Binjamin b. Samuel N. 15, Binjamin Selicha הגדיתה, Isaac b. Mose Jozer אביעה, Mose Sel. אוברה, רקועה Kalir Mincha, Binj. b. Samuel N. 21, Hymnus האדיר.

D. Himmel:

אהולים Binj. b. Samuel N. 12, Sel. ארבע מלכויות, זרוחים Kalir Busse-Sabbat, Salomo Aboda, Hymnen אז כאו, אורח עז, ה׳ אל אדיר, מלכותך מלכות, אין מספר und אאמיר und Pismon ה׳ אלפה, Elieser b. Natan Busse-Sabbat u. A. טפוח Salomo Pesachjozer, טפוחה Suiat אמת אמנתי; טפוחי Leonte im erwähnten Silluk; טפוחים Hymnus ה׳ שם אהלה (oben S. 57 N. 55), Hoschana אמוני ארץ, Gabirol אום. מעולים Kalir Dekalog, אלו לאלו Sühnf., Schefatja Selicha. מוצקים (vgl. מוצקים in j. Berachot c. 1) Tobelem N. 32. מתוחים Jozer אומץ (oben S. 70 N. 3), Hymnus אדיר דר אהלה (oben S. 89), Salomo Pesachjozer, Binj. b. Samuel N. 2a und 16, Binjamin Selicha איך נפתח, Hoschana's אמוני אהלה היום und ארץ. מתוחות Salomo N. 3. נטוים Reschut אמתופף (ob. S. 85). פרוסים Binjamin Jozer N. 2, Hochzeit-Piut N. 4 (oben S. 87). שפורים Mose b. Binjamin Keroba (מארכת) und Ofan מתנות.

---

5. [S. 31].

Eine Baraita, die die 24 Priesterordnungen und die Orte, wo sie ihren Hauptsitz hatten, aufzählte, war vermuthlich mit der Tosefta Middot verbunden, s. Rapoport כ״ח 6. S. 119, J. Reifmann in קובץ S. 51. Die erste Spur hierüber gibt Raschi Taanit 26a. Als ein Fragment darf die Stelle j. Taanit 4, 5 f. 13b angesehen werden, wo Jehojarib mit מרון, Jedaja mit עמוק צפורים in Verbindung gebracht wird; hierauf hat zuerst S. Margaliot in der Vorrede zu Machsor קרבן אהרן aufmerksam gemacht. Elieser b. Natan hat vermuthlich jene Baraita noch gekannt. Im gedruckten אבן העזר lautet § 39: פירוש

ב״ד משמרות וכינוייהן, aber der פירוש fehlt. Im Ms. jedoch wird hinzugefügt אכתבם בסוף הספר. Entweder der Autor oder der Abschreiber hat dies Versprechen unerfüllt gelassen: denn auch die Handschrift gibt nichts weiter. Diese כינויים sind nichts anders als die Namen der Städte, die wir bei Kalir finden und die der Commentator des röm. Machsor für Gattungswörter gehalten. Kalir zählt in der Keroba des 9. Ab (איכה זכור nebst der Fortsetzung שבת) und in der Klage N. 6 die Priesterordnungen theils nach den Familien, theils nach den Wohnsitzen auf und beginnt mit dem schon im paläst. Talmud befindlichen מסרבי מרון, das auch in Klage N. 35 vorkommt, und zwar werden in der N. 6 drei Familiennamen (ישבאב, מעדיה, יונית d. i. בלגה) und 21 Ortnamen, in der Keroba nur 15 Ortnamen genannt. Aber aus den Parallelstellen geht hervor, dass die Ordnungen Mijamin, Hakoz, Abia, Chesir, Jecheskel, Gemul resp. zu den Orten Jotapata, Ailebu, Usiel, Mamlach, Thurm Nunia, Kaper-Jochana gehören. Vergleicht man die Namen in Klage חלילו, wo nur die Ordnungen genannt sind, welche 1 Chron. 24, 14—18 aufführt, so gehört Hapizez nach Nazaret. Im gedruckten röm. Machsor sind am Rande der Klage N. 6 die Ordnungen, aber zu den unrichtigen Orten, aufgezählt.

---

6. [S. 31].

Talmud wie älterer Midrasch ist in speziellen Schilderungen der messianischen Zeit arm, hat kaum mehr als vereinzelte Aussprüche und Sätze, z. B. in Tosefta Sota, Tr. Succa f. 52, Sanhedrin f. 98. Ein weiteres Feld wird diesem Gegenstande im Midrasch des hohen Liedes (16 d, 17 bcd) und in den Pesikta's החדש und בחצי הלילה eingeräumt. Die Blüte der messianischen Schriften beginnt in der Mitte des 8. Jahrhunderts, etwa mit der Elieser-Baraita und bei den aus den Siegen des Islam geschöpften Hoffnungen. Nicht bloss die späteren Targum, Tanchuma (בא), grosse Pesikta N. 15, 17 Ende, 31 [Jalk. Jes. 331], 34, 35 Ende [Jalk. ib. 337], 36, 37 [Jalk. ib. 359, variirt im grossen Bereschit rabba bei pugio 416], Midr. Ps. 118, Wajoscha Ende, Elia sutta c. 21 [Jalkut ib. 360] und Akiba's Alfabet (Buchst. ש) beschäftigten sich damit, sondern eigene Schriften entstanden, die gleich jenen Beschreibungen von Paradies und Hölle, einzeln die Vorgänge aufzählen, wie sie zur Zeit der Erlösung statthaben werden, und in den spätesten dieser Gattung kommen den Berichterstattern Engel und Elia zu Hülfe. Es gehören in diese Gattung vornehmlich folgende:

1. Buch זרובבל; dem Serubabel erscheint bald Messia bald Metatron, und verkündet die Erlösung für das Jahr A. 1058. In älteren Rezensionen hat gewiss ein früheres Jahr gestanden.
2. Die zehn Zeichen, eine Schrift, die von den Söhnen Mose's weiss und mit der vorhergehenden verwandt ist; vermuthlich dasselbe sind die Kriege des Messia im Machsor Vitry, da

am Schlusse der אותות im Buche אבקת רוכל hinzugefügt wird בליקי מלחמות המשיח.

3. אמירה לעתיד (cod. Rossi 1240 f. 243—247) in 6 Kapiteln: 1) ידוע לפניו בלחץ שישראל לחוצים בו והקב"ה מוציא endigt והיה ביום ההוא ישרק ה' לזבוב. 2) מטה רשעים ושבט מושלים bis ואחר כל אלו בני מערב מתגאים. 3) הוא אומר שבט מושלים בחיילים גדולים endigt עד מה אשר תשבך, ist gedruckt in בהמ"ד Th. 4 S. 121, 122 als Theil des Gebetes R. Simeons. 4) וצים מיד כתים (das. S. 122) bis לקבור את גוג. 5) ואלו הן המלכים שהן עתידין לעמוד bis והיה לעת ערב יהיה אור bestimmt die Ankunft des Messia auf 700 Jahre nach der (persischen?) Herrschaft. Darin ist folgende Stelle: והדין חשבנין דקצא הפרק ר' שמעון בן יוחי והמבין ישכיל כי יהיה יום אחד לה' וגו' א"ר ישמעאל נתתי את לבי לדרוש בחכמה ולהשיב מועדים רגעים וקצים וגו' א"ר ישמעאל פתח לי אכתריאל ידידי דע לך שלא נתתי לאומות העולם לשעבד ישראל אלא יום אחד וגו' מיד נעשה לי מטטרון. Dasselbe findet sich in einem alten Commentar zu Daniel (cod. München 5 f. 214). 6) פרק ר' יאשיהו hebt an: ר' יאשיהו אומר מפני שלשה דברים מאריך האל שנים עם הרשעים בעולם הזה שמא יוליד בנים und endigt והשיב לב אבות על בנים. Ein Machsor-Commentar führt zum Silluk Hachodesch eine Stelle aus dem Abschnitt פרק ר' יאשיה an (cod. Rossi 655). Im cod. Rossi 541 ist N. 21 der Abschnitt והדין חשבנין aus Kap. 5, N. 22 das Kap. 1 und dort 10½ Seiten stark, von Khalifen und Italien redend, und endigt מכאן ואילך תחזור מלכות ויהיה ה' למלך על כל הארץ. Das 5. Kapitel mit seinem Helden Ismael wird hierdurch mit dem Midrasch der zehn Märtyrer und den Hechalot verwandt; das Ganze aber ist offenbar aus ursprünglich verschiedenen Aufsätzen zusammengestellt.

4. נסתרות des Simeon b. Jochai werden in dem alten Machsor-Commentar des cod. München 346 bei den Worten משעיר הדלתי (Kalir אז מלפני) angeführt, als Beweis dass שעיר Rom bedeute. Es heisst daselbst:

> מרומי חיבת כמו שמפורש בנסתרות שנגלו על ר' שמעון בן יוחי כשהיה מתחבא מפני קיסר ומיד בת קול יצאה ואומרת ישראל ינקמו נקמת ה' באדום שנ' ונתתי את נקמתי באדום וגו' עד בת קול יצאה ומפוצצת מסוף העולם עד סופו ואומרת מה שהיה הוא שהיה וה הקב"ה שהיה ועתיד להיות וגו' עד מיד הם מריעים בתרועה שמע ישראל מיד חומת העיר נפלה תחתיה וישראל נכנסין בתוכה וכו' עד מיד הם פחודים ישר' פחד גדול והם חוזרים ושבים בתשובה לפני הקב"ה לקיים מה שנ' ואחר ישובו בני ישראל ובקשו את ה' אלהיהם ואת דוד מלכם ופחדו אל ה' והם אומרים למה בא דוד יהיב מלכא

משיחא לא בתר אילין תרעיא הוו אמרין דהוו דהוב ואין מוצאין אותו והם לוקחים אש לשרוף את הכסף ואת הזהב ואת הבגדים.
מיד נגלה עליהם מלך המשיח ואומר להם אני הוא מלך המשיח אני הוא שהייהם מחכים לי:

Die unterstrichenen Stellen findet man in dem Abschnitt דרך כוכב im לקח טוב (בלק), dem also jene נסתרות bereits vorgelegen haben Die in denselben vorkommende Weissagung, dass die Zeit der Erlösung von dem Einsturz des Girun in Damaskus abhange, ist ursprünglich muhamedanisch und geht dort, wie mir Steinschneider mittheilt, bis in das 7. Jahrhundert zurück, war also vor dem neunten schwerlich unter Juden in Umlauf gesetzt. In cod. Rossi 327 beginnt der Abschnitt also: ואלו הן העתידות שנגלו לר׳ שמעון בן יוחאי כשהיה חבוי במערה י״ג שנה u. s. w.

5. Die Ausführungen über die Erlösungszeit bei Saadia und Hai (טעם זקנים f. 59, כתב תמים S. 92) und in Aldabi's Werk Abschnitt 10 sind theils mit N. 2, theils mit N. 4 verwandt. Der Verfasser des עץ חיים (cod. Lips. 17) hat אותות משיח aus einem Midrasch Hai's abgeschrieben (Benjacob in כ״ח Th. 8 S. 164).

6. Eine Geschichte Daniel's in persischer Sprache, mit aramäischem Anfange, die Munk (notice sur Saadia p. 87) dem 12. Saeculum zuertheilt, und welche mit den beiden Messia's schliesst, ist bis jetzt nicht näher bekannt.

7. In der grossen Pesikta Abschn. 35 Ende (wiederholt in Wajoscha S. 54) ist Elia der erste Verkünder des Messia. Daher erläutert ein Commentar ms. die Worte מתי בארצי תור ישמיע קול (Jose אנוסה) durch Elia und zwar nach einer Hagada, obgleich Midr. Cant. 17b das קול התור auf Messia deutet. Das ספר אליהו hat ältere Elemente, zum Theil auch die Schrift N. 3 Kap. 6, aufgenommen, ist jedenfalls jünger als Tana Eliahu und Akiba's Alfabet.

8. Ein handschriftliches מעשה משיח צדקנו wird auf dem Titelblatt der Baraita Samuels ed. 1861 genannt.

Kalir hat in Silluk Sachor und Hachodesch, in den Tekiata's und Tröstungen des 9. Ab Verschiedenes aus einigen der erwähnten messianischen Schriften benutzt, z. B die drei Posaunenstösse (אותות N. 8, Jeruschalmi bei ריטב״א zu Rosch haschana 21b, Simeons Gebet S. 125, Commentar ms. zu אשא דעי) in מלך במשפט, אשא דעי, אנסיכה und אאפיד. Andere Quellen sprechen von 4 (Midrasch in H. h. 17), 7 (Akiba's Alfabet :ט, כתב תמים S. 87), 8 (Kalir in מלך אמיץ) und 10 Stössen (פרקי משיח S. 71); letztere Stelle und Tobia haben auch ein zehnfältiges בת קול. Der Name Nehemia, die 45 Hungertage, die Ausdrücke בגלות ראשונה und תפול חרב sind theils aus N. 2, theils aus dem Eliasbuch S. 66; auch hat Kalir gleich diesem vier Kriege

(s. בושם הדם). Der Untergang der Stadt (Roms) in אישא רעי, woselbst der Commentar פתרי רעיר mit Rom erklärt, ist aus N. 4.

---

7. [S. 31].

Zwischen מרכבה und בראשית theilte sich die Speculation oder vielmehr die Einbildungskraft der Alten über Gott und Weltall, und bei der strengen Einheitslehre des Judenthums kann es nicht befremden, dass beide Gebiete selten scharf von einander zu scheiden waren Die drei im geonäischen Zeitalter entstandenen Werke: Hechalot, Buch Henoch, Akiba's Alfabet mögen ursprünglich ein Ganzes gewesen sein; sie illustriren die Welt bildenden Buchstaben, den himmlischen Staat und die den Reinen und Weisen dienstbaren höheren Kräfte. Die den einzelnen Theilen dieses Cyklus gegebenen Namen gehören gleich den Nachträgen und Bereicherungen einer jüngeru Zeit an.

Ismael ist der Held, der Schauende in den Hechalot. In den gedruckten und den sonst vorkommenden Stellen zählt man über 50 Sätze die א״ר ישמעאל anheben; die היכלות heissen מעשה מרכבה bei Raschi (Jes. 6, 3, Berachot f. 51), Mose Tachau (כתב תמים S. 73 vgl. Hechalot 11, 3), Zidkia (מעשה תגאונים §. 20 vgl. Hechalot 8, 3. 9, 2). Ausserdem kennt Elasar aus Worms ס׳ המרכבה. Es wurden daher die Benennungen מרכבה, פרקי ר׳ ישמעאל und synonym mit היכלות.

Aber auch מעשה בראשית, welches anfängt אל תקרי בראשית אלא ברא שית, ist von Ismael (Hadasi 62, 63, Rasiel 35a) und eben dieses Werk heisst bei Elasar (ס׳ השם 14a) סידור רבה דמרכבה, gleichwie aus Reubeni 100d, 101a hervorgeht, dass ein Theil des Buches Henoch und das mit der Schöpfung sich beschäftigende מעין החכמה zu den Hechalot gezählt wurde. In der Schluss der die Himmel beschreibenden מס׳ היכלות, der den Hechalot c. 3 und 4 entnommen ist, zeigt, dass dieser Traktat ein Bestandtheil derselben entweder war oder wurde. Auch ס׳ בנין hiess מעשה בראשית (Hadasi 82 Ende, Reubeni 2d Mitte); eine eben solche Schrift ist der Abschnitt Rasiel 13a, wovon nur ein Theil (מפני מה ברא הקב״ה) in der grossen Pesikta c. 20 zu finden.

Die Hechalot wurden späterhin vermehrt mit den kleinen Hechalot; in diesen tritt Akiba in den Vordergrund. Daher wurden letztere mit Akiba's Alfabet verbunden, und die Benennung רוח פסקנין für Metatron (vgl. Rasiel 37b oben) dorther angeführt (Mose Tachau S. 61, 63, 70, 90).

Die Verwandtschaft zwischen היכלות und חנוך wird auch durch Metatron hergestellt. Dieser Engel ist dem Ismael was dem Daniel Gabriel gewesen, er belehrt ihn über Alles, über Elischa's Abfall, die Erlösung, die Rettung der zehn Weisen, zeigt ihm David in seiner Herrlichkeit und erzählt ihm seine Verwandlung aus dem sterblichen Henoch in den unsterblichen שר הפנים. Da er der Lehrer auch von Akiba ist, so wurden die Mythen über ihn bald zu den Hechalot bald zu dem Alfabet gezählt. Das שיעור קומה, das älter als Saadia ist (הליכות קדם S. 70), bildet einen Theil der kleinen Hechalot, wie aus der Vergleichung dieser (ms.) mit Rasiel 37a oben bis 38a und 40 hervorgeht. Was Abenesra (Exod. c. 33) und vor ihm Hai (שערי תשובה N. 122) daraus anführten, fanden Hadasi und Reubeni in מעשה בראשית, Elasar (zu אדרת) und Mose Tachau (S. 62) im Alfabet, Mose Israels (תורת העולה Abschn. 2 Kap. 2) in Hechalot, — oder vielmehr alle diese Autoren bezeichnen den Complex jener Schriften mit besonderen Namen. So wird das ס' הקומה genannt neben Hechalot (סודי רזי ms. und von Riccius bei Wolf), neben מרכבה (Kusari 4, 3), als besondere Schrift (Maimonides in einem arab. Bescheid). Dass der Thron Gottes ein Maass habe, steht in Ismaels Hechalot (Jakob Sikeli תורת המנחה ms. במדבר) oder in den פרקים Ismaels (שערי תשובה a. a. O., woselbst in der zweiten Ausgabe פרקיו fehlt). R. Elasar führt nebeneinander als besondere Schriften auf: בספר היכלות ובספר מרכבה ובקומה ובמעשה בראשית (סודי רזי ms. 56a Buchst. ע). Demnach ist das Alfabet von jenen verschieden; trotzdem ist die Stelle in א"ב S. 29, und von dorther in Rokeach 217 beigebracht, halb in מס' היכלות c. 2, halb in שיעור קומה (Nissim in נמעי נעמנים 17b. Rasiel 37b—38a ob.), während Anführungen aus dem Alfabet bei Nachmanides (Vortrag S. 32), Hadasi (84 Anf.) und Rasiel (16a) aus dem Buchstaben ח' bei uns vermisst werden. Die Stelle von ר' נתן im שיעור קומה oder Sutarta findet Hadasi (c. 81) in מעשה בראשית; Metatrons 70 oder 72 Namen, die gewiss dem Buche Henoch (vgl. S. 114) angehören, haben Elasar (Reubeni 24 c. 27a), Mose Tachau (63, 70) und דעת וקנים (f. 45) aus Akiba's Alfabet.

Eben so wenig als die messianischen sind die mystischen Quellen Kalirs zu controliren; weder Umfang noch Inhalt derselben ist aus jener Zeit mit Bestimmtheit anzugeben. Bereits der alte Commentar ms. zum Silluk Neujahr מלך במשפט bemerkt, dass Kalir aus מעשה מרכבה geschöpft, welches theilweise auch von den Silluk zu Para und Hüttenfest gilt. Zu רשומים בכסא in והיות ist eine Parallele im Midrasch, den Raschi (Jerem. 14, 21) zitirt, wie bereits Heidenheim gesehen hat. Das Gebet des Thrones, ebendaselbst, findet sich Hechalot c. 24. Das שערה קומת im Silluk Schekalim (Jellinek בה"מד Th. 3 S. XXIII Anmerk. 4) erinnert an שיעור קומתו (א"ב S. 24) aber auch an שיעור im Midr. Prov.; טובלים בנהר נגיד (Geschem) ist [vgl. Bereschit rabba c. 78] gr. Pesikta N. 20; ובדמות שבטים (Neujahr-Silluk) auch j. Targum Exod. 14, 21. Die שבעים שמות (Silluk Wochenfest) standen im Midrasch des hohen Liedes, wie Elasar Worms (Reubeni 2c) und ein Commentar ms. bemerken. Vgl. gott. Vortr. S. 262 Anm. c.

---

8. [S. 39].

Dieselbe Bezeichnung Jacob's ist häufig bei Späteren:

פצל ברהטים Pism. אל חי יפתח, Hosch. אנא האל, Klage אני הוא הקונן.

פצל לה ולו וערמון Simeon Jozer Wochenfest.

פצל לה (Sul. אנא תרב).

פצל ערמון Simson (bei Hajaschar 585).
לבנה פצל Elia (ארבן).
ערמון מחסף Binjamin (Sulat אשרי).
פצל ליחם בם במקלות Gabirol (שירי שלמה S. 71).
מקל פצל Ephraim (Selicha אלהי).
פצל מקל Sel. איספו.
מפצל מקלות Jochanan hacohen Wochenfest וירד משה.
מפצל Jacob (Reschut יפקד לפניך).

תם המפצל Tobelem (Maarib אותי).

---

9. [S. 39].

Der Ursprung ist aus Talmud, Targum (Hiob 25, פחיבין אישתא ומיא), Pesikta, Bereschit rabba, Elieser-Baraita c. 4, wonach die Himmel und viele Engel aus Feuer und Wasser zusammengesetzt sind, daher sind diese Redewendungen zahlreich.

a) פתוכי איש Tobelem Maarib Wochenfest, Ofan אראלים והשמלים. פתוכי פלדות Abitur Mincha, בגור ותלג מפתבין aram. אמר משה.

b) בלולי איש ומים (אמרו לאלהים אמה). Jochanan או טרם. בלילת איש וברד (זכור אב) Geschem), Ofan כבודו בלול מאש וממים. חיות איש ומים Ofan יה כפי, דולקי איש ומים Hymn. אל ארון, אופר שפסרי אש ומים Jozer ארון אמני, נוצרים מאש ומטימה Ofan במרומי, בריות מים ואש Ofan בריות, באש ומים Ofan אביר. בלולי קרח שלג יצוקים מקרח ומלבת Sel. השמים אישש ושלהבים Hymnus אילי שחק. יצוקי יקודים Abitur Silluk Mincha.

c) אמרו) חצובים מאש חצובים.... גחל ושלג Abitur, Aboda, לאלהים אמה). מאש חצובים (Abitur אראלי, Isaac יושב). חצובי zusammengestellt mit איש (Hoschana אלהים אזון und למענך אל נערץ), (Ofan) להבות (אפידי ששׁ), (Ofan גחלים) (נבחי שמים), (Chija) איש ורוח (האדיר) שלהביות (אילי שחק und הנקדש, גן נעול (Ofan להבים (שביבי und שלהבו (Jozer 2. Pesach).

d) חצים איש וחצים שלג Ofan בירור מים, חציו איש וחציו Hosch. תענה אהובים.

---

10. [S. 104].

הרב הבבלי כתב אם רצה להוסיף בדרש מוסיף 40b: עשרת הדברות dasselbe in שבלי 114 f. 50d, תניא f. 122; ohne Quelle bei Aaron hacohen 113b unten, Col bo 81b oben; auf bestimmte Gaonen zurückgeführt bei Isaac Giat 102b und Hamanhig 66b. Vgl. Tos. ר״ה 28b und Piske Tos. סכה § 86, Maimonides לולב c. 7.

Ittur 18b: והבבלי אמר ספק מגורשת על ידי שליח לא הייק; 102c: וכתב הבבלי שאמר ספק מגורשת בעלה אינו יורשה אין לו ראיה, vgl. 80a הרב הבבלי כל ספק גירושין וכו׳.

30b: אבל הרב הבבלי אמר נשים וקרובים ואפילו פסולין מדברי

עבירה מדברי סופרים כשרין לשלידות אבל הפסולין כעבירה מדברי תורה אם הביאו הגט פסול.

64d: וכתב הבבלי אם טענו חטין וכו׳.

74b: וכתב הרב הבבלי אם זה טען מטבע פלוני חשוב וזה אומר לא כי אלא פחות וכו׳.

80b: בבלי כיצד מאמר נתן כסף או שוה כסף.

11. [S. 125].

Von den zwölf Gliedern hat Zahlal nur vier oder fünf mit unserm Jezira-Buch gemein: Hände, Nieren und vielleicht Galle, dafür führt er Lunge, Herz, Schmerz und Einsicht ein; bei den 12 Buchstaben stimmt in der Reihenfolge der Gliedmassen keine einzige Nummer mit unseren Ausgaben (vgl. die Zusammenstellung in Sen. Sachs היונה S. 47).

Buchst.	Zahlal.	Jezira.	Gegenstand.
ה	מרירת דם	rechter Fuss	Rede
ו	מרירה	rechte Niere	Denken
ז	מרה ארומה	linker Fuss	Gang
ח	כאב כבד	rechte Hand	Gesicht
ט	rechte Niere	linke Niere	Gehör
יוד	linke Niere	linke Hand	That
ל	שחורה	Galle	Beiwohnung
נ	Lunge	Gedärme	Geruch
ס	rechte Hand	Magen	Schlaf
ע	linke Hand	Leber	Zorn
צ	Herz	Kropf	Schlucken
ק	Einsicht	Milz	Lachen

12. [S. 128].

Diesen und ähnliche Sätze, dass Gott der erste aber ohne Anfang sei, findet man bei den Abendländern in keiner hebräischen Schrift vor dem 12. Säculum. Erst seit David hababli (הליכות קדם S. 73: ראשון ואין לו ראשית) und Bechai (שער היחוד c. 6: אין ראשית לראשיתו) kommen dergleichen Ausdrücke bei Autoren (Hadasi c. 94: אין ראשית לראשיתו, Hamanhig 3a ראשון בלי ראשית), meist bei Dichtern vor, z. B. ראשון בלי ראשית (Abenesra בשם אל אשר und am Ende des Sabbatbriefes, Binjamin שערי עץ חיים Anf.), ראשון בלי ראשון (Isaac קדיש), ראשון בלא [באין] תחלה (Natan אנבי עפר, Sel. אדיר ראשון, Gebet von Salomo Nasi, Joseph סלח נא לעון in Machsor ed. 1519 f. 401b), ראשית בלי ראשית (Jehuda halevi im Diwan N. 22 Zeile 65), אין ראשית לראשיתך (Sel. אמת), אין תחלה אל ראשיתך (Einheitsgesang Tag 2); vgl. das ähnliche ראשון לכל ראשון (Gebet אברך את ה׳ אשר, Mose Draa bei Pinsker S. 99), קדמון לכל קדמון (Gabirol ישחק), ראשית כל תהלה (Bechai in Bakascha ארון הכל) u. a.

---

13. [S. 145].

נטוראי wird R. Meir in vielen Handschriften genannt, unter andern in Bodl. 255, Opp. 1073 F., Saraval 1, Rossi 586 [meine Vermuthung in gott. Vortr. S. 391 bestätigt בית הבחירה ed. Wien 43 b]. Im Prager Machsor ms. ist N. 24 überschrieben: רשות מר׳ נטוראי לעשרת הדברות. In cod. Wien 75 (N. 56 f. 111 d) hat N. 4 die Ueberschrift יוצר לנהמו מהר׳ נהוראי. In H. h. 17 heisst es nach N. 1: רב מאיר בשמו כן הוא התחיל לשבח לבוראו באור ישראל וסיים באור פרי. לימר אחריו המאיר לארץ. Aehnlich spricht ein Commentar zu N. 14 (in Tefilla שער השמים Amst.): ר״ם ש״ץ יסד זה על כן התחיל פיוטו באור כי האיר עיני ישראל בפיוטו. Raschi nennt ihn ר׳ מאיר ש״ץ החסיד (Commentar Reg. 1, 10, 28 in cod. Rossi 255, cod. Berlin und bei Geiger Beiträge 1847 S. 9); an einem andern Orte (s. Ritus S. 21 Anm.) schreibt er: ומשבאתי משם [d. i. Worms] ושמעתי מפי אותו צדיק ר׳ מאיר בר יצחק שמסדרין [פסוקי ר״ח בר״ה] הנהגתי אני במקומי. R. Meir חזן heisst er bei Ephraim aus Bonn (H. h. 17 und cod. Foa 1), חזן הדגן in Opp. 1074 F. und cod. Rossi 655 (zu Purim . . . . בך הגיה). Ueber die Schlussworte des sabbatlichen ישמח משה (תניא § 15) schreibt cod. Rossi 858 und Hapardes-Compendium ms.: אבל ר׳ מאיר ש״ץ הדגן היה מתקן הדבר כן, wonach כדגן in Hapardes 55 d unten zu verbessern ist. ציר נאמן wird er in תניא § 15 genannt, ferner in H. h. 17 (zu den Selicha's תורה, אומן, תפלה), H. h. 61 (zu N. 9), H. h. 240 (zu N. 24) und cod. Rossi 963 (bei Sel. תפלה), wo „Binjamin" ein Schreibfehler ist, wie in meinen die hebr. Handschriften etc. S. 14 bereits bemerkt ist. Ein gleicher Fehler ist פיסאריסי (Pesarese), wie ihn ein italienischer Schreiber (cod. Sorbonne 8 zu N. 14) nennt. „Keiner, heisst es in cod. Rossi 654, Band 2 f. 291 b, habe gleich ihm nach Hagada, Halacha und Vorschriften Sühngebete zu machen verstanden."

---

14. [S. 146].

וכבר אירע מעשה במגנצא בפרשת כי תצא שהיו שם שני חתנים בהעים ורבנא נתן היה אומר לקרות בתן אחר בתן — — — — ובן היה אומר רבינו אליעזר הגדול. ועמד רבינו מאיר ש״ץ ואמר רשות לחתן וקרא האחד עם ששביניו עד חצי הסדר [וכי תדר נדר] והפסיק ואמר קדיש עד דאמירן והחזיר ואמר רשות לחתן שני וקרא והשלים הפרשה עם ששביניו של שני ואמר קדיש והפטירו שש אשיש וקלסוהו כל החכמים והודו לו. So in לקוטי פרדס ms., in H. h. 89 und cod. Wien 75 f. 129 a. Aber in דינים ms. in 8 und Zidkia א״ה (ms. Harl. § 67 und Opp. 625 Q.) wird das Jahr 53 (A. 1093) angegeben, statt ור׳ נתן heisst es hier ואחר רבינו נתן, und statt R. Meir: מצא רבינו יצחק סמך לדבריו של אביו ר׳

אלעזר הכהן זצ"ל — — — וסוף סוף תיקן ר' יהודה הלוי שליח צבור ואמר רשות לאחר מן החתנים וכו'. Der Berichterstatter — wahrscheinlich Menachem b. Machir — schliesst ואני הייתי שושבין לראשון. Vielleicht ist הכהן und הלוי zu vertauschen, und demnach אלעזר הלוי und יהודה הכהן zu emendiren. Dieselbe Begebenheit wird in Rokeach 355 erwähnt und wird auf ein älteres מעשה גאונים § 21 verwiesen, das auch שבלי ms. § 190, 192 vorkommt. Von einem ähnlichen Falle in Würzburg ist in Meir Rothenb. Rga. N. 17 die Rede. Ueber Jehuda halevi vgl. Maimoniot תפלה c. 5 Ende; neben R. Elasar halevi erscheint er Hapardes 27c; allein, daselbst 18c. In cod. Wien 75 f. 125c [Ritus S. 21]: ר' יהודה הלוי הנהיג שלא לפול לתחנה שלשה ימים קודם שבועות. Ein Jehuda halevi kam 1096 in Worms um.

---

15. [S. 152].

Jehuda hacohen. Abraham hacohen. Meir hacohen.

R. Gerschom's Lehrer hiess Leon, wie er selber (Meir Rothenb. Rga. 264) und wohl aus derselben Quelle Elieser b. Natan (ראב"ן 92c, 116c) und Isaac aus Marseille (Ittur 65b) bezeugen. Daher heisst es bei Gedalja Jachia 42a [fehlt in ed. Amsterdam]: R. Leon der Grosse war sein Lehrer. Derselbe hiess auch Ser Leontin; sein vollständiger Namen war Jehuda b. Meir hacohen הזקן, wie aus Taschbez 574, 575, Schaare Dura § 35 (האגור § 1288) und deutlich aus Dura ms. (וכן פסק רבינו יהודה בר מאיר הזקן רבו של רבינו גרשם מאור הגולה שהיה מכונה סיר ליאונטין) erhellt. Vermuthlich derselbe ist R. Leonte hacohen bei Hapardes 47a, 49a, שבלי 52. Dahingegen war Jehuda hacohen der Verfasser des Rechtsbuches (Or sarua § 440, Piske Recanate 287) ein Zuhörer Gerschom's (Maimoniot Th. 4 f. 212a, Mordechai Mezia 1 § 283, Alaschkar Rga. f. 69a, 83a, die Schrift שם הגדולים im zweiten Hefte der דברים עתיקים, S. 8, Binj. Seeb Rga. 233 f. 323b), und in seinem Buche standen Bescheide R. Gerschom's, wie aus Or sarua § 694 und Meir Rothenb. Rga. 861 Ende hervorgeht. Einzelne Gutachten aus diesem Rechtsbuche theilen Hapardes 61c, ראביה ms. § 900 und Alaschkar N. 28 f. 69a mit; eine grössere Anzahl ist uns in der Sammlung der Rga. Meir Rothenburg's erhalten, nämlich N. 862, 873 bis 912 und N. 935, denn die Stelle aus dem in N. 451 und 462 erwähnten Rechtsbuche, welche N. 702 angeführt wird, ist nicht nur wörtlich in N. 885, sondern es haben auch jene Nummern sämmtlich einerlei Charakter und des Verfassers Name ist zweimal genannt (N. 887 Anf., N. 891 f. 87d Mitte); er erscheint dort als gleichzeitig mit Isaac halevi in Worms. Er ist daher zweifelsohne der Jehuda b. Meir hacohen, der Zeitgenosse Elasars des Grossen (Zidkia א"ה § 34, מעשה הגאונים 290, Hapardes 49a, מגד S. 10, Maimoniot Th. 4 f. 285b), auch genannt Jehuda hacohen הזקן, der in Mainz wohnte, zusammen genannt mit demselben Elasa und David halevi (Hapardes 33c [auch א"ה § 21 und מעשה 291], 60d, 61b [שבלי 51]); denselben erkenne ich in Jehuda hacohen, der in Tur. I 458, מעשה הגאונים 159 und in סי׳ אסופות (Luzzatto in מגד S. 10, המבשר 1862 S. 56) vorkommt. Auf den in letzterer Stelle behandelten Gegenstand bezieht sich ראב״ן 69b und לקוטין ms. § 177 wo (אבל רבינו יצחק הכהן ורבינו שלמה הוו מתירין) יצחק irrthümlich statt יהודה, oder תלוי statt הכהן gesetzt ist. Der in Raschi's Zeit in Mainz wohnhafte Samuel b. Jehuda hacohen ist der Sohn desselben R. Jehuda. In einer Anfrage Amram's aus Jerusalem, die im Auftrage von Natan b. Machir an Samuel hacohen erging, führt er den Bescheid von dessen Vater an רבינו יהודה הכהן מורה צדק [cod. Uri 295 f. 82b] (Hapardes 61b, שבלי ms. § 190, שבלי N. 53); man vergleiche noch Hapardes 18c, 44c, 48d, 49a (הורה רבינו שמואל בן רבינו יהודה כהן משום אביו לישב באבלות וכו׳).

Nicht mit gleicher Sicherheit festzustellen ist ein R. Jehuda hacohen b. Meir, der gemeinschaftlich mit Elieser (Col bo 142) oder Elasar (מגד S. 8) b. Jehuda [in מגד S. 10: בר יצחק] einen Bescheid nach Troyes erlassen, der entweder vor oder nach Raschi's Zeit ergangen sein muss. Zur Zeit von Samuel hacohen lebten: a) Elasar b. Jehuda, ein Kollege von Kalonymos aus Rom in Worms (בתשובה הגאונים ר׳ אלעזר בר יהודה ורבנא קלונימוס הזקן איש רומי in Or sarua, ח״ה 275, Binj. Seeb Rga. f. 324a). Es heisst in Mordechai Pesachim ms. [fehlt in ed. § 841]: ושאלו לרבינו משלם ולרבינו שמואל הכהן.... ובאתי והרציתי הדברים לפני ר׳ קלונימוס איש רומי ולפני ר׳ אלעזר והודו. b) R. Jehuda hacohen, der in der Zeit von Samuel hacohen bei R. Kalonymos anfragt (Taschbez 558, מגד S. 7); beide scheinen identisch. War jener Elasar älter als Kalonymos und früher in Mainz, so steht der Annahme, dass der Verfasser des Rechtsbuches mit ihm gemeinschaftlich einen Bescheid erlassen nichts entgegen. Jedoch kann der jüngere Frager nicht jener ältere Autor sein. Andererseits ist Isaac b. Menachem, der jünger als Elasar b. Isaac ist, der Lehrer von Elieser b. Jehuda in קבלן (vgl. Luzzatto bibliotheca 56a N. 36 mit מגד S. 68), dieser aber wohl von dem in Worms verschieden. Ueber den Jehuda hacohen, der Ritus S. 14 (Anm. k) genannt ist, fehlt nähere Auskunft. Dahingegen sind zwei andere Anführungen, auf die Luzzatto aufmerksam macht (המבשר a. a. O.), jüngeren Gleichnamigen zuzuweisen. Die Stelle aus א״ח ms. über הזכרת השם ist auch in מעשה הגאונים ms. 460 und der dort genannte Joseph ילצין — das auch קלצין und קלסין, fehlerhaft קולציף (vgl. אוצר נחמד Th. 2 S. 11), geschrieben wird — gehört der Zeit um 1200 an (zur Gesch. 42 und 52), folglich Jehuda hacohen dem 13. Jahrhundert. Die Stelle aus סימני אור זרוע betrifft den Fall, der אז״ו § 458 berichtet wird und ist auch in Hagahot Ascheri (חולין c. 7 § 33); der צרפתי ist Jacob Zarfati in Nürnberg, um 1230 bis 1250. Jener Jehuda ist also jünger als Isaac b. Samuel und wahrscheinlich in beiden Fällen der Jehuda hacohen vom J. 1250. Auf denselben Fall bezieht sich Meir Rothenb. Rga. ed. 3 N. 168 und die Anmerkung zu שערי דורא 39 (פעם אחת שחט ר׳ יצחק וכו׳).

Wenn die Nachricht, dass auch des alten Leontin Vater den

Namen Meir hatte, ächt ist, so könnte der Zuhörer Gerschom's ein Enkel von dessen Lehrer sein. Dem einem Commentar Elasar's entlehnten Fragment bei del Medigo zufolge ist die Stammtafel wie folgt:

Jehuda hacohen, Verfasser des Rechtsbuches
|
Abraham
|
Meir
|
Abraham
|
Elieser
|
Jehuda
|
Elieser חסיד
|
Jacob חסיד der jüngere (הבחור).

Demnach blühete Jehuda's Urenkel Abraham b. Meir um 1100, in den letzten Lebensjahren Raschi's von welchem er Bescheide empfangen, vergleiche Hapardes 33 d (wo des Vaters Namen fehlt), תמים דעים 138 (wo Eingang und Schluss fehlen), Zidkia או"ה ms. § 27 und מעשה הגאונים § 265. Er lebte vermuthlich in Speier, da Kalonymos b. Isaac sein Kollege war, wie aus Meir Rothenb. Rga. 501, Agudda ב"ב § 214 hervorgeht. Er correspondirte mit Jacob halevi (Rga. Sal. Aderet 2 N. 30) und schrieb ein תקון הגט (ראב"יה 932). In runden Zahlen würde mithin Abraham b. Jehuda 1060, sein Sohn Meir 1080 anzusetzen sein.

---

16. [S. 157].

Bescheide und Gutachten von Salomo b. Simson: 1) An seinen Verwandten Isaac b. Isaac (Mittheilung Luzzatto's vom Sept. 1840, vgl. dessen bibliotheca 1847 f. 56 b), vielleicht denselben, der ungenannt in Jos. Kolon Rga. N. 94 vorkommt. 2) Siddur Raschi in cod. Rossi 858 פסח, anfangend וששאלתם אם שבחו וקראו ד' בעננו של יום ולא קראו. 3) Or sarua לולב § 316, erwähnt in Hapardes 44 d, שבלי 118. 4) Hapardes 44 d, שבלי 114, Abudarham סכות 2: וששאלתם לולב שהיה גבוה ג' אמות. 5) cod. Opp. 764 F. N. 388. 6) Zidkia או"ה ms. § 31 zitirt dessen תשובות. 7) Meir Rothenb. Rga. 633 (wo Simson b. Salomo gedrukt ist) und Mordechai נדה § 1038. — Auf seine Decisionen wird verwiesen in Hapardes 19 d oben, 22 a, 33 a [Mordechai חולין c. 7 Ende], ליקוטי פרדס 18 b [Parallelstellen: Rokeach 312, שבלי 89 f. 39 d, מעשה הגאונים 209], שבלי 12, Jos. Kolon Rga. N. 30, כ"ח Th. 7 S. 49.

---

17. [S. 158].

Das in Menachem's Klagegesang vorkommende יראתם קשקשו heisst nicht „ihre Gottheit gesucht," was dicht vorher schon mit בקשו מעוזם ausgedrückt wird, sondern: „die Glocken geläutet." In Chajim א"ו Rgn. 229 וקשקשו האנקות bedeutet dasselbe, da Hagahot Mordechai, Kidduschin § 1013, ausdrücklich bemerkt קלוק שקורין הקלוקן לעבודת אלהיהם und das alte Nizzachon p. 82: בית אנקות כשמקשקשין בהן; was hier אלהיהם ist bei Menachem יראתם. Dass die Kirchenglocken קשקשים hiessen, zeigen Nachmanides Rede S. 12, das Buch Joseph's המקנא in cod. Paris 222, H. h. 80 [vormals cod. Uffenbach 126], Zinuni f. 74 c und die schon von Eisenmenger Th. 1 S. 529 beigebrachte Stelle aus Bechai f. 103 d, wo sie כלי קשקוש genannt sind; daher קשקש ד' שעות „die Glocke schlug vier" (Maharil 82 c).

---

18. [S. 202].

Für Mose b. Esra zählt Landshuth onomasticon 246 Nummern — 243 nebst Nummer 3 a, 71 a, 131 a —. Hiervon müssen wegfallen:

A. 8 Keradsch (N. 12, 15, 23, 25, 34, 36, 43, 45), die keine selbständige Stücke sind.

B. Drei doppelt gezählte, N. 107=55, N. 138=33, N. 238=203;

C. 28 fremde, nämlich N. 2, 3a, 51, 64, 126, 127, 134, 148, 149, 152 bis 157, 159 bis 161, 163, 166, 177, 178, 192, 194, 200 bis 202, 241. Unter den bleibenden 207 sind mindestens 11 unsicher. Mein Verzeichniss, etwa 16 zweifelhafte mitgerechnet, weist über 240 Stücke nach.

---

19. [S. 229].

Beispiele peitanischer Bildungen in den verzeichneten anonymen Selicha's:

אֶנֶף (79), בטוה (11), בישה (23, 46, 80), ביע (10), גע (17, 63), גש (82), גרהי (62), רבוב (35), הדמים (1), להסים (81), ויתרון (6, 35), הו (26), הֵילתו (71). חקיקה (70), טעה (59, 71), שיף (10), כגע (83), כנש (18, 82), כָּנם (54, 56), בישו (4), כיוקשב (51), מצול (37, 63), נאירן (1), נם und נמרתה (20, 37, 59, 16, 39, 83), סמלונים (16), ספוף (16), עֲלום (33), לעֲמך (23), עלצק (30), צול (32), צקון (18, 47, 81), רפשון (45), תעל (68), התריף (77).

---

20. [S. 230].

Die vier Selicha's N. 53 bis 56 haben Ausdrücke wie להוּסר, להועץ, להרשם, להבדק; להרבק in 54, 55, 56, in denselben auch die aram. Worte דיתוב (54), טית (55), לאטפויי (56); ממזרח וממערב (53, 54, 56), על כן, רזה, נשבר ונדכה (53, 54, 55), התוית oder

מחרך , שלוהים , עץ . . . . , מאליהים (53, 55, 56) לחיים , הלבין , תוויים (53, 54); במדובר , כתני וזקני [וסגני] שופט דלים , מלך במשפט , פסר תשבור , תתן ליעקב , ופשעים מכסה , פשעים העבר (53, 55); חלו נא [die Gewalt] (53, 56); חרות והתרית , יועץ אל גבור , יחינו מיומים oder סביב ליראיו סביב לעמו יחנה (54, 56); יונתך , כנם , אדום ומואב כי עין בעין יראו בשובו , שמים וארץ קונה , השבר והשאת , חנה (55, 56). Der Ausdruck עם נבוה im Gegensatz zu צר בווה (56) ist auch in Mose Cohen's Selicha ארבע אבות. Vgl. syn. Poesie S. 444.

---

21. [S. 240].

Die Identität der Verfasser Binjamin dürfte aus folgenden Parallelen hervorgehen:

איה קנאתך 9, 18, באבוריות 8, 21, כאשר הבטחתנו am Schlusse in 7, 18, 27 und Sulat N. 14, womit ומקדם הבטחתנו (32) und כן הבטחתם (21) übereinstimmt. בקר וערב 2, בלשי 17, בלישה 30, צפר וערב 19, 20, שחר וערב 31 und Sulat 16. בת השובבת 1 Ende, 35 Anfang, נועה 6, נועים בתחנה 4, געית תחנתו 29. דכאות לב 4, 26, 27, 32. הדיפק oder דופקים Bussfertige 4, 7, 24, 26, 35. הן beginnt die Strofe des „He" in 3, 16, 23, 32, 35. וסת הודך 3 und 27, daher mit Unrecht in Selichot ed. Rödelheim abgewiesen. חלא אתה für dieselbe Strofe in 7 und Sulat N. 16. להיחלך 11, 15. ביד כל אמה ולשון 13, טבסת מקדם 23, 26. חשק 1, 21. חבה und כל לשון ואומה 16. כל אום ולשון Sulat N. 13, יד כל אמה 18. 22, ימין ושמאל 13, 17, 21, 33. יקש 13, 21, 26. כבד von der Dienstbarkeit 13, 21, 25. כמהים oder כמהיך 14, 15, 34, Sulat N. 16 und 3. כורעי לבל 17, 24. מאז 2, 3, 11, 18, 19. 21, 28, 32, Sulat N. 15. מהרה am Schlusse von 8, 22, 30, 32. מורה ועזוב 6, 34, 35. מצא מחילה 26, 31. למתי סודו 11, 25. נוראות kommt in 16, 18, 19, 23, 28, 30 und Sulat N. 13 und 16 in einem gleichen Gedankengang vor. ניחח oder ריח ניחח 4, 27, 1, 19. נועם oder נועמך am Schlusse von 13 und 32. נצח am Schlusse von 19, 26 und beiden Sulat 13 und 16. סבלות 14, 17. סבר 1, 17, 21. סגב 8, 20, 34. ספרו לנו אבותינו 8, 9. עבדות 8, 17. עדיך 3, 21, 23, 24, 26, 27, 28, 30, 31, 35. עוז 1, 3, 16. עטה כלמה 18, 21, Sulat N. 14. בעלבון 19, 21, 31. עם מעונה 7, 32. פני כבוש 13, 18. הרומך [קצות] בארבע פנות 21, 22. פניך Sulat N. 15. רפיון פורכי 19. פרוכים 8, פרוכה Sulat N. 12, פער פה 8, 15, 17. 4, 21, 29. משפטי ודיני 13, 14. שותחים von der Feinde Gerede 13, 18, 19, Sulat N. 14 und 16. תביט am Schlusse von 14, 32, 34.

---

22. [S. 245].

Parallelen in Elia's Selicha's:

A. einzelne Ausdrücke. לבך (7, 23), תְּעֻדָה (zu Anfang des Reschut, am Schlusse von 20 und 33), טלאיך (21, 24, 29), יהויר (14, 30) oder יהורים (5, 6, 19), die Feinde, welches auch bei Simeon (7. Pesach אמרו), Gabirol (Verbote), Raschi (Sel. 6) und Ungenannten (Sel. יהורים und חוסה ה׳) vorkommt; כשרון (4, 16, 32), מְצִיל das oder der Böse (7, 11, 14, 26, 31), מפגע (1, 12, 18, 23, 28), מְפַלל (23, 26, 30), מתגצה (Reschut und N. 26), עֲקִלי (9, 15, 24), פֶּקֶר (21, 24) das auch der Sillok Schacharit hat.

B. Redeweisen. פקדוך אונך (33), פקדנוך אינך (3); נאדרי
בולעתי (19, 29); מבטן פשע (1); רוממה נאדרי (34), רוממה
נבער (20); לבוה ולליוה (25) בווי ולווי (14); לעה בלועה (9), לעתי
טרפתי (21, 29); גרע ושבור (18, 24); בר יחשב (11, 17, 26); מרעת
פסו וגמרו (1, 16), גמרו ופסו (5); הוגרסה נפשנו לתאבה (8), להאותך
(17); לשלם בדין (9), ריעו במיטב לשלם (34); דל והדל (11), רלתי
הלה והעלה (12), דלי מְעַשׂ (4, 12), vgl. מעש in N. 1, 11, 28. הדלתי
(21, 25, 29), הלה allein in 18 und 33. רשפי השמצה (11, 15); ויתי
וחון בחבו (4, 11); והיה לאבל כנורים (35); und (19) לאבל כנורה
הוללה (9, 21), הוללה הוללה (35), עללה וולל (15, 27), וולל כווי
(10); נכבדים לזולל (19), לזולל סבורי (20), וזולל יקרנו (16) nach Jerem. 15, 19, womit Salomo N. 3: יקר לזולל, Raschi N. 1: היקר לזולל, Sebadja N. 7: וזולל יקר, Kalir Busse-Sabbat מיקר לזולל zu vergleichen.
רפא חבוש (22), חבוש רפא הולתך (10); פורונו ורונו (28), ורוים פוורים
מהין הולתך (9); חיש ומן קרב (21, 34); חוק מאמריך (24, 28) vgl.
חוק במאמריך (12); חות נעימך (22, 28), נעימך allein in 6 und 31.
השבח למשה (1, 3, 19, 29); חמוסים אנוסים (8, 29, 35); חמס ועק
(15, 16); נמול לחובים שבה (4, 23, 33); ולטביתה תְּהוּקם (33),
תהוקם לטבח (10); את ה׳ בהמצאו לדרשו (11, 28, 32); ילד שעשוע
(30, 33) vgl. שעשעת בילדים (8); כלו עיני (6), כלו עיניהם (33);
לבוש שבוט (25), ללבוש להבוט (21), מלבט מהבט (9), הכבטני — ולבטני
(1), לבושך שבושך (34, 16), משתו לובשתו (27), מטיך לבושך (34);
עורהם (33), מבטם ולעורה גסו (22); רשף להומים (1), להומי רשף
מסתי (9), מחזיק מט (7, 20, 29), צריך מט (20); שמוך ולמבטם נסו
(9, 27); מבעיסך ומועימיך (22, 28); מלך מלכי המלכים (4, 12);
מרצה ומחכב (1, 3); מנוס עתיק עורה ישנה (1, 25) u. s. w. הומצא
(11, 26); אתה [כם] מושל בנו (3, 33); נבל יקרים (19, 20); העשמה
und הערוסות (23, 28); ניחתנו — שפה (28); פניחת שפה (34);
פרועה [אשה] סוטה (21, 28, 10); סמלון עלי (2, 24); ספו תמו (30),
תמו פסו (1), ספתי תמתי (9), תמנו ספנו (34) das auch Sel. תמנו
ספנו und Mose b. Natan ממיצר haben; לתן [סופו] סופנו (4, 12); ספח חמתם
(6), ספח כום חמתך (33); עול מגול (14, 26), עזובה עצובה (27, 35),
עליך und (23) עליך הדבר לעשות (9, 34); והעתיק (22); עצוביך עוזביך

(24, צלול ודון (9); עלפתי סלפתי (22), עלפני סלפני (33); לנדור פרצון 28); (12, 23); קרא בשמך מתעורר (5); טמון הקץ (29), קצי סתום (25); קרן ישראל לגרוע (29), קרני להגרע (26, 32); הקרבת עולים (4); חנות רחם (30, 33), רחם — חנות (11, 16, 29, 33); רנו הניח שלח זמורות (20, 21, 29); נדיב שוע (30), שוע — דל (15), שוע ודל לשנה ולפתה (4), שנה ופתי (27, 30); שען ישני מכפל (19, 20, 21); נתעב ונאלח (11, 18), (1, 29); תנין ווחל (3, 9, 29); שה אובד (14); שמע יה חנונה (28, vgl. 34, (16), השלום פרים (17, 32), שלום פרים 14, 24, 26, 18, 29).

---

23. [S. 250].

In Selichot Prag 1619 und noch ed. 1835 f. 275b heisst der Verfasser Chajim. Die Entdeckung des Akrostichons theilte mir am 28. Dezember 1837 Zedner mit. Darauf gründen sich meine Anführungen (syn. Poesie S. 112 Z. 3, S. 195 N. 2, S. 372 Z. 3), aus denen Landshuth onomast. p. 191 schöpfte. Zum dritten Male wurde das Akrostichon 25 Jahre später in הכרמל Jahrg. 1862 entdeckt. Cod. Opp. 1106 F., wo alle jene zweiten Buchstaben der Zeilen mit Punkten versehen sind, liest im Buchstaben ג richtig גח (nicht גו), womit גח (Kalir Sachor) und גחו (röm. Aboda) zu vergleichen.

---

24. [S. 252].

Folgende Stellen der alten Schriftsteller sind hier zu beachten:

1. Pirke Elieser c. 4 und מס׳ היכלות c. 7: מימינו חיים ומשמאלו מות; dasselbe in Isaac's Ofan ידרון ידרון und Binjamin's Jozer אבאר תקף.
2. Midrasch der zehn Märtyrer S. 66: והיה רואה מובח סמוך לכסא הכבוד.
3. Elasar Worms:
   a) חכמת הנפש [in ערכי הכנויים f. 32b voc. ימין]: מלאכים של אש המליצים לחיים בימין · · · עץ חיים לימין הכבוד אצל כסא הכבוד·
   b) סודי רזי bei Reubeni 6a: שמו של מלך המשיח חקוק על אבן טובה שעל המובח.
   c) Rasiel 14a: והתורה כתובה באש לבנה על אש שחורה בורוע ומונחת התורה בחיקו טמון ושעשועים והכסא עומד בדבר פיו כי לא נבראו חיות עדיין מן הגן בימינו ובאמצע הוריעה פרושה · · · · והגם [l. וגיהנם] משמאלו·
   d) Rokeach 7a: ובתרגום סוראי התורה קדמה ואחריו כסא הכבוד גן עדן מימינו וגיהנם משמאלו והתשובה ממוצעת בין גן עדן לגיהנם
4. Commentar ms. (cod. München 69) zu Ps. 90: התורה כתובה באש שחורה על גבי אש לבנה ומונחת על ברכו של הק״בה והק׳ יושב על כסא הכבוד וכסא הכבוד מונח ומתוקן בחסדו של הק׳ על הרקיע שעל ראשי החיות אבל החיות לא היו באותה שעה, וגן עדן מימינו של

הקב״ה וגידגם משמאלו וביח המקדש לפניו ושם משה חקק על אבן יקרה על גבי המזבח ובה קול מפרוה ואומרת שובו בני אדם.

Abweichend von diesen Vorstellungen wird das Paradies nach Osten (Midr. כונן S. 28) oder Nordosten (Elasar in Rasiel 15a und bei Reubeni 13c, 19c) verlegt. Die Stellung der Schechina stimmt zu Batra 25a und R. Gerschom bei Aruch v. ערף.

---

25. [S. 268].

In אדם וחוה 15 c. 5 § 18 heisst es כתב הר״י בר יקר, das kann Jehuda heissen. Aber ebendaselbst 4, 4 ed. Vened. 34b unten [vgl. Ascheri Beza c. 2, לקוטן ms. § 177, wo ר׳ יצחק הכהן] und תניא 21 [vgl. שבלי 35 und לקוטי הפרדס f. 11a] muss Jacob statt Isaac gelesen werden. Aus letzterm Buche stammt der Name bei Conforte 18b Z. 5 v. u. Auch in einem Bescheide anfangend על התעני (in den erwähnten לקוטן ms.) halte ich „Isaac" b. Jakar für fehlerhaft. Männer, deren Väter den Namen Jakar hatten, sind aus älterer Zeit folgende bekannt:

Bonfant halevi in Mainz, um 1300 (cod. H. h. 37); Chajim oben S. 493; David in Mainz, um 1090 (Zidkia א״ח ms. § 59); Elieser (אדם וחוה 261a); Ephraim oben S. 348; Isaac oben S. 268; Jacob, der älteste Lehrer Raschi's; Jacob halevi, Synagogendiener in Regensburg, gest. A. 1426 (zur Gesch. S. 416); Salomo genannt in einem Machsor-Commentar (Ritus S. 200) und bei Riete 103a; Samuel halevi, der in Pforzheim getödtet worden.

---

26. [S. 274].

Die Ephraim des Mittelalters.

1) E. b. Kapron, der Schüler Menachem's b. Seruk. 2) ben Ephraim, der Karäer. 3) E. b. Isaac hacohen kam 1096 in Worms um. 4) Alfasi's Zuhörer, bei den Autoren Spaniens und der Provence „Rabbenu Ephraim". 5) Der im Vitry-Commentar zu den Abot angeführte, wo man sich auf dessen Text beruft; in den ersten drei Kapiteln öfter: משנה דייקניה שרגנה ממשנת ר׳ אפרים (vgl. המזכיר N. 31). 6) Parchon's Lehrer. 7) E. aus Tyrus (Benj. Tudel., פאר הדור N. 1, Mose Alaschkar Rga. N. 19 f. 35b). 8) E. muthmasslich in Sizilien, s. Steinschneider in Geigers jüd. Zeitschrift B. 1 S. 241. 9 bis 14) die synagogalen Dichter E. b. Isaac, b. Jacob, b. Jehuda, b. Jakar, b. Natan, Ephraim [Guldenkind]. 15) E. aus Mainz (Or sarua Th. 1 § 693). 16) E. b. Meir (Buch der Frommen 764). 17 bis 19) die in Sel. אביעה מקרה und den Klagegesängen ארץ לא מעודרה und איכה אשבה genannten (oben S. 349, 486). 20) Der erschlagene E. b. Tamar (cod. Opp. 1708 Q.). 21) Der von Jeroham genannte E. b. Jehuda (oben S. 495). 22) E. b. Jehuda um 1270 (Maimoniot Rga. קנין N. 32). 23) E. b. Joel A. 1272 (das. יבום N. 25). 24) E. b. Abraham um 1290 (Chajim א״ז Rga. 229). 25) E. aus

Köln (Maimoniot Th. 4 f. 241a). 26) E. b. David (zur Gesch. S. 49). 27) E. b. Simson (das. S. 83). 28) E. Kalai (תניא ms. und ed. 59a). 29) E. b. Menachem (Ritus S. 196). 30) E. in der Zeit R. Ascher's (Rga. 69 N. 23). 31—33) drei E. Alnaqua (zur Geschichte). 34, 35) Ephraim halevi und E. Sango (Verga 21a, 37a). 36) E. Barzelloni in Sevilla (Isaac b. Scheschet Rga. 197). 37) E. b. Salomo בלקון in Fas (רשב"ש 406). 38—40) Die 3 Abschreiber E. b. Meir halevi in Köln 1413 (Ms. Padua), E. b. Bezalel 1463 (cod. Lips. 40 G), E. b. Nissim 1475 (cod. Kenn. 422). 41) E. ibn Simra 1470 (cod. Kenn. 542). 42) E. b. Joab Modena im Jahre 1502; A. 1462 bei de Rossi (cod. 991) scheint nicht richtig. 43) ein Abschreiber E. b. Mordechai (Mss. Brody N. 35); vielleicht auch 44) der Rabbiner E. b. Simcha (Ghirondi S. 34). Hierzu sind die Väter Namens Ephraim von folgenden 18 Männern hinzuzufügen: Jacob, Commentator des palästinischen Talmud (Pinsker לקוטי S. 14), Abraham (Verfasser des ס' הסימנים zum Semag), Elieser (Selicha-Verfasser), Jehuda Simra (zur Gesch. 410), Otniel (Ritus S. 200), Elieser um das Jahr 1390 (ה' קונטרסין 111a), Ephraim der Starke, Isaac (dessen הוראות in cod. Rossi 166), Mose (Or sarua ר"ה § 257), Simson (zur Gesch. S. 83), Schreiber Salomo A. 1480 (H. h. 124), Jochanan, der im Jahr 1478 in Kandia die Seelenwanderungslehre für ein jüdisches Dogma ausgegeben (Assemani catal. Vatic. cod. 254 N. 3), Jechiel (Maharil ms. f. 103, כ"ח Th. 7 S. 56), Abraham und Nissim Schangi um das Jahr 1500, Joseph Karo, Mordechai ein Abschreiber in Neapel A. 1539 (cod. Saraval 31), Schneor in Ofen, der in der jüdischen Geschichte eine Erwähnung verdient, s. Rga. von Elia halevi (N. 95) und von Meir Padua (N. 87).

---

27. [S. 288].

Da R. Ephraim auch den Namen Schalom hatte (oben S. 292), so liest man im ראב"ן statt קרובי ר' שלום (31a) vorn im Verzeichnisse (§ 95): קרובי ר' אפרים. Ein Commentar der Asharot hat in H. h. 17 die Ueberschrift: זה פרישת של הרב ר' אפרים מבונא זצ"ל, und endigt also: איפורי ריוח מאתך והצלחה, תן לי שלום והנחה, וחיים וברכה בסיומי בשמחה חוק כהם הצעיר המצויין יליב"ה, worin deutlich Ephraim, Schalom und יליבה gezeichnet sind. Der Commentar Abot ms. c. 2 zu אל תדין וכו': מביא שנאה ואם תאמר מה בכך אם אדין endigend ואני יליב"ה בין שניהם ist gezeichnet אפרים בר יעקב יליב"ה. Ferner: חסדי ה' אומר (zu Sulat אלה וכאלה), מצאתי אני יליב"ה (zu Silluk חסדי ה');
נראה לי יליב"ה (cod. Rossi 655 zu אך טוב), הצעיר יליב"ה (das. zu ברית אברהם ישמח חתן). Ebenso in seinem Bescheide ms. angeführt S. 6 und folgende, wo יליבה gedruckt und nicht verstanden ist. In Opp. 1483 Q. wird R. Ephr. b. Jacob dreimal המכונה יליב"ה genannt. Auch in H. h. 17 (zum Wochenfest): אפרים ב' יעקב יליב"ה. Die Nummer 20 hat in cod. Leyd. Scal. 4 die Ueberschrift: דרבינו אפרים

מבונא יליב"ה. In Opp. 1106 F. ist bei N. 10 יליב"ה angemerkt. In H. h. 17 wird vor Maarib Pesach diese Chiffer durch יוֹבה לְראית יֹפי בֹית הֹבחירה erklärt, wovor die Erklärung zur Geschichte S. 363 zurücktreten müsste.

---

28. [S. 291].

שעיר Bock, Teufel ward symbolische Bezeichnung für Esau (איש שעיר, der haarige), Edom und die weiteren Entwickelungen (syn. Poesie S. 443, 448), vgl Bereschit rabba c. 65, Jalkut Jes. 366, Elia sutta c. 19. Jose setzt שעיר dem חלק (אהללה und אנוסה) entgegen; ähnliche Bezeichnung des christlichen Reiches ist bei Gabirol (אמרה גלה und שרש בנו) und Späteren sehr häufig, z. B. איש שעיר (Menachem in Selicha מיד, Baruch in Sel. אני היא חקין), בער שעיר (Samuel אישבה), ראש שעיר תגלח (Isaac Senior Bakascha N. 7); Binjamin (Sel. אבות שלם) klagt über den שעיר. Ephraim, der auch in N. 18 Edom mit שעיר bezeichnet, fügt in N. 17 den vorausgehenden Verwünschungen gegen Amalek (d. i. Esau, vgl. syn. Poesie S. 439) hinzu: מהר שעיר אכניסך בשנה רעה וגו׳, welche Strofe offenbar die Erlösung von der Gewalt der Unterdrücker bedeutet, durchaus ähnlich dem fast gleichzeitigen Gebete Serachja halevi's; רומה על אויבי וצא הלחם בעמלק מהר (Sel. ויעק בקראי). In einigen Handschriften und — wohl aus Furcht — in den Ausgaben ist שעיר in שטן verwandelt worden, welches (in Archives isr. 1858 S. 564) Gelegenheit gegeben, über diese „unbiblische Rolle Satan's" einen überflüssigen Lärm zu erheben. Eben so unrichtig ist in neueren Ausgaben in der Selicha אבינו מלך der auf רחומיך חטא מכל טמאותם folgende Strofenschluss ונשא השעיר u. s. w. (Levit. 16, 22) übersetzt: „wie einst als der Sühnbock ihre Sünden davon trug." Der Sinn ist aber: „Und trage der Bock (Edom) all' ihre Sünden." Vgl. Mose hadarschan im Commentar ms. (Berliner in Frankel's Monatsschrift 13, 221).

In derselben Selicha Ephraim's fehlen seit dreihundert Jahren in den Ausgaben einige Strofen. Zu dem in einer derselben vorkommenden ויקרא לה נובח ist eine Parallele in seinen Denkwürdigkeiten: וילך הלוך לנובח ויקרא לה נובח בשם הנוצרי. Statt לנובח ist vielleicht zu lesen ונבוח oder לנבח (latrando), gleichwie weiterhin וינבח und (S. 12) לנבח. In Emek habacha S. 29 ist dafür וילך הלוך וצעיק. Schon in Selicha איכה החובות heisst es מכרסם מנבח; מצר המנבח hat der Gesang מעוז, מנבחים das alte Nizzachon p. 243 (Eisenm. 1, 577). Von נביחה des römischen Reiches spricht Meir in תורת התמימה. נבח bedeutet auch נוצרי בר חריא; vgl. מלחמת חובה Vorr. Bl. 3.

---

29. [S. 305].

Die Hiskia des Mittelalters.

1. Hiskia Gaon, gest. A. 1040. 2. H. aus dem eilften Jahrhundert (Meir Rothenb. Rga. 887). 3. Vater der Esther, A. 1096 in Trier (Ben Chananja 7, 92). 4. Der Bruder Elieser's b. Natan (ראב"ן 73 und 81; vgl. Rokeach 319). 5. Der Vater des A. 1153 in Benevent gestorbenen Jacob. 6. in Troyes um das Jahr 1150 (Hajaschar 695). 7. in Auxerre um das Jahr 1160 (Luria Rga. N. 29). 8. bis 10. H. in Neapel, Korinth und Rahaba (Benjamin de Tudela). 11. H. b. Eljakim in Würzburg um das Jahr 1170 (ס' זכירה S. 4). 12. H. b. Ruben in Boppard 1196 — 1220 (daselbst S. 13. oben S. 332. Meir Rothenb. f. 112. Chajim א"ז Rga. 39). 13. H. b. Jacob (מהרי"ח) in Magdeburg, um 1250 (Or sarua Th. 1 N. 114 und hieraus in Meir Rothenburg Rga. ed. 3 N. 109; derselbe vermuthlich, der Meir Rothenb. ed. Prag N. 58, ed. Cremona N. 20, Sal. Aderet Rga. Th. 1 N. 832 und 833 vorkommt). 14. H. b. Jacob, im J. 1283 in Bacharach getödtet. 15. H. in Troyes um 1260 (cod. Harl. add. 11639). 16. H. b. Jischai, Nasi in Damaskus (כ"ח 3, 170). 17. Der Selicha-Verfasser. 18. Der Verfasser des Chaskuni. 19. Der Vater des Dichters Salomo. 20. Der in Tosafot Batra 44b angeführte. 21. Hiskia בשב"ח in Worms um das Jahr 1299 (Jehuda b. Ascher Rga. 46a, 47a, 49a. Ist sammt seinen Kollegen im dortigen Register f. 60 übergangen). 22. H. b. Jedidja im Orient (מכתב חרם in quinque commentar. S. 110). 23. und 24. zwei in Ascher's Rga. (8, 11 und 12. 43, 9) vorkommende. 25. Der Vater des Schreibers Jehuda Paltiel (cod. Kenn. 623). 26. H. hacohen (zur Geschichte S. 119). 27. H. b. Chalafta A. 1320. (cod. Mich. 80). 28. Der Dichter oben S. 305. 29. H. b. Abraham (zur Geschichte S. 165). 30. H. Weissenfels (Jac. Weil דינין §. 50). 31. H. b. Chajim (cod. a. F. 110). 32. H. b. David, Schreiber aus Salins, A. 1429 (cod. Uffenb. 69). 33. Hiskia Montroi, Setzer im Jahre 1477. 34. und 35. H. b. Meir und H. b. Israel, getödtet A. 1510 (syn. Poesie S. 54). 36. Hiskia מלאבי, der in אות אמת 37b erwähnt wird; vgl. אמילבי A. 1391 in cod. Rossi 623.

Der cod. München 305 N. 3 soll mystische Auslegungen Hiskia's enthalten. Abravanel's Anführung (ישועות משיחו 15c) des מכתב התחיה von Hiskia ist ein wohl durch die Vorrede jener Abhandlung veranlasster Irrthum. Nicht existirt haben Isaac b. Hiskia (Conforte 20b, vgl. catal. Bodl. p. 2768) und der von Jachia (58b), Conforte (24b) und Heilprin (58b) aufgeführte Hiskia aus Würzburg.

---

30. [S. 310].

Simcha's סדר עולם führen an: Rokeach 379, Or sarua Th. 1 §. 745 S. 212, Maimoniot מילה c. 1 (wo עולם aus עיטור zu verbessern), מזוזה c. 5, תפלין c. 1 f. 86a, c. 2 und 3, תפלה c. 3, c. 12 § 70, אישות c. 9 und 10, c. 14 und 18, Zidkia מעשה הגאונים § 158,

Schaare Dura 82; hieraus Jona א"ח 45, 7; Ascher Rga. 84, 3. חדושי אגודה f. 79 c. Menachem bei Chajim א"ח Rga. N. 127 f. 41 c oben; Elieser in הגהות מרדכי Moëd katan, אסור והתר in der Sammlung 5 Commentarii ed. Coronel f. 33 b. Vor den Worten אשר סידר סדר עולם im Anhang zu Juchasin f. 164 fehlt wahrscheinlich der Name R. Simcha's. Oft wird nur בספרו vermerkt, so Maimoniot מילה 3, חלה f. 145 c, wo dorther §. 79 zitirt ist, אישה 6 und 14, Rga. Jehuda b. Ascher 49 a—50 a. Für die Schreibregeln wird in ספר ר' שמחה auf ברוך שאמר und in Or sarua auf seine Erläuterungen verwiesen, welches wie aus Maimoniot erhellt dasselbe Werk ist. Der פסקים gedenken Jakar und Meir Rothenburg (Rga. ed. Cremona N. 154, Mordechai נדה 1061, bei Ascher Rga. 30, 5) und öfter Recanate.

31. [S. 320].

Elieser Darschan war der Vater von Mose, der um 1280 lebte (gottesd. Vortr. S. 416). Dass Elasar Darschan den Abulafia (Jellinek בה"מ Th. 3, S. XLIII), oder Elieser Darschan den Hirz Treves (zu ברכו) nennt, der unserige ist, ist wahrscheinlich. Jedoch ist Elasar Darschan, der Zeitgenosse des Ascher b. Jacob halevi (Opp. 1483 F.) der um 1250 schrieb, von Elasar aus Worms verschieden und vermuthlich derselbe wie Elieser, des Mose Vater. Dem Kataloge zufolge enthält cod. München 221 N. 7 ein ס' גמטריאות von Elieser b. Mose hadarschan.

32. [S. 333].

Mose b. Isaac hiessen: 1) ein vermuthlich in Mainz ansässiger aus dem eilften Jahrhundert (Meir Rothenb. Rga. 880); 2) der Vater von Isaac aus Wien; 3) ein in London beerdigter (zur Gesch. S. 418); 4) der Verfasser des ס' השהם; vielleicht auch 5) R. Mose בה"רי (zur Gesch. S. 94). Irrigerweise gibt das Verzeichniss der Wiener Handschriften (S. 58), obschon „zur Geschichte" (S. 37) ausschreibend, denselben Namen dem Verfasser des Semag. Der im Raschi-Commentar zu Bereschit rabba c. 65 als des Verfassers Verwandter genannte ר"ם b. Isaac ist, da die dortige Erklärung in Raschi Genes. 27, 4 steht, wohl Raschi selber und mithin ר"ם in ר"ש zu verbessern.

33. [S. 335].

Isaac b. Abraham hiessen: 1) ein im J. 1096 in Worms Umgekommener, 2) der Vater Ephraim's aus Regensburg, 3) ein Zeitgenosse von R. Tam (תמים דעים 87), 4) der ריצב"א, 5) der Sohn des ראב"ד, 6) Isaac Lattef, 7) im 13. Jahrhundert ein Rabbi in Deutschland (Meir Rothenburg Rga. 112 c), 8) der Commentator des Alfasi in Narbonne, 9) der Dichter genannt הערני (um 1280), 10—13) vier Abschreiber aus den Jahren 1302 (zur Gesch. S. 209), 1343 (cod. Dresden 399), 1459 (cod. Uffenbach 106), 1430 (cod. München

242), 14) der Schreiber des cod. Rossi 494, 15) ein A. 1343 Nisan in Breslau Gestorbener, 16) der Uebersetzer im J. 1403 (cod. Wien 40), 17) der Verfasser eines Gedichtes in Mischna ed. Neapel 1492 (de Rossi Annal. p. 92).

Dem **Ritus Troyes** zufolge **ist Isaac b. Abraham auch** Verfasser des **oben S. 555** aufgeführten Ofan ה' רמה ידך ומחוות in 4 zehnzeiligen Strofen, deren Schlusszeile überall קקק ה' צבאות ist, und in welcher das erste Wort der vorletzten Zeile mit dem letzten der vorhergehenden reimt. Gezeichnet ist indessen nur יצחק.

---

34. [S. 359].

In den Ausgaben der Rga. **Meir Rothenburg's sind ihm angehörig:**

1) ed. Prag N. 17—43, 45—52, 54, 57—91, 93—112, 114—151, 210—212, 224—239, 242, 243, 244, 246—248, 252—263, 265—282, 284—86, 288, 291—293, 295, 298, 300—302, 312—315, 317, 321—328, 330—338, 342—345, 347—355, 359—361, 363—369, 371, 372, 374—77, 379—382, 385, 386, 413—417, 420—451, 453—454, 457, 459, 460, 468—470, 485—500, 503—508, 510—532, 534, 536—41, 543—45, 547—49, 551—559, 561—575, 581—588, 590, 592—599, 602—610, 612—617, 619—633, 635—39, 642—645, 647—49, 651—58, 661—663, 680, 692—726, 728—730, 732, 740, 741, 744—49, 754, 783—785, 799, 809—812, 816, 819—822, 824, 849, 859 zur Hälfte, 862 **zur Hälfte, 863,** 864, 868, 914—919, 934 **zum Theil,** 936—939, **942—964, 966—1017, zusammen** 785 **Nummern.**

2) **ed. Cremona** N. **1—70, 76,** 81—88, **93—141,** 156—162, **164—172, 177—315, zusammen 283 Nummern.**

3) In der ed. Lemberg, die 371 **Nummern** enthält, deren 219. Von diesen findet man über 30 in Taschbez, nämlich N. 41 (Taschbez 43), 139 (61), 140 (60), 142 (181), 147 (62), 180 (487), 181 (502), 182 (457, 458), 183 (180), 184 (179), 185 (481), 186 (48), 187 (386), 188 (385), 189 (384), 190 (95), 191 (477), 192 (340), 193 (354), 194 (363), 195 (178), 196 (365), 198 (vgl. 500), 230 (vgl. 266), 430 (3), 431 (68), 432 (18), 433 (56), 434 (52), 435 (16), 436 (31); einige in Col bo, z. B. N. 180 und 193 (Col bo 84 und 101). Unter den fremden Nummern stammen die ersten 60 aus אביאסף und אור זרוע, 7 (N. 130 bis 135 und 300) aus Menachem Merseburg, s. נימוקים 81 ab und 85c. Zu N. 133 sagt der Herausgeber ל"י כונתו; er meint das Wort לוט, das auch in Jacob Weil **Rga.** N. 133 **und zur** Geschichte S. 562 **sich** findet. 5 Rga. (N. 109—113) sind **aus Or sarua (Th.** 1 N. **113—115),** N. 4 und die fehlende N. 301 stehen in Tasch**bez** (§ 398 und 49), N. 491 ist im Zürcher Semak (Ritus S. 216 Zeile 8), N. 317 bei Chajim א"ז Rga. N. 9. In der dieser Ausgabe **zu** Grunde liegenden Handschrift

fehlen 136 Nummern, die nur theilweise durch das Verzeichniss gekannt sind. Dahingegen ist cod. Rossi 651 vollständig, die Anzahl der Nummern beträgt dort 557, oft in anderer Reihenfolge. Die N. 3 behandelt עקל ספרים (wovon bei Tam Jachia Rga. N. 206 die Rede ist).

35. [S. 393].

Im onomasticon (S. 53—55) sind 58 Selicha's unter Binjamin aufgeführt. Davon müssen 53 Nummern ausfallen: a) N. 72, die nicht von Binjamin ist; b) N. 73, die bereits unter N. 14 vorkommt; c) N. 41 des ältern Binj. b. Abraham; d) 24 Nummern (N. 11, 12, 20, 28, 42, 47, 49, 50 bis 54, 57, 59, 61, 62, 65, 66, 67, 70, 74, 75, 79, 80), die Binj. b. Abr. harofe gehören; e) 23 Nummern, die ich Binj. b. Serach zuerkenne; f) N. 76 als des ältern Binjamin; g) N. 29 und 63 von Binj. b. פשרו.

36. [S. 457].

Peitanische Formen bei Mose hasofer:
חבוטים, חלוטים, אחורים, ריטוש, יגל, רבב, לחק, עלו, עלסים, שעח, הגפיחו, ימעני und ימני, כשרו, בש und שף, שע, פירעים, נריון Glanz, הנציב, יגל (st. גלה), ממצציה (vgl. oben S. 272 N. 4) im Reschut N. 4, מנבע (von מנבעת) in N. 26, מתנף (Ritus S. 240), נארדים (st. נארים), התרכרב in N. 20, ניעם (d. i. ובעבורם), נם und נמתו, ישנה עודה (syn. Poesie S. 458), צרצוה, צלצלו, תוני, תמור, חמוי (das. S. 396), das כ vor dem verbum finitum, כוה ובבא (das. S. 459).

37. [S. 458].

Nachum:
1) Samuel b. N. älter als Joseph b. Natan (Psalmen-Commentar in H. h. 57 zu Ps. 75, 8). 2) N. der Uebersetzer aus dem Arabischen. 3) Mose b. N. (oben S. 530). 4) N. b. Jacob, oft in מנחת הלוי. 5) Der Schreiber N. in Arta A. 1521, genannt in den Rga. von Binjamin Seeb, Samuel Kalai, Samuel de Medina. 6) N. hacohen (Rga. אבקת ריכל N. 70). 7) N. der Schreiber (הלבלר), s. Wolf Th. 3 p. 825, 1223. 8) N. Cohen im J. 1669 (Asulai S. 177, catal. Bodl. p. 3011). 9) Nachim in Passau (Wiener Regesten S. 119). Aus dem vorigen und dem gegenwärtigen Jahrhundert werden mehrere Rabbiner Namens Nachum in Waldens שה״ג הח״ש Th. 1 f. 59 aufgeführt. Ueber den irrthümlich Nachum genannten s. oben S. 140 Anmerk. 3; von einer Chiffer נחום s. oben S. 451.

Beilage I.

Altes Verzeichniss von 22 Selicha-Verfassern.

לפי כי כמה פעמים בחרתי לדעת שם המחברים מהסליחות והפזמונים יגעתי ומצאתי בספר אחד אשר הם לבני החכם ר׳ מרדכי טרייווש וצ״ל כתוב בו בסיבת המלחמות אשר היו בין הישמעאלים בשנת ד׳ אלפים ות״ק וקרוב להם מאה שנה אחרי בא נביא השקר מחמד וברחו רוב היהודים מארץ פרס ובאו לרוסיאה ואשכנז וסבבוניא אצל היהודים שהיו שם קודם לכן ובפרט בעיר הַיילא אשר נקבר שם מור זוטרא שם ישבו ישיבות גדולות ושם היה לראש רבינו בנימן בר זרח ז״ל הוא חבר אלו הסליחות יש מהם בפזמונים: הורית דרך תשובה, אומץ גבורותיך, אבשרה בקהל רב ואחרות שאינן נזכרות בהעתק.

ואחריו ר׳ שלמה הבבלי והוא חבר לך ה׳ הצדקה ועתה אתה ה׳ אם עונינו ואחרות.

ואחריו ר׳ דוד ממונצבירג החסיד הגדול חבר אלהים אל דמי לך ואחרות.

ואחריו ר׳ אפרים ז״ל מבונא חבר אם אפס רובע הקן, אבותינו כי בטחו, אתה הוא אל ואחרות הרבה.

ואחריו ר׳ מנחם בר מכיר שחבר אדם בקום עלינו אחד הנכתב וכן הרבה לא הוזכרו.

ואחריו ר׳ שבתאי בר יוסף חבר שפתי שוחרי אל שחקים נטה שולחה ממעונה.

ובימים ההם רבו המלחמות בין הישמעאלים והנוצרים ואז היו קדושות וגזירות בארץ אשכנז הוצרכו לברח הפלטים לארץ צרפת כי לא נשאר שריד בשנת תק״ע לאלף החמישי בכל ארץ אשכנז עד שבא ר׳ קלונימוס מרומא עם הקיסר מלך צרפת קארלו מאיינו החזיר הישיבות עם תנאים וחקים ונתיישבו שנית, והוא ר׳ קלונימוס ז״ל חבר מפעל חסריך שלמת ואחרות הרבה.

ואחריו ר׳ אברהם בר מנחם שחבר אבן הראשה ואחרות.

ואחריו ר' יהוצדק הכהן שחבר יום באו ערלים והוא היה בימי החכם הגדול הרמ״בם ו״צל.

ואחריו ר' משלם שחבר אודה עלי פשעי ובמתי מעט חליש פניך ואחרות.

ואחריו ר' אחימעץ חבר אחרי תמם אביר יעקב אלי ואחרות.

ואחריו ר' הלל בן החסיד ר' שמואל חבר אתה הוא ה' והגלי נפש.

ואחריו ר' אלעזר הכהן שחבר אמנה אנכי ידעתי ואחרות.

ואחריו הכהן ר' אביגדור שחבר אל מי נקרא ואחרות.

ואחריו ר' שמעון הגדול שחבר אתה ה' עשה פלא ואותך אדרוש ופיוטים רבים והוא נפטר שלשה ימים קודם גזרת ת״תנו ונתבטלו הישיבות בארץ אשכנז ימים רבים ונתחזקו עוד בארץ צרפת ונשארה שארית גדולה בגרמייזא ר' אלעזר מגרמייזא שחבר ספר הרוקח וגם שם היה ר' מאיר שליח צבור וחכם והוא חבר אל הר המור ואת הכרית.

ואחריו ר' יהושע שחבר אשפך שיחי.

ואחריו ר' מרדכי שחבר אהובה כת מלך.

ואחריו הר״ר מנחם שחבר און שיחי.

ואחריו רבינו יוסף טוב עלם שחבר הכבוד שור וגם הסליחה ידע היום כי אתה עליון.

ואחריו ר' שלמה הקטן שחבר הרש או קשתו שנה נאסר.

ואחריו רבנו גרשום שחבר גרוני ניחר וגדול עונו ועשה תקנות גדולות ונכבדות בישראל.

ואחריו בעל המרדכי הארוך שחבר מענת ברוב שירים מבית צבי מענה אלהי קדם ואחרות הרבה. ואז הגיעה השורה גזירה ק״ט לאלף חששי הזבירת נתן הרופא שהשלי על היהודים שזרק סם המות בבארות להמית הערלים ועשו קדושה בש ואשבורק ורמשא ואשפירא שלא יכלו לברוח ואז יצא עמוד מעל קבר החסיד ר' אליעזר מגרמייזא ובטל הגזרה.

סביב לשנת ת״קן לאלף החמישי שאמרו שברחו היהודים מאשכנז ובאו לצרפת ואנגלטירא קמו ישיבות גדולות ונתחדשו המתעסקים בחכמת התלמוד הבבלי ולא בשום חכמה אחרת כי הפרנסים ועשירי העם מספיקים הון להם איש כמתנת די סופקם. עלה לראש הישיבה שבפאריש הרב הגדול רבינו יעקב בר יקר ואחריו ר' יצחק הלוי ואחריו ר' יצחק בר יהודה. ואחריהם קם עמוד העולם יסוד תורתנו מה״רר שלמה בר יצחק המכונה ר״שי איש שלם מאד וגלה ו' שנים באשכנז וריפת ותוגרמה ופרס בהתגברות לראות אם פירושיו מסכימים לדעת הישיבות האחרות ולא נמצא חכם במותו באר וחבר פירוש על כל המקרא ובמעט על כל התלמוד ונפטר בע״ה בשנת ד' אלפים ותת״סה לאלף החמישי השם ברחמיו יעמידהו לגורלו לקץ הימין עם כל הצדיקים ואבות העולם בכתוב יהיו מתוך גבולך יקומו ובן יהי רצון אמן (franz. Machsor ms. f. 307 a).

Der Verfasser dieser Notiz spricht von den Verfolgungen A. 1349, erwähnt den Arzt Guido [de Chauliac in Avignon um 1360] und kennt den „ausführlichen“ Mordechai, wusste mithin von einem kleinen oder kurzen Mordechai; er lebte vermuthlich nach A. 1400. Der Ausdruck ואחריו vor jedem Namen kann nicht die Nachfolge in der Zeit bedeuten, sondern die Reihenfolge, in welcher die Selicha's ihm vorlagen, offenbar eine Sammlung die mehrere uns unbekannte Stücke enthielt. Man siehet aber, dass er Mordechai b. Schabtai mit Mordechai b. Hillel, Ephraim b. Isaac mit Ephraim aus Bonn, Salomo Babli mit Gabirol verwechselt und Jacob b. Jakar nach Paris versetzt. Die ersten 6 Männer, Binjamin bis Schabtai, macht Joseph hacohen zu Oberhäuptern deutscher Akademien; er fügt nur noch Amitai hinzu vielleicht nach einer vollständigern Abschrift. Statt הוילא nennt er die Stadt, wo Mar Sutra begraben ist, האל und סםבונניא (Sclavonia oder Sassonia) wird bei ihm שויציאה (Schweiz). Weder er noch unser Schreiber hatten ältere historische Quellen.

Beilage II.

Nachweis über den Gebrauch gewisser Wörter und Ausdrücke bei den synagogalen Dichtern.

Die Tabellen der Masora und des Concordanzes, ursprünglich für genauen Text und Wortverständniss angelegt, haben der Text- und der historischen Kritik grosse Dienste geleistet. Aehnliche Arbeiten für den jüngeren Hebraismus würden nicht minder der geschichtlichen Kenntniss zu Gute kommen. Anlehnend an einige in der synagogalen Poesie (Abth. 1 S. 423 bis 458, Abth. 2 S. 241 u. f.) gegebene Verzeichnisse, folgen hier über mehrere Ausdrücke und Redewendungen der meist auf Midrasch fussenden Verfasser nähere Nachweisungen.

1. יאיר עינינו במאור תורתו.

Aus den Psalmstellen (19, 9. 119, 105 und 135), welche die göttlichen Lehren ein Licht nennen, deren Widerhall im

Midrasch z. B. Sifre (Abschn. נשא: יאר זה מאור תורה), Midrasch Ps. 119, Midr. Prov. 15 (דברי תורה מאירין עיניו) und Talmud (שהאיר עיניו במשנתו j. Mezia 2, 11, j. Moed katan 3, 7, Tr. Calla c. 2 Ende, האיר עיניו במשנה Mezia 33a) erklingt, entstanden der Segen יאירו במאור תורה (Berachot 17a), ferner im Tischgebet der Passus הרחמן הוא יאיר עינינו במאור תורתו und im Frühgebet והאר עינינו בתורתך. Das הרחמן des Tischgebetes findet sich bei Amram und Saadia, in Handschriften der Gebete aus dem 13. Jahrhundert (cod. Sorb. 102), in dem poetischen הרחמן (oben S. 88) und war noch um das J. 1390 in Norzi gebräuchlich (cod. Saraval 60). Dieselbe Phrase wird von Raschi (Meir Rothenb. Rga. 456, Maimoniot Rga. אישה N. 29) und Jüngeren (Bechai ed. Ven. 12d, Parchi פרק 11 f. 46b), besonders am Schlusse von Rechtsbescheiden angebracht, z. B. von Elieser b. Natan (ראב״ן § 25), Meir Rothenb. (Rga. 96, Maimoniot תשובה c. 8, Rga. משפטים N. 5, שופטים N. 16), Isaac hacohen (Rga. Isaac Latas S. 53), Joseph Taitazak (אהלי תם Ende); am häufigsten ohne במאור, bloss צורנו יאיר עינינו בתורתו. Vgl. Raschi (Hapardes 23d ob., 33c oben, 34a, bei א״ז 1, נשין § 706, dieselbe Stelle in Elia Misrachi Rga. 121c), Joseph Kara (Dukes קובץ S. 13), Elia b. Jehuda (ראב״ן 153c), Jacob halevi (Rga. Sal. Aderet Th. 2 N. 30), Ungenannte (א״ז. יבום § 605), der Schreiber Salomo b. Samuel A. 1233 (ובתורתו יאיר עינינו) in cod. München 5, Chajim b. Isaac א״ז (Rga. 15, 85, 93, 129), Abraham Seba (Commentar Kobelet ms. Ende). Diess ist mithin die Quelle zu תעינינו ראר in Salomo's Selicha אין מי יקרא und zu ולמאור תורתך in der Selicha אל נא רפא.

---

2. אמתי.

Seit dem zehnten Jahrhundert, vielleicht bereits in Saadia's Zeit, werden Bildungen aus אמת üblich, die hauptsächlich der Sprache der arabischen Schulen entlehnt scheinen. Dahin gehören:

A. אמִתַּת, constr. von אמת, schreiben Chasdai b. Isaac, der Chasarenbrief, Menachem b. Seruk (S. 6, 12, 82 und sonst),

Scherira (S. 23), Nissim (מפתח 2b), Isaac Giat יה אשר לך, Meir b. Isaac (Sulat N. 11), Raschi (Gen. 32, 11, Deut. 4, 9, Cant. 6, 9, Gittin 89b), Samuel b. Meir (Deut. 1), Tobia (30a, 46d), Elieser b. Natan (§ 119), Bechor Schor (Exod. 18, 21), Ephraim (Sulat אמתת).

B. אֲמָתוֹת, den Plural von אמת, hat Joseph Abitur (Hoschana אלהים אזון: הורשת אֲמָתוֹת חֻקָּה).

C. אֲמִתִּי und אמתית adj. haben Dunasch (S. 9), der Chasarenbrief, Simeon b. Isaac (Dekalog), Meir b. Isaac (Sulat N 12 und 13), Raschi (Ps. 43, 3. 54, 7. Exod. 6, 3 und so bei Nachmanides z. St.), Menachem b. Machir (Sulat מלאכי), Abraham b. Chija (הגיון S. 19), Joseph b. Jacob (oben S. 172 Anmerk. 3), Mose b. Binjamin (N. 22). Die Mehrheit אמתים oder אמתיים: Mose hadarschan (bei pugio p. 513), altes Rga. (cod. 82 Aschkenasi), Samuel b. Meir (Kohelet 1, 10), Hadasi c. 356, Elieser b. Natan (f. 125a), das Buch der Frommen (47 und 1058).

אמתות findet sich irrthümlich in אילת השחר f. 142a, ferner bei Raschi Brief N. 5 und Josippon S. 91, in beiden Stellen wohl als jüngere Leseart. Das absolut wahre, das im Wissen orthodoxe wurde seit dem letzten Drittel des zwölften Säculums mit אמתי und אמתות bezeichnet, die אמתיות wurden die Summe der richtigen Philosophie, die unzähligen Dingen mit dem Beiwort אמתי den Stempel des unbestreitbaren und ausschliesslichen aufdrückte.

---

3. יחוד.

Der Begriff יחוד für göttliche Einheit und das Bekenntniss derselben ist jünger als die talmudische Zeit und aus dem יחד oder יחד שם des Midrasch (Schemot rabba c. 29) und der Stammgebete (וליחדך in אהבה רבה, יחד שמך Abendgebet, המיחדים שמך Ende והוא רחום, ומיחדים שמו Kedoscha כתר) hervorgegangen. Die ältesten Stellen dürften Targ. Cant. 8, 9, Tr. Soferim 14, 11 (יחודין), Tanchuma לך לך Anf. sein. Dann kommen Saadia, Mokamaz, Salmon (Pinsker S. 130), Josippon

(S. 606). Tadsche bei Or sarua Th. 1 f. 10b. יחוד השם haben Elieser-Baraita c. 48 und Targ. Klagel 3, 28.

Hier einige Belegstellen aus der synagogalen Poesie:

A. יחוד.

im Schacharit: אין מספר, האדרה [dafür יקר in Hechalot].

im Musaf: אור נגה, אמרו לאל אמה, אהלה מתוחים.

Hoschana למען אמתך [dafür ישעך im sizil. Ritus], Sulat Sachor.

Jozer אור ישע, אום כאישון; Rehitim von Kalonymos.

Abitur Hoschana N. 8 und 10 und Silluk Mincha.

Meschullam b. Kalonymos (Pesachjozer, Sühnfest N. 5 und 23).

Simeon b. Isaac (Jozer איחד und ארגביך, אילי הצדק).

Einheitsgesang u. A. m.

B. יחוד השם: Klage מי יתן ראשי; הניח הנפש 8a.

יחוד שמו Elieser b. Natan תחנו S. 10. Mose b. Kalon. אצולים, Binjamin b. Samuel Pesachjozer.

יחוד שמך in אנא הבט und Sel. את הקול; Jechiel אתה גלית.

יחוד אלהותך Klage אמה ישבה und Binjamin b. Samuel N. 4.

אמתת יחודו hat Maimonides in ס׳ היחוד S. 7; bei den theologischen und philosophischen Autoren wird היחוד האמתי (Jezira-Commentar bei Dukes שירי שלמה S. IV, V, Joseph Zaddik oft; Bechai ואתחנן 212b oben, ס׳ התמונה bei Reubeni 109d, Schemtob Palquera המבקש 47b), namentlich seit dem 13. Jahrhundert, ein stehender Terminus auch als Titel für Schriften, die von der Einheit handeln, z. B. cod. Florent. bei Biscioni p. 74, 78.

---

4. יִתֵּר

Die Konjugation יִתֵּר (Piel) fehlt bei Buxtorf. יתר praeter. in Sifre (בהעלותך) und Mechilta (יתרו), מְיַתְּרוּ partic. Erubin f. 25, מְיַתְּרִין Wajikra rabba c. 22 Anf. (bei Aruch סב) und f. 189d, Midr. Kohelet c. 5 f. 96 c. ייתור subst. hat Raschi Erubin 25b.

מיותרות Kalir Silluk Para, Silluk אלה החקים dreimal, Maarib Thorafest אצנו; מיותרת Abitur Hoschana אומה; מיותרים

Meir Sulat אין וולתך, Amitai Jozer אשיחה; המיוחדים Abitur im Rahit המאדירים המאמירים.

---

5. חטיבה

Das biblische האמירך (Deuter. 26, 18), in Mechilta (בשלח) und Wajikra rabba (c. 45) durch אימרא (Purpur, Zierde), in Tosefta (Sota c. 7), Talmud (Berachot 6 und Chagiga 3 a), Tanchuma (84 d) und —, nach H. h. 17 — in Pesikta R. Cohana durch חטיבה אחת erklärt, hat die bestimmte Bedeutung einer ausschliessenden Einheit, wenn auch sprachlich, gleich dem חטיבה, verschiedene Erläuterungen erhalten. „Wir vertauschen ihn nicht mit einem andern Gott" sagen Gittin 57 b und Midrasch Thren. 67 d, daher erläutern die pentat. Tosafot das Wort mit המיר vertauschen. Das paläst. Targum übersetzt אמלך huldigen; R. Jona, Tobia, Abenesra, Maimonides (More 2, 43), Chaskuni, der Commentar des Jozer אנעים חדושי שירים erklären es mit אמיר (Zweig) oder Emir und geben ihm die Bedeutung erheben. Raschi übersetzt einmal (zu Gittin) aussondern, ein anderes Mal (zu Chagiga) preisen auf יתאמרו (Ps. 94, 4) hinweisend. In der Bedeutung auszeichnen nimmt auch Isaac Giat (אעירה שחר) das Wort. Dahingegen übersetzen Jehuda halevi (bei Abenesra zur Stelle und in Meora אמרות), Abraham b. Chija (הגיון S. 7), Samuel b. Meir und Jehuda Abbas in der Akeda: „zu äussern oder zu reden veranlassen".

Ebenso hat חטיבה die verschiedensten Uebersetzungen erfahren: Bildniss (Aruch und Menachem b. Salomo), Kostbarkeit (Zarza zur Stelle), Putzkleidung (Schemot rabba c. 45), seltenes Lob (Raschi zu Chagiga). Beide Wörter blieben aber für alle Zeiten in der religiösen Poesie vereinigt, und die Bedeutungen von auszeichnen, als Einzigen anerkennen und verkünden, durchdringen einander endlich in (Gott) „lieben" übergehend.

Synonym mit האמיר (Jechiel אתה גלית) und מאמיר יחוד שמך יחודך (Jozer אמרת רנן) wird חוטבי שמך (Maarib-Zuthat אנא באורוע); nicht selten sind beide Wörter zu diesem Behufe verbunden, als: חטבוך והאמירוך (Sel. אל דמי לך), להחטיב ולהאמר (Sel. אריות מחטבת und יצדק איך אנוש), האמירוהו לחטוב (Sel. הודו אדיר),

ומאמרה (Simeon Jozer ארובך Ende), חשובה האמירוך (Jakar Sulat אומרה); sogar חשובה אמורה (Hymnus אילי שחק), daher durchgängig für das tägliche Schemah-Lesen, vgl. Binjamin **b.** Samuel מאמירים שמו **ערב** ובקר (ארחבי Neuj.). Asharot Isaac **b.** Ruben: הורה לייחד את שם הגדול ביחוד שמע פעמים בכל יום תורתנו האמירו את שם הגדול בשעת שכיבה ובשעת קימה ....

אחת חשובה Binjamin (Sulat אומרה), Amitai (Ofan לבעל), Ephraim (את קולך, אל אמונה). חשובה Meir אקדמות, Maarib Pesach ליש אור ישראל, Ahaba סגלתי משכחיך, Menachem Klage חשבת אללי כי, Sel. ברית כרותה, אליך ה׳ אקרא, אל אמונה. Hymnus אילי שחק, Rahit בכל און, Gerschom אליך נקרא was Eisenmenger (1, 142) nicht verstanden; Elasar בארח חשובה שמע (תאות). Aber in Aboda כוננתה muss (שנה) חשיפה gelesen werden wie ראיבן 42c, cf. Joma 19b ולא הוא שנה חושפתו, Berachot 4b לא נחטף והטפתו שנה, in Babli's Aboda, תרדמה חשפתו in Jozer אשיתה. חשבוה Klage אלו פלנים. חשביות Raschi אופן.

מחשוב Abitur Aboda; מי כמוך אל Hochzeit-Sabbat roman.; Joseph Sel. אודה עלי פשעי.

חשב haben Kalir (בחשובי בימים 9. Ab:), Jechiel (Esther-Keroba: חשבך אעיד), Isaac b. Ruben (Asharot Str. 3: בחשוב לחשוב), Daniel b. Jechiel (Jozer אהלל: יחוד חושבך), Mose b. Binjamin (N. 15, 16, 20: בחושבה), Meschullam b. Abraham (מחשוב העיניך: כן נורו), Mose Chasan (Sel. עמך: חשובך), Kalonymos (Sel. אורח: בחשוביו).

Häufig: לחשוב [1] (Saadia Asharot S. 43, Salomo Babli Sul. ארובך, Schabtai Sul. איומה; Jozer את השם הנכבד), besonders in Selicha's, z. B. אליך, אומה, איילים, אודך ה׳ כי, אבותי כרבה, ה׳ נפשי, ידיו גלילי, השובה חשובה, לך ה׳ הצדקה (מלחשוב), bisweilen in anderen Tempusformen, wie חשבוך und חושבי (s. oben [2]), oder im Futurum (אחשוב im Jozer אקרא יומם, אחשבהו, חשוב und נחשב חשוב in Sel. מלך אקרא). Israel, das geliebte oder bevorzugte, ist חשובה (Abitur Hosch. אלי אל נערץ und הצדק, Tobelem Wochenf. אלומנך), חשוביך (Is. Giat יוספת אלהים), מחשבת (Hosch. אמץ אום, Tobelem מראשית או Buchstabe Jod, Jacob **Ofan** ידידון, Menachem Sel. אל אלהים אצעקה), auch

---

[1] לחשוב in **Sel.** איבי ועיוני ist das hebr. חשב. — [2] Kalir Dekalog: חושבים.

מחוטב (Jozer את יום פרוחכם) und מְחֻטבים (Sel. אמרר כבבי). פניעה חטבה hat Mordechai מה רב. In Piel- und Hifil-Form kommen noch vor: נְחַטבנו (Sulat אין כמוך באלמים), מחַטבת (s. oben), יחודך להחטיב (Kalon. או כהעברה), בהחטיבך (Sel. אדברה תחנונים), מחטיבים (Sel. באים דפוק), שכח ולא החטיב d. h. Schemah zu lesen vergessen (Elieser b. Natan rituales Gedicht אלי עורי אקרא), da in dem Schemah das Bekenntniss der Einheit geleistet wird, s. oben und Midr. Deuteron. 291 d, Rahit בכל און u. A.

---

6. טאטא

טָאט Isaac b. Joseph Pesach-Keroba, Hoschana למען אורח, Mose Zionide מעוז. טָאטוֹ in אהללך ארון. טָאטוֹ Klage אקונן. בכל שנה. טָאטורו Mose אני הכרם. טאטאוני 17. Tammus roman.

טָאטאה Kalir Pesach אומץ, Klage אתה אמרת. Jozer אתה הארת. Tobelem אמנם פסו.

טָאטות. Purim-Keroba אמתך. 17. Tammus röm. Jechiel Esther-Keroba.

לטאטאני Kalir Klage שבת סורו. כטאטאך Hosch. אנא און. Rahit מלכותם. לטאטאו Kalir תמימים.

טאטא (imp.) ה׳ מלך אבדו Musaf ms. טָאט (imp.) Gabirol אמרה גולה, Joseph b. Meir אכף לפניך, Joseph אודה עלי, Sulat אלהים העבר.

תטאטאני in אם תעינו Musaf. טָאטאו Jozer אתה הארת.

טָיאוט Binjamin b. Asriel ויושע, Raschi Jerem. 46, 28.

---

7. טפסר Engel.

טפסרים גדודי (מס׳ היכלות c. 5), טפסרי נורא (das. c. 6).

טפסר מיכאל David b. Huna im Ofan.

טפסרם וסנדלפון Ofan אראלים וחשמלים.

והטפסר Mose Ofan לאל נערץ.

כטפסר Menachem Keroba Neujahr.

טפסר מעון Keduscha אראלים (Ritus S. 108 N. 39).

טפסרים röm. אחד אל אמונה אחד und או כל בריות, או למרומים Coch., אמיץ בכח Neuj. franz., Jochanan Wochenf., Kalir Silluk 8. Azeret. Silluk Hüttenf. אין קדוש, Binjamin Jozer אבאר.

טפסריו Gesang אדיר במלוכה.

טפסריטו Sel. השמים אשש.

טפסרי wird zusammengesetzt mit אראלים (Tobia אהיה), איש ומים (oben S. 608), טהר (אשר אומץ und כי ארוקי Sühnfest), טפוחים (אדירי אומה, Ofan ארחות und לך אלים), יראה (Jozer אומץ), להב (Binj. b. Samuel ארני הטבה), מעלה (Abitur Neila), מרום (Abenesra ארחות אלמר Maamad N. 10), מרומי (Gabirol למען שבעה שחקים), מרומים (Kalir אמצי שחקים und Hosch. אמרו לאלהים אמה), מרבעי פנים (Kalir אין ערוך), פנים (אמרו לאלהים אמה), ערבות (röm. אשר יראתך, Binjamin אמלך), קלל (אלי מרום Sühnf.), רומה (Abitur Neila), שמים (Binjamin Sel. אתה אל נורא).

8. טבע, טבוע, טבע.

A. Geldstück, Münze, Gepräge; טבע, aram. טיבעא (Aboda 52 b), מטבע gleichbedeutend mit מוניטה (moneta), daher יצא מוניטין שלו (Bereschit rabba c. 39) s. v. a. יצא טבעו (Aboda 2 b, Tanchuma 5 a) und מוניטה דמלך קיים (j. Sanhedrin 4, 3) erklärt durch מטבעו קיים ולא יצא מטבעך לעולם (Midrasch Samuel c. 23). Den Ausdruck לדוציא טבעו, יצא טבעו haben Simeon (שעשע und Sel. אליך קיוה), Isaac Giat (Musaf נוראות), Meir b. Isaac (Jozer N. 2), der Gesang ארוסה עולמים (Avign.).

B. Nach טבע feststellen (Mezia 55 b) bildete Kalir טבע (Purim ויארב); aus טבע בחותם prägen (Mischna Sanhedrin 4, 9) entstanden die bildlichen Redensarten:

טבע חותם ברית Jose Aboda, vgl. טבעו.

לברית טבעי [טבעך] Hosch. ארון צור und אנא אזון.

בטטבע אחד חתם Is. Giat Musaf מעשיך.

בטבע . . . נחתם Is. Giat Aboda.

טבע חותמך Jehuda halevi Silluk Sühnfest.

טבע חותמי חותם Isaac Maarib 8. Azeret.

טבע חותם Kalon. Jozer אור, Elia ארון בשפטך, Schabtai Sulat אימה.

Auch mit dem Participium טבוע, z. B. טבועים בחותם Tobelem, טבועים בחותם (Sel. אמוני שלומי), טבועי ברית (Reschut ארתנך בפופי). Vgl. ferner טבועי Kalir a. a. O., Meir b. Baruch N. 1, טבועה Binjamin b. Samuel Jozer Wochenf., טבועים Mose b. Kalonymos ארני, טבועות Kalir האלה Neuj. (auch ibn Plat in Hapardes 40 d).

C. טֶבַע Wesen.

טבע משפטים und טבע ... העביר Kalir Tekiata זכר und אבן חוג; מוחתמם בטבע Kalir 8. Azeret.

טבע זיו Neila-Keroba, טבע זה המשקל Isaac Jozer אשה דעי.

טבע נבדק Sel. אדם איך ינקה.

טבע שני מאורות Binjamin Jozer אלהינו.

טבע ראש Binjamin b. Samuel Wochenfest.

טבע שפיר Is. Giat Musaf נפלאתי.

בסים טבע אדָני Elia Asharot 1.

יסוד טבע אדָני Samuel Cohen אומתי שמתי [ed. nur ארני].

טבע קבוץ קהָלֶיךָ Schabtai Sulat אומה נכונה.

טבע ברכות i. e. מטבע Kalir Tekiata אשא.

טבע מאוניא in אמר משה נביא (oben S. 77).

טְבָעוֹ Simeon אדר והוד, Tobelem N. 49.

טְבָעךָ Jechiel Sel. N. 14.

D. טבע Natur, vornemlich nach syrischem Sprachgebrauch, bei Josippon, z. B. טבע העולם (S. 79, 738), הטבע und בטבע (751, 782, 799), טבעי היצורים (90), הטבעים (797 und f.), טבעה und טבעי (741, 766, 798), Menachem b. Seruk in der Vorrede, Abraham b. Chija (הגיון 9a), Elieser b. Natan (119); טבעים Geschöpfe, Elemente (Wärme, Nässe), in Bamidbar rabba 261d, bei Nisi (Pinsker S. 3, wofür S. 9 מטבעות), Saadia (s. Ozar nechmad Th. 3 S. 76), Hadasi (c. 39). Daher ebenso bei den Dichtern טבע Abenesra Mocharach N. 15 und Einheitsgesang 5. Tag, טבעים Mose b. Kalonymos ארני, Sel. תגרת יד, Is. Giat אהל צדק (טבעי פגיעה). In Kalir's אנסיכה ist טבע s. v. a. טביעה Versinken; in Sel. אבשרה liest Ms. טְבוּעי.

E. טָבַע bilden, schaffen.

Hymne אשישת, Jozer אומץ קצות, Elia Jozer אנורה, Gabirol שוכן עד [ob. טָבַע? cf. מעמיד (Abenesra אערך) und קָבַע (ר״ה Tripol. חי מלך) bei demselben Gegenstande. In Ozar nechmad 2, 78: טפח], Elieser ורע איתני, Zahlal תבל מטובעה (V. 113), Midrasch כונן S. 25: וחתמו וטָבעו, Elia Sel. תחרות: טִבעו פה מבטם [überflüssiges bemerkt Fürstenthal Selichot S. 278].

9. טלאים Lämmer d. i. Israel.

Die Worte der Quelle (Jes. 40, 11) haben Abenesra im Regengebet, Isaac Sel. אליך ה׳ נפשי.

טְלָאִים Kalir Schibata Hachodesch, Binjamin b. Serach N. 36, Tobelem N. 10, Meir b. Isaac N. 2, Menachem b. Machir Jozer אשרי, Raschi N. 1, David b. Meschullam, Jacob b. Meir N. 9.

טלאי Musaf אמרו לאלהים, Mose b. Kalonymos, Aboda אשיחה, Isaac Sulat Para.

טְלָאֵי Meschullam Pesach-Jozer, Sel. אני אני.

Kalir hat טראי (אלים ביום), טייתי (Chanuca-Keroba).

טְלָאֵיךְ Kalir איכה אצתה, Hosch. ארון המושיע, Keroba röm. für 10. Tebet, Musaf röm. ידו רצון שתאמץ, Simeon N. 7 und 22, Raschi N. 7, Elia b. Schemaja N. 21, 24, 29. Sel. אנא אל עליון, Sel. או בשפוט

טְרַיִךְ Isaac Sel. ותכיאני.

טלאיו Kalir Keroba Neuj. חפן und Geschem אמרו יפתח לאלהים röm., Musaf ms. anon., Tobelem N. 47, Sel. אקשטה, Raschi N. 1, Mose b. Esra בני ציון, Salomo Maarib ויושע, Binjamin ה׳ ישפה לנו, Jakar halevi אלהיכם.

---

10. מעלה und מטה.

Aus של מעלן entstand die Zusammensetzung כלפי למעלן (j. Taanit 4, 5), כלפי מעלן (j. Mischna ר״ה 3, 8), כלפי למעלה (Taanit 25a, Aruch v. טח, פסק, צר, Rokeach 6b, Jozer אחלה פני), am häufigsten כלפי מעלה (Mechilta Abschn. ויבא עמלק, Mischna ר״ה 3, 8, Sifre Ende, Abot Natan 4, 32, Elieser-Baraita c. 11, grosse Pesikta 12, 10, Raschi Numer. 13, 32). Erst die Engel-Schriften führten חילי מעלה (gr. Pesikta 20, מעין התכמה), כרובי und גדודי מעלה (Hechalot 7, מ׳ כונן Ende), המוני מעלה (Ritus S. 245) ein, während im ältern Midrasch dafür הררי רום, הררי עליונים (Sifre שופטים und נשא) oder משרתי עליונים (Midr. Thren. 55b) gesetzt wurde. במעלה oben haben die kleinen Hechalot, das Gebet הצור תמים [במעל] bei Amram, Kalir (Silluk Para und 2. Pesach, Keroba Wochenfest), Klage תסתר לאלם, Simeon Jozer איתך, Binjamin Jozer אתו u. A. m. In ähnlicher Weise ward במטה für **unten ge-**

braucht, man bildete Zusammensetzungen wie ברואי מטה (Königskrone), מִי מטה (Aboda אוכיר), איש מטה (Samuel שאי קנה) und viele synonyme für die Sterblichen, wie אין כמוך באדירי im Schacharit darlegt. Der Piut bemächtigte sich jener Compositionen von מעלה und מעל für seine Himmels- und Engel-Schilderungen. Ueber 40 verschiedene Wörter wurden mit jenen Worten zusammengefügt, meistentheils im ältern Piut und von nichtspanischen Autoren, mit מעלה z. B. אדירי, אראלי, בני (Simeon Jozer Wochenfest), ברואי, דרי, זכי, מלאכי (Simeon), מרומי (זה אל זה roman.), פליאי, פמיליי (Jehuda Jozer אמרת; in רבבות אין לפענח dagegen: פמיליא של מעלה), קרושי (או כל בריות), (Tobelem Wochenfest), שנאני, שמי (Binjamin, Ofan בריות), שרפי. Mit מַעַל: אראלי (Kalonymos אורח), ועודי (אילי שחק), כוכבי (Sel. אלהים אתה), מלאכי (או כל בריות), צבא (Silluk Schekalim), מרומי (Kalir Wochenf. אלהים), קורקוסי (Hymnus אוירי ערץ), שרפי (Kalir אקשטה). Einzelne Compositionen der Art haben indessen auch spanische Dichter, als **Abitur** (טפסרי, מלאכי, נוצצי in Neila), **Isaac Giat** (גלגלי in מעשיך, מלאכי in יוספים שנית Avign., während Ms. und ed. 1519 מלאכי עליון lesen), **Gabirol** (ברואי מעלה und כוכבי מעלה, Königskrone), **Mose b. Esra** (כרובי, s. Dukes נחל S. 1), **Jehuda halevi** (במעלה in ידי רשים ed. 1519; andere Leseart: ובין מעלה), **Abenesra** (אוצר in אל חי יפתח); **Charisi** c. 13 hat גלילי מעלה. Auch mit sonstigen Hauptwörtern wurde diese Zusammensetzung nicht abgewiesen; dahin gehören: כבוד (Baruch בנין המזבח), כם (Kalir Silluk Para), מזבח (Meir b. Isaac תפלה תקח), פאר (Kalir Silluk Pesach), צבא (אל שת, Binjamin Ofan במרומי, Sebadja ארון), צור (Meora יום נגלה), רום (Binjamin b. Samuel Sulat אצלחיך), שוכן (אמיצי שחקים, אפכה דמעי Neuj. u. A.). מִי מעלה hat bereits **Jose's Aboda**.

---

11. נם reden.

Das hebr. נאם wurde palästinisch נם, נמה und demgemäss flektirt. Die talmudischen Schriften bringen folgende Formationen:

נם Mechilta בא Abschn. 5, 11, 15.

נומי Sebachim bei Aruch נם und ed. f. 46b.
נומא Jacob b. Jakar, Sebach. 45 b. j. Nasir 1. j. Sota 7, 3.
נומה j. Jebamot 12, 1. 16, 7.

נמיה Jebamot 122a.

נמיתי j. Jebamot 12 bei Ascheri. Mischna Jebam. Ende. j. Jebam. 3, 9 = Schekalim 5, 1 und Midr. Cant. 20d. j. Jebamot 16, 4. 5, 7. Noch in Vitry §. 271.

נמינו Mischna Gittin 6 Ende.

Die Parallelstellen haben נם (Tosefta Jebam. 12 und 14). נמה (Ascheri und Alfasi Ende Jebam.). נמתי (Tobia לקח טוב נשא 40b, Midr. Kohelet 112c oben und Alfasi l. l., j. Jebam. 12, 1 ed.). Auch Simeon Duran führt נם und נמתי als talmudisch an (Commentar zu אשר אשש). Das röm. Machsor ed. 1587 ändert das peitanische נם in נאם und bemerkt (Th. 2 f. 81b) dass die Peitanim נאם gern haben. Allein diese conjugiren stets נמתי נם, wie קמתי קם. Die Belege sind äusserst zahlreich, sie reichen in die vorkalirische Epoche hinauf und herab bis zu den ersten Dezennien des 13. Jahrhunderts, ja hie und da zu Nachahmungen neuerer Zeit z. B. bei Ephraim b. Zalach im 16. Jahrhundert. Ausser Ungenannten in Maarib, Jozer, Ofan, Sulat, Keroba, Hoschana, Aboda, Selicha, Klagen und Gesängen bedienen sich fast alle älteren Peitanim dieser Bildungen, namentlich Jose, Jannai, Kalir, Saadia, Meborach, Jochanan, Judan, Salomo, Abitur, Simeon, Meschullam, Binjamin, Gabirol, Mohadscher, Isaac b. Jehuda, Tobia, Amitai, Menachem b. Machir, Kalonymos, Meschullam b. Abraham, Mose b. Binjamin, Abraham, Nachum, Joseph, Elieser b. Natan, Hadasi (c. 106, 110, 139 und sonst) u. A. m. Bei spanischen Dichtern verliert sich der Gebrauch gegen das Jahr 1100.

נָם Aboda כוננתה; Kalir (Wochenfest, Geschem יפתח, Kl. איכה אשפתו und noch 5 Klageges.), Hoschana's (תענה איכה, למען אב נמה, למען תמים). Saadia (Kl. איכה רחובות, איכה מעביר), Simeon (Silluk Wochenfest), poetischer Tod Mose's, Ofan ויתן להם; ברוך אשר אשש; Maarib אל נגלה, anonyme Selicha's (אנשי אמנה, אורחי מעבר u. a.), Sulat אתן תהלה, Nachum Jozer Wochenfest.

נְאֻם Reschut Aboda röm., Kalir (Purim אמרך, Thaugebet אלים, Kl. איכה אלי). Saadia (Aboda S. 15), Jozer אאמין, Simeon שבויה, Judan 17. Tammus, Meschullam Aboda

אמיץ, Mincha יום אשר הוחק, Mohadscher יום המנוחה, anon. Selicha's (עם אשיתה, חיים ארוכים u. a.).

נָמָה Jochanan Wochenf. או טרם, Klagen אויל, אוי כי אמרתי, אתן לך; Meschullam Sulat אתה אלהים; Sul. אוילים, Selicha ארון בינה; Mose b. Binjamin N. 19.

נָמוּ Wochenfest - Silluk von Kalir, Jochanan und Simeon; Klage תסתר; אדיר דר 4 mal; Meschullam b. Kalonymos Ofan Pesach; Thorafest אשריך röm.; Sulat אומץ, אויבי, אוילים und אין עוד אלהים; Jozer הכל אנחו und אתה הארת; Jekutiel Maarib Pesach, Binjamin תמת צורים; Selicha's אתה האל עושה, **על שאנו**, אבא בתפלה: Ofan כבודו איהל, Mose b. Binjamin N. 18.

נִמְתָה in **אל העש עמנו** (Selicha-Ritual span. Rezension, auch bei Abudarham, die german. hat שחת); Jose אמנם אשמינו, Jannai לישע עמך; Kalir (Keroba 8. Azeret, Kl. אהלי und איכה אשפתו Buchst. ר, Kl. תסתר). Keduscha אליך ועדיך Schacharit; Jochanan hacohen או טרם; Musaf-Keroba Anon. ms.; Simeon Wochenf. (תמכו und אם לא), Binjamin אפפו, Amitai ארון כאו, Tobia אהיה, Meschullam כך נורו, Nachum Silluk Wochenfest; anon. Selicha's (און התן, אורחי מעבר, אקשטה, תגרת); **Jehuda ידיו גלילי**.

כְּנִמְתָּה **Sel.** או בעובי, אבותינו בשלותם, **Silluk** מי יערך אליך, 10. Tebet röm., Hosch. אל אחד, Salomo אב לרחם, Abitur יערבו, Simeon אדר והוד und Sel. אין מתעוררים, Binjamin ארון אל תשכח, Isaac אנגי או, Gesang איש חסיד, Sel. על מה עם עורך היום und אמצו עונות, Salomo שולמית בלי; אחשה Thorafest.

נִמְתִּי Kalir במכת אהלה, Simeon שעשוע, Nissim (מפתח 25 a); poetischer Tod Mose's; Gabirol וארץ אשפיל, Mose b. Binjamin N. 19, Maarib אל נגלה, Ofan כבודו אמץ, Isaac Giat אבני קדש [span. שתתי], Mose Draa (Pinsker S. 74, 84, 94), bei welchem auch יְהוּ, המטיר, הדקיר, ינוק, לְכֵדון, נם, עט, מַתְן (Hälfte) zu finden sind.

כְּנִמְתִּי Kalir איכה תפארתי.

נִמְתּוּ Klage אנכי בסיני und Meborach b. Natan.

12. קעקע.

קעקע ביצתם mit der Wurzel ausrotten — so bereits von Raschi Gen. 32, 36 erklärt — kommt vor j. Aboda 4, 4, Wajikra rabba c. 11 f. 177c und c. 26 [auch bei Aruch רן und Jalkut Reg. 220], Midr. Cant. 20a, Ruth 49d (לא נתקעקעה ביצתו), Thren. 51c, Esther 117d, 118a, 119d, 121a, grosse Pesikta 12, 8, Tanchuma אמור f. 54b. Die grosse Pesikta 13 hat statt dessen שרש ביצתם oder קעקע שרשם. Es findet sich bei Kalir Sachor, Salomo Babli am Ende des Pesachjozer, Jechiel in der Esther-Kerobа. Spätere Autoren bedienen sich dieses Ausdrucks selten; er kommt im Commentar ms. zu אשה רעי und bei Mose b. Chisdai (Or sarua Th. 1 §. 115 und Meir Rothenb. Rga. ed. Lemb. N. 141) vor.

קעקע ohne ביצה hat Schemot rabba c. 35; die ähnliche Stelle Tosefta Berachot c. 1 Ende (Midr. Ps. 137) liest שנעקרו יסודותיה. Vielleicht dass diese Worte Raschi a. a. O. vorschwebten, als er ובמשנה zitirte, während Nachmanides zur Stelle bloss sagt, das Wort ותקע sei קרוב לקעקע ביצתן. In demselben Sinne ist dieses Wortes Gebrauch bei Kalir (oben S. 41) und Simeon (קעקע שאון in Selicha אך בך).

13. שוף.

Der Gebrauch dieser Wurzel ist correkt aber selten.

ישוף Zahlal, שופה Abraham b. Isaac איכה.

שופה Abitur איומה, Gabirol Thaugebet, Samuel Tachanun אשיבה, Isaac Sulat אין כמוך.

שופה Samuel Nischmat. שופים [Midrasch Cant.] Sulat אמור. שופי David b. Huna Jozer. שופיה Klage אלי ציון.

שֻׁפָה Brief Chasdai's. שופתני Simeon Selicha 20, שופתך Isaac Nakdan Kaddisch ידעתיך. שופתה Tobelem אמנה. שופתו Joseph Chanuca-Jozer. ישוף hat Simeon Duran Rga. 1, 51.

Nur Kalir und Gabirol haben Neubildungen: jener ישוף (Thaugebet), dieser שָׁף (מה נדדו) und שיפה (Gedichte S. 9).

14. מוצהב und בְּשֶׁל.

Dass einzelne biblische Wörter nur im seltenen Gebrauche und mehr bei den älteren Piutdichtern als später angetroffen werden, ist bereits (syn. Poesie S. 424—426 N. 5, 8, 11, S. 434 N. 31, Ritus S. 241 N. 36 und oben S. 633, 640) nachgewiesen. Das מוצהב Esra 8, 27 ist ebenfalls ein Beleg dafür. Ausser den Pesachjozer von Salomo, Simeon und David b. Huna bedienen sich dessen nur Saadia (Aboda S. 15, Asharot S. 39), Sulat אסירים (oben S. 125 Anm. 10), ein Ungenannter (Dukes: Mose b. Esra S. 57) und ein anderer Ungenannter in Elasar's Commentar zum Mose-Liede, die Stelle lautet im Ms.:

ויורה הפאר כרוב מאור שיר בעת יעלה בחוד מוצהב
הדר כבוד אודיך [הודך?]
ברוב נפלאות זכר בעת אפחד באף ולהב·

Ein zweiter Beleg ist בְּשֶׁל, dessen Gebrauch nach Ablauf des peitanischen Zeitalters in der Dichtersprache fast aufhört.

בשל Isaac Sel. יום כפורים.

בשלי Kalir Klage איכה את אשר, Binjamin Selicha אפפו, Abraham אשריך הר.

בשלך Kalonymos בכל און, Simeon Wochenfest (אלוף), Ephraim אשר אין, Menachem Ahaba סגלתי, Sulat אשכולות.

בשלו, Binjamin Jozer N. 2, Selicha אפס; Jechiel b. Abraham N. 3, Binjamin b. Samuel N. 15. — בשלה Binjamin b. Samuel N. 16, Binjamin Sel. אבשרה, Kalonymos אור תורה. — בשלנו Binjamin Sel. איך נפתח. — בשלכם Klage למי תמכתי. — בשלם Kalir Tal (אאגרה Ende), Simeon Wochenfest (שלמים), Binjamin b. Samuel N. 4 und 15, Tobelem Wochenfest N. 47, Ephraim b. Isaac N. 9, Natanel de Chinon N. 3.

---

15. השלים נפש.

Die Bedeutung „übergeben" des aramäischen אשלם, השלם war bereits älteren Exegeten, namentlich Buxtorf aus Targ. Deut. 32, 30, Gesenius aus Esra 7, 19 bekannt; jedoch die des hagadischen השלים und besonders des השלים נפש „sein Leben preisgeben, opfern" hat zuerst, mit zahlreichen Beleg-stellen — worunter 6 peitanische — Matth. Strassun (Vorrede S. XVI bis XVIII zu קריה נאמנה Wilna 1860) nachgewiesen, der auch הֻשלמה Hiob 5, 3 „ist dir übergeben" übersetzt. Daher stammt משלם Jes. 42, 19, arab. Moslem, und משלמים in Jalkut Numer. § 686 Ende (mehrere Beispiele bei Strassun S. XVII). Indess ist השלים נפש nur dem jüngern Midrasch (Vaichi rabba c. 100, Midr. Ps. 28 und 116, Hagada in cod. München 346: מה התאר משלים נפשו על מתנותיו כך אלהיו, זכור לטוב השלים נפשו על ישראל שנאמר ענני ה׳ ענני, Midr. Prov. 31) eigen, wofür auch השלים נשמתו (Tanchuma 85a), השלים עצמו (Midr. Ps. 28) mit dem Zusatz למיתה (Tanchuma ואתחנן) oder להקיבה (das. 5c. Midr. Ps. 76 wo עצמו fehlt). Hier folgen peitanische Stellen:

A. השלים נפשו Kalir ה׳ קנני [למאכלה]; אז בקשב ענו: Selicha ויצתה נשמתו אל אלהים אצעקה (entsprechend den Worten im Märtyrer-Midrasch S. 69); נפשו השלים Klage אמרתי השלימו נפשם ;יבכיון Klagen בכי אשא und השלימו נפש ;שעו Klage אישתה; נפשם השלימו Sulat אלהי אקראך, Klagen מי יתן und אישתה; נפשו לטבח בהשלימו Mincha מארב; בהשלימם נפש Sel. אלהים ורים .אשלים לך הנפש Schacharit ממשלימי נפש Kalir Neuj. ;אומן המשלים בעקר נפש ;לכן בכל Kalir אשר אימתך; ונפשם למות משלימים Sulat אלהים באזנו; ומרשות ירושת ונפשם עליה ממיתים ומשלימים Isaac halevi in וקדש ובהשלמת נפש לקונם Elieser b. Natan in תהינו S. 5; שכך בנפש משלמת [vgl. משלמה in Midr. Thren.] Baruch b. Samuel Selicha בינות אריות.

B. השלים רוחו Sel. אלהים יראה; השלים יחידתו Gerschom Sel. השלימו חיתם .אורתו מעבר Sel. הֻשלמה יחידתו; אלהים אל פקדון רוחך השלים; אתה בתרתנו Sel. דמו השלים ;אב הרחמים Sel. מה רב.

C. השלים לטבח Klage אמרתי שעו; לעקד השלימו Sel. אלהים אל דמי; השלימו במורא Klage מי יתן ראשי.

---

16. Genitiv-Umstellungen.

יערי הויר (הוירי יער) Kalir Klage שבת.
בורת נפוף (בנפוף ורה) Kalir אשא רעי.
ארבה חולתו (חולת ארבה) Mose Sulat אם תקיימי.
יופי מכלל (כלילת יופי) Meir b. Isaac Sulat אמונתך.
שעבור קושי (קושי שעבור) derselbe Jozer את השם.

יער לבנון (יער לבנון) Simeon Sulat אל אל.
כתר פו (כתר פו) derselbe Zwischensabbat Pesach.
מוכרים לנוברי (למוכרי נוברים) Elieser b. Natan Gedicht אלי עורי.
אשכל כופר (אשכל הכופר) derselbe Maarib Wochenfest.
ימות עולם (ימות עולם) Elia [b. Schemaja] Sel. החרוה.
מחוז חפץ (מחוז חפצם) derselbe Sel. אבדו.
זרע קדש (זרע קדש) Menachem Sel. אדם בקום.
רנון להקת (רנון להקת) Isaac Sel. אונך.
חותם במילת (בחותם מילה) Mose b. Binjamin N. 19.
לבות אבני (לב האבן) Jozer Sühntag.
מטע גפן (מטעי גפן) Salomo Sel. תוחלת.
כף זכיות (כף זכיות) derselbe Pismon לך ה׳.

Fast in sämmtlichen Beispielen war die Umstellung durch Reim- oder Akrostichen-Zwang herbeigeführt.

Beilage III.

Parallelen der Aboda's.

A. Jose und die französische Aboda.

Jose.	franz.
שחקו דת שעשועיו	דת שעשעת ואצלך שחקה
בירר (uneigentl.)	בררת
בל ימוטו ובל ימעדו	לא ימוט — ולא ימעד
גלה ארמה	ארמה — לגלות
לא יאחרו	לבל יאחרו
למשהה נצחים	לארוחת נצח
— מאכל עם בהמה ורמש	בהמה ורמש — למאכל
ושלחן ערוך — ירושן	ובהערך — שלחן ורשן
בתוך עדן יפה יצועיו	בתוך חפת עדן יצועו יפית
לכלכל שמות לאל ומפעליו	לכלל שמות לכל מפעליך
להניא אומר	להניא צווי
וכוסו בעלה נובלת	וכסו בנובלות
תאות יצורו והרגיל — לרבע	יצרו הרגיל להאות רבעו
ראש לשפכי דם	החל שפוך דם

Jose.	franz.
והחלו חור — ל	החל חור אנוש
ועמו במי	ועמהם במעונות
שנבו מאש עזרו במלחמה	ונמצאה לו באש ובמלחמה
ידוד איש לוהט	ישר איש לוהט
כנפן — הצמיח עמרם משרש לוי	הצמחת מגזע לוי עמרם וניניו כנפן
שריגי	ושריגיה
לשבור מוסרות צען — שאל	לחלצה מצען — שאל
מאכל יטעימו ממנו	ואכל ממנו יטעימו
כשם ישביעוהו	להשביעו כשם
כי הורשע כפתי	כי נחשב לפתי
ישח מלכי קדם	שיחות מלכים קדמונים
אם בער הוא	אם יהיה בער
שאון בעיר הומיה	שאון — המון רבתי עם
נרדפו רצים במעלות	והרפו כריצתם בכבש
שלח לקדים בצירי אמונה	אמוני עתים ישלח לקדים
לנהוג **בו** בגודל	ינהגו בו גדלה
כפרש	כעין פרשים
ערוה **ומה כרם יכסה**	כם יכסה פשע ערוה
אבנט — במוח ארוג בד ולא כלאים	מזח אבנט — כלו בד בלא — כלאים
הוד המלוכה — כזהר הרקע	בנזר המלוכה — כמראה רקע
ופעמי פז סביב	ופעמוני פז — **סביב**
פתחים בשמיר ובדון שבטים —	שמות שבטים — בשמות — **באותה**
בשמות ואותות	בפתוח שמיר
דבקים — יכסה בשרשרות	ובשרשרות — דבקותו יכסה
שם יוה שבע	ומשם הוה שבע
ואילים הכליל	והכליל אילו
כרבתו וקדש	קדש כדברו
ציר **ישעיר** — מבשר	יבשר שליח שעיר
והלבן כשלג אדם השני	השני כשלג הלבינה

Beiden gemein sind folgende 30 Stellen: כרתו ובסערה, כפרי, עין הדעת פן ינקש, ושלחה עויל, בפו ואבן יקרה, בהמה ורמש למלא, במלון, שוטר ומשל, להמיר כשם אליל, ענש בנע ונד, ארץ בשבין מכנסי בד, ימהר יפשט, רשן פנימי, יסוהרו, ידם ימים שבעה, מספר הגלים, כפר בעד קול, שוליו רמוני צבעים, בלי להקרע, פסי יד, מנו ישמיע לו, יגישו את התמיד, חבר לגור, שם נערץ חקוק על ציץ,

לשוע בקצר בהיכל, נתנם על — מלא חפניו וכו׳, ראש בית אב ישיח תן לנו מופת, ילווהו לנוהו, והניחם נצח, ויפעל כו.

B. Jose und die römische Aboda.

Jose.	Röm.
Anfang אוכיר	Anfang אזכר
וכוסו בעלה	ועטו עלים
הומר הארם	והומר כבודם
ויוצר — תאות יצורו — לרבע תשוקתו	ויצר צור התאיב יצור לרבע וזאת תשוקתם
בהתקרבם בעת	בקרבם כ —
מאבל ימעיטו ממנו	ימעיטו אכלו
מחיצת שש	מחיצה
רשפים מלאה	ומלאה רשפים
רמם ועלה	רמם ונצב
בגבורתו	בתקפו
כשלג אודם השני	כשלג ולא כשני

Beide gemein haben 10 Stellen: ונורשו, בהק נגה יום לפועל לעת ערב פן [לכל], ריחוק עגל, טנא בכורים, רועה עדר, נקיק סלע, מגן הארו הקרין כצאת השמש, נצבעו שנית, כפה ולא בכנור, ירדם ויקר.

C. Die römische und die französische Aboda.

Röm.	französ.
דלק חדריו בנר	נר — חשבי חדריו
הלעיטה רמש — משכה	רמש — משכה — והלעיטה
יצור לרבע	יצרו — רבעו
שפל לרם	רם — שפל
הם חברו לו	הם נעמתו לו
נוגני רוכן	פרחי רוכן
ימעיטו אכלו	ואכל ממנו ימעיטו

Beiden gemein sind 9 Stellen: עובר, חדל מעץ, לבחנו אם יוכל, בין שדים, נועדו חצות, בכי יזילו [מוילים] כי לכך [לכן] הוצרכו, ורועה השני כשלג, שאת כפים, תמיד יגיש בערבים.

Mehrere Ausdrücke haben alle drei Aboda's gemeinschaftlich, z. B. כבבר beim Handauflegen, הוערמו, נעימת צרדה, ברק

תהלה יבשר u. a. מופה am Schlusse, טל ארץ הוצה, תעוביו, נוטה. Die beiden אתה כוננת haben gleichen Anfang, ferner beide die Ausdrücke עטרת כתנה, גרשה אפל (span. בתר לו עטרה). Die Verwendung von Hiob 21, 14 (ויאמרו לאל סור ממנו) für die Bestrafung des Geschlechtes der Fluth haben die Aboda's von Jose, Salomo babli, Meschullam (אמיץ und אשוחח) und beide אתה כוננת, ferner die Keroba von Mose b. Kalonymos (מה מעיל) und אל ברוב עצה (Schacharit), nicht aber die röm. Aboda, welche, wie Kalir in der Tekiata, Hiob 24, 13 (במורדי אור) dafür verwendet. Die Quelle für beides ist die Hagada, vgl. Tosefta Sota c. 3 (wo gleichwie in Bamidbar rabba c. 9 der Ausdruck שרהיה gebraucht wird, dessen sich auch Kalir im Thaugebet אאגרה bedient), Sanhedrin 108a, Bereschit rabba c. 34, Wajikra rabba c. 4, Midr. Kohelet 87c, Elieser-Baraita c. 22, grosse Pesikta N. 42, Tanchuma 2d, 5a, 25c, Schemot rabba c. 30, Eliahu rabba c. 15, Eliahu sutta c. 10, Genesis-Agada c. 7, Hechalot (Recanate בראשית), Jalkut Prov. § 948, Sohar Col. 187.

Beilage IV.

Introduction der französischen Aboda.

אתן תהלה לאל המהולל אספר בוראה מעט ממעשיו. אלוה מעולם ועד לא
עולם לפניו ואחריו לא נוצר אל.

בלבדו הוא ואין זר אתו אומר ועושה ואיש לא נעדר. באחד ישפוט ואין בו
עולתה אמת אמרתו ועל שפתו חסר.

גבור בכח **נושא** עון גדול העצה ועובר **על פשע**, גולה **עמוקה מני** חושך וישב
בסתר וחואה כל סתר.

דעת ותבונה יוצאיה מפיו ועיניו משוטטות ועין **לא השורנו, רבוח המשל**
וממשלתו סלה מלא כל הארץ כבודו **וחם** לא יכילנו.

הצור כלבושו הוי שלמים הוד והדר עוז ותפארתו כשמו כן גבורתו. האל תמים
צור עולמים הכל יעבור והוא לבד ימלוך.

עד לא רקע תבל על תהו ומקולות מים אדיר ישמיעו. ומרום שבתו והוא רם
על כל ומביט אל עני ונכה רוח.

ורחו תכנה שמים בכחו מאורות וכוכבים מעשה אצבעותיו. ומם במחשבה
ותקם והעמד יועץ בלבו והעמד עצתו.

חסיד במעשיו רחום למנוסיו צדיק בדרכיו וקרוב לקוראיו, חפץ להצדיק יצורי כפיו תמיד ישקוד בטובת בחוריו.

טהור עינים רוצה בתשובה מרבה לזכות להשיב אפו, טובו בכל דור מדבר בצדקה פאר ראשו כובע ישועה.

ימינו פתוחה לכל שבי פשע אומר בכל עת שובו אלי ואשובה אליכם, יצר מחומר בצלם דמותו רחמיו על מעשיו יודע יצרנו

כלו כבוד וישגיח בדכא מאזין קול לחש רינת לשון, כל צבא השמים משתחוים לו שמש וירח יכרעו לפניו.

לא נטה קו נגד יצוריו בשבתו למשפט בריב מי יכילנו, למענו פעל מפעלות עולם קורא הורות מי יערוך לו.

מעמקי לב וכהרי כליות מבין מחשבות כל בני אדם, מאון ומעמל יסתיר פניו מראות ברע יעלים עיניו.

נגה סביביו ושת סתרו חשך כי לא יראהו האדם וחי, נורא עלילה תשב אנוש עד דכא אנוש כי ישוב ויאריך ימים.

שגיא כח לובש צדקה מי אל כמוך ארך אפים, שונא ומתעב גזל ועולה אוהב טהר לב שמוע משי טוב.

עוצר בגערתו ומחריב ימים צורר כשמלה כל מי בראשית, עונה בחסדו מקרני ראמים מוחה עונות כעב וכענן.

פעל ועשה הכל במאמר פיו כי כל דבריו צדקה ומשפט, פיו יאמר זאת עשו וחיו כי לא אחפוץ במות הרשע.

צופה רחוקות נשא ונורא מרומם כסאו ושפל יראה, צועה ברב כח ודואה על כנפי נשר בוחן לבות ואין לפניו שכחה.

קורא בקול רם אני אל ואין עוד שובו עדי ואשובה אליכם, קרבו עדי בכח התשובה ואזניו קשובות לקול צעקת דל.

רחום והנון שפטנו ברחמים וצדקנו במשפט כי אנחנו עפר ואפר, רם בעליונים מלך בשחקים שומע ממרומים זעקת אביונים.

שמים כסאו והארץ הדום רגליו צדקה שריונו ומאור שלמתו, שמו נורא מאד חנון ורחום בכל דור ודור היא צדקתו.

תמים דרכו ואין בו עול בכל בקר יתן לאור משפטו, תוכן לבות רב העליליה מי ימלל גבורות ה׳

ככתוב מי ימלל גבורות ה׳ ישמיע כל תהלתו

Zusätze und Berichtigungen.

S. 5 Anm. 5 st. 203 l. 202.

S. 37 hinzuzufügen ידע נגן (Keroba Purim ויארב, Neujahr Musaf אמיץ) 1 Sam. 16, 18.

S. 62 N. 8. Die Anführung ומה שעשה קליר בנים טל בנים u. s. w. scheint eine Glosse R. Elasar's zu dem ältern ס' החיים zu sein.

S. 63 N. 29 Z. 2 l. Saadia und Pseudo-Saadia u. s. w.

S. 69. Der Ritus Troyes spricht von älteren Jozer der 4 Sabbate היוצרות אברכר והבריח, die das Schöpfungswerk, nicht das Thema des Sabbats, behandeln. — Daselbst zu Jozer N. 3: זכור חמור נתאמו (Gedicht für Sabbat Sachor im Vitry-Machsor), שבת להתאים (Meir b. Isaac im Jozer אדיר). — Daselbst: Jozer N. 4, wenn zugleich Chanuca-Sabbat, anfangend אומר בשיר משבת לנוצרי כבבת, in welchem die Strofen abwechselnd Sabbat, Neumond und Weihfest behandeln, endigt בתכנת מקדש קדש, woran eine Silluk-Strofe anschliesst שבת וחדש וחנכה שלשה bis כאילו קדושה.

S. 73. Sulat N. 20 אין עוד אלהים גואל ומושיע für den 7. Pesachtag; nach einer einleitenden Strofe hebt das א״ב mit אבורים אז חכמו an; der Vers Exod. 15, 11 dient in seinen drei Sätzen zu abwechselnden Refräns. Endigt תהומות הדרכו מרכבותיו הללו מי כמכה נאדר וכו'.

S. 74. Maarib 8 Pesach: a) ויושע ה' אום נגלה bis ומירות בלילה, b) ה' יצא כגבור bis עד עבור, c) וברב גאונך נסים פעלתה bis ונתפארתה, d) ימין נטיה bis אימה מכשך, e) תביאמו לבית הדריך bis בחוק ידיך, f) ה' ימלוך bis כמו רמים. Abschnitt c hat 6, die übrigen jeder 4 Zeilen, ebenso in dem folgenden Maarib.

Maarib Wochenfest: a) וירד אדיר בגדלו bis כוכבי ובולו, b) אנכי הוא צור bis לעולמים, c) לא תשא שם טהור bis שיר חדשה, d) לא תנאף שוטה bis שמו מאררים, e) לא תענה קרן bis

ויושיעך, f) נחלה שפר תחמד לא bis לילה מפחד תירא לא. Ist alfabetisch.

S. 89. Abraham.

8. **Ofan für den Sabbat N. 1.** אל עליון הכל מתקן in sieben Strofen, welche nach den Hechalot die furchtbaren Stimmen der lobpreisenden Engel schildern. Metatron heisst נער סורייה. Akrost. אברהם הקטן חזק.

9. Sulat dessgleichen. אמון הייתי אצל איום dreizeilig, reimt עליון mit איום (vgl. oben S. 246 Anm. 6) und hat Ausdrücke wie קִשיונו, ארכונית, פילום, פושכנית und zeichnet hinter dem Alfabet לאברהם חזק. Ohne Zweifel gehören N. 1, 8, 9 einem und demselben und wie mir scheint dem Abraham b. Jechiel, des R. Natan Bruder.

S. 104. Joseph הבבלי wird in Rga. זקן אהרן N. 167 genannt.

S. 112 Anm. 1 Z. 2 st. 106 l. 98.

S. 115. Schemaja aus Soissons zitirt aus Piut Neujahr וכן יסד השמעוני וצפיר העוים הגדיל עצומים.

S. 127 Anm. 5 l. 31a und 85a.

S. 133 N. 33 ist, nach Ritus Troyes, für den 7. Tag Pesach, folglich nach N. 13 aufzuführen.

S. 135. Derselbe Ritus führt zwischen N. 48 und 49 noch auf: יונת אלם.

S. 137 Anm. 4. Wie derselbe c. 9 bemerkt, gehört Ofan יריעו für Wochenfest, mithin zwischen N. 40 und 41.

S. 162. Meschullam
ist vielleicht Verfasser des Jozer איום מבראשית (oben S. 581 N. 11), dessen letzte Strofe lautet: תמיד מִיחדים שִמך וּמעריצים לִשמך וּמשלשים קדושה לשמך קדוש.

S. 163. Daniel b. Jechiel. Ihm ertheile ich auch den דניאל gezeichneten Ofan ארבע חיות, der in einer alten Handschrift neben dem Ofan אל עליון Abraham's sich findet. Jede der 6 Strofen schliesst הם האופנים אשר ראיתי על נהר כבר.

S. 173 N. 8 Z. 4. In den Schlussworten der 5. Abtheilung: שָרות מְניקות וּמלכים אומניך וכל בניך לִמודי ה׳ וְרב שלום בניך ist in der That „Samuel" gezeichnet.

S. 188 N. 12. Eine Handschrift hat שתי בה׳ מחסי. Das Gedicht hat verschränkte Reime, 4 Strofen und schliesst ושאבתם מים בששון ממעיני הישועה.

S. 209 N. 11 endigt מורה יבושר. In meiner Note (Pinsker לקוטי S. 225 Z. 20) l. 83b (statt 136) und במחזור.

S. 218. An Mose משברא in Huesca schrieb Isaac b. Scheschet (N. 400).

Ishac's Bakascha אקום ist auch in Bodl. 613 N. 252. Vermuthlich desselben ist Bakascha N. 178 אקום להודות לך נוהי.

S. 219. Isaac ibn ul Schami, um das J. 1140, ist Verfasser des Gedichtes אבי משכר (cod. Poc. 74).

S. 252 Z. 15 ferner mit Isaac hajatom.

S. 262. Isaac b. Samuel hasefardi, vgl. hebr. Bibliogr. N. 35 S. 114.

S. 263 N. 3 l. Kap. 16 [S. 584].

S. 281 N. 11 fällt aus [ist Selicha N. 1 S. 325].

S. 287 Z. 10 l. N. 10.

S. 346. Salomo aus Rom schrieb Selicha אנא שמר תהמר והבריח nach א"ת ב"ש, endigend אמ"י עב"ד, in der es heisst פוערים לבלענו בגאות פיהם. Von einem Salomo b. Anthos, der den Uebermuth der Feinde gebrochen, ist in cod. Rossi 12 die Rede. Das Akrostichon ist שלמה הקטן חזק מרומה.

S. 364 Anm. 2 l. לבני.

S. 379. Zacharia hacohen.

3. בעקרים יקרים לבקרים ישרים מותרים über die 13 Artikel, ist metrisch, hat stetigen Reim, endigt וי קשורים.

S. 386. Zur ersten Zeile gehört die Anmerkung auf S. 385.

S. 406. Salomo.

28. Sel. אליך ה' נשאנו עינינו gegen herrschende Krankheiten. Von den 8 Strofen schliessen Str. 2 bis 6 mit Stellen worin רפא vorkommt. In den Schlussworten — שכך — לבוטים מנקרות הצורים פרם ומסעפים עושה חסד לאלפים ist vielleicht Zoref angedeutet.

S. 409 Z. 12 l. seit Kalir (אנסיכה) und dem Jozer u. s. w.

S. 430. Mose Mendels ist 1641 in Posen gestorben (Perles Geschichte der Juden in Posen S. 77).

S. 436. Das Märtyrerleiden der zwei Männer in Posen war A. 1736, s. Perles a. a. O. S. 100 u. f.

S. 447 Z. 17 st. 1682 l. 1685 (Perles a. a. O. S. 79).

S. 448. Abraham Segre ist der R. אס"ן vom Jahre 1686 in הפליט cod. 33.

S. 456. Mose b. Binjamin.

15. אמנני אצלו ארון alfabetisch, endigend נטפו בהילולה, worauf die Anlehnungsverse und die Schlussstrofe עתות מאהביה קובעים לתורה bis איום ונורא.

16. תפארת נצח והוד גבורה nach תשר"ק, hat gleich N. 15 fünf Worte die Zeile, am Schlusse akrost. חזק. Endigt ראשית תבואתו und nach den Versen ככתוב mit der Strofe החיים בטללי תחיתך bis בארץ מיחדים אלהותך.

17. מפנינים ומפז יקרה, welcher Abschnitt der Keduscha vorangeht und Zeilen meist zu je 3 Worten hat, spricht die Hoffnung der Erlösung aus, endigend כבוד הדרתו, worauf nach einem Verse ככתוב drei einzelne Strofen jede von Versen begleitet folgen: a) בני מנוסה בעשרה נסים bis לעמוסים, b) שדי לא תבוה ענות עני bis סנה שוכני, c) מקדש ה׳ בנימן בני זכור bis והצמיח קרן נגידך כוננו ידיך; Strofe a zeichnet לטוב, b שבתי, c מתתיה. Ich schliesse hieraus dass der Verfasser drei Söhne Namens Binjamin (bereits verstorben), Schabtai, Matatia hatte.

S. 457. N. 20, zwiefach alfabetisch, bespricht nicht den Dekalog sondern die am Feste erlaubten und verbotenen Verrichtungen, zeichnet משה בירבי בנימין חזק בתורה.

N. 21 schildert in dem Stile der Sillukprosa die Abraham erwiesene göttliche Liebe, die Sinai-Offenbarung, ferner wie Mose die den Frommen aufbewahrten Himmelsschätze, den Messia und Elia siehet und den Engeln Rede steht; die Zeilen reimen zu Anfang und zum Schluss לה, zusammen ¾ des Ganzen; der mittlere Theil (בחדש השלישי לצאת bis חכמות מפוארות) reimt $^4/_5$ רה und das Uebrige רות. Ende: ותתקדש קדושה כטעם חולי מעלה.

S. 467. Kaddisch N. 2 von Isaac Nakdan:

1. יה צור מחסי עז מגדל
חסד עולם לא יחדל
חרב גאוה תאוה תקוה עז לדל
ה׳ נסי מחסי כוסי יתגדל.

2. צוררי שוררי נת דרך
משגבי לבי הרך

לפני דחון שלון נשן נר הרך
יבלה צורם אורם ואב רם יתברך.

3. חורש ילד לא תבל
תבל נולותי תבל
ומשרש תבל אבל נבל ויאבל
לבי חולה נולה עולה תתקבל.

4. קומם רוממם שוממה
כי נפלל חלל בארמה
לרם לרם רחם לא רוחמה
צמאה חוה נוה צוה יהא שלמא.

S. 514. Jehuda Sabara lebte zu Anfang des 14. Jahrhunderts; jünger ist Bonastruc Sabara in Cervera (s. hebr. Bibliogr. N. 46 S. 89).

Jehuda Jachia ist wahrscheinlich auch der Verfasser der Klage שמעו כל עמים תונתי, die über die Verfolgung A. 1391 seufzt, s. onomast. Beilage S. XXX N. 18.

S. 549 N. 8, vgl. oben S. 70.

S. 586. Mose Rofe gehört auf S. 518.

S. 596. Samuel b. Chajim.

Das Machsor Korfu ms. hat für Thorafest folgende Stücke desselben:

1. Jozer אומה תמיד מברכה mit Strofen - Ausgängen aus der letzten Parascha des Deuteronomiums, endigend ברזל ונחשת מנעליך.
2. Silluk אין כאל שליש נור נורה, die Verse Deut. 33, 26 — 28 variirend, mit stetigem Reim und endigend המאיר לארץ ולדרים עליה בנהורא.
3. Ofan כבודו שכן בתוך עם משלשים, variirend den Vers 29 (אשריך), endigt בנועם משלשים; hat durchgehenden Reim.
4. Sulat אוים נאמן תבאב, die Versanfänge aus Deut. 34 bilden die Ausgänge der Strofen. Ende: חוק נביאך סובי עורתך.

Sämmtliche Nummern haben peitanischen Stil und Ausdrücke wie ריצון · ריצין · זוהן · איול · סיע · קמש · חרוני · סודני · שילק · ורה, עלם · פירטם · מנפיץ · מרושרשים · התלי u. a. welche den Verfasser in das Mittelalter verweisen. N. 1 zeichnet den vollständigen Namen nebst חזק ואמץ אמן, aber ausserdem in den drei letzten Strofen, worüber eine „andere Melodie“ bemerkt ist, שמואל הקטן הכהן ברבי ממלי סופר יגדל בתורה ובמצות אמן. Die N. 2 hat hinter dem vollständigen Namen noch חזק בתורה אמן נצח. In N. 3 ist שמואל zweimal — das zweite Mal mit הקטן — angebracht; eben so in N. 4, wo noch חזק נס״ץ hinzugefügt ist. Ob Samuel hacohen jene Schlussstrofen verfasst oder ob seiner nur dort gedacht wird bleibt zweifelhaft.

Samuel b. Eljasaph aus Rom ist Verfasser des Mikamocha אל שוכן מרומים dessen Strofenverse פסח schliessen, die letzte (17.) Strofe endigt נעשה כפסח.

S. 596. Samuel.

79. Introduction der Sühnfest-Keroba Kalir's, anfangend אקוד אשתחוה פני צור לבבי und endigend אל חונה מכונת שושן in 8 Strofen, alfabetisch, zeichnet in den letzten Strofenzeilen שמואל חזק; hat Ausdrücke wie פיץ, לבלוב, הגייתי, תדיר, תַנפישי.

S. 598. Schabtai.

12. Mikamocha für Wochenfest ארח חיים עמי הורתיך variirt den Dekalogs-Abschnitt, endigt מי כמוך באלים ה׳.

S. 622 Note 33 N. 9. Der Dichter הגרני hiess Jacob, s. Steinschneider חותם תכנית S. 2.

Verzeichnisse.

1. Stammtafeln.

2. Gleichnamige.

3. Autoren-Register.

4. Nachweis einiger Bezeichnungen, Ausdrücke und Bildungen.

Druck von Rosenthal & Co. in Berlin.